SKCT

SK그룹
온라인 종합역량검사

시대에듀

2025 최신판 시대에듀 All-New SK그룹 SKCT 온라인 종합역량검사
최신기출유형 + 모의고사 6회 + 무료SK특강

Always **with you**

사람의 인연은 길에서 우연하게 만나거나 함께 살아가는 것만을 의미하지는 않습니다.
책을 펴내는 출판사와 그 책을 읽는 독자의 만남도 소중한 인연입니다.
시대에듀는 항상 독자의 마음을 헤아리기 위해 노력하고 있습니다. 늘 독자와 함께하겠습니다.

머리말 PREFACE

SK그룹은 '기업경영의 주체는 사람이며, 사람의 능력을 어떻게 개발하고 활용하느냐에 따라 기업의 성패가 좌우된다.'는 인재관리 철학을 바탕으로 1978년 국내 기업 최초로 인적성검사를 도입하였다. 또한 객관적이고 공정한 채용절차를 실현하기 위하여 꾸준히 부분 개정 작업을 진행해 왔으며 일 잘하는 인재의 요건을 보다 면밀히 분석하여 2013년 하반기부터는 새로운 검사인 SKCT를 도입하였다. 그리고 2023년 하반기부터 전 계열사의 SKCT는 온라인으로 시행되고 있다.

SKCT는 SK그룹에서 직무 수행을 위해 요구되는 역량을 다양하고 종합적인 관점에서 측정하고 있으며, 업무에 필요한 복합적이고 고차원적인 사고능력을 측정하는 인지검사와 SK그룹에 적합한 성격, 가치관, 태도를 갖추고 있는지를 측정하는 심층검사로 구성되어 있다. SKCT는 기업체 인적성검사 중에서도 비교적 난도가 높은 편이므로 철저한 대비가 필요하다.

이에 시대에듀는 수험생들이 SKCT를 효과적으로 준비할 수 있도록 교재를 구성하였으며, 이를 통해 단기간에 성적을 올릴 수 있는 학습법을 제시하였다.

도서의 특징

❶ 2024년 하반기 기출복원문제를 수록하여 최근 출제경향을 한눈에 파악할 수 있도록 하였다.

❷ 영역별 대표기출유형과 기출응용문제를 수록하여 체계적인 학습이 가능하도록 하였다.

❸ 최종점검 모의고사 4회 및 온라인 모의고사 2회와 함께 도서 동형 온라인 실전연습 서비스를 제공하여 실전과 같은 연습이 가능하도록 하였다.

❹ SK그룹의 인성검사인 심층검사 모의연습과 함께 실제 면접 기출 질문을 통해 한 권으로 채용 전반을 준비하도록 하였다.

끝으로 본서가 SK그룹 채용을 준비하는 여러분 모두에게 합격의 기쁨을 전달하기를 진심으로 기원한다.

SDC(Sidae Data Center) 씀

◇ **경영철학**

구성원의 지속적 행복

SK 경영의 궁극적 목적은 구성원 행복이다.

SK는 구성원이 지속적으로 행복을 추구하기 위한 터전이자 기반으로서, 구성원 행복과 함께 회사를 둘러싼 이해관계자 행복을 동시에 추구해 나간다. 이를 위해 회사가 창출하는 모든 가치가 곧 사회적 가치이다.

SK는 이해관계자 간 행복이 조화와 균형을 이루도록 노력하고, 장기적으로 지속 가능하도록 현재와 미래의 행복을 동시에 고려해야 한다.

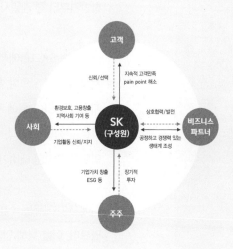

VWBE를 통한 SUPEX 추구

구성원 전체 행복을 지속적으로 키워나가면 구성원 개인의 행복이 더 커질 수 있다는 것을 믿고 실천할 때 구성원은 자발적(Voluntarily)이고 의욕적(Willingly)인 두뇌활용(Brain Engagement)을 하게 된다.

VWBE한 구성원은 SUPEX* 추구를 통해 구성원 행복과 이해관계자 행복을 지속적으로 창출해 나간다.

* Super Excellent Level의 줄임말로 인간의 능력으로 도달할 수 있는 최고의 수준

◇ 인재상

스스로가 더 행복해질 수 있도록
자발적이고 의욕적으로 도전하는 패기 있는 인재

**기업경영의
주체는 구성원**

기업경영의 주체는 구성원이며, 구성원 스스로 기업의 경영철학에
확신과 열정을 가지고 이를 실천해 나가야 한다.

**SK 경영철학에
대한 믿음과 확신**

구성원 전체의 행복을 지속적으로 키워 나가면 구성원 개인의 행
복이 더 커질 수 있다는 것을 믿고, 이를 실천할 때 자발적이고
의욕적인 두뇌활용이 가능하다.

패기 있게 행동

스스로 동기부여하여 문제를 제기하고 높은 목표에 도전하며 기
존의 틀을 깨는 과감한 실행을 하는 인재

❶ **과감한 실행력** : 기존의 틀을 깨는 발상의 전환으로 새롭게 도전한다.
❷ **역량 강화와 자기 개발** : 문제 해결 역량을 지속적으로 개발한다.
❸ **팀워의 시너지** : 함께 일하는 구성원들과 소통하고 협업하며 더 큰
　　성과를 만들어 간다.

SK그룹 계열사 COMPANIES

SK C&C

Digital 기술을 활용한 비즈니스 혁신을 이뤄 Digital Innovation을 선도하고자 한다.

❖ 주요 사업 : 제조, 금융, Generative AI, Cloud, 유통/물류, 통신, Digital ESG 등

SK머티리얼즈

SK머티리얼즈는 '소재기술 전문회사'로서, 반도체/배터리/디스플레이/CCUS 등 첨단소재 분야에서 'Global Top'으로 도약하고 있다.

❖ 주요 사업 : 세정가스, 증착가스, 산업가스, 전구체, 배터리 소재, 디스플레이 소재, CO_2 포집 등

SK이노베이션

자원 개발(Upstream)부터 실생활 사용을 위한 에너지 판매(Downstream)에 이르는 석유 · 화학 사업의 통합 Value Chain을 구축했으며, 지속가능한 성장 동력 확보를 위해 우수한 기술력을 바탕으로 전기차 배터리와 분리막(LiBS) 등의 첨단 소재 산업을 육성하는 등 'Carbon to Green' 전략 기반의 친환경 사업 전환을 적극 추진한다.

❖ 주요 사업 : 포트폴리오 개발 및 관리, 석유, 화학 · 윤활유, 트레이딩, 배터리, 소재, R&D

SK하이닉스

미래 기술의 시작이자 그 자체로 기술의 집약체인 반도체 기업으로서 더욱 차별화된 '기술 혁신'을 통해 변화의 흐름에 대응하고 세상에 기여하고자 한다.

❖ 주요 사업 : 메모리 반도체(DRAM, NAND Flash, MCP; Multi-Chip Package 등), 시스템 반도체(CIS; CMOS Image Sensor 등)

SK텔레콤

최고의 통신 서비스와 솔루션을 제공해 고객 만족도를 높이고 산업의 생산성 향상을 실현하며 창조적 미래를 열어간다.

SK E&S

재생에너지와 청정수소, 에너지솔루션, 저탄소LNG 사업을 유기적으로 연결하여 시너지를 발휘한다. 또한 LNG Value Chain을 전 세계로 확장하여 Global Clean Energy&Solution Provide로 성장해 나간다.

❖ 주요 사업 : 재생에너지, 수소에너지, 에너지솔루션, LNG Value Chain, 발전 · 도시가스

SK에코플랜트

SK에코플랜트의 환경 사업은 폐기물을 자원으로 되돌리며 순환경제를 실현하고, 에너지 사업은 자연에서 에너지를 생산하는 그린수소 시대를 앞당긴다. 또한, SK에코플랜트는 인간과 자연이 공존하는 지속가능한 도시를 구현한다.

❖ 주요 사업 : 리사이클링, SK tes, 환경기초시설 O&M, 소각, 매립, reneus(리뉴어스)

SK실트론

반도체용 실리콘 웨이퍼 제조 역량을 기반으로, 제조 · 기술 · 품질에서 압도적인 경쟁력을 갖춘 GLOBAL TOP 초유량 첨단 종합 소재 기업으로 성장하고 있다.

❖ 주요 사업 : 폴리시드 웨이퍼, 에피텍셜 웨이퍼

SK네트웍스

정보통신 유통, 글로벌 Trading, Automative Aftermarket 서비스, 자동차 · 환경가전 렌털 및 호텔앤리조트 사업까지 고객과 사회적 가치를 만들어 글로벌 일류 기업으로 도약하고자 한다.

❖ 주요 사업 : 정보통신, 스피드메이트, 글로벌 트레이딩, 호텔앤리조트, 렌털 · 모빌리티, 글로벌 투자, 데이터 관리

SKC

1976년 창립 이래 필름과 화학, 소재 분야에서 수없이 국내 최초 제품을 개발 · 생산해 산업 발전에 이바지하고 글로벌 메이커로 당당히 자리매김했다.

❖ 주요 사업 : 2차전지, 반도체, 친환경

SK스퀘어

검증된 투자역량을 기반으로 Active Portfolio Management를 통해 미래 기업가치를 극대화한다.

❖ 주요 사업 : 반도체, ICT 등

SK바이오팜

글로벌 시장을 타겟으로 혁신 신약 개발에 앞장서 왔으며, 신약 상업화 등의 성과를 통해 신약 후보 물질 탐색부터 마케팅에 이르는 전 과정을 아우르는 글로벌 종합 제약사로의 도약을 목표로 한다.

SK디스커버리

효율적인 사업 포트폴리오 운영과 신성장 동력 발굴 · 육성을 통해 차별적인 가치를 만들어 간다.

SK케미칼

친환경소재와 Total Healthcare Solution을 통해 인류 건강을 추구하고 지구 환경을 보호하며 지속 가능한 글로벌 리딩 컴퍼니로 성장한다.

❖ 주요 사업 : Green Chemicals(SKYGREEN, ECOZEN 등), Life Science(전문의약품, 일반의약품, 트라스트 레인보우)

SK가스

'대한민국 No.1 LPG Player'로서 역량 강화 및 신규 사업 추진을 통해 글로벌 친환경 종합에너지 화학기업으로 성장하고자 한다.

❖ 주요 사업 : LPG, 가스화학, LNG&전력

SK엔무브

창의적 도전과 혁신으로 세계적인 윤활유 · 기유 전문 기업으로 거듭나고자 한다.

❖ 주요 사업 : 기유, 윤활유, d-Fluids, Thermal Management

SK에너지

50여 년간 축적된 노하우와 끊임없는 기술 혁신으로 경쟁력 확보 및 생산 시설 운영 최적화를 이루어 Top-tier 석유기업으로 도약하고자 한다.
❖ 주요 사업 : 가솔린, 디젤, LPG, 아스팔트

SK지오센트릭

SK지오센트릭은 1972년 국내 최초로 납사 분해시설을 가동함으로써 대한민국 석유화학 산업 발전의 기틀을 마련하였다. 고객과 시장이 원하는 다양한 제품 및 Solution을 제공하고 있으며, 끊임없는 연구개발과 Global 사업확장을 통해 기술기반의 Global Chemical Company로 성장해 나가고 있다.
❖ 주요 사업 : Packaging, Automotive 등

SK온

끊임없는 기술 혁신과 글로벌 파트너십을 기반으로 신에너지 분야에서 Leadership을 확보해 가고 있다.
❖ 주요 사업 : 전기차 배터리, ESS, BaaS 등

SK아이이테크놀로지

현재의 기술 우위에 만족하지 않고 보다 혁신적인 제품기술 개발을 위해 노력하고 있으며, Global Top-tier 소재 솔루션 기업으로 도약해 나가고자 한다.
❖ 주요 사업 : LiBS/CCS, FCW(투명PI/하드코팅)

SK브로드밴드

SK브로드밴드는 종합 미디어 사업의 기반인 미디어 부문과 유선통신 부문으로 구성되어 있으며, 고객 니즈 기반으로 다양한 콘텐츠를 편성하고, 적극적인 마케팅을 통해 서비스 경쟁력을 강화한다.
❖ 주요 사업 : AI 미디어, CATV, 인터넷/전화, IDC, 채널S

2024년 하반기 기출분석 ANALYSIS

총평

2024년 하반기 SKCT의 난이도는 영역별로 차이가 있었다. 먼저, 언어이해와 수열추리가 가장 고난도로 출제되었다. 언어이해는 길이는 짧지만 내용이 난해한 지문과 까다로운 선지가, 수열추리는 분수와 소수 그리고 한눈에 파악하기 어려운 복잡한 규칙이 체감 난도를 높였다. 매번 평이한 수준으로 출제되던 언어추리는 직전 시험 대비 고난도로 출제되어 수험생들을 당황하게 만들었다. 반면에 자료해석과 창의수리는 적은 양의 자료 및 간단한 수치로 구성된 문제가 출제되었다. 타 기업 적성검사 대비 어렵게 출제되지는 않았지만, 온라인 시험 특성상 종이 및 필기구 사용이 불가하다는 점에서 문제풀이의 수월함이 상쇄된다는 후기가 많았다.

◇ 핵심전략

SKCT는 영역별 시험을 시작하기 전 예제를 풀어보고 답을 확인할 수 있는 시간이 1분 동안 주어진다. 이 시간을 잘 활용하는 것이 중요하다. 화면에 문제와 선지 그리고 메모장과 계산기가 어떻게 배치되어 있는지를 파악하고, 정답 체크 방식을 확인하며 시간을 최대한 절약할 수 있도록 미리 구상해야 한다.

SKCT는 뒤로 갈수록 쉬운 문제가 출제되는 경향이 있으므로 문제별 난이도를 빠르게 파악하여 어려운 문제는 바로 넘겨야 한다. 정답 선택을 번복할 수는 있지만 다음 문제로 넘어가면 이전 문제로 돌아갈 수 없으므로 풀 수 있는 문제와 없는 문제를 잘 판단하고 전략적으로 풀어 나가는 것이 중요하다.

◇ 시험진행

구분	영역	문항 수	시간
인지검사	언어이해	20문항	15분
	자료해석	20문항	15분
	창의수리	20문항	15분
	언어추리	20문항	15분
	수열추리	20문항	15분
심층검사	PART 1	240문항	45분
	PART 2	150문항	25분

◇ **영역별 출제비중**

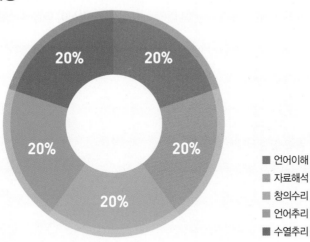

- 언어이해
- 자료해석
- 창의수리
- 언어추리
- 수열추리

◇ **영역별 출제특징**

구분	영역	출제 특징
인지 검사	언어이해	• 안티고네의 비극적 죽음에 대한 글을 읽고 주제를 파악하는 문제 • 공공재와 사유재에 대한 글의 내용으로 적절하지 않은 것을 고르는 문제 • 2차 전지에 대한 글을 읽고 추론한 내용으로 적절하지 않은 것을 고르는 문제 • 성인 ADHD와 관련된 문단의 전체적인 흐름을 파악하고 그에 맞춰 순서대로 나열하는 문제
	자료해석	• 도시별 학생 수 차이를 구하는 문제 • 약국의 약값 판매 비율을 구하는 문제 • 수입과 수출을 변수로 하는 그래프를 해석하는 문제 • 영업이익과 수익합계 그리고 영업비용의 관계를 활용하여 자료를 해석하는 문제
	창의수리	• 세트 상품과 단품의 가격 차이를 활용하여 단품의 가격을 구하는 문제 • 순환선 마을버스의 배차 시간과 속력을 활용하여 순환 노선의 길이를 구하는 문제 • 알코올 도수가 다른 두 주류를 섞어서 특정 도수를 만들기 위해 필요한 주류의 양을 구하는 문제 • 물을 채우는 두 개의 호스와 물을 빼는 한 개의 호스를 사용하여 수조를 가득 채우는 데 걸리는 시간을 구하는 문제
	언어추리	• 각 진술의 진실 및 거짓 여부를 확인하여 범인을 찾는 문제 • 명제의 대우를 활용하여 여행을 가는 사람 세 명을 고르는 문제 • 주어진 조건에 따라 사람들을 한 줄로 세우거나 자리를 배치하는 문제
	수열추리	• 나열된 수를 분석하여 그 안의 규칙을 찾고 활용하는 문제

◇ **채용시기**

수시채용으로 진행되며 계열사별로 여건에 따라 채용일정 및 방식이 다를 수 있음

◇ **지원자격**

① 정규 4년제 대학 졸업(예정)자
② 남성의 경우, 병역 필 또는 면제자
③ 해외여행에 결격사유가 없는 자

◇ **채용절차**

지원서 작성 → 서류전형 → 필기전형 → 면접전형 → 최종합격

서류전형	• 지원자의 경력/활동과 모집 직무와의 연관성을 검토하고 결격사유 유무를 확인한다. • 자기소개서는 HR 부서와 지원 부서가 함께 검토한다. 이 과정에서 지원자가 보유한 역량과 가치관이 선발 중인 직무와 잘 맞는지를 검증한다.
필기전형	• 객관적이고 공정한 인재영입을 위해 SK는 1978년부터 국내 최초로 인·적성검사를 도입하였으며, 2013년부터 '일 잘하는 사람'의 요건을 분석하여 SKCT를 선발 도구로 개발·활용하고 있다. • SKCT(SK Competency Test) ⋯ 인지검사 : 언어 및 수로 구성된 자료를 통해 그 의미를 해석하고 논리적, 수리적으로 사고, 유추하는 능력을 측정하는 검사 ⋯ 심층검사 : SK의 '패기 있는 인재'가 직무를 원활히 수행하기 위해 필요한 성격, 가치관, 태도를 측정하는 검사
면접전형	• 지원자의 가치관, 성격 특성, 역량을 종합적으로 검증하기 위하여 다양한 면접 방식을 활용한다. • 프레젠테이션, 그룹 토론, 심층 면접 등 1~3회 이상의 심도 있는 과정으로 지원자의 역량을 철저히 검증하고 있다. • 직무 역량에 필요할 경우, 글로벌 커뮤니케이션 능력을 검증하기 위하여 외국어 구술 면접을 진행한다. ※ 면접 전형은 관계사별, 직무별로 상이하다.

※ 채용절차는 채용유형, 채용직무, 채용시기 등에 따라 변동될 수 있으므로 반드시 발표되는 채용공고를 확인하기 바랍니다.

◇ **필수 준비물**

  ❶ 신분증 : 주민등록증, 외국인등록증, 여권, 운전면허증 중 하나

  ❷ 그 외 : 휴대폰, 휴대폰 거치대, 노트북, 웹캠, 노트북/휴대폰 충전기

◇ **온라인 종합역량검사 프로세스**

  ❶ 전형 안내사항 확인

  ❷ 응시자 매뉴얼 숙지/검사 프로그램 다운로드 및 설치

  ❸ 지정 기한 내 사전점검 진행

  ❹ 본 검사 응시

◇ **유의사항**

  ❶ 시험 당일 주변 환경 점검을 실시하므로 미리 정리를 해두어야 한다.

  ❷ 시험 시작 10분 전까지 휴대폰 및 화장실 이용이 가능하다.

  ❸ 프로그램 내 계산기, 메모장(그림판)만 사용 가능하며, 필기구는 일절 사용 불가하다.

◇ **알아두면 좋은 Tip**

  ❶ 원활한 시험 진행을 위해 삼각대와 책상 정리가 필요하다.

  ❷ 인터넷 연결이 원활하며 최대한 조용히 시험을 치를 수 있는 장소를 확보한다.

  ❸ PC 전원공급 상태를 확인하고, 배터리 충전기는 미리 꽂아두어야 한다.

  ❹ 시험에 응시하기 전 반드시 안내사항과 매뉴얼을 숙지한다.

  ❺ 인지검사가 끝난 뒤 실시될 심층검사를 위해 평소 SK그룹의 인재상에 대해 숙지해 둔다.

주요 대기업 적중 문제 TEST CHECK

SK

언어이해 ▶ 사실적 독해

03 다음 글의 내용으로 적절하지 않은 것은?

> 생물 농약이란 농작물에 피해를 주는 병이나 해충, 잡초를 제거하기 위해 자연에 있는 생물로 만든 천연 농약을 뜻한다. 생물 농약을 개발한 것은 흙 속에 사는 병원균으로부터 식물을 보호할 목적에서였다. 뿌리를 공격하는 병원균은 땅속에 살고 있으므로 병원균을 제거하기에 어려움이 있었다. 게다가 화학 농약의 경우 그 성분이 토양에 달라붙어 제 기능을 발휘하지 못했기 때문에 식물 성장을 돕고 항균 작용을 할 수 있는 미생물에 주목하기 시작한 것이다.
> 식물 성장을 돕고 항균 작용을 하는 미생물 집단을 '근권미생물'이라 하는데, 여러 종류의 근권미생물 중 농약으로 쓰기에 가장 좋은 것은 뿌리에 잘 달라붙는 것들이다. 근권미생물의 입장에서 뿌리 주변은 사막의 오아시스와 비슷한 조건이다. 뿌리 주변은 뿌리에서 공급되는 양분과 안락한 서식 환경을 제공받지만, 뿌리 주변에서 멀리 떨어진 곳은 황량한 지역이어서 먹을 것을 찾기가 어렵기 때문이다. 따라서 뿌리 주변에서는 좋은 위치를 선점하기 위해 미생물 간에 치열한 싸움이 벌어진

자료해석 ▶ 자료추론

`Hard`

15 다음은 우리나라 지역별 가구 수와 1인 가구 수에 대한 자료이다. 이에 대한 설명으로 옳은 것은?

〈지역별 가구 수 및 1인 가구 수〉

(단위 : 천 가구)

구분	전체 가구	1인 가구
서울특별시	3,675	1,012
부산광역시	1,316	367
대구광역시	924	241
인천광역시	1,036	254
광주광역시	567	161
대전광역시	596	178
울산광역시	407	97
경기도	4,396	1,045
강원도	616	202
충청북도	632	201
충청남도	866	272

언어추리 ▶ 진실게임

01 S사 직원들끼리 이번 달 성과급에 대해 이야기를 나누고 있다. 성과급은 반드시 늘거나 줄어들었고, 직원 중 1명만 거짓말을 하고 있을 때, 항상 참인 것은?

> • 직원 A : 나는 이번에 성과급이 늘어났어. 그래도 B만큼은 오르지 않았네.
> • 직원 B : 맞아 난 성과급이 좀 늘어났지. D보다 조금 더 늘었어.
> • 직원 C : 좋겠다. 오~ E도 성과급이 늘어났네.
> • 직원 D : 무슨 소리야! E는 C와 같이 성과급이 줄어들었는데.
> • 직원 E : 그런 것보다 D가 A보다 성과급이 조금 올랐는데?

① 직원 A의 성과급이 오른 사람 중 가장 적다.
② 직원 B의 성과급이 가장 많이 올랐다.

삼성

수리 ▶ 자료계산

03 다음은 S기업 영업 A ~ D팀의 분기별 매출액과 분기별 매출액에서 각 영업팀의 구성비를 나타낸 자료이다. A ~D팀의 연간 매출액이 많은 순서와 1위 팀이 기록한 연간 매출액을 바르게 나열한 것은?

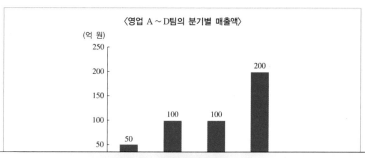

〈영업 A ~ D팀의 분기별 매출액〉
(억 원)

추리 ▶ 도식추리

※ 다음 도식에서 기호들은 일정한 규칙에 따라 문자를 변화시킨다. 물음표에 들어갈 적절한 문자를 고르시오(단, 규칙은 가로와 세로 중 한 방향으로만 적용되며, 모음은 단모음 10개를 기준으로 한다). [1~4]

추리 ▶ 참 또는 거짓

※ 다음 글의 내용이 참일 때 항상 거짓인 것을 고르시오. [24~26]

24

권리와 의무의 주체가 될 수 있는 자격을 권리 능력이라 한다. 사람은 태어나면서 저절로 권리 능력을 갖게 되고 생존하는 내내 보유한다. 그리하여 사람은 재산에 대한 소유권의 주체가 되며, 다른 사람에 대하여 채권을 누리기도 하고 채무를 지기도 한다. 사람들의 결합체인 단체도 일정한 요건을 갖추면 법으로써 부여되는 권리 능력인 법인격을 취득할 수 있다. 단체 중에는 사람들이 일정한 목적을 갖고 결합한 조직체로서 구성원과 구별되어 독자적 실체로서 존재하며, 운영 기구를 두어 구성원의 가입과 탈퇴에 관계없이 존속하는 단체가 있다. 이를 사단(社團)이라 하며, 사단이 갖춘 이러한 성질을 사단성이라 한다. 사단의 구성원은 사원이라 한다. 사단은 법인(法人)으로 등기되어야 법인격이 생기는데, 법인격을 가진 사단을 사단 법인이라 부른다. 반면에 사단성을 갖추고도 법인으로 등기하지 않은 사단은 '법인이 아닌 사단'이라 한다. 사람과 법인만이 권리 능력을 가지며, 사람

주요 대기업 적중 문제 TEST CHECK

언어이해 ▶ 주제 / 맥락 이해

02 다음 글의 주제로 적절한 것은?

'새'는 하나의 범주이다. [+동물], [+날 것]과 같이 성분분석을 한다면 우리 머릿속에 떠오른 '새'의 의미를 충분히 설명했다고 보기 어렵다. 성분분석 이론의 의미자질 분석은 단순할 뿐이다. 이것이 실망스러운 이유는 성분분석 이론의 '새'에 대한 의미 기술이 고작해야 다른 범주, 즉 조류가 아닌 다른 동물 범주와 구별해 주는 정도밖에 되지 못했기 때문이다. 아리스토텔레스 이래로 하나의 범주는 경계가 뚜렷한 실재물이며 범주의 구성원은 서로 동등한 자격을 가지고 있다고 믿어왔다. 그리고 범주를 구성하는 단위는 자질들의 집합으로 설명될 수 있다고 생각해 왔다. 앞에서 보여준 성분분석 이론 역시 그런 고전적인 범주 인식에 바탕을 두고 있다. 어휘의 의미는 의미성분, 곧 의미자질들의 총화로 기술될 수 있다고 믿는 것, 그것은 하나의 범주가 필요충분조건으로 이루어져있다는 가정에 서만이 가능한 것이었다. 그러나 '새'의 범주를 떠올려 보면 범주의 구성원들끼리 결코 동등한 자격을 가지고 있지 않다. 가장 원형적인 구성원이 있는가 하면, 덜 원형적인 것, 주변적인 것도 있는

문제해결 ▶ 대안탐색 및 선택

Easy

04 다음 그림과 같이 O지점부터 D지점 사이에 운송망이 주어졌을 때, 최단 경로에 대한 설명으로 옳지 않은 것은?(단, 구간별 숫자는 거리를 나타낸다)

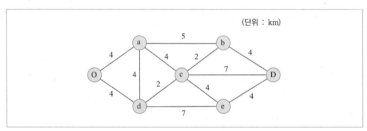

(단위 : km)

① O에서 c까지 최단거리는 6km이다.
② O에서 D까지 a를 경유하는 최단거리는 13km이다.

추리 ▶ 명제

Easy

15 P사의 A ~ F팀은 월요일부터 토요일까지 하루에 2팀씩 함께 회의를 진행한다. 다음 〈조건〉을 참고할 때, 반드시 참인 것은?(단, 월요일부터 토요일까지 각 팀의 회의 진행 횟수는 서로 같다)

조건
• 오늘은 목요일이고 A팀과 F팀이 함께 회의를 진행했다.
• B팀은 A팀과 연이은 요일에 회의를 진행하지 않는다.
• B팀은 오늘을 포함하여 이번 주에는 더 이상 회의를 진행하지 않는다.
• C팀은 월요일에 회의를 진행했다.
• D팀과 C팀은 이번 주에 B팀과 한 번씩 회의를 진행한다.
• A팀과 F팀은 이번 주에 이틀을 연이어 함께 회의를 진행한다.

① E팀은 수요일과 토요일 하루 중에만 회의를 진행한다.
② 화요일에 회의를 진행한 팀은 B팀과 F팀이다.

LG

※ 다음 문단을 논리적 순서대로 바르게 나열한 것을 고르시오. [3~4]

03

(가) 교정 중에는 치아뿐 아니라 교정장치를 부착하고 있기 때문에 교정장치까지 닦아주어야 하는데요. 교정용 칫솔은 가운데 홈이 있어 장치와 치아를 닦을 수 있는 칫솔을 선택하게 되고, 가운데 파여진 곳을 교정장치에 위치시킨 후 옆으로 왔다 갔다 전체적으로 닦아줍니다. 그다음 칫솔을 비스듬히 하여 장치의 위아래를 꼼꼼하게 닦아줍니다.

(나) 치아를 가지런하게 하기 위해 교정하시는 분들 중에 간혹 교정 중에 칫솔질이 잘 되지 않아 충치가 생기고 잇몸이 내려가 버리는 경우를 종종 보곤 합니다. 그러므로 교정 중에는 더 신경써서 칫솔질을 해야 하죠.

(다) 마지막으로 칫솔질을 할 때 잊지 말아야 할 것은 우리 입안에 치아만 있는 것이 아니므로 혀와 잇몸에 있는 플라그들도 제거해 주셔야 입 냄새도 예방할 수 있다는 것입니다. 올바른 칫솔질 방법으로 건강한 치아를 잘 유지하시길 바랍니다.

(라) 또 장치 때문에 닿이지 않는 부위는 치간 칫솔을 이용해 위아래 오른쪽 왼쪽 넣어 잘 닦아줍니

Hard

11 다음은 2021 ~ 2023년 국가별 이산화탄소 배출량에 대한 자료이다. 이에 대한 설명으로 옳지 않은 것을 〈보기〉에서 모두 고르면?(단, 소수점 둘째 자리에서 반올림한다)

〈국가별 이산화탄소 배출 현황〉

구분		2021년		2022년		2023년	
		총량 (백만 톤)	1인당 (톤)	총량 (백만 톤)	1인당 (톤)	총량 (백만 톤)	1인당 (톤)
아시아	한국	582	11.4	589.2	11.5	600	11.7
	중국	9,145.3	6.6	9,109.2	6.6	9,302	6.7
	일본	1,155.7	9.1	1,146.9	9	1,132.4	8.9
북아메리카	캐나다	557.7	15.6	548.1	15.2	547.8	15
	미국	4,928.6	15.3	4,838.5	14.9	4,761.3	14.6
남아메리카	브라질	453.6	2.2	418.5	2	427.6	2
	페루	49.7	1.6	52.2	1.6	49.7	1.5
	베네수엘라	140.5	4.5	127.4	4	113.7	3.6
	체코	99.4	9.4	101.2	9.6	101.7	9.6
	프랑스	299.6	4.5	301.7	4.5	306.1	4.6
	독일	799.7	8.0	734.4	8.0	718.8	8.7

15 원가의 20%를 추가한 금액을 정가로 하는 제품을 15% 할인해서 50개를 판매한 금액이 127,500원일 때, 이 제품의 원가는?

① 1,500원   ② 2,000원
③ 2,500원   ④ 3,000원
⑤ 3,500원

도서 200% 활용하기 STRUCTURES

1 최신 기출복원문제로 출제경향 파악

2024 하반기 기출복원문제

01 언어이해

01	02	03	04	05					
⑤	④	②	④	③					

01
제시문은 안티고네의 비극적 죽음을 통해 개인의 신념과 사회적
위해서는 어떤 선택을 해야 하는지 의문점을 던지는 글이다. 여기
는 보편적인 가치인 자연법에 따라 행동한 결과이다. 반면 크레온의
그러므로 크레온이 안티고네를 불잡아 가둔 것은 실정법에 따라 행
사이의 상충과 도덕적인 인간의 선택이다.

오답분석
① 안티고네 이야기는 에테오클레스와 폴리네이케스 사이의 테...
② 개인의 양심과 사회적 질서가 상충하는 것이 주제이며, 각각...
③ 글의 내용과 상관없는 내용이다.
④ 개인의 의무 및 국가의 권위에 대한 내용은 글에 포함되어...

02
최초의 2차 전지인 납축전지는 내연기관 자동차의 시동을 걸 때...
있지 않다. 실제로 전기 자동차는 시동 및 주행을 위해 리튬 이온...

오답분석
①·③ 마지막 문단에서 2차 전지는 지속 가능한 미래를 위한 대...
서술하며 그 중요성을 강조하고 있다.
② 2차 전지의 과방전은 전지의 손상을 일으키며 과충전은 폭발의...
및 수명을 단축시킴을 알 수 있다.
⑤ 2차 전지에 전기를 공급하면 이온이 전해질을 통해 분리막으로...
알 수 있다.

03
치안 불안 해소를 위해 CCTV를 설치한 것은 정부가 사회간접자...
해결책이라고 보기는 어렵다.

오답분석
①·④ 공공재·공공자원 실패의 해결책 중에서 사용 제한에 대...
③·⑤ 공공재·공공자원 실패의 해결책 중에서 사용 할당에 대...

16 · SK그룹 SKCT

2024 하반기 기출복원문제

※ 정답 및 해설은 기출복원문제 바로 뒤 p.016에 있습니다.

01 언어이해

01 다음 글의 주제로 가장 적절한 것은?

인간의 존엄성, 자유, 평등과 같은 가치는 문화, 사회, 시대를 넘어 대부분의 사람들이 공유하고 동
의하는 가치관인 보편적 가치로 알려져 있다. 그러나 보편적 가치는 사회에서 규정된 법과 서로 상
충하는 경우가 생긴다. 예를 들어 난민 문제에서는 인도주의적 가치와 국가 안보를 위한 필요성이
서로 충돌할 수 있다. 이와 같이 보편적 가치와 법이 충돌하는 것은 기원전 고대 그리스의 소포클레
스의 희곡 「안티고네」에서도 나타나고 있다.
오이디푸스의 딸인 안티고네는 두 명의 오빠 에테오클레스, 폴리네이케스가 있었는데, 이 두 명은
고대 폴리스인 테배의 왕권을 두고 전쟁을 하던 중 죽게 된다. 에테오클레스와 폴리네이케스가 죽고
난 뒤 왕위에 오른 안티고네의 외숙부 크레온은 에테오클레스는 성대하게 장례를 치러 주었지만,
외세의 군대를 끌고 온 폴리네이케스는 들판에 버려두어 누구든지 장례를 치르거나 애도를 한다면
사형에 처할 것이라고 공표한다. 그러나 안티고네는 자신의 양심에 따라 오빠인 폴리네이케스가 들
판에 버려져 있는 것을 볼 수 없어 그의 시신을 묻어주었다가 붙잡힌다. 크레온은 자신의 명령을
어긴 안티고네에게 분노하여 그녀가 굶어 죽도록 산 채로 무덤에 가둔다. 이때 테배의 유명한 장님
예언가인 테이레시아스가 크레온을 찾아와 신의 법도에 따라 행동한 안티고네를 가두었으니 곧 큰
불행이 올 것이라고 예언하게 된다. 이에 크레온은 자신의 결정을 후회하고 안티고네를 풀어주려고
하였으나, 이미 안티고네는 무덤 속에서 목을 매달아 스스로 목숨을 끊은 상태였다. 이 사건으로
인해 크레온의 아들이자 안티고네의 약혼자인 하이몬은 아버지를 죽이려다 실패하여 스스로 목숨을
끊고, 하이몬의 어머니이자 크레온의 아내인 에우리디케도 남편을 저주하며 목숨을 끊는 연속적
인 비극이 일어나게 된다.
안티고네의 비극적 죽음은 개인의 신념과 사회적 법 사이의 충돌을 보여주고 있다. 이는 앞서 말한
것과 같이 고대 그리스에 한정된 것이 아니라 시대를 초월하여 현재에도 발생하는 문제로서 인간이
도덕적이기 위해서는 신념과 법이 충돌할 때 어떤 선택을 해야 하는지 의문점을 던지고 있는 작품이다.

① 테배 내전의 정치적 갈등과 권력 다툼
② 개인의 양심과 사회적 질서의 차이 분석
③ 고대 그리스 시기 신의 법도가 가지는 의미
④ 개인의 의무와 국가의 권위 사이의 갈등과 결과
⑤ 자연법과 실정법 사이의 상충과 도덕적인 인간의 선택

2 · SK그룹 SKCT

▶ 2024년 하반기 기출복원문제를 수록하여 최근 출제경향을 파악할 수 있도록 하였다.
▶ 기출복원문제를 바탕으로 학습을 시작하기 전에 자신의 실력을 판단할 수 있도록 하였다.

2 이론점검, 대표기출유형, 기출응용문제로 영역별 학습

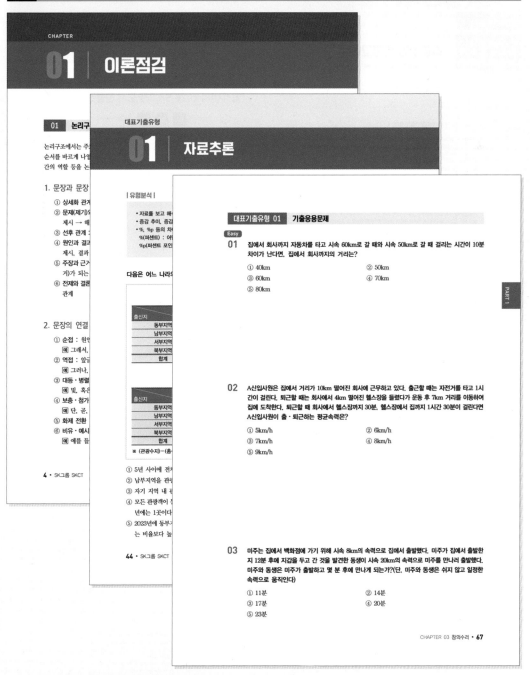

CHAPTER

01 이론점검

01 논리구

논리구조에서는 주
순서를 바르게 나열
간의 역할 등을 논

1. 문장과 문장
　① 상세화 관계
　② 문제(제기)♀
　　제시 → 해
　③ 선후 관계 :
　④ 원인과 결과
　　제시, 결과
　⑤ 주장과 근거
　　거)가 되는
　⑥ 전제와 결론
　　관계

2. 문장의 연결
　① 순접 : 원인
　　예 그래서,
　② 역접 : 앞날
　　예 그러나,
　③ 대등·병렬
　　예 및, 혹은
　④ 보충·첨가
　　예 단, 곧,
　⑤ 화제 전환
　⑥ 비유·예시
　　예 예를 들

4 · SK그룹 SKCT

대표기출유형

01 자료추론

| 유형분석 |

　• 자료를 보고 해
　• 증감 추이, 증감
　• %, %p 등의 차
　　%(퍼센트) : 어
　　%p(퍼센트 포인

다음은 어느 나라

출신지	
동부지역	
남부지역	
서부지역	
북부지역	
합계	

출신지	
동부지역	
남부지역	
서부지역	
북부지역	
합계	

※ (관광수지)=(총

① 5년 사이에 전처
② 남부지역을 관광
③ 자기 지역 내 전
④ 모든 관광객이 돈
　년에는 1곳이다.
⑤ 2023년에 동부지
　는 비율보다 높

44 · SK그룹 SKCT

대표기출유형 01 기출응용문제

Easy

01 집에서 회사까지 자동차를 타고 시속 60km로 갈 때와 시속 50km로 갈 때 걸리는 시간이 10분 차이가 난다면, 집에서 회사까지의 거리는?

① 40km ② 50km
③ 60km ④ 70km
⑤ 80km

02 A신입사원은 집에서 거리가 10km 떨어진 회사에 근무하고 있다. 출근할 때는 자전거를 타고 1시 간이 걸린다. 퇴근할 때는 회사에서 4km 떨어진 헬스장을 들렀다가 운동 후 7km 거리를 이동하여 집에 도착한다. 퇴근할 때 회사에서 헬스장까지 30분, 헬스장에서 집까지 1시간 30분이 걸린다면 A신입사원이 출·퇴근하는 평균속력은?

① 5km/h ② 6km/h
③ 7km/h ④ 8km/h
⑤ 9km/h

03 미주는 집에서 백화점에 가기 위해 시속 8km의 속력으로 집에서 출발했다. 미주가 집에서 출발한 지 12분 후에 지갑을 두고 간 것을 발견한 동생이 시속 20km의 속력으로 미주를 만나러 출발했다. 미주와 동생은 미주가 출발하고 몇 분 후에 만나게 되는가?(단, 미주와 동생은 쉬지 않고 일정한 속력으로 움직인다)

① 11분 ② 14분
③ 17분 ④ 20분
⑤ 23분

PART 1

▶ 출제되는 영역에 대한 이론점검, 대표기출유형과 기출응용문제를 수록하였다.

▶ 최근 출제되는 유형을 체계적으로 학습하고 점검할 수 있도록 하였다.

도서 200% 활용하기 STRUCTURES

3 최종점검 모의고사 + 도서 동형 온라인 실전연습 서비스로 반복 학습

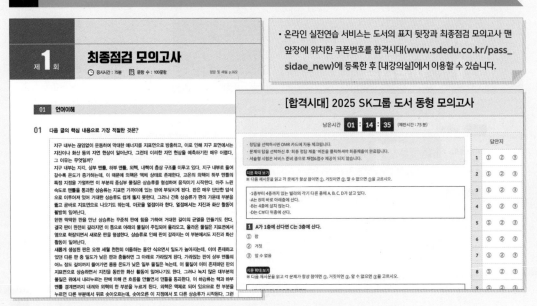

• 온라인 실전연습 서비스는 도서의 표지 뒷장과 최종점검 모의고사 맨 앞장에 위치한 쿠폰번호를 합격시대(www.sdedu.co.kr/pass_sidae_new)에 등록한 후 [내강의실]에서 이용할 수 있습니다.

▶ 실제 시험과 유사하게 구성된 최종점검 모의고사 4회분을 통해 마무리를 하도록 하였다.
▶ 이와 동일하게 구성된 온라인 실전연습 서비스로 실제 시험처럼 연습하도록 하였다.

4 심층검사부터 면접까지 한 권으로 대비하기

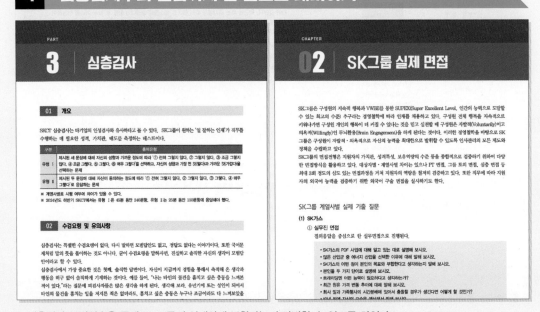

▶ 심층검사 모의연습을 통해 SK그룹의 인재상에 부합하는지 판별할 수 있도록 하였다.
▶ 면접 기출 질문을 통해 실제 면접에서 나오는 질문에 미리 대비할 수 있도록 하였다.

5 Easy&Hard로 난이도별 시간 분배 연습

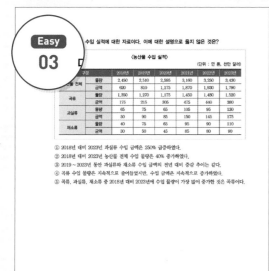

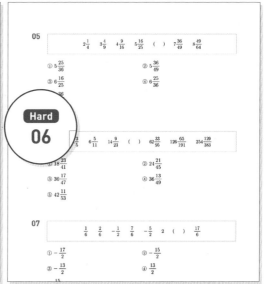

▶ Easy&Hard 표시로 문제별 난이도에 따라 시간을 적절하게 분배하여 풀이하는 연습이 가능하도록 하였다.

6 정답 및 오답분석으로 풀이까지 완벽 마무리

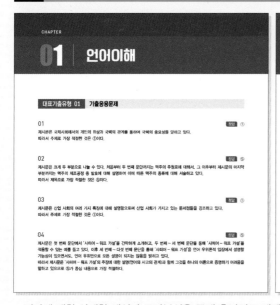

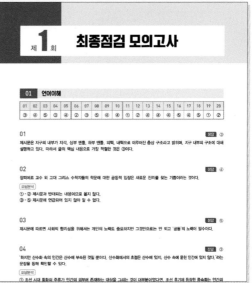

▶ 정답에 대한 상세한 해설과 오답분석을 통해 혼자서도 체계적인 학습이 가능하도록 하였다.

학습플랜 STUDY PLAN

1주 완성 학습플랜

본서에 수록된 전 영역을 단기간에 끝낼 수 있도록 구성한 학습플랜이다. 한 번에 전 영역을 공부하지 않고, 한 영역을 집중적으로 공부할 수 있도록 하였다. 인성검사 및 필기시험에 대한 기초 학습은 되어 있으나, 학습 계획 세우기에 자신이 없는 분들이나 미리 시험에 대비하지 못해 단시간에 많은 분량을 봐야 하는 수험생에게 추천한다.

ONE WEEK STUDY PLAN

	1일 차 ☐	2일 차 ☐	3일 차 ☐
Start!	____월____일	____월____일	____월____일

4일 차 ☐	5일 차 ☐	6일 차 ☐	7일 차 ☐
____월____일	____월____일	____월____일	____월____일

STUDY CHECK BOX							
구분	1일 차	2일 차	3일 차	4일 차	5일 차	6일 차	7일 차
기출복원문제							
PART 1							
제1회 최종점검 모의고사							
제2회 최종점검 모의고사							
제3회 최종점검 모의고사							
제4회 최종점검 모의고사							
다회독 1회							
다회독 2회							
오답분석							

스터디 체크박스 활용법

1주 완성 학습플랜에서 계획한 학습량을 어느 정도 실천하였는지 표시하여 자신의 학습량을 효율적으로 관리한다.

구분	1일 차	2일 차	3일 차	4일 차	5일 차	6일 차	7일 차
PART 1	언어이해	X	X	완료			

이 책의 차례 CONTENTS

Add+

합격의 공식 시대에듀 www.sdedu.co.kr

2024년 하반기
기출복원문제

※ 정답 및 해설은 기출복원문제 바로 뒤 p.016에 있습니다.

01 언어이해

01 다음 글의 주제로 가장 적절한 것은?

인간의 존엄성, 자유, 평등과 같은 가치는 문화, 사회, 시대를 넘어 대부분의 사람들이 공유하고 동의하는 가치관인 보편적 가치로 알려져 있다. 그러나 보편적 가치는 사회에서 규정된 법과 서로 상충하는 경우가 생긴다. 예를 들어 난민 문제에서는 인도주의적 가치와 국가 안보를 위한 필요성이 서로 충돌할 수 있다. 이와 같이 보편적 가치와 법이 충돌하는 것은 기원전 고대 그리스의 소포클레스의 희곡 『안티고네』에서도 나타나고 있다.

오이디푸스의 딸인 안티고네는 두 명의 오빠 에테오클래스, 폴리네이케스가 있었는데, 이 두 명은 고대 폴리스인 테베의 왕권을 두고 전쟁을 하던 중 죽게 된다. 에테오클래스와 폴리네이케스가 죽고 난 뒤 왕위에 오른 안티고네의 외숙부 크레온은 에테오클래스는 성대하게 장례를 치러 주었지만, 외세의 군대를 끌고 온 폴리네이케스는 들판에 버려두어 누구든지 장례를 치르거나 애도를 한다면 사형에 처할 것이라고 공표한다. 그러나 안티고네는 자신의 양심에 따라 오빠인 폴리네이케스가 들판에 버려져 있는 것을 볼 수 없어 그의 시신을 묻어주었다가 붙잡힌다. 크레온은 자신의 명령을 어긴 안티고네에게 분노하여 그녀가 굶어 죽도록 산 채로 무덤에 가둔다. 이때 테베의 유명한 장님 예언가인 테이레시아스가 크레온을 찾아와 신의 법도에 따라 행동한 안티고네를 가두었으니 곧 큰 불행이 올 것이라고 예언하게 된다. 이에 크레온은 자신의 결정을 후회하고 안티고네를 풀어주려고 하였으나, 이미 안티고네는 무덤 속에서 목을 매달아 스스로 목숨을 끊은 상태였다. 이 사건으로 인해 크레온의 아들이자 안티고네의 약혼자인 하이몬은 아버지를 죽이려다 실패하여 스스로 목숨을 끊었고, 하이몬의 어머니이자 크레온의 아내인 에우리디케도 남편을 저주하며 목숨을 끊는 연속적인 비극이 일어나게 된다.

안티고네의 비극적 죽음은 개인의 신념과 사회적 법 사이의 충돌을 보여주고 있다. 이는 앞서 말한 것과 같이 고대 그리스에 한정된 것이 아니라 시대를 초월하여 현재에도 발생하는 문제로서 인간이 도덕적이기 위해서는 신념과 법이 충돌할 때 어떤 선택을 해야 하는지 의문점을 던지고 있는 작품이다.

① 테베 내전의 정치적 갈등과 권력 다툼
② 개인의 양심과 사회적 질서의 차이 분석
③ 고대 그리스 시기 신의 법도가 가지는 의미
④ 개인의 의무와 국가의 권위 사이의 갈등과 결과
⑤ 자연법과 실정법 사이의 상충과 도덕적인 인간의 선택

02 다음 글을 읽고 추론한 내용으로 적절하지 않은 것은?

최근 자동차 회사에서는 친환경 에너지 시대에 맞춰 내연기관 대신 전기를 이용하는 전기 자동차를 생산하기 위해 많은 노력을 기울이고 있다. 전기 자동차에서 가장 중요한 기술을 꼽는다면 단연 2차 전지 기술일 것이다. 2차 전지(Secondary Cell)는 일회용 건전지와 달리 충전을 통해 반복해서 사용할 수 있는 전지를 말한다. 기존의 내연기관 자동차에서 시동을 걸 때 사용하는 납축전지 또한 최초로 발명된 2차 전지이다. 2차 전지는 일반적으로 양극, 음극, 전해질, 분리막으로 구성되어 있다. 외부에서 전기를 2차 전지에 공급하면 2차 전지 내의 이온이 전해질을 통해 분리막을 넘어 한쪽 극으로 이동하게 되고, 2차 전지의 전기를 사용할 때는 다시 반대편 극으로 이온이 이동하면서 전기를 발생시키게 된다. 이와 같이 2차 전지는 이온이 극과 극으로 이동하면서 충전과 방전을 할 수 있는 전지이다.

현재 2차 전지에는 다양한 종류가 있다. 앞서 말했던 납축전지가 최초의 2차 전지이며 이 외에도 니켈 카드뮴 전지, 니켈 수소 전지가 있지만, 가장 유명한 2차 전지는 스마트폰, 노트북, 전기 자동차 등 다양한 분야에서 사용되는 리튬 이온 전지이다. 리튬 이온 전지는 높은 에너지 밀도, 긴 수명, 빠른 충전 속도 등의 장점을 가져 미래 2차 전지 시장을 주도하고 있지만, 과방전 시의 전지 손상, 과충전 시의 폭발 사고 등 한계점을 가져 앞으로 더욱 많은 연구 및 개선이 필요한 전지이다.

그럼에도 불구하고 2차 전지는 친환경 에너지 시대를 실현하는 데 필수적인 역할을 한다. 전기 자동차의 장거리 주행, 신재생 에너지의 안정적인 공급, 스마트 그리드 구축 등 다양한 분야에서 활용되고 있으며, 탄소중립을 위한 필수 기술 중의 하나로 세계 곳곳에서는 더욱 높은 에너지 밀도, 빠른 충전 속도, 긴 수명, 안전한 사용 등 발전된 2차 전지를 개발하기 위해 많은 노력을 기울이고 있다. 대표적인 차세대 2차 전지로는 고체 전해질을 사용하는 전고체 전지, 황을 양극으로 사용하는 리튬 황 전지, 금속을 음극에, 공기를 양극에 사용하는 금속 공기 전지, 나트륨 이온 전지, 칼륨이나 마그네슘을 사용하는 다가이온 전지가 있으며, 이 외에도 소재 개발 및 제조 공정 연구도 활발하게 이루어지고 있다.

2차 전지는 우리의 삶을 편리하게 만들고 지속 가능한 미래를 위한 필수적인 기술이다. 차세대 2차 전지 기술은 다양한 산업 분야의 혁신을 이끌어 낼 것이다. 안전성, 효율 등 해결해야 할 문제는 산적해 있지만 막대한 부가가치를 가지고 있으므로 새로운 시대를 열어갈 핵심 기술이 될 것이다.

① 2차 전지의 발전은 미래 산업의 혁신을 이끌어 낼 것이다.
② 과충전 및 과방전은 2차 전지의 성능 및 수명을 단축시킨다.
③ 지속 가능한 개발을 위해 앞으로 2차 전지의 중요성이 더욱 강조될 것이다.
④ 최초의 2차 전지인 납축전지는 현재까지도 전기 자동차의 시동을 걸 때 사용된다.
⑤ 2차 전지 내부의 이온은 전해질을 통해 양쪽의 극으로 이동하며 전기를 발생시킨다.

다음 글을 읽고 공공재·공공자원의 실패에 대한 해결책으로 적절하지 않은 것을 고르면?

재화와 서비스는 소비를 막을 수 있는지에 따라 배제성이 있는 재화와 배제성이 없는 재화로 분류한다. 또 어떤 사람이 소비하면 다른 사람이 소비할 기회가 줄어드는지에 따라 경합성이 있는 재화와 경합성이 없는 재화로 구분한다. 공공재는 배제성과 경합성이 없는 재화이며, 공공자원은 배제성이 없으면서 경합성이 있는 재화이다.

공공재는 수많은 사람에게 일정한 혜택을 주는 것으로 사회적으로 반드시 생산돼야 하는 재화이다. 하지만 공공재는 '무임승차' 문제를 낳는다. 무임승차 문제란 사람들이 어떤 재화와 서비스의 소비로 일정한 혜택을 보지만, 어떤 비용도 지불하지 않는 것을 말한다. 이런 공공재가 가진 무임승차 문제 때문에 공공재는 사회 전체가 필요로 하는 수준보다 부족하게 생산되거나 아예 생산되지 않을 수 있다. 어떤 사람이 막대한 비용을 들여 누구나 공짜로 소비할 수 있는 국방 서비스, 치안 서비스 같은 공공재를 제공하려고 하겠는가.

공공재와 마찬가지로 공공자원 역시 원하는 사람이면 누구나 공짜로 사용할 수 있다. 그러나 어떤 사람이 공공자원을 사용하면 다른 사람은 사용에 제한을 받는다. 배제성은 없으나 재화의 경합성만이 존재하는 이러한 특성 때문에 공공자원은 '공공자원의 비극'이라는 새로운 형태의 문제를 낳는다. 공공자원의 비극이란 모두가 함께 사용할 수 있는 공공자원을 아무도 아껴 쓰려고 노력하지 않기 때문에 머지않아 황폐해지고 마는 현상이다.

바닷속의 물고기는 어느 특정한 사람의 소유가 아니기 때문에 누구나 잡을 수 있다. 먼저 잡는 사람이 임자인 셈이다. 하지만 물고기의 수량이 한정돼 있다면 나중에 잡는 사람은 잡을 물고기가 없을 수도 있다. 이런 생각에 너도 나도 앞다투어 물고기를 잡게 되면 얼마 가지 않아 물고기는 사라지고 말 것이다. 이른바 공공자원의 비극이 발생하는 것이다. 공공자원은 사회 전체가 필요로 하는 수준보다 지나치게 많이 자원을 낭비하는 결과를 초래한다.

이와 같은 공공재와 공공자원이 가지는 문제를 해결하는 방안은 무엇일까? 공공재는 사회적으로 매우 필요한 재화와 서비스인데도 시장에서 생산되지 않는다. 정부는 공공재의 특성을 가지는 재화와 서비스를 직접 생산해 공급한다. 예를 들어 정부는 국방, 치안 서비스 등을 비롯해 철도, 도로, 항만, 댐 등 원활한 경제 활동을 간접적으로 뒷받침해 주는 사회간접자본을 생산한다. 이때 사회간접자본의 생산량은 일반적인 상품의 생산량보다 예측이 까다로울 수 있는데, 이용하는 사람이 국민 전체이기 때문에 그 수가 절대적으로 많을 뿐만 아니라 배제성과 경합성이 없는 공공재로서의 성격을 띄기 때문에 그러한 면도 있다. 이러한 문제를 해결하기 위해서 국가는 공공투자사업 전 사회적 편익과 비용을 분석하여 적절한 사업의 투자 규모 및 진행 여부를 결정한다.

공공자원은 어느 누구의 소유도 아니다. 너도 나도 공공자원을 사용하면 금세 고갈되고 말 것이다. 정부는 각종 규제로 공공자원을 보호한다. 공공자원을 보호하기 위한 규제는 크게 사용 제한과 사용 할당으로 구분할 수 있다. 사용 제한은 공공자원을 민간이 이용할 수 없도록 막아두는 것이다. 예를 들면 주인이 없는 산을 개발 제한 구역으로 설정하여 벌목을 하거나 개발하여 수익을 창출하는 행위를 할 수 없도록 하는 것이다. 사용 할당은 모두가 사용하는 것이 아닌, 일정 기간에 일정한 사람만 사용할 수 있도록 이용 설정을 해두는 것을 말한다. 예를 들어 어부가 포획할 수 있는 수산물의 수량과 시기를 정해 놓는 법이 있다. 이렇게 되면 무분별하게 공공자원이 사용되는 것을 피하고 사회적으로 필요한 수준에서 공공자원을 사용할 수 있다.

① 가로수의 은행을 따는 사람들에게 벌금을 부과한다.
② 치안 불안 해소를 위해 지역마다 CCTV를 설치한다.
③ 주인 없는 목초지에서 풀을 먹일 수 있는 소의 마릿수를 제한한다.
④ 국립공원에 사는 야생동물을 사냥하지 못하도록 하는 법을 제정한다.
⑤ 항상 붐비는 공용 주차장을 요일별로 이용 가능한 자동차를 정하여 사용한다.

04 다음 제시된 문단을 논리적 순서대로 바르게 나열한 것은?

> (가) 다행히 성인 ADHD는 치료가 가능한 질환으로 보통 약물 치료와 비약물 치료를 병행한다. 약물 치료는 '염산메틸페니데이트' 등의 중추신경 자극제를 통해 집중력을 높이고 충동성을 감소시키는 데 도움을 준다. 비약물 치료에는 대표적으로 인지행동치료가 있는데 잘못된 생각과 행동 패턴을 바꾸고 스트레스 관리 능력을 향상시키는 데 도움을 준다. 이와 같이 약물 치료와 인지행동치료는 대표적인 ADHD 치료 방법으로 'ADHD의 표준 치료'라고도 불린다.
>
> (나) 이처럼 ADHD는 성인에게도 나타날 수 있으며 성인이라고 숨겨야 할 질병은 더더욱 아니다. 많은 사람들이 ADHD로 인해 어려움을 겪고 있지만 적절한 치료와 관리를 통해 충분히 일상생활에 적응하고 성공적인 삶을 살 수 있다. 충동성, 주의력 결핍 등의 문제로 일상생활이 어려울 경우 주저하지 말고 전문가의 도움을 받는 것이 좋다.
>
> (다) 주의력 결핍 및 과잉행동 장애(ADHD; Attention Deficit / Hyperactivity Disorder)는 연령이나 발달 수준에 비하여 주의력이 부족하여 일상생활에 지장이 있는 병적 상태를 의미한다. ADHD라고 하면 주로 뛰어다니고 산만한 아이들을 떠올리기 쉽다. 하지만 ADHD는 어른에게도 나타날 수 있는 질환이며, 성인 ADHD는 단순히 주의가 산만한 것을 넘어 일상생활 전반에 어려움을 초래할 수 있다.
>
> (라) ADHD의 정확한 원인은 아직 밝혀지지 않았지만 유전적인 요인, 뇌 기능 이상, 환경적인 요인 등이 복합적으로 작용하는 것으로 알려져 있다. 특히 뇌의 도파민과 노르에피네프린과 같은 신경전달물질의 불균형이 ADHD와 깊은 관련이 있다는 연구 결과도 있다.
>
> (마) 성인 ADHD는 어린 시절과 달리 과잉 행동보다는 주의력 결핍과 충동성이 더 두드러지는 경우가 많다. 업무에 집중하기 어렵고 자꾸 딴 생각을 하거나 일을 미루는 경향이 있다. 또한, 물건을 자주 잃어버리거나 약속 시간을 잘 지키지 못하는 등 조직적인 생활이 어렵다. 이 외에도 불안, 우울, 자존감 저하 등 다양한 정신적인 어려움을 겪기도 한다.

① (나) - (가) - (다) - (마) - (라)
② (나) - (라) - (마) - (가) - (다)
③ (다) - (가) - (나) - (라) - (마)
④ (다) - (마) - (라) - (가) - (나)
⑤ (라) - (다) - (가) - (나) - (마)

05 다음 글의 내용으로 적절하지 않은 것은?

> SNS에서 큰 인기를 얻은 디저트, 유명 연예인이 입었던 옷 등 우리는 일상생활에서 유행에 따라 소비욕구가 생기게 된다. 이는 단순히 물건을 구매하는 행위를 넘어 타인의 소비 행동을 따라하는 '모방소비' 현상을 보여준다.
>
> 모방소비는 다른 사람, 특히 유명인사나 인플루언서가 선택한 제품이나 서비스를 따라 소비하는 행동을 말한다. 이러한 소비는 단순히 상품을 구매하는 것을 넘어서, 자신의 사회적 지위나 개성을 표현하는 방식으로 나타날 수 있다. 예를 들어, 인기 있는 연예인이 착용한 의류나 사용하는 뷰티 제품을 구매하거나, 소셜 미디어에서 유행하는 트렌드에 맞춰 소비하는 경우가 이에 해당한다.
>
> 모방소비가 발생하는 이유는 여러 가지가 있다. 사회적 비교 이론에 따르면 사람들은 타인과의 비교를 통해 자신의 정체성을 확립하고 자신감을 얻으려 한다. 특히, 유명인사나 동료들의 소비 행동을 따라 함으로써 사회적 소속감을 느끼려는 경향이 있다. 미디어와 광고의 영향도 크다. 미디어는 특정 제품이나 라이프스타일을 이상화하고, 이를 소비하는 것이 사회적 지위나 성공의 지표처럼 묘사한다. 사회적 압력도 한 원인인데, 특정 소비 트렌드나 제품을 사용하지 않으면 사회적 지위나 인정을 받지 못할 것이라는 불안감이 소비를 촉진시킨다.
>
> 이러한 모방소비는 여러 가지 문제점을 발생시킨다. 가장 큰 문제는 경제적 부담의 증가이다. 유명인사나 트렌드를 따라 하다 보면 불필요하게 고가의 제품을 구매하게 되고, 이는 결과적으로 경제적 부담으로 이어진다. 또한 개인의 정체성 상실이 일어날 수 있다. 타인의 소비를 따라 하다 보면 자신만의 취향과 개성을 찾기 어려워지고, 결국 남과 똑같은 소비를 반복하게 된다. 이 외에도 환경적인 문제도 발생할 수 있는데, 소비되는 제품이 단기적인 유행에 맞춰 빠르게 생산되고 소비되기 때문에 자원의 낭비와 환경오염을 초래할 수 있다.
>
> 그렇다면 모방소비의 문제를 해결하기 위해서는 어떻게 해야 할까? 가장 중요한 것은 소비자 교육이다. 소비자 스스로 광고와 미디어의 영향을 비판적으로 분석하고, 자신의 필요와 효용에 맞는 소비를 할 수 있도록 교육을 통해 도와주어야 한다. 또한 사회적 압력의 감소도 필요하다. 과도한 소비를 부추기는 사회적 분위기를 완화하고 개인의 취향과 선택을 존중하는 문화가 뒷받침되어야 할 것이다. 특히 광고나 콘텐츠가 소비를 과도하게 유도하지 않도록 규제하고 긍정적인 소비문화를 확산시킬 수 있도록 미디어의 책임 또한 중요하다.

① 모방소비는 개인의 취향과 소비에 대한 성찰을 어렵게 한다.
② 모방소비는 사람의 심리적 과정에서 자연스럽게 발생하는 것이다.
③ 개인의 필요와 소비 효용을 극대화시키기 위해 모방소비가 발생한다.
④ 모방소비 문제를 해결하기 위해서는 각종 매체의 책임 있는 역할이 필요하다.
⑤ 모방소비는 자신이 필요하지 않아도 다른 사람의 소비 행위를 따라서 소비하는 것이다.

01 다음은 S사의 2023년 1분기 ~ 2024년 2분기의 영업이익, 영업수익, 영업비용에 대한 자료이다. 빈칸에 들어갈 수로 옳은 것은?

〈2023년 1분기 ~ 2024년 2분기 영업이익, 영업수익, 영업비용〉

(단위 : 억 원)

구분	2023년 1분기	2023년 2분기	2023년 3분기	2023년 4분기	2024년 1분기	2024년 2분기
영업이익	200,000	185,000	176,000	193,000	186,000	220,000
영업수익	637,000	658,000	676,000	676,000	662,000	750,000
영업비용	437,000	473,000	500,000		476,000	530,000

① 453,000　　　　　　　　② 463,000

③ 473,000　　　　　　　　④ 483,000

⑤ 493,000

02 다음은 2019 ~ 2023년 P시 및 Q시의 학생 수 현황에 대한 자료이다. 학생 수가 일정한 규칙을 보일 때, 2025년의 P시와 Q시의 학생 수의 차이는?

〈P시 및 Q시 학생 수 현황〉

(단위 : 명)

구분	2019년	2020년	2021년	2022년	2023년
P시	940	910	880	850	820
Q시	920	915	905	890	870

① 50명　　　　　　　　② 55명

③ 60명　　　　　　　　④ 65명

⑤ 70명

03 다음은 K공단에서 조사한 2018 ~ 2023년 건강보험 진료비 및 약품비 현황에 대한 자료이다. 이에 대한 설명으로 옳지 않은 것은?

〈건강보험 진료비 및 약품비 현황〉

(단위 : 억 원)

구분	2018년	2019년	2020년	2021년	2022년	2023년
진료비	750,000	810,000	820,000	890,000	980,000	1,050,000
약품비	180,000	200,000	210,000	220,500	245,000	260,000

① 약품비는 항상 진료비의 25% 이하이다.
② 2023년의 약품비는 2018년 대비 약 44% 증가하였다.
③ 진료비는 2023년에 처음으로 100조 원을 초과하였다.
④ 진료비 증가액이 전년 대비 가장 큰 해는 2022년이다.
⑤ 약품비 증가액이 전년 대비 가장 작은 해는 2020년이다.

04 다음은 2023년 S국의 쌀, 보리, 콩, 수수, 귀리의 수입 및 수출량에 대한 자료이다. 이에 대한 설명으로 옳은 것은?

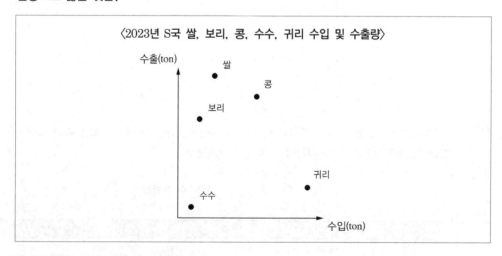

① 수입량이 가장 많은 곡식은 쌀이다.
② 수출량이 가장 많은 곡식은 귀리이다.
③ 보리는 수입량 대비 수출량이 가장 크다.
④ 수수는 수입량과 수출량 모두 가장 적다.
⑤ 콩은 수입량과 수출량 모두 세 번째로 많다.

05 다음은 2001 ~ 2023년 국제학업성취도평가 중 읽기 항목의 점수에 대한 자료이다. 이에 대한 설명으로 옳지 않은 것을 〈보기〉에서 모두 고르면?

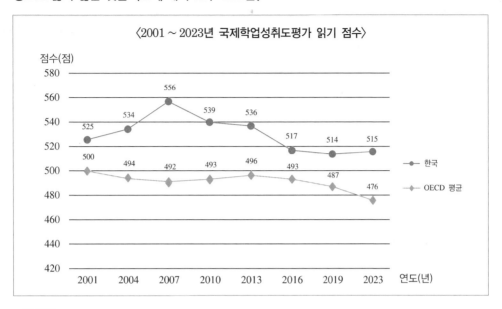

〈2001 ~ 2023년 국제학업성취도평가 읽기 점수〉

보기

경제협력개발기구(OECD)의 주관하에 3년 주기로 시행하고 있는 국제학업성취도평가는 크게 수학, 읽기, 과학을 평가하고 있다. 위의 자료는 읽기 항목 점수에 대한 자료이며, ㉠ 한국은 항상 OECD 평균보다 높은 성적을 기록하고 있다. 특히 2007년의 읽기 점수는 2001 ~ 2023년 중 가장 높은 점수를 기록하였으며, ㉡ OECD 평균 점수와의 차이는 2023년이 가장 큰 것으로 기록되었다. 하지만 이후로 점수가 하락세를 보였으며, 비록 2023년에는 점수가 소폭 상승하였으나 전체적으로는 하락세를 보였다. 한편, ㉢ OECD 평균 읽기 점수는 2013년 이후 하락하였다. 이는 스마트폰 등 전자기기의 영향이 큰 것으로 전문가들은 추측하고 있다.

① ㉡
② ㉢
③ ㉠, ㉡
④ ㉡, ㉢
⑤ ㉠, ㉡, ㉢

01 알코올이 22% 들어있는 술 A와 10% 들어있는 술 B를 섞어 알코올이 17% 이상 들어있는 술 300mL을 만들고자 한다. 이때, 술 A는 최소 몇 mL 필요한가?

① 175mL ② 180mL

③ 185mL ④ 190mL

⑤ 195mL

02 S사 구내식당에서 판매하는 A햄버거와 B햄버거는 1,800원을 더 지불하면 세트메뉴로 변경할 수 있다. 또한 A햄버거 단품 가격이 B햄버거 단품 가격보다 400원 더 저렴하다고 한다. A햄버거와 B햄버거 모두 세트메뉴로 2개씩 변경하여 구매할 때 29,200원을 지불해야 한다면, B햄버거 단품의 가격은?

① 5,100원 ② 5,300원

③ 5,500원 ④ 5,700원

⑤ 5,900원

03 S호수에 40m의 간격으로 나무를 심었더니 50그루를 심을 수 있었다. 이 호수에 25m 간격으로 나무를 심는다면 모두 몇 그루를 심을 수 있겠는가?

① 80그루 ② 85그루

③ 90그루 ④ 95그루

⑤ 100그루

04 15t 물탱크에 초당 20L를 채울 수 있는 A호스와 초당 90L를 채울 수 B호스를 이용하여 물을 채우고 있다. 하지만 실수로 초당 50L를 빼내는 C호스를 열면서 물을 채웠다고 한다. 이때, 물탱크에 물을 가득 채우는 데 걸리는 시간은?(단, 물 1L는 1kg으로 환산한다)

① 4분 10초 ② 4분 20초
③ 4분 30초 ④ 4분 40초
⑤ 4분 50초

05 S마을에서 운행 중인 순환선 마을버스가 4대 있는데, 이 버스를 1대 더 늘리면 배차간격이 2분 줄어든다고 한다. 마을버스의 평균 속력이 30km/h일 때, 이 버스의 순환 노선의 길이는?(단, 각 정거장의 길이와 버스 간의 거리는 모두 같고, 버스의 평균 속력은 변하지 않는다)

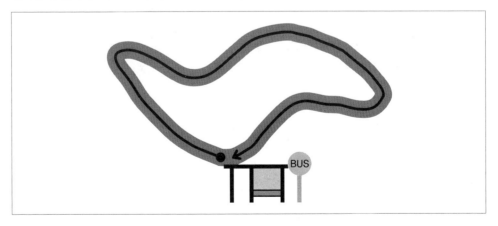

① 20km ② 30km
③ 40km ④ 50km
⑤ 60km

01 간밤에 S회사에서 보관 중인 중요 문서가 도난당했다. 회사는 A ~ D 4명을 용의자로 지목했으며, 범인은 이 중 1명이다. 다음은 용의자들의 진술이며, 문서를 훔친 범인은 항상 거짓을, 범인이 아닌 사람은 항상 참을 말한다고 한다. 중요 문서를 훔친 사람은?

> • A : D가 범인이야.
> • B : C가 말한 것이 사실이라면 범인은 A나 D 중 1명이야.
> • C : 나와 D는 범인이 아니야.
> • D : B와 C는 범인이 아니야.

① A   ② B
③ C   ④ D
⑤ 알 수 없음

02 A ~ E 5명은 지난주에 개최된 세미나의 참석 여부에 대해 다음과 같이 진술했다. 세미나에 참석하지 않은 2명은 항상 거짓을, 세미나에 참석한 3명은 항상 참을 말한다고 할 때, 거짓을 말한 사람을 모두 고르면?

> • A : B는 세미나에 참석하지 않았어.
> • B : 아니야, 나는 참석했어. A가 참석하지 않았어.
> • C : 나는 세미나실에서 D와 만나서 같이 참석했어.
> • D : 맞아. C는 나랑 같이 세미나에 참석했어.
> • E : A는 세미나에 참석하지 않았어.

① A, B   ② A, E
③ B, E   ④ C, D
⑤ D, E

03 〈조건〉과 같이 A~E 5명은 일렬로 줄을 설 것이다. D는 왼쪽에서 몇 번째에 위치하는가?

조건
- A~E 5명은 왼쪽부터 오른쪽까지 일렬로 줄을 선다.
- A와 D 사이에는 1명이 있다.
- E는 B보다 왼쪽에 위치하며 둘 사이에는 2명이 있다.
- C의 오른쪽에는 D가 있다.

① 첫 번째　　　　　　　　　　　② 두 번째
③ 세 번째　　　　　　　　　　　④ 네 번째
⑤ 다섯 번째

04 A~E 5명은 여행을 가려고 한다. 〈조건〉을 바탕으로 5명 중 3명이 여행을 간다고 할 때, 다음 중 여행을 가는 사람을 모두 고르면?

조건
- C가 여행을 가지 않으면 B는 여행을 간다.
- C가 여행을 가면 D도 여행을 간다.
- E가 여행을 가지 않으면 A는 여행을 간다.
- A가 여행을 가면 D는 여행을 가지 않는다.

① A, B, C　　　　　　　　　　　② A, C, D
③ B, C, D　　　　　　　　　　　④ B, D, E
⑤ C, D, E

05 TV광고 모델에 지원한 A~G 7명 중에서 2명이 선발되었다. 선발 내용에 대하여 5명이 다음 〈조건〉과 같이 진술하였다. 이 중 3가지 진술만 참일 때, 항상 선발되는 사람은?

조건
- A, B, G는 모두 탈락하였다.
- E, F, G는 모두 탈락하였다.
- C와 G 중에서 1명만 선발되었다.
- A, B, C, D 중에서 1명만 선발되었다.
- B, C, D 중에서 1명만 선발되었고, D, E, F 중에서 1명만 선발되었다.

① A　　　　　　　　　　　　　　② C
③ D　　　　　　　　　　　　　　④ E
⑤ G

※ 일정한 규칙으로 수를 나열할 때, 빈칸에 들어갈 알맞은 수를 고르시오. [1~3]

01

| 3 | -6 | -12 | 24 | 18 | -36 | -42 | ( ) | 78 |

① -84 ② -72

③ 72 ④ 84

⑤ 96

02

| $\dfrac{2}{3}$ | $\dfrac{10}{21}$ | $\dfrac{10}{27}$ | $\dfrac{10}{33}$ | $\dfrac{10}{39}$ | $\dfrac{10}{45}$ | ( ) | $\dfrac{10}{57}$ | $\dfrac{10}{63}$ |

① $\dfrac{10}{49}$ ② $\dfrac{10}{51}$

③ $\dfrac{10}{52}$ ④ $\dfrac{10}{54}$

⑤ $\dfrac{10}{56}$

03

| 4 | 5 | 9 | 14 | 23 | 37 | ( ) | 97 | 157 | 254 |

① 50 ② 52

③ 55 ④ 58

⑤ 60

04 일정한 규칙으로 수를 나열할 때, $A+B$의 값은?

3	6	2	12	4	(A)	28	392	(B)	6,768

① 412   ② 414

③ 416   ④ 418

⑤ 420

05 다음 수열의 11번째 항의 값은?

−10	−11	−6	5	22	45	74

① 247   ② 250

③ 253   ④ 256

⑤ 259

01 언어이해

01	02	03	04	05					
⑤	④	②	④	③					

01

정답 ⑤

제시문은 안티고네의 비극적 죽음을 통해 개인의 신념과 사회적 법이 상충할 때의 모습을 보여주며 인간이 도덕적 선택을 하기 위해서는 어떤 선택을 해야 하는지 의문점을 던지는 글이다. 여기서 안티고네가 한 행동은 개인의 신념으로서 가족의 시신을 장례하는 보편적인 가치인 자연법에 따라 행동한 결과이다. 반면 크레온의 명령은 왕권에 의한 명령으로 국가나 사회가 제정한 실정법이다. 그러므로 크레온이 안티고네를 붙잡아 가둔 것은 실정법에 따라 행동한 결과이므로 글의 주제로 가장 적절한 것은 '자연법과 실정법 사이의 상충과 도덕적인 인간의 선택'이다.

오답분석
① 안티고네 이야기는 에테오클래스와 폴리네이케스 사이의 테베 내전을 배경으로 하고 있으나 글의 핵심 주제는 아니다.
② 개인의 양심과 사회적 질서가 상충하는 것이 주제이며, 각각의 차이점을 분석하는 글은 아니다.
③ 글의 내용과 상관없는 내용이다.
④ 개인의 의무 및 국가의 권위에 대한 내용은 글에 포함되어 있지 않다.

02

정답 ④

최초의 2차 전지인 납축전지는 내연기관 자동차의 시동을 걸 때 사용하는 전지이나, 전기 자동차에서의 사용 여부는 서술되어 있지 않다. 실제로 전기 자동차는 시동 및 주행을 위해 리튬 이온 전지를 사용하고 있으며 일반적으로 납축전지는 사용하지 않는다.

오답분석
① · ③ 마지막 문단에서 2차 전지는 지속 가능한 미래를 위한 필수적인 기술로 다양한 산업 분야의 혁신을 이끌어 낼 것이라고 서술하고 있으므로 그 중요성을 강조하고 있다.
② 2차 전지의 과방전은 전지의 손상을 일으키며 과충전은 폭발의 위험이 있다고 하였으므로 과충전 및 과방전은 2차 전지의 성능 및 수명을 단축시킴을 알 수 있다.
⑤ 2차 전지에 전기를 공급하면 이온이 전해질을 통해 분리막을 넘어 이동하므로 극 사이에서 이온의 이동이 전기를 발생시킴을 알 수 있다.

03

정답 ②

치안 불안 해소를 위해 CCTV를 설치하는 것은 정부가 사회간접자본인 치안 서비스를 제공하는 것이지, 공공재 · 공공자원 실패의 해결책이라고 보기는 어렵다.

오답분석
① · ④ 공공재 · 공공자원 실패의 해결책 중에서 사용 제한을 위한 정책이라고 볼 수 있다.
③ · ⑤ 공공재 · 공공자원 실패의 해결책 중에서 사용 할당을 위한 정책이라고 볼 수 있다.

04

정답 ④

제시문은 성인 ADHD에 대한 소개와 증상, 원인, 치료법 등을 설명하는 글이다. 먼저 ADHD에 대해 설명하고 있는 (다) 문단이 첫 번째 문단으로 가장 적절하다. 이후 성인 ADHD의 특징적인 증상에 대해 설명하는 (마) 문단이 이어지는 것이 자연스럽다. 다음으로 성인 ADHD의 원인을 설명하는 (라) 문단과 이에 대한 치료법을 소개하는 (가) 문단이 이어져야 한다. 마지막으로 글의 결론을 서술한 (나) 문단이 이어져야 한다. 따라서 (다) - (마) - (라) - (가) - (나) 순으로 나열하는 것이 적절하다.

05

정답 ③

모방소비는 유명인사나 인플루언서 등 다른 사람의 소비 행위를 따라서 소비하는 행동을 말한다. 이로 인해 자신에게 필요하지 않아도 구매로 이어지므로 개인의 필요와 소비 효용을 극대화시키는 합리적인 소비라고 할 수 없다.

[오답분석]
① 네 번째 문단에서 모방소비로 인해 개인의 정체성 상실이 일어날 수 있으며, 자신만의 취향과 개성을 찾기 어려워짐을 서술하고 있다.
② 모방소비는 소비 트렌드를 따라함으로써 사회적 지위나 인정에 대한 불안감을 해소시키는 등 심리적 요인에 의해 자연스럽게 발생하는 소비하는 행동이다.
④ 광고나 콘텐츠가 소비를 과도하게 유도하지 않도록 규제하고 긍정적인 소비문화 확산을 위해 미디어의 책임 또한 중요하다.
⑤ 모방소비는 자신에게 필요하지 않아도 유명인이 선택한 제품이나 서비스를 따라 소비하는 행동이다.

02 자료해석

01	02	03	04	05					
④	②	①	④	①					

01

정답 ④

자료를 통해 (영업이익)=(영업수익)-(영업비용)임을 알 수 있다. 따라서 빈칸에 들어갈 수는 676,000-193,000=483,0000이다.

02

정답 ②

P시는 매년 30명씩 감소하고 있다. 2024년 P시의 학생 수는 820-30=790명이므로 2025년 P시의 학생 수는 790-30=760명이다.
Q시는 매년 감소하는 학생 수가 5명씩 증가하고 있다. 2024년 Q시의 학생 수는 870-25=845명이므로 2025년 Q시의 학생 수는 845-30=815명이다.
따라서 2025년 P시와 Q시의 학생 수 차이는 815-760=55명이다.

03

정답 ①

진료비의 25% 이하가 약품비라면 (약품비)×4<(진료비)이다. 하지만 2020년의 경우 210,000×4=840,000>820,0000이다. 따라서 (약품비)×4>(진료비)이므로 2020년의 약품비는 진료비의 25% 이상이다.

[오답분석]
② 2023년 약품비는 2018년 대비 $\frac{260,000-180,000}{180,000} \times 100 = \frac{80,000}{180,000} \times 100 = \frac{4}{9} \times 100 ≒ 44\%$ 증가하였다.
③ 진료비는 2022년까지 100조 원 미만이었지만, 2023년 이후로 100조 원을 초과하였다.

④ 2019 ~ 2023년 진료비의 전년 대비 증가액은 각각 다음과 같다.
- 2019년 : 810,000−750,000=60,000억 원
- 2020년 : 820,000−810,000=10,000억 원
- 2021년 : 890,000−820,000=70,000억 원
- 2022년 : 980,000−890,000=90,000억 원
- 2023년 : 1,050,000−980,000=70,000억 원

따라서 진료비의 전년 대비 증가액은 2022년이 가장 크다.

⑤ 2019 ~ 2023년 약품비의 전년 대비 증가액은 다음과 같다.
- 2019년 : 200,000−180,000=20,000억 원
- 2020년 : 210,000−200,000=10,000억 원
- 2021년 : 220,500−210,000=10,500억 원
- 2022년 : 245,000−220,500=24,500억 원
- 2023년 : 260,000−245,000=15,000억 원

따라서 약품비의 전년 대비 증가액은 2020년이 가장 작다.

04

정답 ④

수입량이 많은 곡식을 순서대로 나열하면 귀리−콩−쌀−보리−수수이고, 수출량이 많은 곡식을 순서대로 나열하면 쌀−콩−보리−귀리−수수이다. 따라서 수수는 수입량과 수출량 모두 가장 적은 곡식이다.

오답분석
① 수입량이 가장 많은 곡식은 귀리이다.
② 수출량이 가장 많은 곡식은 쌀이다.
③ 제시된 자료로는 알 수 없다.
⑤ 콩은 수입량과 수출량 모두 두 번째로 많은 곡식이다.

05

정답 ①

국제학업성취도 읽기 점수의 한국과 OECD 평균 점수의 차이가 가장 큰 해는 2007년으로 556−492=64점이다.

---

03   창의수리

01	02	03	04	05					
①	②	①	①	①					

01

정답 ①

술 A의 양을 xmL라고 하면 술 B의 양은 $(300-x)$mL이므로 다음과 같은 식이 성립한다.

$$\frac{22}{100} \times x + \frac{10}{100} \times (300-x) \geq \frac{17}{100} \times 300$$

$\rightarrow 22x + 10 \times (300-x) \geq 5,100$

$\rightarrow 12x \geq 2,100$

$\therefore x \geq 175$

따라서 술 A는 최소 175mL 넣어야 한다.

02

A햄버거 단품 가격을 x원이라고 하면 B햄버거 단품 가격은 $(x-400)$원이다.

A햄버거와 B햄버거 모두 세트메뉴로 변경하여 2개씩 주문하므로 다음과 같은 식이 성립한다.

$2 \times \{(x+1,800)+(x-400+1,800)\} = 29,200$

$\rightarrow 2 \times (2x+3,200) = 29,200$

$\rightarrow 4x+6,400 = 29,200$

$\therefore x = 5,700$

따라서 A햄버거 단품 가격이 5,700원이므로 B햄버거 단품 가격은 $5,700-400=5,300$원이다.

03

40m의 간격으로 50그루를 심으므로 호수 둘레의 길이는 $40 \times 50 = 2,000$m이다.

따라서 25m 간격으로 나무를 심는다면 나무는 모두 $\dfrac{2,000}{25} = 80$그루 심을 수 있다.

04

(초당 채울 수 있는 물의 양)＝(A호스를 통해 채우는 물의 양)＋(B호스를 통해 채우는 물의 양)−(C호스를 통해 빠져나가는 물의 양)이므로 초당 채울 수 있는 물의 양은 $20+90-50=60$L이다.

1L를 1kg로 환산하므로 60L는 60kg이고, 1t=1,000kg이다.

따라서 물탱크에 물을 가득 채우는 데 걸리는 시간은 $\dfrac{15 \times 1,000}{60} = 250$초＝4분 10초이다.

05

버스를 1대 늘리기 전 순환선 마을버스는 모두 4대이므로, 1대의 마을버스가 노선을 1바퀴 돌 때 걸리는 시간을 t시간이라고 하면 배차간격은 $\dfrac{t}{4}$시간이다. 버스를 1대 늘려 순환선 마을버스가 모두 5대일 때 버스의 배차간격은 $\dfrac{t}{5}$시간이다. 이때 배차간격이 2분＝$\dfrac{1}{30}$시간 줄었으므로 다음과 같은 식이 성립한다.

$\dfrac{t}{4} - \dfrac{1}{30} = \dfrac{t}{5}$

$\therefore t = \dfrac{2}{3}$

따라서 순환 노선의 길이는 $30 \times \dfrac{2}{3} = 20$km이다.

01

정답 ①

A와 C의 진술이 서로 모순되므로 둘 중 1명은 거짓을 말하고 있다.

ⅰ) A의 진술이 참일 경우

범인은 D이며, D의 진술이 거짓이 된다. 그러나 이 경우 B와 C가 범인이 되며, C의 진술 또한 거짓이 되므로 모순이다.

ⅱ) A의 진술이 거짓일 경우

범인은 A이며, B, C, D는 모두 참을 말하고 있으므로 범인은 A이다.

따라서 회사의 중요 문서를 훔친 범인은 A이다.

02

정답 ③

A와 B의 진술이 서로 모순되므로 둘 중 1명은 참을 말하고 있다. 또한, C와 D는 서로 함께 참석했다고 하였으므로 2명 모두 참이나 거짓이 되지만, A와 B 중 1명이 거짓을 말하고 있으므로 C와 D의 진술은 모두 참이다.

ⅰ) A의 진술이 거짓인 경우

A는 세미나에 참석하지 않으며, B는 세미나에 참석하고, C와 D는 모두 참석한다. 마지막으로 E의 진술이 참이므로 E도 세미나에 참석한다. 이 경우, 거짓을 말하는 사람은 A뿐이므로, 2명이 거짓을 말한다는 문제의 조건에 위배된다. 따라서 모순이다.

ⅱ) A의 진술이 참인 경우

A는 세미나에 참석하며, B는 세미나에 참석하지 않고, C와 D는 모두 참석한다. 마지막으로 E의 진술이 거짓이므로 E는 세미나에 참석하지 않는다. 이 경우 거짓을 말하는 사람은 B와 E 2명이다.

따라서 거짓을 말하는 사람은 B, E이다.

03

정답 ③

세 번째 조건에 따라 E와 B 사이에 2명이 있으므로 E와 B의 위치는 다음과 같이 두 가지 경우가 존재한다.

ⅰ) E − O − O − B − O

두 번째 조건에 따라 A와 D 사이에 1명이 있어야 하므로 A와 D는 왼쪽에서 세 번째나 다섯 번째에 위치한다. 따라서 남은 두 번째 자리는 C가 위치하므로 네 번째 조건에 따라 D는 세 번째, A는 다섯 번째에 위치한다.

ⅱ) O − E − O − O − B

두 번째 조건에 따라 A와 D 사이에 1명이 있어야 하므로 A와 D는 왼쪽에서 첫 번째나 세 번째에 위치한다. 따라서 남은 네 번째 자리는 C가 자리하게 되지만, 네 번째 조건에 따라 C의 오른쪽에 D가 위치할 수 없으므로 불가능한 경우이다.

따라서 E − C − D − B − A 순서로 줄을 서며, D는 왼쪽에서 세 번째에 위치하게 된다.

04

정답 ⑤

상충하는 첫 번째 조건과 두 번째 조건을 통해 C의 여행 여부를 나누어 살펴보면 다음과 같다.

ⅰ) C가 여행을 가지 않을 경우

첫 번째 조건에 따라 B는 여행을 가고, 두 번째 조건의 대우에 따라 D가 여행을 가지 않아야 C가 여행을 가지 않으므로 D도 여행을 가지 않는다. 또한 네 번째 조건에 따라 A가 여행에 가야 D가 여행을 가지 않으므로 A는 여행을 간다. 마지막으로 세 번째 조건에 따라 E가 여행에 가지 않아야 A가 여행을 가므로 E는 여행에 가지 않는다. 이 경우 여행을 가는 사람은 A, B 2명이므로 옳지 않다.

ⅱ) C가 여행을 가는 경우

첫 번째 조건의 대우에 따라 B가 여행을 가지 않을 때 C가 여행을 가므로 B는 여행을 가지 않는다. 두 번째 조건에 따라 D는 여행을 가며, 네 번째 조건의 대우에 따라 D가 여행을 가면 A는 여행을 가지 않는다. 마지막으로 세 번째 조건의 대우에 따라 A가 여행을 가지 않으면 E는 여행을 간다. 이 경우 C, D, E 3명이 여행을 가게 된다.

따라서 여행을 가는 사람은 C, D, E이다.

05

진술의 진실 여부를 고려할 때 가능한 선발 경우는 다음과 같다.

ⅰ) 경우 1

G가 선발되었을 경우, 첫 번째, 두 번째 진술이 거짓이다. 이에 따라 나머지 진술이 참이어야 한다. D가 선발되는 경우를 제외하고는 나머지 진술이 참일 수 없다. 그러므로 D와 G가 선발된다.

ⅱ) 경우 2

B, C, D 중에서 1명만 선발되지 않고 2명이 선발될 경우, 네 번째, 다섯 번째 진술이 거짓이다. 이에 따라 나머지 진술이 참이어야 한다. 그러므로 C, D가 선발된다.

따라서 항상 선발되는 사람은 D이다.

05   수열추리

01	02	03	04	05					
④	②	⑤	③	②					

01

정답 ④

앞의 항에 $\times(-2)$, -6이 반복되는 수열이다.

따라서 (　　)$=(-42)\times(-2)=84$이다.

02

정답 ②

앞의 항에 $\times\dfrac{5}{7}$, $\times\dfrac{7}{9}$, $\times\dfrac{9}{11}$, $\cdots$를 하는 수열이다.

따라서 (　　)$=\dfrac{10}{45}\times\dfrac{15}{17}=\dfrac{10}{51}$이다.

03

정답 ⑤

앞의 두 항의 합이 다음 항이 되는 피보나치 수열이다.

따라서 (　　)$=23+37=60$이다.

04

정답 ③

앞의 항에 $\times2$, -4, $\times6$, -8, $\cdots$을 하는 수열이다.

$\therefore$ A$=4\times10=40$, B$=392-16=376$

따라서 A+B$=40+376=416$이다.

05

정답 ②

앞의 항에 -1, $+5$, $+11$, $+17$, $\cdots$을 하는 수열이다.

7번째 항의 값이 74이므로 8번째 항의 값은 $74+35=109$, 9번째 항의 값은 $109+41=150$이고, 10번째 항의 값은 $150+47=197$이다.

따라서 11번째 항의 값은 $197+53=250$이다.

합격의 공식
시대에듀
S D E D U

훌륭한 가정만한 학교가 없고, 덕이 있는 부모만한 스승은 없다.

– 마하트마 간디 –

PART 1

대표기출유형

언어이해

합격 Cheat Key

언어이해는 크게 독해, 문장나열, 빈칸추론 등으로 나눌 수 있다. 이 중 독해의 비중이 압도적으로 높은 편인데, 독해는 내용 일치·불일치, 주제 찾기, 추론하기 등으로 구성되어 있다. 15분 동안 20문제를 풀어야 하는 언어이해는 최대한 많은 문제를 풀어 보면서 글의 주제와 흐름을 파악하여 정확하게 답을 고르는 연습이 필요하다.

1 독해

제시문의 전체적인 맥락을 읽고 파악하는 문제로 구성되어 있으며, 특히 추론하기와 비판하기가 높은 비율로 출제되고 있다.

┤ 학습 포인트 ├

- 경제·경영·철학·역사·예술·과학 등 다양한 분야와 관련된 글이 제시된다.
- 독해의 경우 단기간의 공부로 성적을 올릴 수 있는 부분이 아니므로 평소에 꾸준히 연습해야 한다.
- 추론하기와 비판하기의 경우 제시문을 바탕으로 정확한 근거를 판단하여 풀이하면 오답을 피할 수 있다.

문장나열

주어진 문장을 논리적 순서에 맞게 나열하는 문제, 〈보기〉에 주어진 문장을 제시문에서 적절한 자리에 배치하는 문제 유형 등이 있다.

> ─┤ 학습 포인트 ├─
>
> - SKCT의 난이도를 생각할 때 결코 어려운 편에 속하지 않으므로 고득점을 목표로 한다면 절대 놓쳐서는 안 되는 영역이다.
> - 문장과 문장을 연결하는 접속어의 쓰임에 대해 알고 있으면 빠른 시간 내에 문제를 풀 수 있다.
> - 문장 속에 나타나는 지시어는 해당 문장의 앞에 어떤 내용이 오는지에 대한 힌트가 되므로 이에 집중한다.

빈칸추론

문맥의 흐름에 맞는 적절한 문장을 찾는 유형으로, 이전에는 앞뒤 문장으로 추론이 가능 했으나 최근에는 글의 전체적인 맥락을 알지 못하면 풀 수 없게 출제되고 있으므로 글의 중심 내용을 빠르게 파악해야 한다.

> ─┤ 학습 포인트 ├─
>
> - 제시문을 처음부터 끝까지 다 읽지 않고 빈칸의 앞뒤 문장만으로 그 사이에 들어갈 내용을 유추하는 연습을 해야 한다.
> - 선택지를 읽으며 빈칸에 들어갈 답을 고른 후 해설과 비교한다. 확실하게 정답을 선택한 경우를 제외하고, 놓친 부분을 다시 한 번 확인하는 습관을 들인다.

01 | 이론점검

01　논리구조

논리구조에서는 주로 단락과 문장 간의 관계나 글 전체의 논리적 구조를 정확히 파악했는지를 묻는다. 글의 순서를 바르게 나열하는 유형이 출제되고 있다. 제시문의 전체적인 흐름을 바탕으로 각 문단의 특징, 단락 간의 역할 등을 논리적으로 구조화할 수 있는 능력을 길러야 한다.

1. 문장과 문장 간의 관계

① **상세화 관계** : 주지 → 구체적 설명(비교, 대조, 유추, 분류, 분석, 인용, 예시, 비유, 부연, 상술 등)
② **문제(제기)와 해결 관계** : 한 문장이 문제를 제기하고, 다른 문장이 그 해결책을 제시하는 관계(과제 제시 → 해결 방안, 문제 제기 → 해답 제시)
③ **선후 관계** : 한 문장이 먼저 발생한 내용을 담고, 다음 문장이 나중에 발생한 내용을 담고 있는 관계
④ **원인과 결과 관계** : 한 문장이 원인이 되고, 다른 문장이 그 결과가 되는 관계(원인 제시 → 결과 제시, 결과 제시 → 원인 제시)
⑤ **주장과 근거 관계** : 한 문장이 필자가 말하고자 하는 바(주지)가 되고, 다른 문장이 그 문장의 증거(근거)가 되는 관계(주장 제시 → 근거 제시, 의견 제안 → 의견 설명)
⑥ **전제와 결론 관계** : 앞 문장에서 조건이나 가정을 제시하고, 뒤 문장에서 이에 따른 결론을 제시하는 관계

2. 문장의 연결 방식

① **순접** : 원인과 결과, 부연 설명 등의 문장 연결에 쓰임
　　예 그래서, 그리고, 그러므로 등
② **역접** : 앞글의 내용을 전면적 또는 부분적으로 부정
　　예 그러나, 그렇지만, 그래도, 하지만 등
③ **대등·병렬** : 앞뒤 문장의 대비와 반복에 의한 접속
　　예 및, 혹은, 또는, 이에 반하여 등
④ **보충·첨가** : 앞글의 내용을 보다 강조하거나 부족한 부분을 보충하기 위해 다른 말을 덧붙이는 문맥
　　예 단, 곧, 즉, 더욱이, 게다가, 왜냐하면 등
⑤ **화제 전환** : 앞글과는 다른 새로운 내용을 이야기하기 위한 문맥
⑥ **비유·예시** : 앞글에 대해 비유적으로 다시 말하거나 구체적인 예를 보임
　　예 예를 들면, 예컨대, 마치 등

3. 원리 접근법

앞뒤 문장의 중심 의미 파악	→	앞뒤 문장의 중심 내용이 어떤 관계인지 파악	→	문장 간의 접속어, 지시어의 의미와 기능	→	문장의 의미와 관계성 파악
각 문장의 의미를 어떤 관계로 연결해서 글을 전개하는지 파악해야 한다.		지문 안의 모든 문장은 서로 논리적 관계성이 있다.		접속어와 지시어를 음미하는 것은 독해의 길잡이 역할을 한다.		문단의 중심 내용을 알기 위한 기본 분석 과정이다.

02 　논리적 이해

1. 전제의 추론

전제의 추론은 원칙적으로 주어진 내용의 이면에 내포되어 있는 이미 옳다고 인정된 사실을 유추하는 유형이다.

① 먼저 주장이 무엇인지 명확하게 파악해야 한다.
② 주장이 성립하기 위해서 논리적으로 필요한 요건이 무엇인지 생각해 본다.
③ 선택지 중 주장과 논리적으로 인과 관계를 형성할 수 있는 조건을 찾아낸다.

2. 결론의 추론

주어진 내용을 명확히 이해한 다음, 이를 근거로 이끌어 낼 수 있는 올바른 결론이나 관련 사항을 논리적인 관점에서 찾는 문제 유형이다. 이와 같은 문제는 평상시 비판적이고 논리적인 관점으로 글을 읽는 연습을 충분히 해두어야 유리하다고 볼 수 있다.

3. 주제의 추론

주제와 관련된 추론 문제는 적성검사에서 자주 출제되는 유형으로서, 글의 표제, 부제, 주제, 주장, 의도를 파악하는 형태의 문제와 같은 유형이다. 이러한 유형의 문제는 주제를 글의 첫 문단이나 마지막 문단을 통해서 찾을 수 있으며, 그렇지 않더라도 문단의 병렬·대등 관계를 파악하면 쉽게 찾을 수 있다. 여러 문단에서 공통된 주제를 추론할 때는, 각각의 제시문을 먼저 요약한 뒤, 핵심 키워드를 찾은 다음 이를 토대로 주제문을 가려내어 하나의 주제를 유추하면 된다. 따라서 평소에 제시문을 읽고, 핵심 키워드를 찾아 문장을 구성하는 연습을 많이 해두어야 한다. 또한 겉으로 드러난 주제나 정보를 찾는 데 그치지 않고 글 속에 숨겨진 의도나 정보를 찾기 위해 꼼꼼히 관찰하는 태도가 필요하다.

01 | 주제 · 제목 찾기

| 유형분석 |

- 글을 읽고 말하고자 하는 주제를 파악할 수 있는지를 평가하는 유형이다.
- 단순한 설명문부터 주장, 반박문까지 다양한 성격의 지문이 제시되므로 글의 성격별 특징을 알아두는 것이 좋다.

다음 글의 중심 내용으로 가장 적절한 것은?

통계는 다양한 분야에서 사용되며 막강한 위력을 발휘하고 있다. 그러나 모든 도구나 방법이 그렇듯이, 통계 수치에도 함정이 있다. 함정에 빠지지 않으려면 통계 수치의 의미를 정확히 이해하고, 도구와 방법을 올바르게 사용해야 한다. 친구 5명이 만나서 이야기를 나누다가 연봉이 화제가 되었다. 2천만 원이 4명, 7천만 원이 1명이었는데, 평균을 내면 3천만 원이다. 이 숫자에 대해 4명은 "나는 봉급이 왜 이렇게 적을까?"하며 한숨을 내쉬었다. 그러나 이 평균값 3천만 원이 5명의 집단을 대표하는 데에 아무 문제가 없을까? 물론 계산 과정에는 하자가 없지만, 평균을 집단의 대푯값으로 사용하는 데에 어떤 한계가 있을 수 있는지 깊이 생각해 보지 않는다면, 우리는 잘못된 생각에 빠질 수도 있다. 평균은 극단적으로 아웃라이어(비정상적인 수치)에 민감하다. 집단 내에 아웃라이어가 하나만 있어도 평균이 크게 바뀐다는 것이다. 위의 예에서 1명의 연봉이 7천만 원이 아니라 100억 원이었다고 하자. 그러면 평균은 20억 원이 넘게 된다.

나머지 4명은 자신의 연봉이 평균치의 100분의 1밖에 안 된다며 슬퍼해야 할까? 연봉 100억 원인 사람이 아웃라이어이듯이 처음의 예에서 연봉 7천만 원인 사람도 아웃라이어인 것이다. 두드러진 아웃라이어가 있는 경우에는 평균보다는 최빈값이나 중앙값이 대푯값으로서 더 나을 수 있다.

① 평균은 집단을 대표하는 수치로서는 매우 부적당하다.

② 통계는 숫자 놀음에 불과하므로 통계 수치에 일희일비할 필요가 없다.

③ 평균보다는 최빈값이나 중앙값을 대푯값으로 사용해야 한다.

④ 통계 수치의 의미와 한계를 정확히 인식하고 사용할 필요가 있다.

⑤ 통계는 올바르게 활용하면 다양한 분야에서 사용할 수 있는 도구이다.

정답 ④

제시문은 통계 수치의 의미를 정확하게 이해하고 도구와 방법을 올바르게 사용해야 하며, 특히 아웃라이어의 경우를 생각해야 한다고 주장하고 있다. 따라서 중심 내용으로 가장 적절한 것은 ④이다.

오답분석

① · ② 집단을 대표하는 수치로서의 '평균' 자체가 숫자 놀음과 같이 부적당하다고는 언급하지 않았다.

③ 아웃라이어가 있는 경우에는 평균보다는 최빈값이나 중앙값이 대푯값으로 더 적당하다.

⑤ 내용이 올바르지 않은 것은 아니지만 통계의 유용성은 글의 도입부에 잠깐 인용되었을 뿐, 글의 중심 내용으로 볼 수 없다.

30초 컷 풀이 Tip

- 주제가 되는 글 또는 문단의 앞과 뒤에 핵심어가 오는 경우가 있으므로 먼저 글을 읽어 핵심어를 잡아낸 뒤 중심 내용을 파악할 수 있도록 한다. 또한 선택지 중 세부적인 내용을 다루고 있는 것은 정답에서 제외시킨다.
- 글의 전체적인 진행 중에 반전이 되는 내용이나 접속어가 나온다면 그 다음 내용이 중심 내용인 경우가 많다. 따라서 글의 분위기가 반전되는 경우 이에 집중하여 독해한다.

01 다음 글의 주제로 가장 적절한 것은?

> 힘 있는 나라를 가지고 싶어 하는 것은 인류의 공통적인 염원이다. 이것은 시간의 고금(古今)을 가리지 아니하고 공간의 동서(東西)를 따질 것이 없는 한결같은 진리다. 그래서 위대하지 아니한 나라에서 태어난 사람은 태어난 나라를 위대하게 만들기 위하여 혼신의 힘을 기울인다. 보잘것없는 나라의 국민이 된다는 것은 내세울 것 없는 집안의 후손인 것 이상으로 우리를 슬프게 한다. 세계 여러 나라 사람이 모인 곳에 간다고 가정해 보자. 누가 여기서 가장 큰소리치면서 위세 당당하게 처신할 것인가? 얼핏 생각하면 이목구비가 시원하게 생긴 사람, 지식과 화술이 뛰어난 사람, 교양과 인품이 훌륭한 사람, 외국어에 능통한 사람이 돋보일 것처럼 생각된다. 실제로 그런 사람들이 국제 무대에서 뛰어난 활약을 하는 것은 사실이다. 그래서 사람은 스스로 다듬고 기르는 것이 아닌가? 그러나 실제에 있어서 어떤 사람으로 하여금 국제 사회에서 돋보이게 하는 것은 그가 등에 업고 있는 조국의 국력이다.

① 국력을 키우자.
② 배움에 힘쓰자.
③ 일등 국민을 본받자.
④ 문호 개방을 확대하자.
⑤ 훌륭한 인품을 갖추자.

Easy

02 다음 글의 제목으로 가장 적절한 것은?

> 맥주의 주원료는 양조용수·보리·홉 등이다. 맥주를 양조하기 위해서는 일반적으로 맥주생산량의
> 10~20배 정도 되는 물이 필요하며, 이것을 양조용수라고 한다. 양조용수는 맥주의 종류와 품질을
> 좌우하며, 무색·무취·투명해야 한다. 보리를 싹틔워 맥아로 만든 것을 사용하여 맥주를 제조하는
> 데, 맥주용 보리로는 곡립이 고르고 녹말질이 많으며 단백질이 적은 것, 그리고 곡피(穀皮)가 얇으
> 며 발아력이 왕성한 것이 좋다. 홉은 맥주 특유의 쌉쌀한 향과 쓴맛을 만들어 내는 주요 첨가물이며,
> 맥주를 맑게 하고 잡균의 번식을 막아주는 역할을 한다.
> 맥주의 제조공정을 살펴보면 맥아제조, 담금, 발효, 저장, 여과의 다섯 단계로 나눌 수 있다.
> 이 중 발효공정은 맥즙이 발효되어 술이 되는 과정을 말하는데, 효모가 발효탱크 속에서 맥즙에 있
> 는 당분을 알코올과 탄산가스로 분해한다. 이 공정은 1주일간 이어지며, 그동안 맥즙 안에 있던 당
> 분은 점점 줄어들고 알코올과 탄산가스가 늘어나 맥주가 되는 것이다. 이때 발효 중 맥즙의 온도
> 상승을 막기 위해 탱크를 냉각 코일로 감고 그 표면을 하얀 폴리우레탄으로 단열시키는데, 그 모습
> 이 마치 남극의 이글루처럼 보이기도 한다.
> 발효의 방법에 따라 하면발효 맥주와 상면발효 맥주로 구분되는데, 이는 어떤 온도에서 발효시키느
> 냐에 달려있다. 세계 맥주 생산량의 70%를 차지하는 하면발효 맥주는 발효 중 밑으로 가라앉는 효
> 모를 사용해 저온에서 발효시킨 맥주를 말한다. 요즘 유행하는 드래프트비어가 바로 여기에 속한다.
> 반면, 상면발효 맥주는 주로 영국, 미국, 캐나다, 벨기에 등에서 생산되며 발효 중 표면에 떠오르는
> 효모로 비교적 높은 온도에서 발효시킨 맥주를 말한다. 에일, 스타우트 등이 상면발효 맥주에 포함
> 된다.

① 맥주의 제조공정
② 맥주의 발효 과정
③ 주원료에 따른 맥주의 발효 방법 분류
④ 홉과 발효 방법의 종류에 따른 맥주 구분법
⑤ 맥주의 주원료와 발효 방법에 따른 맥주의 종류

※ 다음 글의 중심 내용으로 가장 적절한 것을 고르시오. [3~4]

03

> 발전된 산업 사회는 인간을 단순한 수단으로 지배하기 위해 새로운 수단을 발전시키고 있다. 여러 사회 과학과 심층 심리학이 이를 위해 동원되고 있다. 목적이나 이념의 문제를 배제하고 가치 판단으로부터의 중립을 표방하는 사회 과학들은 인간 조종을 위한 기술적·합리적인 수단을 개발해 대중 지배에 이바지한다. 마르쿠제는 이런 발전된 산업 사회에서의 도구화된 지성을 비판하면서 이것을 '현대인의 일차원적 사유'라고 불렀다. 비판과 초월을 모르는 도구화된 사유라는 것이다.
> 발전된 산업 사회는 이처럼 사회 과학과 도구화된 지성을 동원해 인간을 조종하고 대중을 지배할 뿐만 아니라 향상된 생산력을 통해 인간을 매우 효율적으로 거의 완전하게 지배한다. 즉, 발전된 산업 사회는 높은 생산력을 통해 늘 새로운 수요들을 창조하고, 모든 선전 수단을 동원하여 이러한 새로운 수요들을 인간의 삶을 위해 불가결한 것으로 만든다. 그리하여 인간이 새로운 수요들을 지향하지 않을 수 없게 한다. 이렇게 산업 사회는 늘 새로운 수요의 창조와 공급을 통해 인간의 삶을 지배하고 그의 인격을 사로잡아 버리는 것이다.

① 산업 사회의 특징과 문제점
② 산업 사회의 대중 지배 양상
③ 산업 사회의 발전과 경제력 향상
④ 산업 사회에서 도구화된 지성의 문제점
⑤ 산업 사회의 새로운 수요의 창조와 공급

04

사피어 – 워프 가설은 어떤 언어를 사용하느냐에 따라 사고의 방식이 정해진다는 이론이다. 이에 따르면 언어는 인간의 사고나 사유를 반영함은 물론이고, 그 언어를 쓰는 사람들의 사고방식에까지 영향을 미친다.

'공동체의 언어 습관이 특정한 해석을 선택하도록 하기 때문에 우리는 일반적으로 우리가 행한 대로 보고 듣고 경험한다'라고 한 사피어의 관점에 영향을 받아, 워프는 '언어가 경험을 조직한다'라고 주장했다. 한 문화의 구성원으로서, 특정한 언어를 사용하는 화자로서 우리는 언어를 통해 암묵적 분류를 배우고 이 분류가 세계의 정확한 표현이라고 간주한다. 그리고 그 분류는 사회마다 다르므로 각 문화는 서로 다른 의견을 갖는 개인들로 구성됨에도 불구하고 독특한 합의를 보여 준다.

가령 에스키모어에는 눈에 관한 낱말이 많은데, 영어로는 한 단어인 '눈(snow)'을 네 가지 다른 단어, 즉 땅 위의 눈(aput), 내리는 눈(quana), 바람에 날리는 눈(piqsirpoq), 바람에 날려 쌓이는 눈(quiumqsuq) 등으로 표현한다는 것이다. 북아프리카 사막의 유목민들은 낙타에 대한 10개 이상의 단어를 가지고 있으며 이는 우리도 마찬가지다. 영어의 'rice'에 해당하는 우리말은 '모', '벼', '쌀', '밥' 등이 있다.

그렇다면 언어와 사고, 언어와 문화의 관계는 어떻게 볼 수 있을까? 일단 우리는 언어와 정신 활동이 상호 의존성을 갖는다고 말할 수 있을 것이다. 하지만 그들 간의 관계 중 어느 것이 더 우월한 것인지 잘 식별할 수 없을 정도로 인식하고 나면, 우리의 생각은 언어 우위 쪽으로 기울기 쉽다. 왜냐하면 언어의 사용에 따라 사고가 달라진다고 규정하는 것이 사고를 통해 언어가 만들어진다는 것보다 훨씬 더 쉽게 이해되기 때문이다. 이러한 면에서 사피어 – 워프 가설은 언어 우위론적 입장을 보인다고 할 수 있다.

그러나 사피어 – 워프 가설이 언어 우위론의 근거로만 설명되는 것은 아니다. 앞의 에스키모어의 예를 보면, 사람들이 눈을 인지하는 방법이 달라진 것(사고의 변화)으로 인해 언어도 달라지게 되었는지, 반대로 언어 체계가 달라진 것으로 인해 눈을 인지하는 방법이 달라졌는지를 명확하게 설명할 수 없기 때문이다.

① 사피어 – 워프 가설의 예로 에스키모어가 있다.
② 사피어 – 워프 가설은 언어 우위론으로 입증할 수 있다.
③ 사피어 – 워프 가설은 학계에서 대체로 인정하는 추세이다.
④ 사피어 – 워프 가설은 우리의 언어 생활과 밀접한 이론이다.
⑤ 언어와 사고의 관계에 대한 사피어 – 워프 가설을 증명하기는 쉽지 않다.

02 | 나열하기

| 유형분석 |

- 문장 및 문단의 전체적인 흐름을 파악하고 이에 맞춰 논리적 순서대로 나열하는 유형이다.
- 각 문장의 지시어나 접속어에 주의해야 한다.

다음 제시된 문단을 논리적 순서대로 바르게 나열한 것은?

(가) 상품의 가격은 기본적으로 수요와 공급의 힘으로 결정된다. 시장에 참여하고 있는 경제 주체들은 자신이 가진 정보를 기초로 하여 수요와 공급을 결정한다.

(나) 이런 경우에는 상품의 가격이 우리의 상식으로는 도저히 이해하기 힘든 수준까지 일시적으로 뛰어오르는 현상이 나타날 가능성이 있다. 이런 현상은 특히 투기의 대상이 되는 자산의 경우 자주 나타나는데, 우리는 이를 '거품 현상'이라고 부른다.

(다) 그러나 현실에서는 사람들이 서로 다른 정보를 갖고 시장에 참여하는 경우가 많다. 어떤 사람은 특정한 정보를 갖고 있는데 거래 상대방은 그 정보를 갖고 있지 못한 경우도 있다.

(라) 일반적으로 거품 현상이란 것은 어떤 상품 ─ 특히 자산 ─ 의 가격이 지속해서 급격히 상승하는 현상을 가리킨다. 이와 같은 지속적인 가격 상승이 일어나는 이유는 애초에 발생한 가격 상승이 추가적인 가격 상승의 기대로 이어져 투기 바람이 형성되기 때문이다.

(마) 이들이 똑같은 정보를 함께 갖고 있으며 이 정보가 아주 틀린 것이 아닌 한, 상품의 가격은 어떤 기본적인 수준에서 크게 벗어나지 않을 것이라고 예상할 수 있다.

① (가) ─ (다) ─ (나) ─ (라) ─ (마)
② (가) ─ (마) ─ (다) ─ (나) ─ (라)
③ (가) ─ (마) ─ (다) ─ (라) ─ (나)
④ (라) ─ (가) ─ (다) ─ (나) ─ (마)
⑤ (라) ─ (가) ─ (다) ─ (마) ─ (나)

정답 ②

제시문은 가격을 결정하는 요인과 현실적인 여러 요인으로 인해 나타나는 '거품 현상'에 대해 설명하는 글이다. 따라서 (가) 수요와 공급에 의해 결정되는 가격 ─ (마) 상품의 가격에 대한 일반적인 예상 ─ (다) 가격의 현실적인 상황 ─ (나) 현실적인 가격 결정 '거품 현상' ─ (라) '거품 현상'에 대한 구체적인 설명 순으로 나열하는 것이 적절하다.

30초 컷 풀이 Tip

글의 전체적인 진행 중에 반전이 되는 내용이나 접속어가 나온다면 그 다음 내용이 중심 내용인 경우가 많다. 따라서 글의 분위기가 반전되는 경우 이에 집중하여 독해한다.

※ 다음 제시된 문단을 논리적 순서대로 바르게 나열한 것을 고르시오. [1~4]

Easy

01

(가) 과거에 한 월간 잡지가 여성 모델이 정치인과 사귄다는 기사를 내보냈다가 기자는 손해배상을 하고 잡지도 폐간된 경우가 있었다. 일부는 추측 기사이고 일부는 사실도 있었지만, 사실이든 허위든 관계없이 남의 명예와 인권을 침해하였기에 그 책임을 진 것이다.

(나) 인권이라는 이름으로 남의 사생활을 침해하는 일은 자기 인권을 내세워 남의 불행을 초래하는 것이므로 보호받을 수 없다. 통상 대중 스타나 유명인들의 사생활은 일부 노출되어 있고, 이러한 공개성 속에서 상품화되므로 비교적 보호 강도가 약하기는 하지만 그들도 인간으로서 인권이 보호되는 것은 마찬가지다.

(다) 우리 사회에서 이제 인권이라는 말은 강물처럼 넘쳐 흐른다. 과거에는 인권을 말하면 붙잡혀가고 감옥에도 가곤 했지만, 이제는 누구나 인권을 스스럼없이 주장한다. 그러나 중요한 점은 인권이라 하더라도 무제한 보장되는 것이 아니라 남의 행복과 공동체의 이익을 침해하지 않는 범위 안에서만 보호된다는 것이다.

(라) 그런데 남의 명예를 훼손하여도 손해배상을 해주면 그로써 충분하고, 자기 잘못을 사죄하는 광고를 신문에 강제로 싣게 할 수는 없다. 헌법재판소는 남의 명예를 훼손한 사람이라 하더라도 강제로 사죄 광고를 싣게 하는 것은 양심에 반하는 가혹한 방법이라 하여 위헌으로 선고했다.

① (가) – (나) – (다) – (라) 　② (나) – (가) – (다) – (라)
③ (다) – (나) – (가) – (라) 　④ (다) – (나) – (라) – (가)
⑤ (라) – (다) – (나) – (가)

02

(가) 상품 생산자, 즉 판매자는 화폐를 얻기 위해 자신의 상품을 시장에 내놓는다. 하지만 생산자가 만들어 낸 상품이 시장에 들어서서 다른 상품이나 화폐와 관계를 맺게 되면, 이제 그 상품은 주인에게 복종하기를 멈추고 자립적인 삶을 살아가게 된다.

(나) 이처럼 상품이나 시장 법칙은 인간에 의해 산출된 것이지만, 이제 거꾸로 상품이나 시장 법칙이 인간을 지배하게 된다. 이때 인간 및 인간들 간의 관계가 소외되는 현상이 나타난다.

(다) 상품은 그것을 만들어 낸 생산자의 분신이지만, 시장 안에서는 상품이 곧 독자적인 인격체가 된다. 즉, 사람이 주체가 아니라 상품이 주체가 된다.

(라) 또한 사람들이 상품들을 생산하여 교환하는 과정에서 시장의 경제 법칙을 만들어 냈지만, 이제 거꾸로 상품들은 인간의 손을 떠나 시장 법칙에 따라 교환된다. 이런 시장 법칙의 지배 아래에서는 사람과 사람 간의 관계가 상품과 상품, 상품과 화폐 등 사물과 사물 간의 관계에 가려 보이지 않게 된다.

① (가) – (다) – (나) – (라) 　② (가) – (다) – (라) – (나)
③ (다) – (가) – (라) – (나) 　④ (다) – (라) – (가) – (나)
⑤ (다) – (라) – (나) – (가)

03

(가) 오히려 클레나 몬드리안의 작품을 우리 조각보의 멋에 비견되는 것으로 보아야 할 것이다. 조각보는 몬드리안이나 클레의 작품보다 100여 년 이상 앞서 제작된 공간 구성미를 가진 작품이며, 시대적으로 앞설 뿐 아니라 평범한 여성들의 일상에서 시작되었다는 점 그리고 정형화되지 않은 색채감과 구성미로 독특한 예술성을 지닌다는 점에서 차별화된 가치를 지닌다.

(나) 조각보는 일상생활에서 쓰다 남은 자투리 천을 이어서 만든 것으로, 옛 서민들의 절약 정신과 소박한 미의식을 보여준다. 조각보의 색채와 공간구성 면은 공간 분할의 추상화가로 유명한 클레(Paul Klee)나 몬드리안(Peit Mondrian)의 작품과 비견되곤 한다. 그만큼 아름답고 훌륭한 조형미를 지녔다는 의미이기도 하지만 일견 돌이켜 보면 이것은 잘못된 비교이다.

(다) 기하학적 추상을 표방했던 몬드리안의 작품보다 세련된 색상 배치로 각 색상이 가진 느낌을 살렸으며, 동양적 정서가 담김 '오방색'이라는 원색을 통해 강렬한 추상성을 지닌다. 또한 조각보를 만드는 과정과 그 작업의 내면에 가족의 건강과 행복을 기원하는 마음이 담겨 있어 단순한 오브제이기 이전에 기복신앙적인 부분이 있다. 조각보가 아름답게 느껴지는 이유는 이처럼 일상 속에서 삶과 예술을 함께 담았기 때문일 것이다.

① (가) – (나) – (다)   ② (나) – (가) – (다)

③ (나) – (다) – (가)   ④ (다) – (가) – (나)

⑤ (다) – (나) – (가)

04

(가) 교정 중에는 치아뿐 아니라 교정 장치를 부착하고 있기 때문에 교정 장치까지 닦아주어야 하는데요. 교정용 칫솔은 가운데 홈이 있어 장치와 치아를 닦을 수 있는 칫솔을 선택하게 되고, 가운데 파여진 곳을 교정 장치에 위치시킨 후 옆으로 왔다 갔다 전체적으로 닦아줍니다. 그다음 칫솔을 비스듬히 하여 장치의 위아래를 꼼꼼하게 닦아줍니다.

(나) 치아를 가지런하게 하기 위해 교정하시는 분들 중에 간혹 교정 중에 칫솔질이 잘되지 않아 충치가 생기고 잇몸이 내려가 버리는 경우를 종종 보곤 합니다. 그러므로 교정 중에는 더 신경써서 칫솔질을 해야 하죠.

(다) 마지막으로 칫솔질을 할 때 잊지 말아야 할 것은 우리 입안에 치아만 있는 것이 아니므로 혀와 잇몸에 있는 플라그들도 제거해주셔야 입 냄새도 예방할 수 있다는 것입니다. 올바른 칫솔질 방법으로 건강한 치아를 잘 유지하시길 바랍니다.

(라) 또 장치 때문에 닦이지 않는 부위는 치간 칫솔을 이용해 위아래 오른쪽 왼쪽 넣어 잘 닦아줍니다. 치실은 치아에 C자 모양으로 감아준 후 치아 방향으로 쓸어내려 줍니다. 그리고 교정 중에는 워터픽이라는 물 분사 장치를 이용해 양치해 주시는 것도 많은 도움이 됩니다. 잘하실 수 있으시겠죠?

① (가) – (나) – (라) – (다)　　　　② (가) – (다) – (나) – (라)
③ (가) – (라) – (나) – (다)　　　　④ (나) – (가) – (라) – (다)
⑤ (나) – (라) – (다) – (가)

CHAPTER 01 언어이해 • **15**

03 | 사실적 독해

| 유형분석 |

- 글의 내용과 선택지가 일치·불일치하는지를 묻는 유형이다.
- 제시문에 있는 내용을 그대로 선택지에 제시하거나 다른 표현으로 돌려서 제시한다.
- 오답의 근거가 명확한 선택지를 답으로 고른다.

다음 글의 내용으로 적절하지 않은 것은?

우리 민족은 고유한 주거문화로 바닥 난방 기술인 구들을 발전시켜 왔는데, 구들은 우리 민족에 다양한 영향을 주었다. 우선 오랜 구들 생활은 우리 민족의 인체에 적지 않은 변화를 초래하였다. 태어나면서부터 따뜻한 구들에 누워 자는 것이 습관이 된 우리 아이들은 사지의 활동량이 적어 발육이 늦어졌다. 구들에서 자란 우리 아이들은 다른 어떤 민족의 아이들보다 따뜻한 곳에서 안정감을 느꼈으며, 우리 민족은 아이들에게 따뜻함을 만들어주기 위해 여러 가지를 고안하여 발전시켰다.

구들은 농경을 주업으로 하는 우리 민족의 생산도구의 제작과 사용에 많은 영향을 주었다. 구들에 앉아 오랫동안 활동하는 습관은 하반신보다 상반신의 작업량을 증가시켰고 상반신의 움직임이 상대적으로 정교하게 되었다. 구들 생활에 익숙해진 우리 민족은 방 안에서의 작업뿐만 아니라 농사를 비롯한 야외의 많은 작업에서도 앉아서 하는 습관을 갖게 되었는데 이는 큰 농기구를 이용하여 서서 작업을 하는 서양과는 완전히 다른 방식이었다.

① 구들의 영향으로 우리 민족은 앉아서 하는 작업방식이 일반화되었다.
② 구들은 실내뿐 아니라 실외활동에도 영향을 끼쳤다.
③ 우리 민족은 하반신 활동보다 상반신 활동이 많은 만큼 상반신 작업이 정교한 특징이 있다.
④ 구들은 아이들의 체온을 높여 발육을 방해한다.
⑤ 우리 민족은 서양보다 작은 농기구를 사용하였다.

정답 ④

아이들이 따뜻한 구들에 누워 자는 것이 습관이 되어 사지의 활동량이 적어 발육이 늦어진 것이지, 체온을 높였기 때문에 발육이 늦어진 것은 아니다.

오답분석

①·③ 두 번째 문단 두 번째 문장을 통해 알 수 있다.
②·⑤ 두 번째 문단 마지막 문장을 통해 알 수 있다.

30초 컷 풀이 Tip

선택지를 보고 글에 자주 등장하는 키워드가 무엇인지를 파악한 후 제시문을 읽는다.

대표기출유형 03 | 기출응용문제

※ 다음 글의 내용으로 가장 적절한 것을 고르시오. [1~2]

Easy

01

주니퍼 리서치(Juniper Research)는 글로벌 스마트 그리드 구축으로 인해 전 세계는 2021년 316TW/h(테라와트시)를 시작으로 2026년에는 연간 1,060TW/h의 에너지를 절약하게 될 것이라는 내용의 보고서를 발표했다. 이는 영국 런던의 보로오브 브렌트에 위치한 웸블리 스타디움에서 90분 동안 진행되는 축구 경기 4,200만 회 이상을 개최하는 에너지에 해당한다.

홈페이지에 게재한 보도자료에서 주니퍼 리서치는 '스마트 그리드; 산업 및 경쟁 동향, 시장 전망 2021 ~ 2026(Smart Grid; Industry Trends, Competitor Leaderboard and Market Forecasts 2021 ~ 2026)' 보고서 출판 사실을 공지하고 스마트 그리드가 에너지 시장의 지속 가능성을 확보하는 데 중요한 역할을 수행할 것이라고 예상했다.

보고서는 에너지 운영 회사에 최적의 운영 방법론을 제공한다. 저렴한 센서 및 연결성을 가장 잘 결합하는 에너지 공급업체가 앞으로 가장 큰 성공을 거둘 것이라는 예측이다. 스마트 그리드는 적절한 분석을 제공하며, 네트워크는 수요에 자동으로 반응한다. 재생 에너지 중심의 미래에 지속 가능한 에너지 보안을 제공한다는 것이다.

보고서에 따르면 실시간으로 에너지 사용량을 분석하여 유틸리티 회사의 응답 기능을 지원하는 스마트 그리드 소프트웨어는 에너지 및 비용 절감을 제공하는 중요한 역할을 수행한다.

이러한 장점으로 인해 스마트 그리드 소프트웨어 시장은 2021년 120억 달러에서 2026년에는 연간 380억 달러 이상의 시장으로 성장할 전망이다. 5년 동안 3배 이상 확대된다는 예상이다.

연구를 수행한 책임자 댐라 샛은 "기후 목표를 달성하고 전력 회사의 급증하는 운영비용을 줄이려면 스마트 그리드로 빠르게 진화해야 한다. 연결성을 활용하고 대규모 분석을 통해 그리드를 운영하는 것은 진정한 수요 응답형 그리드를 달성하는 데 매우 중요하다."고 강조했다.

연구에 따르면 스마트 계량기의 출시도 크게 증가하고 있다. 서비스 중인 글로벌 스마트 계량기는 2021년 11억 개에서 2026년 20억 개 이상에 도달할 것으로 예상된다. 현재 라틴아메리카와 아프리카 및 중동 등의 시장은 서유럽과 극동 및 중국의 선두 주자들에 비해 크게 뒤떨어져 있다. 이들 지역을 중심으로 공급이 증가할 것으로 보인다.

ⓒ 스마트시티투데이

① 스마트 그리드 소프트웨어는 비용은 더 많이 들지만 뛰어난 효용 덕분에 주목받고 있다.

② 기후 변화 위기에 대처하는 데 스마트 그리드 기술이 도움된다.

③ 스마트 그리드 소프트웨어 시장은 확대되고 있지만, 스마트 계량기는 큰 인기를 끌지 못하고 있다.

④ 현재의 스마트 그리드 기술로는 에너지를 절약할 수 없지만, 추후 많은 에너지를 절약할 수 있을 것으로 기대된다.

⑤ 다양한 장점을 바탕으로 스마트 그리드 소프트웨어 시장은 5년 동안 5배 이상의 성장을 할 것으로 기대된다.

02

> 우리 속담에 '울다가도 웃을 일이다.'라는 말이 있듯이 슬픔의 아름다움과 해학의 아름다움이 함께 존재한다면 이것은 우리네의 곡절 많은 역사 속에 밴 미덕의 하나라고 할 만하다. 울다가도 웃을 일이라는 말은 물론 어처구니가 없을 때 하는 말이기도 하지만 애수가 아름다울 수 있고 또 익살이 세련되어 아름다울 수 있다면 그 사회의 서정과 조형미에 나타나는 표현에도 의당 이러한 것이 반영되어 있어야 한다.
> 이러한 고요의 아름다움과 슬픔의 아름다움이 조형 작품 위에 옮겨질 수 있다면 이것은 바로 예술에서 말하는 적조미의 세계이며, 익살의 아름다움이 조형 위에 구현된다면 물론 이것은 해학미의 세계일 것이다.

① 익살은 우리 민족만이 지닌 특성이다.
② 익살은 풍속화에서 가장 잘 표현된다.
③ 익살이 조형 위에 구현된다면 적조미이다.
④ 익살은 우리 민족의 삶의 정서를 반영한다.
⑤ 익살은 예술 작품을 통해서만 표현될 수 있다.

03 A씨는 성장기인 아들의 수면습관을 바로 잡기 위해 수면습관에 대한 글을 찾아보았다. 다음 중 A씨가 이해한 내용으로 적절하지 않은 것은?

> 수면은 비렘(Non-Rem)수면과 렘수면으로 이뤄진 사이클이 반복되면서 이뤄지는 복잡한 신경계의 상호작용이며 좋은 수면이란 이 사이클이 끊어지지 않고 충분한 시간 동안 유지되도록 하는 것이다. 수면 패턴은 일정한 것이 좋으며 깨는 시간을 지키는 것이 중요하다. 그리고 수면 패턴은 휴일과 평일 모두 일정하게 지키는 것이 성장하는 아이들의 수면 리듬을 유지하는 데 좋다. 수면상태에서 깨어날 때 영향을 주는 자극들은 '빛, 식사 시간, 운동, 사회 활동' 등이 있으며 이 중 가장 강한 자극은 '빛'이다. 침실을 밝게 하는 것은 적절한 수면 자극을 방해하는 것이다. 반대로 깨어날 때는 강한 빛 자극을 주면 빠르게 수면 상태에서 벗어날 수 있다. 이는 뇌의 신경 전달 물질인 멜라토닌의 농도와 연관되어 나타나는 현상으로, 수면 중 최대치로 올라간 멜라토닌은 시신경이 강한 빛에 노출되면 빠르게 줄어들게 되는데 이때 수면 상태에서 벗어나게 된다. 아침 일찍 일어나 커튼을 젖히고 밝은 빛이 침실 안으로 들어오게 하는 것은 매우 효과적인 각성 방법인 것이다.

① 멜라토닌의 농도에 따라 수면과 각성이 영향을 받는군.
② 잠에서 깨는 데 가장 강력한 자극을 주는 것은 빛이었구나.
③ 우리 아들 침실이 좀 밝은 편이니 충분한 수면을 위해 암막커튼을 달아줘야겠어.
④ 좋은 수면은 비렘수면과 렘수면의 사이클이 충분한 시간 동안 유지되도록 하는 것이구나.
⑤ 평일에 잠이 모자란 우리 아들은 잠을 보충해줘야 하니까 휴일에 늦게까지 자도록 둬야겠다.

04 다음 글의 내용으로 적절하지 않은 것은?

> 위기지학(爲己之學)이란 15세기의 사림파 선비들이 『소학(小學)』을 강조하면서 내세운 공부 태도를 가리킨다. 원래 이 말은 위인지학(爲人之學)과 함께 『논어(論語)』에 나오는 말이다. '옛날에 공부하던 사람들은 자기를 위해 공부했는데, 요즘 사람들은 남을 위해 공부한다.' 즉, 공자는 공부하는 사람의 관심이 어디에 있느냐를 가지고 학자를 두 부류로 구분했다. 어떤 학자는 '위기(爲己)란 자아가 성숙하는 것을 추구하며, 위인(爲人)이란 남들에게서 인정받기를 바라는 태도'라고 했다.
>
> 조선 시대를 대표하는 지식인 퇴계 이황(李滉)은 이렇게 말했다. '위기지학이란, 우리가 마땅히 알아야 할 바가 도리이며, 우리가 마땅히 행해야 할 바가 덕행이라는 것을 믿고, 가까운 데서부터 착수해 나가되 자신의 이해를 통해서 몸소 실천하는 것을 목표로 삼는 공부이다. 반면 위인지학이란, 내면의 공허함을 감추고 관심을 바깥으로 돌려 지위와 명성을 취하는 공부이다.' 위기지학과 위인지학의 차이는 공부의 대상이 무엇이냐에 있다기보다 공부를 하는 사람의 일차적 관심과 태도가 자신을 내면적으로 성숙시키는 데 있느냐 아니면 다른 사람으로부터 인정을 받는 데 있느냐에 있다는 것이다.
>
> 이것은 학문의 목적이 외재적 가치에 의해서가 아니라 내재적 가치에 의해서 정당화된다는 사고방식이 나타났음을 뜻한다. 이로써 당시 사대부들은 출사(出仕)를 통해 정치에 참여하는 것 외에 학문과 교육에 종사하면서도 자신의 사회적 존재 의의를 주장할 수 있다고 믿었다. 더 나아가 학자 또는 교육자로서 사는 것이 관료 또는 정치가로서 사는 것보다 훌륭한 것이라고 주장할 수 있게 되었다. 또한 위기지학의 출현은 종래 과거제에 종속되어 있던 교육에 독자적 가치를 부여했다는 점에서 역사적 사건으로 평가받아 마땅하다.

① 국가가 위기지학을 권장함으로써 그 위상이 높아졌다.
② 위인지학을 추구하는 사람들은 체면과 인정을 중시했다.
③ 위기적 태도를 견지한 사람들은 자아의 성숙을 추구했다.
④ 공자는 학문을 대하는 태도를 기준으로 삼아 학자들을 나누었다.
⑤ 위기지학은 사대부에게 출사만이 훌륭한 것은 아니라는 근거를 제공했다.

04 | 추론적 독해

| 유형분석 |

- 글의 내용을 바탕으로 논리적으로 추론할 수 있는지를 묻는 유형이다.
- 글의 전체적인 내용과 세부적인 내용을 정확하게 알고 있어야 풀이할 수 있는 유형이다.
- 독해 유형 중 난도가 높은 편에 속한다.
- 오답의 근거가 명확한 선택지를 답으로 고른다.

다음 글을 읽고 추론한 내용으로 적절하지 않은 것은?

태양 빛은 흰색으로 보이지만 실제로는 다양한 파장의 가시광선이 혼합되어 나타난 것이다. 프리즘을 통과시키면 흰색의 가시광선은 파장에 따라 붉은빛부터 보랏빛까지의 무지갯빛으로 분해된다. 가시광선의 파장 범위는 390 ~ 780nm* 정도인데 보랏빛이 가장 짧고 붉은빛이 가장 길다. 빛의 진동수는 파장과 반비례하므로 진동수는 보랏빛이 가장 크고 붉은빛이 가장 작다. 태양 빛이 대기층에 입사하여 산소나 질소 분자와 같은 공기 입자(직경 0.1 ~ 1nm 정도), 먼지 미립자, 에어로졸**(직경 1 ~ 100,000nm 정도) 등과 부딪치면 여러 방향으로 흩어지는데 이러한 현상을 산란이라 한다. 산란은 입자의 직경과 빛의 파장에 따라 '레일리(Rayleigh) 산란'과 '미(Mie) 산란'으로 구분된다.

레일리 산란은 입자의 직경이 파장의 1/10보다 작을 경우에 일어나는 산란을 말하는데, 그 세기는 파장의 네제곱에 반비례한다. 대기의 공기 입자는 직경이 매우 작아 가시광선 중 파장이 짧은 빛을 주로 산란시키며, 파장이 짧을수록 산란의 세기가 강하다. 따라서 맑은 날에는 주로 공기 입자에 의한 레일리 산란이 일어나서 보랏빛이나 파란빛이 강하게 산란되는 반면 붉은빛이나 노란빛은 약하게 산란된다. 산란되는 세기로는 보랏빛이 가장 강하겠지만, 우리 눈은 보랏빛보다 파란빛을 더 잘 감지하기 때문에 하늘은 파랗게 보이는 것이다. 만약 태양 빛이 공기 입자보다 큰 입자에 의해 레일리 산란이 일어나면 공기 입자만으로는 산란이 잘되지 않던 긴 파장의 빛까지 산란되어 하늘의 파란빛은 상대적으로 엷어진다.

미 산란은 입자의 직경이 파장의 1/10보다 큰 경우에 일어나는 산란을 말하는데 주로 에어로졸이나 구름 입자 등에 의해 일어난다. 이때 산란의 세기는 파장이나 입자 크기에 따른 차이가 거의 없다. 구름이 흰색으로 보이는 것은 미 산란으로 설명된다. 구름 입자(직경 20,000nm 정도)처럼 입자의 직경이 가시광선의 파장보다 매우 큰 경우에는 모든 파장의 빛이 고루 산란된다. 이 산란된 빛이 동시에 우리 눈에 들어오면 모든 무지갯빛이 혼합되어 구름이 하얗게 보인다. 이처럼 대기가 없는 달과 달리 지구는 산란 효과에 의해 파란 하늘과 흰 구름을 볼 수 있다.

*나노미터(nm) : 물리학적 계량 단위($1nm = 10^{-9}m$)
**에어로졸 : 대기에 분산된 고체 또는 액체 입자

① 가시광선의 파란빛은 보랏빛보다 진동수가 작다.

② 프리즘으로 분해한 태양 빛을 다시 모으면 흰색이 된다.

③ 레일리 산란의 세기는 파란빛이 가장 크다.

④ 빛의 진동수가 2배가 되면 레일리 산란의 세기는 16배가 된다.

⑤ 달의 하늘에서는 공기 입자에 의한 태양 빛의 산란이 일어나지 않는다.

정답 ③

레일리 산란의 세기는 보랏빛이 가장 강하지만 우리 눈은 보랏빛보다 파란빛을 더 잘 감지하기 때문에 하늘이 파랗게 보이는 것이다.

오답분석

①・② 첫 번째 문단을 통해 내용을 추론할 수 있다.

④ 빛의 진동수는 파장과 반비례하고, 레일리 산란의 세기는 파장의 네제곱에 반비례한다. 즉, 빛의 진동수가 2배가 되면 파장은 1/2배가 되고, 레일리 산란의 세기는 $2^4 = 16$배가 된다.

⑤ 마지막 문단을 통해 추론할 수 있다.

30초 컷 풀이 Tip

1. 제시문에 대한 내용이 지나치게 한편으로 치우친 선택지는 소거한다.
2. 글의 구조를 파악하고 핵심적인 키워드를 표시하여 다시 봐야 할 때도 빠르게 찾을 수 있도록 한다.

01 다음 글을 읽고 추론한 내용으로 가장 적절한 것은?

> EU는 1995년부터 철제 다리 덫으로 잡은 동물 모피의 수입을 금지하기로 했다. 모피가 이런 덫으로 잡은 동물의 것인지, 아니면 상대적으로 덜 잔혹한 방법으로 잡은 동물의 것인지 구별하는 것은 불가능하다. 그렇기 때문에 EU는 철제 다리 덫 사용을 금지하는 나라의 모피만 수입하기로 결정했다. 이런 수입 금지 조치에 대해 미국, 캐나다, 러시아는 WTO에 제소하겠다고 위협했다. 결국 EU는 WTO가 내릴 결정을 예상하여, 철제 다리 덫으로 잡은 동물의 모피를 계속 수입하도록 허용했다.
>
> 또한 1998년부터 EU는 화장품 실험에 동물을 이용하는 것을 금지했을 뿐만 아니라, 동물실험을 거친 화장품의 판매조차 금지하는 법령을 채택했다. 그러나 동물실험을 거친 화장품의 판매 금지는 WTO 규정 위반이 될 것이라는 유엔의 권고를 받았다. 결국 EU의 판매 금지는 실행되지 못했다.
>
> 한편 그 외에도 EU는 성장 촉진 호르몬이 투여된 쇠고기의 판매 금지 조치를 시행하기도 했다. 동물복지를 옹호하는 단체들이 소의 건강에 미치는 영향을 우려해 호르몬 투여 금지를 요구했지만, EU가 쇠고기 판매를 금지한 것은 주로 사람의 건강에 대한 염려 때문이었다. 미국은 이러한 판매 금지 조치에 반대하며 EU를 WTO에 제소했고, 결국 WTO 분쟁패널로부터 호르몬 사용이 사람의 건강을 위협한다고 믿을 만한 충분한 과학적 근거가 없다는 판정을 이끌어 내는 데 성공했다. EU는 항소했다. 그러나 WTO의 상소 기구는 미국의 손을 들어주었다. 그럼에도 불구하고 EU는 금지 조치를 철회하지 않았다. 이에 미국은 1억 1,600만 달러에 해당하는 EU의 농업 생산물에 100% 관세를 물리는 보복 조치를 발동했고 WTO는 이를 승인했다.

① EU는 환경의 문제를 통상 조건에서 최우선적으로 고려한다.
② WTO는 WTO 상소기구의 결정에 불복하는 경우 적극적인 제재조치를 취한다.
③ WTO는 사람의 건강에 대한 위협을 방지하는 것보다 국가 간 통상의 자유를 더 존중한다.
④ WTO는 제품의 생산과정에서 동물의 권리를 침해한다는 이유로 해당 제품 수입을 금지하는 것을 허용하지 않는다.
⑤ WTO 규정에 의하면 각 국가는 타국의 환경, 보건, 사회 정책 등이 자국과 다르다는 이유로 타국의 특정 제품의 수입을 금지할 수 있다.

02 다음 글 뒤에 이어질 내용으로 가장 적절한 것은?

> 멋이라는 것도 일상생활의 단조로움이나 생활의 압박에서 해방되려는 노력 중 하나일 것이다. 끊임없이 일상의 복장, 그 복장이 주는 압박감으로부터 벗어나기 위해 옷을 잘 차려 입는 사람은 그래서 멋쟁이다. 또는 삶을 공리적 계산으로서가 아니라 즐김의 대상으로 볼 수 있게 해 주는 활동, 가령 서도(書道)라든가 다도(茶道)라든가 꽃꽂이라든가 하는 일을 과외로 즐길 줄 아는 사람을 우리는 생활의 멋을 아는 사람이라고 말한다. 그러나 그렇다고 해서 값비싸고 화려한 복장, 어떠한 종류의 스타일과 수련을 전제하는 활동만이 멋을 나타내는 것이 아니다. 경우에 따라서는 털털한 옷차림, 겉으로 내세울 것이 없는 소탈한 생활 태도가 멋있게 생각될 수도 있다. 기준적인 것에 변화를 더하는 것이 중요한 것이다. 그러나 기준으로부터의 편차가 너무 커서는 안 된다. 혐오감을 불러일으킬 정도의 몸가짐, 몸짓 또는 생활 태도는 멋이 있는 것으로 생각되지 않는다. 편차는 어디까지나 기준에 의해서만 존재하는 것이다.

① 개성을 따르는 고유한 멋
② 일상적인 것을 뛰어넘는 멋
③ 타인의 관점만을 존중하는 멋
④ 사회적인 기준에 의해 형성되는 멋
⑤ 의도가 없이 자연스럽게 창조되는 멋

03 다음 글을 읽은 독자의 반응으로 적절하지 않은 것은?

> 우주로 쏘아진 인공위성들은 지구 주위를 돌며 저마다의 임무를 충실히 수행한다. 이들의 수명은 얼마나 될까? 인공위성들은 태양 전지판으로 햇빛을 받아 전기를 발생시키는 태양전지와 재충전용 배터리를 장착하여 지구와의 통신은 물론 인공위성의 온도를 유지하고 자세와 궤도를 조정하는데, 이러한 태양전지와 재충전용 배터리의 수명은 평균 15년 정도이다.
> 방송 통신 위성은 원활한 통신을 위해 안테나가 늘 지구의 특정 위치를 향해 있어야 하는데, 안테나 자세 조정을 위해 추력기라는 작은 로켓에서 추진제를 소모한다. 자세 제어용 추진제가 모두 소진되면 인공위성은 자세를 유지할 수 없기 때문에 더 이상의 임무 수행이 불가능해지고 자연스럽게 수명을 다하게 된다.
> 첩보 위성의 경우는 임무의 특성상 아주 낮은 궤도를 비행한다. 하지만 낮은 궤도로 비행하게 될 경우 인공위성은 공기의 저항 때문에 마모가 훨씬 빨라지므로 수명이 몇 개월에서 몇 주일까지 짧아진다. 게다가 운석과의 충돌 등 예기치 못한 사고로 인하여 부품이 훼손되어 수명이 다하는 경우도 있다.

① 수명이 다 된 인공위성들은 어떻게 되는 걸까?
② 첩보 위성을 높은 궤도로 비행시키면 더욱 오래 임무를 수행할 수 있을 거야.
③ 아무런 사고 없이 임무를 수행한 인공위성이라도 15년 정도만 사용할 수 있겠구나.
④ 별도의 충전 없이 오래가는 배터리를 사용한다면 인공위성의 수명을 더 늘릴 수 있지 않을까?
⑤ 안테나가 특정 위치를 향하지 않더라도 통신이 가능하도록 만든다면 방송 통신 위성의 수명을 늘릴 수 있을지도 모르겠군.

05 | 비판적 독해

| 유형분석 |

- 어떠한 견해에 대하여 적절한 반응을 보이거나 타당한 비판을 하는 유형이다.
- 글의 전체적인 주제를 정확히 이해하는 것이 중요하다.
- 특정한 문장에 의해 한쪽으로 치우친 판단을 하지 않는 것이 중요하다.

다음 글에 대한 반박으로 적절하지 않은 것은?

> 윤리와 관련하여 가장 광범위하게 받아들여진 사실 가운데 하나는 옳은 것과 그른 것에 대한 광범위한 불일치가 과거부터 현재까지 항상 있었고, 아마도 앞으로도 계속 있을 것이라는 점이다. 가령 육식이 올바른지를 두고 한 문화에 속해 있는 사람들의 판단은 다른 문화에 속해 있는 사람들의 판단과 굉장히 다르다. 그뿐만 아니라 한 문화에 속한 사람들의 판단은 시대마다 아주 다르기도 하다. 심지어 우리는 동일한 문화와 시대 안에서도 하나의 행위에 대해 서로 다른 윤리적 판단을 하는 경우를 볼 수 있다.
>
> 이러한 사실이 의미하는 바는 사람들의 윤리적 기준이 시간과 장소, 그리고 그들이 사는 상황에 따라 달라진다는 것이다. 그러므로 올바른 윤리적 기준은 그것을 적용하는 사람에 따라 상대적이다. 이것이 바로 윤리적 상대주의의 핵심 논지이다. 따라서 우리는 윤리적 상대주의가 참이라는 결론을 내려야 한다.

① 사람들의 윤리적 판단은 그들이 사는 지역에 따라 크게 다르지 않다.

② 윤리적 판단이 다르다고 해서 윤리적 기준도 반드시 달라지는 것은 아니다.

③ 윤리적 상대주의가 옳다고 해서 사람들의 윤리적 판단이 항상 서로 다른 것은 아니다.

④ 인류학자들에 따르면 문화에 따른 판단의 차이에도 불구하고 일부 윤리적 기준은 보편적으로 신봉되고 있다.

⑤ 서로 다른 윤리적 판단이 존재하는 경우에도 올바른 판단은 하나뿐이며, 그런 올바른 판단을 옳게 만들어 주는 객관적 기준이 존재한다.

정답 ③

제시문은 윤리적 상대주의가 참이라는 결론을 내리기 위한 논증이다. 어떤 행위에 대한 문화 간의 지속적인 시비 논란(윤리적 판단)은 사람들의 윤리적 기준 차이에 의하여 한 문화 안에서 시대마다 다르기도 하고, 동일한 문화와 시대 안에서도 다를 수 있다. 그러므로 올바른 윤리적 기준은 그것을 적용하는 사람에 따라 상대적이므로 윤리적 상대주의가 참이라는 논증이다. 따라서 이 논증의 반박은 '절대적 기준에 의한 보편적 윤리 판단은 존재한다.'가 되어야 한다. 그러나 ③은 '윤리적 판단이 항상 서로 다른 것은 아니다.'는 내용이다. 제시문에서도 윤리적 판단이 '~ 다르기도 하다.', '다른 윤리적 판단을 하는 경우를 볼 수 있다.'고 했지 '항상 다르다.'고는 하지 않았다. 따라서 ③은 반박으로 적절하지 않다.

01   다음 글에서 언급한 여러 진리론에 대한 비판으로 적절하지 않은 것은?

> 우리는 일상생활이나 학문 활동에서 '진리' 또는 '참'이라는 말을 자주 사용한다. 예를 들어 '그 이론은 진리이다.'라고 말하거나 '그 주장은 참이다.'라고 말한다. 그렇다면 우리는 무엇을 '진리'라고 하는가? 이 문제에 대한 대표적인 이론에는 대응설, 정합설, 실용설이 있다.
> 대응설은 어떤 판단이 사실과 일치할 때 그 판단을 진리라고 본다. 감각을 사용하여 확인했을 때 그 말이 사실과 일치하면 참이고, 그렇지 않으면 거짓이라는 것이다. 대응설은 일상생활에서 참과 거짓을 구분할 때 흔히 취하고 있는 관점으로 우리가 판단과 사실의 일치 여부를 알 수 있다고 여긴다. 우리는 특별한 장애가 없는 한 대상을 있는 그대로 정확하게 지각한다고 생각한다. 예를 들어 책상이 네모 모양이라고 할 때 감각을 통해 지각한 '네모 모양'이라는 표상은 책상이 지니고 있는 객관적 성질을 그대로 반영한 것이라고 생각한다. 그래서 '그 책상은 네모이다.'라는 판단이 지각 내용과 일치하면 그 판단은 참이 되고, 그렇지 않으면 거짓이 된다는 것이다.
> 정합설은 어떤 판단이 기존의 지식 체계에 부합할 때 그 판단을 진리라고 본다. 진리로 간주하는 지식 체계가 이미 존재하며, 그것에 판단이나 주장이 들어맞으면 참이고 그렇지 않으면 거짓이라는 것이다. 예를 들어 어떤 사람이 '물체의 운동에 관한 그 주장은 뉴턴의 역학의 법칙에 어긋나니까 거짓이다.'라고 말했다면, 그 사람은 뉴턴의 역학의 법칙을 진리로 받아들여 그것을 기준으로 삼아 진위를 판별한 것이다.
> 실용설은 어떤 판단이 유용한 결과를 낳을 때 그 판단을 진리라고 본다. 어떤 판단을 실제 행동으로 옮겨 보고 그 결과가 만족스럽거나 유용하다면 그 판단은 참이고 그렇지 않다면 거짓이라는 것이다. 예를 들어 어떤 사람이 '자기 주도적 학습 방법은 창의력을 기른다.'라고 판단하여 그러한 학습 방법을 실제로 적용해 보았다고 하자. 만약 그러한 학습 방법이 실제로 창의력을 기르는 등 만족스러운 결과를 낳았다면 그 판단은 참이 되고, 그렇지 않다면 거짓이 된다.

① 수학이나 논리학에는 경험적으로 확인하기 어렵지만 참인 명제도 있는데, 그 명제가 진리임을 입증하기 힘들다는 문제가 대응설에서는 발생한다.

② 판단의 근거가 될 수 있는 이론 체계가 아직 존재하지 않을 경우에 그 판단의 진위를 판별하기 어렵다는 문제가 정합설에서는 발생한다.

③ 새로운 주장의 진리 여부를 기존의 이론 체계를 기준으로 판단한다면, 기존 이론 체계의 진리 여부는 어떻게 판단할 수 있는지의 문제가 정합설에서는 발생한다.

④ 실용설에서는 감각으로 검증할 수 없는 존재에 대한 관념은 그것의 실체를 확인할 수 없기 때문에 거짓으로 보아야 하는 문제가 발생한다.

⑤ 실제 생활에서의 유용성은 사람이나 상황에 따라 다르기 때문에 어떤 지식의 진리 여부가 사람이나 상황에 따라 달라지는 문제가 실용설에서는 발생한다.

02 다음 글의 ⊙에 대해 제기할 수 있는 반론으로 가장 적절한 것은?

기업은 상품의 사회적 마모를 촉진시키는 주체이다. 생산과 소비가 지속되어야 이윤을 남길 수 있기 때문에, 하나의 상품을 생산해서 그 상품의 물리적 마모가 끝날 때까지를 기다렸다가는 그 기업은 망하기 십상이다. 이러한 상황에서 늘 수요에 비해서 과잉 생산을 하는 기업이 살아남을 수 있는 길은 상품의 사회적 마모를 짧게 해서 사람들로 하여금 계속 소비하게 만드는 것이다.

그래서 ⊙ 기업들은 더 많은 이익을 내기 위해서는 상품의 성능을 향상시키기보다는 디자인을 변화시키는 것이 더 바람직하다고 생각한다. 산업이 발달하여 상품의 성능이나 기능, 내구성이 이전보다 더욱 향상되었는데도 불구하고 상품의 생명이 이전보다 더 짧아지는 것은 어떻게 생각하면 자본주의 상품이 지닌 모순이라고 할 수 있다. 섬유의 질은 점점 좋아지지만 그 옷을 입는 기간은 이에 비해서 점점 짧아지게 되는 것이 바로 자본주의 상품이 지니고 있는 모순이다. 산업이 계속 발달하여 상품의 성능이 향상되는데도 상품의 사회적인 마모 기간이 누군가에 의해서 엄청나게 짧아지고 있다. 상품의 질은 향상되고 내가 버는 돈은 늘어가는 것 같은데 늘 무엇인가 부족한 듯한 느낌이 드는 것도 이것과 관련이 있다.

– 류승호, 『신세대 유행의 속성』

① 상품의 성능은 그대로 두어도 향상될 수 있는가?
② 소비 성향에 맞춰 디자인을 다양화할 수 있는가?
③ 디자인에 관한 소비자들의 취향이 바뀌는 것을 막을 방안은 있는가?
④ 상품의 성능 향상을 등한시하며 디자인만 바꾼다고 소비가 증가할 것인가?
⑤ 사회적 마모 기간이 점차 짧아지면 디자인을 개발하는 것이 기업에 도움이 되겠는가?

03 다음 글의 주장에 대한 비판으로 가장 적절한 것은?

전통적인 경제학에 따른 통화 정책에서는 정책 금리를 활용하여 물가를 안정시키고 경제 안정을 도모하는 것을 목표로 한다. 중앙은행은 경기가 과열되었을 때 정책 금리 인상을 통해 경기를 진정시키고자 한다. 정책 금리 인상으로 시장 금리도 높아지면 가계 및 기업에 대한 대출 감소로 신용 공급이 축소된다. 신용 공급의 축소는 경제 내 수요를 줄여 물가를 안정시키고 경기를 진정시킨다. 반면 경기가 침체되었을 때는 반대의 과정을 통해 경기를 부양시키고자 한다.

금융을 통화 정책의 전달 경로로만 보는 전통적인 경제학에서는 금융감독 정책이 개별 금융 회사의 건전성 확보를 통해 금융 안정을 달성하고자 하는 미시 건전성 정책에 집중해야 한다고 보았다. 이러한 관점은 금융이 직접적인 생산 수단이 아니므로 단기적일 때와는 달리 장기적으로는 경제 성장에 영향을 미치지 못한다는 인식과 자산 시장에서는 가격이 본질적 가치를 초과하여 폭등하는 버블이 존재하지 않는다는 효율적 시장 가설에 기인한다. 미시 건전성 정책은 개별 금융 회사의 건전성에 대한 예방적 규제 성격을 가진 정책 수단을 활용하는데, 그 예로는 향후 손실에 대비하여 금융 회사의 자기자본 하한을 설정하는 최저 자기자본 규제를 들 수 있다.

① 경기가 침체된 상황에서는 처방적 규제보다 예방적 규제에 힘써야 한다.
② 금융은 단기적일 때와 달리 장기적으로는 경제 성장에 별다른 영향을 미치지 못한다.
③ 금융 회사에 대한 최저 자기자본 규제를 통해 금융 회사의 건전성을 확보할 수 있다.
④ 시장의 물가가 지나치게 상승할 경우 국가는 적극적으로 개입하여 물가를 안정시켜야 한다.
⑤ 중앙은행의 정책이 자산 가격 버블에 따른 금융 불안을 야기하여 경제 안정이 훼손될 수 있다.

04 다음 글에 나타난 '라이헨바흐의 논증'을 평가·비판한 것으로 적절하지 않은 것은?

> 귀납은 현대 논리학에서 연역이 아닌 모든 추론, 즉 전제가 결론을 개연적으로 뒷받침하는 모든 추론을 가리킨다. 귀납은 기존의 정보나 관찰 증거 등을 근거로 새로운 사실을 추가하는 지식 확장적 특성을 지닌다. 이 특성으로 인해 귀납은 근대 과학 발전의 방법적 토대가 되었지만, 한편으로 귀납 자체의 논리적 한계를 지적하는 문제들에 부딪히기도 한다.
>
> 먼저 흄은 과거의 경험을 근거로 미래를 예측하는 귀납이 정당한 추론이 되려면 미래의 세계가 과거에 우리가 경험해 온 세계와 동일하다는 자연의 일양성(一樣性), 곧 한결같음이 가정되어야 한다고 보았다. 그런데 자연의 일양성은 선험적으로 알 수 있는 것이 아니라 경험에 기대어야 알 수 있는 것이다. 즉, "귀납이 정당한 추론이다."라는 주장은 "자연은 일양적이다."라는 다른 지식을 전제로 하는데, 그 지식은 다시 귀납에 의해 정당화되어야 하는 경험적 지식이므로 귀납의 정당화는 순환 논리에 빠져 버린다는 것이다. 이것이 귀납의 정당화 문제이다.
>
> 귀납의 정당화 문제로부터 과학의 방법인 귀납을 옹호하기 위해 라이헨바흐는 이 문제에 대해 현실적 구제책을 제시한다. 라이헨바흐는 자연이 일양적일 수도 있고 그렇지 않을 수도 있음을 전제한다. 먼저 자연이 일양적일 경우, 그는 지금까지의 우리의 경험에 따라 귀납이 점성술이나 예언 등의 다른 방법보다 성공적인 방법이라고 판단한다. 자연이 일양적이지 않다면, 어떤 방법도 체계적으로 미래 예측에 계속해서 성공할 수 없다는 논리적 판단을 통해 귀납은 최소한 다른 방법보다 나쁘지 않은 추론이라고 확언한다. 결국 자연이 일양적인지 그렇지 않은지 알 수 없는 상황에서는 귀납을 사용하는 것이 옳은 선택이라는 라이헨바흐의 논증은 귀납의 정당화 문제를 현실적 차원에서 해소하려는 시도로 볼 수 있다.

① 귀납이 지닌 논리적 허점을 완전히 극복한 것은 아니라는 비판의 여지가 있다.
② 귀납을 과학의 방법으로 사용할 수 있음을 지지하려는 목적에서 시도하였다는 데 의미가 있다.
③ 귀납과 다른 방법을 비교하기 위해 경험적 판단과 논리적 판단을 모두 활용한 것이 특징이다.
④ 귀납과 견주어 미래 예측에 더 성공적인 방법이 없다는 판단을 근거로 귀납의 가치를 보여 주고 있다.
⑤ 귀납이 현실적으로 옳은 추론 방법임을 밝히기 위해 자연의 일양성이 선험적 지식임을 증명한 데 의의가 있다.

06 | 빈칸추론

| 유형분석 |

- 제시문을 읽고 빈칸에 들어갈 가장 적절한 선택지를 찾는 유형이다.
- 빈칸의 앞뒤 문장을 통해 추론하는 것이 빠르게 푸는 방법이라고 알려져 있지만, 최근에는 제시문 전체의 내용을 모르면 풀이하기 어려운 문제가 출제되고 있다.

다음 글의 빈칸에 들어갈 내용으로 가장 적절한 것은?

만약 어떤 사람에게 다가온 신비적 경험이 그가 살아갈 수 있는 힘으로 밝혀진다면, 그가 다른 방식으로 살아야 한다고 다수인 우리가 주장할 근거는 어디에도 없다. 사실상 신비적 경험은 우리의 모든 노력을 조롱할 뿐 아니라, 논리라는 관점에서 볼 때 우리의 관할 구역을 절대적으로 벗어나 있다. 우리 자신의 더 합리적인 신념은 신비주의자가 자신의 신념을 위해서 제시하는 증거와 그 본성에 있어서 유사한 증거에 기초해 있다. 우리의 감각이 우리의 신념에 강력한 증거가 되는 것과 마찬가지로, 신비적 경험도 그것을 겪은 사람의 신념에 강력한 증거가 된다. 우리가 지닌 합리적 신념의 증거와 유사한 증거에 해당되는 경험은 그러한 경험을 한 사람에게 살아갈 힘을 제공해줄 것이다. 신비적 경험은 신비주의자들에게는 살아갈 힘이 되는 것이다. 따라서 _____

① 신비주의가 가져다주는 긍정적인 면에 대한 심도 있는 연구가 필요하다.
② 신비주의자들의 삶의 방식이 수정되어야 할 불합리한 것이라고 주장할 수는 없다.
③ 논리적 사고와 신비주의적 사고를 상반된 개념으로 보는 견해는 수정되어야 한다.
④ 신비주의자들은 그렇지 않은 사람들보다 더 나은 삶을 살아간다고 할 수 있다.
⑤ 모든 합리적 신념의 증거는 사실상 신비적 경험에서 나오는 것이다.

정답 ②

첫 번째 문장에서는 신비적 경험이 살아갈 수 있는 힘으로 밝혀진다면 그가 다른 방식으로 살아야 한다고 주장할 근거는 어디에도 없다고 하였으며, 이어지는 내용은 신비적 경험이 신비주의자들에게 살아갈 힘이 된다는 근거를 제시하고 있다. 따라서 빈칸에 들어갈 내용으로는 '신비주의자들의 삶의 방식이 수정되어야 할 불합리한 것이라고 주장할 수는 없다.'가 가장 적절하다.

30초 컷 풀이 Tip

1. 제시문의 전체적인 내용을 우선적으로 판단하고 글의 흐름과 맞지 않는 선택지를 먼저 제거한다.
2. 빈칸의 앞뒤 문장에 있는 키워드와 지시어, 접속어 사이의 관계를 판단한다.

※ 다음 글의 빈칸에 들어갈 내용으로 가장 적절한 것을 고르시오. [1~4]

01

무엇보다도 전통은 문화적 개념이다. 문화는 복합 생성을 그 본질로 한다. 그 복합은 질적으로 유사한 것끼리는 짧은 시간에 무리 없이 융합되지만, 이질적일수록 그 혼융의 역사적 기간과 길항이 오래 걸리는 것은 사실이다. 그러나 전통이 그 주류에 있어서 이질적인 것은 교체가 더디다 해서 전통을 단절된 것으로 볼 수는 없는 것이다. 오늘은 이미 하나의 문화적 전통을 이룬 서구의 전통도, 희랍·로마 이래 장구한 역사로써 헬레니즘과 히브리즘의 이질적 전통이 융합된 것임은 이미 다 아는 상식 아닌가.

지금은 끊어졌다는 우리의 고대 이래의 전통도 알고 보면 샤머니즘에, 선교에, 불교에, 도교에, 유교에 실학파를 통해 받아들인 천주교적 전통까지 혼합된 것이고, 그것들 사이에는 유사한 것도 있었지만 상당히 이질적인 것이 교차하여 겯고 튼 끝에 이루어진 전통이요, 그것은 어느 것이나 '우리화' 시켜 받아들임으로써 우리의 전통이 되었던 것이다. 이런 의미에서 보자면 오늘날 일시적 전통의 혼미를 전통의 단절로 속단하고 이를 전통 부정의 논거로 삼는 것은 허망된 논리이다. _____ _____ 그러므로 전통의 혼미란 곧 주체 의식의 혼미란 뜻에 지나지 않는다. 전통 탐구의 현대적 의의는 바로 문화의 기본적 주체 의식의 각성과 시대적 가치관의 검토, 이 양자의 관계에 대한 탐구의 요구에 다름 아니다.

① 전통은 우리의 현실에 작용하는 경우가 있다.
② 전통은 물론 과거로부터 이어 온 것을 말한다.
③ 우리 민족 문화의 전통은 부단한 창조 활동 속에서 이어 온 것이다.
④ 전통은 대체로 그 사회 및 그 사회의 구성원인 개인의 몸에 배어 있는 것이다.
⑤ 끊어지고 바뀌고 붙고 녹는 것을 계속하면서 그것을 일관하는 것이 전통이란 것이다.

어느 시대든 사람들은 원인이 무엇인지 알고 있다고 믿었다. 사람들은 그런 앎을 어디서 얻는가? 원인을 안다고 믿는 사람들의 믿음은 어디서 생기는 것일까?

새로운 것, 체험되지 않은 것, 낯선 것은 원인이 될 수 없다. 알려지지 않은 것에서는 위험, 불안정, 걱정, 공포감이 뒤따르기 때문이다. 우리 마음의 불안한 상태를 없애고자 한다면, 우리는 알려지지 않은 것을 알려진 것으로 환원해야 한다. 이러한 환원은 우리 마음을 편하게 해주고 안심시키며 만족을 느끼게 한다. 이 때문에 우리는 이미 알려진 것, 체험된 것, 기억에 각인된 것을 원인으로 설정하게 된다. '왜?'라는 물음의 답으로 나온 것은 그것이 진짜 원인이기 때문에 우리에게 떠오른 것이 아니다. 그것이 우리에게 떠오른 것은 그것이 우리를 안정시켜주고 성가신 것을 없애주며 무겁고 불편한 마음을 가볍게 해주기 때문이다. 따라서 원인을 찾으려는 우리의 본능은 위험, 불안정, 걱정, 공포감 등에 의해 촉발되고 자극받는다.

우리는 '설명이 없는 것보다 설명이 있는 것이 언제나 더 낫다.'고 믿는다. 우리는 특별한 유형의 원인만을 써서 설명을 만들어 낸다. _____ 그래서 특정 유형의 설명만이 점점 더 우세해지고, 그러한 설명들이 하나의 체계로 모아져 결국 그런 설명이 우리의 사고방식을 지배하게 된다. 기업인은 즉시 이윤을 생각하고, 기독교인은 즉시 원죄를 생각하며 소녀는 즉시 사랑을 생각한다.

① 이것은 우리의 호기심과 모험심을 자극한다.
② 이것은 인과관계에 대한 우리의 지식을 확장시킨다.
③ 이것은 우리가 왜 불안한 심리 상태에 있는지를 설명해 준다.
④ 이것은 낯설고 체험하지 않았다는 느낌을 가장 빠르고 가장 쉽게 제거해 버린다.
⑤ 이것은 새롭고 낯선 것에서 원인을 발견하려는 우리의 본래 태도를 점차 약화시키고 오히려 그 반대의 태도를 우리의 습관으로 굳어지게 한다.

03

사회가 변하면 사람들은 그때까지의 생활을 그대로 수긍하지 못한다. 새로운 생활에 맞는 새로운 언어를 필요로 하게 된다. 그 언어가 자연스럽게 육성되기를 기다릴 수도 있지만, 사람들은 대개 외국으로부터 그러한 개념의 언어를 빌려오려고 한다. 돈이나 기술을 빌리는 것에 비하면 언어는 대가 없이 빌려 쓸 수 있으므로 대개는 제한 없이 외래어를 빌린다. 특히 _____ 광복 이후 우리 사회에서 외래어가 넘쳐나는 것은 그간 우리나라의 고도성장과 절대 무관하지 않다.

① 외래어의 증가는 사회의 팽창과 함께 진행된다.
② 새로운 언어는 사회의 변화를 선도하기도 한다.
③ 외래어가 증가하면 범람한다는 비판을 받게 된다.
④ 새로운 언어는 인간의 욕망을 적절히 표현해 준다.
⑤ 새로운 언어는 필연적으로 외국의 개념을 빌릴 수밖에 없다.

서울의 청계광장에는 「스프링(Spring)」이라는 다슬기 형상의 대형 조형물이 설치돼 있다. 이것을 기획한 올덴버그는 공공장소에 작품을 설치하여 대중과 미술의 소통을 이끌어내려 했다. 이와 같이 대중과 미술의 소통을 위해 공공장소에 설치된 미술 작품 또는 공공영역에서 이루어지는 예술 행위 및 활동을 공공미술이라 한다.

1960년대 후반부터 1980년까지의 공공미술은 대중과 미술의 소통을 위해 작품이 설치되는 장소를 점차 확장하는 쪽으로 전개되었기 때문에 장소 중심의 공공미술이라 할 수 있다. 초기의 공공미술은 이전까지는 미술관에만 전시되던 작품을 사람들이 자주 드나드는 공공건물에 설치하기 시작했다. 하지만 이렇게 공공건물에 설치된 작품들은 건물의 장식으로 인식되어 대중과의 소통에 한계가 있었기 때문에, 작품이 설치되는 공간은 공원이나 광장 같은 공공장소로 확장되었다. 그러나 공공장소에 놓이게 된 작품들이 주변 공간과 어울리지 않거나, 미술가의 미학적 입장이 대중에게 수용되지 못하는 일들이 벌어졌다. 이는 소통에 대한 미술가의 반성으로 이어졌고, 시간이 지남에 따라 공공미술은 점차 주변의 삶과 조화를 이루는 방향으로 발전하였다.

1990년대 이후의 공공미술은 참된 소통이 무엇인가에 대해 진지하게 성찰하며, 대중을 작품 창작 과정에 참여시키는 쪽으로 전개되었기 때문에 참여 중심의 공공미술이라 할 수 있다. 이때의 공공미술은 대중들이 작품 제작에 직접 참여하게 하거나, 작품을 보고 만지며 체험하는 활동 속에서 작품의 의미를 완성할 수 있도록 하여 미술가와 대중, 작품과 대중 사이의 소통을 강화하였다. 즉 장소 중심의 공공미술이 이미 완성된 작품을 어디에 놓느냐에 주목하던 '결과 중심'의 수동적 미술이라면, 참여 중심의 공공미술은 '과정 중심'의 능동적 미술이라고 볼 수 있다.

그런데 공공미술에서는 대중과의 소통을 위해 누구나 쉽게 다가가 감상할 수 있는 작품을 만들어야 하므로, 미술가는 자신의 미학적 입장을 어느 정도 포기해야 한다고 우려할 수도 있다. 그러나 이러한 우려는 대중의 미적 감상 능력을 무시하는 편협한 시각이다. 왜냐하면 추상적이고 난해한 작품이라도 대중과의 소통의 가능성은 늘 존재하기 때문이다. 따라서 _____ 공공미술가는 예술의 자율성과 소통의 가능성을 높이기 위해 대중의 예술적 감성이 어떠한지, 대중이 어떠한 작품을 기대하는지 면밀히 분석하여 작품을 창작해야 한다.

① 공공미술은 대중과의 소통에 한계가 있으므로 대립되기 마련이다.
② 공공미술에서 예술의 자율성은 소통의 가능성과 대립하지 않는다.
③ 장소 중심의 공공미술은 결과 중심의 미술이기 때문에 소통의 가능성과 단절되어 있다.
④ 공공미술은 예술의 자율성이 보장되어야 하므로, 대중의 뜻이 미술작품에 반드시 반영되어야 한다.
⑤ 공공영역에서 이루어지는 예술은 대중과의 소통을 위한 작품이기 때문에 수동적 미술이어야 한다.

07 | 문장삽입

| 유형분석 |

- 주어진 문장을 제시문의 적절한 위치에 배치하는 유형이다.
- 글을 배치했을 때, 흐름이 어색하지 않은지를 확인해야 한다.

다음 글에서 〈보기〉의 문장이 들어갈 위치로 가장 적절한 곳은?

오늘날 인류가 왼손보다 오른손을 선호하는 경향은 어디서 비롯되었을까? 오른손을 귀하게 여기고 왼손을 천대하는 현상은 어쩌면 산업화 이전 사회에서 배변 후 사용할 휴지가 없었다는 사실과 관련이 있을 법하다. (가) 맨손으로 배변 뒤처리를 하는 것은 불쾌할 뿐더러 병균을 옮길 위험을 수반하는 일이었다. 이런 위험의 가능성을 낮추는 간단한 방법은 음식을 먹거나 인사할 때 다른 손을 사용하는 것이었다. 기술 발달 이전의 사회는 대개 왼손을 배변 뒤처리에, 오른손을 먹고 인사하는 일에 사용했다. (나)

나는 이런 배경이 인간 사회에 널리 나타나는 '오른쪽'에 대한 긍정과 '왼쪽'에 대한 반감을 어느 정도 설명해 줄 수 있으리라고 생각한다. 그러나 이 설명은 왜 애초에 오른손이 먹는 일에 그리고 왼손이 배변 처리에 사용되었는지 설명해 주지 못한다. 동서양을 막론하고, 왼손잡이 사회는 확인된 바 없다. (다)

한쪽 손을 주로 쓰는 경향은 뇌의 좌우반구의 기능 분화와 관련되어 있는 것으로 보인다. 보고된 증거에 따르면, 왼손잡이는 읽기와 쓰기, 개념적·논리적 사고 같은 좌반구 기능에서 오른손잡이보다 상대적으로 미약한 대신 상상력, 패턴 인식, 창의력 등 전형적인 우반구 기능에서는 상대적으로 기민한 경우가 많다. (라)

나는 이성 대 직관의 힘겨루기, 뇌의 두 반구 사이의 힘겨루기가 오른손과 왼손의 힘겨루기로 표면화된 것이 아닐까 생각한다. 즉, 오른손이 원래 왼손보다 더 능숙했기 때문이 아니라 뇌의 좌반구가 인간의 행동을 지배하는 권력을 갖게 되었기 때문에 오른손 선호에 이르렀다는 생각이다. (마)

> **보기**
>
> 따라서 근본적인 설명은 다른 곳에서 찾아야 할 것 같다.

① (가)   ② (나)

③ (다)   ④ (라)

⑤ (마)

정답 ③

보기의 내용으로 볼 때 이전의 내용과 다른 근본적인 설명의 예가 나와야 한다. (다) 앞의 문단은 왜 왼손이 배변 처리에 사용되었는지 설명해 주지 못한다고 하였고, (다) 뒤의 문단은 뇌의 좌우반구 기능 분화의 내용을 다루는 다른 설명이 있다. 따라서 (다)가 보기의 문장이 들어갈 위치로 가장 적절하다.

▍30초 컷 풀이 Tip

1. 이미 제시문이 나열되어 있는 상태이므로 오히려 난이도는 쉬운 편인 문제이다. 전체 글의 핵심 내용을 찾는다.
2. 보기의 제시된 내용을 먼저 읽고, 빈칸 앞뒤 문장의 핵심 키워드와 접속어를 찾는다.
    예 보기에서 '따라서'로 앞의 설명을 마무리하고 있으며, '근본적인 설명은 다른 곳에서 찾아야 할 것 같다.'라고 하였으므로 보기 다음에는 앞의 설명과 다른 설명이 나와야 함을 알 수 있다. (다) 앞까지는 왼손보다 오른손을 선호하는 경향을 긍정과 반감으로 설명하고 있고 (다) 뒤부터는 뇌의 좌우반구의 기능 분화로 설명하고 있다. 따라서 보기의 문장이 들어갈 위치로는 (다)가 가장 적절하다.

PART 1

※ 다음 글에서 〈보기〉의 문장이 들어갈 위치로 가장 적절한 곳을 고르시오. [1~4]

01

(가) 불행이란 사물의 결핍 상태에서 오는 것이 아니라, 결핍감을 느끼게 하는 욕구에서 온다. 현실 세계에는 한계가 있지만 상상의 세계에는 한계가 없다. 현실 세계를 확대할 수는 없는 일이므로 상상의 세계를 제한할 수밖에 없다. 왜냐하면 우리를 진정으로 불행하게 하는 모든 고통은 오로지 이 두 세계의 차이에서만 생겨나는 것이기 때문이다. 체력과 건강과 스스로가 선한 사람이라는 확신을 제외한 그 밖의 인간 생활의 모든 행복은 모두 사람들의 억측에 불과한 것이다. 신체의 고통과 양심의 가책을 제외한 그 밖의 모든 불행은 공상적인 것이다.

(나) 인간은 약하다고 하는데 그것이 무엇을 뜻하는 것이겠는가? 이 약하다고 하는 말은 하나의 상대적 관계를, 즉 그 말이 적용되는 자의 어떤 관계를 나타내는 것이다. 능력이 모든 욕구보다 넘치고 있는 경우에는 곤충이든 벌레든 간에 모두 강자임에 틀림이 없다. 욕망이 그것을 능가할 경우에는 그것이 코끼리든 사자이든, 또는 정복자든 영웅이든, 심지어 신이라 할지라도 모두 약자이다. 자신의 본분을 깨닫지 못하고 반항한 천사는 자신의 본분에 따라서 평화롭게 산 지상의 행복한 인간보다 더 약한 존재였다. 인간은 지금 있는 그대로 만족할 때 대단히 강해지고 인간 이상이고자 할 때 대단히 약해진다.

(다) 그리고 마치 거미가 거미줄 한가운데 있듯이 그 범위의 중심에 머물러 있도록 하자. 그렇게 하면 우리는 항상 우리 자신에게 만족하고 자신의 약함을 한탄하는 일이 없게 될 것이다. 왜냐하면 허약하다는 것을 새삼스레 느끼게 되는 일이 없을 것이기 때문이다.

(라) 모든 동물들은 자기 보존에 필요한 만큼의 능력만을 지니고 있다. 인간만이 오직 그 이상의 능력을 가지고 있다. 그 여분의 능력이 인간의 불행을 만들어 내고 있으니 참으로 기이한 일이 아닌가? 어느 나라에서나 인간의 팔은 생활필수품 이상의 것을 만들어 낼 수 있다. 만약 인간이 상당히 현명하여 이 여분의 능력이란 것에 무관심해진다면, 결코 지나치게 많은 것을 손에 넣지 않게 될 것이기 때문에 항상 필요한 것만을 갖고 있게 될 것이다. (마)

> **보기**
>
> 그러므로 여러분의 욕망을 확대하면 여러분들의 힘도 확대될 수 있다고 생각하지 말라. 만약에 여러분들의 오만이 힘보다도 더 확대되는 경우에는 오히려 힘이 줄어드는 결과가 될 것이다. 우리들의 힘이 미칠 수 있는 범위의 반경을 재어보자.

① (가)   ② (나)
③ (다)   ④ (라)
⑤ (마)

02

생물학에서 이기주의와 이타주의에 대한 문제는 학문적으로 흥미로울 뿐 아니라 인간사 일반에서도 중요한 의미를 갖는다. 예를 들어 사랑과 증오, 다툼과 도움, 주는 것과 훔치는 것 그리고 욕심과 자비심 등이 모두 이 문제와 밀접히 연관되어 있다. (가)

만약 인간 사회를 지배하는 유일한 원리가 인간 유전자의 철저한 이기주의라면 이 세상은 매우 삭막한 곳이 될 것이다. 그럼에도 불구하고 우리가 원한다고 해서 인간 유전자의 철저한 이기성이 사라지는 것도 아니다. 인간이나 원숭이나 모두 자연의 선택 과정을 거쳐 진화해 왔다. 그리고 자연이 제공하는 선택 과정의 살벌함을 이해한다면 그 과정을 통해서 살아남은 모든 개체는 이기적일 수밖에 없음을 알게 될 것이다. (나)

따라서 만약 우리가 인간, 원숭이 혹은 어떤 살아있는 개체를 자세히 들여다보면 그들의 행동양식이 매우 이기적일 것이라고 예상할 수 있다. 우리의 이런 예상과 달리, 인간의 행동양식이 진정한 이타주의를 보여준다면 이는 상당히 놀라운 일이며 뭔가 새로운 설명을 필요로 한다. (다)

이 문제에 대해서는 이미 많은 연구와 저서가 있었다. 그러나 이 연구들은 대부분 진화의 원리를 정확히 이해하지 못해서 잘못된 결론에 도달했다. 즉, 기존의 이기주의 – 이타주의 연구에서는 진화에 있어서 가장 중요한 것이 개체의 살아남음이 아니라 종 전체 혹은 어떤 종에 속하는 한 그룹의 살아남음이라고 가정했다. (라)

진화론의 관점에서 이기주의 – 이타주의의 문제를 들여다보는 가장 타당한 견해는 자연의 선택이 유전의 가장 기본적인 단위에서 일어난다고 생각하는 것이다. 즉, 나는 자연의 선택이 일어나는 근본 단위는 혹은 생물의 이기주의가 작동하는 기본 단위는 종이나 종에 속하는 한 그룹 혹은 개체가 아니며 바로 유전자라고 주장한다. (마)

> **보기**
>
> 나는 성공적인 유전자가 갖는 가장 중요한 특성은 이기주의이며 이러한 유전자의 이기성은 개체의 행동 양식에 철저한 이기주의를 심어주었다고 주장한다. 물론 어떤 특별한 경우에 유전자는 그 이기적 목적을 달성하기 위해서 개체로 하여금 제한된 형태의 이타적 행태를 보이도록 하기도 한다. 그럼에도 불구하고 조건 없는 사랑이나 종 전체의 이익이라는 개념은 우리에게 그런 개념들이 아무리 좋아 보이더라도, 진화론과는 상충되는 생각들이다.

① (가)　　　　　　　　　　② (나)

③ (다)　　　　　　　　　　④ (라)

⑤ (마)

'아무리 퍼내도 쌀이 자꾸자꾸 차오르는 항아리가 있다면 얼마나 좋을까…….' 가난한 사람들에게는 이런 소망이 있을 것이다. 신화의 세계에는 그런 쌀독이 얼마든지 있다. 세계 어느 나라 신화를 들추어 보아도 이런 항아리가 등장하지 않는 신화는 없다. (가) 신화에는 사람들의 원망(願望)이 투사(投射)되어 있다.

신화란 신(神)이나 신 같은 존재에 대한 신비롭고 환상적인 이야기, 우주나 민족의 시작에 대한 초인적(超人的)인 내용 그리고 많은 사람이 믿는 창작되거나 전해지는 이야기를 의미한다. 다시 말해 모든 신화는 상상력에 바탕을 둔 우주와 자연에 대한 이해이다. (나) 이처럼 신화는 상상력을 발휘하여 얻은 것이지만 그 결과는 우리 인류에게 유익한 생산력으로 나타나고 있다.

그런데 신화는 단순한 상상력으로 이루어지는 것이 아니라 창조적 상상력으로 이루어지는 것이며, 이 상상력은 또 생산적 창조력으로 이어졌다. 오늘날 우리 인류의 삶을 풍족하게 만든 모든 문명의 이기(利器)들은 그것의 근본을 규명해 보면 신화적 상상력의 결과임을 알 수 있다. (다) 결국, 그것들은 인류가 부단한 노력을 통해 신화를 현실화한 것이다. 또한 신화는 고대인들의 우주 만물에 대한 이해로 끝나지 않고 현재까지도 끊임없이 창조되고 있고, 나아가 신화 자체가 문학적 상상력의 재료로 사용되는 경우도 있다.

신화적 사유의 근간은 환상성(幻想性)이지만, 이것을 잘못 이해하면 현실성을 무시한 황당무계한 것으로 오해하기 쉽다. (라) 그러나 이 환상성은 곧 상상력이고 이것이 바로 창조력이라는 점을 우리는 이해하지 않으면 안 된다. 그래서 인류 역사에서 풍부한 신화적 유산을 계승한 민족이 찬란한 문화를 이룬 예를 서양에서는 그리스, 동양에서는 중국에서 찾아볼 수 있다. 우리나라에도 규모는 작지만 단군·주몽·박혁거세 신화 등이 있었기에 우리 민족 역시 오늘날 이 작은 한반도에서 나름대로 민족 국가를 형성하여 사는 것이다. 왜냐하면 민족이나 국가에 대한 이야기, 곧 신화가 그 민족과 국가의 정체성을 확보해 주기 때문이다.

신화는 물론 인류의 보편적 속성에 기반을 두어 형성되고 발전되어 왔지만 그 구체적인 내용은 민족마다 다르게 나타난다. 즉, 나라마다 각각 다른 지리·기후·풍습 등의 특성이 반영되어 각 민족 특유의 신화가 만들어지는 것이다. (마) 그래서 고대 그리스의 신화와 중국의 신화는 신화적 발상과 사유에 있어서는 비슷하지만 내용은 전혀 다르게 전개되고 있다. 예를 들어 그리스 신화에서 태양은 침범 불가능한 아폴론 신의 영역이지만 중국 신화에서는 후예가 태양을 쏜 신화에서 볼 수 있듯이 떨어뜨려야 할 대상으로 나타나기도 하는 것이다.

보기

오늘날 인류 최고의 교통수단이 되고 있는 비행기도 우주와 창공을 마음껏 날아보려는 신화적 사유의 소산이며, 바다를 마음대로 항해해 보고자 했던 인간의 신화적 사유가 만들어낸 것이 여객선이다. 이러한 것들은 바로 『장자(莊子)』에 나오는 물길을 차고 높이 날아올라 순식간에 먼 거리를 이동한 곤붕(鯤鵬)의 신화가 오늘의 모습으로 나타난 것이라고 볼 수 있다.

① (가)
② (나)
③ (다)
④ (라)
⑤ (마)

04

자본주의 경제 체제는 이익을 추구하려는 인간의 욕구를 최대한 보장해주고 있다. 기업 또한 이익 추구라는 목적에서 탄생하여, 생산의 주체로서 자본주의 체제의 핵심적 역할을 수행하고 있다. 곧, 이익은 기업가로 하여금 사업을 시작하게 하는 동기가 된다. (가) 이익에는 단기적으로 실현되는 이익과 장기간에 걸쳐 지속적으로 실현되는 이익이 있다. 기업이 장기적으로 존속, 성장하기 위해서는 단기 이익보다 장기 이익을 추구하는 것이 더 중요하다. 실제로 기업은 단기 이익의 극대화가 장기 이익의 극대화와 상충할 때에는 단기 이익을 과감히 포기하기도 한다. (나) 자본주의 초기에는 기업이 단기 이익과 장기 이익을 구별하여 추구할 필요가 없었다. 소자본끼리의 자유 경쟁 상태에서는 단기든 장기든 이익을 포기하는 순간에 경쟁에서 탈락하기 때문이다. 그에 따라 기업은 치열한 경쟁에서 살아남기 위해 주어진 자원을 최대한 효율적으로 활용하여 가장 저렴한 가격으로 좋은 품질의 상품을 소비자에게 공급하게 되었다. (다) 이 단계에서는 기업의 소유자가 곧 경영자였기 때문에, 기업의 목적은 자본가의 이익을 추구하는 것으로 집중되었다.

그러나 기업의 규모가 점차 커지고 경영 활동이 복잡해지면서 전문적인 경영 능력을 갖춘 경영자가 필요하게 되었다. (라) 이에 따라 소유와 경영이 분리되어 경영의 효율성이 높아졌지만, 동시에 기업이 단기 이익과 장기 이익 사이에서 갈등을 겪게 되는 일도 발생하였다. 주주의 대리인으로 경영을 위임받은 전문 경영인은 기업의 장기적 전망보다 단기 이익에 치중하여 경영 능력을 과시하려는 경향이 있기 때문이다. 주주는 경영자의 이러한 비효율적 경영 활동을 감시함으로써 자신의 이익은 물론 기업의 장기 이익을 극대화하고자 하였다. (마)

보기

이는 기업의 이익 추구가 결과적으로 사회 전체의 이익도 증진시켰다는 의미이다.

① (가) ② (나)

③ (다) ④ (라)

⑤ (마)

자료해석

합격 Cheat Key

자료해석은 제시된 표를 이용하여 그래프로 변환하거나 자료를 해석하는 문제, 자료의 추이를 파악하여 빈칸을 찾는 문제 등이 출제된다. 15분 동안 20문제를 풀어야 하므로 다양한 자료를 보고 시간을 절약하는 방법을 연습하는 것이 중요하다.

도표, 그래프 등의 통계자료를 보고 세부적인 내용을 분석하거나, 제시된 공식을 활용 또는 비율, 증감률, 평균 등을 구하는 공식을 활용하여 일정한 값을 도출하는 문제가 출제된다. 객관적인 사실만을 풀어서 쓰는 경우도 있지만 자료를 보고 미래의 추세를 예측하는 형태로 출제되기도 한다.

┤ 학습 포인트 ├

- 표, 꺾은선그래프, 막대그래프, 원그래프 등 다양한 형태의 자료를 눈에 익힌다. 그래야 실제 시험에서 자료가 제시되었을 때 중점을 두고 파악해야 할 부분이 더욱 선명하게 보일 것이다.
- 자료해석 유형의 문제는 제시되는 정보의 양이 매우 많으므로 시간을 절약하기 위해서는 문제를 읽은 후 바로 자료 분석에 들어가는 것보다는, 선택지를 먼저 읽고 필요한 정보만 추출하여 답을 찾는 것이 좋다.

02 | 이론점검

01 기초통계능력

(1) 통계

집단현상에 대한 구체적인 양적 기술을 반영하는 숫자. 특히, 사회집단 또는 자연집단의 상황을 숫자로 나타낸다.
예 서울 인구의 생계비, 한국 쌀 생산량의 추이, 추출 검사한 제품 중 불량품의 개수 등

(2) 통계치

① 빈도 : 어떤 사건이 일어나거나 증상이 나타나는 정도
② 빈도 분포 : 빈도를 표나 그래프로 종합적이면서도 일목요연하게 표시하는 것
③ 평균 : 모든 자료 값의 합을 자료의 개수로 나눈 값
④ 백분율 : 전체의 수량을 100으로 볼 때의 비율

(3) 통계의 계산

① 범위 : (최댓값) − (최솟값)

② 평균 : $\dfrac{(자료\ 값의\ 총합)}{(자료의\ 개수)}$

③ 분산 : $\dfrac{[\{(관찰값) - (평균)\}^2 의\ 총합]}{(자료의\ 개수)}$

　※ (편차) = (관찰값) − (평균)

④ 표준편차 : $\sqrt{분산}$ (평균으로부터 얼마나 떨어져 있는가를 나타냄)

(1) 꺾은선(절선)그래프

① 시간적 추이(시계열 변화)를 표시하는 데 적합하다.

   예 연도별 매출액 추이 변화 등

② 경과·비교·분포를 비롯하여 상관관계 등을 나타낼 때 사용한다.

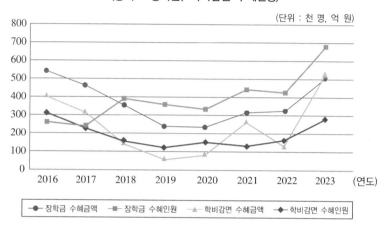

〈중학교 장학금, 학비감면 수혜현황〉

(2) 막대그래프

① 비교하고자 하는 수량을 막대 길이로 표시하고, 그 길이를 비교하여 각 수량 간의 대소 관계를 나타내는 데 적합하다.

   예 영업소별 매출액, 성적별 인원분포 등

② 가장 간단한 형태로 내역·비교·경과·도수 등을 표시하는 용도로 사용한다.

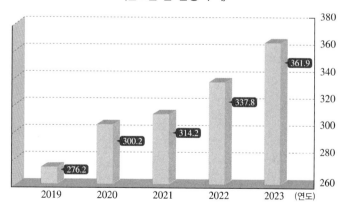

〈연도별 암 발생 추이〉

(3) 원그래프

① 내역이나 내용의 구성비를 분할하여 나타내는 데 적합하다.

　　예 제품별 매출액 구성비 등

② 원그래프를 정교하게 작성할 때는 수치를 각도로 환산해야 한다.

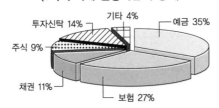

〈S국의 가계 금융자산 구성비〉

(4) 점그래프

① 지역분포를 비롯하여 도시, 지방, 기업, 상품 등의 평가나 위치, 성격을 표시하는 데 적합하다.

　　예 광고비율과 이익률의 관계 등

② 종축과 횡축에 두 요소를 두고, 보고자 하는 것이 어떤 위치에 있는가를 알고자 할 때 사용한다.

〈OECD 국가의 대학졸업자 취업률 및 경제활동인구 비중〉

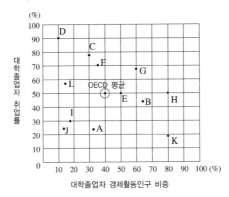

(5) 층별그래프

① 합계와 각 부분의 크기를 백분율로 나타내고 시간적 변화를 보는 데 적합하다.

② 합계와 각 부분의 크기를 실수로 나타내고 시간적 변화를 보는 데 적합하다.

　　예 상품별 매출액 추이 등

③ 선의 움직임보다는 선과 선 사이의 크기로써 데이터 변화를 나타내는 그래프이다.

〈우리나라 세계유산 현황〉

(6) 레이더 차트(거미줄 그래프)

① 다양한 요소를 비교할 때, 경과를 나타내는 데 적합하다. 예 매출액의 계절변동 등

② 비교하는 수량을 직경, 또는 반경으로 나누어 원의 중심에서의 거리에 따라 각 수량의 관계를 나타내는 그래프이다.

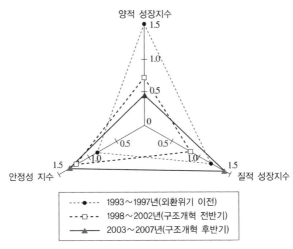

〈외환위기 전후 한국의 경제상황〉

01 | 자료추론

| 유형분석 |

- 자료를 보고 해석하거나 추론한 내용을 고르는 문제가 출제된다.
- 증감 추이, 증감률, 증감폭 등의 간단한 계산이 포함되어 있다.
- %, %p 등의 차이점을 알고 적용할 수 있어야 한다.
  %(퍼센트) : 어떤 양이 전체(100)에 대해서 얼마를 차지하는가를 나타내는 단위
  %p(퍼센트 포인트) : %로 나타낸 수치가 이전 수치와 비교했을 때 증가하거나 감소한 양

다음은 어느 나라의 국내 유동 관광객 현황에 대한 자료이다. 이에 대한 설명으로 옳은 것은?

〈2018년 유동 관광객 수〉

(단위 : 천 명)

출신지 \ 여행지	동부지역	남부지역	서부지역	북부지역	합계
동부지역	550	80	250	300	1,180
남부지역	200	400	510	200	1,310
서부지역	390	300	830	180	1,700
북부지역	80	200	80	420	780
합계	1,220	980	1,670	1,100	4,970

〈2023년 유동 관광객 수〉

(단위 : 천 명)

출신지 \ 여행지	동부지역	남부지역	서부지역	북부지역	합계
동부지역	500	200	400	200	1,300
남부지역	200	300	500	300	1,300
서부지역	400	400	800	200	1,800
북부지역	100	300	100	300	800
합계	1,200	1,200	1,800	1,000	5,200

※ (관광수지)＝(총수입액)－(총지출액)

① 5년 사이에 전체적으로 관광객 수가 증가하였고, 지역별로도 모든 지역에서 관광객이 증가하였다.

② 남부지역을 관광한 사람들 중에서 서부지역 사람이 차지하는 비중은 5년 사이에 증가하였다.

③ 자기 지역 내 관광이 차지하는 비중은 2018년에 비해 2023년에 증가하였다.

④ 모든 관광객이 동일한 지출을 한다고 가정했을 때, 2018년에 관광수지가 적자인 곳은 2곳이었지만, 2023년에는 1곳이다.

⑤ 2023년에 동부지역 출신이 자기 지역을 관광하는 비율이 2018년에 서부지역 출신이 자기 지역을 관광하는 비율보다 높다.

남부지역을 관광한 사람들 중 서부지역 사람이 차지하는 비중은 2018년에는 $\frac{300}{980}\times100≒31\%$를, 2023년에는 $\frac{400}{1,200}\times100≒$ 33%를 차지하고 있으므로 5년 사이에 증가하였다.

오답분석

① 전체 관광객은 증가하였으나, 동부지역과 북부지역의 관광객은 감소하였다.

③ 2018년에는 $\frac{2,200}{4,970}\times100≒44\%$, 2023년에는 $\frac{1,900}{5,200}\times100≒37\%$의 비중을 차지하고 있으므로 2023년에 감소하였다.

④ 여행지>출신지이면 흑자이고, 여행지<출신지이면 적자이다.

   2018년에는 동부·북부는 흑자, 남부·서부가 적자이고, 2023년에는 동부·남부는 적자, 서부는 균형수지, 북부는 흑자이다.

⑤ • 2023년 동부지역 출신이 자기 지역을 관광하는 비율 : $\frac{500}{1,300}\times100≒38\%$

   • 2018년 서부지역 출신이 자기 지역을 관광하는 비율 : $\frac{830}{1,700}\times100≒49\%$

30초 컷 풀이 Tip

간단한 선택지부터 해결하기

계산이 필요 없거나 생각하지 않아도 되는 선택지를 먼저 해결한다.

예 ①은 제시된 수치의 증감 추이를 판단하는 문제이므로 가장 먼저 풀이 가능하다.

적절한 것 / 적절하지 않은 것 헷갈리지 않게 표시하기

자료해석은 적절한 것 또는 적절하지 않은 것을 찾는 문제가 출제된다. 문제마다 매번 바뀌므로 이를 확인하는 것은 매우 중요하다. 따라서 선택지에 표시할 때에도 선택지가 적절하지 않은 내용이라서 '×' 표시를 했는지, 적절한 내용이지만 문제가 적절하지 않은 것을 찾는 문제라 '×' 표시를 했는지 헷갈리지 않도록 표시 방법을 정해야 한다.

제시된 자료를 통해 계산할 수 있는 값인지 확인하기

제시된 자료만으로 계산할 수 없는 값을 묻는 선택지인지 먼저 판단해야 한다. 문제를 읽고 바로 계산부터 하면 함정에 빠지기 쉽다.

Easy

01 다음은 전국 풍수해 규모에 대한 자료이다. 이에 대한 설명으로 옳은 것은?

〈전국 풍수해 규모〉

(단위 : 억 원)

구분	2014년	2015년	2016년	2017년	2018년	2019년	2020년	2021년	2022년	2023년
태풍	118	1,609	8	0	1,725	2,183	8,037	17	53	134
호우	9,063	435	581	2,549	1,808	5,282	384	1,555	1,400	14
대설	60	74	36	128	663	477	204	119	324	130
강풍	140	69	11	70	2	5	267	9	1	39
풍랑	57	331	0	241	70	3	0	0	0	3
합계	9,438	2,518	636	2,988	4,268	7,950	8,892	1,700	1,778	320

① 풍랑으로 인한 풍수해 규모는 매년 가장 작았다.

② 2023년 호우로 인한 풍수해 규모의 전년 대비 감소율은 97% 미만이다.

③ 전체 풍수해 규모에서 대설로 인한 풍수해 규모가 차지하는 비중은 2021년이 2019년보다 크다.

④ 2014 ~ 2023년 동안 연도별로 발생한 전체 풍수해 규모에서 태풍으로 인한 풍수해 규모가 가장 큰 해는 2020년뿐이다.

⑤ 2015 ~ 2023년 동안 연도별로 발생한 전체 풍수해 규모의 전년 대비 증감 추이는 태풍으로 인한 풍수해 규모의 증감 추이와 같다.

02 다음은 어린이보호구역 지정대상 및 현황에 대한 자료이다. 이에 대한 설명으로 옳지 않은 것을 〈보기〉에서 모두 고르면?

〈어린이보호구역 지정대상 및 지정현황〉

(단위 : 곳)

구분		2017년	2018년	2019년	2020년	2021년	2022년	2023년
어린이보호구역 지정대상	합계	17,339	18,706	18,885	21,274	21,422	20,579	21,273
어린이보호구역 지정현황	합계	14,921	15,136	15,444	15,799	16,085	16,355	16,555
	초등학교	5,917	5,946	5,975	6,009	6,052	6,083	6,127
	유치원	6,766	6,735	6,838	6,979	7,056	7,171	7,259
	특수학교	131	131	135	145	146	148	150
	보육시설	2,107	2,313	2,481	2,650	2,775	2,917	2,981
	학원	0	11	15	16	56	36	38

보기

㉠ 2020년부터 2023년까지 어린이보호구역 지정대상은 전년 대비 매년 증가하였다.
㉡ 2018년 어린이보호구역 지정대상 중 어린이보호구역으로 지정된 구역의 비율은 75% 이상이다.
㉢ 어린이보호구역으로 지정된 구역 중 학원이 차지하는 비중은 2021년부터 2023년까지 전년 대비 매년 증가하였다.
㉣ 어린이보호구역으로 지정된 구역 중 초등학교가 차지하는 비중은 2017년부터 2021년까지 매년 60% 이상이다.

① ㉠, ㉡
② ㉡, ㉣
③ ㉠, ㉡, ㉢
④ ㉠, ㉢, ㉣
⑤ ㉡, ㉢, ㉣

03 다음은 연도별 유아교육 규모에 대한 자료이다. 이에 대한 설명으로 옳지 않은 것을 〈보기〉에서 모두 고르면?

〈유아교육 규모〉

구분	2017년	2018년	2019년	2020년	2021년	2022년	2023년
유치원 수(원)	8,494	8,275	8,290	8,294	8,344	8,373	8,388
학급 수(학급)	20,723	22,409	23,010	23,860	24,567	24,908	25,670
원아 수(명)	545,263	541,603	545,812	541,550	537,822	537,361	538,587
교원 수(명)	28,012	31,033	32,095	33,504	34,601	35,415	36,461
취원율(%)	26.2	31.4	35.3	36.0	38.4	39.7	39.9
교원 1인당 원아 수(명)	19.5	17.5	17.0	16.2	15.5	15.2	14.8

보기

㉠ 유치원 원아 수의 변동은 매년 일정한 흐름을 보이지는 않는다.
㉡ 교원 1인당 원아 수가 적어지는 것은 원아 수 대비 학급 수가 늘어나기 때문이다.
㉢ 취원율은 매년 증가하고 있는 추세이다.
㉣ 교원 수가 매년 증가하는 이유는 청년 취업과 관계가 있다.

① ㉠, ㉡
② ㉠, ㉢
③ ㉡, ㉣
④ ㉢, ㉣
⑤ ㉠, ㉢, ㉣

04 다음은 2011 ~ 2023년 축산물 수입 추이에 대한 자료이다. 이에 대한 설명으로 옳지 않은 것은?

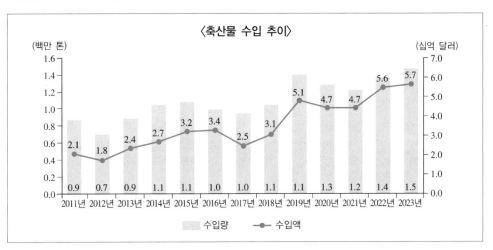

〈축산물 수입 추이〉

① 축산물 수입량과 수입액의 변화 추세는 동일하다.
② 2023년 축산물 수입량은 2013년 대비 약 67% 증가하였다.
③ 2013년부터 2016년까지 축산물 수입액은 전년 대비 증가했다.
④ 전년 대비 축산물 수입액의 증가율이 가장 높았던 해는 2019년이다.
⑤ 처음으로 2011년 축산물 수입액의 두 배 이상 수입한 해는 2019년이다.

02 | 자료계산

| 유형분석 |

- 자료상에 주어진 공식을 활용하는 계산문제와 증감률, 비율, 합, 차 등을 활용한 문제가 출제된다.
- 많은 문제가 출제되지는 않지만, 숫자가 큰 경우가 많으므로 정확한 수치와 제시된 조건을 꼼꼼히 확인하여 실수를 하지 않는 것이 중요하다.

부동산 취득세 세율이 다음과 같을 때, 실 매입비가 6억 7천만 원인 $92m^2$ 아파트의 거래금액은?(단, 만 원 단위 미만은 절사한다)

〈표준세율〉

(단위 : %)

구분		취득세	농어촌특별세	지방교육세
6억 원 이하 주택	$85m^2$ 이하	1	비과세	0.1
	$85m^2$ 초과	1	0.2	0.1
6억 원 초과 9억 원 이하 주택	$85m^2$ 이하	2	비과세	0.2
	$85m^2$ 초과	2	0.2	0.2
9억 원 초과 주택	$85m^2$ 이하	3	비과세	0.3
	$85m^2$ 초과	3	0.2	0.3

※ (아파트 거래금액)×[1+(표준세율)]=(실 매입비)
※ (표준세율)=(취득세율)+(농어촌특별세율)+(지방교육세율)

① 65,429만 원
② 65,800만 원
③ 67,213만 원
④ 67,480만 원
⑤ 68,562만 원

정답 ①

92m^2의 6억 원 초과 9억 원 이하 주택의 표준세율은 $0.02+0.002+0.002=0.024$이다.

거래금액을 x원이라고 하자.

$x \times (1+0.024)=670,000,000$

$\rightarrow 1.024x=670,000,000$

$\therefore x=654,296,875$

따라서 만 원 단위 미만은 절사한다고 하였으므로 제시된 아파트의 거래금액은 65,429만 원이다.

30초 컷 풀이 Tip

1. 정확한 값을 계산하려고 하기보다 어림값을 활용하여 계산한다.

   예 $\dfrac{300}{980} \fallingdotseq \dfrac{300}{1,000}=0.3$

2. 자료계산에서 단위를 놓쳐 잘못 계산하기 쉬우므로 단위를 잘 확인하고 계산에 필요한 단위로 환산하는 것이 중요하다.

단위	환산
길이	$1\text{cm}=10\text{mm}$, $1\text{m}=100\text{cm}$, $1\text{km}=1,000\text{m}$
넓이	$1\text{cm}^2=100\text{mm}^2$, $1\text{m}^2=10,000\text{cm}^2$, $1\text{km}^2=1,000,000\text{m}^2$
부피	$1\text{cm}^3=1,000\text{mm}^3$, $1\text{m}^3=1,000,000\text{cm}^3$, $1\text{km}^3=1,000,000,000\text{m}^3$
들이	$1\text{mL}=1\text{cm}^3$, $1\text{dL}=100\text{cm}^3=100\text{mL}$, $1\text{L}=1,000\text{cm}^3=10\text{dL}$
무게	$1\text{kg}=1,000\text{g}$, $1\text{t}=1,000\text{kg}=1,000,000\text{g}$
시간	1분$=60$초, 1시간$=60$분$=3,600$초

01   다음은 국내 스포츠 경기 수 현황에 대한 자료이다. 빈칸에 들어갈 수로 옳은 것은?(단, 각 수는 매년 일정한 규칙으로 변화한다)

<연도별 국내 스포츠 경기 수>

(단위 : 경기)

구분	2018년	2019년	2020년	2021년	2022년	2023년
농구	450	460	420	450	440	460
야구	410	420	400	430	420	
배구	350	360	340	350	340	360
축구	380	390	370	380	370	380

① 400

② 405

③ 410

④ 420

⑤ 425

Easy

02   다음은 S기업의 지역별 매장 수 증감에 대한 자료이다. 2020년에 매장이 두 번째로 많은 지역의 매장 개수는?

<지역별 매장 수 증감>

(단위 : 개)

구분	2020년 대비 2021년 증감 수	2021년 대비 2022년 증감 수	2022년 대비 2023년 증감 수	2023년 매장 수
서울	2	2	-2	17
경기	2	1	-2	14
인천	-1	2	-5	10
부산	-2	-4	3	10

① 10개

② 12개

③ 14개

④ 16개

⑤ 18개

03 A씨는 취업준비를 위해 6번의 영어 시험을 치렀다. 영어 성적 분포가 다음과 같을 때, A씨의 전체 영어 평균점수보다 높았던 적은 몇 번인가?

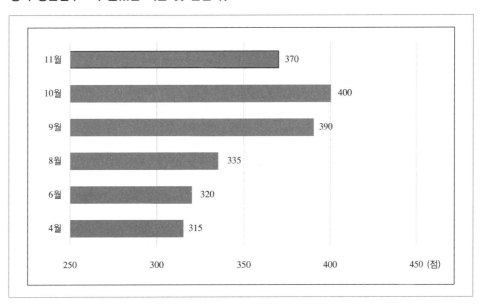

① 2번   ② 3번

③ 4번   ④ 5번

⑤ 6번

03 | 자료변환

| 유형분석 |

- 제시된 표나 그래프의 수치를 그래프로 올바르게 변환한 것을 묻는 유형이다.
- 복잡한 표가 제시되지 않으므로 수의 크기만을 판단하여 풀이할 수 있다.
- 정확한 수치가 제시되지 않을 수 있으므로 그래프의 높낮이나 넓이를 판단하여 풀이해야 한다.
- 제시된 표나 그래프의 수치를 계산하여 변환하는 유형도 출제될 수 있다.

다음은 연도별 제주도 감귤 생산량 및 면적에 대한 자료이다. 이를 참고하여 작성한 그래프로 옳은 것은?
(단, 그래프의 면적 단위가 '만 ha'일 때 백의 자리에서 반올림한다)

〈제주도 감귤 생산량 및 면적〉

(단위 : 톤, ha)

구분	생산량	면적
2013년	19,725	536,668
2014년	19,806	600,511
2015년	19,035	568,920
2016년	18,535	677,770
2017년	18,457	520,350
2018년	18,279	655,046
2019년	17,921	480,556
2020년	17,626	500,106
2021년	17,389	558,942
2022년	17,165	554,007
2023년	16,941	573,442

① 연도별 제주도 감귤 생산량 및 면적

② 2018 ~ 2023년 감귤 생산량

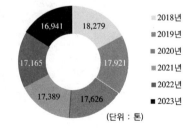

(단위 : 톤)

③ 2013 ~ 2018년 제주도 감귤 재배면적

■ 2013년
  2014년
■ 2015년
■ 2016년
  2017년
■ 2018년

④ 연도별 제주도 감귤 생산량 및 면적

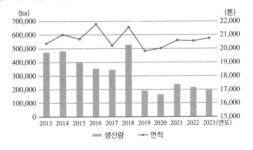

⑤ 2015 ~ 2023년 감귤 생산량 전년 대비 감소량

정답 ②

오답분석

① · ④ 2018년 감귤 생산량은 자료보다 높고, 2020년 감귤 생산량은 자료보다 낮다.

구분	2013년	2014년	2015년	2016년	2017년	2018년	2019년	2020년	2021년	2022년	2023년
생산량	–	증가	감소	감소	감소	감소	감소	감소	감소	감소	감소
면적	–	증가	감소	증가	감소	증가	감소	증가	증가	감소	증가

③ 2013년과 2014년의 재배면적 수치가 표와 다르다.
⑤ 2022년의 전년 대비 감소량은 2023년의 전년 대비 감소량 224톤과 같다.

30초 컷 풀이 Tip

1. 수치를 일일이 확인하는 것보다 풀이처럼 증감 추이를 먼저 판단해서 선택지를 1차적으로 거르고 나머지 선택지 중 그래프 모양이 크게 차이나는 곳의 수치를 우선적으로 확인하면 빠르게 풀이할 수 있다.
2. 선택지를 먼저 보고 특징적인 부분이 있는 선택지를 먼저 판단한다.
   예 ②, ③의 경우 제시된 자료의 수치를 보고 바로 확인할 수 있으므로 이를 우선적으로 파악한다.

01 다음은 2017년부터 2023년까지의 인구 10만 명 당 사망자 수에 대한 자료이다. 이를 참고하여 작성한 그래프로 옳은 것은?(단, 모든 그래프의 단위는 '명'이다)

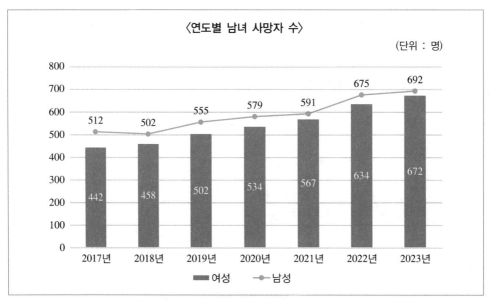

〈연도별 남녀 사망자 수〉

(단위 : 명)

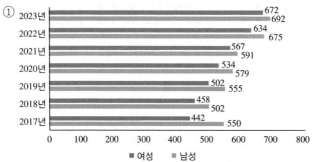

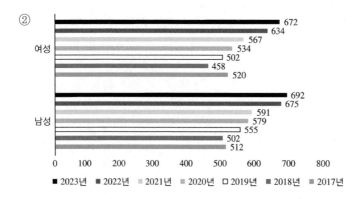

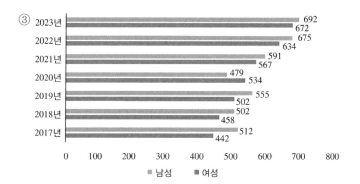

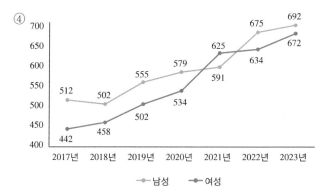

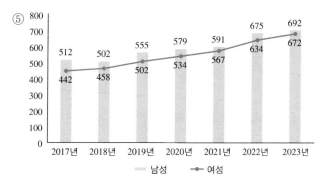

02 다음은 S국가의 2023년 월별 반도체 수출액 동향에 대한 자료이다. 이를 참고하여 작성한 그래프로 옳지 않은 것은?(단, 모든 그래프의 단위는 '백만 달러'이다)

〈2023년 월별 반도체 수출액 동향〉

(단위 : 백만 달러)

기간	수출액	기간	수출액
1월	9,681	7월	10,383
2월	9,004	8월	11,513
3월	10,804	9월	12,427
4월	9,779	10월	11,582
5월	10,841	11월	10,684
6월	11,157	12월	8,858

① 2023년 월별 반도체 수출액

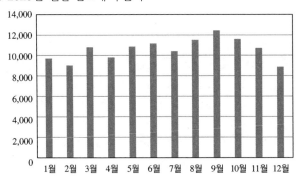

② 2023년 월별 반도체 수출액

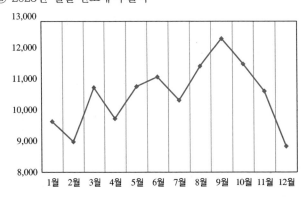

③ 2023년 월별 반도체 수출액

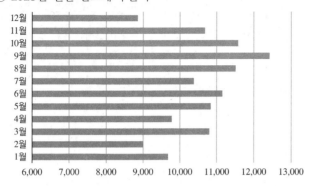

④ 2~12월의 전월 대비 반도체 수출 증감액

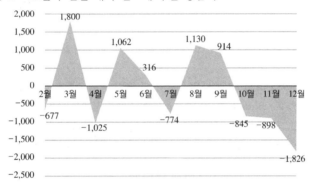

⑤ 2~12월의 전월 대비 반도체 수출 증감액

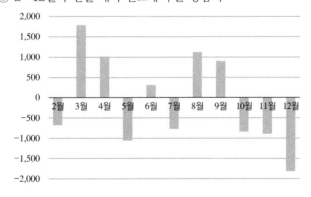

창의수리

합격 Cheat Key

창의수리는 20문제가 출제되며, 15분의 시간이 주어진다. 주로 수의 관계(약수와 배수, 소수, 합성수, 인수분해, 최대공약수 · 최소공배수 등)를 이용하는 기초적인 계산 문제, 방정식과 부등식을 수립(날짜 · 요일 · 시간, 거리 · 속력 · 시간, 나이 · 수량, 원가 · 정가, 일 · 일률, 농도, 비율 등)하여 미지수를 계산하는 응용계산 문제, 경우의 수와 확률을 구하는 문제 등이 출제된다.

수의 관계에 대해 알고 그것을 응용하여 계산할 수 있는지, 그리고 미지수를 구하기 위해 필요한 계산식을 세울 수 있는지를 평가하는 유형이다. 최근에는 단순하게 계산하는 문제가 아닌 두, 세 단계의 풀이과정을 거쳐서 답을 도출하는 문제가 출제되고 있으므로 기초적인 유형을 정확하게 알고, 이를 활용하는 연습을 해야 한다.

┤ 학습 포인트 ├

• 문제풀이 시간 확보가 관건이므로 이 유형에서 점수를 따기 위해서는 다양한 문제를 최대한 많이 풀어 보는 수밖에 없다.
• 고등학교 시절을 생각하며 오답노트를 만드는 것도 좋은 방법이 될 수 있다.

03 | 이론점검

1. 수의 관계

(1) 약수와 배수

a가 b로 나누어떨어질 때, a는 b의 배수, b는 a의 약수

(2) 소수

1과 자기 자신만을 약수로 갖는 수. 즉, 약수의 개수가 2개인 수

(3) 합성수

1과 자신 이외의 수를 약수로 갖는 수. 즉, 소수가 아닌 수 또는 약수의 개수가 3개 이상인 수

(4) 최대공약수

2개 이상의 자연수의 공통된 약수 중에서 가장 큰 수

(5) 최소공배수

2개 이상의 자연수의 공통된 배수 중에서 가장 작은 수

(6) 서로소

1 이외에 공약수를 갖지 않는 두 자연수. 즉, 최대공약수가 1인 두 자연수

(7) 소인수분해

주어진 합성수를 소수의 거듭제곱의 형태로 나타내는 것

(8) 약수의 개수

자연수 $N = a^m \times b^n$에 대하여, N의 약수의 개수는 $(m+1) \times (n+1)$개

(9) 최대공약수와 최소공배수의 관계

두 자연수 A, B에 대하여, 최소공배수와 최대공약수를 각각 L, G라고 하면 A×B=L×G가 성립한다.

2. 방정식의 활용

(1) 날짜 · 요일 · 시계

① 날짜 · 요일

㉠ 1일=24시간=1,440분=86,400초

㉡ 날짜 · 요일 관련 문제는 대부분 나머지를 이용해 계산한다.

② 시계

㉠ 시침이 1시간 동안 이동하는 각도 : 30°

㉡ 시침이 1분 동안 이동하는 각도 : 0.5°

㉢ 분침이 1분 동안 이동하는 각도 : 6°

(2) 거리 · 속력 · 시간

① (거리)=(속력)×(시간)

㉠ 기차가 터널을 통과하거나 다리를 지나가는 경우

• (기차가 움직인 거리)=(기차의 길이)+(터널 또는 다리의 길이)

㉡ 두 사람이 반대 방향 또는 같은 방향으로 움직이는 경우

• (두 사람 사이의 거리)=(두 사람이 움직인 거리의 합 또는 차)

② (속력)=$\dfrac{(거리)}{(시간)}$

㉠ 흐르는 물에서 배를 타는 경우

• (하류로 내려갈 때의 속력)=(배 자체의 속력)+(물의 속력)

• (상류로 올라갈 때의 속력)=(배 자체의 속력)−(물의 속력)

③ (시간)=$\dfrac{(거리)}{(속력)}$

(3) 나이 · 인원 · 개수

구하고자 하는 것을 미지수로 놓고 식을 세운다. 동물의 경우 다리의 개수에 유의해야 한다.

(4) 원가 · 정가

① (정가)=(원가)+(이익), (이익)=(정가)−(원가)

② (a원에서 $b\%$ 할인한 가격)=$a\times\left(1-\dfrac{b}{100}\right)$

(5) 일률 · 톱니바퀴

① 일률

전체 일의 양을 1로 놓고, 시간 동안 한 일의 양을 미지수로 놓고 식을 세운다.

• (일률)=$\dfrac{(작업량)}{(작업기간)}$

• (작업기간)=$\dfrac{(작업량)}{(일률)}$

• (작업량)=(일률)×(작업기간)

② 톱니바퀴

(톱니 수)×(회전수)=(총 맞물린 톱니 수)

즉, A, B 두 톱니에 대하여, (A의 톱니 수)×(A의 회전수)=(B의 톱니 수)×(B의 회전수)가 성립한다.

(6) 농도

① $(농도)=\dfrac{(용질의 \ 양)}{(용액의 \ 양)}\times100$

② $(용질의 \ 양)=\dfrac{(농도)}{100}\times(용액의 \ 양)$

(7) 수 I

① 연속하는 세 자연수 : $x-1,\ x,\ x+1$

② 연속하는 세 짝수(홀수) : $x-2,\ x,\ x+2$

(8) 수 II

① 십의 자릿수가 x, 일의 자릿수가 y인 두 자리 자연수 : $10x+y$

이 수에 대해, 십의 자리와 일의 자리를 바꾼 수 : $10y+x$

② 백의 자릿수가 x, 십의 자릿수가 y, 일의 자릿수가 z인 세 자리 자연수 : $100x+10y+z$

(9) 증가 · 감소

① x가 $a\%$ 증가 : $\left(1+\dfrac{a}{100}\right)x$

② y가 $b\%$ 감소 : $\left(1-\dfrac{b}{100}\right)y$

3. 경우의 수 · 확률

(1) 경우의 수

① 경우의 수 : 어떤 사건이 일어날 수 있는 모든 가짓수

② 합의 법칙

㉠ 두 사건 A, B가 동시에 일어나지 않을 때, A가 일어나는 경우의 수를 m, B가 일어나는 경우의 수를 n이라고 하면, 사건 A 또는 B가 일어나는 경우의 수는 $m+n$이다.

㉡ '또는', '~이거나'라는 말이 나오면 합의 법칙을 사용한다.

③ 곱의 법칙

㉠ A가 일어나는 경우의 수를 m, B가 일어나는 경우의 수를 n이라고 하면, 사건 A와 B가 동시에 일어나는 경우의 수는 $m\times n$이다.

㉡ '그리고', '동시에'라는 말이 나오면 곱의 법칙을 사용한다.

④ 여러 가지 경우의 수

    ㉠ 동전 n개를 던졌을 때, 경우의 수 : 2^n

    ㉡ 주사위 m개를 던졌을 때, 경우의 수 : 6^m

    ㉢ 동전 n개와 주사위 m개를 던졌을 때, 경우의 수 : $2^n \times 6^m$

    ㉣ n명을 한 줄로 세우는 경우의 수 : $n! = n \times (n-1) \times (n-2) \times \cdots \times 2 \times 1$

    ㉤ n명 중, m명을 뽑아 한 줄로 세우는 경우의 수 : $_n\mathrm{P}_m = n \times (n-1) \times \cdots \times (n-m+1)$

    ㉥ n명을 한 줄로 세울 때, m명을 이웃하여 세우는 경우의 수 : $(n-m+1)! \times m!$

    ㉦ 0이 아닌 서로 다른 한 자리 숫자가 적힌 n장의 카드에서, m장을 뽑아 만들 수 있는 m자리 정수의 개수 : $_n\mathrm{P}_m$

    ㉧ 0을 포함한 서로 다른 한 자리 숫자가 적힌 n장의 카드에서, m장을 뽑아 만들 수 있는 m자리 정수의 개수 : $(n-1) \times {}_{n-1}\mathrm{P}_{m-1}$

    ㉨ n명 중, 자격이 다른 m명을 뽑는 경우의 수 : $_n\mathrm{P}_m$

    ㉩ n명 중, 자격이 같은 m명을 뽑는 경우의 수 : $_n\mathrm{C}_m = \dfrac{_n\mathrm{P}_m}{m!}$

    ㉪ 원형 모양의 탁자에 n명을 앉히는 경우의 수 : $(n-1)!$

⑤ **최단거리 문제** : A에서 B 사이에 P가 주어져 있다면, A와 P의 최단거리, B와 P의 최단거리를 각각 구하여 곱한다.

(2) 확률

① (사건 A가 일어날 확률) $= \dfrac{(\text{사건 A가 일어나는 경우의 수})}{(\text{모든 경우의 수})}$

② **여사건의 확률**

    ㉠ 사건 A가 일어날 확률이 p일 때, 사건 A가 일어나지 않을 확률은 $(1-p)$이다.

    ㉡ '적어도'라는 말이 나오면 주로 사용한다.

③ **확률의 계산**

    ㉠ 확률의 덧셈

      두 사건 A, B가 동시에 일어나지 않을 때, A가 일어날 확률을 p, B가 일어날 확률을 q라고 하면, 사건 A 또는 B가 일어날 확률은 $p+q$이다.

    ㉡ 확률의 곱셈

      A가 일어날 확률을 p, B가 일어날 확률을 q라고 하면, 사건 A와 B가 동시에 일어날 확률은 $p \times q$이다.

④ **여러 가지 확률**

    ㉠ 연속하여 뽑을 때, 꺼낸 것을 다시 넣고 뽑는 경우 : 처음과 나중의 모든 경우의 수는 같다.

    ㉡ 연속하여 뽑을 때, 꺼낸 것을 다시 넣지 않고 뽑는 경우 : 나중의 모든 경우의 수는 처음의 모든 경우의 수보다 1만큼 작다.

    ㉢ (도형에서의 확률) $= \dfrac{(\text{해당하는 부분의 넓이})}{(\text{전체 넓이})}$

01 | 거리 · 속력 · 시간

| 유형분석 |

- (거리)=(속력)×(시간), (속력)=$\dfrac{(거리)}{(시간)}$, (시간)=$\dfrac{(거리)}{(속력)}$ 공식을 활용한 문제이다.
- 기차와 터널의 길이, 물과 같이 속력이 있는 장소 등 추가적인 거리나 속력 시간에 관한 조건과 결합하여 난이도 높은 문제로 출제된다.

S사원은 회사 근처 카페에서 거래처와 미팅을 갖기로 했다. 처음에는 4km/h로 걸어가다가 약속 시간에 늦을 것 같아서 10km/h로 뛰어서 24분 만에 미팅 장소에 도착했다. 회사에서 카페까지의 거리가 2.5km일 때, A사원이 뛴 거리는?

① 0.6km   ② 0.9km
③ 1.2km   ④ 1.5km
⑤ 1.8km

정답 ④

S사원이 회사에서 카페까지 걸어간 거리를 $x$km, 뛴 거리를 $y$km라고 하자.
회사에서 카페까지의 거리는 2.5km이므로 걸어간 거리 $x$km와 뛴 거리 $y$km를 합하면 2.5km이다.
$x+y=2.5$ … ㉠

S사원이 회사에서 카페까지 24분이 걸렸으므로 걸어간 시간$\left(\dfrac{x}{4}\ 시간\right)$과 뛰어간 시간$\left(\dfrac{y}{10}\ 시간\right)$을 합치면 24분이다.

이때 속력은 시간 단위이므로 분으로 바꾸어 계산한다.

$\dfrac{x}{4}\times60+\dfrac{y}{10}\times60=24 \rightarrow 5x+2y=8$ … ㉡

㉡−2×㉠을 하여 ㉠과 ㉡을 연립하면 $x=1$이고, 구한 x의 값을 ㉠에 대입하면 $y=1.5$이다.
따라서 S사원이 뛴 거리는 1.5km이다.

30초 컷 풀이 Tip

1. 미지수를 정할 때에는 문제에서 묻는 것을 정확하게 파악해야 한다.
2. 속력과 시간의 단위를 처음에 정리하여 계산하면 계산 실수 없이 풀이할 수 있다.
   - 1시간=60분=3,600초
   - 1km=1,000m=100,000cm

Easy

01 집에서 회사까지 자동차를 타고 시속 60km로 갈 때와 시속 50km로 갈 때 걸리는 시간이 10분 차이가 난다면, 집에서 회사까지의 거리는?

① 40km   ② 50km

③ 60km   ④ 70km

⑤ 80km

02 A신입사원은 집에서 거리가 10km 떨어진 회사에 근무하고 있다. 출근할 때는 자전거를 타고 1시간이 걸린다. 퇴근할 때는 회사에서 4km 떨어진 헬스장을 들렀다가 운동 후 7km 거리를 이동하여 집에 도착한다. 퇴근할 때 회사에서 헬스장까지 30분, 헬스장에서 집까지 1시간 30분이 걸린다면 A신입사원이 출·퇴근하는 평균속력은?

① 5km/h   ② 6km/h

③ 7km/h   ④ 8km/h

⑤ 9km/h

03 미주는 집에서 백화점에 가기 위해 시속 8km의 속력으로 집에서 출발했다. 미주가 집에서 출발한 지 12분 후에 지갑을 두고 간 것을 발견한 동생이 시속 20km의 속력으로 미주를 만나러 출발했다. 미주와 동생은 미주가 출발하고 몇 분 후에 만나게 되는가?(단, 미주와 동생은 쉬지 않고 일정한 속력으로 움직인다)

① 11분   ② 14분

③ 17분   ④ 20분

⑤ 23분

02 | 농도

| 유형분석 |

- (농도)=$\dfrac{(용질의\ 양)}{(용액의\ 양)}\times100$ 공식을 활용한 문제이다.
- (소금물의 양)=(물의 양)+(소금의 양)이라는 것에 유의하고, 더해지거나 없어진 것을 미지수로 두고 풀이한다.

소금물 500g이 있다. 이 소금물에 농도가 3%인 소금물 200g을 온전히 섞었더니 소금물의 농도는 7%가 되었다. 500g의 소금물에 녹아 있던 소금의 양은?

① 31g

② 37g

③ 43g

④ 49g

⑤ 55g

정답 ③

500g의 소금물에 녹아 있던 소금의 양을 xg이라고 하자.

소금물 500g에 농도 3%인 소금물 200g을 섞었을 때 소금물의 농도가 주어졌으므로 농도를 기준으로 식을 세우면 다음과 같다.

$$\dfrac{x+6}{500+200}\times100=7$$

→ $(x+6)\times100=7\times(500+200)$

→ $(x+6)\times100=4,900$

→ $100x+600=4,900$

→ $100x=4,300$

∴ $x=43$

따라서 500g의 소금물에 녹아 있던 소금의 양은 43g이다.

30초 컷 풀이 Tip

간소화

숫자의 크기를 최대한 간소화해야 한다. 특히, 농도의 경우 분수와 정수가 같이 제시되고, 최근에는 비율을 활용한 문제가 많이 출제되고 있으므로 통분이나 약분을 통해 수를 간소화시켜 계산 실수를 줄일 수 있도록 한다.

주의사항

항상 미지수를 구해서 그 값을 계산하여 풀이해야 하는 것은 아니다. 문제에서 원하는 값은 정확한 미지수를 구하지 않아도 풀이과정에서 답이 제시되는 경우가 있으므로 문제에서 묻는 것을 명확히 해야 한다.

Easy

01 농도를 모르는 소금물 300g에 농도 5%의 소금물 200g을 모두 섞었더니 섞은 소금물의 농도는 9%가 되었다. 처음 300g의 소금물에 들어있는 소금의 양은?

① 30g   ② 32g

③ 35g   ④ 38g

⑤ 40g

02 농도 8%의 소금물 400g에서 한 컵의 소금물을 퍼내고 그 양만큼 물을 부은 다음 다시 2%의 소금물을 넣었더니 농도 6%의 소금물 520g이 되었다. 퍼낸 소금물의 양은?

① 10g   ② 20g

③ 30g   ④ 40g

⑤ 50g

Hard

03 농도가 각각 10%, 6%인 설탕물을 섞어서 300g의 설탕물을 만들었다. 여기에 설탕 20g을 더 넣었더니 농도가 12%인 설탕물이 되었다면 농도 6% 설탕물의 양은?

① 10g   ② 20g

③ 280g   ④ 290g

⑤ 320g

03 | 일률

| 유형분석 |

- 전체 일의 양을 1로 두고 풀이하는 유형이다.
- 분이나 초 단위 계산이 가장 어려운 유형으로 출제되고 있다.
- $(일률)=\dfrac{(작업량)}{(작업기간)}$, $(작업기간)=\dfrac{(작업량)}{(일률)}$, $(작업량)=(일률)\times(작업기간)$

한 공장에서는 기계 2대를 운용하고 있다. 이 공장의 전체 작업을 수행할 때 A기계로는 12시간이 걸리며, B기계로는 18시간이 걸린다. 이미 절반의 작업이 수행된 상태에서, A기계로 4시간 동안 작업하다가 이후로는 A, B 두 기계를 모두 동원해 작업을 수행했다면 남은 절반의 작업을 완료하는 데 소요되는 총시간은?

① 1시간   ② 1시간 12분
③ 1시간 20분   ④ 1시간 30분
⑤ 1시간 40분

정답 ②

전체 일의 양을 1이라고 하자. A기계가 한 시간 동안 작업할 수 있는 일의 양은 $\dfrac{1}{12}$이고, B기계가 한 시간 동안 작업할 수 있는 일의 양은 $\dfrac{1}{18}$이다.

이미 절반의 작업이 진행되었으므로 남은 일의 양은 $1-\dfrac{1}{2}=\dfrac{1}{2}$이다.

이 중 A기계로 4시간 동안 작업을 진행했으므로 A기계와 B기계가 함께 작업해야 하는 일의 양은 $\dfrac{1}{2}-\left(\dfrac{1}{12}\times4\right)=\dfrac{1}{6}$이다.

따라서 남은 $\dfrac{1}{6}$을 수행하는 데 걸리는 시간은 $\dfrac{\frac{1}{6}}{\left(\frac{1}{12}+\frac{1}{18}\right)}=\dfrac{\frac{1}{6}}{\frac{5}{36}}=\dfrac{6}{5}$시간, 즉 1시간 12분이다.

30초 컷 풀이 Tip

1. 전체의 값을 모르는 상태에서 비율을 묻는 문제의 경우 전체를 1이라고 하면 쉽게 풀이할 수 있다.

   예 S가 1개의 빵을 만드는 데 3시간이 걸린다. 1개의 빵을 만드는 일의 양을 1이라고 하면 S는 한 시간에 $\dfrac{1}{3}$만큼의 빵을 만든다.

2. 난도가 높은 일의 양 문제를 접근할 때 전체 일의 양을 막대 그림으로 표현하면서 풀이하면 한눈에 파악할 수 있다.

   예
$\dfrac{1}{2}$ 수행됨	A기계로 4시간 동안 작업	A, B 두 기계를 모두 동원해 작업

01 화물 운송 트럭 A ~ C 3대는 하루 2회 운행하며 192톤을 옮겨야 한다. A트럭만 운행하였을 때 12일이 걸렸고, A트럭과 B트럭을 동시에 운행하였을 때 8일이 걸렸으며, B트럭과 C트럭을 동시에 운행하였을 때 16일이 걸렸다. 이때, C트럭의 적재량은?

① 1톤   ② 2톤

③ 3톤   ④ 4톤

⑤ 5톤

02 톱니가 각각 24개, 60개인 두 톱니바퀴 A, B가 서로 맞물려 회전하고 있다. 이 두 톱니바퀴가 한 번 맞물린 후 같은 톱니에서 처음으로 다시 맞물리려면 톱니바퀴 A는 최소한 몇 바퀴 회전해야 하는가?

① 2바퀴   ② 3바퀴

③ 5바퀴   ④ 6바퀴

⑤ 8바퀴

Easy

03 욕조에 물을 채우는 데 A관은 30분, B관은 40분 걸린다. 이 욕조에 채운 물을 배수하는 데는 20분이 걸린다. A관과 B관을 동시에 틀고, 동시에 배수를 할 때, 욕조가 가득 채워질 때까지 걸리는 시간은?

① 60분   ② 80분

③ 100분   ④ 120분

⑤ 150분

---

04 | 금액

| 유형분석 |

- 원가, 정가, 할인가, 판매가 등의 개념을 명확히 한다.
  (정가)=(원가)+(이익)
  (이익)=(정가)−(원가)

  a원에서 $b\%$ 할인한 가격$=a\times\left(1-\dfrac{b}{100}\right)$
- 어려운 유형은 아니지만 비율을 활용한 계산 문제이기 때문에 실수하기 쉽다.
- 경우의 수와 결합하여 출제되기도 한다.

종욱이는 25,000원짜리 피자 두 판과 8,000원짜리 샐러드 세 개를 주문했다. 통신사 멤버십 혜택으로 피자는 15%, 샐러드는 25%를 할인받을 수 있고, 이벤트로 통신사 멤버십 혜택을 적용한 금액의 10%를 추가 할인받았다고 한다. 종욱이가 할인받은 금액은?

① 12,150원
② 13,500원
③ 18,600원
④ 19,550원
⑤ 20,850원

정답 ④

할인받기 전 종욱이가 지불할 금액은 $25,000\times2+8,000\times3=74,000$원이다.
통신사 할인과 이벤트 할인을 적용한 금액은 $\{(25,000\times2\times0.85)+(8,000\times3\times0.75)\}\times0.9=54,450$원이다.
따라서 종욱이가 할인받은 금액은 $74,000-54,450=19,550$원이다.

30초 컷 풀이 Tip

전체 금액을 구하는 것이 아니라 할인된 금액을 구하면 수의 크기도 작아지고, 풀이 과정을 단축시킬 수 있다.
예를 들어 위의 문제에서 피자는 15%, 샐러드는 25%를 할인받았으므로 할인받은 금액은 각각 7,500원, 6,000원이다.
할인받은 금액의 합을 원래 지불했어야 하는 금액에서 빼면 60,500원이고, 이의 10%는 6,050원이므로 종욱이가 할인받은
총금액은 $7,500+6,000+6,050=19,550$원이다.

01 S씨는 저가항공을 이용하여 비수기에 제주도 출장을 가려고 한다. 1인 기준으로 작년에 비해 비행기 왕복 요금은 20% 내렸고, 1박 숙박비는 15% 올라서 올해의 비행기 왕복 요금과 1박 숙박비 합계는 작년보다 10% 증가한 금액인 308,000원이라고 한다. 이때, 1인 기준으로 올해의 비행기 왕복 요금은?

① 31,000원   ② 32,000원
③ 33,000원   ④ 34,000원
⑤ 35,000원

02 A와 B가 시장에 가서 각각 두 번에 걸쳐 물건을 사는 데 총 32,000원이 들었다. A는 두 번째 구매 시 첫 번째보다 50% 감소한 금액을 냈고, B는 두 번째 구매 시 첫 번째보다 50% 증가한 금액을 냈다. 나중에 서로 비교해보니 B가 A보다 5,000원을 더 소비한 것을 알게 되었다고 할 때, A가 첫 번째로 낸 금액은?

① 7,400원   ② 8,500원
③ 9,000원   ④ 9,700원
⑤ 10,300원

Hard

03 S사와 A사는 연구 협업을 맺고 있다. 초기 투자비용은 S사와 A사가 5 : 2의 비율로 투자하였는데 초기 투자금 내에서 S사에서 A사에 1,500만 원의 연구자금을 주었다면 투자금의 비율은 4 : 3이 된다. 이때, A사의 초기 투자비용은?

① 2,000만 원   ② 2,200만 원
③ 2,500만 원   ④ 3,000만 원
⑤ 3,500만 원

05 | 경우의 수

| 유형분석 |

- 순열(P)과 조합(C)을 활용한 문제이다.

  $_n\mathrm{P}_m = n \times (n-1) \times \cdots \times (n-m+1)$

  $_n\mathrm{C}_m = \dfrac{_n\mathrm{P}_m}{m!} = \dfrac{n \times (n-1) \times \cdots \times (n-m+1)}{m!}$

- 벤다이어그램을 활용한 문제가 출제되기도 한다.

S사에서 파견 근무를 나갈 10명을 뽑아 팀을 구성하려 한다. 새로운 팀 내에서 팀장 1명과 회계 담당 2명을 뽑으려고 하는데, 이 인원을 뽑는 경우의 수는?

① 300가지
② 320가지
③ 348가지
④ 360가지
⑤ 396가지

정답 ④

- 팀장 1명을 뽑는 경우의 수 : $_{10}\mathrm{C}_1 = 10$가지

- 회계 담당 2명을 뽑는 경우의 수 : $_9\mathrm{C}_2 = \dfrac{9 \times 8}{2!} = 36$가지

따라서 $10 \times 36 = 360$가지이다.

30초 컷 풀이 Tip

경우의 수의 합의 법칙과 곱의 법칙 등에 관해 명확히 한다.

합의 법칙
㉠ 두 사건 A, B가 동시에 일어나지 않을 때, A가 일어나는 경우의 수를 m, B가 일어나는 경우의 수를 n이라고 하면, A 또는 B가 일어나는 경우의 수는 $m+n$이다.
㉡ '또는', '~이거나'라는 말이 나오면 합의 법칙을 사용한다.

곱의 법칙
㉠ A가 일어나는 경우의 수를 m, B가 일어나는 경우의 수를 n이라고 하면, A와 B가 동시에 일어나는 경우의 수는 $m \times n$이다.
㉡ '그리고', '동시에'라는 말이 나오면 곱의 법칙을 사용한다.

01   S중학교 학생 10명의 혈액형을 조사하였더니 A형, B형, O형인 학생이 각각 2명, 3명, 5명이었다. 이 10명의 학생 중에서 임의로 2명을 뽑을 때, 혈액형이 서로 다를 경우의 수는?

① 19가지   ② 23가지

③ 27가지   ④ 31가지

⑤ 35가지

Easy

02   할아버지와 할머니, 아버지와 어머니 그리고 3명의 자녀로 이루어진 가족이 있다. 이 가족이 일렬로 서서 가족사진을 찍으려고 한다. 할아버지가 맨 앞, 할머니가 맨 뒤에 위치할 때, 가능한 경우의 수는?

① 120가지   ② 125가지

③ 130가지   ④ 135가지

⑤ 140가지

03   S기업의 친목회에서 임원진(회장, 부회장, 총무)을 새롭게 선출하려고 한다. 친목회 전체 인원이 17명일 때, 회장, 부회장, 총무를 각 1명씩 뽑는 경우의 수는?(단, 작년에 임원진이었던 3명은 연임하지 못한다)

① 728가지   ② 1,360가지

③ 2,184가지   ④ 2,730가지

⑤ 4,080가지

06 | 확률

| 유형분석 |

- 순열(P)과 조합(C)을 활용한 문제이다.
- 조건부 확률 문제가 출제되기도 한다.

주머니에 1부터 10까지의 숫자가 적힌 카드 10장이 들어있다. 주머니에서 카드를 세 번 뽑는다고 할 때, 1, 2, 3이 적힌 카드 중 하나 이상을 뽑을 확률은?(단, 꺼낸 카드는 다시 넣지 않는다)

① $\dfrac{5}{8}$

② $\dfrac{17}{24}$

③ $\dfrac{7}{24}$

④ $\dfrac{7}{8}$

⑤ $\dfrac{5}{6}$

정답 ②

(1, 2, 3이 적힌 카드 중 하나 이상을 뽑을 확률)=1−(세 번 모두 4~10이 적힌 카드를 뽑을 확률)

세 번 모두 4~10이 적힌 카드를 뽑을 확률은 $\dfrac{7}{10} \times \dfrac{6}{9} \times \dfrac{5}{8} = \dfrac{7}{24}$ 이다.

따라서 1, 2, 3이 적힌 카드 중 하나 이상을 뽑을 확률은 $1 - \dfrac{7}{24} = \dfrac{17}{24}$ 이다.

30초 컷 풀이 Tip

여사건의 확률
㉠ 사건 A가 일어날 확률이 p일 때, 사건 A가 일어나지 않을 확률은 $(1-p)$이다.
㉡ '적어도'라는 말이 나오면 주로 사용한다.

확률의 덧셈
두 사건 A, B가 동시에 일어나지 않을 때, A가 일어날 확률을 p, B가 일어날 확률을 q라고 하면, 사건 A 또는 B가 일어날 확률은 $p+q$이다.

확률의 곱셈
A가 일어날 확률을 p, B가 일어날 확률을 q라고 하면, 사건 A와 B가 동시에 일어날 확률은 $p \times q$이다.

01 A ~ D 4명을 한 줄로 세울 때, A가 맨 앞에 서게 될 확률은?

① $\dfrac{1}{5}$　　　　　　　　　　② $\dfrac{5}{24}$

③ $\dfrac{1}{4}$　　　　　　　　　　④ $\dfrac{7}{24}$

⑤ $\dfrac{1}{3}$

02 주머니에 빨간색 구슬 3개, 초록색 구슬 4개, 파란색 구슬 5개가 있다. 구슬 2개를 동시에 꺼낼 때, 모두 빨간색이거나 모두 초록색이거나 모두 파란색일 확률은?

① $\dfrac{3}{11}$　　　　　　　　　　② $\dfrac{19}{66}$

③ $\dfrac{10}{33}$　　　　　　　　　　④ $\dfrac{7}{22}$

⑤ $\dfrac{7}{44}$

Easy

03 1에서 10까지 적힌 숫자카드 10장 중 임의로 2장을 동시에 뽑을 때, 뽑은 두 카드에 적힌 수의 곱이 홀수일 확률은?

① $\dfrac{5}{7}$　　　　　　　　　　② $\dfrac{7}{8}$

③ $\dfrac{5}{9}$　　　　　　　　　　④ $\dfrac{2}{9}$

⑤ $\dfrac{1}{9}$

CHAPTER 04

언어추리

합격 Cheat Key

언어추리는 20문제가 출제되며, 15분의 시간이 주어진다. 주어진 정보를 종합하고, 진술문 간의 관계 구조를 파악하여 새로운 내용을 추론해내는 능력을 요한다. SKCT에서 출제되는 언어추리는 크게 명제추리, 조건추리로 구분할 수 있다.

1 명제추리

삼단논법을 통해 적절한 결론을 찾는 문제가 출제되며, 최근 벤다이어그램 등을 이용해야 풀이할 수 있는 문제도 출제되고 있으므로 다양한 유형의 문제를 접해보는 것이 중요하다.

┤ 학습 포인트 ├
- 명제의 기본적인 개념(역 · 이 · 대우)에 대해 정확히 알고 기호화시킬 수 있어야 한다.
- 전제나 결론을 찾는 문제가 출제되기도 하므로 삼단논법에 대한 정확한 개념을 알아야 한다.

2 조건추리

언어추리에서 난도가 높은 편이므로 고득점을 얻기 위해서 반드시 빠르고 정확하게 풀이하는 연습을 해야 한다.

┤ 학습 포인트 ├
- 제시된 조건을 간단하게 도식화시켜서 풀이할 수 있는 연습을 해야 한다.

04 | 이론점검

1. 연역 추론

이미 알고 있는 판단(전제)을 근거로 새로운 판단(결론)을 유도하는 추론이다. 연역 추론은 진리일 가능성을 따지는 귀납 추론과는 달리, 명제 간의 관계와 논리적 타당성을 따진다. 즉, 연역 추론은 전제들로부터 절대적인 필연성을 가진 결론을 이끌어내는 추론이다.

(1) 직접 추론

한 개의 전제로부터 중간적 매개 없이 새로운 결론을 이끌어내는 추론이며, 대우 명제가 그 대표적인 예이다.

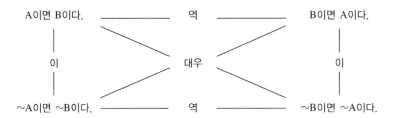

• 한국인은 모두 황인종이다.	(전제)
• 그러므로 황인종이 아닌 사람은 모두 한국인이 아니다.	(결론 1)
• 그러므로 황인종 중에는 한국인이 아닌 사람도 있다.	(결론 2)

(2) 간접 추론

둘 이상의 전제로부터 새로운 결론을 이끌어내는 추론이다. 삼단논법이 가장 대표적인 예이다.

① 정언 삼단논법 : 세 개의 정언명제로 구성된 간접추론 방식이다. 세 개의 명제 가운데 두 개의 명제는 전제이고, 나머지 한 개의 명제는 결론이다. 세 명제의 주어와 술어는 세 개의 서로 다른 개념을 표현한다.

② 가언 삼단논법 : 가언명제로 이루어진 삼단논법을 말한다. 가언명제란 두 개의 정언명제가 '만일 ~이라면'이라는 접속사에 의해 결합된 복합명제이다. 여기서 '만일'에 의해 이끌리는 명제를 전건이라고 하고, 그 뒤의 명제를 후건이라고 한다. 가언 삼단논법의 종류로는 혼합가언 삼단논법과 순수가언 삼단논법이 있다.

○ 혼합가언 삼단논법 : 대전제만 가언명제로 구성된 삼단논법이다. 긍정식과 부정식 두 가지가 있으며, 긍정식은 'A면 B이다. A이다. 그러므로 B이다.'이고, 부정식은 'A면 B이다. B가 아니다. 그러므로 A가 아니다.'이다.

- 만약 A라면 B이다.
- B가 아니다.
- 그러므로 A가 아니다.

○ 순수가언 삼단논법 : 대전제와 소전제 및 결론까지 모두 가언명제들로 구성된 삼단논법이다.

- 만약 A라면 B이다.
- 만약 B라면 C이다.
- 그러므로 만약 A라면 C이다.

③ 선언 삼단논법 : '~이거나 ~이다.'의 형식으로 표현되며 전제 속에 선언 명제를 포함하고 있는 삼단논법이다.

- 내일은 비가 오거나 눈이 온다(A 또는 B이다).
- 내일은 비가 오지 않는다(A가 아니다).
- 그러므로 내일은 눈이 온다(그러므로 B이다).

④ 딜레마 논법 : 대전제는 두 개의 가언명제로, 소전제는 하나의 선언명제로 이루어진 삼단논법으로, 양도추론이라고도 한다.

- 만일 네가 거짓말을 하면, 신이 미워할 것이다.   (대전제)
- 만일 네가 거짓말을 하지 않으면, 사람들이 미워할 것이다.   (대전제)
- 너는 거짓말을 하거나, 거짓말을 하지 않을 것이다.   (소전제)
- 그러므로 너는 미움을 받게 될 것이다.   (결론)

2. 귀납 추론

특수한 또는 개별적인 사실로부터 일반적인 결론을 이끌어 내는 추론을 말한다. 귀납 추론은 구체적 사실들을 기반으로 하여 결론을 이끌어 내기 때문에 필연성을 따지기보다는 개연성과 유관성, 표본성 등을 중시하게 된다. 여기서 개연성이란, 관찰된 어떤 사실이 같은 조건하에서 앞으로도 관찰될 수 있는가 하는 가능성을 말하고, 유관성은 추론에 사용된 자료가 관찰하려는 사실과 관련되어야 하는 것을 일컬으며, 표본성은 추론을 위한 자료의 표본 추출이 공정하게 이루어져야 하는 것을 가리킨다. 이러한 귀납 추론은 일상생활 속에서 많이 사용하고, 우리가 알고 있는 과학적 사실도 이와 같은 방법으로 밝혀졌다.

그러나 전제들이 참이어도 결론이 항상 참인 것은 아니다. 단 하나의 예외로 인하여 결론이 거짓이 될 수 있다.

- 성냥불은 뜨겁다.
- 연탄불도 뜨겁다.
- 그러므로 모든 불은 뜨겁다.

위 예문에서 '성냥불이나 연탄불이 뜨거우므로 모든 불은 뜨겁다.'라는 결론이 나왔는데, 반딧불은 뜨겁지 않으므로 '모든 불이 뜨겁다.'라는 결론은 거짓이 된다.

(1) 완전 귀납 추론

관찰하고자 하는 집합의 전체를 다 검증함으로써 대상의 공통 특질을 밝혀내는 방법이다. 이는 예외 없는 진실을 발견할 수 있다는 장점은 있으나, 집합의 규모가 크고 속성의 변화가 다양할 경우에는 적용하기 어려운 단점이 있다.

예 1부터 10까지의 수를 다 더하여 그 합이 55임을 밝혀내는 방법

(2) 통계적 귀납 추론

통계적 귀납 추론은 관찰하고자 하는 집합의 일부에서 발견한 몇 가지 사실을 열거함으로써 그 공통점을 결론으로 이끌어 내려는 방식을 가리킨다. 관찰하려는 집합의 규모가 클 때 그 일부를 표본으로 추출하여 조사하는 방식이 이에 해당하며, 표본 추출의 기준이 얼마나 적합하고 공정한가에 따라 그 결과에 대한 신뢰도가 달라진다는 단점이 있다.

예 여론조사에서 일부의 국민에 대한 설문 내용을 바탕으로, 이를 전체 국민의 여론으로 제시하는 것

(3) 인과적 귀납 추론

관찰하고자 하는 집합의 일부 원소들이 지닌 인과 관계를 인식하여 그 원인이나 결과를 이끌어 내려는 방식을 말한다.

① 일치법 : 공통적인 현상을 지닌 몇 가지 사실 중에서 각기 지닌 요소 중 어느 한 가지만 일치한다면 이 요소가 공통 현상의 원인이라고 판단

② **차이법** : 어떤 현상이 나타나는 경우와 나타나지 않은 경우를 놓고 보았을 때, 각 경우의 여러 조건 중 단 하나만이 차이를 보인다면 그 차이를 보이는 조건이 원인이 된다고 판단

　　예 현수와 승재는 둘 다 지능이나 학습 시간, 학습 환경 등이 비슷한데 공부하는 태도에는 약간의 차이가 있다. 따라서 두 사람이 성적이 차이를 보이는 것은 학습 태도의 차이 때문으로 생각된다.

③ **일치·차이 병용법** : 몇 개의 공통 현상이 나타나는 경우와 몇 개의 그렇지 않은 경우를 놓고 일치법과 차이법을 병용하여 적용함으로써 그 원인을 판단

　　예 학업 능력 정도가 비슷한 두 아동 집단에 대해 처음에는 같은 분량의 과제를 부여하고 나중에는 각기 다른 분량의 과제를 부여한 결과, 많이 부여한 집단의 성적이 훨씬 높게 나타났다. 이로 보아, 과제를 많이 부여하는 것이 적게 부여하는 것보다 학생의 학업 성적 향상에 도움이 된다고 판단할 수 있다.

④ **공변법** : 관찰하는 어떤 사실의 변화에 따라 현상의 변화가 일어날 때 그 변화의 원인이 무엇인지 판단

　　예 담배를 피우는 양이 각기 다른 사람들의 집단을 조사한 결과, 담배를 많이 피울수록 폐암에 걸릴 확률이 높다는 사실이 발견되었다.

⑤ **잉여법** : 앞의 몇 가지 현상이 뒤의 몇 가지 현상의 원인이며, 선행 현상의 일부분이 후행 현상의 일부분이라면, 선행 현상의 나머지 부분이 후행 현상의 나머지 부분의 원인임을 판단

　　예 어젯밤 일어난 사건의 혐의자는 정은이와 규민이 두 사람인데, 정은이는 알리바이가 성립되어 혐의 사실이 없는 것으로 밝혀졌다. 따라서 그 사건의 범인은 규민이일 가능성이 높다.

3. 유비 추론

두 개의 대상 사이에 일련의 속성이 동일하다는 사실에 근거하여 그것들의 나머지 속성도 동일하리라는 결론을 이끌어내는 추론, 즉 이미 알고 있는 것에서 다른 유사한 점을 찾아내는 추론을 말한다. 그렇기 때문에 유비 추론은 잣대(기준)가 되는 사물이나 현상이 있어야 한다. 유비 추론은 가설을 세우는 데 유용하다. 이미 알고 있는 사례로부터 아직 알지 못하는 것을 생각해 봄으로써 쉽게 가설을 세울 수 있다. 이때 유의할 점은 이미 알고 있는 사례와 이제 알고자 하는 사례가 매우 유사하다는 확신과 증거가 있어야 한다. 그렇지 않은 상태에서 유비 추론에 의해 결론을 이끌어 내면, 그것은 개연성이 거의 없고 잘못된 결론이 될 수도 있다.

- 지구에는 공기, 물, 흙, 햇빛이 있다(A는 a, b, c, d의 속성을 가지고 있다).
- 화성에는 공기, 물, 흙, 햇빛이 있다(B는 a, b, c, d의 속성을 가지고 있다).
- 지구에 생물이 살고 있다(A는 e의 속성을 가지고 있다).
- 그러므로 화성에도 생물이 살고 있을 것이다(그러므로 B도 e의 속성을 가지고 있을 것이다).

01 | 명제

| 유형분석 |

- 명제는 삼단논법과 역·이·대우 명제를 통해 풀이하는 유형이다.
- 주어진 문장들을 빠르게 도식화하여 정리한다.

제시된 명제가 모두 참일 때, 빈칸에 들어갈 명제로 가장 적절한 것은?

전제1. 공부를 하지 않으면 시험을 못 본다.
전제2. _____
결론.   공부를 하지 않으면 성적이 나쁘게 나온다.

① 공부를 한다면 시험을 잘 본다.
② 성적이 좋다면 공부를 한 것이다.
③ 성적이 좋다면 시험을 잘 본 것이다.
④ 시험을 잘 본다면 공부를 한 것이다.
⑤ 시험을 잘 본다면 성적이 좋은 것이다.

정답 ③

'공부를 함'을 p, '시험을 잘 봄'을 q, '성적이 좋게 나옴'을 r이라 하면 전제1은 $\sim p \to \sim q$, 결론은 $\sim p \to \sim r$이다. 따라서 $\sim q \to \sim r$이 빈칸에 들어가야 $\sim p \to \sim q \to \sim r$이 되어 $\sim p \to \sim r$이 성립한다. 참인 명제의 대우도 역시 참이므로 $\sim q \to \sim r$의 대우인 '성적이 좋다면 시험을 잘 본 것이다.'가 답이 된다.

30초 컷 풀이 Tip

전제 추리 방법	결론 추리 방법
전제1이 $p \to q$일 때, 결론이 $p \to r$이라면 각 명제의 앞부분이 같으므로 뒷부분을 $q \to r$로 이어준다. 만일 형태가 이와 맞지 않는다면 대우 명제를 이용한다.	대우 명제를 활용하여 전제1과 전제2가 $p \to q$, $q \to r$의 형태로 만들어진다면 결론은 $p \to r$이다.

대표기출유형 01 | 기출응용문제

※ 제시된 명제가 모두 참일 때, 빈칸에 들어갈 명제로 가장 적절한 것을 고르시오. [1~3]

01

전제1. 저녁에 일찍 자면 상쾌하게 일어날 수 있다.
전제2. _____
결론. 자기 전 휴대폰을 보면 저녁에 일찍 잘 수 없다.

① 상쾌하게 일어나면 저녁에 일찍 잔 것이다.
② 저녁에 일찍 자면 자기 전 휴대폰을 본 것이다.
③ 자기 전 휴대폰을 보면 상쾌하게 일어날 수 없다.
④ 저녁에 일찍 자면 자기 전 휴대폰을 보지 않은 것이다.
⑤ 저녁에 일찍 잘 수 없으면 상쾌하게 일어나지 않은 것이다.

Easy

02

전제1. 과학자들 가운데 미신을 따르는 사람은 아무도 없다.
전제2. 돼지꿈을 꾼 다음 날 복권을 사는 사람들은 모두가 미신을 따르는 사람들이다.
결론. _____

① 과학자가 아닌 사람들은 모두 미신을 따른다.
② 돼지꿈을 꾼 다음 날 복권을 사는 사람이라면 과학자가 아니다.
③ 미신을 따르는 사람들은 모두 돼지꿈을 꾼 다음 날 복권을 산다.
④ 돼지꿈을 꾼 다음 날 복권을 사지 않는다면 미신을 따르는 사람이 아니다.
⑤ 미신을 따르지 않는 사람 중 돼지꿈을 꾼 다음 날 복권을 사는 사람이 있다.

03

전제1. 술을 많이 마시면 간에 무리가 간다.
전제2. _____
전제3. 스트레스를 많이 받으면 술을 많이 마신다.
결론. 운동을 꾸준히 하지 않으면 간에 무리가 간다.

① 간이 건강하다면 술을 마실 수 있다.
② 운동을 꾸준히 하지 않아도 술을 끊을 수 있다.
③ 술을 마시지 않는다는 것은 스트레스를 주지 않는다는 것이다.
④ 스트레스를 많이 받지 않는다는 것은 운동을 꾸준히 했다는 것이다.
⑤ 운동을 꾸준히 한다고 해도 스트레스를 많이 받지 않는다는 것은 아니다.

02 | 벤다이어그램

| 유형분석 |

- '어떤', '모든' 등 일부 또는 전체를 나타내는 명제 유형이다.
- 전제 또는 결론을 추리하는 유형이 출제된다.
- 벤다이어그램으로 나타내어 접근한다.

제시된 명제가 모두 참일 때, 빈칸에 들어갈 명제로 가장 적절한 것은?

전제1. 어떤 키가 작은 사람은 농구를 잘한다.
전제2. _____
결론.   어떤 순발력이 좋은 사람은 농구를 잘한다.

① 어떤 키가 작은 사람은 순발력이 좋다.
② 농구를 잘하는 어떤 사람은 키가 작다.
③ 순발력이 좋은 사람은 모두 키가 작다.
④ 키가 작은 사람은 모두 순발력이 좋다.
⑤ 어떤 키가 작은 사람은 농구를 잘하지 못한다.

정답 ④

'키가 작은 사람'을 A, '농구를 잘하는 사람'을 B, '순발력이 좋은 사람'을 C라고 하면, 전제1과 결론은 다음과 같은 벤다이어그램으로 나타낼 수 있다.

1) 전제1
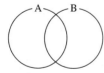

2) 결론
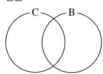

결론이 참이 되기 위해서는 B와 공통되는 부분의 A와 C가 연결되어야 하므로 A를 C에 모두 포함시켜야 한다. 즉, 다음과 같은 벤다이어그램이 성립할 때 마지막 명제가 참이 될 수 있으므로 빈칸에 들어갈 명제는 '키가 작은 사람은 모두 순발력이 좋다.'의 ④이다.

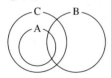

① 다음과 같은 경우 성립하지 않는다.

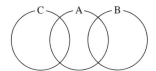

③ 다음과 같은 경우 성립하지 않는다.

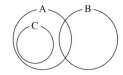

30초 컷 풀이 Tip

다음은 출제 가능성이 높은 명제 유형을 정리한 표이다. 이를 응용한 다양한 유형의 문제가 출제될 수 있으므로 대표적인 유형을 학습해두어야 한다.

명제 유형		전제1	전제2	결론
유형1	명제	어떤 A는 B이다.	모든 A는 C이다.	어떤 C는 B이다. (=어떤 B는 C이다)
	벤다이어그램	A─B	C─A	C─B / A
유형2	명제	모든 A는 B이다.	모든 A는 C이다.	어떤 C는 B이다. (=어떤 B는 C이다)
	벤다이어그램	B / A	C / A	B─C / A

※ 제시된 명제가 모두 참일 때, 빈칸에 들어갈 명제로 가장 적절한 것을 고르시오. [1~4]

01

> 전제1. 환율이 오르면 어떤 사람은 X주식을 매도한다.
> 전제2. X주식을 매도한 모든 사람은 Y주식을 매수한다.
> 결론. _____

① 환율이 오르면 모든 사람은 Y주식을 매수한다.
② 환율이 오르면 어떤 사람은 Y주식을 매수한다.
③ 모든 사람이 X주식을 매도하면 환율이 오른다.
④ 모든 사람이 Y주식을 매수하면 환율이 오른다.
⑤ Y주식을 매도한 모든 사람은 X주식을 매수한다.

02

> 전제1. 환경정화 봉사활동에 참여하는 모든 사람은 재난복구 봉사활동에 참여한다.
> 전제2. _____
> 결론. 재난복구 봉사활동에 참여하는 어떤 사람은 유기동물 봉사활동에 참여한다.

① 재난복구 봉사활동에 참여하지 않는 모든 사람은 유기동물 봉사활동에 참여하지 않는다.
② 재난복구 봉사활동에 참여하는 어떤 사람은 환경정화 봉사활동에 참여한다.
③ 환경정화 봉사활동에 참여하는 어떤 사람은 유기동물 봉사활동에 참여한다.
④ 환경정화 봉사활동에 참여하지 않는 어떤 사람은 유기동물 봉사활동에 참여한다.
⑤ 환경정화 봉사활동에 참여하는 모든 사람은 유기동물 봉사활동에 참여하지 않는다.

03

> 전제1. 회의에 참석하는 어떤 회사원은 결근을 한다.
> 전제2. _____
> 결론. 출장을 가는 어떤 회사원은 회의에 참석한다.

① 결근을 하는 회사원은 출장을 간다.

② 결근을 하는 회사원은 회의에 참석한다.

③ 출장을 가는 어떤 회사원은 결근을 한다.

④ 출장을 가는 모든 회사원은 결근을 한다.

⑤ 회의에 참석하는 어떤 회사원은 출장을 간다.

04

> 전제1. 모든 손님은 A와 B 중에서 하나만을 주문했다.
> 전제2. A를 주문한 손님 중에서 일부는 C를 주문했다.
> 전제3. B를 주문한 손님들만 추가로 주문할 수 있는 D도 많이 판매되었다.
> 결론. _____

① B와 C를 동시에 주문하는 손님도 있었다.

② B를 주문한 손님은 C를 주문하지 않았다.

③ C를 주문한 손님은 모두 A를 주문했다.

④ D를 주문한 손님은 A를 주문하지 않았다.

⑤ D를 주문한 손님은 C를 주문하지 않았다.

03 | 배열하기 · 묶기 · 연결하기

| 유형분석 |

- 주어진 조건에 따라 한 줄로 세우거나 자리를 배치하는 유형이다.
- 평소 충분한 연습이 되어있지 않으면 풀기 어려운 유형이므로, 최대한 다양한 유형을 접해보고 패턴을 익히는 것이 좋다.

S그룹 마케팅팀에는 부장 A, 과장 B · C, 대리 D · E, 신입사원 F · G 총 7명이 근무하고 있다. A부장은 신입사원 입사 기념으로 팀원을 데리고 영화관에 갔다. 영화를 보기 위해 주어진 〈조건〉에 따라 자리에 앉는다고 할 때, 항상 옳은 것은?

조건

- 7명은 7자리가 일렬로 붙어 있는 좌석에 앉는다.
- 양 끝자리 옆에는 비상구가 있다.
- D와 F는 인접한 자리에 앉는다.
- A와 B 사이에는 1명이 앉아 있다.
- C와 G 사이에는 1명이 앉아 있다.
- G는 왼쪽 비상구 옆 자리에 앉아 있다.

① E는 D와 B 사이에 앉는다.
② C 양옆에는 A와 B가 앉는다.
③ 가운데 자리에는 항상 B가 앉는다.
④ D는 비상구와 붙어 있는 자리에 앉는다.
⑤ G와 가장 멀리 떨어진 자리에 앉는 사람은 D이다.

여섯 번째 조건에 의해 G는 첫 번째 자리에 앉고, 다섯 번째 조건에 의해 C는 세 번째 자리에 앉는다.

A와 B가 네 번째ㆍ여섯 번째 또는 다섯 번째ㆍ일곱 번째 자리에 앉으면 D와 F가 나란히 앉을 수 없다. 따라서 A와 B는 두 번째, 네 번째 자리에 앉는다.

그러면 남은 자리는 다섯ㆍ여섯ㆍ일곱 번째 자리이므로 D와 F는 다섯ㆍ여섯 번째 또는 여섯ㆍ일곱 번째 자리에 앉게 되고, 나머지 한 자리에 E가 앉는다.

이를 정리하면 다음과 같다.

구분	1	2	3	4	5	6	7
경우 1	G	A	C	B	D	F	E
경우 2	G	A	C	B	F	D	E
경우 3	G	A	C	B	E	D	F
경우 4	G	A	C	B	E	F	D
경우 5	G	B	C	A	D	F	E
경우 6	G	B	C	A	F	D	E
경우 7	G	B	C	A	E	D	F
경우 8	G	B	C	A	E	F	D

C의 양옆에는 항상 A와 B가 앉으므로 ②는 항상 옳다.

오답분석

① 경우 3, 경우 4, 경우 7, 경우 8에서만 가능하며, 나머지 경우에는 성립하지 않는다.

③ B는 두 번째 자리에 앉을 수도 있다.

④ㆍ⑤ 경우 4와 경우 8에서만 가능하며, 나머지 경우에는 성립하지 않는다.

30초 컷 풀이 Tip

이 유형에서 가장 먼저 해야 할 일은 고정된 조건을 찾는 것이다. 고정된 조건을 찾아 그 부분을 정해 놓으면 경우의 수가 훨씬 줄어든다.

01 S사의 기획부 A대리는 회의를 위해 8인용 원탁에 부원들을 배치하고자 한다. 다음 〈조건〉에 따라 부원들을 배치한다고 할 때, H부장의 오른쪽에 앉는 사람은?

조건
- S사의 기획부는 A대리, B대리, C대리, D과장, E과장, F팀장, G팀장, H부장으로 구성되어 있다.
- 동일 직급끼리는 마주 보거나 이웃하여 앉을 수 없다.
- B대리는 D과장의 오른쪽에 앉는다.
- F팀장은 대리 직급과 마주 보고 앉는다.
- D과장은 F팀장과 이웃하여 앉을 수 없다.
- G팀장은 A대리의 왼쪽에 앉는다.
- E과장은 F팀장과 이웃하여 앉는다.

① A대리   ② C대리
③ D과장   ④ F팀장
⑤ G팀장

Easy

02 진영이가 다니는 유치원에는 서로 다른 크기의 토끼, 곰, 공룡, 기린, 돼지 인형이 있다. 다음에 근거하여 바르게 추론한 것은?

- 진영이가 좋아하는 인형의 크기가 가장 크다.
- 토끼 인형은 곰 인형보다 크다.
- 공룡 인형은 기린 인형보다 작다.
- 곰 인형은 기린 인형보다는 크지만 돼지 인형보다는 작다.

① 곰 인형의 크기가 가장 작다.
② 기린 인형의 크기가 가장 작다.
③ 돼지 인형은 토끼 인형보다 작다.
④ 토끼 인형은 돼지 인형보다 작다.
⑤ 진영이가 좋아하는 인형은 알 수 없다.

03 A ~ E 5명은 아파트 101 ~ 105동 중 서로 다른 동에 각각 살고 있다. 제시된 내용이 모두 참일 때, 다음 중 반드시 참인 것은?(단, 101 ~ 105동은 일렬로 나란히 배치되어 있다)

- A와 B는 서로 인접한 동에 산다.
- C는 103동에 산다.
- D는 C 바로 옆 동에 산다.

① A는 101동에 산다.
② B는 102동에 산다.
③ D는 104동에 산다.
④ A가 102동에 산다면 E는 105동에 산다.
⑤ B가 102동에 산다면 E는 101동에 산다.

Hard

04 나흘 동안 태국으로 여행을 간 현수는 하루에 한 번씩 매일 발 마사지를 받았는데, 현수가 간 마사지 숍에는 30분, 1시간, 1시간 30분, 2시간의 발 마사지 코스가 있었다. 제시된 내용이 모두 참일 때, 다음 중 항상 참인 것은?

- 첫째 날에는 2시간이 소요되는 코스를 선택하였다.
- 둘째 날에는 셋째 날보다 1시간이 더 소요되는 코스를 선택하였다.
- 넷째 날에 받은 코스의 소요 시간은 첫째 날의 코스보다 짧고 셋째 날의 코스보다 길었다.

① 첫째 날에 받은 마사지 코스는 넷째 날에 받은 마사지 코스보다 1시간 이상 더 길다.
② 첫째 날에 받은 마사지 코스가 둘째 날에 받은 마사지 코스보다 길다.
③ 넷째 날에 받은 마사지 코스는 둘째 날에 받은 마사지 코스보다 짧다.
④ 셋째 날에 가장 짧은 마사지 코스를 선택하였다.
⑤ 현수는 4일간 총 5시간의 발 마사지를 받았다.

04 | 진실게임

| 유형분석 |

- 일반적으로 4 ~ 5명의 진술이 제시되며, 각 진술의 진실 및 거짓 여부를 확인하여 범인을 찾는 유형이다.
- 추리 유형 중에서도 난도가 상대적으로 높은 것으로 알려져 있으나, 문제풀이 패턴을 익히면 시간을 절약할 수 있는 문제이다.
- 각 진술 사이의 모순을 찾아 성립하지 않는 경우의 수를 제거하거나, 경우의 수를 나누어 모든 조건이 들어맞는지를 확인해야 한다.

다섯 명의 취업준비생 갑 ~ 무가 S그룹에 지원하여 그중 한 명이 합격하였다. 취업준비생들은 다음과 같이 이야기하였고, 한 명이 거짓말을 하였다. 합격한 사람은?

- 갑 : 을은 합격하지 않았다.
- 을 : 합격한 사람은 정이다.
- 병 : 내가 합격하였다.
- 정 : 을의 말은 거짓말이다.
- 무 : 나는 합격하지 않았다.

① 갑   ② 을
③ 병   ④ 정
⑤ 무

정답 ③

을과 정은 상반된 이야기를 하고 있으므로 둘 중 한 명은 진실, 다른 한 명은 거짓을 말하고 있다.

ⅰ) 을이 진실, 정이 거짓인 경우 : 정을 제외한 네 사람의 말은 모두 참이므로 합격자는 병, 정이 되는데, 합격자는 한 명이어야
  하므로 모순이다. 따라서 을은 거짓, 정은 진실을 말한다.

ⅱ) 을이 거짓, 정이 진실인 경우 : 을을 제외한 네 사람의 말은 모두 참이므로 합격자는 병이다.

따라서 합격자는 병이 된다.

30초 컷 풀이 Tip

진실게임 유형 중 90% 이상은 다음 두 가지 방법으로 풀 수 있다. 주어진 진술을 빠르게 훑으며 다음 두 가지 중 어떤 경우에
해당되는지 확인한 후 문제를 풀어나간다.

두 명 이상의 발언 중 한쪽이 진실이면 다른 한쪽이 거짓인 경우
1. A가 진실이고 B가 거짓인 경우, B가 진실이고 A가 거짓인 경우 두 가지로 나눌 수 있다.
2. 두 가지 경우에서 각 발언의 진위 여부를 판단한다.
3. 주어진 조건과 비교한다(범인의 숫자가 맞는지, 진실 또는 거짓을 말한 인원수가 조건과 맞는지 등).

두 명 이상의 발언 중 한쪽이 진실이면 다른 한쪽도 진실인 경우
1. A와 B가 모두 진실인 경우, A와 B가 모두 거짓인 경우 두 가지로 나눌 수 있다.
2. 두 가지 경우에서 각 발언의 진위 여부를 판단한다.
3. 주어진 조건과 비교한다(범인의 숫자가 맞는지, 진실 또는 거짓을 말한 인원수가 조건과 맞는지 등).

PART 1

01 간밤에 S기숙사에서 도난사건이 발생하였다. 물건을 훔친 사람은 한 명이며, 이 사건에 대해 기숙사생 A~D 네 명은 다음과 같이 진술하였다. 네 명 중 한 명만이 진실을 말했을 때, 다음 중 물건을 훔친 범인은?(단, S기숙사에는 A~D 네 명만 거주 중이며, 이들 중 반드시 범인이 있다)

- A : 어제 B가 훔치는 것을 봤다.
- B : C와 D는 계속 같이 있었으므로 두 명은 범인이 아니다.
- C : 나와 B는 어제 하루 종일 각자 방에만 있었으므로 둘 다 범인이 아니다.
- D : C와 나는 계속 같이 있었으니, A와 B 중에 범인이 있다.

---

① A   ② B
③ C   ④ D
⑤ 알 수 없음

02 다음 중 한 명만 거짓말을 할 때 항상 참인 것은?(단, 한 층에 한 명만 내린다)

- A : B는 1층에서 내렸다.
- B : C는 1층에서 내렸다.
- C : D는 적어도 3층에서 내리지 않았다.
- D : A는 4층에서 내렸다.
- E : A는 4층에서 내리고 나는 5층에 내렸다.

---

① A는 4층에서 내리지 않았다.
② C는 1층에서 내렸다.
③ D는 3층에서 내렸다.
④ A는 D보다 높은 층에서 내렸다.
⑤ C는 B보다 높은 층에서 내렸다.

03 운동선수인 A~D 네 명은 각자 하는 운동 종목이 모두 다르다. 농구를 하는 선수는 늘 진실을 말하고, 축구를 하는 선수는 늘 거짓을 말하며, 야구와 배구를 하는 선수는 진실과 거짓을 한 개씩 말한다. 이들이 다음과 같이 진술했을 때 선수와 운동이 일치하는 것은?

- A : C는 농구를 하고, B는 야구를 한다.
- B : C는 야구, D는 배구를 한다.
- C : A는 농구, D는 배구를 한다.
- D : B는 야구, A는 축구를 한다.

① A – 야구
② A – 배구
③ B – 축구
④ C – 농구
⑤ D – 배구

Hard

04 A~E사원 다섯 명이 강남, 여의도, 상암, 잠실, 광화문 다섯 지역에 각각 출장을 간다. 다음 대화에서 한 명은 거짓말을 하고 나머지 네 명은 진실을 말하고 있을 때, 항상 거짓인 것은?

- A : B는 상암으로 출장을 가지 않는다.
- B : D는 강남으로 출장을 간다.
- C : B는 진실을 말하고 있다.
- D : C는 거짓말을 하고 있다.
- E : C는 여의도, A는 잠실로 출장을 간다.

① A는 광화문으로 출장을 가지 않는다.
② B는 여의도로 출장을 가지 않는다.
③ C는 강남으로 출장을 가지 않는다.
④ D는 잠실로 출장을 가지 않는다.
⑤ E는 상암으로 출장을 가지 않는다.

수열추리

합격 Cheat Key

수열추리는 일정한 규칙에 따라 배열된 숫자 열이나 숫자의 집합으로부터 규칙 및 관계의 특성을 추론하는 능력을 알아보기 위한 유형의 문제가 출제되며, 총 15분 동안 20문제를 풀어야 한다.

일정한 규칙에 따라 나열된 수를 보고 규칙을 찾아 빈칸에 들어가는 수를 찾아내는 유형이다. 기본적인 등차, 등비, 계차수열과 관련하여 이를 응용한 문제와 건너뛰기 수열(홀수 항, 짝수 항에 규칙이 따로 적용되는 수열)이 많이 출제되는 편이며, 군수열이 출제되기도 한다. 또한 나열되는 수는 자연수뿐만 아니라 분수, 소수, 정수 등 다양하게 제시된다. 수가 변화하는 규칙을 빠르게 파악하는 것이 관건이므로, 많은 문제를 풀어보며 유형을 익히는 것이 중요하다.

┌┤ 학습 포인트 ├───┐
• 눈으로만 규칙을 찾고자 할 경우 변화된 값을 모두 외우기 어려우므로 나열된 수의 변화된 값을 적어두면 규칙을 발견하기 용이하다.
• 규칙이 발견되지 않는 경우에는 홀수 항과 짝수 항을 분리해서 파악하거나 군수열을 생각해본다.
└──┘

05 | 이론점검

(1) **등차수열** : 앞의 항에 일정한 수를 더해 이루어지는 수열

(2) **등비수열** : 앞의 항에 일정한 수를 곱해 이루어지는 수열

(3) **계차수열** : 앞의 항과의 차가 일정하게 증가하는 수열

(4) **피보나치 수열** : 앞의 두 항의 합이 그 다음 항의 수가 되는 수열

$$a_n = a_{n-1} + a_{n-2} \ (n \geq 3, \ a_n = 1, \ a_2 = 1)$$

예 $1 \quad 1 \quad \underset{1+1}{2} \quad \underset{1+2}{3} \quad \underset{2+3}{5} \quad \underset{3+5}{8} \quad \underset{5+8}{13} \quad \underset{8+13}{21}$

(5) **건너뛰기 수열** : 두 개 이상의 수열이 일정한 간격을 두고 번갈아가며 나타나는 수열

예   1 1 3 7 5 13 7 19

- 홀수 항 : $1 \underset{+2}{\frown} 3 \underset{+2}{\frown} 5 \underset{+2}{\frown} 7$

- 짝수 항 : $1 \underset{+6}{\frown} 7 \underset{+6}{\frown} 13 \underset{+6}{\frown} 19$

(6) 군수열 : 일정한 규칙성으로 몇 항씩 묶어 나눈 수열

예 • 1 1 2 1 2 3 1 2 3 4

⇒ <u>1</u> <u>1 2</u> <u>1 2 3</u> <u>1 2 3 4</u>

• 1 3 4 6 5 11 2 6 8 9 3 12

⇒ <u>1 3 4</u> <u>6 5 11</u> <u>2 6 8</u> <u>9 3 12</u>
    1+3=4   6+5=11   2+6=8   9+3=12

• 1 3 3 2 4 8 5 6 30 7 2 14

⇒ <u>1 3 3</u> <u>2 4 8</u> <u>5 6 30</u> <u>7 2 14</u>
    1×3=3   2×4=8   5×6=30   7×2=14

整

01 | 수열

| 유형분석 |

- 나열된 수의 규칙을 찾아 해결하는 문제이다.
- 등차·등비수열 등 다양한 수열 규칙에 대한 사전 학습이 요구된다.

일정한 규칙으로 수를 나열할 때, 빈칸에 들어갈 알맞은 수는?

| | | 0 | 3 | 5 | 10 | 17 | 29 | 48 | (|) | |

① 55 ② 60
③ 71 ④ 79
⑤ 81

정답 ④

n을 자연수라 하면 n항과 $(n+1)$항을 더하고 $+2$를 한 값인 $(n+2)$항이 되는 수열이다.
따라서 ( )$=29+48+2=79$이다.

30초 컷 풀이 Tip

- 수열을 풀이할 때는 다음과 같은 규칙이 적용되는지를 순차적으로 판단한다.
  1) 각 항에 일정한 수를 사칙연산$(+, -, \times, \div)$하는 규칙
  2) 홀수 항, 짝수 항 규칙
  3) 피보나치 수열과 같은 계차를 이용한 규칙
  4) 군수열을 활용한 규칙
  5) 항끼리 사칙연산을 하는 규칙

주요 수열 규칙

구분	내용
등차수열	앞의 항에 일정한 수를 더해 이루어지는 수열
등비수열	앞의 항에 일정한 수를 곱해 이루어지는 수열
피보나치 수열	앞의 두 항의 합이 그 다음 항의 수가 되는 수열
건너뛰기 수열	두 개 이상의 수열 또는 규칙이 일정한 간격을 두고 번갈아가며 적용되는 수열
계차수열	앞의 항과 차가 일정하게 증가하는 수열
군수열	일정한 규칙성으로 몇 항씩 묶어 나눈 수열

※ 일정한 규칙으로 수를 나열할 때, 빈칸에 들어갈 알맞은 수를 고르시오. [1~9]

01

$$1 \quad 2 \quad 3 \quad \frac{5}{2} \quad 9 \quad 3 \quad (\quad)$$

① $\dfrac{7}{2}$　　　　　　　　　　② 7

③ $\dfrac{27}{2}$　　　　　　　　　　④ 27

⑤ $\dfrac{37}{2}$

02

$$4\frac{3}{5} \quad 6\frac{1}{9} \quad 8\frac{5}{15} \quad 10\frac{3}{23} \quad (\quad) \quad 14\frac{5}{45} \quad 16\frac{9}{59}$$

① $12\dfrac{6}{33}$　　　　　　　　　② $12\dfrac{7}{33}$

③ $12\dfrac{8}{33}$　　　　　　　　　④ $12\dfrac{9}{33}$

⑤ $12\dfrac{10}{33}$

03

$$\frac{2}{3} \quad \frac{1}{2} \quad \frac{1}{3} \quad (\quad) \quad \frac{1}{21}$$

① $\dfrac{1}{18}$　　　　　　　　　　② $\dfrac{1}{6}$

③ $\dfrac{1}{36}$　　　　　　　　　　④ $\dfrac{1}{21}$

⑤ $\dfrac{1}{4}$

04

1.81	3.64	6.49	10.36	15.25	21.16	28.09	( )	45.01	55

① 33.06   ② 35.05

③ 36.04   ④ 37.03

⑤ 38.02

05

2	3.99	5.97	7.94	( )	11.85	13.79	15.72	17.64	19.95

① 9.88   ② 9.89

③ 9.9   ④ 9.91

⑤ 9.92

06

12.3	15	7.5	10.2	( )	7.8	3.9

① 4.2   ② 5.1

③ 6.3   ④ 7.2

⑤ 8.1

07

	-3	-6	-1	-2	( )	6	11	

① 5　　　　　　　　　　　② 3

③ -5　　　　　　　　　④ -3

⑤ 0

08

	7	20	59	176	527　( )

① 1,480　　　　　　　　② 1,482

③ 1,580　　　　　　　　④ 1,582

⑤ 1,680

09

$$\frac{1}{2} \quad 2 \quad \frac{3}{2} \quad 2 \quad 4 \quad 5 \quad \frac{7}{2} \quad (\ ) \quad 6 \quad 7 \quad 2 \quad 9 \quad 4 \quad \frac{1}{2} \quad \frac{1}{4} \quad 8$$

① 4　　　　　　　　　　② 6

③ 8　　　　　　　　　　④ 10

⑤ 12

10 일정한 규칙으로 수를 나열할 때, B÷A의 값은?

2	12	(A)	26	30	(B)	32	30

① $\dfrac{8}{5}$　　　　　　　　　　② 2

③ $\dfrac{12}{5}$　　　　　　　　　④ $\dfrac{14}{5}$

⑤ $\dfrac{16}{5}$

Hard

11 다음 수열의 18번째 항의 값은?

91	100	111	124	139	156	175	…

① 464　　　　　　　　　② 477

③ 490　　　　　　　　　④ 503

⑤ 516

12 다음 수열의 10번째 항의 값은?

97	38	59	21	38	17	21	…

① 10　　　　　　　　　　② 13

③ 16　　　　　　　　　　④ 19

⑤ 22

PART **2**

최종점검 모의고사

SK그룹 온라인 SKCT	
도서 동형 온라인 실전연습 서비스	ASZO-00000-8F376

SK그룹 온라인 SKCT		
영역	문항 수	영역별 제한시간
언어이해	20문항	15분
자료해석	20문항	15분
창의수리	20문항	15분
언어추리	20문항	15분
수열추리	20문항	15분

※ 검사 시간이 모두 완료된 후 종료 가능
※ 이전 문항으로 이동 불가

최종점검 모의고사

🕐 응시시간 : 75분   📋 문항 수 : 100문항   정답 및 해설 p.022

---

01   언어이해

01   다음 글의 핵심 내용으로 가장 적절한 것은?

> 지구 내부는 끊임없이 운동하며 막대한 에너지를 지표면으로 방출하고, 이로 인해 지구 표면에서는 지진이나 화산 등의 자연 현상이 일어난다. 그런데 이러한 자연 현상을 예측하기란 매우 어렵다. 그 이유는 무엇일까?
>
> 지구 내부는 지각, 상부 맨틀, 하부 맨틀, 외핵, 내핵이 층상 구조를 이루고 있다. 지구 내부로 들어 갈수록 온도가 증가하는데, 이 때문에 외핵은 액체 상태로 존재한다. 고온의 외핵이 하부 맨틀의 특정 지점을 가열하면 이 부분의 중심부 물질은 상승류를 형성하여 움직이기 시작한다. 아주 느린 속도로 맨틀을 통과한 상승류는 지표면 가까이에 있는 판에 부딪치게 된다. 판은 매우 단단한 암석 으로 이루어져 있어 거대한 상승류도 쉽게 뚫지 못한다. 그러나 간혹 상승류가 판의 가운데 부분을 뚫고 곧바로 지표면으로 나오기도 하는데, 이곳을 열점이라 한다. 열점에서는 지진과 화산 활동이 활발히 일어난다.
>
> 한편 딱딱한 판을 만난 상승류는 꾸준히 판에 힘을 가하여 거대한 길이의 균열을 만들기도 한다. 결국 판이 완전히 갈라지면 이 틈으로 아래의 물질이 주입되어 올라오고, 올라온 물질은 지표면에서 옆으로 확장되면서 새로운 판을 형성한다. 상승류로 인해 판이 갈라지는 이 부분에서도 지진과 화산 활동이 일어난다.
>
> 새롭게 생성된 판은 오랜 세월 천천히 이동하는 동안 식으면서 밀도가 높아지는데, 이미 존재하고 있던 다른 판 중 밀도가 낮은 판과 충돌하면 그 아래로 가라앉게 된다. 가라앉는 판이 상부 맨틀의 어느 정도 깊이까지 들어가면 용융 온도가 낮은 일부 물질은 녹는데, 이 물질이 이미 존재하던 판의 지표면으로 상승하면서 지진을 동반한 화산 활동이 일어나기도 한다. 그러나 녹지 않은 대부분의 물질은 위에서 내리누르는 판에 의해 큰 흐름을 만들면서 맨틀을 통과한다. 이 하강류는 핵과 하부 맨틀 경계면까지 내려와 외핵의 한 부분을 누르게 된다. 외핵은 액체로 되어 있으므로 한 부분을 누르면 다른 부분에서 위로 솟아오르는데, 솟아오른 이 지점에서 또 다른 상승류가 시작된다. 그런 데 하강류가 규칙적으로 발생하지 않으므로 상승류가 언제 어디서 발생하는지 알기 어렵다.
>
> 지금까지 살펴본 바처럼 화산과 지진 등의 자연 현상은 맨틀의 상승류와 하강류로 인해 일어난다. 맨틀의 상승류와 하강류는 흘러가는 동안 여러 장애물을 만나게 되고 이로 인해 그 흐름이 불규칙하 게 진행된다. 그런데 현대과학 기술로 지구 내부에 있는 이 장애물의 성질과 상태를 모두 밝혀내기 는 어렵다. 바로 이것이 지진이나 화산과 같은 자연 현상을 쉽게 예측할 수 없는 이유이다.

① 판의 분포   ② 지각의 종류
③ 지구 내부의 구조   ④ 내핵의 구성 성분
⑤ 우리나라 화산의 종류

※ 다음 글의 내용으로 가장 적절한 것을 고르시오. [2~4]

02

'20세기 최고의 수학자'로 불리는 프랑스의 장피에르 세르 명예교수는 경북 포항시 효자동에 위치한 포스텍 수리과학관 3층 교수 휴게실에서 '수학이 우리에게 왜 필요한가.'를 묻는 첫 질문에 이같이 대답했다.

"교수님은 평생 수학의 즐거움, 학문(공부)하는 기쁨에 빠져 있었죠. 후회는 없나요? 수학자가 안 됐으면 어떤 인생을 살았을까요?"

"내가 굉장히 좋아했던 선배 수학자가 있었어요. 지금은 돌아가셨죠. 그분은 라틴어와 그리스어 등 언어에 굉장히 뛰어났습니다. 그만큼 재능이 풍부했지만 본인은 수학 외엔 다른 일을 안 하셨어요. 나보다 스무 살 위의 앙드레 베유 같은 이는 뛰어난 수학적 재능을 타고 태어났습니다. 하지만 나는 수학적 재능은 없는 대신 호기심이 많았습니다. 누가 써놓은 걸 이해하려 하기보다 새로운 걸 발견하는 데 관심이 있었죠. 남이 이미 해놓은 것에는 별로 흥미가 없었어요. 수학 논문들도 재미있어 보이는 것만 골라서 읽었으니까요."

"학문이란 과거의 거인들로부터 받은 선물을 미래의 아이들에게 전달하는 일이라고 누군가 이야기했습니다. 그 비유에 대해 어떻게 생각하세요?"

"학자의 첫 번째 임무는 새로운 것을 발견하려는 진리의 추구입니다. 전달(교육)은 그다음이죠. 우리는 발견한 진리를 혼자만 알고 있을 게 아니라, 출판(Publish, 넓은 의미의 '보급'에 해당하는 원로학자의 비유)해서 퍼트릴 의무를 갖고 있습니다."

장피에르 교수는 고대부터 이어져 온 고대 그리스 수학자의 정신을 잘 나타내고 있다고 볼 수 있다. 그가 생각하는 학자에 대한 입장처럼 고대 그리스 수학자들에게 수학과 과학은 사람들에게 새로운 진리를 알려주고 놀라움을 주는 것이었다. 이때의 수학자들에게 수학이라는 학문은 순수한 앎의 기쁨을 깨닫게 해 주는 것이었다. 그래서 고대 그리스에서는 수학을 연구하는 다양한 학파가 등장했을 뿐만 아니라 많은 사람의 연구를 통해 짧은 시간에 폭발적인 혁신을 이룩할 수 있었다.

① 그리스 수학을 연구하는 학파는 그리 많지 않았다.
② 그리스 수학은 장기간에 걸쳐 점진적으로 발전하였다.
③ 그리스 수학은 도형 위주로 특히 폭발적인 발전을 했다.
④ 고대 수학자들에게 수학은 새로운 사실을 발견하는 순수한 학문적 기쁨이었다.
⑤ 그리스의 수학자들은 학문적 성취보다는 교육을 통해 후대를 양성하는 것에 집중했다.

개인의 합리성과 사회의 합리성은 병행할 수 있을까? 이 문제와 관련하여 고전 경제학에서는 개인이 합리적으로 행동하면 사회 전체적으로도 합리적인 결과를 얻을 수 있다고 말한다. 물론 여기에서 '합리성'이란 여러 가지 가능한 대안 가운데 효용의 극대화를 추구하는 방향으로 선택을 한다는 의미의 경제적 합리성을 의미한다. 따라서 개인이 최대한 자신의 이익에 충실하면 모든 자원이 효율적으로 분배되어 사회적으로도 이익이 극대화된다는 것이 고전 경제학의 주장이다.

그러나 개인의 합리적 선택이 반드시 사회적인 합리성으로 연결되지 못한다는 주장도 만만치 않다. 이른바 '죄수의 딜레마' 이론에서는, 서로 의사소통을 할 수 없도록 격리된 두 용의자가 각각의 수준에서 가장 합리적으로 내린 선택이 오히려 집합적인 결과에서는 두 사람 모두에게 비합리적인 결과를 초래할 수 있다고 설명하고 있다. 즉, 다른 사람을 고려하지 않고 자신의 이익만을 추구하는 개인적 차원의 합리성만을 강조하면 오히려 사회 전체적으로는 비합리적인 결과를 초래할 수 있다는 것이다. 죄수의 딜레마 이론을 지지하는 쪽에서는, 심각한 환경오염 등 우리 사회에 존재하는 문제의 대부분을 이 이론으로 설명한다.

일부 경제학자들은 이러한 주장에 대하여 강하게 반발한다. 그들은 죄수의 딜레마 현상이 보편적인 현상이라면 우리 주위에서 흔히 발견할 수 있는 협동은 어떻게 설명할 수 있느냐고 반문한다. 사실 우리 주위를 돌아보면 사람들은 의외로 약간의 손해를 감수하더라도 협동을 하는 모습을 곧잘 보여 주곤 한다. 그들은 이런 행동들도 합리성을 들어 설명한다. 안면이 있는 사이에서는 오히려 상대방과 협조를 하는 행동이 장기적으로는 이익이 된다는 것을 알기 때문에 협동을 한다는 것이다. 즉, 협동도 크게 보아 개인적 차원의 합리적 선택이 집합적으로 나타난 결과로 보는 것이다.

그러나 이런 해명에도 불구하고 우리 주변에서는 각종 난개발이 도처에서 자행되고 있으며, 환경오염은 이제 전 지구적으로 만연해 있는 것이 엄연한 현실이다. 자기 집 부근에 도로나 공원이 생기기를 원하면서도 정작 그 비용은 부담하려고 하지 않는다든지, 남에게 해를 끼치는 일인 줄 뻔히 알면서도 쓰레기를 무단 투기하는 등의 행위를 서슴지 않고 한다. '합리적인 개인'이 '비합리적인 사회'를 초래하고 있는 것이다.

그렇다면 죄수의 딜레마와 같은 현상을 극복하고 사회적인 합리성을 확보할 수 있는 방안은 무엇인가? 그것은 개인적으로는 도덕심을 고취하고, 사회적으로는 의사소통 과정을 원활하게 하는 것이라고 할 수 있다. 개인들이 자신의 욕망을 적절하게 통제하고 남을 배려하는 태도를 지니면 죄수의 딜레마 같은 현상에 빠지지 않고도 개인의 합리성을 추구할 수 있을 것이다. 아울러 서로 간의 원활한 의사소통을 통해 공감의 폭을 넓히고 신뢰감을 형성하며, 적절한 의사 수렴과정을 거친다면 개인의 합리성이 보다 쉽게 사회적 합리성으로 이어지는 길이 열릴 것이다.

① 사회의 이익은 개인의 이익을 모두 합한 것이다.
② 사람들은 이기심보다 협동심이 더 강하다.
③ 사회가 기계라면 사회를 이루는 개인은 그 기계의 부속품일 수밖에 없다.
④ 전체 사회를 위해 개인의 희생은 감수할 수밖에 없다.
⑤ 사회적 합리성을 위해서는 개인의 노력만으로는 안 된다.

04

풍속화는 문자 그대로 풍속을 그린 그림이다. 세속을 그린 그림이라는 뜻에서 속화(俗畫)라고도 한
다. 정의는 이렇게 간단하지만 따져야 할 문제들은 산적해 있다. 나는 풍속화에 대해 엄밀한 학문적
논의를 펼 만큼 전문적인 식견을 갖고 있지는 않다. 하지만 한 가지 확실하게 말할 수 있는 것은,
풍속화가 인간의 모습을 화폭 전면에 채우는 그림이라는 사실이다. 그런데 현재 우리가 접하는 그림
에서 인간의 모습이 그림의 전면을 차지하는 작품은 생각보다 많지 않다. 우리의 일상적인 모습은
더욱 그렇다. 만원 지하철에 시달리며 출근 전쟁을 하고, 직장 상사로부터 핀잔을 듣고, 포장마차에
서 소주를 마시고, 노래방에서 스트레스를 푸는 평범한 사람들의 일상의 모습은 그림에 등장하지
않는다. 조선 시대에도 회화의 주류는 산수와 꽃과 새, 사군자와 같은 인간의 외부에 존재하는 대상
을 그리는 것이었다. 이렇게 말하면 너무 지나치다고도 할 것이다. 산수화에도 인간이 등장하고 있
지 않은가? 하지만 산수화 속의 인간은 산수에 부속된 것일 뿐이다. 산수화에서의 초점은 산수에
있지, 산수 속에 묻힌 인간에 있지 않다. 인간의 그림이라면, 초상화가 있지 않느냐고 물을 수도
있다. 사실 그렇다. 초상화는 인간이 화면 전체를 차지하는 그림이다. 나는 조선 시대 초상화에서
깊은 감명을 받은 적도 있다. 그것은 초상에 그 인간의 내면이 드러나 보일 때인데, 특히 송시열의
초상화를 보고 그런 느낌을 받았다. 하지만 초상화는 아무래도 딱딱하다. 초상화에서 보이는 것은
얼굴과 의복일 뿐, 구체적인 삶의 모습은 아니다. 이에 반해 조선 후기 풍속화는 인간의 현세적·일
상적 모습을 중심 제재로 삼고 있다. 조선 사회가 양반 관료 사회인만큼 양반들의 생활이 그려지는
것은 당연하겠지만, 풍속화에 등장하는 인물의 주류는 이미 양반이 아니다. 농민과 어민, 그리고
별감, 포교, 나장, 기생, 뚜쟁이 할미까지 도성의 온갖 인간들이 등장한다. 풍속화를 통하여 우리는
양반이 아닌 인간들을 비로소 만나게 된 것이다. 여성이 그림에 등장하는 것도 풍속화의 시대에 와
서이다. 조선 시대는 양반·남성의 사회였다. 양반·남성 중심주의는 양반이 아닌 이들과 여성을
은폐하였다. 이들이 예술의 중심대상이 된 적은 거의 없었다. 특히 그림에서는 인간이 등장하는 일
이 드물었고, 여성이 등장하는 일은 더욱 없었다. 풍속화에 와서야 비로소 여성이 회화의 주요대상
으로 등장했던 것이다. 조선 시대 풍속화는 18, 19세기에 '그려진 것'이다. 물론 풍속화의 전통을
따지고 들면, 저 멀리 고구려 시대의 고분벽화에까지 이를 수 있다. 그러나 그것들은 의례적·정치
적·도덕적 관념의 선전이란 목적을 가지고 '제작된 것'이다. 좀 더 구체적으로 말하자면, 죽은 이를
위하여, 농업의 중요성을 강조하고 생산력을 높이기 위하여, 혹은 민중의 교화를 위하여 '제작된 것'
이다. 이점에서 이 그림들은 18, 19세기의 풍속화와는 구분되어야 마땅하다.

① 풍속화는 인간의 외부에 존재하는 대상을 그리는 것이었다.
② 조선 후기 풍속화에는 양반들의 생활상이 주로 나타나 있다.
③ 조선 시대 산수화 속에 등장하는 인물은 부수적 존재에 불과하다.
④ 조선 시대 회화의 주류는 인간의 내면을 그린 그림이 대부분이었다.
⑤ 조선 전기에도 여성이 회화의 주요대상으로 등장했다.

05 다음 글의 주장에 대해 반박하는 내용으로 적절하지 않은 것은?

프랑크푸르트학파는 대중문화의 정치적 기능을 중요하게 본다. 20세기 들어 서구 자본주의 사회에서 혁명이 불가능하게 된 이유 가운데 하나는 바로 대중문화가 대중들을 사회의 권위에 순응하게 함으로써 사회를 유지하는 기능을 하고 있기 때문이라는 것이다. 이 순응의 기능은 두 방향으로 진행된다. 한편으로 대중문화는 대중들에게 자극적인 오락거리를 제공함으로써 정신적인 도피를 유도하여 정치에 무관심하도록 만든다는 것이다. 유명한 3S(Sex, Screen, Sports)는 바로 현실도피와 마취를 일으키는 대표적인 도구들이다. 다른 한편으로 대중문화는 자본주의적 가치관과 이데올로기를 은연 중에 대중들이 받아들이게 하는 적극적인 세뇌 작용을 한다. 영화나 드라마, 광고나 대중음악의 내용이 규격화되어 현재의 지배적인 가치관을 지속해서 주입함으로써, 대중은 현재의 문제를 인식하고 더 나은 상태로 생각할 수 있는 부정의 능력을 상실한 일차원적 인간으로 살아가게 된다는 것이다. 프랑크푸르트학파의 대표자 가운데 한 사람인 아도르노(Adorno)는 특별히 「대중음악에 대하여」라는 글에서 대중음악이 어떻게 이러한 기능을 수행하는지 분석했다. 그의 분석에 따르면, 대중음악은 우선 규격화되어 누구나 쉽고 익숙하게 들을 수 있는 특징을 가진다. 그리고 이런 익숙함은 어려움 없는 수동적인 청취를 조장하여, 자본주의 안에서의 지루한 노동의 피난처 구실을 한다. 그리고 나아가 대중 음악의 소비자들이 기존 질서에 심리적으로 적응하게 함으로써 사회적 접착제의 역할을 한다.

① 대중문화의 영역은 지배계급이 헤게모니를 얻고자 하는 시도와 이에 대한 반대 움직임이 서로 얽혀 있는 곳으로 보아야 한다.

② 대중문화를 소비하는 대중이 문화 산물을 생산한 사람이 의도하는 그대로 문화 산물을 소비하는 존재에 불과하다는 생각은 현실과 맞지 않는다.

③ 대중문화는 지배 이데올로기를 강요하는 지배문화로만 구성되는 것도 아니고, 이에 저항하여 자발적으로 발생한 저항문화로만 구성되는 것도 아니다.

④ 대중의 평균적 취향에 맞추어 높은 질을 유지하는 것이 어렵다 하더라도 19세기까지의 대중이 즐겼던 문화에 비하면 현대의 대중문화는 훨씬 수준 높고 진보된 것으로 평가할 수 있다.

⑤ 발표되는 음악의 80%가 인기를 얻는 데 실패하고, 80% 이상의 영화가 엄청난 광고에도 불구하고 흥행에 실패한다는 사실은 대중이 단순히 수동적인 존재가 아니라는 것을 단적으로 드러내 보여주는 예이다.

06 다음 글의 표제와 부제로 적절하지 않은 것은?

> 인간은 자연 속에서 태어나 살다가 자연으로 돌아간다. 이처럼 자연은 인간 삶의 무대요, 안식처이다. 그러므로 자연과 인간의 관계는 불가분의 관계이다. 유교는 바로 이 점에 주목하여 인간과 자연의 원만한 관계를 추구하였다. 이것은 자연이 인간을 위한 수단이 아니라 인간과 공존해야 할 대상이라는 것을 뜻한다.
>
> 유교는 자연을 인간의 부모로 생각하고 인간은 자연의 자식이라고 여겨왔다. 그러므로 유교에서는 인간의 본질적 근원을 천(天)에 두었다. 하늘이 명한 것을 성(性)이라 하고, 하늘이 인간에게 덕(德)을 낳아 주었다고 하였다. 이는 인간에게 주어진 본성과 인간에 내재한 덕이 하늘에서 비롯한 것임을 밝힌 것이다. 이와 관련하여 이이는 "사람이란 천지의 이(理)를 부여받아 성(性)을 삼고, 천지의 기(氣)를 나누어 형(形)을 삼았다."라고 하였다. 이는 인간 존재를 이기론(理氣論)으로 설명한 것이다. 인간은 천지의 소산자(所産者)이며 이 인간 생성의 모태는 자연이다. 그러므로 천지 만물이 본래 나와 한몸이라고 할 수 있는 것이다.
>
> 유교에서는 천지를 인간의 모범 혹은 완전자(完全者)로 이해하였다. 유교 사상에 많은 영향을 미친 『주역』에 의하면 성인(聖人)은 천지와 더불어 그 덕을 합한 자이며, 해와 달과 함께 그 밝음을 합한 자이며, 사시(四時)와 더불어 그 질서를 합한 자이다. 이에 대하여 이이는 '천지란 성인의 준칙이요, 성인이란 중인의 준칙'이라 하여 천지를 성인의 표준으로 이해하였다. 따라서 성인의 덕은 하늘과 더불어 하나가 되므로 신묘하여 헤아릴 수 없다고 하였다. 이와 같이 천지는 인간의 모범으로 일컬어졌고, 인간은 그 천지의 본성을 부여받은 존재로 규정되었다. 그러므로 『중용』에서 성(誠)은 하늘의 도(道)요, 성(誠)이 되고자 노력하는 것이 인간의 도리라고 하였다. 즉, 참된 것은 우주 자연의 법칙이며, 그 진실한 자연의 법칙을 좇아 살아가는 것이 인간의 도리라는 것이다. 이처럼 유교는 인간 삶의 도리를 자연의 법칙에서 찾았고, 자연의 질서에 맞는 인간의 도리를 이상으로 여겼다. 이렇게 볼 때 유교에서는 인간과 자연을 하나로 알고 상호 의존하고 있는 유기적 존재로 인식함으로써 천인합일(天人合一)을 추구하였음을 알 수 있다. 이러한 바탕 위에서 유교는 자존과 공존의 자연관을 말하였다. 만물은 저마다 자기 생을 꾸려나간다. 즉, 인간은 인간대로, 동물은 동물대로, 식물은 식물대로 자기 삶을 살아가지만 서로 해치지 않는다. 약육강식의 먹이 사슬로 보면 이러한 설명은 타당하지 않은 듯하다. 그러나 생태계의 질서를 살펴보면 먹고 먹히면서도 전체적으로는 평등하다는 것을 알 수 있다. 또한 만물의 도는 함께 운행되고 있지만 크게 보면 하나의 조화를 이루어 서로 어긋나지 않는다. 이것이야말로 자존과 공존의 질서가 서로 어긋나지 않으면서 하나의 위대한 조화를 이루고 있는 것이다. 나도 살고 너도 살지만, 서로 해치지 않는 조화의 질서가 바로 유교의 자연관인 것이다.

① 유교와 현대 철학 – 환경 파괴 문제에 관하여
② 유교의 현대적인 의미 – 자연에서 발견하는 삶의 지혜
③ 유교에서 바라본 자연관 – 자연과 인간의 공존을 찾아서
④ 유교에서 바라본 현대 문명 – 자존과 공존의 문명을 그리며
⑤ 우주를 지배하는 자연의 질서 – 자연이 보여준 놀라운 복원력

07 다음 글 뒤에 이어질 내용으로 가장 적절한 것은?

테레민이라는 악기는 손을 대지 않고 연주하는 악기이다. 이 악기를 연주하기 위해 연주자는 허리 높이쯤에 위치한 상자 앞에 선다. 오른손은 상자에 수직으로 세워진 안테나 주위에서 움직인다. 오른손의 엄지와 집게손가락으로 고리를 만들고 손을 흔들면서 나머지 손가락을 하나씩 펴면 안테나에 손이 닿지 않고서도 음이 들린다. 이때 들리는 음은 피아노 건반을 눌렀을 때 나는 것처럼 정해진 음이 아니고 현악기를 연주하는 것과 같은 연속음이며, 소리는 손과 손가락의 움직임에 따라 변한다. 왼손은 손가락을 펼친 채로 상자에서 수평으로 뻗은 안테나 위에서 서서히 오르내리면서 소리를 조절한다.

오른손으로는 수직 안테나와의 거리에 따라 음고(音高)를 조절하고 왼손으로는 수평 안테나와의 거리에 따라 음량을 조절한다. 따라서 오른손과 수직 안테나는 음고를 조절하는 회로에 속하고 왼손과 수평 안테나는 음량을 조절하는 또 다른 회로에 속한다. 이 두 회로가 하나로 합쳐지면서 두 손의 움직임에 따라 음고와 음량을 변화시킬 수 있다.

어떻게 테레민에서 다른 음고의 음이 발생되는지 알아보자. 음고를 조절하는 회로는 가청주파수 범위 바깥의 주파수를 갖는 서로 다른 두 개의 음파를 발생시킨다. 이 두 개의 음파 사이에 존재하는 주파수의 차이 값에 의해 가청주파수를 갖는 새로운 진동이 발생하는데 그것으로 소리를 만든다. 가청주파수 범위 바깥의 주파수 중 하나는 고정된 주파수를 갖고 다른 하나는 연주자의 손 움직임에 따라 주파수가 바뀐다. 이렇게 발생한 주파수의 변화에 의해 진동이 발생되고 이 진동의 주파수는 가청주파수 범위 내에 있기 때문에 그 진동을 증폭시켜 스피커로 보내면 소리가 들린다.

① 왼손의 손가락 모양에 따라 음고가 바뀌는 원리
② 수직 안테나에 손이 닿으면 소리가 발생하는 원리
③ 수평 안테나와 왼손 사이의 거리에 따라 음량이 조절되는 원리
④ 음고를 조절하는 회로에서 가청주파수의 진동이 발생하는 원리
⑤ 오른손 손가락으로 가상의 피아노 건반을 눌러 음량을 변경하는 원리

08 다음 글을 〈보기〉의 입장에서 비판하는 내용으로 가장 적절한 것은?

> 로봇의 발달로 일자리가 줄어들 것이라는 사람들의 불안이 커지면서 최근 로봇세(Robot稅) 도입에 대한 논의가 활발하다. 로봇세는 로봇을 사용해 이익을 얻는 기업이나 개인에 부과하는 세금이다. 로봇으로 인해 일자리를 잃은 사람들을 지원하거나 사회 안전망을 구축하기 위한 예산을 마련하자는 것이 로봇세 도입의 목적이다. 이처럼 로봇의 사용으로 일자리가 감소할 것이라는 이유로 로봇세의 필요성이 제기되었지만, 역사적으로 볼 때 새로운 기술로 인해 전체 일자리는 줄지 않았다. 산업 혁명을 거치면서 새로운 기술에 대한 걱정은 늘 존재했지만, 산업 전반에서 일자리는 오히려 증가해 왔다는 점이 이를 뒷받침한다. 따라서 로봇의 사용으로 일자리가 줄어들 가능성은 낮다.
>
> 우리는 로봇 덕분에 어렵고 위험한 일이나 반복적인 일로부터 벗어나고 있다. 로봇 사용의 증가 추세에서 알 수 있듯이 로봇 기술이 인간의 삶을 편하게 만들어 주는 것은 틀림없다. 로봇세의 도입으로 이러한 편안한 삶이 지연되지 않기를 바란다.

> 보기
>
> 로봇 기술의 발전에 따라 로봇의 생산 능력이 비약적으로 향상되고 있다. 이는 로봇 하나당 대체할 수 있는 인간 노동자의 수도 지속적으로 증가함을 의미한다. 로봇 사용이 사회 전반에 빠르게 확산되는 현실을 고려할 때, 로봇 사용으로 인한 일자리 대체 규모가 기하급수적으로 커질 것이다.

① 산업 혁명의 경우와 같이 로봇의 생산성 증가는 인간의 새로운 일자리를 만드는 데 기여할 것이다.

② 로봇세를 도입해 기업이 로봇의 생산성 향상에 기여하도록 해야 인간의 일자리 감소를 막을 수 있다.

③ 로봇 사용으로 밀려날 수 있는 인간 노동자의 생산 능력을 향상시킬 수 있는 제도적 지원 방안을 마련해야 한다.

④ 로봇 기술의 발달을 통해 일자리를 늘리려면 지속적으로 일자리가 늘었던 산업 혁명의 경험에서 대안을 찾아야 한다.

⑤ 로봇의 생산 능력에 대한 고려 없이 과거 사례만으로 일자리가 감소하지 않을 것이라고 보는 것은 성급한 판단이다.

※ 다음 제시된 문단을 논리적 순서대로 바르게 나열한 것을 고르시오. [9~10]

09

(가) 콘크리트가 굳은 뒤에 당기는 힘을 제거하면, 철근이 줄어들면서 콘크리트에 압축력이 작용하여 외부의 인장력에 대한 저항성이 높아진 프리스트레스트 콘크리트가 만들어진다.

(나) 이러한 과정을 통해 만들어진 프리스트레스트 콘크리트가 사용된 킴벨 미술관은 개방감을 주기 위하여 기둥 사이를 30m 이상 벌리고 내부의 전시 공간을 하나의 층으로 만들었다.

(다) 이 간격은 프리스트레스트 콘크리트구조를 활용하였기에 구현할 수 있었고, 일반적인 철근 콘크리트로는 구현하기 어려웠다.

(라) 특히 근대 이후에는 급격한 기술의 발전으로 혁신적인 건축 작품들이 탄생할 수 있었고, 건축 재료와 건축 미학의 유기적인 관계는 앞으로도 지속될 것이다.

(마) 철근 콘크리트는 근대 이후 가장 중요한 건축 재료로 널리 사용되어 왔으며, 철근 콘크리트의 인장 강도를 높이려는 연구가 계속되어 프리스트레스트 콘크리트가 등장하였다.

(바) 이처럼 건축 재료에 대한 기술적 탐구는 언제나 새로운 건축 미학의 원동력이 되어 왔다.

(사) 이 구조로 이루어진 긴 지붕의 틈새로 들어오는 빛이 넓은 실내를 환하게 채우며 철근 콘크리트로 이루어진 내부를 대리석처럼 빛나게 한다.

(아) 프리스트레스트 콘크리트는 다음과 같이 제작되는데 먼저, 거푸집에 철근을 넣고 철근을 당긴 상태에서 콘크리트 반죽을 붓는다.

① (가) – (라) – (다) – (아) – (나) – (사) – (마) – (바)
② (다) – (라) – (아) – (가) – (마) – (나) – (바) – (사)
③ (마) – (다) – (아) – (나) – (가) – (바) – (라) – (사)
④ (마) – (아) – (가) – (나) – (다) – (사) – (바) – (라)
⑤ (바) – (나) – (아) – (가) – (마) – (사) – (다) – (라)

10

(가) 흡연자와 비흡연자 사이의 후두암, 폐암 등의 질병별 발생위험도에 대해서 건강보험공단은 유의미한 연구 결과를 내놓기도 했는데, 연구 결과에 따르면 흡연자는 비흡연자에 비해서 후두암 발생률이 6.5배, 폐암 발생률이 4.6배 등 각종 암에 걸릴 확률이 높은 것으로 나타났다.

(나) 건강보험공단은 이에 대해 담배회사가 절차적 문제로 방어막을 치고 있는 것에 지나지 않는다 하여 비판을 제기하고 있다. 이제 막 소송이 처음 시작된 만큼 담배회사와 건강보험공단 간의 '담배 소송'의 결과를 보려면 오랜 시간을 기다려야 할 것이다.

(다) 이와 같은 담배의 유해성 때문에 건강보험공단은 현재 담배회사와 소송을 진행하고 있는데, 당해 소송에서는 담배의 유해성에 관한 인과관계 입증 이전에 다른 문제가 부상하였다. 건강보험공단이 소송당사자가 될 수 있는지가 문제가 된 것이다.

(라) 담배는 임진왜란 때 일본으로부터 호박, 고구마 등과 함께 들어온 것으로 알려져 있다. 그러나 선조들이 알고 있던 것과는 달리, 담배는 약초가 아니다. 담배의 유해성은 우선 담뱃갑이 스스로를 경고하는 경고 문구에 나타나 있다. 담뱃갑에는 '흡연은 폐암 등 각종 질병의 원인'이라는 문구를 시작으로, '담배 연기에는 발암성 물질인 나프틸아민, 벤젠, 비닐 크롤라이드, 비소, 카드뮴이 들어 있다.'라고 적시하고 있다.

① (가) – (다) – (라) – (나)
② (가) – (라) – (나) – (다)
③ (가) – (라) – (다) – (나)
④ (라) – (가) – (다) – (나)
⑤ (라) – (다) – (가) – (나)

11 다음 제시된 글을 읽고, 이어질 문단을 논리적 순서대로 바르게 나열한 것은?

> 산수만 가르치면 아이들이 돈의 중요성을 알게 될까? 돈의 가치를 어떻게 가르쳐야 아이들이 돈에 대하여 올바른 개념을 갖게 될까? 이런 생각은 모든 부모의 공통된 고민일 것이다.

(가) 독일의 한 연구에 따르면 부모가 돈에 대한 개념이 없으면 아이들이 백만장자가 될 확률이 500분의 1인 것으로 나타났다. 반면 부모가 돈을 다룰 줄 알면 아이들이 백만장자로 성장할 확률이 5분의 1이나 된다. 특히 백만장자의 자녀들은 돈 한 푼 물려받지 않아도 백만장자가 될 확률이 일반인보다 훨씬 높다는 게 연구 결과의 요지다. 이는 돈의 개념을 이해하는 가정의 자녀들이 그렇지 않은 가정의 자녀들보다 백만장자가 될 확률이 100배 높다는 얘기다.

(나) 연구 결과 만 7세부터 돈의 개념을 어렴풋이나마 짐작하게 되는 것으로 나타났다. 따라서 이때부터 아이들에게 약간의 용돈을 주는 것으로 돈에 대한 교육을 시작하면 좋다. 8세 때부터는 돈의 위력을 이해하기 시작한다. 소유가 뭘 의미하는지, 물물교환은 어떻게 하는지 등을 가르칠 수 있다. 아이들은 돈을 벌고자 하는 욕구를 느낀다. 이때부터 돈은 자연스러운 것이고, 건강한 것이고, 인생에서 필요한 것이라고 가르칠 필요가 있다.

(다) 아이들에게 돈의 개념을 가르치는 지름길은 용돈이다. 용돈을 받아 든 아이들은 돈에 대해 책임감을 느끼게 되고, 돈에 대한 결정을 스스로 내리기 시작한다. 그렇다면 언제부터, 얼마를 용돈으로 주는 것이 좋을까?

(라) 하지만 돈에 대해서 부모가 결코 해서는 안 될 일들도 있다. 예컨대 벌을 주기 위해 용돈을 깎거나 포상 명목으로 용돈을 늘려줘서는 안 된다. 아이들은 무의식적으로 잘못한 일을 돈으로 때울 수 있다고 생각하거나 사랑과 우정을 돈으로 살 수 있다고 생각하게 된다. 아이들은 우리의 미래다. 부모는 아이들이 돈에 대하여 정확한 개념과 가치관을 세울 수 있도록 좋은 본보기가 되어야 할 것이다. 그러한 노력만이 아이들의 미래를 아름답게 만들어 줄 것이다.

① (가) – (다) – (나) – (라)   ② (가) – (라) – (나) – (다)
③ (다) – (가) – (나) – (라)   ④ (다) – (나) – (라) – (가)
⑤ (라) – (가) – (다) – (나)

12 다음 글의 제목으로 가장 적절한 것은?

'5060세대'. 몇 년 전까지만 해도 그들은 사회로부터 '지는 해' 취급을 받았다. '오륙도'라는 꼬리표를 달아 일터에서 밀어내고, 기업은 젊은 고객만 왕처럼 대우했다. 젊은 층의 지갑을 노려야 돈을 벌 수 있다는 것이 기업의 마케팅 전략이었기 때문이다.

그러나 최근 들어 상황이 달라졌다. 5060세대가 새로운 소비 군단으로 주목되기 시작한 가장 큰 이유는 고령화 사회로 접어들면서 시니어(Senior) 마켓 시장이 급속도로 커지고 있는 데다 이들이 돈과 시간을 가장 넉넉하게 가진 세대이기 때문이다. LG경제연구원에 따르면 2010년이면 50대 이상 인구 비중이 30%에 이르면서 50대 이상을 겨냥한 시장 규모가 100조 원대까지 성장할 예정이다. 통계청이 집계한 가구주 나이별 가계수지 자료를 보면, 한국 사회에서는 50대 가구주의 소득이 가장 높다. 월평균 361만 500원으로 40대의 소득보다도 높은 것으로 집계됐다. 가구주 나이가 40대인 가구의 가계수지를 보면, 소득은 50대보다 적으면서도 교육 관련 지출(45만 6,400원)이 압도적으로 높아 소비 여력이 낮은 편이다. 그러나 50대 가구주의 경우 소득이 높으면서 소비 여력 또한 충분하다. 50대 가구주의 처분가능소득은 288만 7,500원으로 전 연령층에서 가장 높다.

이들이 신흥 소비군단으로 떠오르면서 '애플(APPLE)족'이라는 마케팅 용어까지 등장했다. 활동적이고(Active) 자부심이 강하며(Pride) 안정적으로(Peace) 고급문화(Luxury)를 즐기는 경제력(Economy) 있는 50대 이후 세대를 뜻하는 말이다. 통계청은 여행과 레저를 즐기는 5060세대를 '2008 주목해야 할 블루슈머*7' 가운데 하나로 선정했다. 과거 5060세대는 자식을 보험으로 여기며 자식에게 의존하면서 살아가는 전통적인 노인이었다. 그러나 애플족은 자녀로부터 독립해 자기만의 새로운 인생을 추구한다. '통크족(TONK; Two Only, No Kids)'이라는 별칭이 붙는 이유다. 통크족이나 애플족은 젊은 층의 전유물로 여겨졌던 자기중심적이고 감각 지향적인 소비도 주저하지 않는다. 후반전 인생만은 자기가 원하는 일을 하며 멋지게 살아야 한다고 생각하기 때문이다.

애플족은 한국 국민 가운데 해외여행을 가장 많이 하는 세대이기도 하다. 통계청의 사회통계조사에 따르면 지난해 50대의 17.5%가 해외여행을 다녀왔다. 20대, 30대보다 높은 수치다. 그리고 그들은 어떤 지출보다 교양·오락비를 아낌없이 쓰는 것이 특징이다. 전문가들은 애플족의 교양·오락 및 문화에 대한 지출비용은 앞으로도 증가할 것으로 내다보고 있다. 한 사회학과 교수는 "고령사회로 접어들면서 성공적 노화 개념이 중요해짐에 따라 텔레비전 시청, 수면, 휴식 등 소극적 유형의 여가에서 게임 등 재미와 젊음을 찾을 수 있는 진정한 여가로 전환되고 있다."라고 말했다. 이 교수는 젊은이 못지않은 의식과 행동반경을 보이는 5060세대를 겨냥한 다양한 상품과 서비스에 대한 수요가 앞으로도 크게 늘 것이라고 내다보았다.

*블루슈머(Bluesumer) : 경쟁자가 없는 시장을 의미하는 블루오션(Blue Ocean)과 소비자(Consumer)의 합성어로 새로운 제품에 적응력이 높고 소비성향을 선도하는 소비자를 의미함

① 애플족의 소비 성향은 어떠한가?
② 5060세대의 사회·경제적 위상 변화
③ 다양한 여가 활동을 즐기는 5060세대
④ 애플족을 '주목해야 할 블루슈머7'로 선정
⑤ 점점 커지는 시니어 마켓 시장의 선점 방법

※ 다음 글의 내용으로 적절하지 않은 것을 고르시오. [13~15]

Easy

13

'저장강박증'은 물건의 사용 여부와 관계없이 버리지 못하고 저장해 두는 강박장애의 일종이다. 미래에 필요할 것이라고 생각해서 물건이나 음식을 버리지 못하고 쌓아 두거나, 어떤 사람은 동물을 지나치게 많이 기르기도 한다. 저장강박증이 있는 사람들은 물건을 버리지 않고 모으지만 애정이 없기 때문에 관리는 하지 않는다. 다만 물건이 모아져 있는 상태에서 일시적인 편안함을 느낄 뿐이다. 그러나 결과적으로는 불안증과 강박증, 폭력성을 더욱 가중하는 결과를 낳게 된다.

저장강박증은 치료가 쉽지 않다. 아직까지 정확하게 밝혀진 원인이 없고, 무엇보다 이 사람들의 대부분은 자가 병식이 없다. 때문에 대부분 치료를 원하지 않거나 가족들의 강요에 의해 병원을 찾는다. 그러나 자연적으로 좋아지기 어려우므로 반드시 초기에 치료를 진행해야 한다.

① 저장강박증은 물건을 버리지 못하는 강박장애이다.
② 저장강박증의 정확한 원인은 아직 밝혀지지 않았다.
③ 저장강박증이 있는 사람은 동물을 지나치게 많이 기르기도 한다.
④ 저장강박증이 있는 사람은 물건에 애착을 느껴서 버리지 못한다.
⑤ 저장강박증이 있는 사람들은 스스로 병에 대한 문제를 느끼지 못한다.

14

최근 민간 부문에 이어 공공 부문의 인사관리 분야에 '역량(Competency)'의 개념이 핵심 주제로 등장하고 있다. '역량'이라는 개념은 1973년 사회심리학자인 맥클레랜드에 의하여 '전통적 학업 적성 검사 혹은 성취도 검사의 문제점 지적'이라는 연구에서 본격적으로 논의된 이후 다양하게 정의되어 왔으나, 여기서의 역량의 개념은 직무에서 탁월한 성과를 나타내는 고성과자(High Performer)에게서 일관되게 관찰되는 행동적 특성을 의미한다. 즉, 지식·기술·태도 등 내적 특성들이 상호작용하여 높은 성과로 이어지는 행동적 특성을 말한다. 따라서 역량은 관찰과 측정할 수 있는 구체적인 행위의 관점에서 설명된다. 조직이 필요로 하는 역량 모델이 개발된다면 이는 채용이나 선발, 경력 관리, 평가와 보상, 교육·훈련 등 다양한 인사관리 분야에 적용될 수 있다.

① 역량의 개념 정의는 역사적으로 다양하였다.
② 역량은 개인의 내재적 특성을 포함하는 개념이다.
③ 역량은 직무에서 높은 성과로 이어지는 행동적 특성을 말한다.
④ 역량 모델은 공공 부문보다 민간 부문에서 더욱 효과적으로 작용한다.
⑤ 역량 모델의 개발은 조직의 관리를 용이하게 한다.

15

신혼부부 가구의 주거안정을 위해서는 우선적으로 육아·보육지원 정책의 확대·강화가 필요한 것으로 나타났다.

신혼부부 가구는 주택 마련 지원 정책보다 육아수당, 육아보조금, 탁아시설 확충과 같은 육아·보육지원 정책의 확대·강화가 더 필요하다고 생각하고 있으며 특히, 믿고 안심할 수 있는 육아·탁아시설의 확대가 필요한 것으로 나타났다. 이는 최근 부각된 보육기관에서의 아동학대문제 등 사회적 분위기의 영향과 맞벌이 가구의 경우, 안정적인 자녀 보육환경이 전제되어야만 안심하고 경제활동을 할 수 있기 때문인 것으로 보인다.

신혼부부 가구 중 아내의 경제활동 비율은 평균 38.3%이며 맞벌이 비율은 평균 37.2%로 나타났으나, 일반적으로 자녀 출산 시기로 볼 수 있는 혼인 3년 차에서의 맞벌이 비율은 30% 수준까지 낮아지는 경향을 보이는데 이는 자녀의 육아환경 때문으로 판단된다. 또한, 외벌이 가구의 81.5%가 자녀의 육아·보육을 위해 맞벌이를 하지 않는다고 하였으며 이는 결혼 여성의 경제활동 지원을 위해서는 무엇보다 육아를 위한 보육시설의 확대가 필요하다는 것을 시사한다.

맞벌이의 주된 목적이 주택비용 마련임을 고려할 때, 보육시설의 확대는 결혼 여성에게 경제활동의 기회를 제공하여 신혼부부 가구의 경제력을 높이고, 내 집 마련 시기를 앞당길 수 있다는 점에서 중요성을 갖는다.

특히, 신혼부부 가구가 계획하고 있는 총 자녀의 수는 1.83명이나 자녀 양육 환경문제 등으로 추가적인 자녀계획을 포기하는 경우가 나타날 수 있으므로 실제 이보다 낮은 자녀 수를 보일 것으로 예상된다. 따라서 출산장려를 위해서도 결혼 여성의 경제활동을 지원하기 위한 강화된 국가적 차원의 배려와 관심이 필요하다고 할 수 있다.

① 육아·보육지원은 신혼부부 가구의 주거안정을 위한 정책이다.
② 신혼부부들은 육아수당, 육아보조금 등이 주택 마련 지원보다 더 필요하다고 생각한다.
③ 자녀의 보육환경이 개선되면 맞벌이 비율이 상승할 것이다.
④ 경제활동에 참여하는 여성이 많아질수록 출산율은 낮아질 것이다.
⑤ 보육환경의 개선은 신혼부부 가구가 내 집 마련을 보다 이른 시기에 할 수 있게 해 준다.

16 다음은 수상학에서 제시하는 손금에 대한 기사이다. 이를 읽고 추론한 내용으로 적절하지 않은 것은?

> 수상학이란 오랜 세월에 걸쳐 성공한 사람, 실패한 사람 등을 지켜보다 손에서 어떤 유형을 찾아내 그것으로 사람의 성격이나 운명 따위를 설명하는 것이다. 수상학에 따르면 사람의 손에는 성공과 사랑, 결혼, 건강, 성격 등 갖가지 정보가 담겨 있다고 한다. 수상학을 맹신하는 것은 문제가 있겠지만 플라톤이나 아리스토텔레스 같은 철학자들도 수상학에 능통했다고 하니, 수상학에서 말하는 손금에 대해 알아보도록 하자.
> 우선, 손금의 기본선에는 생명선, 두뇌선, 감정선이 있다. 두뇌선이 가운데 뻗어 있고 그 위로는 감정선이, 그 아래로는 생명선이 있다. 건강과 수명을 나타내는 생명선은 선명하고 길어야 좋다고 하며, 생명선에 잔주름이 없으면 병치레도 안 한다고 한다. 두뇌선도 선명할수록 머리가 좋다고 알려져 있다. 두뇌선이 직선형이면 의사나 과학자 등 이공 계열과 맞으며, 곡선형이면 감성적인 경우가 많아 인문 계열과 통한다고 한다. 감정선도 마찬가지로 직선에 가까울수록 솔직하고 감정 표현에 직설적이며, 곡선에 가까울수록 성격이 부드럽고 섬세하다고 한다.
> 수상학에서는 손금뿐만 아니라 손바닥의 굴곡도 중요하게 보는데, 손바닥 안쪽 부분의 두툼하게 올라온 크고 작은 살집을 '구'라고 한다. 구 역시 많은 의미를 담고 있으며, 생명선의 안쪽, 엄지 아래쪽에 살집이 두툼한 부분을 금성구라고 한다. 이곳이 발달한 사람은 운동을 잘하며 정이 많다고 해석하고 있다. 금성구 옆에 위치한 살집은 '월구'라고 하는데, 이곳이 발달하면 예술가의 기질이 많다고 한다. 검지 아랫부분에 명예와 권력을 의미하는 목성구, 중지 아랫부분에 종교적 믿음의 정도를 나타내는 토성구가 있으며, 약지 아랫부분에 위치한 태양구가 발달하면 사교성이 뛰어나고, 소지 아랫부분에 위치한 수성구가 발달하면 사업적 기질이 풍부하다고 한다.

① 춘향이는 금성구가 발달해서 정이 많을 거야.
② 미술을 좋아하는 철수는 월구가 발달해 있을 것 같아.
③ 영희가 수학을 잘하는 것을 보니 두뇌선이 직선형이겠구나.
④ 길동이는 수성구가 발달했으니 사업을 시작해보는 게 어때?
⑤ 몽룡이의 감정선이 직선인 것을 보니 섬세한 면이 있겠는걸?

17 다음 글을 읽고 알 수 있는 내용으로 적절하지 않은 것은?

영화 촬영 시 카메라가 찍기 시작하면서 멈출 때까지의 연속된 촬영을 '쇼트(Shot)'라 하고, 이러한 쇼트의 결합으로 이루어져 연극의 '장(場)'과 같은 역할을 수행하는 것을 '씬(Scene)'이라고 한다. 그리고 여러 개의 씬이 연결되어 영화의 전체 흐름 속에서 비교적 독립적인 의미를 지니는 것을 '시퀀스(Sequence)'라 일컫는다.

시퀀스는 씬을 제시하는 방법에 따라 '에피소드 시퀀스'와 '병행 시퀀스'로 구분할 수 있다. 먼저 에피소드 시퀀스는 짧은 장면을 연결하여 긴 시간의 흐름을 간단하게 보여주는 것을 말한다. 예를 들어 특정 인물의 삶을 다룬 영화의 경우, 주인공의 생애를 있는 그대로 재현하는 것은 불가능하므로 특징적인 짧은 장면을 연결하여 인물의 삶을 요약적으로 제시하는 것이 여기에 해당한다.

이와 달리 병행 시퀀스는 같은 시간, 다른 공간에서 일어나는 둘 이상의 별개 사건이 교대로 전개되는 것을 말한다. 범인을 추격하는 영화의 경우, 서로 다른 공간에서 쫓고 쫓기는 형사와 범인의 영상을 교차로 제시하는 방식이 좋은 예이다. 이 방법은 극적 긴장감을 조성할 수 있으며, 시간을 나타내는 특별한 표지가 없더라도 두 개의 사건에 동시성을 부여하여 시각적으로 통일된 단위로 묶을 수 있다.

시퀀스 연결 방법은 크게 두 가지로 나눌 수 있는데, 자연스럽게 연결하는 경우와 그렇지 않은 경우이다. 원래 이미지가 점점 희미해지면서 다른 이미지로 연결되는 디졸브 등의 기법을 사용하면 관객들은 하나의 시퀀스가 끝나고 다음 시퀀스가 시작된다는 것을 자연스럽게 알게 된다. 이러한 자연스러운 시퀀스 연결은 관객들이 사건의 전개 과정을 쉽게 파악하고, 다음에 이어질 장면을 예상하는 데 도움을 준다. 이와 달리 시퀀스의 마지막 부분에 시공간이 완전히 다른 이미지를 연결하여 급작스럽게 시퀀스를 전환하기도 하는데, 이러한 부자연스러운 시퀀스 연결은 관객들에게 낯선 느낌을 주고 의아함을 불러일으켜 시퀀스 연결 속에 숨은 의도나 구조를 생각하게 한다.

일반적으로 각 시퀀스의 길이가 길어 시퀀스의 수가 적은 영화들은 느린 템포로 사건이 진행되기 때문에 서사적 이야기 구조를 안정되게 제시하는 데 적합하다. 반면 길이가 매우 짧은 시퀀스를 사용한 영화는 빠른 템포로 사건이 전개되므로 극적 긴장감을 조성할 수 있으며, 특정 이미지를 강조하거나 인물의 심리 상태 등도 효과적으로 제시할 수 있다.

이밖에도 서사의 줄거리를 분명하고 세밀하게 전달하기 위해 각 시퀀스에서 의미를 완결지어 관객으로 하여금 작은 단위의 카타르시스를 경험하게 하는 경우도 있고, 시퀀스 전체의 연결 관계를 통해서 영화의 서사 구조를 파악하게 하는 경우도 있다. 따라서 영화에 사용된 시퀀스의 특징을 분석하는 것은 영화의 서사 구조와 감독의 개성을 효과적으로 파악할 수 있는 좋은 방법이다.

① 시퀀스의 연결 방법과 효과
② 시퀀스의 길이에 따른 특징
③ 영화의 시퀀스를 구성하는 요소와 개념
④ 영화의 발전 과정과 시퀀스의 상관관계
⑤ 씬을 제시하는 방법에 따른 시퀀스의 종류

18 다음 글의 주장에 대한 반박으로 가장 적절한 것은?

> 비타민D 결핍은 우리 몸에 심각한 건강 문제를 일으킬 수 있다. 비타민D는 칼슘이 체내에 흡수되어 뼈와 치아에 축적되는 것을 돕고 가슴뼈 뒤쪽에 위치한 흉선에서 면역세포를 생산하는 작용에 관여하는데, 비타민D가 부족할 경우 칼슘과 인의 흡수량이 줄어들고 면역력이 약해져 뼈가 약해지거나 신체 불균형이 일어날 수 있다.
>
> 비타민D는 주로 피부가 중파장 자외선에 노출될 때 형성된다. 중파장 자외선은 피부와 혈류에 포함된 7-디하이드로콜레스테롤을 비타민D로 전환시키는데, 이렇게 전환된 비타민D는 간과 신장을 통해 칼시트리롤(Calcitriol)이라는 호르몬으로 활성화된다. 바로 이 칼시트리롤을 통해 우리는 혈액과 뼈에 흡수될 칼슘과 인의 흡수를 조절하는 것이다.
>
> 이러한 기능을 담당하는 비타민D를 함유하고 있는 식품은 자연에서 매우 적기 때문에, 우리의 몸은 충분한 비타민D를 생성하기 위해 주기적으로 태양빛에 노출될 필요가 있다.

① 비타민D 보충제만으로는 체내에 필요한 비타민D를 얻을 수 없다.
② 태양빛에 노출될 경우 피부암 등의 질환이 발생하여 도리어 건강이 더 악화될 수 있다.
③ 비타민D 결핍으로 인해 생기는 부작용은 주기적인 칼슘과 인의 섭취를 통해 해결할 수 있다.
④ 선크림 등 자외선 차단제를 사용하더라도 비타민D 생성에 충분한 중파장 자외선에 노출될 수 있다.
⑤ 태양빛에 직접 노출되지 않거나 자외선 차단제를 사용했음에도 체내 비타민D 수치가 정상을 유지한다는 연구 결과가 있다.

19 다음 글의 빈칸에 들어갈 내용으로 가장 적절한 것은?

> 아파트에서는 부엌이나 안방이나 화장실이나 거실이 다 같은 높이의 평면 위에 있다. 그것보다 밑에 또는 위에 있는 것은 다른 사람의 아파트이다. 좀 심한 표현을 쓴다면 아파트에서는 모든 것이 평면적이다. 깊이가 없는 것이다. 자연히 사물은 아파트에서 그 부피를 잃고 평면 위에 선으로 존재하는 그림과 같이 되어 버린다. 모든 것은 한 평면 위에 나열되어 있다. 그래서 한눈에 들어오게 되어 있다. 아파트에는 사람이나 물건이나 다 같이 자신을 숨길 데가 없다.
>
> 땅집에서는 사정이 전혀 딴판이다. 땅집에서는 모든 것이 자기 나름의 두께와 깊이를 가지고 있다. 같은 물건이라도 그것이 다락방에 있을 때와 안방에 있을 때와 부엌에 있을 때는 거의 다르다. 집 자체가 인간과 마찬가지의 두께와 깊이를 가지고 있다. 땅집이 아름다운 이유는 _____ 다락방은 의식이며 지하실은 무의식이다.

① 인간을 닮았기 때문이다.
② 안정을 뜻하기 때문이다.
③ 세상을 조망할 수 있기 때문이다.
④ 어딘가로 떠날 수 있기 때문이다.
⑤ 휴식과 안락을 제공하기 때문이다.

20 다음 글의 내용과 상충하는 것을 〈보기〉에서 모두 고르면?

> 벼슬에 나아감과 물러남의 도리에 밝은 옛 군자는 조금이라도 관직에 책임을 다하지 못하거나 의리의 기준으로 보아 직책을 더 이상 수행할 수 없을 경우, 반드시 몸을 이끌고 급히 물러났습니다. 그들도 임금을 사랑하는 정(情)이 있기에 차마 물러나기 어려웠을 터이나, 정 때문에 주저하여 자신이 물러나야 할 때를 놓치지는 않았으니, 이는 정보다는 의리를 지키지 않을 수 없었기 때문입니다. 임금과 어버이는 일체이므로 모두 죽음으로 섬겨야 할 대상입니다. 그러나 부자관계는 천륜이어서 자식이 어버이를 봉양하는 데 한계가 없지만, 군신관계는 의리로 합쳐진 것이라, 신하가 임금을 받드는 데 한계가 있습니다. 한계가 없는 경우에는 은혜가 항상 의리에 우선하므로 관계를 떠날 수 없지만, 한계가 있는 경우에는 때때로 의리가 은혜보다 앞서기도 하므로 떠날 수 있는 상황이 생기는 것입니다. 의리의 문제는 사람과 때에 따라 같지 않습니다. 공들의 경우는 벼슬에 나가는 것이 의리가 되지만 나에게 공들처럼 하도록 요구해서는 안 되며, 내 경우는 물러나는 것이 의리가 되니 공들에게 나처럼 하도록 바라서도 안 됩니다.

보기

㉠ 부자관계에서는 은혜가 의리보다 중요하다.
㉡ 군신관계에서 의리가 은혜에 항상 우선하는 것은 아니다.
㉢ 군신관계에서 신하들이 임금에 대해 의리를 실천하는 방식은 누구에게나 동일하다.

---

① ㉠   ② ㉢

③ ㉠, ㉡   ④ ㉡, ㉢

⑤ ㉠, ㉡, ㉢

Easy

01 다음은 사교육의 과목별 동향에 대한 자료이다. 이에 대한 설명으로 옳은 것을 〈보기〉에서 모두 고르면?

〈과목별 동향〉

(단위 : 명, 만 원)

구분		2018년	2019년	2020년	2021년	2022년	2023년
국·영·수	월 최대 수강자 수	350	385	379	366	360	378
	월 평균 수강자 수	312	369	371	343	341	366
	월 평균 수업료	55	65	70	70	70	75
탐구	월 최대 수강자 수	241	229	281	315	332	301
	월 평균 수강자 수	218	199	253	289	288	265
	월 평균 수업료	35	35	40	45	50	50

보기

㉠ 2019 ~ 2023년 동안 전년 대비 국·영·수의 월 최대 수강자 수와 월 평균 수강자 수는 같은 증감 추이를 보인다.

㉡ 2019 ~ 2023년 동안 전년 대비 국·영·수의 월 최대 수강자 수와 월 평균 수업료는 같은 증감 추이를 보인다.

㉢ 국·영·수의 월 최대 수강자 수의 전년 대비 증가율은 2019년에 가장 높다.

㉣ 2018 ~ 2023년 동안 월 평균 수강자 수가 국·영·수 과목이 최대였을 때는 탐구 과목이 최소였고, 국·영·수 과목이 최소였을 때는 탐구 과목이 최대였다.

① ㉡
② ㉢
③ ㉠, ㉢
④ ㉠, ㉣
⑤ ㉡, ㉣

02 다음은 청소년의 경제의식 관련 설문조사 결과에 대한 자료이다. 이에 대한 설명으로 옳은 것은? (단, 복수응답과 무응답은 없다)

〈경제의식 관련 설문조사 결과〉

(단위 : %)

구분		전체	성별		학교별	
			남성	여성	중학교	고등학교
용돈을 받는지 여부	받는다	84	83	86	88	80
	받지 않는다	16	17	14	12	20
월간 용돈 금액	5만 원 미만	75	74	76	90	60
	5만 원 이상	25	26	24	10	40
금전출납부 기록 여부	기록한다	30	23	36	31	28
	기록하지 않는다	70	77	64	69	72

① 금전출납부는 기록하는 비율이 기록하지 않는 비율보다 높다.

② 용돈을 받는 남학생의 비율이 용돈을 받는 여학생의 비율보다 높다.

③ 월간 용돈을 5만 원 미만으로 받는 비율은 중학생이 고등학생보다 높다.

④ 용돈을 받지 않는 중학생 비율이 용돈을 받지 않는 고등학생 비율보다 높다.

⑤ 고등학생 전체 인원을 100명이라고 한다면, 월간 용돈을 5만 원 이상 받는 학생은 40명이다.

03 다음은 농산물 수입 실적에 대한 자료이다. 이에 대한 설명으로 옳지 않은 것은?

〈농산물 수입 실적〉

(단위 : 만 톤, 천만 달러)

구분		2018년	2019년	2020년	2021년	2022년	2023년
농산물 전체	물량	2,450	2,510	2,595	3,160	3,250	3,430
	금액	620	810	1,175	1,870	1,930	1,790
곡류	물량	1,350	1,270	1,175	1,450	1,480	1,520
	금액	175	215	305	475	440	380
과실류	물량	65	75	65	105	95	130
	금액	50	90	85	150	145	175
채소류	물량	40	75	65	95	90	110
	금액	30	50	45	85	80	90

① 2018년 대비 2023년 과실류 수입 금액은 250% 급증하였다.

② 2018년 대비 2023년 농산물 전체 수입 물량은 40% 증가하였다.

③ 2019 ~ 2023년 동안 과실류와 채소류 수입 금액의 전년 대비 증감 추이는 같다.

④ 곡류 수입 물량은 지속적으로 줄어들었지만, 수입 금액은 지속적으로 증가하였다.

⑤ 곡류, 과실류, 채소류 중 2018년 대비 2023년에 수입 물량이 가장 많이 증가한 것은 곡류이다.

04 다음은 OECD 회원국의 고용률에 대한 자료이다. 이에 대한 설명으로 옳지 않은 것은?

〈OECD 회원국 고용률 추이〉

(단위 : %)

구분	2019년	2020년	2021년	2022년				2023년	
				1분기	2분기	3분기	4분기	1분기	2분기
OECD 전체	65.0	65.0	66.5	66.5	65.0	66.0	66.5	67.0	66.3
미국	67.5	67.5	68.7	68.5	68.7	68.7	69.0	69.3	69.0
일본	70.6	72.0	73.3	73.0	73.5	73.5	73.7	73.5	74.5
영국	70.0	70.5	73.0	72.5	72.5	72.7	73.5	73.7	74.0
독일	73.0	73.5	74.0	74.0	73.0	74.0	74.5	74.0	74.5
프랑스	64.0	64.5	63.5	64.5	63.0	63.0	64.5	64.0	64.0
한국	64.5	64.5	65.7	65.7	64.6	65.0	66.0	66.0	66.0

① 2019년부터 영국의 고용률은 계속 증가하였다.

② 2023년 2분기 OECD 전체 고용률은 전년 동분기 대비 2% 증가하였다.

③ 2023년 1분기와 2분기에서 고용률이 변하지 않은 국가는 프랑스와 한국이다.

④ 2023년 1분기 6개 국가의 고용률 중 가장 높은 국가와 가장 낮은 국가의 고용률 차이는 10%p 이다.

⑤ 2019년부터 2023년 2분기까지 프랑스와 한국의 고용률은 OECD 전체 고용률을 넘은 적이 한 번도 없었다.

05 다음은 2021년부터 2023년까지 우리나라의 시·도별 부도업체 수에 대한 자료이다. 이에 대한 설명으로 옳은 것을 〈보기〉에서 모두 고르면?

〈시·도별 부도업체 수〉

(단위 : 개)

구분	2021년	2022년	2023년
전국	720	555	494
서울특별시	234	153	145
부산광역시	58	51	41
대구광역시	37	36	29
인천광역시	39	27	25
광주광역시	18	12	9
대전광역시	15	20	15
울산광역시	9	5	12
경기도	130	116	108
강원도	13	9	3
충청북도	16	11	5
충청남도	19	17	9
전라북도	34	15	26
전라남도	18	10	5
경상북도	31	27	18
경상남도	38	38	37
제주특별자치도	11	8	7

보기

㉠ 전라북도의 부도업체 수는 2021년 대비 2023년에 30% 이상 감소하였다.
㉡ 2022년에 부도업체 수가 20개를 초과하는 시·도는 8곳이다.
㉢ 경기도와 광주광역시의 2022년과 2023년 부도업체 수의 전년 대비 증감 추이는 동일하다.
㉣ 2023년 부산광역시의 부도업체가 전국 부도업체에서 차지하는 비율은 10% 미만이다.

① ㉠, ㉡
② ㉠, ㉢
③ ㉡, ㉢
④ ㉡, ㉣
⑤ ㉢, ㉣

06 다음은 2023년 지역별 백미 생산 면적 및 생산량에 대한 자료이다. 이에 대한 설명으로 옳지 않은 것은?

〈2023년 지역별 백미 생산 면적 및 생산량〉

(단위 : ha, 톤)

구분	논벼		밭벼	
	생산 면적	생산량	생산 면적	생산량
서울 · 인천 · 경기	91,557	468,506	2	4
강원	30,714	166,396	0	0
충북	37,111	201,670	3	5
세종 · 대전 · 충남	142,722	803,806	11	21
전북	121,016	687,367	10	31
광주 · 전남	170,930	871,005	705	1,662
대구 · 경북	105,894	591,981	3	7
부산 · 울산 · 경남	77,918	403,845	11	26
제주	10	41	117	317

① 생산 면적당 논벼 생산량이 가장 많은 지역은 세종 · 대전 · 충남이다.
② 제주를 제외한 지역의 생산 면적당 논벼 생산량은 모두 5톤 이상이다.
③ 광주 · 전남 지역은 백미 생산 면적이 가장 넓고 백미 생산량도 가장 많다.
④ 제주 지역의 밭벼 생산량은 제주 지역 백미 생산량의 85% 이상을 차지한다.
⑤ 전국의 밭벼 생산 면적 중 광주 · 전남 지역의 생산 면적이 차지하는 비율은 80% 이상이다.

07 어떤 고등학생이 13살 동생, 40대 부모님, 65세 할머니와 함께 박물관에 가려고 한다. 주말에 입장할 때와 주중에 입장할 때의 요금 차이는?

〈박물관 입장료〉

(단위 : 원)

구분	주말	주중
어른	20,000	18,000
중・고등학생	15,000	13,000
어린이	11,000	10,000

※ 어린이 : 3살 이상 13살 이하
※ 경로 : 65세 이상은 50% 할인

① 8,000원   ② 9,000원
③ 10,000원   ④ 11,000원
⑤ 12,000원

08 다음은 사내전화 평균 통화시간에 대한 자료이다. 평균 통화시간이 6 ~ 9분인 여성의 수는 12분 이상인 남성의 수의 몇 배인가?

〈성별 사내전화 평균 통화시간〉

(단위 : %)

구분	남성	여성
3분 이하	33	26
3 ~ 6분	25	21
6 ~ 9분	18	18
9 ~ 12분	14	16
12분 이상	10	19
대상 인원수	600명	400명

① 1.1배   ② 1.2배
③ 1.3배   ④ 1.4배
⑤ 1.5배

09 다음은 S사 직원 1,600명을 대상으로 실시한 지방이전 만족도 설문조사에 대한 자료이다. 이에 대한 설명으로 옳지 않은 것은?(단, 복수응답과 무응답은 없다)

<S사 지방이전 만족도 설문조사>

(단위 : %)

구분	매우 그렇다	그렇다	보통 이다	그렇지 않다	매우 그렇지 않다
1. 지방이전 후 회사 주변 환경에 대해 만족합니까?	15	10	30	25	20
2. 이전한 사무실 시설에 만족합니까?	21	18	35	15	11
3. 지방이전 후 출·퇴근 교통에 만족합니까?	12	7	13	39	29
4. 새로운 환경에서 그 전보다 업무집중이 더 잘 됩니까?	16	17	37	14	16
5. 지방이전 후 새로운 환경에 잘 적응하고 있습니까?	13	23	36	9	19

① 지방이전 후 직원들의 가장 큰 불만은 출·퇴근 교통편이다.

② 전체 질문 중 '보통이다' 비율이 가장 높은 질문은 '매우 그렇다' 비율도 가장 높다.

③ 전체 질문에서 '그렇다'를 선택한 평균 비율보다 '매우 그렇지 않다'를 선택한 평균 비율이 4%p 높다.

④ 사무실 시설 만족에 '매우 그렇다'를 선택한 직원 수는 '보통이다'를 선택한 직원 수보다 200명 이상 적다.

⑤ 다섯 번째 질문에서 '매우 그렇지 않다'를 선택한 직원 수와 '그렇지 않다'를 선택한 직원 수의 차이는 150명 이상이다.

10 다음 보고서의 내용을 보고 그래프로 나타낼 때, 옳지 않은 것은?

〈보고서〉

국토교통부는 2019년부터 2023년까지 시도별 등록된 자동차의 제반 사항을 파악하여 교통행정의 기초자료로 쓰기 위해 매년 전국을 대상으로 자동차 등록 통계를 시행하고 있다. 자동차 종류는 승용차, 승합차, 화물차, 특수차이며, 등록할 때 사용 목적에 따라 자가용, 영업용, 관용차로 분류된다. 그중 관용차는 정부(중앙, 지방)기관이나 국립 공공기관 등에 소속되어 운행되는 자동차를 말한다.

자가용으로 등록한 자동차 종류 중에서 매년 승용차의 수가 가장 많았으며, 2019년 16.5백만 대, 2020년 17.1백만 대, 2021년 17.6백만 대, 2022년 18백만 대, 2023년 18.1백만 대로 2020년부터 전년 대비 증가하는 추세이다. 다음으로 화물차가 많았고, 승합차, 특수차 순으로 등록 수가 많았다. 가장 등록 수가 적은 특수차의 경우 2019년에 2만 대였고, 2021년까지 4천 대씩 증가했으며, 2022년 3만 대, 2023년에는 전년 대비 700대 증가했다.

관용차로 등록된 승용차 및 화물차 수는 각각 2020년부터 3만 대를 초과했으며, 승합차의 경우 2019년 20,260대, 2020년 21,556대, 2021년 22,540대, 2022년 23,014대, 2023년에 22,954대가 등록되었고, 특수차는 매년 2,500대 이상 등록되고 있는 현황이다.

특수차가 가장 많이 등록되는 영업용에서 특수차 수는 2019년 57,277대, 2020년 59,281대로 6만 대 미만이었지만, 2021년에는 60,902대, 2022년 62,554대, 2023년에 62,946대였으며, 승합차는 매년 약 12.5만 대를 유지하고 있다. 승용차와 화물차는 2020년부터 2023년까지 전년 대비 영업용으로 등록되는 자동차 수가 계속 증가하는 추세이다.

① 자가용으로 등록된 연도별 특수차 수

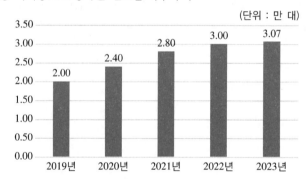

② 자가용으로 등록된 연도별 승용차 수

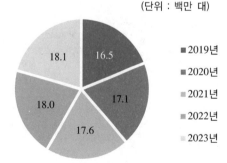

③ 영업용으로 등록된 연도별 특수차 수

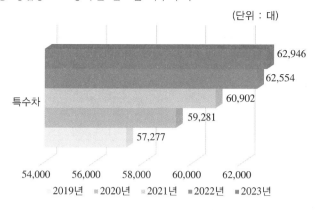

(단위 : 대)

62,946
62,554
60,902
59,281
57,277

특수차

54,000 56,000 58,000 60,000 62,000

■ 2019년 ■ 2020년 ■ 2021년 ■ 2022년 ■ 2023년

④ 2020 ~ 2023년 영업용으로 등록된 특수차의 전년 대비 증가량

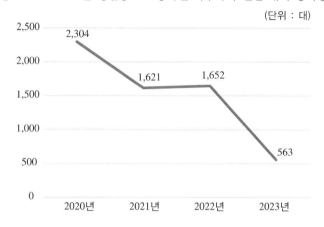

(단위 : 대)

2,500
2,304

2,000
1,621   1,652

1,500

1,000

563
500

0
2020년   2021년   2022년   2023년

⑤ 관용차로 등록된 연도별 승합차 수

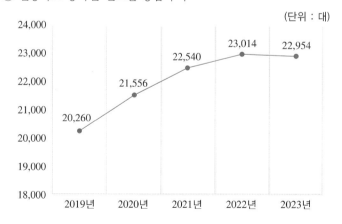

(단위 : 대)

24,000

23,014   22,954
23,000
22,540
22,000
21,556
21,000
20,260
20,000

19,000

18,000
2019년   2020년   2021년   2022년   2023년

11 S사원은 사내의 복지 증진과 관련하여 임직원을 대상으로 휴게실 확충에 대한 의견을 수렴하였다. 의견 수렴 결과가 다음과 같을 때, 이에 대한 해석으로 옳지 않은 것은?

〈휴게실 확충에 대한 본부별·성별 찬반 의견〉

(단위 : 명)

구분	A본부		B본부	
	여성	남성	여성	남성
찬성	180	156	120	96
반대	20	44	80	104
합계	200	200	200	200

① 남성의 60% 이상이 휴게실 확충에 찬성하고 있다.
② A본부 여성의 찬성 비율이 B본부 여성보다 1.5배 높다.
③ A본부에 휴게실이 확충될지 B본부에 휴게실이 확충될지 확정할 수 없다.
④ B본부 전체 인원 중 여성의 찬성률이 B본부 남성의 찬성률보다 보다 1.2배 이상 높다.
⑤ A, B본부 전체 인원에서 찬성하는 사람의 수는 전체 성별 차이가 본부별 차이보다 크다.

Hard

12 다음은 유통과정에 따른 가격변화에 대한 자료이다. 소비자가 구매하는 가격은 협동조합의 최초 구매가격 대비 몇 %인가?

〈유통과정에 따른 가격변화〉

판매처	구매처	판매가격
산지	협동조합	재배 원가에 10% 이윤을 붙임
협동조합	도매상	산지에서의 구매가격에 20% 이윤을 붙임
도매상	소매상	협동조합으로부터의 구매가격이 판매가의 80%임
소매상	소비자	도매상으로부터의 구매가격에 20% 이윤을 붙임

① 98%
② 80%
③ 78%
④ 70%
⑤ 65%

13 다음은 1인 가구의 비중 및 1인 생활 지속기간에 대한 자료이다. 이에 대한 설명으로 옳은 것을 〈보기〉에서 모두 고르면?

〈결혼할 의향이 없는 1인 가구의 비중〉

(단위 : %)

구분	2022년		2023년	
	남성	여성	남성	여성
20대	8.2	4.2	15.1	15.5
30대	6.3	13.9	18.8	19.4
40대	18.6	29.5	22.1	35.5
50대	24.3	45.1	20.8	44.9

〈1인 생활 지속기간〉

• 향후 10년 이상 1인 생활 지속 예상

(단위 : %)

• 2년 이내 1인 생활 종료 예상

(단위 : %)

보기

㉠ 20대 남성은 30대 남성보다 1인 가구의 비중이 더 높다.
㉡ 30대 이상에서 결혼할 의향이 없는 1인 가구의 비중은 여성이 남성보다 더 높다.
㉢ 2023년에는 40대 남성이 남성 중 제일 높은 1인 가구 비중을 차지한다.
㉣ 2년 이내 1인 생활을 종료를 예상하는 1인 가구의 비중은 2022년부터 꾸준히 증가하였다.

① ㉠
② ㉣
③ ㉠, ㉡
④ ㉡, ㉢
⑤ ㉢, ㉣

14 다음은 기계 100대의 업그레이드 전·후 성능지수에 대한 자료이다. 이에 대한 설명으로 옳은 것은?

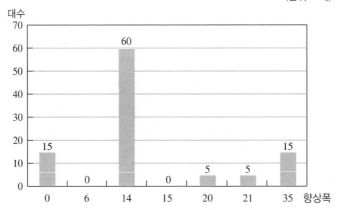

〈업그레이드 전·후 성능지수별 대수〉

(단위 : 대)

구분 \ 성능지수	65	79	85	100
업그레이드 전	80	5	0	15
업그레이드 후	0	60	5	35

※ 성능지수는 네 가지 값(65, 79, 85, 100)만 존재하고, 그 값이 클수록 성능지수가 향상됨을 의미함

〈성능지수 향상폭 분포〉

(단위 : 대)

※ 업그레이드를 통한 성능 감소는 없음
※ (성능지수 향상폭)=(업그레이드 후 성능지수)−(업그레이드 전 성능지수)

① 업그레이드 후 1대당 성능지수는 20 이상 향상되었다.
② 업그레이드 전 성능지수가 65였던 기계의 15%가 업그레이드 후 성능지수 100이 된다.
③ 업그레이드 전 성능지수가 79였던 모든 기계가 업그레이드 후 성능지수 100이 된 것은 아니다.
④ 업그레이드 전 성능지수가 100이 아니었던 기계 중 업그레이드를 통한 성능지수 향상폭이 0인 기계가 있다.
⑤ 업그레이드를 통한 성능지수 향상폭이 35인 기계 대수는 업그레이드 전 성능지수가 100이었던 기계 대수와 같다.

15 다음은 지난해 데이트 폭력 신고건수에 대한 자료이다. 이에 대한 설명으로 옳지 않은 것은?(단, 비율은 소수점 둘째 자리에서 반올림한다)

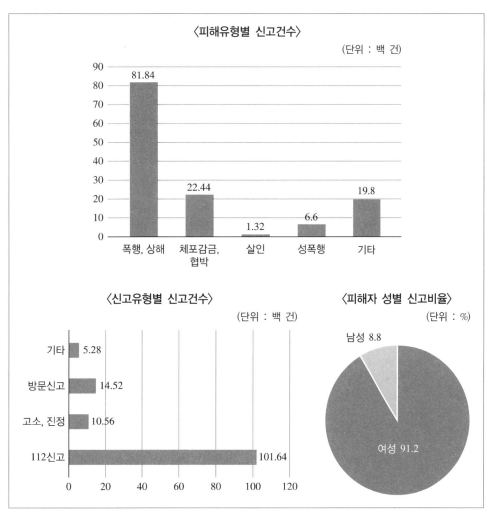

① 지난해 데이트 폭력 신고건수는 총 13,200건이다.

② 112신고로 접수된 건수는 체포감금, 협박 피해자로 신고한 건수의 4배 이상이다.

③ 방문신고의 25%가 성폭행 피해자일 때, 이들은 전체 신고건수에서 5% 미만을 차지한다.

④ 남성 피해자의 50%가 폭행, 상해로 신고했을 때, 폭행, 상해 전체 신고건수에서 남성의 비율은 10% 미만이다.

⑤ 살인 신고건수에서 여성 피해자가 남성 피해자의 2배일 때, 전체 남성 피해자 신고건수 중 살인 신고건수는 3% 미만이다.

16 다음은 기업 집중도에 대한 자료이다. 이에 대한 설명으로 옳지 않은 것은?

<기업 집중도 현황>

(단위 : %)

구분	2020년	2021년	2022년	전년 대비
상위 10대 기업	25.0	26.9	25.6	▽ 1.3%p
상위 50대 기업	42.2	44.7	44.7	-
상위 100대 기업	48.7	51.2	51.0	▽ 0.2%p
상위 200대 기업	54.5	56.9	56.7	▽ 0.2%p

① 2022년의 상위 10대 기업의 점유율은 전년 대비 낮아졌다.
② 2020년 상위 101~200대 기업이 차지하고 있는 비율은 5% 미만이다.
③ 전년 대비 2022년에는 상위 50대 기업을 제외하고 모두 점유율이 감소했다.
④ 전년 대비 2022년의 상위 100대 기업이 차지하고 있는 점유율은 약간 하락했다.
⑤ 2021~2022년까지 상위 10대 기업의 등락률과 상위 200대 기업의 등락률은 같은 방향을 보인다.

17 다음은 S사 신입사원 채용에 지원한 남자 · 여자의 입사지원자와 합격자에 대한 자료이다. 이에 대한 설명으로 옳지 않은 것은?(단, 합격률 및 비율은 소수점 둘째 자리에서 반올림한다)

<신입사원 채용 현황>

(단위 : 명)

구분	입사지원자 수	합격자 수
남자	10,891	1,699
여자	3,984	624

① 합격자 중 남자의 비율은 80% 이상이다.
② 총 입사지원자 중 여자는 30% 미만이다.
③ 총 입사지원자 중 합격률은 15% 이상이다.
④ 여자 입사지원자 대비 여자의 합격률은 20% 미만이다.
⑤ 남자 입사지원자 대비 남자의 합격률은 여자 입자지원자 대비 여자의 합격률보다 낮다.

18 다음은 2024년 9월 인천국제공항 원인별 지연 및 결항 통계에 대한 자료이다. 이에 대한 설명으로 옳은 것은?(단, 소수점 첫째 자리에서 반올림한다)

〈2024년 9월 인천국제공항 원인별 지연 및 결항 통계〉

(단위 : 편)

구분	기상	A/C 접속	A/C 정비	여객처리 및 승무원관련	복합원인	기타	합계
지연	118	1,676	117	33	2	1,040	2,986
결항	17	4	10	0	0	39	70

① 9월 한 달간 인천국제공항 날씨는 좋은 편이었다.

② 기상으로 지연된 경우는 기상으로 결항된 경우의 5배 미만이다.

③ 9월에 인천국제공항을 이용하는 비행기가 지연되었을 확률은 98%이다.

④ 기타를 제외하고 항공편 지연과 결항에서 가장 높은 비율을 차지하고 있는 원인이 같다.

⑤ 항공기 지연 원인 중 A/C 정비가 차지하는 비율은 결항 원인 중 기상이 차지하는 비율의 $\frac{1}{6}$ 수준이다.

19 다음은 S사 서비스 센터에서 A지점의 만족도 조사 결과에 대한 자료이다. 이에 대한 설명으로 옳지 않은 것은?

〈서비스 만족도 조사 결과〉

(단위 : 명, %)

구분	응답자 수	비율
매우 만족		20
만족	33	22
보통		
불만족	24	16
매우 불만족	15	
합계	150	100

① 150명을 대상으로 서비스 만족도를 조사하였다.

② 고객의 30% 이상이 서비스 만족도를 '보통'으로 평가하였다.

③ 응답한 고객 중 30명이 서비스 만족도를 '매우 만족'으로 평가하였다.

④ '불만족' 이하 구간이 26%로 큰 비율을 차지하고 있으므로 고객응대 매뉴얼을 수정할 필요가 있다.

⑤ 전체 고객 중 $\frac{1}{5}$ 이 서비스 만족도를 '매우 불만족'으로 평가하였는데, 이는 당사 서비스 교육을 통해 개선할 수 있을 것이다.

20 다음은 2019년부터 2023년까지 시행된 A국가고시 현황에 대한 자료이다. 이를 참고하여 작성한 그래프로 옳지 않은 것은?

〈A국가고시 현황〉

(단위 : 명)

구분	2019년	2020년	2021년	2022년	2023년
접수자	3,540	3,380	3,120	2,810	2,990
응시자	2,810	2,660	2,580	2,110	2,220
응시율(%)	79.4	78.7	82.7	75.1	74.2
합격자	1,310	1,190	1,210	1,010	1,180
합격률(%)	46.6	44.7	46.9	47.9	53.2

※ [응시율(%)]=$\frac{(응시자\ 수)}{(접수자\ 수)}×100$, [합격률(%)]=$\frac{(합격자\ 수)}{(응시자\ 수)}×100$

① 연도별 미응시자 수 추이

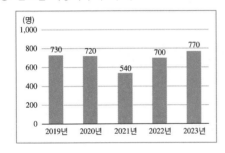

② 연도별 응시자 중 불합격자 수 추이

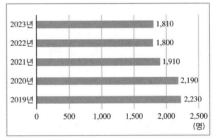

③ 2020~2023년 전년 대비 접수자 수 변화량

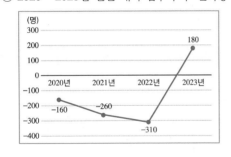

④ 2020~2023년 전년 대비 합격자 수 변화량

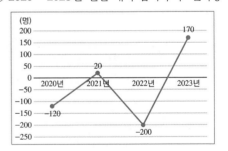

⑤ 2020~2023년 전년 대비 합격률 증감량

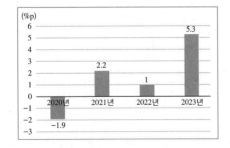

01 A와 B 두 사람이 각각 80m/min, 60m/min의 속력으로 운동장을 돌 때, 같은 지점에서 출발하여 서로 반대 방향으로 돌면 20분 후에 다시 만난다. 이때, 운동장의 둘레는?

① 2,200m   ② 2,400m

③ 2,600m   ④ 2,800m

⑤ 3,000m

02 농도 9%의 소금물에 물을 200g 더 넣었더니 농도 6%의 소금물이 되었다. 처음 농도 9%의 소금물의 양은?

① 250g   ② 300g

③ 350g   ④ 400g

⑤ 450g

03 다음은 어느 사탕 가게의 주문서이다. 딸기 맛 1개와 바닐라 맛 1개를 주문했을 때, 지불해야 하는 금액은?

〈사탕 주문서〉

(단위 : 개)

주문번호	딸기 맛	바닐라 맛	초콜릿 맛	합계(원)
1	2	0	1	7,000
2	0	2	0	4,000
3	3	0	2	11,500

① 4,500원   ② 5,000원

③ 5,500원   ④ 6,000원

⑤ 6,500원

04 어느 공장에서 완성품 1개를 만드는 데 걸리는 시간은 A기계가 20일, B기계가 30일이다. A와 B기계를 함께 사용하면 완성품 1개를 며칠 만에 만들 수 있겠는가?

① 3일   ② 5일
③ 9일   ④ 12일
⑤ 15일

Easy

05 A사에 근무하는 S씨는 오전에 B사로 외근을 갔다. 일을 마치고 시속 3km로 걸어서 회사 반대 방향으로 1km 떨어진 우체국에 들렀다가 회사로 복귀하는 데 1시간 40분이 걸렸다. A사에서부터 B사까지의 거리는?(단, S씨의 속력은 변하지 않으며 이동 외의 시간은 고려하지 않는다)

① 1km   ② 2km
③ 3km   ④ 4km
⑤ 5km

06 가로의 길이가 95m, 세로의 길이가 38m인 직사각형 모양의 변두리에 나무를 심고자 한다. 네 변의 꼭짓점에는 반드시 나무가 심어져 있어야 하고 네 변 모두 같은 간격으로 나무를 심고자 할 때, 나무는 최소 몇 그루 필요한가?

① 7그루   ② 9그루
③ 11그루   ④ 14그루
⑤ 15그루

07 농도 5%의 설탕물 600g을 1분 동안 가열하면 10g의 물이 증발한다. 이 설탕물을 10분 동안 가열한 후, 다시 설탕물 200g을 넣었더니 농도 10%의 설탕물 700g이 되었다. 이때 더 넣은 설탕물 200g의 농도는?(단, 용액의 농도와 관계없이 가열하는 시간과 증발하는 물의 양은 비례한다)

① 5%   ② 10%

③ 15%   ④ 20%

⑤ 25%

08 S씨는 헬스장 이용권을 구매하려고 한다. A이용권은 한 달에 5만 원을 내고 한 번 이용할 때마다 1,000원을 내야 하고, B이용권은 한 달에 2만 원을 내고 한 번 이용할 때마다 5,000원을 낸다고 한다. 한 달에 최소 몇 번 이용해야 A이용권을 이용하는 것이 B이용권을 이용하는 것보다 싸게 이용할 수 있는가?

① 5번   ② 8번

③ 11번   ④ 14번

⑤ 16번

09 남자 5명과 여자 4명이 함께 있는 모임이 있다. 이 모임에서 성별로 대표와 부대표를 1명씩 선출하려고 할 때, 선출 가능한 경우의 수는?

① 20가지   ② 40가지

③ 80가지   ④ 120가지

⑤ 240가지

10 4명의 야구선수가 안타를 칠 확률이 각각 $\frac{1}{6}$, $\frac{1}{8}$, $\frac{1}{4}$, $\frac{1}{5}$ 이라고 한다. 4명 중 3명 이상이 안타를 칠 확률은?

① $\frac{1}{48}$

② $\frac{1}{36}$

③ $\frac{1}{24}$

④ $\frac{1}{19}$

⑤ $\frac{1}{10}$

11 소풍을 왔는데 경비의 30%는 교통비, 교통비의 50%는 식비로 사용하여 남은 돈이 33,000원이라면, 처음 경비는 얼마인가?

① 60,000원

② 70,000원

③ 80,000원

④ 90,000원

⑤ 100,000원

12 철수와 영희가 5 : 3 비율의 속력으로 A지점에서 출발하여 B지점으로 향했다. 영희가 30분 먼저 출발했을 때 철수가 영희를 따라잡은 것은 철수가 출발하고 나서 몇 분 후인가?

① 30분

② 35분

③ 40분

④ 45분

⑤ 50분

13 어느 날 민수가 사탕 바구니에 있는 사탕의 $\frac{1}{3}$ 을 먹었다. 그다음 날 남은 사탕의 $\frac{1}{2}$ 을 먹고 또 그다음 날 남은 사탕의 $\frac{1}{4}$ 을 먹었다. 남은 사탕의 개수가 18개일 때 처음 사탕 바구니에 들어있던 사탕의 개수는?

① 48개   ② 60개

③ 72개   ④ 84개

⑤ 96개

14 농도 6%의 소금물과 농도 11%의 소금물을 섞어서 농도 9%의 소금물 500g을 만들려고 한다. 이때 섞어야 하는 농도 6%의 소금물의 양은?

① 200g   ② 300g

③ 400g   ④ 500g

⑤ 600g

15 A주머니에는 흰 공 한 개와 검은 공 세 개가 들어있고, B주머니에는 흰 공 두 개가 들어있다. 두 주머니 중에 어느 하나를 택하여 한 개의 공을 꺼낼 때, 그 공이 흰 공일 확률은?

① $\frac{1}{4}$ ② $\frac{3}{8}$

③ $\frac{1}{2}$ ④ $\frac{5}{8}$

⑤ $\frac{3}{4}$

16 강물이 A지점에서 3km 떨어진 B지점으로 흐르고 있다. 물의 속력은 1m/s이고, 철수가 A지점에서 B지점까지 배를 타고 갔다가 다시 돌아오는 데 1시간 6분 40초가 걸렸다고 한다. 철수가 탄 배의 속력은?

① 2m/s   ② 4m/s

③ 6m/s   ④ 12m/s

⑤ 15m/s

17 S자원센터는 봄을 맞이하여 동네 주민들에게 사과, 배, 딸기의 세 과일을 한 상자씩 선물하려고 한다. 사과 한 상자 가격은 1만 원이고, 배 한 상자는 딸기 한 상자의 가격의 두 배이며 딸기 한 상자와 사과 한 상자의 가격의 합은 배 한 상자의 가격보다 2만 원 더 저렴하다. 열 명의 동네 주민들에게 선물을 준다고 하였을 때 S자원센터가 지불해야 하는 총금액은?

① 400,000원   ② 600,000원

③ 800,000원   ④ 1,000,000원

⑤ 1,200,000원

18 S사의 연구부서에 A ~ D연구원 4명이 있다. B, C연구원의 나이의 합은 A, D연구원 나이의 합보다 5살 적고, A연구원은 C보다는 2살 많으며, D연구원보다 5살 어리다. A연구원이 30살일 때, B연구원의 나이는?

① 28살   ② 30살

③ 32살   ④ 34살

⑤ 36살

19 라온이는 부산으로 며칠간 출장을 다녀왔다. 출장 기간의 $\frac{1}{4}$은 잠을 자는 데, $\frac{1}{6}$은 식사를 하는 데 사용했다. 그리고 출장 기간의 $\frac{3}{8}$을 업무를 보는 데 사용했으며, $\frac{1}{8}$을 이동하는 데 사용했다. 마지막으로 부산에 있는 친구들이랑 시간을 보내는 데 나머지 8시간을 모두 사용했을 때, 라온이는 며칠 동안 출장을 다녀왔는가?

① 3일   ② 4일

③ 5일   ④ 6일

⑤ 7일

20 지윤이는 농도 5%의 오렌지 주스와 농도 11%의 오렌지 주스를 섞어서 농도 8%의 오렌지 주스 400g을 만들려고 한다. 이때 섞어야 하는 농도 11%의 오렌지 주스의 양은?

① 150g   ② 170g

③ 190g   ④ 200g

⑤ 210g

01 제시된 명제가 모두 참일 때, 사슴보다 큰 동물은 몇 마리인가?

> - 코끼리는 토끼보다 크다.
> - 토끼는 악어보다 작다.
> - 악어는 코끼리보다 작다.
> - 상어는 코끼리보다 크다.
> - 악어는 사슴보다 크다.

① 1마리   ② 2마리

③ 3마리   ④ 4마리

⑤ 알 수 없음

02 다음은 같은 반 학생인 A~E 5명의 영어 단어 시험 결과이다. 이를 바탕으로 바르게 추론한 것은?

> - A는 이번 시험에서 1문제의 답을 틀렸다.
> - B는 이번 시험에서 10문제의 답을 맞혔다.
> - C만 유일하게 이번 시험에서 20문제의 답을 다 맞혔다.
> - D는 이번 시험에서 B보다 많은 문제의 답을 틀렸다.
> - E는 지난 시험에서 15문제의 답을 맞혔고, 이번 시험에서는 지난 시험보다 더 많은 문제의 답을 맞혔다.

① A는 E보다 많은 문제의 답을 틀렸다.

② B는 D보다 많은 문제의 답을 맞혔지만, E보다는 적게 답을 맞혔다.

③ C는 가장 많이 답을 맞혔고, B는 가장 많이 답을 틀렸다.

④ D는 E보다 많은 문제의 답을 맞혔다.

⑤ E는 이번 시험에서 5문제 이상의 답을 틀렸다.

※ 제시된 명제가 모두 참일 때, 다음 중 반드시 참인 것을 고르시오. [3~4]

03

> • 달리기를 잘하는 모든 사람은 영어를 잘한다.
> • 영어를 잘하는 모든 사람은 부자이다.
> • 나는 달리기를 잘한다.

① 나는 부자이다.
② 부자는 반드시 영어를 잘한다.
③ 부자는 반드시 달리기를 잘한다.
④ 나는 달리기를 잘하지만 영어는 못한다.
⑤ 영어를 잘하는 사람은 반드시 달리기를 잘한다.

Easy

04

> • 어떤 남자는 산을 좋아한다.
> • 산을 좋아하는 모든 남자는 결혼을 했다.
> • 결혼을 한 모든 남자는 자유롭다.

① 어떤 남자는 자유롭다.
② 결혼을 한 사람은 남자이다.
③ 산을 좋아하는 사람은 모두 남자이다.
④ 결혼을 한 모든 남자는 산을 좋아한다.
⑤ 산을 좋아하는 어떤 남자는 결혼을 하지 않았다.

※ 제시된 명제가 모두 참일 때, 빈칸에 들어갈 명제로 가장 적절한 것을 고르시오. [5~6]

05

> 전제1. 제시간에 퇴근을 했다면 오늘의 업무를 끝마친 것이다.
> 전제2. _____
> 결론. 업무를 끝마치지 못하면 저녁에 회사식당에 간다.

① 저녁에 회사식당에 가면 오늘의 업무를 끝마친다.
② 저녁에 회사식당에 가지 않으면 제시간에 퇴근을 한다.
③ 저녁에 회사식당에 가지 않으면 오늘의 업무를 끝마치지 못한 것이다.
④ 오늘의 업무를 끝마치면 저녁에 회사식당에 간다.
⑤ 제시간에 퇴근하지 않으면 저녁에 회사식당에 가지 않는다.

06

> 전제1. 약속을 지키지 않으면 다른 사람에게 신뢰감을 줄 수 없다.
> 전제2. 메모하는 습관이 없다면 약속을 지킬 수 없다.
> 결론. _____

① 약속을 지키지 않으면 메모하는 습관이 없다.
② 메모하는 습관이 없으면 다른 사람에게 신뢰감을 줄 수 있다.
③ 메모하는 습관이 있으면 다른 사람에게 신뢰감을 줄 수 있다.
④ 다른 사람에게 신뢰감을 줄 수 없으면 약속을 지키지 않는다.
⑤ 다른 사람에게 신뢰감을 주려면 메모하는 습관이 있어야 한다.

07 비상대책위원회 위원장은 A ~ F의원 6명 중 제1차 위원회에서 발언할 위원을 결정하려 한다. 다음 〈조건〉에 따라 발언자를 결정한다고 할 때, 다음 중 항상 참인 것은?

> **조건**
> • A위원이 발언하면 B위원이 발언하고, C위원이 발언하면 E위원이 발언한다.
> • A위원 또는 B위원은 발언하지 않는다.
> • D위원이 발언하면 F위원이 발언하고, B위원이 발언하면 C위원이 발언한다.
> • D위원이 발언하고 E위원도 발언한다.

① A위원이 발언한다.　　　　　　　　② B위원이 발언한다.
③ C위원이 발언한다.　　　　　　　　④ F위원이 발언한다.
⑤ 모든 위원이 발언한다.

08 A대학은 광수, 소민, 지은, 진구 중에서 국비 장학생을 선정할 예정이다. 이때, 적어도 광수는 장학생으로 선정될 것이다. 왜냐하면 진구가 선정되지 않으면 광수가 선정되기 때문이다. 이와 같은 가정이 성립하기 위해 추가되어야 하는 전제로 옳은 것을 〈보기〉에서 모두 고르면?

> **보기**
> ㉠ 소민이가 선정된다.
> ㉡ 지은이가 선정되면 진구는 선정되지 않는다.
> ㉢ 지은이가 선정된다.
> ㉣ 지은이가 선정되면 소민이가 선정된다.

① ㉠, ㉡　　　　　　　　　　　② ㉠, ㉣
③ ㉡, ㉢　　　　　　　　　　　④ ㉡, ㉣
⑤ ㉢, ㉣

09 다음은 민수, 철수, 영희의 숨은 그림 찾기 결과이다. 숨은 그림을 많이 찾은 순서대로 바르게 나열한 것은?

> • 숨은 그림 찾기에서 민수가 철수보다 더 많이 찾았다.
> • 숨은 그림 찾기에서 철수가 영희보다 더 적게 찾았다.
> • 숨은 그림 찾기에서 민수가 영희보다 더 적게 찾았다.

① 민수 – 철수 – 영희　　　　　　② 민수 – 영희 – 철수
③ 영희 – 민수 – 철수　　　　　　④ 영희 – 철수 – 민수
⑤ 철수 – 영희 – 민수

10 S사 사원 A ~ D 네 명은 올해 중국, 일본, 프랑스, 독일 지역 중 각기 다른 지역 한 곳에 해외 파견을 떠나게 되었다. 이들은 영어, 중국어, 일본어, 프랑스어, 독일어 중 한 개 이상의 외국어를 능통하게 할 수 있다. 해외 파견이 다음 〈조건〉을 따를 때 알 수 있는 내용으로 적절한 것은?

> **조건**
> • 일본, 독일, 프랑스 지역에 해외 파견을 떠나는 사원은 해당 국가의 언어를 능통하게 한다.
> • 중국, 프랑스 지역에 해외 파견을 떠나는 사원은 영어도 능통하게 한다.
> • 일본어, 프랑스어, 독일어를 능통하게 하는 사원은 각각 한 명이다.
> • 사원 네 명 중 영어가 능통한 사원은 세 명이며, 중국어가 능통한 사원은 두 명이다.
> • A는 영어와 독일어를 능통하게 한다.
> • C가 능통하게 할 수 있는 외국어는 중국어와 일본어뿐이다.
> • B가 능통하게 할 수 있는 외국어 중 한 개는 C와 겹친다.

① A는 세 개의 외국어를 능통하게 할 수 있다.
② B는 두 개의 외국어를 능통하게 할 수 있다.
③ C는 중국에 파견 근무를 떠난다.
④ D는 어느 국가로 파견 근무를 떠나는지 알 수 없다.
⑤ A와 C가 능통하게 할 수 있는 외국어 중 한 개는 동일하다.

11 S사의 기획팀은 A팀장, B과장, C대리, D주임, E사원으로 구성되어 있다. 다음 규칙과 같이 출근한다고 할 때, 기획팀 팀원들을 출근한 순서대로 바르게 나열한 것은?

〈규칙〉

- E사원은 항상 A팀장보다 먼저 출근한다.
- B과장보다 일찍 출근하는 팀원은 1명뿐이다.
- D주임보다 늦게 출근하는 직원은 2명 있다.
- C대리는 팀원 중 가장 일찍 출근한다.

① C대리 – B과장 – D주임 – E사원 – A팀장
② C대리 – B과장 – E사원 – D주임 – A팀장
③ D주임 – A팀장 – B과장 – E사원 – C대리
④ E사원 – A팀장 – B과장 – D주임 – C대리
⑤ E사원 – B과장 – D주임 – C대리 – A팀장

12 다음은 해외 출장이 잦은 해외사업팀 A ~ D사원 4명의 항공 마일리지 현황이다. 다음 중 항상 참이 되지 않는 것은?

- A사원의 항공 마일리지는 8,500점이다.
- A사원의 항공 마일리지는 B사원보다 1,500점 많다.
- C사원의 항공 마일리지는 B사원보다 많고 A사원보다 적다.
- D사원의 항공 마일리지는 7,200점이다.

① A사원의 항공 마일리지가 가장 많다.
② B사원의 항공 마일리지는 4명 중 가장 적다.
③ C사원의 정확한 항공 마일리지는 알 수 없다.
④ D사원의 항공 마일리지가 4명 중 가장 적지는 않다.
⑤ 항공 마일리지가 많은 사원은 'A – D – C – B' 순이다.

13 A ~ C 세 사람 중 한 사람은 수녀이고, 한 사람은 왕이고, 한 사람은 농민이다. 수녀는 언제나 참을, 왕은 언제나 거짓을, 농민은 참을 말하기도 하고 거짓을 말하기도 한다. 이 세 사람이 다음과 같은 대화를 할 때, A, B, C는 각각 누구인가?

> • A : 나는 농민이다.
> • B : A의 말은 진실이다.
> • C : 나는 농민이 아니다.

① 농민, 왕, 수녀
② 농민, 수녀, 왕
③ 수녀, 왕, 농민
④ 수녀, 농민, 왕
⑤ 왕, 농민, 수녀

14 어젯밤에 탕비실 냉장고에 보관되어 있던 행사용 케이크가 없어졌다. 어제 야근을 한 갑 ~ 무 다섯 명을 조사했더니 다음과 같이 진술했다. 케이크를 먹은 범인은 두 명이고, 단 두 명만이 진실을 말한다고 할 때, 다음 중 범인이 될 수 있는 사람으로 짝지어진 것은?(단, 모든 사람은 진실만 말하거나 거짓만 말한다)

> • 갑 : 을이나 병 중에 한 명만 케이크를 먹었어요.
> • 을 : 무는 확실히 케이크를 먹었어요.
> • 병 : 정과 무가 모의해서 함께 케이크를 훔쳐먹는 걸 봤어요.
> • 정 : 저는 절대 범인이 아니에요.
> • 무 : 사실대로 말하자면 제가 범인이에요.

① 갑, 을
② 갑, 정
③ 을, 정
④ 을, 무
⑤ 정, 무

15 진실마을 사람은 진실만을 말하고, 거짓마을 사람은 거짓만을 말한다. 주형이와 윤희는 진실마을과 거짓마을 중 한 곳에서 사는데, 다음 윤희가 한 말을 통해 윤희와 주형이가 사는 마을에 대해 바르게 유추한 것은?

> 윤희 : "적어도 우리 둘 중에 한 사람은 거짓마을 사람이다."

① 윤희는 거짓마을 사람이고, 주형이는 진실마을 사람이다.
② 윤희는 진실마을 사람이고, 주형이는 거짓마을 사람이다.
③ 윤희와 주형이 모두 진실마을 사람이다.
④ 윤희와 주형이 모두 거짓마을 사람이다.
⑤ 윤희의 말만으로는 알 수 없다.

Hard

16 민하, 상식, 은희, 은주, 지훈은 점심 메뉴로 쫄면, 라면, 우동, 김밥, 어묵 중 각각 하나씩을 주문하였다. 다음 〈조건〉이 모두 참일 때, 바르게 연결된 것은?(단, 모두 서로 다른 메뉴를 주문하였다)

조건
• 민하와 은주는 라면을 먹지 않았다.
• 상식과 민하는 김밥을 먹지 않았다.
• 은희는 우동을 먹었고, 지훈은 김밥을 먹지 않았다.
• 지훈은 라면과 어묵을 먹지 않았다.

① 민하 – 어묵, 상식 – 라면
② 은주 – 어묵, 상식 – 김밥
③ 은주 – 쫄면, 민하 – 김밥
④ 지훈 – 라면, 상식 – 어묵
⑤ 지훈 – 쫄면, 민하 – 라면

17 S사에 다니는 A~C 3명은 각각 대전지점, 강릉지점, 군산지점으로 출장을 다녀왔다. 3명의 출장지는 서로 다르며 이들 중 1명만 참을 말할 때, 다음 중 A~C의 출장지를 바르게 짝지은 것은?

- A : 나는 대전지점에 가지 않았다.
- B : 나는 강릉지점에 가지 않았다.
- C : 나는 대전지점에 갔다.

	대전지점	강릉지점	군산지점
①	A	B	C
②	A	C	B
③	B	A	C
④	B	C	A
⑤	C	A	B

18 S사에 입사한 A~E사원 5명은 각각 2개 항목의 물품을 신청하였다. 이들 중 2명의 진술이 거짓일 때, 다음 중 신청 사원과 신청 물품이 바르게 연결된 것은?

※ A~E사원이 신청한 항목은 4개이며, 항목별 신청 사원의 수는 다음과 같다.
- 필기구 : 2명
- 복사용지 : 2명
- 의자 : 3명
- 사무용 전자제품 : 3명

- A : 나는 필기구를 신청하였고, E는 거짓을 말하고 있다.
- B : 나는 의자를 신청하지 않았고, D는 진실을 말하고 있다.
- C : 나는 의자를 신청하지 않았고, E는 진실을 말하고 있다.
- D : 나는 필기구와 사무용 전자제품을 신청하였다.
- E : 나는 복사용지를 신청하였고, B와 D는 거짓을 말하고 있다.

① A – 의자
② A – 복사용지
③ C – 필기구
④ C – 사무용 전자제품
⑤ E – 필기구

19 다음 다섯 사람이 대화를 나누고 있다. 이 중 두 사람은 진실만을 말하고, 세 사람은 거짓만을 말하고 있다. 지훈이 거짓을 말할 때, 다음 중 진실만을 말하는 사람끼리 짝지은 것은?

- 동현 : 정은이는 지훈이와 영석이를 싫어해.
- 정은 : 아니야. 난 둘 중 한 사람은 좋아해.
- 선영 : 동현이는 정은이를 좋아해.
- 지훈 : 선영이는 거짓말만 해.
- 영석 : 선영이는 동현이를 싫어해.
- 선영 : 맞아. 그런데 정은이는 지훈이와 영석이 둘 다 좋아해.

① 동현, 선영   ② 동현, 영석
③ 정은, 선영   ④ 정은, 영석
⑤ 선영, 영석

20 테니스공, 축구공, 농구공, 배구공, 야구공, 럭비공을 각각 A ~ C상자 세 개에 넣으려고 한다. 한 상자에 공을 두 개까지 넣을 수 있고, 〈조건〉이 아래와 같다고 할 때 항상 참이 될 수 없는 것은?

조건
- 테니스공과 축구공은 같은 상자에 넣는다.
- 럭비공은 B상자에 넣는다.
- 야구공은 C상자에 넣는다.

① 테니스공과 축구공은 반드시 A상자에 들어간다.
② 배구공과 농구공은 같은 상자에 들어갈 수 없다.
③ 럭비공은 반드시 배구공과 같은 상자에 들어간다.
④ 농구공을 C상자에 넣으면 배구공은 B상자에 들어가게 된다.
⑤ B상자에 배구공을 넣으면 농구공은 야구공과 같은 상자에 들어가게 된다.

※ 일정한 규칙으로 수를 나열할 때, 빈칸에 들어갈 알맞은 수를 고르시오. **[1~12]**

01

| 30.55 | 28.53 | 32.57 | 26.51 | 34.59 | 24.49 | 36.61 | ( ) | 38.63 |

① 21.95   ② 22.47

③ 23.73   ④ 36.85

⑤ 37.62

02

| 1.81 | -8.78 | 27.75 | -64.72 | ( ) | -216.66 | 343.63 | -512.6 |

① -126 ② -125.69

③ -124.31 ④ 125.38

⑤ 125.69

`Easy`
03

| 0.7 | 0.9 | 1.15 | 1.45 | 1.8 | ( ) |

① 2   ② 2.1

③ 2.15   ④ 2.2

⑤ 2.5

04

| -2 | -0.4 | -2.8 | 0.4 | -3.6 | ( ) |

① -2.1 ② -1.3

③ -0.9 ④ 1.2

⑤ 0.4

05

$2\frac{1}{4}$	$3\frac{4}{9}$	$4\frac{9}{16}$	$5\frac{16}{25}$	( )	$7\frac{36}{49}$	$8\frac{49}{64}$

① $5\frac{25}{36}$　　　　　　　　　　② $5\frac{36}{49}$

③ $6\frac{16}{25}$　　　　　　　　　　④ $6\frac{25}{36}$

⑤ $6\frac{36}{49}$

06

$2\frac{3}{5}$	$6\frac{5}{11}$	$14\frac{9}{23}$	( )	$62\frac{33}{95}$	$126\frac{65}{191}$	$254\frac{129}{383}$

① $18\frac{23}{41}$　　　　　　　　　② $24\frac{21}{45}$

③ $30\frac{17}{47}$　　　　　　　　　④ $36\frac{13}{49}$

⑤ $42\frac{11}{53}$

07

$\frac{1}{6}$	$\frac{2}{6}$	$-\frac{1}{2}$	$\frac{7}{6}$	$-\frac{5}{2}$	2	( )	$\frac{17}{6}$

① $-\frac{17}{2}$　　　　　　　　　② $-\frac{15}{2}$

③ $-\frac{13}{2}$　　　　　　　　　④ $\frac{13}{2}$

⑤ $\frac{15}{2}$

08

-5	-1	( )	$-\frac{1}{2}$	-3	$-\frac{1}{4}$	-0.5	$-\frac{1}{12}$

① -5.5　　　　　　　　　② -4.5

③ -3.5　　　　　　　　　④ -2.5

⑤ -1.5

09

| 2   3   8   3   5   243   4   (   )   256 |

① 2   ② 3
③ 4   ④ 5
⑤ 6

10

| 2   4   (   )   7   1   −3   8   6   4   −11   17   10 |

① −5   ② −1
③ 1   ④ 6
⑤ 8

11

| 3   8   25   4   5   21   5   6   (   ) |

① 27   ② 28
③ 29   ④ 30
⑤ 31

12

| 4   25   11   6   49   29   8   81   (   ) |

① 35   ② 43
③ 47   ④ 55
⑤ 57

13 일정한 규칙으로 수를 나열할 때, A+B의 값은?

| (A) | 2 | −6 | 6 | −18 | (B) | −54 | 14 |

① 8   ② 10
③ 12   ④ 14
⑤ 16

Easy

14 일정한 규칙으로 수를 나열할 때, A−2B의 값은?

| (A) | 40 | 80 | 20 | 60 | 15 | (B) |

① 25   ② 50
③ 75   ④ 105
⑤ 125

15 일정한 규칙으로 수를 나열할 때, A+B의 값은?

| 77 | (A) | 70 | 56 | (B) | 68 | 56 | 80 |

① 105   ② 106
③ 107   ④ 108
⑤ 109

16 일정한 규칙으로 수를 나열할 때, B−A의 값은?

| (A) | 15 | 10 | 13 | 20 | 15 | 18 | 25 | (B) |

① 8   ② 10
③ 12   ④ 13
⑤ 14

17 다음 수열의 15번째 항의 값은?

4	10	17	25	34	44	55	⋯

① 165　　　　　　　　　　② 173
③ 179　　　　　　　　　　④ 184
⑤ 189

18 다음 수열의 14번째 항의 값은?

15	12	5	-6	-21	-40	⋯

① -333　　　　　　　　② -334
③ -335　　　　　　　　④ -336
⑤ -337

19 다음 수열의 20번째 항의 값은?

-1	3	-3	7	-5	15	-7	27	⋯

① 147　　　　　　　　　　② 183
③ 223　　　　　　　　　　④ 267
⑤ 315

20 다음 수열의 10번째 항의 값은?

110	231	375	544	740	965	1,221	⋯

① 2,075　　　　　　　　　② 2,115
③ 2,155　　　　　　　　　④ 2,195
⑤ 2,335

최종점검 모의고사

🕐 응시시간 : 75분   📝 문항 수 : 100문항

정답 및 해설 p.043

---

01   언어이해

01   다음 글의 제목으로 가장 적절한 것은?

> 구글어스가 세계 환경 보안관 역할을 톡톡히 하고 있어 화제다. 구글어스는 가상 지구본 형태로 제공되는 세계 최초의 위성영상지도 서비스로서, 간단한 프로그램만 내려받으면 지구 전역의 위성사진 및 지도, 지형 등의 정보를 확인할 수 있다. 구글은 그동안 축적된 인공위성 빅데이터 등을 바탕으로 환경 및 동물 보호 활동을 지원하고 있다.
>
> 지구에서는 지난 10여 년간 약 230만km^{2}의 삼림이 사라졌다. 병충해 및 태풍, 산불 등으로 손실된 것이다. 특히 개발도상국들의 산림 벌채와 농경지 확보가 주된 이유다. 이처럼 사라지는 숲에 비해 자연의 자생력으로 복구되는 삼림은 아주 적은 편이다.
>
> 그런데 최근에 개발된 초고해상도 '구글어스' 이미지를 이용해 정밀 분석한 결과, 식물이 살 수 없을 것으로 여겨졌던 건조지대에서도 훨씬 많은 숲이 분포한다는 사실이 밝혀졌다. 국제연합식량농업기구(FAO) 등 13개국 20개 기관과 구글이 참여한 대규모 국제공동연구진은 구글어스로 얻은 위성데이터를 세부 단위로 쪼개 그동안 잘 알려지지 않은 전 세계 건조지역을 집중 분석했다.
>
> 그 결과 강수량이 부족해 식물의 정상적인 성장이 불가능할 것으로 알려졌던 건조지대에서 약 467만km^{2}의 숲을 새로이 찾아냈다. 이는 한반도 면적의 약 21배에 달한다. 연구진은 이번 발견으로 세계 삼림 면적의 추정치가 9% 정도 증가할 것이라고 주장했다.
>
> 건조지대는 지구 육지표면의 40% 이상을 차지하지만, 명확한 기준과 자료 등이 없어 그동안 삼림 분포에 대해서는 잘 알려지지 않았다. 그러나 이번 연구결과로 인해 전 세계 숲의 이산화탄소 처리량 등에 대해 보다 정확한 계산이 가능해짐으로써 과학자들의 지구온난화 및 환경보호 연구에 많은 도움이 될 것으로 기대되고 있다.

① 전 세계 환경 보안관, 구글어스

② 환경오염으로 심각해지는 식량난

③ 인간의 이기심으로 사라지는 삼림

④ 사막화 현상으로 건조해지는 지구

⑤ 구글어스로 보는 환경훼손의 심각성

02

김치는 자연 발효에 의해 익어가기 때문에 미생물의 작용에 따라 맛이 달라진다. 김치가 발효되기 위해서는 효모와 세균 등 여러 미생물의 증식이 일어나야 하는데, 이를 위해 김치를 담글 때 찹쌀가루나 밀가루로 풀을 쑤어 넣어 준다. 이는 풀에 들어 있는 전분을 비롯한 여러 가지 물질이 김칫소에 있는 미생물을 쉽게 자랄 수 있도록 해주는 영양분의 역할을 하기 때문이다. 김치는 배추나 무에 있는 효소뿐만 아니라 그 사이에 들어가는 김칫소에 포함된 효소의 작용에 의해서도 발효가 일어날 수 있다.

김치의 발효 과정에 관여하는 미생물에는 여러 종류의 효모, 호기성 세균 그리고 유산균을 포함한 혐기성 세균이 있다. 갓 담근 김치의 발효가 시작될 때 호기성 세균과 혐기성 세균의 수가 두드러지게 증가하지만, 김치가 익어갈수록 호기성 세균의 수는 점점 줄어들어 나중에는 그 수가 완만하게 증가하는 효모의 수와 거의 비슷해진다. 그러나 혐기성 세균의 수는 김치가 익어갈수록 증가하며 결국 많이 익어서 시큼한 맛이 나는 김치에 있는 미생물 중 대부분을 차지한다. 김치를 익히는 데 관여하는 균과 매우 높은 산성의 환경에서도 잘 살 수 있는 유산균이 그 예이다.

김치를 익히는 데 관여하는 세균과 유산균뿐만 아니라 김치의 발효 초기에 증식하는 호기성 세균도 독특한 김치 맛을 내는 데 도움을 준다. 김치에 들어 있는 효모는 세균보다 그 수가 훨씬 적지만 여러 종류의 효소를 가지고 있어서 김치 안에 있는 여러 종류의 탄수화물을 분해할 수 있다. 또한 김치를 발효시키는 유산균은 당을 분해해서 시큼한 맛이 나는 젖산을 생산하는데, 김치가 익어가면서 김치 국물의 맛이 시큼해지는 것은 바로 이런 이유 때문이다.

김치가 익는 정도는 재료나 온도 등의 조건에 따라 달라지는데, 이는 유산균의 발효 정도가 달라지기 때문이다. 특히 이 미생물들이 만들어 내는 여러 종류의 향미 성분이 더해지면서 특색 있는 김치 맛이 만들어진다. 김치가 익는 기간에 따라 여러 가지 맛을 내는 것도 모두 유산균의 발효 정도가 다른 데서 비롯된다.

① 김치를 담글 때 넣는 풀은 효모에 의해 효소로 바뀐다.
② 강한 산성 조건에서도 생존할 수 있는 혐기성 세균이 있다.
③ 김치 국물의 시큼한 맛은 호기성 세균의 작용에 의한 것이다.
④ 특색 있는 김치 맛을 만드는 것은 효모가 만든 향미 성분 때문이다.
⑤ 시큼한 맛이 나는 김치에 있는 효모의 수는 호기성 세균이나 혐기성 세균보다 훨씬 많다.

포화지방산에서 나타나는 탄소 결합 형태는 연결된 탄소끼리 모두 단일 결합하는 모습을 띤다. 이때 각각의 탄소에는 수소가 두 개씩 결합한다. 이 결합 형태는 지방산 분자의 모양을 일자형으로 만들어 이웃하는 지방산 분자들이 조밀하게 연결될 수 있으므로, 분자 간 인력이 높아 지방산 분자들이 단단하게 뭉치게 된다. 이 인력을 느슨하게 만들려면 많은 열에너지가 필요하다. 따라서 이 지방산을 함유한 지방은 녹는점이 높아 상온에서 고체로 존재하게 된다. 그리고 이 지방산 분자에는 탄소 사슬에 수소가 충분히 결합되어, 수소가 분자 내에 포화되어 있으므로 포화지방산이라 부르며, 이것이 들어 있는 지방을 포화지방이라고 한다. 포화지방은 체내의 장기 주변에 쌓여 장기를 보호하고 체내에 저장되어 있다가 에너지로 전환되어 몸에 열량을 내는 데 이용된다. 그러나 이 지방이 저밀도 단백질과 결합하면, 콜레스테롤이 혈관 내부에 쌓여 혈액의 흐름을 방해하고 혈관 내부의 압력을 높여 심혈관계 질병을 유발하는 것으로 알려져 있다.

① 포화지방산에서 나타나는 탄소 결합은 각각의 탄소에 수소가 두 개씩 결합하므로 다중 결합한다고 할 수 있다.
② 탄소에 수소가 두 개씩 결합하는 형태는 열에너지가 많아서 지방산 분자들이 단단하게 뭉치게 된다.
③ 분자 간 인력을 느슨하게 하면 지방산 분자들의 연결이 조밀해진다.
④ 포화지방은 포화지방산이 들어 있는 지방을 가리킨다.
⑤ 포화지방이 체내에 저장되면 콜레스테롤이 혈관 내부에 쌓여 흐름을 방해하고 혈관 내부의 압력을 높여 질병을 유발하므로 몸에 좋지 않다.

사회 진화론은 다윈의 생물 진화론을 개인과 집단에 적용시킨 사회 이론이다. 사회 진화론의 중심 개념은 19세기에 등장한 '생존경쟁'과 '적자생존'인데, 이 두 개념의 적용 범위가 개인인가 집단인가에 따라 자유방임주의와 결합하기도 하고 민족주의나 제국주의와 결합하기도 하였다. 1860년대 대표적인 사회 진화론자인 스펜서는 인간 사회의 생활은 개인 간의 '생존경쟁'이며, 그 경쟁은 '적자생존'에 의해 지배된다고 주장하였다. 19세기 말 키드, 피어슨 등은 인종이나 민족, 국가 등의 집단 단위로 '생존경쟁'과 '적자생존'을 적용하여 우월한 집단이 열등한 집단을 지배하는 것은 자연법칙이라고 주장함으로써 인종 차별이나 제국주의를 정당화하였다. 일본에서는 19세기 말 문명개화론자들이 사회 진화론을 수용하였다.
이들은 '생존경쟁'과 '적자생존'을 국가와 민족 단위에 적용하여 '약육강식'・'우승열패'의 논리를 바탕으로 서구식 근대 문명국가 건설과 군국주의를 역설하였다.

① 사회 진화론은 생물 진화론을 바탕으로 개인에게만 적용시킨 사회 이론이다.
② 사회 진화론은 19세기 이전에는 존재하지 않았다.
③ '생존경쟁'과 '적자생존'의 개념이 개인의 범위에 적용되면 민족주의와 결합한다.
④ 키드, 피어슨 등의 주장은 사회 진화론의 개념을 집단 단위에 적용한 결과이다.
⑤ 문명개화론자들은 생물 진화론을 수용하였다.

05 다음 글을 읽고 가질 수 있는 질문으로 가장 적절한 것은?

> 인간의 신경 조직을 수학적으로 모델링하여 컴퓨터가 인간처럼 기억·학습·판단할 수 있도록 구현한 것이 인공 신경망 기술이다. 신경 조직의 기본 단위는 뉴런인데, 인공 신경망에서는 뉴런의 기능을 수학적으로 모델링한 퍼셉트론을 기본 단위로 사용한다.
>
> 퍼셉트론은 입력값들을 받아들이는 여러 개의 입력 단자와 이 값을 처리하는 부분, 처리된 값을 내보내는 한 개의 출력 단자로 구성되어 있다. 퍼셉트론은 각각의 입력 단자에 할당된 가중치를 입력값에 곱한 값들을 모두 합하여 가중합을 구한 후, 고정된 임계치보다 가중합이 작으면 0, 그렇지 않으면 1과 같은 방식으로 출력값을 내보낸다.
>
> 이러한 퍼셉트론은 출력값에 따라 두 가지로만 구분하여 입력값들을 판정할 수 있을 뿐이다. 이에 비해 복잡한 판정을 할 수 있는 인공 신경망은 다수의 퍼셉트론을 여러 계층으로 배열하여 한 계층에서 출력된 신호가 다음 계층에 있는 모든 퍼셉트론의 입력 단자에 입력값으로 입력되는 구조로 이루어진다. 이러한 인공 신경망에서 가장 처음에 입력값을 받아들이는 퍼셉트론들을 입력층, 가장 마지막에 있는 퍼셉트론들을 출력층이라고 한다.
>
> 어떤 사진 속 물체의 색깔과 형태로부터 그 물체가 사과인지 아닌지를 구별할 수 있도록 인공 신경망을 학습시키는 경우를 생각해 보자. 먼저 학습을 위한 입력값들 즉 학습 데이터를 만들어야 한다. 학습 데이터를 만들기 위해서는 사과 사진을 준비하고 사진에 나타난 특징인 색깔과 형태를 수치화해야 한다. 이 경우 색깔과 형태라는 두 범주를 수치화하여 하나의 학습 데이터로 묶은 다음, '정답'에 해당하는 값과 함께 학습 데이터를 인공 신경망에 제공한다. 이때 같은 범주에 속하는 입력값은 동일한 입력 단자를 통해 들어가도록 해야 한다. 그리고 사과 사진에 대한 학습 데이터를 만들 때에 정답인 '사과이다'에 해당하는 값을 '1'로 설정하였다면 출력값 '0'은 '사과가 아니다.'를 의미하게 된다.

① 퍼셉트론이 출력값을 도출하는 방법은 무엇일까?
② 앞으로 인공 신경망을 활용할 수 있는 분야는 어떤 것들이 있을까?
③ 인공 신경망 기술에서 뉴런에 대응될 수 있는 기본 단위는 무엇일까?
④ 인공 신경망이 사과를 알아볼 수 있도록 하려면 어떤 자료가 필요할까?
⑤ 퍼셉트론은 0과 1의 출력값만을 도출할 수 있음에도 인공 신경망은 복잡한 판단을 할 수 있을까?

06 다음 글을 읽고 추론한 내용으로 가장 적절한 것은?

근대적 공론장의 형성을 중시하는 연구자들은 아렌트와 하버마스의 공론장 이론을 적용하여 한국적 근대 공론장의 원형을 찾는다. 이들은 유럽에서 18 ~ 19세기에 신문, 잡지 등이 시민들의 대화와 토론에 의거한 부르주아 공론장을 형성하였다는 사실에 착안하여 『독립신문』이 근대적 공론장의 역할을 하였다고 주장한다. 또한 만민공동회라는 새로운 정치권력이 만들어낸 근대적 공론장을 통해, 공화정의 근간인 의회와 한국 최초의 근대적 헌법이 등장하는 결정적 계기가 마련되었다고 인식한다. 그런데 공론장의 형성을 근대 이행의 절대적 특징으로 이해하는 태도는 근대 이행의 다른 길들에 대한 불신과 과소평가로 이어지기도 한다. 당시 사회의 개혁을 위해서는 갑신정변과 같은 소수 엘리트 주도의 혁명이나 동학농민운동과 같은 민중봉기가 아니라, 만민공동회와 같은 다수 인민에 의한 합리적인 토론과 공론에 의거한 민주적 개혁이 올바른 길이라고 주장하는 것이 대표적 예이다. 나아가 이러한 태도는 당시 고종이 만민공동회의 주장을 수용하여 입헌군주제나 공화제를 채택했더라면 국권박탈이라는 비극만은 면할 수 있었으리라는 비약으로 이어진다.

이러한 생각의 배경에는 개인의 자각에 근거한 공론장과 평화적 토론을 통한 공론의 형성, 그리고 공론을 정치에 실현시킬 제도적 장치가 마련되어 있는 체제가 바로 '근대'라는 확고한 인식이 자리 잡고 있다. 그들은 시민세력으로 성장할 가능성을 지닌 인민들의 행위가 근대적 정치를 표현하고 있었다는 점만 중시하고, 공론 형성의 주체인 시민이 아직 형성되지 못한 시대 상황은 특수한 것으로 평가한다. 또한 근대적 정치행위가 실패한 것은 인민들의 한계가 아니라, 전제황실 권력의 탄압이나 개혁파 지도자 내부의 권력투쟁 때문이라고 설명한다.

이러한 인식으로는 농민들을 중심으로 한 반봉건 민중운동의 지향점, 그리고 토지문제 해결을 통한 근대 이행이라는 고전적 과제에 답할 수가 없다. 또한 근대적 공론장에 기반한 근대국가가 수립되었을지라도 제국주의 열강들의 위협을 극복할 수 있었겠는지, 그 극복이 농민들의 지지 없이 가능했을지에 대한 문제의식은 들어설 여지가 없게 된다. 더 큰 문제는 이런 인식이 농민운동을 근대 이행을 방해하는 역사의 반역으로 왜곡할 소지가 있다는 것이다. 이러한 의문들이 적극적으로 해명되지 않는다면 근대 공론장 이론은 설득력을 갖기 어려울 것이다.

① 『독립신문』은 근대적 공론장의 역할을 하지 못했다.
② 농민운동이 한국의 근대 이행을 방해했다고 볼 수 없다.
③ 제국주의 열강의 위협이 한국의 근대 공론장 형성을 가속화하였다.
④ 고종이 만민공동회의 주장을 채택하였다면 국권박탈의 비극은 없었을 것이다.
⑤ 근대 공론장 이론의 한국적 적용은 몇 가지 한계가 있지만 근대 이행의 문제를 효과적으로 설명하였다.

07 다음 글의 글쓴이의 주장을 비판하기 위한 탐구 활동으로 가장 적절한 것은?

기술은 그 내부적인 발전 경로를 이미 가지고 있으며, 따라서 어떤 특정한 기술(혹은 인공물)이 출현하는 것은 '필연적'인 결과라고 생각하는 사람들이 많다. 이러한 통념을 약간 다르게 표현하자면, 기술의 발전 경로는 이전의 인공물보다 '기술적으로 보다 우수한' 인공물들이 차례차례 등장하는, 인공물들의 연쇄로 파악할 수 있다는 것이다. 그리고 기술의 발전 경로가 '단일한' 것으로 보고, 따라서 어떤 특정한 기능을 갖는 인공물을 만들어 내는 데 있어서 '유일하게 가장 좋은' 설계 방식이나 생산 방식이 있을 수 있다고 가정한다. 이와 같은 생각을 종합하면 기술의 발전은 결코 사회적인 힘이 가로막을 수 없는 것일 뿐 아니라 단일한 경로를 따르는 것이므로, 사람들이 할 수 있는 일은 이미 정해져 있는 기술의 발전 경로를 열심히 추적해 가는 것밖에 남지 않게 된다는 결론이 나온다. 그러나 다양한 사례 연구에 의하면 어떤 특정 기술이나 인공물을 만들어 낼 때, 그것이 특정한 형태가 되도록 하는 데 중요한 역할을 하는 것은 그 과정에 참여하고 있는 엔지니어, 자본가, 소비자, 은행, 정부 등의 이해관계나 가치체계임이 밝혀졌다. 이렇게 보면 기술은 사회적으로 형성된 것이며, 이미 그 속에 사회적 가치를 반영하고 있는 셈이 된다. 뿐만 아니라 복수의 기술이 서로 경쟁하여 그중 하나가 사회에서 주도권을 잡는 과정을 분석해 본 결과, 이 과정에서 중요한 역할을 하는 것은 기술적 우수성이나 사회적 유용성이 아닌, 관련된 사회집단들의 정치적·경제적 영향력인 것으로 드러났다고 한다. 결국 현재에 이르는 기술 발전의 궤적은 결코 필연적이고 단일한 것이 아니었으며, '다르게' 될 수도 있었음을 암시하고 있는 것이다.

① 글쓴이가 통념을 종합하여 이끌어낸 결론의 타당성을 검토한다.
② 글쓴이가 문제 삼고 있는 통념에 변화가 생기게 된 계기를 분석한다.
③ 논거가 되는 연구 결과를 반박할 수 있는 다른 연구 자료를 조사한다.
④ 사회 변화에 따라 가치 체계의 변동이 일어나게 되는 원인을 분석한다.
⑤ 기술 개발에 관계자들의 이해관계나 가치가 작용한 실제 사례를 조사한다.

정부는 탈원전·탈석탄 공약에 발맞춰 2030년까지 전체 국가발전량의 20%를 신재생에너지로 채운다는 정책목표를 수립하였다. 목표를 달성하기 위해 신재생에너지에 대한 송·변전 계획을 제8차 전력 수급기본계획에 처음으로 수립하겠다는 게 정부의 방침이다.

정부는 기존의 수급계획이 수급 안정과 경제성을 중점적으로 수립된 것에 반해, 8차 계획은 환경성과 안전성을 중점으로 하였다고 밝혔으며 신규 발전설비는 원전, 석탄화력발전에서 친환경, 분산형 재생에너지와 LNG 발전을 우선시하는 방향으로 수요관리를 통합하여 합리적 목표 수용 결정에 주안점을 두었다고 밝혔다.

그동안 많은 NGO 단체에서 에너지분산에 관한 다양한 제안을 해왔지만 정부 차원에서 고려하거나 논의가 활발히 진행된 적은 거의 없었으며 명목상으로 포함하는 수준이었다. 그러나 이번 정부에서는 탈원전·탈석탄 공약을 제시하는 등 중앙집중형 에너지 생산시스템에서 분산형 에너지 생산시스템으로 정책의 방향을 전환하고자 한다.

중앙집중형 에너지 생산시스템은 환경오염, 송전선 문제, 지역에너지 불균형 문제 등 다양한 사회적인 문제를 야기하였다. 하지만 그동안은 값싼 전기인 기저 전력을 편리하게 사용할 수 있는 환경을 조성하고자 하는 기존 에너지계획과 전력 수급계획에 밀려 중앙집중형 발전원 확대가 꾸준히 진행되었다. 그러나 현재 중앙집중형 에너지정책에서 분산형 에너지정책으로 전환을 모색하기 위한 다각도의 노력을 하고 있다. 이러한 정부의 정책변화와 아울러 석탄화력발전소가 국내 미세먼지에 주는 영향과 일본 후쿠시마 원자력 발전소 문제, 국내 경주 대지진 및 포항 지진 문제 등으로 인한 원자력에 대한 의구심 또한 커지고 있다.

제8차 전력 수급계획(안)에 의하면, 우리나라의 에너지정책은 격변기를 맞고 있다. 우리나라는 현재 중앙집중형 에너지 생산시스템이 대부분이며 분산형 전원 시스템은 그 설비용량이 극히 적은 상태이다. 또한 우리나라의 발전설비는 105GW이며, 지난해 최대 전력치를 보면 80GW 수준이므로 25GW 정도의 여유가 있는 상태이다. 25GW라는 여유는 원자력발전소 약 25기 정도의 전력 생산설비가 여유 있는 상황이라고 볼 수 있다. 또한 제7차 전력 수급기본계획에서 전기수요 증가율을 4.3 ~ 4.7%라고 예상하였으나 실제 증가율은 1.3 ~ 2.8% 수준에 그쳤다는 점은 우리나라의 전력 소비량 증가량이 둔화하고 있는 상태라는 것을 나타내고 있다.

① 에너지 분권의 필요성과 방향
② 중앙집중형 에너지 정책의 한계점
③ 전력 소비량과 에너지 공급량의 문제점
④ 중앙집중형 에너지 생산시스템의 발전 과정
⑤ 전력수급기본계획의 내용과 수정 방안 모색

※ 다음 제시된 문단을 논리적 순서대로 바르게 나열한 것을 고르시오. [9~10]

09

(가) 물체의 회전 상태에 변화를 일으키는 힘의 효과를 돌림힘이라고 한다. 물체에 회전 운동을 일으키거나 물체의 회전 속도를 변화시키려면 물체에 힘을 가해야 한다. 같은 힘이라도 회전축으로부터 얼마나 멀리 떨어진 곳에 가해 주느냐에 따라 회전 상태의 변화 양상이 달라진다. 물체에 속한 점 X와 회전축을 최단 거리로 잇는 직선과 직각을 이루는 동시에 회전축과 직각을 이루도록 힘을 X에 가한다고 하자. 이때 물체에 작용하는 돌림힘의 크기는 회전축에서 X까지의 거리와 가해준 힘의 크기의 곱으로 표현되고 그 단위는 뉴턴미터(Nm)이다.

(나) 회전 속도의 변화는 물체에 알짜 돌림힘이 일을 해 주었을 때만 일어난다. 돌고 있는 팽이에 마찰력이 일으키는 돌림힘을 포함하여 어떤 돌림힘도 작용하지 않으면 팽이는 영원히 돈다. 일정한 형태의 물체에 일정한 크기와 방향의 알짜 돌림힘을 가하여 물체를 회전시키면, 알짜 돌림힘이 한 일은 알짜 돌림힘의 크기와 회전 각도의 곱이고 그 단위는 줄(J)이다. 알짜 돌림힘이 물체를 돌리려는 방향과 물체의 회전 방향이 일치하면 알짜 돌림힘이 양(+)의 일을 하고 그 방향이 서로 반대이면 음(−)의 일을 한다.

(다) 동일한 물체에 작용하는 두 돌림힘의 합을 알짜 돌림힘이라 한다. 두 돌림힘의 방향이 같으면 알짜 돌림힘의 크기는 두 돌림힘의 크기의 합이 되고 그 방향은 두 돌림힘의 방향과 같다. 두 돌림힘의 방향이 서로 반대이면 알짜 돌림힘의 크기는 두 돌림힘의 크기의 차가 되고 그 방향은 더 큰 돌림힘의 방향과 같다. 지레의 힘을 주지만 물체가 지레의 회전을 방해하는 힘을 작용점에 주어 지레가 움직이지 않는 상황처럼, 두 돌림힘의 크기가 같고 방향이 반대이면 알짜 돌림힘은 0이 되고 이때를 돌림힘의 평형이라고 한다.

(라) 지레는 받침과 지렛대를 이용하여 물체를 쉽게 움직일 수 있는 도구이다. 지레에서 힘을 주는 곳을 힘점, 지렛대를 받치는 곳을 받침점, 물체에 힘이 작용하는 곳을 작용점 이라 한다. 받침점에서 힘점까지의 거리가 받침점에서 작용점까지의 거리에 비해 멀수록 힘점에서 작은 힘을 주어 작용점에서 물체에 큰 힘을 가할 수 있다. 이러한 지레의 원리에는 돌림힘의 개념이 숨어 있다.

① (가) − (나) − (다) − (라)
② (가) − (나) − (라) − (다)
③ (가) − (다) − (나) − (라)
④ (라) − (가) − (나) − (다)
⑤ (라) − (가) − (다) − (나)

10

(가) 본성 대 양육 논쟁은 앞으로 치열하게 전개될 소지가 많다. 하지만 유전과 환경이 인간의 행동에 어느 정도 영향을 미치는가를 따지는 일은 멀리서 들려오는 북소리가 북에 의한 것인지, 아니면 연주자에 의한 것인지를 분석하는 것처럼 부질없는 것인지 모른다. 본성과 양육 다 인간 행동에 필수적인 요인이므로.

(나) 20세기 들어 공산주의와 나치주의의 출현으로 본성 대 양육 논쟁이 극단으로 치달았다. 공산주의의 사회 개조론은 양육을, 나치즘의 생물학적 결정론은 본성을 옹호하는 이데올로기이기 때문이다. 히틀러의 유대인 대량 학살에 충격을 받은 과학자들은 환경 결정론에 손을 들어 줄 수밖에 없었다. 본성과 양육 논쟁에서 양육 쪽이 일방적인 승리를 거두게 된 것이다.

(다) 이러한 추세는 1958년 미국 언어학자 노엄 촘스키에 의해 극적으로 반전되기 시작했다. 촘스키가 치켜든 선천론의 깃발은 진화 심리학자들이 승계했다. 진화 심리학은 사람의 마음을 생물학적 적응의 산물로 간주한다. 1992년 심리학자인 레다 코스미데스와 인류학자인 존 투비 부부가 함께 저술한 『적응하는 마음』이 출간된 것을 계기로 진화 심리학은 하나의 독립된 연구 분야가 됐다. 말하자면 윌리엄 제임스의 본능에 대한 개념이 1세기 만에 새 모습으로 부활한 셈이다.

(라) 더욱이 1990년부터 인간 게놈 프로젝트가 시작됨에 따라 본성과 양육 논쟁에서 저울추가 본성 쪽으로 기울면서 생물학적 결정론이 더욱 강화되었다. 그러나 2001년 유전자 수가 예상보다 적은 3만여 개로 밝혀지면서 본성보다는 양육이 중요하다는 목소리가 커지기 시작했다. 이를 계기로 본성 대 양육 논쟁이 재연되기에 이르렀다.

① (가) – (나) – (다) – (라)
② (가) – (나) – (라) – (다)
③ (가) – (다) – (나) – (라)
④ (나) – (다) – (라) – (가)
⑤ (나) – (라) – (다) – (가)

11 다음 글에서 〈보기〉의 문장 ㉠, ㉡이 들어갈 위치로 가장 적절한 곳은?

> 흔히 어떤 대상이 반드시 가져야만 하고 그것을 다른 대상과 구분해 주는 속성을 본질이라고 한다.
> X의 본질이 무엇인지 알고 싶으면 X에 대한 필요 충분한 속성을 찾으면 된다. 다시 말해서 모든
> X에 대해 그리고 오직 X에 대해서만 해당되는 것을 찾으면 된다. 예컨대 모든 까투리가 그리고 오
> 직 까투리만이 꿩이면서 동시에 암컷이므로, '암컷인 꿩'은 까투리의 본질이라고 생각된다. 그러나
> 암컷인 꿩은 애초부터 까투리의 정의라고 우리가 규정한 것이므로 그것을 본질이라고 말하기에는
> 허망하다. 다시 말해서 본질은 따로 존재하여 우리가 발견한 것이 아니라 까투리라는 낱말을 만들면
> 서 사후적으로 구성된 것이다.
>
> 서로 다른 개체를 동일한 종류의 것이라고 판단하고 의사소통에 성공하기 위해서는 개체들이 공유
> 하는 무엇인가가 필요하다. 본질주의는 그것이 우리와 무관하게 개체 내에 본질로서 존재한다고 주
> 장한다. (가) 반면에 반(反)본질주의는 그런 본질이란 없으며, 인간이 정한 언어 약정이 본질주의에
> 서 말하는 본질의 역할을 충분히 달성할 수 있다고 주장한다. (나)
>
> '본질'이 존재론적 개념이라면 거기에 언어적으로 상관하는 것은 '정의'이다. 그런데 어떤 대상에 대
> 해서 약정적이지 않으면서 완벽하고 정확한 정의를 내리기 어렵다는 사실은 반본질주의의 주장에
> 힘을 실어 준다. (다) 사람을 예로 들어 보자. '이성적 동물'은 사람에 대한 정의로 널리 알려져 있다.
> 그러면 이성적이지 않은 갓난아이를 사람의 본질에 대한 반례로 제시할 수 있다. 이번에는 '사람은
> 사회적 동물이다.'라고 정의를 제시할 수도 있다. 그러나 사회를 이루고 산다고 해서 모두 사람인
> 것은 아니다. 개미나 벌도 사회를 이루고 살지만 사람은 아니다.
>
> 서양의 철학사는 본질을 찾는 과정이라고 말할 수 있다. 본질주의는 사람뿐만 아니라 자유나 지식
> 등의 본질을 찾는 시도를 계속해 왔지만, 대부분의 경우 아직까지 본질적인 것을 명확히 찾는 데
> 성공하지 못했다. (라) 우리가 본질을 명확히 찾지 못하는 까닭은 우리의 무지 때문이 아니라 그런
> 본질이 있다는 잘못된 가정에서 출발했기 때문이라는 것이다. 사물의 본질이라는 것은 단지 인간의
> 가치가 투영된 것에 지나지 않는다는 것이 반본질주의의 주장이다. (마)

보기

㉠ 이른바 본질은 우리가 관습적으로 부여하는 의미를 표현한 것에 불과하다는 것이다.

㉡ 그래서 숨겨진 본질을 밝히려는 철학적 탐구는 실제로는 부질없는 일이라고 반본질주의로부터
비판을 받는다.

	㉠	㉡		㉠	㉡
①	(가)	(나)	②	(가)	(다)
③	(나)	(가)	④	(나)	(라)
⑤	(마)	(라)			

12 다음 글을 읽고 추론한 내용으로 적절하지 않은 것은?

선거 기간 동안 여론 조사 결과의 공표를 금지하는 것이 사회적 쟁점이 되고 있다. 조사 결과의 공표가 유권자 투표 의사에 영향을 미쳐 선거의 공정성을 훼손한다는 주장과 공표 금지가 선거 정보에 대한 언론의 접근을 제한하여 알 권리를 침해한다는 주장이 맞서고 있기 때문이다.

찬성론자들은 먼저 '밴드왜건 효과'와 '열세자 효과' 등의 이론을 내세워 여론 조사 공표의 부정적인 영향을 부각시킨다. 밴드왜건 효과에 의하면, 선거일 전에 여론 조사 결과가 공표되면 사표(死票) 방지 심리로 인해 표심이 지지도가 높은 후보 쪽으로 이동하게 된다. 이와 반대로 열세자 효과에 따르면, 열세에 있는 후보자에 대한 동정심이 발동하여 표심이 그쪽으로 움직이게 된다.

각각의 이론을 통해 알 수 있듯이 여론 조사 결과의 공표가 어느 쪽으로든 투표 행위에 영향을 미치게 되고 선거일에 가까워질수록 공표가 갖는 부정적 효과가 극대화되기 때문에 이를 금지해야 한다는 것이다. 이들은 또한 공정한 여론 조사가 진행될 수 있는 제반 여건이 아직은 성숙되지 않았다는 점도 강조한다. 그리고 금권, 관권 부정 선거와 선거 운동의 과열 경쟁으로 인한 폐해가 많았다는 것이 경험적으로도 확인되었다는 사실을 그 이유로 든다.

이와 달리 반대론자들은 무엇보다 표현의 자유를 실현하는 수단으로서 알 권리의 중요성을 강조한다. 알 권리는 국민이 의사를 형성하는 데 전제가 되는 권리인 동시에 국민 주권 실천 과정에 참여하는 데 필요한 정보와 사상 및 의견을 자유롭게 구할 수 있음을 강조하는 권리이다. 그리고 이 권리는 언론 기관이 '공적 위탁 이론'에 근거해 국민들로부터 위임받아 행사하는 것이므로 정보에 대한 언론의 접근이 보장되어야 충족된다. 후보자의 지지도나 당선 가능성 등에 관한 여론의 동향 등은 이 알 권리의 대상에 포함된다. 따라서 언론이 위임받은 알 권리를 국민의 뜻에 따라 대행하는 것이기 때문에 여론 조사 결과의 공표를 금지하는 것은 결국 표현의 자유를 침해하여 위헌이라는 논리이다. 또한 이들은 조사 결과의 공표가 선거의 공정성을 방해한다는 분명한 증거가 제시되지 않고 있기 때문에 조사 결과의 공표가 선거에 부정적인 영향을 미친다는 점이 확실하게 증명되지 않는다는 점도 강조한다.

우리나라 현행 선거법은 선거일 전 6일부터 선거 당일까지 조사 결과의 공표를 금지하고 있다. 선거 기간 내내 공표를 제한했던 과거와 비교해 보면 금지 기간이 대폭 줄었음을 알 수 있다. 이는 공표 금지에 대한 찬반 논쟁에 시사하는 바가 크다.

① 언론 기관이 알 권리를 대행하기도 한다.
② 알 권리는 법률에 의해 제한되기도 한다.
③ 알 권리가 제한되면 표현의 자유가 약화된다.
④ 알 권리에는 정보 수집의 권리도 포함되어 있다.
⑤ 공표 금지 기간이 길어질수록 알 권리는 강화된다.

Easy

13

VOD(Video On Demand)서비스는 기존의 공중파 방송과 무엇이 다른가? 그것은 바로 방송국이 아닌 시청자 본인의 시간을 중심으로 방송매체를 볼 수 있다는 점이다. 기존 공중파 방송의 정규 편성 프로그램을 시청하기 위해서 시청자는 특정한 시간에 텔레비전 앞에서 기다려야만 했다. 하지만 VOD서비스의 등장으로 시청자는 아침 일찍, 혹은 야근이 끝난 늦은 오후에도 방송매체를 스트리밍 혹은 다운로드 방식으로 전송하여 시청할 수 있게 되었다.

VOD서비스의 등장은 기존에 방송국이 편성권을 지니던 시대와는 다른 양상을 초래하고 있다. 과거에는 시청률이 가장 높은 오후 7시에서 9시까지의 황금시간대에 편성된 프로그램이 큰 인기를 차지했으며 광고비 또한 가장 높았던 반면, VOD서비스는 순수하게 방송매체의 인기가 높을수록 시청률이 늘어나기 때문에 방송국에서 프로그램의 순수한 재미와 완성도에 보다 집중하게 되는 것이다.

① VOD서비스는 방송매체의 수준 향상에 기여하게 될 것이다.
② VOD서비스는 방송매체의 편성권을 시청자에게 쥐어주었다.
③ VOD서비스 때문에 시청자는 방송 편성 시간의 제약에서 자유로워졌다.
④ VOD서비스의 등장으로 방송국은 과도한 광고유치 경쟁에 뛰어들게 되었다.
⑤ VOD서비스는 방송매체를 다운로드 혹은 스트리밍하여 시청할 수 있도록 한다.

14

인간 사유의 결정적이고도 독창적인 비약은 시각적인 표시의 코드 체계의 발명에 의해서 이루어졌다. 시각적인 표시의 코드 체계에 의해 인간은 정확한 말을 결정하여 텍스트를 마련하고, 또 이해할 수 있게 된 것이다. 이것이 바로 진정한 의미에서의 '쓰기(Writing)'이다.

이러한 '쓰기'에 의해 코드화된 시각적인 표시는 말을 사로잡게 되고, 그 결과 그때까지 소리 속에서 발전해 온 정밀하고 복잡한 구조나 지시 체계의 특수한 복잡성이 그대로 시각적으로 기록될 수 있게 되고, 나아가서는 그러한 시각적인 기록으로 인해 그보다 훨씬 정교한 구조나 지시 체계가 산출될 수 있게 된다. 그러한 정교함은 구술적인 발화가 지니는 잠재력으로써는 도저히 이룩할 수 없는 정도의 것이다. 이렇듯 '쓰기'는 인간의 모든 기술적 발명 속에서도 가장 영향력이 큰 것이었으며, 지금도 그러하다. 쓰기는 말하기에 단순히 첨가된 것이 아니다. 왜냐하면 쓰기는 말하기를 구술 – 청각의 세계에서 새로운 감각의 세계, 즉 시각의 세계로 이동시킴으로써 말하기와 사고를 함께 변화시키기 때문이다.

① 인간은 시각적 코드 체계를 사용함으로써 말하기를 한층 정교한 구조로 만들었다.
② 인간은 쓰기를 통해서 정확한 말을 사용한 텍스트의 생산과 소통이 가능하게 되었다.
③ 인간은 쓰기를 통해 지시 체계의 복잡성을 기록함으로써 말하기와 사고의 변화를 일으킨다.
④ 인간은 정밀하고 복잡한 지시 체계를 통해 시각적 코드를 발명하였다.
⑤ 인간의 모든 기술적 발명 속에서도 '쓰기'는 예전이나 지금이나 가장 영향력이 크다.

15

경제학에서는 가격이 한계 비용과 일치할 때를 가장 이상적인 상태라고 본다. '한계 비용'이란 재화의 생산량을 한 단위 증가시킬 때 추가되는 비용을 말한다. 한계 비용 곡선과 수요 곡선이 만나는 점에서 가격이 정해지면 재화의 생산 과정에 들어가는 자원이 낭비 없이 효율적으로 배분되며, 이때 사회 전체의 만족도가 가장 커진다. 가격이 한계 비용보다 높아지면 상대적으로 높은 가격으로 인해 수요량이 줄면서 거래량이 따라 줄고, 결과적으로 생산량도 감소한다. 이는 사회 전체의 관점에서 볼 때 자원이 효율적으로 배분되지 못하는 상황이므로 사회 전체의 만족도가 떨어지는 결과를 낳는다.

위에서 설명한 일반 재화와 마찬가지로 수도, 전기, 철도와 같은 공익 서비스도 자원배분의 효율성을 생각하면 한계 비용 수준으로 가격(=공공요금)을 결정하는 것이 바람직하다. 대부분의 공익 서비스는 초기 시설 투자비용은 막대한 반면 한계 비용은 매우 적다. 이러한 경우, 한계 비용으로 공공요금을 결정하면 공익 서비스를 제공하는 기업은 손실을 볼 수 있다.

예컨대 초기 시설 투자비용이 6억 달러이고, 톤당 1달러의 한계 비용으로 수돗물을 생산하는 상수도 서비스를 가정해보자. 이때 수돗물 생산량을 '1톤, 2톤, 3톤, …'으로 늘리면 총비용은 '6억 1달러, 6억 2달러, 6억 3달러, …'로 늘어나고, 톤당 평균 비용은 '6억 1달러, 3억 1달러, 2억 1달러, …'로 지속적으로 줄어든다. 그렇지만 평균 비용이 계속 줄어들더라도 한계 비용 아래로는 결코 내려가지 않는다. 따라서 한계 비용으로 수도 요금을 결정하면 총비용보다 총수입이 적으므로 수도 사업자는 손실을 보게 된다.

이를 해결하는 방법에는 크게 두 가지가 있다. 하나는 정부가 공익 서비스 제공 기업에 손실분만큼 보조금을 주는 것이고, 다른 하나는 공공요금을 평균 비용 수준으로 정하는 것이다. 전자의 경우 보조금을 세금으로 충당한다면 다른 부문에 들어갈 재원이 줄어드는 문제가 있다. 평균 비용 곡선과 수요 곡선이 교차하는 점에서 요금을 정하는 후자의 경우에는 총수입과 총비용이 같아져 기업이 손실을 보지는 않는다. 그러나 요금이 한계 비용보다 높기 때문에 사회 전체의 관점에서 자원의 효율적 배분에 문제가 생긴다.

① 자원이 효율적으로 배분될 때 사회 전체의 만족도가 극대화된다.
② 가격이 한계 비용보다 높은 경우에는 한계 비용과 같은 경우에 비해 결국 그 재화의 생산량이 줄어든다.
③ 공익 서비스와 일반 재화의 생산 과정에서 자원을 효율적으로 배분하기 위한 조건은 서로 같다.
④ 정부는 공공요금을 한계 비용 수준으로 유지하기 위하여 보조금 정책을 펼 수 있다.
⑤ 평균 비용이 한계 비용보다 큰 경우, 공공요금을 평균 비용 수준에서 결정하면 자원의 낭비를 방지할 수 있다.

16 다음 글의 주장에 대한 반박으로 가장 적절한 것은?

우리는 우리가 생각한 것을 말로 나타낸다. 또 다른 사람의 말을 듣고, 그 사람이 무슨 생각을 가지고 있는가를 짐작한다. 그러므로 생각과 말은 서로 떨어질 수 없는 깊은 관계를 가지고 있다. 그러면 말과 생각이 얼마만큼 깊은 관계를 가지고 있을까? 이 문제를 놓고 사람들은 오랫동안 여러 가지 생각을 하였다. 그 가운데 가장 두드러진 것이 두 가지 있다. 그 하나는 말과 생각이 서로 꼭 달라붙은 쌍둥이인데 한 놈은 생각이 되어 속에 감추어져 있고 다른 한 놈은 말이 되어 사람 귀에 들리는 것이라는 생각이다. 다른 하나는 생각이 큰 그릇이고 말은 생각 속에 들어가는 작은 그릇이어서 생각에는 말 이외에도 다른 것이 더 있다는 생각이다.

이 두 가지 생각 가운데서 앞의 것은 조금만 깊이 생각해 보면 틀렸다는 것을 즉시 깨달을 수 있다. 우리가 생각한 것은 거의 대부분 말로 나타낼 수 있지만, 누구든지 가슴 속에 응어리진 어떤 생각이 분명히 있기는 한데 그것을 어떻게 말로 표현해야 할지 애태운 경험을 가지고 있을 것이다. 이것 한 가지만 보더라도 말과 생각이 서로 안팎을 이루는 쌍둥이가 아님은 쉽게 판명된다.

인간의 생각이라는 것은 매우 넓고 큰 것이며, 말이란 결국 생각의 일부분을 주워 담는 작은 그릇에 지나지 않는다. 그러나 아무리 인간의 생각이 말보다 범위가 넓고 큰 것이라고 하여도 그것을 가능한 한 말로 바꾸어 놓지 않으면 그 생각의 위대함이나 오묘함이 다른 사람에게 전달되지 않기 때문에 생각이 형님이요, 말이 동생이라고 할지라도 생각은 동생의 신세를 지지 않을 수가 없게 되어 있다.

① 말은 생각이 바탕이 되어야 생산될 수 있다.
② 생각을 드러내는 가장 직접적인 수단은 말이다.
③ 사회적·문화적 배경이 우리의 생각에 영향을 끼친다.
④ 말이 통하지 않아도 생각은 얼마든지 전달될 수 있다.
⑤ 말과 생각은 서로 영향을 주고받는 긴밀한 관계를 유지한다.

17 다음 글의 빈칸에 들어갈 내용으로 가장 적절한 것은?

민주주의의 목적은 다수가 폭군이나 소수의 자의적인 권력행사를 통제하는 데 있다. 민주주의의 이상은 모든 자의적인 권력을 억제하는 것으로 이해되었는데 이것이 오늘날에는 자의적 권력을 정당화하기 위한 장치로 변화되었다. 이렇게 변화된 민주주의는 민주주의 그 자체를 목적으로 만들려는 이념이다. 이것은 법의 원천과 국가권력의 원천이 주권자 다수의 의지에 있기 때문에 국민의 참여와 표결 절차를 통하여 다수가 결정한 법과 정부의 활동이라면 그 자체로 정당성을 갖는다는 것이다. 즉, 유권자 다수가 원하는 것이면 무엇이든 실현할 수 있다는 말이다.

이런 민주주의는 '무제한적 민주주의'이다. 어떤 제약도 없는 민주주의라는 의미이다. 이런 민주주의는 자유주의와 부합할 수가 없다. 그것은 다수의 독재이고 이런 점에서 전체주의와 유사하다. 폭군의 권력이든, 다수의 권력이든, 군주의 권력이든, 위험한 것은 권력 행사의 무제한성이다. 중요한 것은 이러한 권력을 제한하는 일이다.

민주주의 그 자체를 수단이 아니라 목적으로 여기고 다수의 의지를 중시한다면, 그것은 다수의 독재를 초래하고, 그것은 전체주의만큼이나 위험하다. 민주주의 존재 그 자체가 언제나 개인의 자유에 대한 전망을 밝게 해준다는 보장은 없다. 개인의 자유와 권리를 보장하지 못하는 민주주의는 본래의 민주주의가 아니다. 본래의 민주주의는 _____

① 다수의 의견을 수렴하여 이를 그대로 정책에 반영해야 한다.

② 서로 다른 목적의 충돌로 인한 사회적 불안을 해소할 수 있어야 한다.

③ 다수 의견보다는 소수 의견을 채택하면서 진정한 자유주의의 실현에 기여해야 한다.

④ 무제한적 민주주의를 과도기적으로 거치며 개인의 자유와 권리 보장에 기여해야 한다.

⑤ 민주적 절차 준수에 그치는 것이 아니라 과도한 권력을 실질적으로 견제할 수 있어야 한다.

18 다음 글의 주제로 가장 적절한 것은?

오늘날 사회계층 간 의료수혜의 불평등이 심화되어 의료이용도의 소득계층별, 지역별, 성별, 직업별, 연령별 차이가 사회적 불만의 한 원인으로 대두되고, 보건의료서비스가 의·식·주에 이어 제4의 기본적 수요로 인식됨에 따라 의료보장제도의 필요성이 나날이 높아지고 있다.

의료보장제도란 국민의 건강권을 보호하기 위하여 요구되는 필요한 보건의료서비스를 국가나 사회가 제도적으로 제공하는 것을 말하며, 건강보험, 의료급여, 산재보험을 포괄한다. 이를 통해 상대적으로 과다한 재정의 부담을 경감시킬 수 있으며, 국민의 주인의식과 참여 의식을 조장할 수 있다.

의료보장제도는 의료수혜의 불평등을 해소하기 위한 사회적·국가적 노력이며, 예측할 수 없는 질병의 발생 등에 대한 개인의 부담능력의 한계를 극복하기 위한 제도이다. 또한 개인의 위험을 사회적·국가적 위험으로 인식하여 위험의 분산 및 상호부조 인식을 제고하기 위한 제도이기도 하다.

의료보장제도의 의료보험(National Health Insurance) 방식은 일명 비스마르크(Bismarck)형 의료제도라고 하는데, 개인의 기여를 기반으로 한 보험료를 주재원으로 하는 제도이다. 사회보험의 낭비를 줄이기 위하여 진찰 시에 본인 일부 부담금을 부과하는 것이 특징이라 할 수 있다. 반면, 국가보건서비스(National Health Service) 방식은 일명 조세 방식, 비버리지(Beveridge)형 의료제도라고 하며, 국민의 의료문제는 국가가 책임져야 한다는 관점에서 조세를 재원으로 모든 국민에게 국가가 직접 의료를 제공하는 의료보장 방식이다.

① 의료보장제도의 종류
② 의료급여제도의 유형
③ 의료보장제도의 장단점
④ 의료급여제도의 필요성
⑤ 의료보장제도의 개념과 유형

19 다음 글의 밑줄 친 사람들의 주장으로 가장 적절한 것은?

최근 여러 나라들은 화석연료 사용으로 인한 기후 변화를 억제하기 위해 화석연료의 사용을 줄이고 목재연료의 사용을 늘리고 있다. 다수의 과학자와 경제학자들은 목재를 '탄소 중립적 연료'라고 생각하고 있다. 나무를 태우면 이산화탄소가 발생하지만, 새로 심은 나무가 자라면서 다시 이산화탄소를 흡수하는데, 나무를 베어낸 만큼 다시 심으면 전체 탄소배출량은 '0'이 된다는 것이다. 대표적으로 유럽연합이 화석연료를 목재로 대체하려고 하는데, 2020년까지 탄소 중립적 연료로 전체 전력의 20%를 생산할 계획을 가지고 있다. 영국, 벨기에, 덴마크 네덜란드 등의 국가에서는 나무 화력발전소를 건설하거나 기존의 화력발전소에서 나무를 사용할 수 있도록 전환하는 등의 설비를 갖추고 있다. 우리나라 역시 재생에너지원을 중요시하면서 나무 펠릿 수요가 증가하고 있다.

하지만 일부 과학자들은 목재가 친환경 연료가 아니라고 주장한다. 이들 주장의 핵심은 지금 심은 나무가 자라는 데에는 수십 ~ 수백 년이 걸린다는 것이다. 즉, 지금 나무를 태워 나온 이산화탄소는 나무를 심는다고 해서 줄어드는 것이 아니라 수백 년에 걸쳐서 천천히 흡수된다는 것이다. 또 화석연료에 비해 발전 효율이 낮기 때문에 같은 전력을 생산하는 데 발생하는 이산화탄소의 양은 더 많아질 것이라고 강조한다. 눈앞의 배출량만 줄이는 것은 마치 지금 당장 지갑에서 현금이 나가지 않는다고 해서 신용카드를 무분별하게 사용하는 것처럼 위험할 수 있다는 생각이다. 이들은 기후 변화 방지에 있어서, 배출량을 줄이는 것이 아니라 배출하지 않는 방법을 택하는 것이 더 낫다고 강조한다.

① 나무의 발전 효율을 높이는 연구가 선행되어야 한다.
② 목재연료의 사용은 현재의 상황에서 가장 합리적인 대책이다.
③ 목재연료의 사용보다는 화석연료의 사용을 줄이는 것이 중요하다.
④ 목재연료를 통한 이산화탄소 절감은 전 세계가 동참해야만 가능하다.
⑤ 목재연료의 사용보다는 태양광과 풍력 등의 발전효율을 높이는 것이 효과적이다.

20 다음 글의 주장에 대한 반박으로 적절하지 않은 것은?

쾌락주의는 모든 쾌락이 그 자체로서 가치가 있으며 쾌락의 증가와 고통의 감소를 통해 최대의 쾌락을 산출하는 행위를 올바른 것으로 간주하는 윤리설이다. 쾌락주의에 따르면 쾌락만이 내재적 가치를 지니며, 모든 것은 이러한 쾌락을 기준으로 가치 평가되어야 한다.

그런데 쾌락주의자는 단기적이고 말초적인 쾌락만을 추구함으로써 결국 고통에 빠지게 된다는 오해를 받기도 한다. 하지만 쾌락주의적 삶을 순간적이고 감각적인 쾌락만을 추구하는 방탕한 삶과 동일시하는 것은 옳지 않다. 쾌락주의는 일시적인 쾌락의 극대화가 아니라 장기적인 쾌락의 극대화를 목적으로 하므로 단기적, 말초적 쾌락만을 추구하는 것은 아니다. 예를 들어 사회적 성취가 장기적으로 더 큰 쾌락을 가져다준다면 쾌락주의자는 단기적 쾌락보다는 사회적 성취를 우선으로 추구한다. 또한 쾌락주의는 쾌락 이외의 것은 모두 무가치한 것으로 본다는 오해를 받기도 한다. 하지만 쾌락주의가 쾌락만을 가치 있는 것으로 보는 것은 아니다. 세상에는 쾌락 말고도 가치 있는 것들이 있으며, 심지어 고통조차도 가치 있는 것으로 볼 수 있다. 발이 불구덩이에 빠져서 통증을 느껴 곧바로 발을 빼낸 상황을 생각해 보자. 이때의 고통은 분명히 좋은 것임에 틀림없다. 만약 고통을 느끼지 못했다면, 불구덩이에 빠진 발을 꺼낼 생각을 하지 못해서 큰 부상을 당했을 수도 있기 때문이다. 물론 이때 고통이 가치 있다는 것은 도구인 의미에서 그런 것이지 그 자체가 목적이라는 의미는 아니다.

쾌락주의는 고통을 도구가 아닌 목적으로 추구하는 것을 이해할 수 없다고 본다. 금욕주의자가 기꺼이 감내하는 고통조차도 종교적 · 도덕적 성취와 만족을 추구하기 위한 도구인 것이지 고통 그 자체가 목적인 것은 아니기 때문이다. 대부분의 세속적 금욕주의자들은 재화나 명예와 같은 사회적 성취를 위해 당장의 쾌락을 포기하며, 종교적 금욕주의자들은 내세의 성취를 위해 현세의 쾌락을 포기하는데, 그것이 사회적 성취이든 내세적 성취이든지 간에 모두 광의의 쾌락을 추구하고 있는 것이다.

① 과연 쾌락이나 고통만으로 가치를 규정할 수 있는가?
② 쾌락의 원천은 다양한데, 서로 다른 쾌락을 같은 것으로 볼 수 있는가?
③ 쾌락의 질적 차이를 인정한다면, 이질적인 쾌락을 어떻게 서로 비교할 수 있는가?
④ 순간적이고 감각적인 쾌락만을 추구하는 삶을 쾌락주의적 삶이라고 볼 수 있는가?
⑤ 식욕의 충족에서 비롯된 쾌락과 사회적 명예의 획득에서 비롯된 쾌락은 같은 것인가?

Easy

01 다음은 2023년 공무원 징계 현황에 대한 자료이다. 이에 대한 설명으로 옳지 않은 것을 〈보기〉에서 모두 고르면?

〈공무원 징계 현황〉

(단위 : 건)

징계 사유	경징계	중징계
A	3	25
B	174	48
C	170	53
D	160	40
기타	6	5

보기

㉠ 경징계 총 건수는 중징계 총 건수의 3배이다.
㉡ 전체 징계 건수 중 경징계 총 건수의 비율은 70% 미만이다.
㉢ 징계 사유 D로 인한 징계 건수 중 중징계의 비율은 20% 미만이다.
㉣ 전체 징계 사유 중 징계의 비율이 가장 높은 것은 C이다.

① ㉠, ㉡   ② ㉠, ㉢
③ ㉡, ㉢   ④ ㉡, ㉣
⑤ ㉢, ㉣

02 다음은 마트별 비닐봉투 · 종이봉투 · 에코백 사용률에 대한 자료이다. 이에 대한 설명으로 옳은 것을 〈보기〉에서 모두 고르면?

〈마트별 비닐봉투 · 종이봉투 · 에코백 사용률〉

(단위 : %)

구분	대형마트 (2,000명 대상)	중형마트 (800명 대상)	개인마트 (300명 대상)	편의점 (200명 대상)
비닐봉투	7	18	21	78
종량제봉투	28	37	43	13
종이봉투	5	2	1	0
에코백	16	7	6	0
개인 장바구니	44	36	29	9

※ 마트별 전체 조사자 수는 상이함

보기

㉠ 대형마트의 종이봉투 사용자 수는 중형마트의 종이봉투 사용자 수의 6배 이상이다.
㉡ 대형마트의 종량제봉투 사용자 수는 전체 종량제봉투 사용자 수의 절반 이하이다.
㉢ 비닐봉투 사용률이 가장 높은 곳과 비닐봉투 사용자 수가 가장 많은 곳은 동일하다.
㉣ 편의점을 제외한 마트의 규모가 커질수록 개인 장바구니의 사용률은 증가한다.

① ㉠, ㉣
② ㉠, ㉡, ㉢
③ ㉠, ㉢, ㉣
④ ㉡, ㉢, ㉣
⑤ ㉠, ㉡, ㉢, ㉣

PART 2

03 김사원이 회사 근처로 이사를 하고 처음으로 수도세 고지서를 받은 결과, 한 달 동안 사용한 수도량의 요금이 17,000원이었다. 다음 수도 사용요금 요율표를 참고할 때, 한 달 동안 사용한 수도량은?(단, 구간 누적요금을 적용한다)

<수도 사용요금 요율표>

(단위 : 원)

구분	사용 구분(m^3)	m^3당 단가
수도	0 ~ 30 이하	300
	30 초과 ~ 50 이하	500
	50 초과	700
기본료		2,000

① $22m^3$
② $32m^3$
③ $42m^3$
④ $52m^3$
⑤ $62m^3$

04 다음은 두 국가의 월별 이민자 수에 대한 자료이다. 이에 대한 설명으로 옳은 것은?

<A, B국의 이민자 수 추이>

(단위 : 명)

구분	A국	B국
2022년 12월	3,400	2,720
2023년 1월	3,800	2,850
2023년 2월	4,000	2,800

① 월별 이민자 수 차이는 2022년 12월이 가장 크다.
② 2022년 12월 B국 이민자 수는 A국 이민자 수의 75% 미만이다.
③ A국 이민자 수에 대한 B국 이민자 수의 비는 2022년 12월이 가장 크다.
④ 2023년 2월 A국 이민자 수는 2023년 2월 A, B국의 이민자 수의 평균보다 800명 더 많다.
⑤ 2023년 1월 A국과 B국 이민자 수의 차이는 2023년 1월의 A국 이민자 수의 30% 이상이다.

다음은 연령대별 삶의 만족도에 대해 조사한 자료이다. 이에 대한 설명으로 옳은 것을 〈보기〉에서 모두 고르면?

〈연령대별 삶의 만족도〉

(단위 : %)

구분	매우 만족	만족	보통	불만족	매우 불만족
10대	8	11	34	28	19
20대	3	13	39	28	17
30대	5	10	36	39	10
40대	11	17	48	16	8
50대	14	18	42	23	3

※ 긍정적인 답변 : 매우 만족, 만족, 보통
※ 부정적인 답변 : 불만족, 매우 불만족

보기

㉠ 연령대가 높아질수록 '매우 불만족'이라고 응답한 비율은 낮아진다.
㉡ 모든 연령대에서 '매우 만족'과 '만족'이라고 응답한 비율이 가장 낮은 연령대는 20대이다.
㉢ 모든 연령대에서 긍정적인 답변을 한 비율은 50% 이상이다.
㉣ 50대에서 '불만족' 또는 '매우 불만족'이라고 응답한 비율은 '만족' 또는 '매우 만족'이라고 응답한 비율의 80% 이하이다.

① ㉠, ㉢
② ㉠, ㉣
③ ㉡, ㉢
④ ㉡, ㉣
⑤ ㉢, ㉣

06 다음은 2004·2014·2024년의 수도권 및 전국 평균 매매·전세가격에 대한 자료이다. 이에 대한 설명으로 옳은 것은?

〈2004·2014·2024년 수도권 및 전국 평균 매매·전세가격〉

(단위 : 만 원)

구분		평균 매매가격			평균 전세가격		
		2004년	2014년	2024년	2004년	2014년	2024년
전국		10,100	14,645	18,500	6,762	9,300	13,500
수도권	전체	12,500	18,500	22,200	8,400	12,400	18,900
	서울	17,500	21,350	30,744	9,200	15,500	20,400
	인천	13,200	16,400	20,500	7,800	10,600	13,500
	경기	10,400	15,200	18,900	6,500	11,200	13,200

① 2024년 수도권 전체의 평균 매매가격은 전국의 1.2배이고, 평균 전세가격은 전국의 1.3배이다.

② 2004년 대비 2014년의 전국과 수도권 전체 평균 매매가격 증가율의 차이는 5%p 미만이다.

③ 2004년 전국의 평균 전세가격은 수도권 전체 평균 전세가격의 80% 미만이다.

④ 서울의 2014년 대비 2024년 매매가격 증가율은 2004년 대비 2014년 매매가격 증가율의 1.5배이다.

⑤ 2004년, 2014년, 2024년 서울, 인천, 경기의 평균 매매·전세가격이 높은 순으로 나열하면 항상 '서울, 인천, 경기'이다.

07 다음은 학년별 온라인수업 수강방법에 대한 자료이다. 이에 대한 설명으로 옳은 것을 〈보기〉에서 모두 고르면?

〈학년별 온라인수업 수강방법〉

(단위 : %)

구분		스마트폰	태블릿PC	노트북	PC
학년별	초등학생	7.2	15.9	34.4	42.5
	중학생	5.5	19.9	36.8	37.8
	고등학생	3.1	28.5	38.2	30.2
성별	남학생	10.8	28.1	30.9	30.2
	여학생	3.8	11.7	39.1	45.4

보기

㉠ 초등학생에서 중학생, 고등학생으로 올라갈수록 스마트폰과 PC의 이용률은 감소하고, 태블릿 PC와 노트북의 이용률은 증가한다.
㉡ 초·중·고등학생의 노트북과 PC의 이용률의 차이는 고등학생이 가장 작다.
㉢ 태블릿PC의 남학생·여학생 이용률의 차이는 노트북의 남학생·여학생 이용률의 2배이다.

① ㉠

② ㉠, ㉡

③ ㉠, ㉢

④ ㉡, ㉢

⑤ ㉠, ㉡, ㉢

08 다음은 연도별 각 주류의 출고량 및 매출성장률에 대한 자료이다. 이에 대한 설명으로 옳지 않은 것은?

〈주류 출고량 및 매출성장률〉

(단위 : 1,000KL, %)

구분	2019년		2020년		2021년		2022년		2023년	
	출고량	성장률	출고량	성장률	출고량	성장률	출고량	성장률	출고량	성장률
맥주	1,571	21.8	1,574	0.2	1,529	−2.9	1,711	11.9	1,769	5.2
소주	684	−3.5	717	4.8	741	3.3	781	5.4	770	5.0
탁주	481	−20.2	414	−13.9	317	−23.4	295	−6.9	265	−10.0
청주	44	22.2	50	13.6	48	−4.0	49	2.1	47	−8.5
위스키	10	11.1	11	10.0	12	9.1	16	33.3	17	45
기타	32	0.0	29	−9.4	22	−24.1	19	−13.6	19	−10.0
합계	2,822	5.3	2,795	−1.0	2,669	−4.5	2,871	7.56	2,887	3.44

① 2019년 이후 기타를 제외하고 감소세가 가장 심한 것은 탁주이다.

② 연간 매출성장률의 변동이 가장 심한 것은 위스키이다.

③ 2019년 맥주의 출고량은 맥주 이외의 모든 주류를 합친 것보다 많다.

④ 2019년 이후 소주의 출고량은 맥주의 출고량의 절반을 넘긴 적이 없다.

⑤ 전체 주류 시장의 움직임은 맥주의 성장률에 의해서 가장 크게 영향을 받는다.

09 다음은 한국의 물가수준을 기준으로 한 연도별 각국의 물가수준 비교에 대한 자료이다. 이에 대한 설명으로 옳지 않은 것은?

〈연도별 각국의 물가수준 비교〉

구분	2019년	2020년	2021년	2022년	2023년
한국	100	100	100	100	100
일본	217	174	145	129	128
프랑스	169	149	127	127	143
캐나다	138	124	126	114	131
미국	142	118	116	106	107
독일	168	149	128	128	139
헝가리	86	85	72	75	91
영국	171	145	127	132	141

※ (해당연도 한국 물가수준)＝100

① 영국은 항상 세 번째로 물가가 높은 나라이다.

② 2023년에 한국보다 물가수준이 높은 나라는 6개국이다.

③ 2019 ~ 2022년 동안 헝가리의 물가는 상대적으로 가장 낮았다.

④ 2021년과 2022년의 독일의 물가가 같다면 2021 ~ 2022년의 한국과 프랑스의 물가변동률은 같다.

⑤ 2022년과 2023년의 한국의 물가수준이 같다면 2023년 일본의 물가는 전년 대비 약간 하락하였다.

10 다음은 월별 S매장을 방문한 손님 수에 대한 자료이다. 남자 손님 수가 가장 많은 달은 몇 월인가?

〈월별 S매장 방문 손님 수〉

(단위 : 명)

구분	1월	2월	3월	4월	5월
전체 손님 수	56	59	57	56	53
여자 손님 수	23	29	34	22	32

① 1월   ② 2월

③ 3월   ④ 4월

⑤ 5월

11 다음은 농구 경기에서 갑 ~ 정 4개 팀의 월별 득점에 대한 자료이다. 빈칸에 들어갈 수치로 옳은 것은?(단, 각 수치는 매월 일정한 규칙으로 변화한다)

〈월별 득점 현황〉

(단위 : 점)

구분	1월	2월	3월	4월	5월	6월	7월	8월	9월	10월
갑	1,024	1,266	1,156	1,245	1,410	1,545	1,205	1,365	1,875	2,012
을	1,352	1,702	2,000	1,655	1,320	1,307	1,232	1,786	1,745	2,100
병	1,078	1,423		1,298	1,188	1,241	1,357	1,693	2,041	1,988
정	1,298	1,545	1,658	1,602	1,542	1,611	1,080	1,458	1,579	2,124

① 1,358   ② 1,397

③ 1,450   ④ 1,498

⑤ 1,522

12 다음은 A지역의 연도별 아파트 분쟁 신고 현황에 대한 자료이다. 이를 그래프로 변환했을 때, 옳은 것을 〈보기〉에서 모두 고르면?

〈A지역 연도별 아파트 분쟁 신고 현황〉

(단위 : 건)

구분	2020년	2021년	2022년	2023년
관리비 회계 분쟁	220	280	340	350
입주자대표회의 운영 분쟁	40	60	100	120
정보공개 관련 분쟁	10	20	10	30
하자처리 분쟁	20	10	10	20
여름철 누수 분쟁	80	110	180	200
층간소음 분쟁	430	520	860	1,280

보기

㉠ 연도별 층간소음 분쟁 현황

㉡ 2021년 아파트 분쟁 신고 현황

㉢ 전년 대비 아파트 분쟁 신고 증가율

㉣ 3개년 연도별 아파트 분쟁 신고 현황

① ㉠, ㉡

② ㉠, ㉢

③ ㉡, ㉢

④ ㉡, ㉣

⑤ ㉢, ㉣

13 다음은 주요 국가별 자국 영화 점유율에 대한 자료이다. 이에 대한 설명으로 옳지 않은 것은?

〈주요 국가별 자국 영화 점유율〉

(단위 : %)

구분	2020년	2021년	2022년	2023년
한국	50.8	42.1	48.8	46.5
일본	47.7	51.9	58.8	53.6
영국	28.0	31.1	16.5	24.0
독일	18.9	21.0	27.4	16.8
프랑스	36.5	45.3	36.8	35.7
스페인	13.5	13.3	16.0	12.7
호주	4.0	3.8	5.0	4.5
미국	90.1	91.7	92.1	92.0

① 자국 영화 점유율에서 프랑스가 한국을 앞지른 해는 한 번도 없다.
② 지난 4년간 자국 영화 점유율이 매년 꾸준히 상승한 국가는 하나도 없다.
③ 2020년 대비 2023년 자국 영화 점유율이 가장 많이 하락한 국가는 한국이다.
④ 2022년을 제외하고 프랑스, 영국, 독일과 스페인의 자국 영화 점유율 순위는 매년 같다.
⑤ 2022년 자국 영화 점유율이 해당 국가의 4년간 통계에서 가장 높은 경우가 절반이 넘는다.

14 다음은 2015 ~ 2023년 공연예술의 연도별 행사 추이에 대한 자료이다. 이에 대한 설명으로 옳은 것은?

〈공연예술의 연도별 행사 추이〉

(단위 : 건)

구분	2015년	2016년	2017년	2018년	2019년	2020년	2021년	2022년	2023년
양악	2,658	2,658	2,696	3,047	3,193	3,832	3,934	4,168	4,628
국악	617	1,079	1,002	1,146	1,380	1,440	1,884	1,801	2,192
무용	660	626	778	1,080	1,492	1,323	미집계	1,480	1,521
연극	610	482	593	717	1,406	1,113	1,300	1,929	1,794

① 연극 공연 건수가 무용 공연 건수보다 많아진 것은 2022년부터였다.
② 이 기간 동안 매년 국악 공연 건수가 연극 공연 건수보다 더 많았다.
③ 2015년 대비 2023년 공연 건수의 증가율이 가장 높은 장르는 국악이다.
④ 2022년 대비 2023년에 공연 건수가 가장 많이 증가한 장르는 국악이다.
⑤ 이 기간 동안 매년 양악 공연 건수가 국악, 무용, 연극 공연 건수의 합보다 더 많았다.

15 다음은 2023년 3월 인천국제공항 요일별 통계에 대한 자료이다. 이에 대한 설명으로 옳지 않은 것은?

〈2023년 3월 인천국제공항 요일별 통계〉

(단위 : 편, 명, 톤)

구분	운항			여객			화물		
	도착	출발	소계	도착	출발	소계	도착	출발	소계
월요일	2,043	2,013	4,056	343,499	365,749	709,248	11,715	12,316	24,031
화요일	2,024	2,074	4,098	338,558	338,031	676,589	14,322	16,501	30,823
수요일	2,148	2,129	4,277	356,678	351,097	707,775	17,799	18,152	35,951
목요일	2,098	2,104	4,202	342,374	341,613	683,987	17,622	17,859	35,481
금요일	2,141	2,158	4,299	361,849	364,481	726,330	17,926	18,374	36,300
토요일	2,714	2,694	5,408	478,544	475,401	953,945	23,386	24,647	48,033
일요일	2,710	2,671	5,381	476,258	460,560	936,818	21,615	22,285	43,900
합계	15,878	15,843	31,721	2,697,760	2,696,932	5,394,692	124,385	130,134	254,519

① 비행기 1대당 탑승객은 평균적으로 출발편이 도착편보다 많다.

② 인천국제공항에 도착하는 화물보다 인천국제공항에서 출발하는 화물이 항상 더 많다.

③ 운항편이 가장 많은 요일은 여객과 화물에서도 가장 높은 수치를 보이고 있다.

④ 화 ~ 일요일 도착 운항편의 증감 추이는 같은 기간 출발 여객 수의 증감 추이와 같다.

⑤ 3월에 인천국제공항에 도착한 화물 중 일요일에 도착한 화물의 무게는 월요일에 도착한 화물 무게의 1.5배 이상이다.

16 다음은 2019 ~ 2023년 반려동물 신규등록 현황과 유실 및 유기동물 보호형태 현황에 대한 자료이다. 이에 대한 설명으로 옳지 않은 것을 〈보기〉에서 모두 고르면?

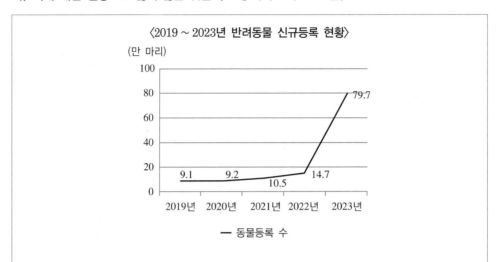

〈2019 ~ 2023년 반려동물 신규등록 현황〉

(만 마리)

— 동물등록 수

〈2019 ~ 2023년 유실 및 유기동물 보호형태 현황〉

(단위 : %)

구분	2019년	2020년	2021년	2022년	2023년
인도	14.6	15.2	14.5	13.0	12.1
분양	32.0	30.4	30.1	27.6	26.4
기증	1.2	1.6	1.9	1.8	1.4
자연사	22.7	25.0	27.1	23.9	24.8
안락사	20.0	19.9	20.2	20.2	21.8
기타	1.3	1.7	1.5	1.8	1.7
보호 중	8.2	6.2	4.7	11.7	11.8

보기

ⓐ 조사기간 중 반려동물 신규등록 수의 전년 대비 증가율이 두 번째로 높은 연도는 2022년이다.
ⓑ 유실 및 유기동물 중 분양된 동물의 수는 2019년부터 2023년까지 매년 감소하였다.
ⓒ 2021년과 2022년의 유실 및 유기동물 중 보호 중인 동물의 수와 인도된 동물의 수의 합은 같은 해 분양된 동물의 수보다 많다.
ⓓ 2019년 대비 2021년 반려동물 신규등록 건수의 증가율은 10%를 초과한다.

---

① ㉠, ㉡   ② ㉠, ㉢
③ ㉡, ㉢   ④ ㉡, ㉣
⑤ ㉢, ㉣

17 다음은 연도별 창업보육센터 수 및 지원금액에 대한 자료이다. 이에 대한 설명으로 옳지 않은 것을 〈보기〉에서 모두 고르면?

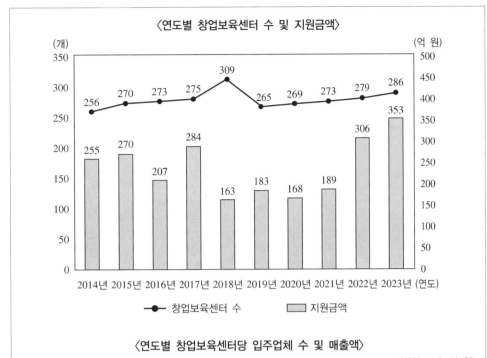

〈연도별 창업보육센터 수 및 지원금액〉

〈연도별 창업보육센터당 입주업체 수 및 매출액〉

(단위 : 개, 억 원)

구분	2021년	2022년	2023년
창업보육센터당 입주업체 수	16.6	17.1	16.8
창업보육센터당 입주업체 매출액	85.0	91.0	86.7

※ 한 업체는 1개의 창업보육센터에만 입주함

보기

㉠ 2023년 창업보육센터 지원금액의 전년 대비 증가율은 창업보육 센터 수 증가율의 5배 이상이다.
㉡ 2023년 창업보육센터의 전체 입주업체 수는 전년보다 적다.
㉢ 창업보육센터당 지원금액이 가장 적은 해는 2018년이며, 가장 많은 해는 2023년이다.
㉣ 창업보육센터 입주업체의 전체 매출액은 2021년 이후 매년 증가하였다.

① ㉠, ㉡   ② ㉠, ㉢
③ ㉡, ㉢   ④ ㉡, ㉣
⑤ ㉢, ㉣

18 다음은 우리나라의 예산분야별 재정지출 추이에 대한 자료이다. 이에 대한 설명으로 옳은 것은?

〈우리나라 예산분야별 재정지출 추이〉

(단위 : 조 원, %)

구분	2019년	2020년	2021년	2022년	2023년	연평균 증가율
예산	137.2	147.5	153.7	165.5	182.8	7.4
기금	59.0	61.2	70.4	72.9	74.5	6.0
교육	24.5	27.6	28.8	31.4	35.7	9.9
사회복지·보건	32.4	49.6	56.0	61.4	67.5	20.1
R&D	7.1	7.8	8.9	9.8	10.9	11.3
SOC	27.1	18.3	18.4	18.4	18.9	-8.6
농림·해양·수산	12.3	14.1	15.5	15.9	16.5	7.6
산업·중소기업	11.4	11.9	12.4	12.6	12.6	2.5
환경	3.5	3.6	3.8	4.0	4.4	5.9
국방비	18.1	21.1	22.5	24.5	26.7	10.2
통일·외교	1.4	2.0	2.6	2.4	2.6	16.7
문화·관광	2.3	2.6	2.8	2.9	3.1	7.7
공공질서·안전	7.6	9.4	11.0	10.9	11.6	11.2
균형발전	5.0	5.5	6.3	7.2	8.1	12.8
기타	43.5	35.2	35.1	37.0	38.7	-2.9
총지출	196.2	208.7	224.1	238.4	257.3	7.0

※ (총지출)=(예산)+(기금)

① 교육 분야의 지출 증가율이 가장 높은 해는 2020년이다.
② 총지출에 대한 기금의 비중이 가장 컸던 해는 2019년이다.
③ 사회복지·보건 분야가 차지하고 있는 비율은 언제나 가장 높다.
④ 기타를 제외하고 전년 대비 지출액이 동일한 해가 있는 분야는 2개이다.
⑤ 기금의 연평균 증가율보다 낮은 연평균 증가율을 보이는 분야는 3개이다.

19 다음은 지역별 마약류 단속 건수에 대한 자료이다. 이에 대한 설명으로 옳은 것은?

〈지역별 마약류 단속 건수〉

(단위 : 건, %)

구분	대마	코카인	향정신성 의약품	합계	비율
서울	49	18	323	390	22.1
인천·경기	55	24	552	631	35.8
부산	6	6	166	178	10.1
울산·경남	13	4	129	146	8.3
대구·경북	8	1	138	147	8.3
대전·충남	20	4	101	125	7.1
강원	13	0	35	48	2.7
전북	1	4	25	30	1.7
광주·전남	2	4	38	44	2.5
충북	0	0	21	21	1.2
제주	0	0	4	4	0.2
합계	167	65	1,532	1,764	100.0

※ 수도권은 서울·인천·경기를 합한 지역임
※ 마약류는 대마, 코카인, 향정신성의약품으로만 구성됨

① 코카인 단속 건수가 없는 지역은 5곳이다.
② 대마 단속 전체 건수는 코카인 단속 전체 건수의 3배 이상이다.
③ 수도권의 마약류 단속 건수는 마약류 단속 전체 건수의 50% 이상이다.
④ 강원 지역은 향정신성의약품 단속 건수가 대마 단속 건수의 3배 이상이다.
⑤ 향정신성의약품 단속 건수는 대구·경북 지역이 광주·전남 지역의 4배 이상이다.

20 다음은 연도별 및 연령대별 흡연율에 대한 자료이다. 이를 참고하여 작성한 그래프로 적절하지 않은 것은?

〈연도별·연령대별 흡연율〉

(단위 : %)

구분	연령대				
	20대	30대	40대	50대	60대 이상
2014년	28.4	24.8	27.4	20.0	16.2
2015년	21.5	31.4	29.9	18.7	18.4
2016년	18.9	27.0	27.2	19.4	17.6
2017년	28.0	30.1	27.9	15.6	2.7
2018년	30.0	27.5	22.4	16.3	9.1
2019년	24.2	25.2	19.3	14.9	18.4
2020년	13.1	25.4	22.5	15.6	16.5
2021년	22.2	16.1	18.2	13.2	15.8
2022년	11.6	25.4	13.4	13.9	13.9
2023년	14.0	22.2	18.8	11.6	9.4

① 40대, 50대 연도별 흡연율

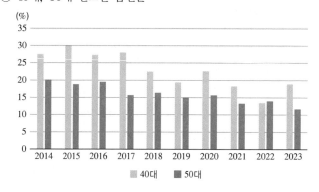

② 2020 ~ 2023년 연령대별 흡연율

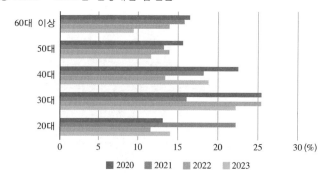

③ 2018 ~ 2023년 60대 이상 연도별 흡연율

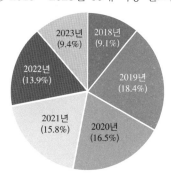

④ 20대, 30대 연도별 흡연율

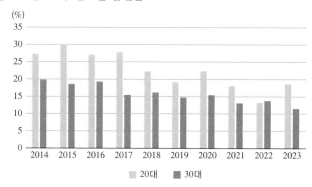

⑤ 2023년 연령대별 흡연율

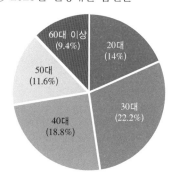

01 300km/h로 달리는 KTX 열차가 있다. 목적지까지는 400km이며, 정차해야 하는 역이 7군데 있다. 정차역에서 10분간 대기 후 출발한다고 했을 때, 출발시각으로부터 총 걸린 시간은?(단, 일정한 속도로 달리는 것으로 가정한다)

① 1시간 10분   ② 1시간 20분

③ 2시간 20분   ④ 2시간 30분

⑤ 3시간

`Easy`

02 농도 3%의 소금물 400g에 농도 10% 소금물 300g을 모두 섞었을 때, 섞인 소금물에 들어있는 소금의 양은?

① 35g   ② 38g

③ 40g   ④ 42g

⑤ 45g

03 S사는 원가에 20%의 이윤을 붙인 가격을 정가로 팔던 제품을 정가에서 10% 할인하여 판매하였다. 이후 정산을 하였더니 제품당 2,000원의 이윤이 생겼다. 이 제품의 원가는?

① 14,000원   ② 18,000원

③ 22,000원   ④ 25,000원

⑤ 30,000원

04 S사의 생산공장에 재직 중인 A와 B는 오후 1시부터 오후 6시까지 근무한다. A는 310개의 제품을 포장하는 데 1시간이 걸리고, B는 작업속도가 1시간마다 바로 전 시간의 2배가 된다. 두 사람이 받는 하루 임금이 같다고 할 때, B는 처음 시작하는 1시간 동안 몇 개의 제품을 포장하는가?(단, 일급은 그날 포장한 제품의 개수에 비례한다)

① 25개   ② 50개

③ 75개   ④ 100개

⑤ 125개

`Hard`

05 길이가 2km인 강이 있다. 배를 타고 강을 거슬러 오르는 데 40분, 다시 내려오는 데 20분이 걸린다면 배의 속력은?

① 62m/min   ② 70m/min

③ 75m/min   ④ 80m/min

⑤ 84m/min

06 사과 154개, 참외 49개, 토마토 63개 각각을 동일한 개수로 사람들에게 나누어 주려고 한다. 나누어 줄 수 있는 최대 인원은?

① 5명   ② 6명

③ 7명   ④ 8명

⑤ 9명

07 현재 현우의 나이는 30살이고, 조카의 나이는 5살이다. 현우의 나이가 조카 나이의 2배가 되는 것은 몇 년 후인가?

① 17년 후　　　　　　　　　　　② 18년 후
③ 19년 후　　　　　　　　　　　④ 20년 후
⑤ 21년 후

08 농도가 각각 12%인 A설탕물 200g, 15%인 B설탕물 300g, 17%인 C설탕물 100g이 있다. A와 B설탕물을 합친 후 300g만 남기고 버린 다음, 여기에 C설탕물을 합친 후 다시 300g만 남기고 버렸다. 마지막 300g 설탕물에 녹아있는 설탕의 양은?

① 41.5g　　　　　　　　　　　② 42.7g
③ 43.8g　　　　　　　　　　　④ 44.6g
⑤ 45.1g

09 10명의 학생들 중 2명의 임원을 뽑고 남은 학생들 중 2명의 주번을 뽑는다고 할 때, 나올 수 있는 경우의 수는?

① 1,024가지　　　　　　　　　② 1,180가지
③ 1,260가지　　　　　　　　　④ 1,320가지
⑤ 1,380가지

10 현재 동생은 통장에 10,000원이 있고 형은 0원이 있다. 형은 한 달에 2,000원씩을 저금하고, 동생은 1,500원을 저금한다고 할 때, 몇 개월 후에 형의 통장 잔액이 동생보다 많아지는가?

① 21개월 후   ② 26개월 후

③ 31개월 후   ④ 32개월 후

⑤ 33개월 후

11 서로 다른 2개의 주사위 A, B를 동시에 던졌을 때, 나온 눈의 곱이 홀수일 확률은?

① $\dfrac{1}{4}$ ② $\dfrac{1}{5}$

③ $\dfrac{1}{6}$ ④ $\dfrac{1}{8}$

⑤ $\dfrac{1}{10}$

12 진영이는 이번 출장에 KTX 표를 미리 구매하여 40% 할인된 가격에 구매하였다. 하지만 출장 일정이 바뀌어서 하루 전날 표를 취소하였다. 환불 규정에 따라 16,800원을 돌려받았을 때, 할인되지 않은 KTX 표의 가격은?

〈환불 규정〉
• 2일 전 : 구매 가격의 100%
• 1일 전부터 열차 출발 전 : 구매 가격의 70%
• 열차 출발 후 : 구매 가격의 50%

① 40,000원   ② 48,000원

③ 56,000원   ④ 67,200원

⑤ 70,000원

13 S사는 한 달에 한 번씩 부서별로 영화표를 지원해 주는데 가족 단위로 참가하도록 장려하고 있다. 이번 달 영업부에서 신청한 인원은 9명이고, 영화표의 가격은 성인이 12,000원, 청소년은 성인의 0.7배일 때, 총무부에서 90,000원을 지불하였다면 영화를 관람한 영업부 가족 중 청소년은 몇 명인가?

① 2명   ② 3명
③ 4명   ④ 5명
⑤ 6명

`Easy`

14 농도 15% 소금물 500g에 몇 g의 물을 넣어야 농도 10% 소금물이 되는가?

① 180g   ② 200g
③ 230g   ④ 250g
⑤ 270g

15 A와 B는 함께 자격증 시험에 도전하였다. A가 불합격할 확률이 $\frac{2}{3}$ 이고 B가 합격할 확률이 60%일 때 A, B 둘 다 합격할 확률은?

① 20%   ② 30%
③ 40%   ④ 50%
⑤ 60%

16 동양역과 서양역은 100km 거리에 있으며, 편도로 1시간이 걸린다고 한다. 동양역의 경우 20분마다, 서양역은 15분마다 기차가 출발한다. 동양역과 서양역에서 서로의 역을 향하여 10시에 첫 기차가 출발할 때, 두 번째로 50km인 지점에서 만나는 시각은?(단, 모든 기차의 속력은 같다)

① 10시 30분   ② 11시 00분
③ 11시 30분   ④ 12시 00분
⑤ 12시 30분

17 10명의 학생들이 모여 줄넘기 대회를 진행하려고 한다. 경기 방식을 리그전과 토너먼트 방식 두 가지로 진행하려고 할 때, 우승자가 나올 때까지 진행해야 하는 리그전과 토너먼트 전의 경기 수의 차는?(단, 동점자는 없고, 반드시 승패가 가려진다)

① 30회   ② 32회

③ 36회   ④ 40회

⑤ 45회

Hard

18 올해 S사 지원부서원 25명의 평균 나이는 38세이다. 다음 달에 52세의 팀원이 퇴사하고 27세의 신입사원이 입사할 예정일 때, 내년 지원부서원 25명의 평균 나이는?(단, 주어진 조건 외에 다른 인사이동은 없다)

① 34세   ② 35세

③ 36세   ④ 37세

⑤ 38세

19 A, B 두 개의 톱니가 서로 맞물려 있다. A의 톱니 수는 B의 톱니 수보다 20개 더 많고, A가 6회전할 때, B는 10회전한다면, A의 톱니 수는?

① 35개   ② 40개

③ 45개   ④ 50개

⑤ 55개

20 순수한 물 100g에 농도 36%의 설탕물 50g과 농도 20%의 설탕물 50g을 모두 섞으면, 농도 몇 %의 설탕물이 되는가?

① 10%   ② 12%

③ 14%   ④ 16%

⑤ 18%

01 S사 A ~ E 5명의 직원이 원탁에 앉아 저녁을 먹기로 했다. 다음 〈조건〉에 따라 원탁에 앉을 때, C가 앉는 자리를 첫 번째로 하여 시계 방향으로 세 번째 자리에 앉는 사람은?

조건
- C 바로 옆 자리에 E가 앉고, B는 앉지 못한다.
- D가 앉은 자리와 B가 앉은 자리 사이에 1명 이상 앉아 있다.
- A가 앉은 자리의 바로 오른쪽은 D가 앉는다.
- 좌우 방향은 원탁을 바라보고 앉은 상태를 기준으로 한다.

① A
② B
③ C
④ D
⑤ E

02 가와 나 마을에 A ~ F 6명이 살고 있다. 가와 나 마을에는 3명씩 살고 있으며, 가 마을 사람들은 항상 진실만을 말하고 나 마을 사람들은 항상 거짓만 말한다. F가 가 마을에 살고 있고, 다음 〈조건〉을 고려했을 때 나 마을에 살고 있는 사람을 모두 고르면?

조건
- A : B, D 중 1명은 가 마을이야.
- C : A, E 중 1명은 나 마을이야.

① A, B, C
② A, B, D
③ B, C, D
④ B, C, E
⑤ C, D, E

03 S는 게임 동호회 회장으로 주말에 진행되는 게임 행사에 동호회 회원인 A ~ E 5명의 참여 가능 여부를 조사하려고 한다. 다음 내용을 참고하여 E가 행사에 참여하지 않는다고 할 때, 행사에 참여 가능한 사람은 몇 명인가?

- A가 행사에 참여하지 않으면, B가 행사에 참여한다.
- A가 행사에 참여하면, C는 행사에 참여하지 않는다.
- B가 행사에 참여하면, D는 행사에 참여하지 않는다.
- D가 행사에 참여하지 않으면, E가 행사에 참여한다.

① 1명
② 2명
③ 3명
④ 4명
⑤ 5명

Hard

04 김대리는 회의 참석자의 역할을 고려해 A ~ F 총 6명이 앉을 6인용 원탁 자리를 세팅 중이다. 다음 내용을 모두 만족하도록 세팅했을 때, 바로 옆 자리에 앉게 되는 사람끼리 짝지어진 것은?

- 원탁 둘레로 6개의 의자를 같은 간격으로 세팅한다.
- A가 C와 F 중 한 사람의 바로 옆 자리에 앉도록 세팅한다.
- D의 바로 옆 자리에 C나 E가 앉지 않도록 세팅한다.
- A가 좌우 어느 쪽을 봐도 B와의 사이에 2명이 앉도록 세팅하고, B의 바로 왼쪽 자리에 F가 앉도록 세팅한다.

① A와 D ② A와 E
③ B와 C ④ B와 D
⑤ C와 F

05 각각 다른 심폐기능 등급을 받은 A ~ E 5명 중 등급이 가장 낮은 2명의 환자에게 건강관리 안내문을 발송하려 할 때, 발송 대상자는?

- E보다 심폐기능이 좋은 환자는 2명 이상이다.
- E는 C보다 한 등급 높다.
- B는 D보다 한 등급 높다.
- A보다 심폐기능이 나쁜 환자는 2명이다.

① B, C ② B, D
③ B, E ④ C, D
⑤ C, E

06 A ~ C 3명은 점심식사 후 아메리카노, 카페라테, 카푸치노, 에스프레소 4종류의 음료를 파는 카페에서 커피를 마신다. 주어진 〈조건〉이 항상 참일 때, 다음 중 항상 참인 것은?

조건
- A는 카페라테와 카푸치노를 좋아하지 않는다.
- B는 에스프레소를 좋아한다.
- A와 B는 좋아하는 커피가 서로 다르다.
- C는 에스프레소를 좋아하지 않는다.

① A는 아메리카노를 좋아한다.
② C는 카푸치노를 좋아한다.
③ C는 아메리카노를 좋아한다.
④ A가 좋아하는 커피는 주어진 조건만으로는 알 수 없다.
⑤ C와 B는 좋아하는 커피가 같다.

07 S회사에 재직 중인 A ~ D 4명은 는 각각 서로 다른 지역인 인천, 세종, 대전, 강릉에서 근무하고 있다. A ~ D 모두 연수에 참여하기 위해 서울에 있는 본사를 방문한다고 할 때, 다음에 근거하여 바르게 추론한 것은?(단, A ~ D 모두 같은 종류의 교통수단을 이용하고, 이동 시간은 거리가 멀수록 많이 소요되며, 그 외 소요되는 시간은 서로 동일하다)

- 서울과의 거리가 먼 순서대로 나열하면 강릉 – 대전 – 세종 – 인천 순이다.
- D가 서울에 올 때, B보다 더 많은 시간이 소요된다.
- C는 A보다는 많이 B보다는 적게 시간이 소요된다.

① B는 세종에서 근무한다.
② C는 대전에서 근무한다.
③ D는 강릉에서 근무한다.
④ C는 B보다 먼저 출발해야 한다.
⑤ 이동 시간이 긴 순서대로 나열하면 'C – D – B – A'이다.

08 A ~ E 5명이 기말고사를 봤는데, 이 중 2명은 부정행위를 하였다. 부정행위를 한 2명은 거짓을 말하고 부정행위를 하지 않은 3명은 진실을 말할 때, 다음 진술을 보고 부정행위를 한 사람을 모두 고르면?

- A : D는 거짓말을 하고 있어.
- B : A는 부정행위를 하지 않았어.
- C : B가 부정행위를 했어.
- D : 나는 부정행위를 하지 않았어.
- E : C가 거짓말을 하고 있어.

① A, B   ② B, C
③ C, D   ④ C, E
⑤ D, E

09 다음 〈조건〉을 바탕으로 했을 때, 5층에 있는 부서는?(단, 5층 건물이며, 한 층에 한 부서씩 있다)

> **조건**
> • 기획조정실의 층수에서 경영지원실의 층수를 빼면 3이다.
> • 보험급여실은 경영지원실 바로 위층에 있다.
> • 급여관리실은 빅데이터운영실보다는 아래층에 있다.
> • 빅데이터운영실과 보험급여실 사이에는 두 층이 있다.
> • 경영지원실은 가장 아래층이다.

① 빅데이터운영실
② 보험급여실
③ 경영지원실
④ 기획조정실
⑤ 급여관리실

10 A ~ E 5명이 100m 달리기를 했다. 기록 측정 결과가 나오기 전에 그들끼리의 대화를 통해 순위를 예측해 보려고 한다. 그들의 대화는 다음과 같고, 이 중 1명은 거짓말만 하고 있다. 다음 중 A ~ E의 순위로 알맞은 것은?

> • A : 나는 1등이 아니고, 3등도 아니야.
> • B : 나는 1등이 아니고, 2등도 아니야.
> • C : 나는 3등이 아니고, 4등도 아니야.
> • D : 나는 A와 B보다 늦게 들어왔어.
> • E : 나는 C보다는 빠르게 들어왔어. 하지만 A보다는 늦게 들어왔지.

① A - C - E - B - D
② C - A - D - B - E
③ C - E - B - A - D
④ E - A - B - C - D
⑤ E - C - B - A - D

11

> • 어떤 꽃은 향기롭다.
> • 향기로운 꽃은 주위에 나비가 많다.
> • 주위에 나비가 많은 모든 꽃은 아카시아이다.

① 어떤 꽃은 아카시아이다.
② 모든 아카시아는 향기롭다.
③ 어떤 꽃은 나비가 많지 않다.
④ 주위에 나비가 많은 꽃은 향기롭다.
⑤ 주위에 나비가 없는 꽃은 아카시아이다.

12

> • 어떤 안경은 바다를 좋아한다.
> • 바다를 좋아하는 것은 유리로 되어 있다.
> • 모든 유리로 되어 있는 것은 열쇠이다.

① 모든 안경은 열쇠이다.
② 바다를 좋아하는 모든 것은 안경이다.
③ 바다를 좋아하는 어떤 것은 유리로 되어 있지 않다.
④ 안경이 아닌 것은 바다를 좋아하지 않는다.
⑤ 유리로 되어 있는 어떤 것 중 안경이 있다.

※ 제시된 명제가 모두 참일 때, 빈칸에 들어갈 명제로 가장 적절한 것을 고르시오. [13~14]

Easy

13

전제1. 오늘이 수요일이나 목요일이면 아침에 커피를 마신다.
전제2. _____
결론. 아침에 커피를 마시지 않은 날은 회사에서 회의를 한다.

① 회사에서 회의를 하면 수요일이다.
② 회사에서 회의를 하지 않으면 수요일이나 목요일이다.
③ 회사에서 회의를 하지 않으면 아침에 커피를 마시지 않는다.
④ 수요일에 회사에서 회의하면 목요일은 회의하지 않는다.
⑤ 수요일 아침에 커피를 마시면 목요일 아침에 커피를 마시지 않는다.

14

전제1. 밤에 잠을 잘 못자면 낮에 피곤하다.
전제2. _____
전제3. 업무효율이 떨어지면 성과급을 받지 못한다.
결론. 밤에 잠을 잘 못자면 성과급을 받지 못한다.

① 낮에 피곤하면 업무효율이 떨어진다.
② 밤에 잠을 잘 자면 성과급을 받는다.
③ 성과급을 받지 못하면 낮에 피곤하다.
④ 성과급을 받으면 밤에 잠을 잘 못 잔다.
⑤ 업무효율이 떨어지면 밤에 잠을 잘 못 잔다.

15 대학생의 취미생활에 대한 선호도를 조사하였더니 다음과 같은 결과가 나왔다. 이를 바탕으로 올바르게 추론한 것은?

> • 등산을 좋아하는 사람은 스케이팅을 좋아하지 않는다.
> • 영화 관람을 좋아하지 않는 사람은 독서를 좋아한다.
> • 영화 관람을 좋아하지 않는 사람은 조깅 또한 좋아하지 않는다.
> • 낮잠 자기를 좋아하는 사람은 스케이팅을 좋아한다.
> • 스케이팅을 좋아하는 사람은 독서를 좋아한다.

① 조깅을 좋아하는 사람은 독서를 좋아한다.
② 낮잠 자기를 좋아하는 사람은 독서를 좋아한다.
③ 영화 관람을 좋아하는 사람은 스케이팅을 좋아한다.
④ 독서를 좋아하지 않는 사람은 조깅을 좋아하지 않는다.
⑤ 스케이팅을 좋아하는 사람은 낮잠 자기를 좋아하지 않는다.

16 주어진 명제를 바탕으로 결론을 내릴 때, 다음 중 참인지 거짓인지 알 수 없는 것은?

> • 월계 빌라의 주민들은 모두 A의 친척이다.
> • B는 자식이 없다.
> • C는 A의 오빠이다.
> • D는 월계 빌라의 주민이다.
> • A의 아들은 미국에 산다.

① A의 아들은 C와 친척이다.
② A와 D는 둘 다 남자이다.
③ B는 월계 빌라의 주민이다.
④ C는 A의 아들의 이모이다.
⑤ D는 A와 친척 간이다.

17 김과장은 건강상의 이유로 다음 〈조건〉에 따라 간헐적 단식을 시작하기로 했다. 김과장이 선택한 간헐적 단식 방법은 월요일부터 일요일까지 일주일 중에 2일을 선택하여 아침 혹은 저녁 한 끼 식사만 하는 것이다. 김과장이 단식을 시작한 첫 주 월요일부터 일요일까지 한 끼만 먹은 요일과 이때 식사를 한 때는?

> **조건**
> • 단식을 하는 날 전후로 각각 최소 2일간은 세 끼 식사를 한다.
> • 단식을 하는 날 이외에는 항상 세 끼 식사를 한다.
> • 2주차 월요일에는 단식을 했다.
> • 1주차에 먹은 아침식사 횟수와 저녁식사 횟수가 같다.
> • 1주차 월요일, 수요일, 금요일은 조찬회의에 참석하여 아침식사를 했다.
> • 1주차 목요일은 업무약속이 있어서 점심식사를 했다.

① 월요일(아침), 목요일(저녁)

② 화요일(아침), 금요일(아침)

③ 화요일(저녁), 금요일(아침)

④ 화요일(저녁), 토요일(아침)

⑤ 수요일(아침), 일요일(저녁)

18 A ~ E 5명은 점심 식사 후 제비뽑기를 통해 '꽝'을 뽑은 한 명이 나머지 4명의 아이스크림을 모두 사주기로 하였다. 다음 대화에서 1명이 거짓말을 한다고 할 때, 아이스크림을 사야 할 사람은?

> • A : D는 거짓말을 하고 있지 않아.
> • B : '꽝'을 뽑은 사람은 C이다.
> • C : B의 말이 사실이라면 D의 말은 거짓이야.
> • D : E의 말이 사실이라면 '꽝'을 뽑은 사람은 A이다.
> • E : C는 빈 종이를 뽑았어.

① A

② B

③ C

④ D

⑤ E

19 은호네 가족 아빠, 엄마, 은호, 동생 은수는 각각 서로 다른 사이즈의 신발을 신는다. 제시된 내용이 모두 참일 때, 다음 중 항상 참이 되는 것은?(단, 신발은 5mm 단위로 판매된다)

- 은호의 아빠는 은호네 가족 중 가장 큰 사이즈인 270mm의 신발을 신는다.
- 은호의 엄마는 은호의 신발보다 5mm 더 큰 사이즈의 신발을 신는다.
- 은호에게 230mm의 신발은 조금 작고, 240mm의 신발은 조금 크다.
- 은수의 신발 사이즈는 230mm 이하로 가족 중 가장 작은 사이즈의 신발을 신는다.

① 은수의 신발 사이즈는 225mm이다.
② 은호와 은수의 신발 사이즈 차이는 5mm 이하이다.
③ 은호 아빠와 엄마의 신발 사이즈 차이는 20mm이다.
④ 은호 아빠와 은호의 신발 사이즈 차이는 35mm이다.
⑤ 은호 엄마와 은수의 신발 사이즈는 10mm 이하 차이가 난다.

20 S사에 근무 중인 A ~ E 5명은 다음 사내 교육 프로그램 일정에 따라 요일별로 하나의 프로그램에 참가한다. 제시된 〈조건〉이 모두 참일 때, 다음 중 항상 참이 되는 것은?

월	화	수	목	금
필수1	필수2	선택1	선택2	선택3

조건
- A는 선택 프로그램에 참가한다.
- C는 필수 프로그램에 참가한다.
- D는 C보다 나중에 프로그램에 참가한다.
- E는 A보다 나중에 프로그램에 참가한다.

① A가 목요일 프로그램에 참가하면 E는 선택3 프로그램에 참가한다.
② B가 필수 프로그램에 참가하면 C는 화요일 프로그램에 참가한다.
③ C가 화요일 프로그램에 참가하면 E는 선택2 프로그램에 참가한다.
④ D는 반드시 필수 프로그램에 참가한다.
⑤ E는 반드시 목요일 프로그램에 참가한다.

※ 일정한 규칙으로 수를 나열할 때, 빈칸에 들어갈 알맞은 수를 고르시오. [1~12]

Hard

01

| 12.02 | 20.06 | 30.12 | 42.2 | 56.3 | 72.42 | ( ) | 110.72 | 132.9 |

① 88.64　　　　　　　　② 90.56
③ 95.72　　　　　　　　④ 98.81
⑤ 101.32

02

| 36.25 | 25.36 | 38.38 | 29.67 | 40.51 | ( ) | 42.64 | 38.29 | 44.77 | 42.6 |

① 33.98　　　　　　　　② 34.71
③ 35.59　　　　　　　　④ 36.42
⑤ 37.25

03

| 0.5 | 1.4 | 1.2 | 4.1 | 2.8 | 12.2 | 6.2 | ( ) |

① 36.5　　　　　　　　② 36.6
③ 37.5　　　　　　　　④ 37.6
⑤ 38.5

Easy

04

| 0.4 | 0.5 | 0.65 | 0.85 | 1.1 | ( ) |

① 1.35　　　　　　　　② 1.4
③ 1.45　　　　　　　　④ 1.5
⑤ 1.55

05

$$7\frac{3}{5} \qquad 8\frac{4}{9} \qquad 10\frac{5}{13} \qquad 13\frac{6}{17} \qquad 17\frac{7}{21} \qquad (\quad) \qquad 28\frac{9}{29}$$

① $22\frac{8}{23}$ ② $22\frac{8}{25}$

③ $24\frac{8}{23}$ ④ $24\frac{8}{24}$

⑤ $24\frac{8}{25}$

06

$$100\frac{99}{101} \qquad 99\frac{96}{99} \qquad 97\frac{93}{97} \qquad 94\frac{90}{95} \qquad (\quad) \qquad 85\frac{84}{91} \qquad 79\frac{81}{89}$$

① $90\frac{87}{93}$ ② $90\frac{83}{93}$

③ $90\frac{79}{93}$ ④ $89\frac{87}{93}$

⑤ $89\frac{79}{93}$

07

$$\frac{1}{2} \qquad \frac{2}{3} \qquad \frac{3}{4} \qquad \frac{1}{2} \qquad 1 \qquad \frac{1}{3} \qquad \frac{5}{4} \qquad \frac{1}{6} \qquad (\quad)$$

① $\frac{9}{2}$ ② $\frac{7}{2}$

③ $\frac{5}{2}$ ④ $\frac{3}{2}$

⑤ $\frac{1}{2}$

08

$$2 \qquad 3 \qquad 1 \qquad -0.7 \qquad (\quad) \qquad -4.9 \qquad \frac{1}{4} \qquad -9.6$$

① $\frac{1}{2}$ ② -1

③ -2.5 ④ -3

⑤ $\frac{1}{3}$

09

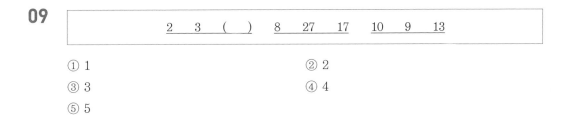

2   3   (   )   8   27   17   10   9   13

① 1   ② 2
③ 3   ④ 4
⑤ 5

10

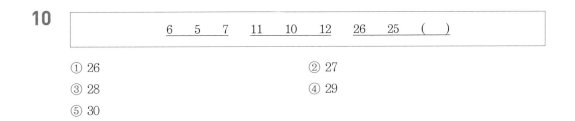

6   5   7   11   10   12   26   25   (   )

① 26   ② 27
③ 28   ④ 29
⑤ 30

11

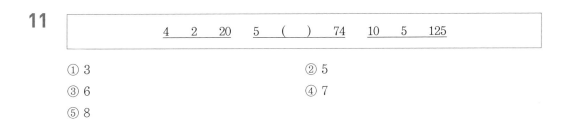

4   2   20   5   (   )   74   10   5   125

① 3   ② 5
③ 6   ④ 7
⑤ 8

12

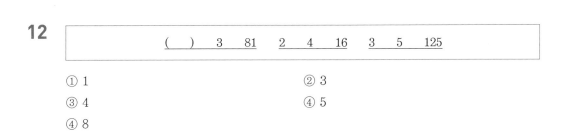

(   )   3   81   2   4   16   3   5   125

① 1   ② 3
③ 4   ④ 5
④ 8

13 일정한 규칙으로 수를 나열할 때, A×B의 값은?

(A)	2	2	4	8	(B)	256

① 16   ② 24

③ 32   ④ 64

⑤ 128

14 일정한 규칙으로 수를 나열할 때, A−B의 값은?

(A)	27	39	52	66	81	(B)

① −81   ② −71

③ −61   ④ −51

⑤ −41

15 일정한 규칙으로 수를 나열할 때, A+B의 값은?

(A)	6	12	13	26	(B)	54

① 27   ② 29

③ 30   ④ 32

⑤ 33

16 일정한 규칙으로 수를 나열할 때, $A^2 \times B$의 값은?

(A)	5	10	50	(B)	25,000

① 990   ② 995

③ 1,000   ④ 1,500

⑤ 2,000

17 다음 수열의 11번째 항의 값은?

500	499	493	482	466	445	⋯	

① 255   ② 260
③ 265   ④ 270
⑤ 275

Hard

18 다음 수열의 20번째 항의 값은?

156	148	146	150	160	176	198	⋯

① 1,005   ② 1,030
③ 1,055   ④ 1,080
⑤ 1,105

19 다음 수열의 22번째 항의 값은?

2	-5	10	-17	26	-37	50	-65	⋯

① -485 ② -325
③ -226 ④ 325
⑤ 485

20 다음 수열의 11번째 항의 값은?

1	3	8	18	35	61	98	⋯

① 396   ② 402
③ 424   ④ 444
⑤ 476

최종점검 모의고사

🕐 응시시간 : 75분   📋 문항 수 : 100문항   정답 및 해설 p.064

---

01 언어이해

01 다음 글의 제목으로 가장 적절한 것은?

> 물은 너무 넘쳐도 문제고, 부족해도 문제다. 무엇보다 충분한 양을 안전하게 저장하면서 효율적으로 관리하는 것이 중요하다. 하지만 예기치 못한 자연재해가 불러오는 또 다른 물의 재해도 우리를 위협한다. 지진의 여파로 쓰나미(지진해일)가 몰려오고 댐이 붕괴되면서 상상도 못 한 피해를 불러올 수 있다. 이는 역사 속에서 실제로 반복되어 온 일이다.
>
> 1755년 11월 1일 아침, 15·16세기 대항해 시대를 거치며 해양 강국으로 자리매김한 포르투갈의 수도 리스본에 대지진이 발생했다. 도시 건물 중 85%가 파괴될 정도로 강력한 지진이었다. 하지만 지진은 재해의 전주곡에 불과했다.
>
> 지진이 덮치고 약 40분 후 쓰나미가 항구와 도심지로 쇄도했다. 해일은 리스본뿐 아니라 인근 알가르브 지역의 해안 요새 중 일부를 박살냈고, 숱한 가옥을 무너뜨렸다. 6만 ~ 9만 명이 귀한 목숨을 잃었다. 이 대지진과 이후의 쓰나미는 포르투갈 문명의 역사를 바꿔버렸다. 포르투갈은 이후 강대국 대열에서 밀려나 옛 영화를 찾지 못한 채 지금에 이르고 있다.
>
> 또한, 1985년 7월 19일 지진에 의해 이탈리아의 스타바댐이 붕괴하면서 그 여파로 발생한 약 20만 톤의 진흙과 모래, 물이 태세로 마을을 덮쳐 268명이 사망하고 63개의 건물과 8개의 다리가 파괴되는 사고가 일어났다.

① 자연의 경고 '댐 붕괴'
② 도를 지나치는 '물 부족'
③ 강력한 물의 재해 '지진'
④ 우리나라는 '물 스트레스 국가'
⑤ 누구도 피해갈 수 없는 '자연 재해'

02

녹내장은 안구 내 여러 가지 원인에 의하여 시신경이 손상되고, 이에 따른 시야 결손이 발생하는 진행성의 시신경 질환이다. 현재까지 녹내장 발병 원인에 대한 많은 연구가 진행되었으나, 지금까지 가장 확실한 원인은 안구 내 안압의 상승이다. 상승된 안압이 망막 시신경 섬유층과 시신경을 압박함에 따라 시신경이 손상되거나 시신경으로 공급되는 혈류량이 감소됨으로써 시신경 손상이 발생할 수 있다.

녹내장은 일반적으로 주변 시야부터 좁아지는 것이 주된 증상이며, 그래서 초기에는 환자가 느낄 수 있는 자각 증상이 없는 경우가 대부분이다. 그래서 결국은 중심 시야까지 침범한 말기가 돼서야 병원을 찾는 경우가 많다. 녹내장은 제대로 관리되지 않으면 각막 혼탁, 안구로(眼球癆)*, 실명의 합병증이 동반될 수 있다.

녹내장을 예방할 수 있는 방법은 아직 알려져 있지 않다. 단지 녹내장은 대부분 장기간에 걸쳐 천천히 진행되는 경우가 많으므로 조기에 발견하는 것이 가장 좋은 예방법이라고 할 수 있다. 정기적인 검진으로 자신의 시신경 상태를 파악하고 그에 맞는 생활 패턴의 변화를 주는 것이 도움이 된다. 녹내장으로 진단이 되면 금연을 해야 하며, 가능하면 안압이 올라가는 상황을 피하는 것이 좋다. 예를 들면 무거운 물건을 든다든지, 목이 졸리게 넥타이를 꽉 맨다든지, 트럼펫과 같은 악기를 부는 경우에는 병의 경과를 악화시킬 가능성이 있으므로 피해야 한다.

*안구로(眼球癆) : 눈알이 쭈그러지고 작아져서 그 기능이 약해진 상태

① 녹내장은 일반적으로 중심 시야부터 시작하여 주변 시야로 시야 결손이 확대된다.
② 상승된 안압이 시신경으로 공급되는 혈류량을 증폭시켜 시신경 손상이 발생한다.
③ 녹내장 진단 후 안압이 하강할 수 있는 상황은 되도록 피해야 한다.
④ 녹내장은 단기간에 빠르게 진행되는 경우가 대부분이다.
⑤ 녹내장의 발병을 예방할 수 있는 방법은 아직 없다.

03

일반적으로 동식물에서 종(種)이란 '같은 개체끼리 교배하여 자손을 남길 수 있는' 또는 '외양으로 구분이 가능한' 집단을 뜻한다. 그렇다면 세균처럼 한 개체가 둘로 분열하여 번식하며 외양의 특징도 많지 않은 미생물에서는 종을 어떤 기준으로 구분할까?

미생물의 종 구분에는 외양과 생리적 특성을 이용한 방법이 사용되기도 한다. 하지만 이러한 특성들은 미생물이 어떻게 배양되는지에 따라 변할 수 있으며, 모든 미생물에 적용될 만한 공통적 요소가 되기도 어렵다. 이런 문제를 극복하기 위해 오늘날 미생물 종의 구분에는 주로 유전적 특성을 이용하고 있다. 미생물의 유전체는 DNA로 이루어진 많은 유전자로 구성되는데, 특정 유전자를 비교함으로써 미생물들 간의 유전적 관계를 알 수 있다. 종의 구분에는 서로 간의 차이를 잘 나타내 주는 유전자를 이용한다. 유전자 비교를 통해 미생물들이 유전적으로 얼마나 가깝고 먼지를 확인할 수 있는데, 이를 '유전거리'라 한다. 유전거리가 가까울수록 같은 종으로 묶일 가능성이 커진다.

하지만 유전자 비교로 확인한 유전거리만으로는 두 미생물이 같은 종에 속하는지를 명확히 판별하기 어렵다. 특정 유전자가 해당 미생물의 전체적인 유전적 특성을 대변하지는 못하기 때문이다.

이러한 문제를 보완하기 위한 것이 미생물들 간의 유전체 유사도를 측정하는 방법이다. 유전체 유사도를 정확히 측정하기 위해서는 모든 유전자를 대상으로 유전적 관계를 살펴야 하지만, 수많은 유전자를 모두 비교하는 것은 현실적으로 어렵다. 따라서 유전체의 특성을 화학적으로 비교하는 방법이 주로 사용되고 있다. 이렇게 얻어진 유전체 유사도는 종의 경계를 확정하는 데 유용한 기준을 제공한다.

① 외양과 생리적 특성을 이용한 종 구분 방법은 미생물의 종 구분 시 일절 사용하지 않는다.
② 유전체 유사도를 이용한 방법은 비교대상이 되는 유전자를 모두 비교해야만 가능하다.
③ 유전거리보다는 유전체의 비교가 종을 구분하는 데 더 명확한 기준을 제시한다.
④ 미생물의 유전체는 동식물의 유전자보다 구조가 단순하여 종 구분이 용이하다.
⑤ 유전체의 특성을 물리적으로 비교하는 방법이 널리 사용되고 있다.

사람의 키는 주로 다리뼈의 길이에 의해서 결정된다. 다리뼈는 뼈대와 뼈끝판 그리고 뼈끝으로 구성되어 있다. 막대기 모양의 뼈대는 뼈 형성세포인 조골세포를 가지고 있다. 그리고 뼈끝은 다리뼈의 양쪽 끝 부분이며 뼈끝과 뼈대의 사이에는 여러 개의 연골세포층으로 구성된 뼈끝판이 있다. 뼈끝판의 세포층 중 뼈끝과 경계면에 있는 세포층에서만 세포분열이 일어난다.

연골세포의 세포분열이 일어날 때, 뼈대 쪽에 가장 가깝게 있는 연골세포의 크기가 커지면서 뼈끝판이 두꺼워진다. 크기가 커진 연골세포는 결국 죽으면서 빈 공간을 남기고 이렇게 생긴 공간이 뼈대에 있는 조골세포로 채워지면서 뼈가 형성된다. 이 과정을 되풀이하면서 뼈끝판이 두꺼워지는 만큼 뼈대의 길이 성장이 일어나는데, 이는 연골세포의 분열이 계속되는 한 지속된다.

사춘기 동안 뼈의 길이 성장에는 여러 호르몬이 관여하는데, 이 중 뇌에서 분비하는 성장호르몬은 직접 뼈에 작용하여 뼈를 성장시킨다. 또한 성장호르몬은 간세포에 작용하여 뼈의 길이 성장 과정 전체를 촉진하는 성장인자를 분비하도록 한다. 이 외에도 갑상샘 호르몬과 남성호르몬인 안드로겐도 뼈의 길이 성장에 영향을 미친다. 성장호르몬이 뼈에 작용하기 위해서는 갑상샘 호르몬의 작용이 있어야 하기 때문에 갑상샘 호르몬은 뼈의 성장에 중요한 요인이다. 안드로겐은 뼈의 성장을 촉진함으로써 사춘기 여자의 급격한 성장에 일조한다. 부신에서 분비되는 안드로겐은 이 시기에 나타나는 뼈의 길이 성장에 관여한다. 하지만 사춘기가 끝날 때, 안드로겐은 뼈끝판 전체에서 뼈가 형성되도록 하여 뼈의 길이 성장을 정지시킨다. 결국 사춘기 이후에는 호르몬에 의한 뼈의 길이 성장이 일어나지 않는다.

① 사람의 키를 결정짓는 다리뼈는 연골세포의 분열로 인해 성장하게 된다.

② 뼈끝판의 세포층 중 뼈대와 경계면에 있는 세포층에서만 세포분열이 일어난다.

③ 사춘기 이후에 뼈의 길이가 성장하였다면, 호르몬이 그 원인이다.

④ 성장호르몬은 간세포에 작용하여 뼈 성장을 촉진하는 성장인자를 분비하는 등 뼈 성장에 간접적으로 도움을 준다.

⑤ 뼈의 성장을 촉진시키는 호르몬인 안드로겐은 남성호르몬으로서, 여자에게서는 생성되지 않는다.

05 다음은 플라시보 소비에 대한 글이다. 플라시보 소비에 대한 사례로 적절하지 않은 것은?

> 플라시보 소비란 속임약을 뜻하는 '플라시보'와 '소비'가 결합된 말로, 가격 대비 마음의 만족이란 의미의 '가심비(價心費)'를 추구하는 소비를 뜻한다. 플라시보 소비에서의 '플라시보(Placebo)'란 실제로는 생리 작용이 없는 물질로 만든 약을 말한다. 젖당·녹말·우유 따위로 만들어지며 어떤 약물의 효과를 시험하거나 환자를 일시적으로 안심시키기 위한 목적으로 투여한다. 환자가 이 속임약을 진짜로 믿게 되면 실제로 좋은 반응이 생기기도 하는데 이를 '플라시보 효과'라고 한다.
> 즉, 가심비를 추구하는 소비에서는 소비자가 해당 제품을 통해서 심리적으로 안심이 되고 제품에 대한 믿음을 갖게 되면, 플라시보 효과처럼 객관적인 제품의 성능과는 상관없이 긍정적인 효과를 얻게 된다. 이러한 효과는 소비자가 해당 제품을 사랑하는 대상에 지출할 때, 제품을 통해 안전에 대한 심리적 불안감과 스트레스를 해소할 때일수록 강해진다. 따라서 상품의 가격과 성능이라는 객관적인 수치에 초점을 두었던 기존의 가성비(價性費)에 따른 소비에서는 소비자들이 '싸고 품질 좋은 제품'만을 구매했다면, 가심비에 따른 소비에서는 다소 비싸더라도 '나에게 만족감을 주는 제품'을 구매하게 된다.

① 이씨는 평소 좋아하는 캐릭터의 피규어를 비싸게 구매하였다.
② 한씨는 최근 향기가 나는 샤워필터를 구매하여 기분 좋게 샤워하고 있다.
③ 손씨는 계절이 바뀔 때면 브랜드 세일 기간을 공략해 꼭 필요한 옷을 산다.
④ 김씨는 딸을 위해 비싸지만 천연 소재의 원단으로 제작된 유치원복을 구매하였다.
⑤ 최씨는 자신만의 물건이라는 만족감을 얻기 위해 다소 비싼 가격에 각인이 가능한 만년필을 구매하였다.

06 다음 글을 읽고 추론한 내용으로 적절하지 않은 것은?

> 공장 굴뚝에서 방출된 연기나 자동차의 배기가스 등 대기 오염 물질은 기상이나 지형 조건에 의해 다른 지역으로 이동, 확산되거나 한 지역에 농축된다. 대기권 중 가장 아래층인 대류권 안에서 기온의 일반적인 연직 분포는 위쪽이 차갑고 아래쪽이 따뜻한 불안정한 상태를 보인다. 이러한 상황에서 따뜻한 공기는 위로, 차가운 공기는 아래로 이동하는 대류 운동이 일어나게 되고, 이 대류 운동에 의해 대기 오염 물질이 대류권에 확산된다.
>
> 반면, 아래쪽이 차갑고 위쪽이 따뜻한 경우에는 공기층이 매우 안정되기 때문에 대류 운동이 일어나지 않는다. 이와 같이 대류권의 정상적인 기온 분포와 다른 현상을 '기온 역전 현상'이라 하며, 이로 인해 형성된 공기층을 역전층이라 한다. 기온 역전 현상은 일교차가 큰 계절이나, 지표가 눈으로 덮이는 겨울, 호수나 댐 주변 등에서 많이 발생한다. 또한 역전층 상황에서는 지표의 기온이 낮기 때문에 공기 중의 수증기가 응결하여 안개가 형성되는데, 여기에 오염 물질이 많이 포함되어 있으면 스모그가 된다. 안개는 해가 뜨면 태양의 복사열로 지표가 데워지면서 곧 사라지지만, 스모그는 오염 물질이 포함되어 있어 오래 지속되기도 한다.

① 다른 조건이 동일한 상태에서 같은 부피라면 따뜻한 공기가 차가운 공기에 비해 가벼울 것이다.

② 겨울철 방바닥에 난방을 하면 실내에서도 대류 현상이 일어날 것이다.

③ 대류권에서 역전층 현상이 발생했다면 위로 상승할수록 기온이 낮아질 것이다.

④ 대기 중 오염 물질의 농도가 같다면 스모그 현상은 공기층이 매우 안정된 상태에서 잘 발생할 것이다.

⑤ 해가 뜨면 안개가 사라지는 이유는 태양의 열로 인해 공기층이 불안정해지기 때문일 것이다.

07 다음 글의 주장에 대한 반박으로 가장 적절한 것은?

> 스피노자의 윤리학을 이해하기 위해서는 코나투스(Conatus)라는 개념이 필요하다. 스피노자에 따르면 실존하는 모든 사물은 자신의 존재를 유지하기 위해 노력하는데, 이것이 바로 그 사물의 본질인 코나투스라는 것이다. 정신과 신체를 서로 다른 것이 아니라 하나로 보았던 그는 정신과 신체에 관계되는 코나투스를 충동이라 부르고, 다른 사물들과 같이 인간도 자신을 보존하고자 하는 충동을 갖고 있다고 보았다. 특히 인간은 자신의 충동을 의식할 수 있다는 점에서 동물과 차이가 있다며 인간의 충동을 욕망이라고 하였다. 즉, 인간에게 코나투스란 삶을 지속하고자 하는 욕망을 의미한다.
> 스피노자는 선악의 개념도 코나투스와 연결 짓는다. 그는 사물이 다른 사물과 어떤 관계를 맺느냐에 따라 선이 되기도 하고 악이 되기도 한다고 말한다. 코나투스의 관점에서 보면 선이란 자신의 신체적 활동 능력을 증가시키는 것이며, 악은 자신의 신체적 활동 능력을 감소시키는 것이다. 이를 정서의 차원에서 설명하면 선은 자신에게 기쁨을 주는 모든 것이며, 악은 자신에게 슬픔을 주는 모든 것이다. 한마디로 인간의 선악에 대한 판단은 자신의 감정에 따라 결정된다는 것을 의미한다.
> 이러한 생각을 토대로 스피노자는 코나투스인 욕망을 긍정하고 욕망에 따라 행동하라고 이야기한다. 슬픔은 거부하고 기쁨을 지향하라는 것, 그것이 곧 선의 추구라는 것이다. 그리고 코나투스는 타자와의 관계에 영향을 받으므로 인간에게는 타자와 함께 자신의 기쁨을 증가시킬 수 있는 공동체가 필요하다고 말한다. 그 안에서 자신과 타자 모두의 코나투스를 증가시킬 수 있는 기쁨의 관계를 형성하라는 것이 스피노자의 윤리학이 우리에게 하는 당부이다.

① 자신의 힘을 능동적으로 발휘하여 욕망을 성취할 수 있을 때 비로소 진정한 자유의 기쁨을 누릴 수 있다.

② 인간의 모든 행동은 욕망에 의해 생겨나며, 욕망이 없다면 무기력한 존재가 될 수밖에 없다.

③ 인간을 포함한 모든 동물은 삶에 대한 본능적 의지인 코나투스를 가지고 있다.

④ 욕망은 채우고 채워도 완전히 충족될 수 없으므로 욕망의 결핍이 주는 고통으로부터 벗어나기 위해 욕망을 절제해야 한다.

⑤ 타자와의 관계 속에서 촉발되는 감정에 휘둘릴 수 있으므로 자신의 욕망에 대한 주체적 태도를 지녀야 한다.

08 다음 글의 중심 내용으로 가장 적절한 것은?

맹자는 다음과 같은 이야기를 전한다. 송나라의 한 농부가 밭에 나갔다 돌아오면서 처자에게 말한다. "오늘 일을 너무 많이 했다. 밭의 싹들이 빨리 자라도록 하나하나 잡아당겨줬더니 피곤하구나." 아내와 아이가 밭에 나가보았더니 싹들이 모두 말라 죽어 있었다. 이렇게 자라는 것을 억지로 돕는 일, 즉 조장(助長)을 하지 말라고 맹자는 말한다. 싹이 빨리 자라기를 바란다고 싹을 억지로 잡아올려서는 안 된다. 목적을 이루기 위해 가장 빠른 효과를 얻고 싶겠지만 이는 도리어 효과를 놓치는 길이다. 억지로 효과를 내려고 했기 때문이다. 싹이 자라기를 바라 싹을 잡아당기는 것은 이미 시작된 과정을 거스르는 일이다. 효과가 자연스럽게 나타날 가능성을 방해하고 막는 일이기 때문이다. 당연히 싹의 성장 가능성은 땅 속의 씨앗에 들어있는 것이다. 개입하고 힘을 쏟고자 하는 대신에 이 잠재력을 발휘할 수 있도록 하는 것이 중요하다.

피해야 할 두 개의 암초가 있다. 첫째는 싹을 잡아당겨서 직접적으로 성장을 이루려는 것이다. 이는 목적성이 있는 적극적 행동주의로 성장의 자연스러운 과정을 존중하지 않는 것이다. 달리 말하면 효과가 숙성되도록 놔두지 않는 것이다. 둘째는 밭의 가장자리에 서서 자라는 것을 지켜보는 것이다. 싹을 잡아당겨서도 안 되고 그렇다고 단지 싹이 자라는 것을 지켜만 봐서도 안 된다. 그렇다면 무엇을 해야 하는가? 싹 밑의 잡초를 뽑고 김을 매주는 일을 해야 하는 것이다. 경작이 용이한 땅을 조성하고 공기를 통하게 함으로써 성장을 보조해야 한다. 기다리지 못함도 삼가고 아무것도 안함도 삼가야 한다. 작동 중에 있는 자연스러운 성향이 발휘되도록 기다리면서도 전력을 다할 수 있도록 돕는 노력도 멈추지 말아야 한다.

① 인류사회는 자연의 한계를 극복하려는 인위적 노력에 의해 발전해 왔다.
② 싹이 스스로 성장하도록 그대로 두는 것이 수확량을 극대화하는 방법이다.
③ 어떤 일을 진행할 때 가장 중요한 것은 명확한 목적성을 설정하는 것이다.
④ 잠재력을 발휘하도록 하려면 의도적 개입과 방관적 태도 모두를 경계해야 한다.
⑤ 자연의 순조로운 운행을 방해하는 인간의 개입은 예기치 못한 화를 초래할 것이다.

09

> (가) 물론 이전과 달리 노동 시장에서 여성이라서 채용하지 않는 식의 직접적 차별은 많이 감소했지만 실질적으로 고학력 여성들이 면접 과정에서 많이 탈락하거나 회사에 들어가고 나서도 승진을 잘 하지 못하고 있다. 이는 여성이 육아 휴직 등을 사용하는 경우가 많아 회사가 여성을 육아와 가사를 신경 써야 하는 존재로 간주해 여성의 생산성을 낮다고 판단하고 있기 때문이다.
>
> (나) 한국은 직종(Occupation), 직무(Job)와 사업장(Establishment)이 같은 남녀 사이의 임금 격차 또한 다른 국가들에 비해 큰 것으로 나타났는데, 영국의 한 보고서의 따르면 한국은 조사국 14개국 중 직종, 직무, 사업장별 남녀 임금 격차에서 상위권에 속했다. 즉, 한국의 경우 같은 직종에 종사하며 같은 직장에 다니면서 같은 업무를 수행하더라도 성별에 따른 임금 격차가 다른 국가들에 비해 상대적으로 높다는 이야기다.
>
> (다) OECD가 공개한 '성별 간 임금 격차(Gender Wage Gap)'에 따르면 지난해 기준 OECD 38개 회원국들의 평균 성별 임금격차는 12%였다. 이 중 한국의 성별 임금 격차는 31.1%로 조사국들 중 가장 컸으며, 이는 남녀 근로자를 각각 연봉 순으로 줄 세울 때 정중앙인 중위 임금을 받는 남성이 여성보다 31.1%를 더 받았다는 뜻에 해당한다. 한국은 1996년 OECD 가입 이래 26년 동안 줄곧 회원국들 중 성별 임금 격차 1위를 차지해 왔다.
>
> (라) 이처럼 한국의 남녀 사이의 성별 임금 격차가 크게 유지되는 이유로 노동계와 여성계는 연공서열제와 여성 경력 단절을 꼽고 있다. 이에 대해 A교수는 노동 시장 문화에는 여성 경력 단절이 일어나도록 하는 여성 차별이 있어, 여성이 중간에 떨어져 나가거나 승진을 못하는 것이 너무나 자연스러운 일처럼 보인다고 말했다.
>
> 이에 정부는 여성 차별적 노동 문화의 체질을 바꾸기 위해서는 정책적으로 여성에게만 혜택을 더 주는 것으로 보이는 시혜적 정책은 지양하되 여성 정책이 여성한테 무언가를 해주기보다는 성평등을 촉진하는 방향으로 나아갈 수 있도록 해야 할 것이다.

① (나) – (가) – (다) – (라)　　　　② (나) – (다) – (가) – (라)
③ (나) – (다) – (라) – (가)　　　　④ (다) – (나) – (가) – (라)
⑤ (다) – (나) – (라) – (가)

10

(가) 동아시아의 문명 형성에 가장 큰 영향력을 끼친 책을 꼽을 때, 『논어』가 빠질 수 없다. 『논어』는 공자(B.C 551 ~ 479)가 제자와 정치인 등을 만나서 나눈 이야기를 담고 있다. 공자의 활동 기간으로 따져보면 『논어』는 지금으로부터 대략 2500년 전에 쓰인 것이다. 지금의 우리는 한나절에 지구 반대편으로 날아다니고, 여름에 겨울 과일을 먹는 그야말로 공자는 상상할 수도 없는 세상에 살고 있다.

(나) 2500년 전의 공자와 그가 대화한 사람 역시 우리와 마찬가지로 '호모 사피엔스'이기 때문이다. 2500년 전의 사람도 배고프면 먹고, 졸리면 자고, 좋은 일이 있으면 기뻐하고, 나쁜 일이 있으면 화를 내는 오늘날의 사람과 다름없었다. 불의를 보면 공분하고, 전쟁보다 평화가 지속되기를 바라고, 예술을 보고 들으며 즐거워했는데, 이 역시 오늘날의 사람도 마찬가지이다.

(다) 물론 2500년의 시간으로 인해 달라진 점도 많고 시대와 문화에 따라 '사람다움이 무엇인가?'에 대한 답은 다를 수 있지만, 사람은 돌도 아니고 개도 아니고 사자도 아니라 여전히 사람일 뿐인 것이다. 즉 현재의 인간이 과거보다 자연의 힘에 두려워하지 않고 자연을 합리적으로 설명할 수는 있지만, 인간적 약점을 극복하고 신적인 존재가 될 수는 없는 그저 인간일 뿐인 것이다.

(라) 『논어』의 일부는 여성과 아동, 이민족에 대한 당시의 편견을 드러내고 있어 이처럼 달라진 시대의 흐름에 따라 폐기될 수밖에 없지만, 이를 제외한 부분은 '오래된 미래'로서 읽을 가치가 있는 것이다.

(마) 이론의 생명 주기가 짧은 학문의 경우, 2500년 전의 책은 역사적 가치가 있을지언정 이론으로서는 폐기 처분이 당연시된다. 그런데 왜 21세기의 우리가 2500년 전의 『논어』를 지금까지도 읽고, 또 읽어야 할 책으로 간주하고 있는 것일까?

① (가) – (마) – (나) – (다) – (라)　　　② (가) – (마) – (나) – (라) – (다)

③ (가) – (마) – (다) – (나) – (라)　　　④ (나) – (다) – (가) – (마) – (라)

⑤ (마) – (가) – (나) – (다) – (라)

11 다음 제시된 글을 읽고, 이어질 문장을 논리적 순서대로 바르게 나열한 것은?

구체적 행위에 대한 도덕적 판단 문제를 다루는 것이 규범 윤리학이라면, 옳음의 의미 문제, 도덕적 진리의 존재 문제 등과 같이 규범 윤리학에서 사용하는 개념과 원칙에 대해 다루는 것은 메타 윤리학이다. 메타 윤리학에서 도덕 실재론과 정서주의는 '옳음'과 '옳지 않음'의 의미를 이해하는 방식과 도덕적 진리의 존재 여부에 대해 상반된 주장을 펼친다.

(가) 따라서 '옳다' 혹은 '옳지 않다'라는 도덕적 판단을 내리지만, 과학적 진리와 같은 도덕적 진리는 없다는 입장을 보인다.
(나) 도덕 실재론에서는 도덕적 판단과 도덕적 진리를 과학적 판단 및 과학적 진리와 마찬가지라고 본다.
(다) 한편, 정서주의에서는 어떤 도덕적 행위에 대해 도덕적으로 옳음이나 도덕적으로 옳지 않음이라는 성질은 객관적으로 존재하지 않는 것이고 도덕적 판단도 참 또는 거짓으로 판정되는 명제를 나타내지 않는다.
(라) 즉, 과학적 판단이 '참' 또는 '거짓'을 판정할 수 있는 명제를 나타내고 이때 참으로 판정된 명제를 과학적 진리라고 부르는 것처럼, 도덕적 판단도 참 또는 거짓으로 판정할 수 있는 명제를 나타내고 참으로 판정된 명제가 곧 도덕적 진리라고 규정하는 것이다.

① (가) – (나) – (다) – (라)
② (나) – (가) – (다) – (라)
③ (나) – (라) – (다) – (가)
④ (다) – (가) – (나) – (라)
⑤ (다) – (라) – (나) – (가)

12 다음 글의 제목으로 가장 적절한 것은?

반대는 필수불가결한 것이다. 지각 있는 대부분의 사람이 그러하듯 훌륭한 정치가는 항상 열렬한 지지자보다는 반대자로부터 더 많은 것을 배운다. 만약 반대자들이 위험이 있는 곳을 지적해 주지 않는다면, 그는 지지자들에 떠밀려 파멸의 길을 걷게 될 수 있기 때문이다. 따라서 현명한 정치가라면 그는 종종 친구들로부터 벗어나기를 기도할 것이다. 친구들이 자신을 파멸시킬 수도 있다는 것을 알기 때문이다. 그리고 비록 고통스럽다 할지라도 결코 반대자 없이 홀로 남겨지는 일이 일어나지 않기를 기도할 것이다. 반대자들이 자신을 이성과 양식의 길에서 멀리 벗어나지 않도록 해준다는 사실을 알기 때문이다. 자유의지를 가진 국민의 범국가적 화합은 정부의 독단과 반대당의 혁명적 비타협성을 무력화시키는 정치권력의 충분한 균형에 의존하고 있다. 그 균형이 어떤 상황 때문에 강제로 타협하게 되지 않는 한, 그리고 모든 시민이 어떤 정책에 영향을 미칠 수는 있으나 누구도 혼자 정책을 지배할 수 없다는 것을 느끼게 되지 않는 한, 그리고 습관과 필요에 의해서 서로 조금씩 양보하지 않는 한, 자유는 유지될 수 없기 때문이다.

① 혁명의 정의
② 민주주의와 사회주의
③ 반대의 필요성과 민주주의
④ 민주주의와 일방적인 의사소통
⑤ 권력을 가진 자와 혁명을 꿈꾸는 집단

※ 다음 글의 내용으로 적절하지 않은 것을 고르시오. [13~15]

13

아무리 튤립이 귀하다 한들 알뿌리 하나의 값이 요즈음 돈으로 쳐서 45만 원이 넘는 수준까지 치솟을 수 있을까? 엄지손가락만한 크기의 메추리알 하나의 값이 달걀 한 꾸러미 값보다도 더 비싸질 수 있을까? 이 두 물음에 대한 대답은 모두 '그렇다'이다.

역사책을 보면 1636년 네덜란드에서는 튤립 알뿌리 하나의 값이 정말로 그 수준으로 뛰어오른 적이 있었다. 그리고 그때를 기억하는 사람은 알겠지만, 실제로 1950년대 말 우리나라에서 한때 메추리알 값이 그렇게까지 비쌌던 적이 있었다.

어떤 상품의 가격은 기본적으로 수요와 공급의 힘에 의해 결정된다. 시장에 참여하고 있는 경제 주체들은 자신이 갖고 있는 정보를 기초로 하여 수요와 공급을 결정한다. 이들이 똑같은 정보를 함께 갖고 있으며 이 정보가 아주 틀린 것이 아닌 한, 상품의 가격은 어떤 기본적인 수준에서 크게 벗어나지 않을 것이라고 예상할 수 있다. 예를 들어 튤립 알뿌리 하나의 값은 수선화 알뿌리 하나의 값과 비슷하고, 메추리알 하나는 달걀 하나보다 더 쌀 것으로 짐작해도 무방하다는 말이다.

그러나 현실에서는 사람들이 서로 다른 정보를 갖고 시장에 참여하는 경우가 많다. 어떤 사람은 특정한 정보를 갖고 있는데 거래 상대방은 그 정보를 갖고 있지 못한 경우도 있다. 뿐만 아니라 거래에 참여하는 사람들 간에는 목적이나 재산 등의 측면에서 큰 차이가 존재하는 것이 보통이다. 이런 경우에는 상품의 가격이 우리의 상식으로는 도저히 이해하기 힘든 수준까지 일시적으로 뛰어오르는 현상이 나타날 가능성이 있다. 이런 현상은 특히 투기의 대상이 되는 자산의 경우에 자주 목격되는데, 우리는 이를 '거품(Bubbles)'이라고 부른다.

일반적으로 거품은 어떤 상품(특히 자산)의 가격이 지속적으로 급격히 상승하는 현상을 가리킨다. 이와 같은 지속적인 가격 상승이 일어나는 이유는 애초에 생긴 가격 상승이 추가적인 가격 상승의 기대로 이어져 투기 바람이 형성되기 때문이다. 어떤 상품의 가격이 올라 그것을 미리 사둔 사람이 재미를 보았다는 소문이 돌면 너도나도 사려고 달려들기 때문에 가격이 천정부지*로 뛰어오르게 된다. 물론 이 같은 거품이 무한정 커질 수는 없고 언젠가는 터져 정상적인 상태로 돌아올 수밖에 없다. 이때 거품이 터지는 충격으로 인해 경제에 심각한 위기가 닥칠 수도 있다.

*천정부지 : 물가 따위가 한 없이 오르기만 함을 비유적으로 이르는 말

① 거품은 투기의 대상이 되는 자산에서 자주 일어난다.
② 거품이 터지면 경제에 심각한 위기를 초래할 수 있다.
③ 거래에 참여하는 사람의 목적이나 재산에 큰 차이가 없다면 거품이 일어날 수 있다.
④ 상품의 가격이 일반적인 상식으로는 이해되지 않는 수준까지 일시적으로 상승할 수도 있다.
⑤ 일반적으로 시장에 참여하고 있는 경제 주체들은 자신의 정보를 바탕으로 수요와 공급을 결정한다.

14 인간의 사유는 특정한 기준을 바탕으로 다른 것과의 차이를 인식하는 것이라고 할 수 있다. 이때의 기준을 이루는 근간(根幹)은 당연히 현실 세계의 경험과 인식이다. 하지만 인간은 현실적 경험으로 인식되지 않는 대상을 사유하기도 하는데, 그중 하나가 신화적 사유이며 이는 상상력의 산물이다. 상상력은 통념(通念)상 현실과 대립되는 위치에 속한다. 또한 현대 문명에서 상상력은 과학적·합리적 사고와 반대되는 사유 체계로 간주되기도 한다. 그러나 신화적 사유를 떠받치고 있는 상상력은 '현실적 – 비현실적', '논리적 – 비논리적', '합리적 – 비합리적' 등과 같은 단순한 양항 체계 속으로 환원될 수 없다.

초기 인류학에서는 근대 문명과 대비시켜 신화적 사유를 미개한 존재들의 미숙한 단계의 사고로 간주(看做)했었다. 이러한 입장을 대표하는 레비브륄에 따르면 미개인은 논리 이전의 사고방식과 비현실적 감각을 가진 존재이다. 그러나 신화 연구에 적지 않은 영향을 끼치며 오늘날에도 여전히 유효한 레비스트로스의 논의에 따르면, 미개인과 문명인의 사고방식은 사물을 분류하는 방식과 주된 관심 영역 등이 다를 뿐 어느 것이 더 합리적이거나 논리적이라고는 할 수는 없다. 또한 그것은 세계를 이해하는 두 가지의 서로 다른 방식 혹은 태도일 뿐이다. 신화적 사유를 비롯한 이른바 미개인의 사고방식을 가리키는 레비스트로스가 말하는 '야생의 사고'는, 이러한 사고방식이 근대인 혹은 문명인 못지않게 질서와 체계에 민감하고 그 나름의 현실적, 논리적, 합리적 기반을 갖추고 있음을 함축하고 있는 개념이다.

레비스트로스의 '야생의 사고'는 신화시대와 신화적 사유를 근대적 문명에 입각한 발전론적 시각이 아닌 상대주의적 시각으로 바라보았다는 점에서 의미가 크다. 그러나 그가 신화 자체의 사유 방식이나 특성을 특정 시대의 것으로 한정(限定)하는 오류를 범하고 있다는 점에 유의해야 한다. 과거 신화시대에 생겨난 신화적 사유는 신화가 재현되고 재생되는 한 여전히 시간과 공간을 뛰어넘어 현재화되고 있기 때문이다.

이상에서 보듯이 신화적 사유는 현실적·경험적 차원의 '진실'이나 '비진실'로 구분될 수 없다. 신화는 허구적이거나 진실한 것 모두를 '재료'로 사용할 수 있으며, 이러한 재료들은 신화적 사유 고유의 규칙과 체계에 따라 배열된다. 그러므로 신화 텍스트에서 이러한 재료들의 구성 원리를 밝히는 것은 그 신화에 반영된 신화적 사유 체계를 밝히는 것이라 할 수 있다. 또한 이는 신화를 공유하고 전승(傳承)해 왔던 집단의 원형적 사유 체계에 접근하는 작업이라고도 할 수 있다.

① 신화는 그 고유의 규칙과 체계를 갖고 있다.
② 신화적 사유는 상상력의 산물이라 할 수 있다.
③ 신화적 사유는 특정 시대의 사유 특성에 한정된다.
④ 신화적 상상력은 상상력에 대한 통념적 인식과 차이가 있다.
⑤ 신화적 사유에 대한 레비스트로스의 논의는 의의와 한계가 있다.

15

어떤 사회 현상이 나타나는 경우, 그러한 현상은 '제도'의 탓일까, 아니면 '문화'의 탓일까? 이 논쟁은 정치학을 비롯한 모든 사회과학에서 두루 다루는 주제이다. 정치학에서 제도주의자들은 보다 선진화된 사회를 만들기 위해서 제도의 정비가 중요하다고 주장한다. 하지만 문화주의자들은 실제적인 '운용의 묘'를 살리는 문화가 제도의 정비보다 중요하다고 주장한다.

문화주의자들은 문화를 가치, 신념, 인식 등의 총체로서 정치적 행동과 행위를 특정한 방향으로 움직여 일정한 행동 양식을 만들어내는 것으로 정의한다. 이러한 문화에 대한 정의를 바탕으로 이들은 국민이 정부에게 하는 정치적 요구인 투입과 정부가 생산하는 정책인 산출을 기반으로 정치 문화를 편협형, 신민형, 참여형의 세 가지로 유형화하였다.

편협형 정치 문화는 투입과 산출에 대한 개념이 모두 존재하지 않는 정치 문화이다. 투입이 없으며, 정부도 산출에 대한 개념이 없어서 적극적 참여자로서의 자아가 있을 수 없다. 사실상 정치 체계에 대한 인식이 국민들에게 존재할 수 없는 사회이다. 샤머니즘에 의한 신정 정치, 부족 또는 지역 사회 등 전통적인 원시 사회가 이에 해당한다.

다음으로 신민형 정치 문화는 투입이 존재하지 않으며, 적극적 참여자로서의 자아가 형성되지 못한 사회이다. 이런 상황에서 산출이 존재한다는 의미는 국민이 정부가 해주는 대로 받는다는 것을 의미한다. 이들 국민은 정부에 복종하는 성향이 강하다. 하지만 편협형 정치 문화와 달리 이들 국민은 정치 체계에 대한 최소한의 인식은 있는 상태이다. 일반적으로 독재 국가의 정치 체계가 이에 해당한다.

마지막으로 참여형 정치 문화는 국민들이 자신들의 요구 사항을 표출할 줄도 알고, 정부는 그러한 국민들의 요구에 응답하는 사회이다. 따라서 국민들은 적극적인 참여자로서의 자아가 형성되어 있으며, 그러한 적극적 참여자들로 형성된 정치 체계가 존재하는 사회이다. 이는 선진 민주주의 사회로서 현대의 바람직한 민주주의 사회상이다.

정치 문화 유형 연구는 어떤 사회가 민주주의를 제대로 구현하기 위해서 우선적으로 필요한 것이 무엇인가 하는 질문에 대한 답을 제시하고 있다. 문화주의자들은 국가를 특정 제도의 장단점에 의해서가 아니라 국가의 구성 요소들이 민주주의라는 보편적인 목적을 위해 얼마나 잘 기능하고 있는가를 기준으로 평가하고 있는 것이다.

① 편협형 정치 문화는 투입과 산출에 대한 개념이 없다.
② 참여형 정치 문화는 국민과 정부가 소통하는 사회이다.
③ 독재 국가의 정치 체계는 편협형 정치 문화에 해당한다.
④ 문화주의자들은 정치문화를 편협형, 신민형, 참여형으로 나눈다.
⑤ 신민형 정치 문화는 투입은 존재하지 않으며 산출은 존재하는 사회이다.

16 다음은 정부의 일자리 안정자금을 소개하는 기사이다. 다음 기사를 읽고 비판할 수 있는 주장으로 가장 적절한 것은?

> 공작기계 업체에서 생산한 제품을 A/S 해주는 사업으로 시작된 ○○A/S센터는 1인 기업부터 대기업까지 기계가 고장 나면 업체를 방문해 수리해주며 공작기계 및 부품 등을 판매하고 있다.
> ○○A/S센터는 운영비 중 대부분이 인건비로 나가고 있으며, 이로 인해 ○○A/S센터의 김대표는 올해부터 최저임금이 대폭 인상된다는 소식에 걱정이 이만저만 아니었다. 그는 "일반 소상공인업체들은 최저임금 인상으로 부담이 큽니다. 정부에서는 8시간 기준으로 1인당 15만 원 정도 오른다고 하지만, 저희 회사는 업무 특성상 특근을 해야 하기 때문에 8시간 기준으로 적용하기 힘들어 4대 보험료와 특근 등을 포함하면 1인당 약 30만 원이나 오르게 됩니다."라고 설명했다.
> 그러던 어느 날, 김대표는 언론매체와 소상공인지원센터를 통해 정부가 추진 중인 '일자리 안정자금' 지원 사업을 알게 됐다. 고스란히 부담해야 했던 인상된 임금을 일자리 안정자금으로 지원받게 된 것이다. 현재 ○○A/S센터의 일자리 안정자금 지원을 받는 직원은 모두 3명이다. 김대표는 "직원 3명이 지원을 받는 덕에 각자 13만 원씩 매달 39만 원, 연 468만 원의 부담을 덜 수 있어 다행입니다."라고 웃으며 말했다.
> 최저임금 인상은 직원들의 만족도 향상으로 이어졌고, 더불어 일자리 안정자금 지원을 받게 되면서 회사 내 분위기도 달라졌다. 직원들이 최저임금 인상으로 업무 만족도가 높아져 한곳에 정착할 수 있다는 목표를 갖게 된 것이다. ○○A/S센터 직원 최씨는 "이곳에 잘 정착해 중요한 역할을 맡고 싶습니다. 직원의 입장에서는 한곳에 정착할 수 있어 좋고, 사장님 입장에서도 직원이 자주 바뀌지 않아 업무의 효율성을 높일 수 있어 상생할 수 있다고 생각합니다."라고 말했다. 김대표도 일자리 안정자금을 지원받은 이후 직원들과 꾸준히 같이 일할 수 있어 좋아했다. 그는 "직원이 안정되어야 경영도 안정될 수 있습니다."라며 다른 소상공인들도 일자리 안정자금 지원을 받을 것을 추천했다. 김대표는 "소상공인들이 최저임금 인상으로 인해 힘들 텐데 일자리 안정자금을 신청해서 조금이나마 경영에 도움이 되길 바랍니다."라며 정부에서 지원하는 정책들을 찾아보고 도움을 받기를 바란다고 대답했다.

① 최저임금 인상률을 책정할 때 사업의 업종·지역·규모별 구분을 적용하지 않았다.
② 우리 사회에 가장 적합한 최저임금제도에 대한 국민의 공감대가 형성이 되지 않았다.
③ 일자리 안정자금이 지원되더라도 최저임금 인상률을 충당할 수 없는 영세기업들이 많다.
④ 일자리 안정자금은 국회의 법안들을 심의하는 과정에 충분한 논의가 이루어지지지 않았다.
⑤ 영세기업과 소상공인의 어려운 경영 여건과 지불 능력을 고려하지 않고 최저임금을 책정했다.

17 다음 글에서 〈보기〉의 문장 ㉠, ㉡이 들어갈 위치로 가장 적절한 곳은?

원유를 열처리하게 되면 원유에 포함되어 있는 미생물의 개체 수가 줄어드는데, 일반적으로 가열 온도가 높을수록 가열 시간이 길수록 그 수는 더 많이 감소한다. (가) 이때 D값과 Z값을 이용한다. D값은 어떤 미생물을 특정 온도에서 열처리할 때 그 개체 수를 10분의 1로 줄이는 데 걸리는 시간을 말한다. 만약 같은 온도에서 개체 수를 100분의 1로 줄이고자 한다면 D값의 2배의 시간으로 처리하면 된다. Z값은 특정 D값의 10분의 1 시간 만에 개체 수를 10분의 1로 줄이는 데 추가적으로 높여야 하는 온도를 말한다. 그렇기 때문에 열에 대한 저항성이 큰 미생물일수록 특정 온도에서의 D값과 Z값이 크다. (나) 예를 들어, 어떤 미생물 100개를 63℃에서 열처리한다고 하자. 이때 360초 후에 남아 있는 개체 수가 10개라면 D값은 360초가 된다. 만약 이 D값의 10분의 1인 36초 만에 미생물의 개체 수를 100개에서 10개로 줄이고자 할 때의 온도가 65℃라면 Z값은 2℃가 된다.

이러한 D값과 Z값의 원리에 기초하여 원유를 열처리하는 여러 가지 방법이 개발되었다. 먼저, 원유를 63℃에서 30분 동안 열처리하여 그 안에 포함된 미생물을 99.999% 이상 제거하는 '저온 살균법'이 있다. 저온 살균법은 미생물을 제거하는 데는 효과적이나 시간이 오래 걸린다는 단점이 있다. (다) 저온 순간 살균법은 원유를 75℃에서 15초 동안 열처리하는 방법이다. 이 방법은 미생물 제거 효과가 저온 살균법과 동일하지만 우유의 대량 생산을 위해 열처리 온도를 높여서 열처리 시간을 줄인 것이다. (라)

저온 살균법이나 저온 순간 살균법으로 처리한 우유의 유통 기간은 냉장 상태에서 5일 정도이다. 만약 우유의 유통 기간을 늘리려면, 저온 살균법이나 저온 순간 살균법으로 처리해도 죽지 않는 미생물까지도 제거해야 한다. (마) 열에 대한 저항성이 큰 종류의 미생물까지 제거하기 위해서는 134℃에서 2~3초간 열처리하는 '초고온 처리법'을 사용한다. 이렇게 처리된 우유를 멸균 포장하면 상온에서 1개월 이상의 장기 유통이 가능하다.

보기

㉠ 이를 보완하기 위해 개발된 방법이 '저온 순간 살균법'이다.
㉡ 그런데 미생물의 종류에 따라 미생물을 제거하는 데 필요한 시간과 온도가 다르기 때문에 적절한 열처리 조건을 알아야 한다.

	㉠	㉡			㉠	㉡
①	(다)	(가)		②	(다)	(나)
③	(다)	(마)		④	(라)	(마)
⑤	(마)	(가)				

18 다음 글의 중심 내용으로 가장 적절한 것은?

> 그리스 철학의 집대성자라고도 불리는 철학자 아리스토텔레스는 자연의 모든 물체는 '자연의 사다리'에 의해 계급화되어 있다고 생각했다. 자연의 사다리는 아래서부터 무생물, 식물, 동물, 인간 그리고 신인데, 이러한 계급에 맞춰 각각에 일정한 기준을 부여했다. 18세기 유럽 철학계와 과학계에서는 이러한 자연의 사다리 사상이 크게 유행을 했으며 사다리의 상층인 신과 인간에게는 높은 이성과 가치가 있고, 그 아래인 동물과 식물에게는 인간보다 낮은 가치가 있다고 보기 시작했다.
> 이처럼 서양의 자연관은 인간과 자연을 동일시하던 고대에서 벗어나 인간만이 영혼이 있으며, 이에 따라 인간만이 자연을 지배할 수 있다고 믿는 기독교 중심의 중세시대를 지나, 여러 철학자들을 거쳐 점차 인간이 자연보다 우월한 자연지배관으로 모습이 바뀌기 시작했다. 이러한 자연관을 토대로 서양에서는 자연스럽게 산업혁명 등을 통한 대량소비와 대량생산의 경제성장구조와 가치체계가 발전되어 왔다.
> 동양의 자연관 역시 동양철학과 불교 등의 이념과 함께 고대에서 중세세대를 지나게 되었다. 하지만 서양의 인간중심 철학과 달리 동양철학과 불교에서는 자연과 인간을 동일선상에 놓거나 둘의 조화를 중요시 하여 합일론을 주장했다. 이들의 사상은 노자와 장자의 무위자연의 도, 불교의 윤회사상 등에서 살펴볼 수 있다. 대량소비와 대량생산으로 대표되는 자본주의의 한계와 함께 지구온난화, 자원고갈, 생태계 파괴가 대두되는 요즘, 동양의 자연관이 주목받고 있다.

① 자연의 사다리와 산업혁명
② 서양철학에서 나타나는 부작용
③ 철학과 지구온난화의 상관관계
④ 서양의 자연관과 동양의 자연관의 차이
⑤ 서양철학의 문제점과 동양철학을 통한 해결법

19 다음 글을 읽고 답을 할 수 없는 질문은?

퇴행성관절염과 류마티스관절염은 증상은 비슷하지만 근본 원인은 다르다. 근본 원인이 다르기 때문에 치료도 다르다. 퇴행성관절염은 많이 써서 생기는 병이므로 최대한 아끼고, 충격을 줄이는 쪽으로 치료를 한다. 류마티스관절염은 자가면역 질환이므로 염증 치료를 하지만 면역을 조절하는 치료도 필요하다.

퇴행성관절염은 증상을 인지한 초기에 적절한 치료를 받는 것이 중요하다. 증상은 있지만 관절염 소견이 없는 초기에는 체중 감량이나 생활습관 개선으로 통증을 완화할 수 있다. 경미한 관절염은 약물요법과 운동요법으로 호전할 수 있다. '무릎 연골 주사'라 불리는 히알루론산 주사도 초기에 권해진다. 보존적 치료에 효과가 없고 무릎 통증이 심해지며 관절 간격이 좁아졌거나, 다리 변형이 동반되었다면 수술을 고려할 수 있다. 연골이 많이 닳아 관절끼리 거의 붙어 있는 말기 퇴행성관절염 환자에게는 인공관절 수술이 최선의 치료이다. 인공관절 수술은 마모된 연골을 제거한 후 인공관절로 대치해 연골판 역할을 하도록 하는 수술이다. 최후의 수단인 만큼 인공관절 수명을 고려해 65세 이상에서 수술받도록 권해진다. 만성 질환인 류마티스관절염은 완치되는 사례는 드물다. 다양한 약물치료와 물리치료 등을 시행한다.

그렇다면 어떻게 하면 관절을 오래 건강하게 쓸 수 있을까? 일반 범위 내에서 관절을 사용하는 것이 가장 중요하다. 특히 쪼그려 앉는 자세, 양반 자세 등을 하면 무릎이 정상 운동 범위를 벗어나 연골에 압력을 가해 연골 파열 및 퇴행성관절을 촉진시킨다.

운동은 젊은 사람은 1시간 전후, 나이가 많으면 30분 전후로 무리하지 않게 적당한 선에서 해야 한다. 지나치게 높은 산을 오르는 등산은 올라갈 때보다 내려올 때 체중 및 중력 영향으로 연골 손상이 발생하기 쉬우므로 가급적 높은 산은 피하는 것이 좋다.

① 인공관절의 수명은 얼마나 되나요?
② 퇴행성관절염의 치료법은 어떻게 됩니까?
③ 퇴행성관절염은 언제 수술을 받아야 할까요?
④ 관절을 건강하게 오래 쓸 수 있는 방법은 무엇인가요?
⑤ 퇴행성관절염과 류마티스관절염의 차이는 무엇인가요?

20 다음 글의 주장을 강화하는 진술은?

> 변호사인 스티븐 와이즈는 그의 저서에서 사람들에 대해서는 권리를 인정하면서도 동물에 대해서는 그렇게 하지 않는 법을 지지할 수 없다고 주장했다. 이렇게 하는 것은 자유인에 대해서는 권리를 인정하면서도 노예에 대해서는 그렇게 하지 않는 법과 마찬가지로 불합리하다는 것이다. 동물학자인 제인 구달은 이 책을 동물의 마그나 카르타라고 극찬했으며, 하버드 대학은 저자인 와이즈를 동물권법 교수로 임용했다.
>
> 와이즈는 동물의 권리에 대해 이야기하면서 권리와 의무와 같은 법적 관계를 논의하기 위한 기초가 되는 법철학에 대해서는 별로 다루고 있지 않다. 그가 의존하고 있는 것은 자연과학이다. 특히 유인원이 우리 인간과 얼마나 비슷한지를 알려주는 영장류 동물학의 연구 성과에 기초하여 동물의 권리에 대해 이야기하고 있다.
>
> 인간이 권리를 갖는 이유는 우리 인간이 생물학적으로 인간종(種)의 일원이기 때문이기도 하지만, 법적 권리와 의무의 주체가 될 수 있는 '인격체'이기 때문이다. 예를 들어 자연인(自然人)이 아닌 법인(法人)이 권리와 의무의 주체가 되는 것은 그것이 인간종의 일원이기 때문이 아니라 법적으로 인격체로 인정받기 때문이다. 인격체는 생물학에서 논의할 개념이 아니라 법철학에서 다루어야 할 개념이다.
>
> 인격체는 공동체의 일원이 될 수 있는 개체를 의미한다. 공동체의 일원이 되기 위해서는 협상, 타협, 동의의 능력이 필요하고, 이런 능력을 지닌 개체에게는 권리와 의무 그리고 책임 등이 부여된다. 이러한 개념을 바탕으로 사회 질서의 근원적 규칙을 마련할 수 있고 이 규칙은 우리가 사회생활을 영위하기 위한 전략을 규정한다. 하지만 이런 전략의 사용은, 우리와 마찬가지로 규칙에 기초하여 선택된 전략을 사용할 수 있는 개체를 상대할 경우로 국한된다.
>
> 우리 인간이 동물을 돌보거나 사냥하는 것은, 공동체의 규칙에 근거하여 선택한 결정이다. 비록 동물이 생명을 갖는 개체라 하더라도 인격체는 아니기 때문에 동물은 법적권리를 가질 수 없다.

① 애완견에게 유산을 상속하는 것도 법적 효력을 갖는다.

② 여우사냥 반대운동이 확산된 결과 에스키모 공동체가 큰 피해를 입었다.

③ 동물들은 철학적 사유도 못하고 물리학도 못하지만, 인간들 가운데에도 그러한 지적 능력이 없는 사람은 많다.

④ 어떤 동물은 인간에게 해를 입히거나 인간을 공격하기도 하지만 우리는 그 동물에게 법적 책임을 묻지 않는다.

⑤ 늑대를 지적이고 사회적인 존재라고 생각한 아메리카 인디언들은 자신들의 초기 문명기에 늑대 무리를 모델로 하여 사회를 만들었다.

01 다음은 S중학교 재학생의 2013년과 2023년의 평균 신장 변화에 대한 자료이다. 2013년 대비 2023년 평균 신장 증가율이 큰 순서대로 1 ~ 3학년을 나열한 것은?

〈S중학교 재학생 평균 신장 변화〉

(단위 : cm)

학년	2013년	2023년
1학년	160	162
2학년	163	168
3학년	168	171

① 1학년 – 2학년 – 3학년   ② 1학년 – 3학년 – 2학년
③ 2학년 – 1학년 – 3학년   ④ 2학년 – 3학년 – 1학년
⑤ 3학년 – 2학년 – 1학년

02 다음은 S시 아파트 실거래지수 현황에 대한 자료이다. 2024년 4월 아파트 실거래지수가 137.8일 때, 2023년 3월 대비 2024년 3월 아파트 실거래지수의 증감률은?

〈S시 아파트 실거래지수 현황〉

구분	전월 대비 아파트 실거래지수 증감량	구분	전월 대비 아파트 실거래지수 증감량
2023년 1월	−1.3(▼)	2023년 9월	+1.2(▲)
2023년 2월	+0.8(▲)	2023년 10월	−0.9(▼)
2023년 3월	+1.3(▲)	2023년 11월	−1.1(▼)
2023년 4월	+2.7(▲)	2023년 12월	+0.7(▲)
2023년 5월	+3.3(▲)	2024년 1월	+1.3(▲)
2023년 6월	+2.1(▲)	2024년 2월	−2.1(▼)
2023년 7월	−0.7(▼)	2024년 3월	+1.7(▲)
2023년 8월	−0.5(▼)	2024년 4월	−1.5(▼)

① 약 4.3%   ② 약 5.2%
③ 약 5.9%   ④ 약 6.4%
⑤ 약 6.7%

03 다음은 연도별 주요 국가의 커피 수입량에 대한 자료이다. 이에 대한 설명으로 옳은 것을 〈보기〉에서 모두 고르면?(단, 소수점 둘째 자리에서 반올림한다)

<주요 국가 커피 수입량>

(단위 : T)

구분	2023년	2018년	2013년	합계
유럽	48,510	44,221	40,392	133,123
미국	25,482	26,423	26,228	78,133
일본	13,288	14,382	13,882	41,552
러시아	11,382	10,922	10,541	32,845
캐나다	8,842	7,481	7,992	24,315
한국	4,982	4,881	4,922	14,785
호주	1,350	1,288	1,384	4,022
합계	113,836	109,598	105,341	328,775

보기

㉠ 2013년 대비 2023년의 커피 수입량이 증가한 국가 수가 감소한 국가 수보다 많다.
㉡ 커피 수입량이 가장 많은 상위 2개 국가의 커피 수입량의 합계는 항상 전체 수입량의 65% 이하이다.
㉢ 한국의 커피 수입량은 항상 호주의 3.5배 이상이다.
㉣ 2013년 대비 2023년의 커피 수입량의 증가율과 증가량 모두 캐나다가 러시아보다 높다.

① ㉠, ㉢
② ㉡, ㉣
③ ㉠, ㉡, ㉣
④ ㉡, ㉢, ㉣
⑤ ㉠, ㉡, ㉢, ㉣

04 다음은 2014 ~ 2023년 범죄별 발생건수에 대한 자료이다. 이에 대한 설명으로 옳은 것은?

〈2014 ~ 2023년 범죄별 발생건수〉

(단위 : 천 건)

구분	2014년	2015년	2016년	2017년	2018년	2019년	2020년	2021년	2022년	2023년
사기	282	272	270	266	242	235	231	234	241	239
절도	366	356	371	354	345	319	322	328	348	359
폭행	139	144	148	149	150	155	161	158	155	156
방화	5	4	2	1	2	5	2	4	5	3
살인	3	11	12	13	13	15	16	12	11	14

① 2014년 대비 2023년 전체 범죄발생건수 감소율은 5% 이상이다.

② 2014 ~ 2023년 동안 범죄별 발생건수의 순위는 매년 동일하다.

③ 2014 ~ 2023년 동안 발생한 방화의 총 발생건수는 3만 건 미만이다.

④ 2015 ~ 2023년 동안 전년 대비 사기 범죄발생건수 증감추이는 폭행의 경우와 반대이다.

⑤ 2016년 전체 범죄발생건수 중 절도가 차지하는 비율은 50% 이상이다.

05 다음은 국내 농가의 농업기계 보유 현황 및 농업기계화율에 대한 자료이다. 이에 대한 설명으로 옳은 것을 〈보기〉에서 모두 고르면?

〈농업기계 보유 현황 및 농업기계화율〉

(단위 : 천 대, %)

구분		2018년	2019년	2020년	2021년	2022년	2023년
농업기계	트랙터	265	268	273	278	277	283
	콤바인	81	79	79	79	76	79
	이앙기	276	254	245	236	220	213
	경운기	698	667	653	640	610	598
농업기계화율	벼농사	91.5	91.5	94.7	94.1	97.8	97.8
	밭농사	50.1	50.1	55.7	55.7	56.3	56.3

보기

㉠ 전체 농업기계 수는 2018년 이후로 계속 감소하고 있다.
㉡ 전체 농업기계 중 경운기의 비율은 2018년 이후로 계속 감소하고 있다
㉢ 2018 ~ 2023년 이앙기 수의 평균이 같은 기간 트랙터 수의 평균보다 크다.
㉣ 벼농사의 기계화율이 증가한 해에는 밭농사의 기계화율이 감소하였다.

① ㉠, ㉡
② ㉠, ㉢
③ ㉠, ㉡, ㉢
④ ㉡, ㉢, ㉣
⑤ ㉠, ㉡, ㉢, ㉣

06 다음은 2023년 우리나라 초·중고생 스마트폰 중독 현황에 대한 자료이다. 이에 대한 설명으로 옳지 않은 것을 〈보기〉에서 모두 고르면?

〈2023년 우리나라 초·중고생 스마트폰 중독 현황〉

(단위 : %)

구분		전체	초등학생(9~11세)	중고생(12~17세)
전체		32.38	31.51	32.71
성별	남자	32.88	33.35	32.71
	여자	31.83	29.58	32.72
가구소득별	기초수급	30.91	30.35	31.05
	차상위	30.53	24.21	30.82
	일반	32.46	31.56	32.81
거주지역별	대도시	31.95	30.80	32.40
	중소도시	32.49	32.00	32.64
	농어촌	34.50	32.84	35.07
가족유형별	양부모	32.58	31.75	32.90
	한부모·조손	31.16	28.83	31.79

※ 각 항목의 전체 인원은 그 항목에 해당하는 초등학생 수와 중고생 수의 합을 말함

보기
ㄱ 초등학생과 중고생 모두 남자의 스마트폰 중독비율이 여자의 스마트폰 중독비율보다 높다.
ㄴ 한부모·조손 가족의 스마트폰 중독 비율은 초등학생이 중고생의 70% 이상이다.
ㄷ 조사대상 중 대도시에 거주하는 초등학생 수는 중고생 수보다 많다.
ㄹ 초등학생과 중고생 모두 기초수급가구의 경우가 일반가구의 경우보다 스마트폰 중독 비율이 높다.

① ㄴ
② ㄱ, ㄷ
③ ㄱ, ㄹ
④ ㄱ, ㄷ, ㄹ
⑤ ㄴ, ㄷ, ㄹ

07 다음은 2024년 10월 기준 민간부문의 공사완료 후 미분양된 면적별 주택 현황에 대한 자료이다. 이에 대한 설명으로 옳은 것을 〈보기〉에서 모두 고르면?

〈미분양된 면적별 민간부문 주택 현황〉

(단위 : 가구)

구분	면적별 주택유형			합계
	$60m^2$ 미만	$60 \sim 85m^2$	$85m^2$ 초과	
전국	3,438	11,297	1,855	16,590
서울	0	16	4	20
부산	70	161	119	350
대구	0	112	1	113
인천	5	164	340	509
광주	16	28	0	44
대전	148	125	0	273
울산	36	54	14	104
세종	0	0	0	0
경기	232	604	1,129	1,965
기타	2,931	10,033	248	13,212

보기

㉠ 면적이 넓은 유형의 주택일수록 공사 완료 후 미분양된 민간부문 주택이 많은 지역은 두 곳뿐이다.

㉡ 부산의 공사 완료 후 미분양된 민간부문 주택 중 면적이 $60 \sim 85m^2$에 해당하는 주택이 차지하는 비중은 면적이 $85m^2$를 초과하는 주택이 차지하는 비중보다 10%p 이상 높다.

㉢ 면적이 $60m^2$ 미만인 공사 완료 후 미분양된 민간부문 주택 수 대비 면적이 $60 \sim 85m^2$에 해당하는 공사 완료 후 미분양된 민간부문 주택 수의 비율은 광주가 울산보다 높다.

① ㉠

② ㉡

③ ㉠, ㉡

④ ㉡, ㉢

⑤ ㉠, ㉡, ㉢

08 다음은 S연구기관의 직종별 인력 현황에 대한 자료이다. 이를 참고하여 작성한 인력 현황 중 평균 연령에 대한 그래프로 옳은 것은?

〈S연구기관의 직종별 인력 현황〉

(단위 : 명, 세, 만 원)

구분		2019년	2020년	2021년	2022년	2023년
정원	연구 인력	80	80	85	90	95
	지원 인력	15	15	18	20	25
	소계	95	95	103	110	120
현원	연구 인력	79	79	77	75	72
	지원 인력	12	14	17	21	25
	소계	91	93	94	96	97
박사 학위 소지자	연구 인력	52	53	51	52	55
	지원 인력	3	3	3	3	3
	소계	55	56	54	55	58
평균 연령	연구 인력	42.1	43.1	41.2	42.2	39.8
	지원 인력	43.8	45.1	46.1	47.1	45.5
평균 연봉 지급액	연구 인력	4,705	5,120	4,998	5,212	5,430
	지원 인력	4,954	5,045	4,725	4,615	4,540

① (세)

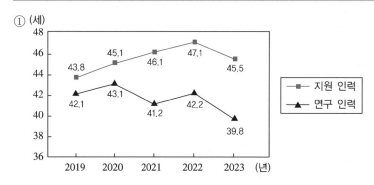

② (세)

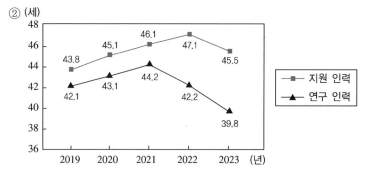

③ (세)

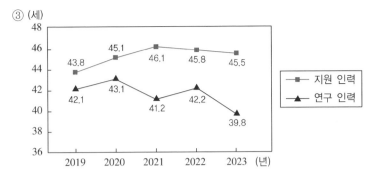

④ (세)

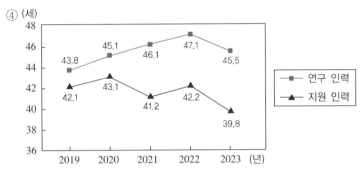

⑤ (세)

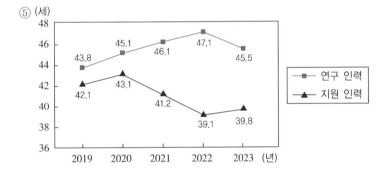

09 다음은 OECD 6개국의 행복지수와 경제지수에 대한 자료이다. 경제지수 대비 행복지수가 가장 큰 나라는?

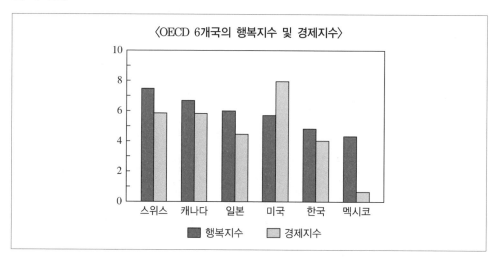

① 스위스
② 일본
③ 미국
④ 한국
⑤ 멕시코

10 다음은 출생아 수 및 합계 출산율에 대한 자료이다. 이에 대한 설명으로 옳은 것은?

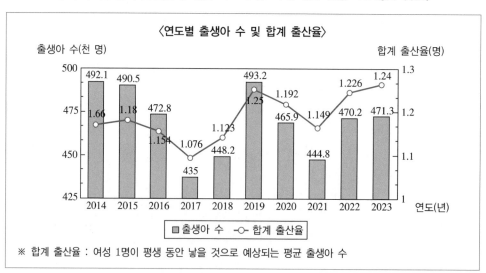

① 2017년의 출생아 수는 2015년에 비해 약 0.6배이다.
② 우리나라의 합계 출산율은 지속적으로 상승하고 있다.
③ 2022년에 비해 2023년에는 합계 출산율이 0.024명 증가했다.
④ 한 여성이 평생 동안 낳을 것으로 예상되는 평균 출생아 수는 2017년에 가장 낮다.
⑤ 2021년 이후 합계 출산율이 상승하고 있으므로 2024년에도 전년보다 증가할 것이다.

11 다음은 20대 800명과 50대 1,100명을 대상으로 진행한 다주택자 국회의원 의견 조사에 대한 자료이다. 이에 대한 설명으로 옳은 것을 〈보기〉에서 모두 고르면?(단, 응답자 모두 응답하였다)

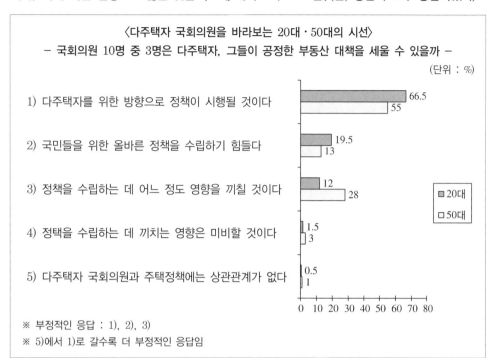

〈다주택자 국회의원을 바라보는 20대·50대의 시선〉
- 국회의원 10명 중 3명은 다주택자, 그들이 공정한 부동산 대책을 세울 수 있을까 -

(단위 : %)

1) 다주택자를 위한 방향으로 정책이 시행될 것이다 — 20대: 66.5, 50대: 55
2) 국민들을 위한 올바른 정책을 수립하기 힘들다 — 20대: 19.5, 50대: 13
3) 정책을 수립하는 데 어느 정도 영향을 끼칠 것이다 — 20대: 12, 50대: 28
4) 정택을 수립하는 데 끼치는 영향은 미비할 것이다 — 20대: 1.5, 50대: 3
5) 다주택자 국회의원과 주택정책에는 상관관계가 없다 — 20대: 0.5, 50대: 1

※ 부정적인 응답 : 1), 2), 3)
※ 5)에서 1)로 갈수록 더 부정적인 응답임

보기

㉠ 20대의 응답 비율은 부정적일수록 더 높다.
㉡ 부정적인 응답을 한 비율은 50대가 20대보다 높다.
㉢ 부정적이지 않은 응답을 한 인원 수는 50대가 20대의 2.5배 이상이다.
㉣ 동일한 조건에서 20대 응답자가 900명이라면, 3)에 응답한 20대와 50대의 차이는 200명일 것이다.

① ㉠, ㉡
② ㉠, ㉢
③ ㉢, ㉣
④ ㉠, ㉡, ㉢
⑤ ㉠, ㉢, ㉣

12 다음은 S사의 연도별 매출액에 대한 자료이다. 전년 대비 매출액 증가율이 가장 컸던 해는?

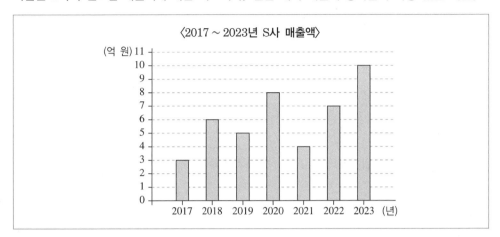

① 2018년   ② 2019년

③ 2020년   ④ 2022년

⑤ 2023년

13 다음은 S지역 전체 가구를 대상으로 조사한 원자력발전소 사고 전·후 식수 조달원별 가구 수에 대한 자료이다. 이에 대한 설명으로 옳은 것은?

〈원자력발전소 사고 전·후 S지역 조달원별 가구 수〉

(단위 : 가구)

사고 후 조달원 사고 전 조달원	수돗물	정수	약수	생수
수돗물	40	30	20	30
정수	10	50	10	30
약수	20	10	10	40
생수	10	10	10	40

※ S지역 가구의 식수 조달원은 수돗물, 정수, 약수, 생수로 구성되며, 각 가구는 한 종류의 식수 조달원만 이용함

① 사고 전에 식수 조달원으로 정수를 이용하는 가구 수가 가장 많다.

② 사고 전·후 식수 조달원을 변경한 가구 수는 전체 가구 수의 60% 이하이다.

③ 사고 전에 비해 사고 후에 이용 가구 수가 감소한 식수 조달원의 수는 3개이다.

④ 각 식수 조달원 중에서 사고 전·후에 이용 가구 수의 차이가 가장 큰 것은 생수이다.

⑤ 사고 전에 식수 조달원으로 정수를 이용하던 가구는 모두 사고 후에도 정수를 이용한다.

14 다음은 2023년 경제자유구역 입주 사업체 투자재원조달 실태조사 결과에 대한 자료이다. 이에 대한 설명으로 옳은 것을 〈보기〉에서 모두 고르면?

〈2023년 경제자유구역 입주 사업체 투자재원조달 실태조사〉

(단위 : 백만 원, %)

구분		합계		국내투자		해외투자	
		금액	비중	금액	비중	금액	비중
국내재원	자체	4,025	57.2	2,682	52.6	1,343	69.3
	정부	2,288	32.5	2,138	42.0	150	7.7
	기타	356	5.0	276	5.4	80	4.2
	소계	6,669	94.7	5,096	100.0	1,573	81.2
해외재원	소계	365	5.3	0	0	365	18.8
합계		7,034	100.0	5,096	100.0	1,938	100.0

보기
ㄱ 자체 재원조달금액 중 국내투자에 사용되는 금액이 차지하는 비중은 60%를 초과한다.
ㄴ 해외재원은 모두 해외투자에 사용되고 있다.
ㄷ 국내재원 중 정부조달금액이 차지하는 비중은 40%를 초과한다.
ㄹ 국내재원 중 국내투자금액은 해외투자금액의 3배 미만이다.

① ㄱ, ㄴ   ② ㄱ, ㄷ

③ ㄴ, ㄷ   ④ ㄴ, ㄹ

⑤ ㄷ, ㄹ

15 다음은 2021년 상반기부터 2023년 하반기까지 내용별 이메일 스팸 수신량 비율 추이에 대한 자료이다. 이에 대한 설명으로 옳은 것은?

〈내용별 이메일 스팸 수신량 비율 추이〉

(단위 : %)

구분	2021년 상반기	2021년 하반기	2022년 상반기	2022년 하반기	2023년 상반기	2023년 하반기
성인 이메일	14.8	11.6	26.5	49.0	19.2	29.5
대출·금융 이메일	0.0	1.9	10.2	7.9	2.1	0.1
일반 이메일	85.2	86.5	63.3	43.1	78.7	70.4
합계	100.0	100.0	100.0	100.0	100.0	100.0

① 일반 이메일 스팸의 경우 2022년 하반기부터 비율이 계속 증가하고 있다.

② 2022년 하반기 대출·금융 이메일 스팸 비율은 전년 동기의 4배 이상이다.

③ 성인 이메일 스팸 수신량은 2021년 상반기보다 2023년 하반기에 더 많았다.

④ 성인 이메일 스팸 비율은 2021년 상반기보다 2023년 상반기에 50% 이상 증가하였다.

⑤ 일반 이메일 스팸 비율의 전반기 대비 증감 추이는 대출·금융 이메일 스팸의 전반기 대비 증감추이와 같다.

Hard

16 다음은 세종특별시에 거주하는 20 ~ 30대 청년들의 주거 점유형태에 대한 자료이다. 이에 대한 설명으로 옳은 것은?(단, 소수점 둘째 자리에서 반올림한다)

〈20 ~ 30대 청년 주거 점유형태〉

(단위 : 명)

구분	자가	전세	월세	무상	합계
20 ~ 24세	537	1,862	5,722	5,753	13,874
25 ~ 29세	795	2,034	7,853	4,576	15,258
30 ~ 34세	1,836	4,667	13,593	1,287	21,383
35 ~ 39세	2,489	7,021	18,610	1,475	29,595
합계	5,657	15,584	45,778	13,091	80,110

① 연령대가 높아질수록 연령대별로 자가 비율이 높아지고, 월세 비율이 낮아진다.

② 20 ~ 24세 전체 인원 중 월세 비율은 40% 미만이고, 자가 비율은 3% 미만이다.

③ 자가가 차지하는 비율은 20 ~ 30대 연령대에서보다 20대 연령대에서 더 낮다.

④ 20 ~ 30대 연령대에서 월세에 사는 25 ~ 29세 연령대가 차지하는 비율은 10% 이상이다.

⑤ 20 ~ 24세를 제외한 20 ~ 30대 청년 중에서 무상이 차지하는 비율이 월세 비율보다 더 높다.

17 다음은 산업별 경기전망지수에 대한 자료이다. 〈보기〉를 참고하여 A ~ D에 들어갈 산업을 바르게 짝지은 것은?

〈산업별 경기전망지수〉

(단위 : 점)

구분	2019년	2020년	2021년	2022년	2023년
A	45.8	48.9	52.2	52.5	54.4
B	37.2	39.8	38.7	41.9	46.3
도소매업	38.7	41.4	38.3	41.7	46.2
C	36.1	40.6	44.0	37.1	39.7
D	39.3	41.1	40.2	44.9	48.7

보기

㉠ 2019년부터 2023년까지 보건업의 경기전망지수가 40점 이상인 해는 2개이다.
㉡ 2021년 조선업과 제조업의 경기전망지수는 전년 대비 증가하였다.
㉢ 전년 대비 2020년 해운업의 경기전망지수의 증가율은 5개의 산업 중 가장 낮다.
㉣ 제조업은 매년 5개의 산업 중 경기전망지수가 가장 높다.

	A	B	C	D
①	조선업	보건업	제조업	해운업
②	제조업	조선업	보건업	해운업
③	조선업	제조업	보건업	해운업
④	제조업	보건업	조선업	해운업
⑤	보건업	제조업	조선업	해운업

18 다음은 2024년 1월 시도별 이동자 수 및 이동률에 대한 자료이다. 이에 대한 설명으로 옳지 않은 것은?

〈2024년 1월 시도별 이동자 수(총 전입)〉

(단위 : 명)

구분	전국	서울	부산	대구	인천	광주
이동자 수	650,197	132,012	42,243	28,060	40,391	17,962

〈2024년 1월 시도별 이동률(총 전입)〉

(단위 : %)

구분	전국	서울	부산	대구	인천	광주
이동률	1.27	1.34	1.21	1.14	1.39	1.23

① 총 전입자 수가 가장 작은 지역은 광주이다.

② 부산의 총 전입자 수는 광주의 총 전입자 수의 2배 이상이다.

③ 서울의 총 전입자 수는 전국의 총 전입자 수의 20% 이상이다.

④ 서울, 부산, 대구, 인천, 광주 중 대구의 총 전입률이 가장 낮다.

⑤ 서울은 총 전입자 수와 총 전입률 모두 다른 지역에 비해 가장 높다.

19 다음은 최근 5개년의 아동 비만율에 대한 자료이다. 이에 대한 설명으로 옳은 것을 〈보기〉에서 모두 고르면?

〈연도별 아동 비만율〉

(단위 : %)

구분	2019년	2020년	2021년	2022년	2023년
유아(만 6세 미만)	11	10.8	10.2	7.4	5.8
어린이(만 6세 이상 만 13세 미만)	9.8	11.9	14.5	18.2	19.7
청소년(만 13세 이상 만 19세 미만)	18	19.2	21.5	24.7	26.1

보기

㉠ 모든 아동의 비만율은 전년 대비 증가하고 있다.
㉡ 어린이 비만율은 유아 비만율보다 크고, 청소년 비만율보다 작다.
㉢ 2019년 대비 2023년 청소년 비만율의 증가율은 45%이다.
㉣ 2023년과 2021년의 비만율 차이가 가장 큰 아동은 어린이이다.

① ㉠, ㉢
② ㉠, ㉣
③ ㉡, ㉢
④ ㉡, ㉣
⑤ ㉢, ㉣

20 다음은 우리나라 사업체 임금과 근로시간에 대한 자료이다. 이를 변환한 그래프로 옳지 않은 것은?

〈월평균 근로일수, 근로시간, 임금총액 현황〉

(단위 : 일, 시간, 천 원, %)

구분	2016년	2017년	2018년	2019년	2020년	2021년	2022년	2023년
근로일수	22.7	22.3	21.5	21.5	21.5	21.5	21.3	21.1
근로시간	191.2	188.4	184.8	184.4	184.7	182.1	179.9	178.1
주당근로시간	44.1	43.4	42.6	42.5	42.5	41.9	41.4	41.0
전년 대비 근로시간 증감률	−2.0	−1.5	−1.9	−0.2	0.2	−1.4	−1.2	−1.0
임금총액	2,541	2,683	2,802	2,863	3,047	3,019	3,178	3,299
임금총액 상승률	5.7	5.6	4.4	2.2	6.4	−0.9	5.3	3.8

〈사업체 규모별 상용근로자의 근로시간 및 임금총액 현황〉

(단위 : 시간, 천 원)

구분		전규모	5 ~ 9인	10 ~ 29인	30 ~ 99인	100 ~ 299인	300인 이상
2018년	근로시간	184.8	187.0	188.5	187.2	183.8	177.2
	임금총액	2,802	2,055	2,385	2,593	2,928	3,921
2019년	근로시간	184.4	187.3	187.6	185.8	185.1	177.0
	임금총액	2,863	2,115	2,442	2,682	2,957	3,934
2020년	근로시간	184.7	186.9	187.1	187.0	187.9	175.9
	임금총액	3,047	2,212	2,561	2,837	3,126	4,291
2021년	근로시간	182.1	182.9	182.9	184.7	184.3	176.3
	임금총액	3,019	2,186	2,562	2,864	3,113	4,273
2022년	근로시간	179.9	180.8	180.2	183.3	182.8	173.6
	임금총액	3,178	2,295	2,711	3,046	3,355	4,424
2023년	근로시간	178.1	178.9	178.8	180.8	180.3	172.5
	임금총액	3,299	2,389	2,815	3,145	3,484	4,583

① (시간, 일)

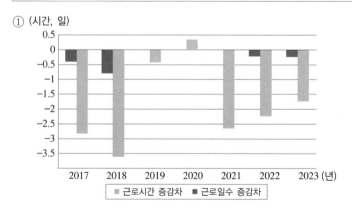

■ 근로시간 증감차 ■ 근로일수 증감차

② (천 원)

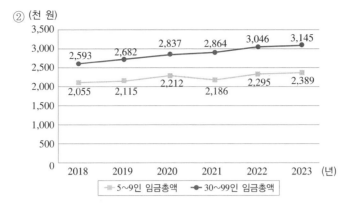

③ (년)

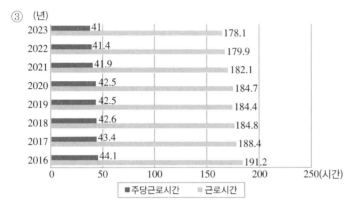

④ (시간)

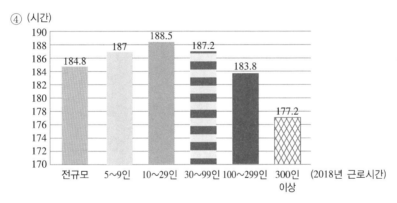

⑤ (시간)

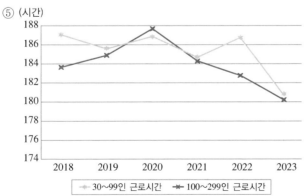

Easy

01 철도 길이가 680m인 터널이 있다. A기차가 30m/s의 속력으로 터널을 완전히 빠져나갈 때까지 30초가 걸렸을 때, A기차의 길이는?

① 190m   ② 200m

③ 210m   ④ 220m

⑤ 230m

02 농도가 9%인 묽은 염산 100g에 물을 섞어서 6%의 묽은 염산을 만들고자 한다. 이때 필요한 물의 양은?

① 10g   ② 30g

③ 50g   ④ 70g

⑤ 90g

03 S학원에서는 성적에 따라 장학금을 지원해 주고 있다. 시험성적 1등에게는 학원비 전액을, 2 ~ 5등 까지는 학원비의 50%를, 6 ~ 10등까지는 학원비의 25%를 지원하여 총 1,275,000원을 장학금으로 사용했을 때, S학원의 1인당 학원비는?

① 5만 원   ② 10만 원

③ 20만 원   ④ 30만 원

⑤ 35만 원

04 욕조에 물을 가득 채우는 데에는 40분이 걸리고, 가득 찬 물을 빼내는 데에는 90분이 걸린다. 이때, 슬기가 실수로 욕조의 마개를 열어둔 채로 물을 받는다면 욕조에 물이 가득 차는 데 걸리는 시간은?

① 50분   ② 1시간

③ 1시간 2분   ④ 1시간 12분

⑤ 1시간 20분

05 A지점에서 B지점까지의 거리는 120km이다. 상희는 자전거를 타고 A지점에서 B지점까지 시속 30km의 속도로 갔다가, 시속 60km의 속도로 돌아왔다. 상희가 A지점에서 B지점에 갔다가, 다시 A지점에 돌아올 때까지의 평균 속력은?

① 30km/h   ② 35km/h

③ 40km/h   ④ 45km/h

⑤ 50km/h

`Hard`

06 학생 40명이 시험을 보았는데 그중 10명이 불합격이라고 한다. 합격 점수는 전체 학생의 평균 점수보다 4점이 높고, 불합격자의 평균 점수의 2배이다. 그리고 합격자의 평균 점수가 합격 점수보다 5점이 높을 때, 합격 점수는?

① 60점   ② 61점

③ 62점   ④ 63점

⑤ 64점

PART 2

07 어느 미술관의 관람료는 5,000원이고, 50명 이상의 단체일 경우 전체 요금의 25%가 할인된다고 한다. 50명 미만의 단체가 관람하려고 할 때, 50명 이상의 단체관람권을 구매하는 것이 유리해지는 최소 인원은?

① 36명   ② 37명

③ 38명   ④ 39명

⑤ 40명

08 평상시에 S아파트의 12층까지 올라갈 때, 엘리베이터를 이용하면 1분 15초, 비상계단을 이용하면 6분 50초가 걸린다. S아파트는 저녁 8시부터 8시 30분까지 사람들이 몰려서 엘리베이터 이용 시간이 2분마다 35초씩 늘어난다. 저녁 8시부터 몇 분이 지나면 엘리베이터를 이용하는 것보다 계단을 이용할 때 12층에 빨리 도착하는가?(단, 정수 단위로 분을 계산한다)

① 12분   ② 14분

③ 16분   ④ 18분

⑤ 20분

Hard

09 다이어트를 결심한 철수는 월요일부터 일요일까지 하루에 한 가지씩 운동을 하는 계획을 세우려 한다. 다음 내용을 참고할 때, 철수가 세울 수 있는 일주일간 운동 계획의 경우의 수는?

- 일주일 중 나흘은 수영을 한다.
- 수영을 하지 않는 날 중 이틀은 농구, 야구, 테니스 중 매일 서로 다른 종목 하나씩을 선택하고 남은 하루는 배드민턴, 검도, 줄넘기 중 한 종목을 선택한다.

① 630가지   ② 840가지

③ 1,270가지   ④ 1,680가지

⑤ 1,890가지

10 판매자 A씨는 원가가 400원인 포도에 x원만큼의 금액을 가산한 정가로 80개를 판매하여 원가로 판매했을 때보다 9,600원의 이익을 남겼다. 가산한 금액 x는 얼마인가?

① 120원   ② 220원

③ 320원   ④ 420원

⑤ 520원

11 축구경기가 있는 내일 비가 올 확률은 $\dfrac{2}{5}$ 이다. 비가 온다면 이길 확률이 $\dfrac{1}{3}$, 비가 오지 않는다면 이길 확률이 $\dfrac{1}{4}$ 일 때, 이길 확률은?

① $\dfrac{4}{15}$ ② $\dfrac{17}{60}$

③ $\dfrac{3}{10}$ ④ $\dfrac{19}{60}$

⑤ $\dfrac{1}{2}$

12 민솔이와 현진이가 달리기를 하는데 민솔이는 출발 지점에서 초속 7m, 현진이는 민솔이보다 40m 앞에서 초속 5m로 동시에 출발하였다. 두 사람은 출발한 지 몇 초 후에 만나는가?

① 11초 후   ② 14초 후

③ 20초 후   ④ 23초 후

⑤ 27초 후

13 전교생이 1,000명 중 남학생이 여학생보다 200명이 많은 어느 학교에서 안경을 낀 학생 수를 조사하였다. 안경을 낀 학생은 안경을 끼지 않은 학생보다 300명이 적었다. 안경을 낀 남학생은 안경을 낀 여학생의 1.5배였다면 안경을 낀 여학생의 수는?

① 120명   ② 140명

③ 160명   ④ 180명

⑤ 200명

14 농도 13%의 소금물 400g과 농도 7%의 소금물 200g을 섞은 후, 농도를 알 수 없는 소금물 100g을 섞었더니 농도 22%의 소금물이 되었다. 농도를 알 수 없는 소금물의 농도는?

① 66%   ② 78%

③ 88%   ④ 92%

⑤ 96%

Hard

15 S학생은 5지선다형 문제 2개를 풀고자 한다. 첫 번째 문제의 정답은 선택지 중 1개이지만, 두 번째 문제의 정답은 선택지 중 2개이며, 모두 맞혀야 정답으로 인정된다. 이때 S학생이 두 문제 중 하나만 맞힐 확률은?

① 18%   ② 20%

③ 26%   ④ 30%

⑤ 44%

16 경림이와 소정이가 같은 지점에서 출발한 후, 서로 반대 방향으로 경림이는 시속 x km, 소정이는 시속 6km로 걸어갔다. 2시간 20분 후에 둘 사이의 거리가 24.5km가 되었다고 할 때, 경림이의 걸음 속도는?

① 4km/h   ② 4.5km/h

③ 5km/h   ④ 5.5km/h

⑤ 6km/h

17 A부터 K까지 11개의 알파벳 중 6개를 뽑으려 할 때, C, F, H, J가 모두 포함되는 경우의 수는?

① 9가지
② 16가지
③ 21가지
④ 32가지
⑤ 42가지

18 첫째와 둘째, 둘째와 셋째의 터울이 각각 3살인 A, B, C 삼 형제가 있다. 3년 후면 막내 C의 나이는 첫째 A 나이의 $\frac{2}{3}$가 된다고 한다. A~C의 나이를 모두 더하면 얼마인가?

① 33살
② 36살
③ 39살
④ 45살
⑤ 48살

19 톱니 수가 각각 6개, 8개, 10개, 12개인 톱니바퀴 A, B, C, D가 일렬로 있다. A는 B와 맞닿아 있고, B는 A, C와, C는 B, D와 맞닿아 있다. A가 12바퀴 회전을 했을 때, B와 D는 각각 몇 번 회전하는가?

① 6번, 10번
② 9번, 6번
③ 6번, 8번
④ 9번, 5번
⑤ 6번, 7번

20 농도 8%의 소금물 400g에 농도 3%의 소금물 몇 g을 넣으면 농도 5%의 소금물이 되는가?

① 600g
② 650g
③ 700g
④ 750g
⑤ 800g

01 국제영화제 행사에 참석한 S씨는 A ~ F영화 여섯 개를 〈조건〉에 따라 5월 1일부터 5월 6일까지 하루에 한 편씩 보려고 한다. 다음 중 항상 참인 것은?

조건
• F영화는 3일과 4일 중 하루만 상영된다.
• D영화는 C영화가 상영된 날 이틀 후에 상영된다.
• B영화는 C, D영화보다 먼저 상영된다.
• 첫째 날 B영화를 본다면, 5일에 반드시 A영화를 본다.

① A영화는 C영화보다 먼저 상영될 수 없다.
② B영화는 1일 또는 2일에 상영된다.
③ C영화는 E영화보다 먼저 상영된다.
④ D영화는 5일이나 폐막작으로 상영될 수 없다.
⑤ E영화는 개막작이나 폐막작으로 상영된다.

02 상준이는 건강상의 이유로 운동을 하기로 했다. 상준이가 선택한 운동은 복싱인데, 월요일부터 일요일까지 사흘을 선택하여 오전 또는 오후에 운동을 하기로 했다. 상준이가 운동을 시작한 첫 주 월요일부터 일요일까지 운동한 요일은?

• 운동을 하려면 마지막 운동을 한 지 최소 12시간이 지나야 한다.
• 상준이는 주말에 약속이 있어서 운동을 하지 못했다.
• 상준이는 금요일 오후에 운동을 했다.
• 상준이는 금요일을 제외한 나머지 날 오후에 운동을 하지 못했다.
• 금요일, 월요일을 제외한 두 번은 이틀 연속으로 했다.

① 월요일(오전), 화요일(오전), 금요일(오후)
② 월요일(오전), 화요일(오후), 금요일(오후)
③ 화요일(오전), 화요일(오후), 금요일(오후)
④ 화요일(오전), 수요일(오전), 금요일(오후)
⑤ 목요일(오후), 금요일(오후), 월요일(오전)

03 취업준비생 A ~ E 5명이 지원한 회사는 가 ~ 마 회사 중 1곳이며, 회사는 서로 다른 곳에 위치하고 있다. 이들은 모두 서류에 합격해 필기시험을 보러 가는데, 이때, 지하철, 버스, 택시 중 1가지를 타려고 한다. 다음 중 참이 아닌 것은?(단, 1가지 교통수단은 최대 2명까지 탈 수 있으며, 1명도 타지 않은 교통수단은 없다)

- 택시를 타면 가, 나, 마 회사에 갈 수 있다.
- A는 다 회사에 지원했다.
- E는 어떤 교통수단을 선택해도 지원한 회사에 갈 수 있다.
- 지하철에는 D를 포함한 2명이 타며, 둘 중 1명은 라 회사에 지원했다.
- B가 탈 수 있는 교통수단은 지하철뿐이다.
- 버스와 택시로 갈 수 있는 회사는 가 회사를 제외하면 서로 겹치지 않는다.

① A는 버스를 탄다.
② B와 D는 함께 지하철을 탄다.
③ C는 나 또는 마 회사에 지원했다.
④ C는 택시를 탄다.
⑤ E는 라 회사에 지원했다.

04 S사의 창립 기념일을 맞이하여 인사팀, 영업팀, 홍보팀, 디자인팀, 기획팀에서 총 20명의 신입사원들이 장기자랑에 참가하기로 했다. 각 팀에서 최소 1명 이상이 참가해야 하며, 장기자랑 종목은 춤, 마임, 노래, 마술, 기타 연주가 있다. 다음 〈조건〉이 모두 참일 때 장기자랑에 참가한 홍보팀 사원은 모두 몇 명이고, 어떤 종목으로 참가하는가?(단, 장기자랑 종목은 팀별로 겹칠 수 없다)

조건
- 홍보팀은 영업팀 참가 인원의 2배이다.
- 춤을 추는 팀은 총 6명이며, 인사팀은 노래를 부른다.
- 기획팀 7명은 마임을 하며, 참가하는 팀 중 참가 인원이 가장 많다.
- 마술을 하는 팀은 2명이며, 영업팀은 기타 연주를 하거나 춤을 춘다.
- 디자인팀은 춤을 추며, 노래를 부르는 팀은 마술을 하는 팀 인원의 2배이다.

① 1명, 노래
② 1명, 마술
③ 2명, 기타 연주
④ 2명, 노래
⑤ 2명, 마술

05 월요일부터 금요일까지 소연이를 포함한 5명의 직원들이 1명씩 돌아가며 사무실 청소를 하기로 했다. 다음 〈조건〉을 바탕으로 지현이가 월요일에 청소를 한다면 보람이가 청소를 하는 요일은?

> **조건**
> • 은정이는 월, 화, 수요일에는 청소를 할 수 없다.
> • 지현이와 승혜는 수요일에 청소를 할 수 없다.
> • 지연이는 금요일에 청소를 할 것이다.

① 월요일　　　　　　　　　　　② 화요일
③ 수요일　　　　　　　　　　　④ 목요일
⑤ 금요일

06 S사의 사내 축구 대회에서 홍보팀이 1 : 0으로 승리했고, 시합에 참여했던 홍보팀 직원 A ~ D 4명은 다음과 같이 말하였다. 이들 중 1명의 진술만 참이라고 할 때, 골을 넣은 사람은?

> • A : C가 골을 넣었다.
> • B : A가 골을 넣었다.
> • C : A는 거짓말을 했다.
> • D : 나는 골을 넣지 못했다.

① A　　　　　　　　　　　　② B
③ C　　　　　　　　　　　　④ D
⑤ 알 수 없다.

07 A ~ F 6명은 피자 3판을 모두 같은 양만큼 나누어 먹기로 하였다. 피자 3판은 각각 동일한 크기로 8조각으로 나누어져 있다. 다음 〈조건〉을 고려하여 앞으로 2조각을 더 먹어야 하는 사람은?

> **조건**
> • 현재 총 6조각이 남아있다.
> • A, B, E는 같은 양을 먹었고, 나머지는 모두 먹은 양이 달랐다.
> • F는 D보다 적게 먹었으며, C보다는 많이 먹었다.

① A, B, E　　　　　　　　　　② C
③ D　　　　　　　　　　　　④ F
⑤ 없음

08 S사의 여섯 개의 A ~ F팀은 월요일부터 토요일까지 하루에 두 팀씩 함께 회의를 진행한다. 〈조건〉에 따라 회의를 진행할 때, 다음 중 반드시 참인 것은?(단, 월요일부터 토요일까지 각 팀의 회의 진행 횟수는 서로 같다)

> **조건**
>
> • 오늘은 목요일이고 A팀과 F팀이 함께 회의를 진행했다.
> • B팀은 A팀과 연이은 요일에 회의를 진행하지 않는다.
> • B팀은 오늘을 포함하여 이번 주에는 더 이상 회의를 진행하지 않는다.
> • C팀은 월요일에 회의를 진행했다.
> • D팀과 C팀은 이번 주에 B팀과 한 번씩 회의를 진행한다.
> • A팀과 F팀은 이번 주에 이틀을 연이어 함께 회의를 진행한다.

① C팀은 월요일과 수요일에 회의를 진행한다.
② C팀과 E팀은 함께 회의를 진행하지 않는다.
③ E팀은 수요일과 토요일 하루 중에만 회의를 진행한다.
④ F팀은 목요일과 금요일에 회의를 진행한다.
⑤ 화요일에 회의를 진행한 팀은 B팀과 E팀이다.

Hard

09 카페를 운영 중인 S씨는 네 종류의 음료를 여름 한정 메뉴로 판매하기로 결정하였고, 이를 위해 해당 음료의 재료를 유통하는 업체 두 곳을 선정하려 한다. 선정된 유통업체는 서로 다른 메뉴의 재료를 담당해야 하며, 반드시 담당하는 메뉴에 필요한 재료를 모두 공급해야 한다. 다음 중 S씨가 선정할 두 업체로 옳은 것은?

> **조건**
>
> • A, B, C, D업체는 각각 다섯 가지 재료 중 세 종류의 재료를 유통한다.
> • 모든 업체가 유통하는 재료가 있다.
> • A업체가 유통하는 재료들로 카페라테를 만들 수 있다.
> • B업체가 유통하는 재료들로는 카페라테를 만들 수 있지만, 아포가토는 만들 수 없다.
> • C업체는 딸기를 유통하지 않으나, D업체는 딸기를 유통한다.
> • 팥은 B업체를 제외하고 모든 업체가 유통한다.
> • 우유를 유통하는 업체는 두 곳이다.
>
> **〈메뉴에 필요한 재료〉**
>
> | 메뉴 | 재료 |
> |---|---|
> | 카페라테 | 커피 원두, 우유 |
> | 아포가토 | 커피 원두, 아이스크림 |
> | 팥빙수 | 아이스크림, 팥 |
> | 딸기라테 | 우유, 딸기 |

① A업체, B업체   ② A업체, C업체
③ B업체, C업체   ④ B업체, D업체
⑤ C업체, D업체

10

조건

- A ~ E제품 다섯 개를 내구성, 효율성, 실용성 세 개 영역에 대해 1 ~ 3등급으로 평가하였다.
- 모든 영역에서 3등급을 받은 제품이 있다.
- 모든 제품이 3등급을 받은 영역이 있다.
- A제품은 내구성 영역에서만 3등급을 받았다.
- B제품만 실용성 영역에서 3등급을 받았다.
- C, D제품만 효율성 영역에서 2등급을 받았다.
- E제품은 한 개의 영역에서만 2등급을 받았다.
- A와 C제품이 세 영역에서 받은 등급의 총합은 서로 같다.

① A제품은 효율성 영역에서 1등급을 받았다.
② B제품은 내구성 영역에서 3등급을 받았다.
③ C제품은 내구성 영역에서 3등급을 받았다.
④ D제품은 실용성 영역에서 2등급을 받았다.
⑤ E제품은 실용성 영역에서 2등급을 받았다.

11

- 운동을 좋아하는 사람은 담배를 좋아하지 않는다.
- 커피를 좋아하는 사람은 담배를 좋아한다.
- 커피를 좋아하지 않는 사람은 주스를 좋아한다.
- 과일을 좋아하는 사람은 커피를 좋아하지 않는다.

① 과일을 좋아하는 사람은 담배를 좋아한다.
② 과일을 좋아하는 사람은 주스를 좋아한다.
③ 운동을 좋아하는 사람은 주스를 좋아한다.
④ 주스를 좋아하지 않는 사람은 담배를 좋아한다.
⑤ 운동을 좋아하는 사람은 커피를 좋아하지 않는다.

12

전제1. 스테이크를 먹는 사람은 지갑이 없다.
전제2. _____
결론.   지갑이 있는 사람은 쿠폰을 받는다.

① 쿠폰을 받는 사람은 지갑이 없다.
② 지갑이 없는 사람은 쿠폰을 받지 않는다.
③ 지갑이 없는 사람은 스테이크를 먹지 않는다.
④ 스테이크를 먹는 사람은 쿠폰을 받지 않는다.
⑤ 스테이크를 먹지 않는 사람은 쿠폰을 받는다.

`Easy`

13

전제1. 연예인이 모델이면 매출액이 증가한다.
전제2. _____
결론.   연예인이 모델이면 브랜드 인지도가 높아진다.

① 브랜드 인지도가 높아지면 연예인이 모델이다.
② 브랜드 인지도가 높아지면 매출액이 줄어든다.
③ 매출액이 줄어들면 브랜드 인지도가 높아진다.
④ 매출액이 증가하면 브랜드 인지도가 높아진다.
⑤ 매출액이 증가하면 브랜드 인지도가 낮아진다.

14 수영, 슬기, 경애, 정서, 민경의 머리 길이가 서로 다르다고 할 때, 다음 중 바르게 추론한 것은?

• 수영이는 단발머리로 슬기와 경애의 머리보다 짧다.
• 정서의 머리는 수영보다 길지만, 슬기보다는 짧다.
• 경애의 머리는 정서보다 길지만, 슬기보다는 짧다.
• 민경의 머리는 경애보다 길지만, 다섯 명 중에 가장 길지는 않다.

① 경애는 단발머리이다.
② 슬기의 머리가 가장 길다.
③ 민경의 머리는 슬기보다 길다.
④ 수영의 머리가 다섯 명 중 가장 짧지는 않다.
⑤ 머리가 긴 순서대로 나열하면 '슬기 – 정서 – 민경 – 경애 – 수영'이다.

PART 2

15 S사에서는 사내 직원들의 친목 도모를 위해 산악회를 운영하고 있다. A ~ D 4명 중 최소 1명 이상이 산악회 회원이라고 할 때, 다음 내용에 따라 항상 참인 것은?

- C가 산악회 회원이면 D도 산악회 회원이다.
- A가 산악회 회원이면 D는 산악회 회원이 아니다.
- D가 산악회 회원이 아니면 B가 산악회 회원이 아니거나 C가 산악회 회원이다.
- D가 산악회 회원이면 B는 산악회 회원이고 C도 산악회 회원이다.

① A는 산악회 회원이다.
② B는 산악회 회원이 아니다.
③ C는 산악회 회원이 아니다.
④ B와 D의 산악회 회원 여부는 같다.
⑤ A ~ D 중 산악회 회원은 2명이다.

16 경찰은 용의자 5명을 대상으로 수사를 벌이고 있다. 범인을 검거하기 위해 경찰은 용의자 5명을 심문하였다. 5명은 아래와 같이 진술하였으며, 이 중 2명의 진술은 참이고, 3명의 진술은 거짓이라고 할 때, 범인은 누구인가?(단, 범행 현장에는 범죄자와 목격자가 있고, 범죄자는 목격자가 아니며, 모든 사람은 참이나 거짓만 말한다)

- A : 나는 범인이 아니고, 나와 E만 범행 현장에 있었다.
- B : C와 D는 범인이 아니고, 목격자는 2명이다.
- C : 나는 B와 함께 있었고, 범행 현장에 있지 않았다.
- D : C의 말은 모두 참이고, B가 범인이다.
- E : 나는 범행 현장에 있었고, A가 범인이다.

① A   ② B
③ C   ④ D
⑤ E

17 20대 남녀, 30대 남녀, 40대 남녀 6명이 뮤지컬 관람을 위해 공연장을 찾았다. 다음 〈조건〉을 참고할 때, 항상 참인 것은?

조건

- 양 끝자리에는 다른 성별이 앉는다.
- 40대 남성은 왼쪽에서 두 번째 자리에 앉는다.
- 30대 남녀는 서로 인접하여 앉지 않는다.
- 30대와 40대는 인접하여 앉지 않는다.
- 30대 남성은 맨 오른쪽 끝자리에 앉는다.

〈뮤지컬 관람석〉

① 20대 남녀는 서로 인접하여 앉는다.
② 20대 남성은 40대 여성과 인접하여 앉는다.
③ 20대 남녀는 왼쪽에서 첫 번째 자리에 앉을 수 없다.
④ 30대 남성은 20대 여성과 인접하여 앉지 않는다.
⑤ 40대 남녀는 서로 인접하여 앉지 않는다.

18 S사의 A ~ D 4명은 각각 다른 팀에 근무하는데, 각 팀은 2층, 3층, 4층, 5층에 위치하고 있다. 〈조건〉을 참고할 때, 다음 중 항상 참인 것은?

조건

- A, B, C, D 중 2명은 부장, 1명은 과장, 1명은 대리이다.
- 대리의 사무실은 B보다 높은 층에 있다.
- B는 과장이다.
- A는 대리가 아니다.
- A의 사무실이 가장 높다.

① A는 부장이다.
② B는 2층에 근무한다.
③ C는 대리이다.
④ 대리는 4층에 근무한다.
⑤ 부장 중 1명은 반드시 2층에 근무한다.

19 S사는 공개 채용을 통해 4명의 남자 사원과 2명의 여자 사원을 최종 선발하였고, 선발된 6명의 신입 사원을 기획부, 인사부, 구매부에 배치하려고 한다. 〈조건〉에 따라 신입 사원을 배치할 때, 다음 중 참이 아닌 것은?

> **조건**
> • 기획부, 인사부, 구매부 각 부서에 적어도 1명의 신입 사원을 배치한다.
> • 기획부, 인사부, 구매부에 배치되는 신입 사원의 수는 서로 다르다.
> • 부서별로 배치되는 신입 사원의 수는 구매부가 가장 적고, 기획부가 가장 많다.
> • 여자 신입 사원만 배치되는 부서는 없다.

① 인사부에는 2명의 신입 사원이 배치된다.
② 구매부에는 1명의 남자 신입 사원이 배치된다.
③ 기획부에는 반드시 여자 신입 사원이 배치된다.
④ 인사부에는 반드시 여자 신입 사원이 배치된다.
⑤ 인사부에는 1명 이상의 남자 신입 사원이 배치된다.

20 낮 12시경 준표네 집에 도둑이 들었다. 목격자에 의하면 도둑은 1명이다. 다음은 이 사건의 용의자인 A~E 5명의 진술 내용이다. 5명 중 오직 2명만이 거짓말을 하고 있고 거짓말을 하는 2명 중 1명이 범인이라면, 범인은 누구인가?

> • A : 나는 사건이 일어난 낮 12시에 학교에 있었다.
> • B : 그날 낮 12시에 나는 A, C와 함께 있었다.
> • C : B는 그날 낮 12시에 A와 부산에 있었다.
> • D : B의 진술은 참이다.
> • E : C는 그날 낮 12시에 나와 단 둘이 함께 있었다.

① A   ② B
③ C   ④ D
⑤ E

PART 2

※ 일정한 규칙으로 수를 나열할 때, 빈칸에 들어갈 알맞은 수를 고르시오. [1~12]

01

| 2.01 | 5.03 | 10.06 | 17.1 | ( ) | 37.21 | 50.28 | 65.36 | 82.45 | 101.55 |

① 21.95 ② 23.35

③ 24.75 ④ 26.15

⑤ 27.55

Hard

02

| 1.79 | 5.37 | 2.07 | 6.21 | 2.91 | 8.73 | 5.43 | ( ) | 12.99 | 38.97 |

① 16.09 ② 16.15

③ 16.29 ④ 16.36

⑤ 16.47

03

| −15.15 | 17.18 | −21.24 | 27.33 | ( ) | 45.6 | −57.78 | 71.99 | −88.23 |

① −35.45 ② −36.55

③ −37.65 ④ −38.75

⑤ −39.85

04

| ( ) | $3\frac{5}{10}$ | $5\frac{8}{17}$ | $7\frac{11}{24}$ | $9\frac{14}{31}$ | $11\frac{17}{38}$ | $13\frac{20}{45}$ |

① 0 ② $\frac{2}{3}$

③ 1 ④ $1\frac{1}{3}$

⑤ $1\frac{2}{3}$

05

$$2\frac{5}{7} \quad 4\frac{8}{12} \quad 7\frac{13}{14} \quad 12\frac{15}{17} \quad 14\frac{18}{22} \quad 17\frac{23}{24} \quad (\quad) \quad 24\frac{28}{32} \quad 27\frac{33}{34}$$

① $19\dfrac{26}{29}$ ② $20\dfrac{25}{27}$

③ $20\dfrac{25}{29}$ ④ $22\dfrac{25}{27}$

⑤ $22\dfrac{25}{29}$

06

$$(\quad) \quad \frac{2}{7} \quad \frac{4}{21} \quad \frac{8}{63} \quad \frac{16}{189} \quad \frac{32}{567}$$

① $\dfrac{1}{7}$ ② $\dfrac{2}{7}$

③ $\dfrac{3}{7}$ ④ $\dfrac{4}{7}$

⑤ $\dfrac{5}{7}$

07

$$\frac{3}{17} \quad \frac{9}{21} \quad \frac{27}{29} \quad \frac{81}{41} \quad \frac{243}{57} \quad (\quad)$$

① $\dfrac{727}{79}$ ② $\dfrac{729}{77}$

③ $\dfrac{741}{77}$ ④ $\dfrac{741}{78}$

⑤ $\dfrac{762}{77}$

08

$$\frac{1}{3} \quad \frac{2}{3} \quad \frac{2}{6} \quad \frac{5}{12} \quad \frac{11}{60} \quad (\quad)$$

① $\dfrac{59}{360}$ ② $\dfrac{34}{480}$

③ $\dfrac{59}{660}$ ④ $\dfrac{62}{720}$

⑤ $\dfrac{59}{840}$

09

| 3 5 19 5 9 ( ) 7 11 71 |

① 39   ② 41

③ 43   ④ 45

⑤ 47

10

| 2 4 20 3 5 34 4 5 41 5 6 ( ) |

① 41   ② 50

③ 52   ④ 61

⑤ 62

11

| 22 4 6 19 7 3 8 ( ) 2 |

① 5   ② 7

③ 9   ④ 10

⑤ 11

12

| 6 3 45 10 ( ) 60 8 4 60 |

① 2   ② 3

③ 4   ④ 5

⑤ 6

Easy

13 일정한 규칙으로 수를 나열할 때, (A+B)×2의 값은?

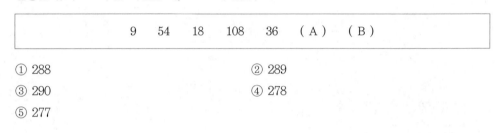

		(A)	17	27	44	71	(B)	

① 220   ② 230

③ 240   ④ 250

⑤ 260

14 일정한 규칙으로 수를 나열할 때, A+B의 값은?

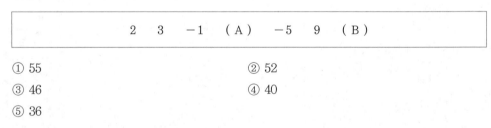

	9	54	18	108	36	(A)	(B)	

① 288   ② 289

③ 290   ④ 278

⑤ 277

15 일정한 규칙으로 수를 나열할 때, 3A−2B의 값은?

	2	3	−1	(A)	−5	9	(B)	

① 55   ② 52

③ 46   ④ 40

⑤ 36

16 일정한 규칙으로 수를 나열할 때, A×B의 값은?

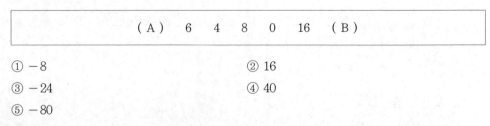

	(A)	6	4	8	0	16	(B)	

① −8   ② 16

③ −24   ④ 40

⑤ −80

17 다음 수열의 31번째 항의 값은?

400	399	403	394	410	385	421	372	···

① 865　　　　　　　　　　　② 875

③ 885　　　　　　　　　　　④ 895

⑤ 905

18 다음 수열의 15번째 항의 값은?

10	12	21	19	43	33	87	61	175	117	···

① 1,325　　　　　　　　　　② 1,366

③ 1,407　　　　　　　　　　④ 1,448

⑤ 1,489

19 다음 수열의 2,023번째 항의 값은?

-3	2	-5	4	-7	8	-9	16	···

① $-2,021$　　　　　　　　② $-2,023$

③ $-2,025$　　　　　　　　④ $-2,027$

⑤ $-2,029$

20 다음 수열의 101번째 항의 값은?

$\dfrac{7}{11}$	$\dfrac{2}{22}$	$-\dfrac{3}{33}$	$-\dfrac{8}{44}$	···

① $-\dfrac{327}{1,111}$　　　　　　② $-\dfrac{327}{1,100}$

③ $-\dfrac{493}{1,111}$　　　　　　④ $-\dfrac{493}{1,100}$

⑤ $-\dfrac{511}{1,100}$

01   언어이해

※ 다음 글의 중심 내용으로 가장 적절한 것을 고르시오. **[1~2]**

01

> 표준화된 언어는 의사소통을 효과적으로 하기 위하여 의도적으로 선택해야 할 공용어로서의 가치가 있다. 반면에 방언은 지역이나 계층의 언어와 문화를 보존하고 드러냄으로써 국가 전체의 언어와 문화를 다양하게 발전시키는 토대로서의 가치가 있다. 이러한 의미에서 표준화된 언어와 방언은 상호 보완적인 관계에 있다. 표준화된 언어가 있기에 정확한 의사소통이 가능하며, 방언이 있기에 개인의 언어생활에서나 언어 예술 활동에서 자유롭고 창의적인 표현이 가능하다. 결국 우리는 표준화된 언어와 방언 둘 다의 가치를 인정해야 하며, 발화(發話) 상황(狀況)을 잘 고려해서 표준화된 언어와 방언을 잘 가려서 사용할 줄 아는 능력을 길러야 한다.

① 표준화된 언어는 방언보다 효용가치가 있다.
② 창의적인 예술 활동에서는 방언의 기능이 중요하다.
③ 정확한 의사소통을 위해서는 표준화된 언어가 꼭 필요하다.
④ 표준화된 언어와 방언을 구분할 줄 아는 능력을 길러야 한다.
⑤ 표준화된 언어와 방언에는 각각 독자적인 가치와 역할이 있다.

02

> 소액주주의 권익을 보호하고, 기업 경영의 투명성을 높여 궁극적으로 자본시장에서 기업의 자금 조달을 원활히 함으로써 기업의 중장기적인 가치를 제고해 나가기 위해 집단 소송제 도입이 필요하다. 즉, 집단 소송제의 도입은 국민 경제뿐만 아니라 기업 스스로의 가치 제고를 위해서도 바람직한 것이다. 현재 집단 소송제를 시행하고 있는 미국의 경우 전 세계적으로 자본시장이 가장 발달되었으며 시장의 투명성과 공정성이 높아 기업들이 높은 투자가치를 인정받고 있다.

① 집단 소송제는 시장에 의한 기업 지배 구조 개선을 가능하게 한다.
② 집단 소송제를 도입할 경우 경영의 투명성을 높여 결국 기업에 이득이 된다.
③ 기업의 투명성과 공정성은 집단 소송제의 시행 유무에 따라 판단된다.
④ 제도를 도입함으로써 제기되는 부작용은 미국의 경험과 사례로 방지할 수 있다.
⑤ 선진국 계열에 올라서기 위해서 집단 소송제를 시행해야 한다.

03

> 그녀는 저녁 10시면 잠이 들었다. 퇴근하고 집에 돌아오면 아주 오랫동안 샤워를 했다. 한 달에 수도 요금이 5만 원 이상 나왔고, 생활비를 줄이기 위해 휴대폰을 정지시켰다. 일주일에 한 번씩 고향에 있는 어머니께 전화를 드렸고, 매달 말일에는 고시공부를 하는 동생에게 50만 원을 온라인으로 송금했다. 의사로부터 신경성 위염이라는 진단을 받은 후로는 밥을 먹을 때 꼭 백 번씩 씹었다. 밥을 먹고 30분 후에는 약을 먹었다. 그녀는 8년째 도서관에서 일했지만, 정작 자신은 책을 읽지 않았다.

① 그녀는 생활비를 벌기 위해 아르바이트를 한다.
② 그녀는 8년째 도서관에서 고시공부를 하고 있다.
③ 그녀는 신경성 위염 때문에 식사 후에는 약을 먹는다.
④ 그녀는 휴대폰 요금이 한 달에 5만 원 이상 나오자 정지시켰다.
⑤ 그녀는 일주일에 한 번씩 어머니께 온라인으로 용돈을 보내 드렸다.

04

> 무시무시한 자연재해가 자연을 정복하려는 인간에 대한 자연의 '보복'이라고 자책할 필요는 없다. 자연이 만물의 영장인 우리에게 특별한 관심을 보여 주기를 바라는 것은 우리의 소박한 희망일 뿐이다. 자연은 누구에게도 그런 너그러움을 보여줄 뜻이 없는 것이 확실하다. 위험한 자연에서 스스로 생존을 지켜내는 것은 우리의 가장 중요한 책무이다. 따라서 과학을 이용해 자연재해의 피해를 줄이고, 더욱 안전하고 안락한 삶을 추구하려는 우리의 노력은 계속되어야 한다.

① 과학의 발달로 인해 인간보다 자연이 더 큰 피해를 입었다.
② 의약품이 인간의 질병을 치유한 경우도 많다. 그러나 의약품 때문에 발생하는 질병도 많다.
③ 과욕을 버리면 질병이 치유될 수 있다. 왜냐하면 질병은 인간의 과욕이 부른 결과이기 때문이다.
④ 의학은 인간의 자연 치유력을 감소시킨 측면이 있다. 하지만 질병을 극복하기 위해서는 의학이 필요하다.
⑤ 인간의 몸은 스스로 치유의 능력이 있다. 예전에 아무런 의학 처방 없이 많은 질병이 치유된 것도 이 때문이다.

05 다음 글을 읽고 추론한 내용으로 적절하지 않은 것은?

초기의 독서는 소리 내어 읽는 음독 중심이었다. 고대 그리스인들은 쓰인 글이 완전해지려면 소리 내어 읽는 행위가 필요하다고 생각했다. 또한 초기의 두루마리 책은 띄어쓰기나 문장부호 없이 이어 쓰는 연속 기법으로 표기되어 어쩔 수 없이 독자가 자기 목소리로 문자의 뜻을 더듬어가며 읽어봐야 글을 이해할 수 있었다. 흡사 종교의식을 치르듯 성서나 경전을 진지하게 암송하는 낭독이나, 필자나 전문 낭독가가 낭독하는 것을 들음으로써 간접적으로 책을 읽는 낭독 – 듣기가 보편적이었다.

그러던 12세기 무렵 독서 역사에 큰 변화가 일어나는데, 그것은 유럽 수도원의 필경사들 사이에서 시작된 '소리를 내지 않고 읽는 묵독'의 발명이었다. 공동생활에서 소리를 최대한 낮춰 읽는 것이 불가피했던 것이다. 비슷한 시기에 두루마리 책을 완전히 대체하게 된 책자형 책은 주석을 참조하거나 앞부분을 다시 읽는 것을 가능하게 하여 묵독을 도왔다. 묵독이 시작되자 낱말의 간격이나 문장의 경계 등을 표시할 필요성이 생겨 띄어쓰기와 문장부호가 발달했다. 이와 함께 반체제, 에로티시즘, 신앙심 등 개인적 체험을 기록한 책도 점차 등장했다. 이러한 묵독은 꼼꼼히 읽는 분석적 읽기를 가능하게 했다.

음독과 묵독이 공존하던 18세기 중반에 새로운 독서 방식으로 다독이 등장했다. 금속활자와 인쇄술의 보급으로 책 생산이 이전의 3 ~ 4배로 증가하면서 다양한 장르의 책들이 출판되었다. 이전에 책을 접하지 못했던 여성들이 독자로 대거 유입되었고, 독서 조합과 대출 도서관 등 독서 기관이 급격히 증가했다. 이전 시대에는 제한된 목록의 고전을 여러 번 정독하는 집중형 독서가 주로 행해졌던 반면, 이제는 분산형 독서가 행해졌다. 이것은 필독서인 고전의 권위에 대항하여 자신이 읽고 싶은 것을 골라 읽는 자유로운 선택적 읽기를 뜻한다. 이처럼 오늘날 행해지는 다양한 독서 방식들은 장구한 시간의 흐름 속에서 하나씩 등장했다. 그래서 거기에는 당대의 지식사를 이끌었던 흔적들이 남아 있다.

① 다양한 내용의 책을 읽는 데에는 분산형 독서가 효과적이다.
② 분산형 독서는 고전이 전에 가졌던 권위를 약화시켰다.
③ 18세기 중반 이전에는 여성 독자의 수가 제한적이었다.
④ 책의 형태가 변화하면 독서의 방식도 따라서 변화하였다.
⑤ 책자형 책의 출현으로 인해 낭독의 확산이 가능해졌다.

다음 글의 서술상 특징으로 가장 적절한 것은?

미국의 언어생태학자 드와잇 볼링거는 물과 공기 그리고 빛과 소리처럼 흐르는 것은 하나같이 오염 물질을 지니고 있으며 그것은 언어도 예외가 아니라고 밝힌다. 실제로 환경 위기나 생태계 위기 시대에 언어 오염은 환경 오염 못지않게 아주 심각하다. 환경 오염이 자연을 죽음으로 몰고 가듯이 언어 오염도 인간의 정신을 황폐하게 만든다.

그동안 말하고 글을 쓰는 방법에서 그야말로 엄청난 변화가 일어났다. 얼마 전까지만 하더라도 사람들은 말을 하거나 글을 쓸 때는 어느 정도 격식과 형식을 갖추었다. 그러나 구어든 문어든 지금 사람들이 사용하는 말이나 글은 불과 수십 년 전 사람들이 사용하던 그것과는 달라서 마치 전보문이나 쇼핑 목록을 적어 놓은 쪽지와 같다. 전통적인 의사소통에서는 '무엇'을 말하느냐와 마찬가지로 '어떻게' 말하느냐가 중요했다. 그러나 지금은 '어떻게' 말하느냐는 뒷전으로 밀려나고 오직 '무엇'을 말하느냐가 앞쪽에 나선다. 그러다 보니 말이나 글이 엑스레이로 찍은 사진처럼 살은 없고 뼈만 앙상하게 드러나 있다.

전자 기술의 눈부신 발달에 힘입어 영상 매체가 활자 매체를 밀어내고 그 자리에 이미지의 왕국을 세우면서 언어 오염은 날이 갈수록 더욱 심해져만 간다. 문명이 발달하면서 어쩔 수 없이 환경 오염이 생겨나듯이 언어 오염도 문명의 발달에 따른 자연스러운 언어 현상이므로 그렇게 우려할 필요가 없다고 주장하는 학자도 없지 않다. 그러나 컴퓨터를 통한 통신어에 따른 언어 오염은 이제 위험 수준을 훨씬 넘어 아주 심각한 지경에 이르렀다. 환경 오염을 그대로 내버려 두면 환경 재앙을 맞게 될 것이 불을 보듯 뻔한 것처럼 언어 오염도 인간의 영혼과 정신을 멍들게 할 뿐만 아니라 궁극적으로는 아예 의사소통 자체를 불가능하게 만들지도 모른다. '언어 재앙'이 이제 눈앞의 현실로 바짝 다가왔다.

① 비유를 사용하여 상대방의 논리를 지지하고 있다.
② 기존의 견해를 비판하면서 새로운 견해를 제시하고 있다.
③ 권위 있는 학자의 주장을 인용하여 내용을 전개하고 있다.
④ 구체적인 근거를 제시하여 자신의 주장을 뒷받침하고 있다.
⑤ 현상의 문제점을 분석하고, 이에 대한 해결책을 제시하고 있다.

PART 2

07 다음 글의 주장에 대한 반박으로 적절하지 않은 것은?

문화재 관리에서 중요한 개념이 복원과 보존이다. 복원은 훼손된 문화재를 원래대로 다시 만드는 것을, 보존은 더 이상 훼손되지 않도록 잘 간수하는 것을 의미한다. 이와 관련하여 훼손된 탑의 관리에 대한 논의가 한창이다.

나는 복원보다는 보존이 다음과 같은 근거에서 더 적절하다고 생각한다. 우선, 탑을 보존하면 탑에 담긴 역사적 의미를 온전하게 전달할 수 있어 진정한 역사 교육이 가능하다. 탑은 백성들의 평화로운 삶을 기원하기 위해 만들어졌고, 이후 역사의 흐름 속에서 전란을 겪으며 훼손된 흔적들이 더해져 지금 모습으로 남아 있다. 그런데 탑을 복원하면 이런 역사적 의미들이 사라져 그 의미를 온전하게 전달할 수 없다.

다음으로, 정확한 자료가 없이 탑을 복원하면 이는 결국 탑을 훼손하는 것이 될 수밖에 없다. 따라서 원래의 재료를 활용하지 못하고 과거의 건축 과정에 충실하게 탑을 복원하지 못하면 탑의 옛 모습을 온전하게 되살리는 것은 불가능하므로 탑을 보존하는 것이 더 바람직하다.

마지막으로, 탑을 보존하면 탑과 주변 공간의 조화가 유지된다. 전문가에 따르면 탑은 주변 산수는 물론 절 내부 건축물들과의 조화를 고려하여 세워졌다고 한다. 이런 점을 무시하고 탑을 복원한다면 탑과 기존 공간의 조화가 사라지기 때문에 보존하는 것이 적절하다.

따라서 탑은 보존하는 것이 복원하는 것보다 더 적절하다고 생각한다. 건축 문화재의 경우 복원보다는 보존을 중시하는 국제적인 흐름을 고려했을 때도, 탑이 더 훼손되지 않도록 지금의 모습을 유지하고 관리하는 것이 문화재로서의 가치를 지키고 계승할 수 있는 바람직한 방법이라고 생각한다.

① 탑을 복원하더라도 탑에 담긴 역사적 의미는 사라지지 않는다.
② 탑을 복원하면 형태가 훼손된 탑에서는 느낄 수 없었던 탑의 형태적 아름다움을 느낄 수 있다.
③ 탑 복원에 필요한 자료를 충분히 수집하여 탑을 복원하면 탑의 옛 모습을 되살릴 수 있다.
④ 주변 공간과의 조화를 유지하는 방법으로 탑을 복원할 수 있다.
⑤ 탑을 복원하는 비용보다 보존하는 비용이 더 많이 든다.

08 다음 글의 제목으로 가장 적절한 것은?

사전적 정의에 의하면 재즈는 20세기 초반 미국 뉴올리언스의 흑인 문화 속에서 발아한 후 미국을 대표하는 음악 스타일이자 문화가 된 음악 장르이다. 서아프리카의 흑인 민속음악이 18세기 후반과 19세기 초반의 대중적이고 가벼운 유럽의 클래식 음악과 만나서 탄생한 것이 재즈이다. 그러나 이 정도의 정의로 재즈의 전모를 밝히기에는 역부족이다. 이미 재즈가 미국을 넘어 전 세계에서 즐겨 연주되고 있으며 그 기법 역시 트레이드 마크였던 스윙(Swing)에서 많이 벗어났기 때문이다.

한편 재즈 역사가들은 재즈를 음악을 넘어선 하나의 이상이라고 이야기한다. 그 이상이란 삶 속에서 우러나온 경험과 감정을 담고자 하는 인간의 열정적인 마음이다. 여기에서 영감을 얻은 재즈 작곡가나 연주자는 즉자적으로 곡을 작곡하고 연주해 왔으며, 그러한 그들의 의지가 바로 다사다난한 인생을 관통하여 재즈에 담겨 있다. 초기의 재즈가 미국 흑인들의 한과 고통을 담아낸 흔적이자 역사 그 자체인 점이 이를 증명한다.

억압된 자유를 되찾으려는 그들의 저항 의식은 아름답게 정제된 기존의 클래식 음악의 틀 안에서는 온전하게 표출될 수 없었다. 불규칙적으로 전개되는 과감한 불협화음, 줄곧 어긋나는 듯한 리듬, 정제되지 않은 멜로디, 이들의 총합으로 유발되는 긴장감과 카타르시스……. 당시 재즈 사운드는 충격 그 자체였다. 그렇지만 현 시점에서 이러한 기법과 형식을 담은 장르는 넘쳐날 정도로 많아졌고, 클래식 역시 아방가르드(Avantgarde)라는 새로운 영역을 개척한 지 오래이다. 그러므로 앞에서 언급한 스타일과 이를 가능하게 했던 이상은 더 이상 재즈만의 전유물이라 할 수 없다.

켄 번스(Ken Burns)의 영화 「재즈(Jazz)」에서 윈튼 마살리스(Wynton Marsalis)는 "재즈의 진정한 힘은 사람들이 모여서 즉흥적인 예술을 만들고 자신들의 예술적 주장을 타협해 나가는 것에서 나온다. 이러한 과정 자체가 곧 재즈라는 예술 행위이다."라고 말한다. 그렇다면 우리의 일상은 곧 재즈 연주와 견줄 수 있다. 출생과 동시에 우리는 다른 사람들과 관계를 맺으며 살아간다. 물론 자신과 타인은 호불호나 삶의 가치관이 제각각일 수밖에 없다. 따라서 자신과 타인의 차이가 옳고 그름의 차원이 아닌 '다름'이라는 것을 알아가는 것 그리고 그러한 차이를 인정하고 그 속에서 서로 이해하고 배려하려는 노력이 필요하다. 이렇듯 자신과 다른 사람과 함께 '공통의 행복'이라는 것을 만들어 간다면 우리 역시 바로 '재즈'라는 위대한 예술을 구현하고 있는 것이다.

① 재즈의 기원과 본질
② 재즈와 클래식의 차이
③ 재즈의 장르적 우월성
④ 재즈를 감상하는 이유
⑤ 재즈와 인생의 유사성과 차이점

※ 다음 제시된 문단을 논리적 순서대로 바르게 나열한 것을 고르시오. [9~10]

09

> (가) 최초로 입지를 선정하는 업체는 시장의 어디든 입지할 수 있으나 소비자의 이동 거리를 최소화하기 위하여 시장의 중심에 입지한다.
>
> (나) 최대수요입지론은 산업 입지와 상관없이 비용은 고정되어 있다고 가정한다. 이 이론에서는 경쟁 업체와 가격 변동을 고려하여 수요가 극대화되는 입지를 선정한다.
>
> (다) 그다음 입지를 선정해야 하는 경쟁 업체는 가격 변화에 따라 수요가 변하는 정도가 크지 않은 경우, 시장의 중심에서 멀어질수록 시장을 뺏기게 되므로 경쟁 업체가 있더라도 가능한 한 중심에 가깝게 입지하려고 한다.
>
> (라) 하지만 가격 변화에 따라 수요가 크게 변하는 경우에 두 경쟁자는 서로 적절히 떨어져 입지하여 보다 낮은 가격으로 제품을 공급하려고 한다.

① (가) - (나) - (라) - (다)
② (나) - (가) - (다) - (라)
③ (나) - (라) - (다) - (가)
④ (라) - (가) - (나) - (다)
⑤ (라) - (가) - (다) - (나)

10

> (가) 덕후에 대한 사회의 시선도 달라졌다. 과거의 덕후는 이해할 수 없는 자기들만의 세계에 빠져 사는 소통 능력이 부족한 잉여 인간이라는 이미지가 강했다. 하지만 이제는 특정 분야에 해박한 지식을 가진 전문가, 독특한 취향을 지닌 조금 특이하지만 멋있는 존재로 받아들여진다. 전문가들은 이제 한국의 덕후는 단어의 어원이었던 일본의 오타쿠와는 완전히 다른 존재로 진화하고 있다고 진단한다.
>
> (나) 현재 진화한 덕후들은 자신만의 취미에 더욱 몰입한다. 취향에 맞는다면 아낌없이 지갑을 연다. 좋아하는 대상도 다양해지고 있다. 립스틱이나 매니큐어 같은 화장품, 스타벅스 컵까지도 덕질(덕후+질)의 대상이 된다. 이른바 취향 소비를 덕후들이 이끌고 있는 것이다. 덕후들은 자신이 좋아하는 대상을 위해 댓글을 달며 기업이 내놓는 상품에 입김을 발휘하기도 한다. 아예 스스로 좋아하는 대상과 관련된 상품을 제작해 판매하기도 하고, 파생산업까지 나오고 있다.
>
> (다) 덕후는 일본의 오타쿠(御宅)를 한국식으로 발음한 인터넷 신조어 오덕후를 줄인 말이다. 얼마 전까지 덕후 이미지는 사회성이 부족하거나 우스꽝스럽다는 식으로 그다지 긍정적이지 않았다. 하지만 최근 들어 인터넷과 SNS는 물론 일상생활에서도 자신이 덕후임을 만천하에 드러내며 덕밍아웃(덕후+커밍아웃)하는 사례가 늘고 있다.

① (가) - (나) - (다)
② (가) - (다) - (나)
③ (나) - (가) - (다)
④ (다) - (가) - (나)
⑤ (다) - (나) - (가)

11 다음 제시된 글을 읽고, 이어질 문단을 논리적 순서대로 바르게 나열한 것은?

> 우리가 익숙하게 먹는 음식인 피자는 이탈리아에서 시작된 음식으로, 고대 로마에서도 이와 비슷한 음식을 먹었다는 기록은 있지만 현대적 의미에서의 피자는 19세기 말에 이탈리아에서 등장했다고 볼 수 있다.

> (가) 그러나 나폴리식 피자는 재료의 풍족하지 못함을 철저한 인증제도의 도입으로 메꿈으로써 그 영향력을 발휘하고 있는데, 나폴리식 피자의 인증을 받기 위해서는 밀가루부터 피자를 굽는 과정까지 철저한 검증을 받아야 한다.
>
> (나) 피자의 본토인 이탈리아나 피자가 유명한 미국 등에서 피자가 간편하고 저렴한 음식으로 인식되고 있는 것에 비해, 한국에서 피자는 저렴한 음식이라고는 볼 수 없는데, 이는 피자의 도입과 확산의 과정과 무관하다고 하기는 어려울 것이다.
>
> (다) 이탈리아의 피자는 남부의 나폴리식 피자와 중북부의 로마식 피자로 나뉘는데, 이탈리아의 남부는 예전부터 중북부에 비해 가난한 지역이었기 때문에 로마식 피자에 비해 나폴리식 피자의 토핑은 풍족하지 못한 편이다.
>
> (라) 한국의 경우 피자가 본격적으로 자리 잡기 시작한 것은 1960년대부터로, 한국에서 이탈리아 음식을 최초로 전문적으로 팔기 시작한 '라 칸티나'의 등장과 함께였다. 이후 피자는 호텔을 중심으로 퍼져나가게 되었다.

① (가) – (다) – (라) – (나)
② (다) – (가) – (라) – (나)
③ (다) – (라) – (가) – (나)
④ (라) – (나) – (가) – (다)
⑤ (라) – (나) – (다) – (가)

12 다음 글의 제목으로 가장 적절한 것은?

서양에서는 아리스토텔레스가 중용을 강조했다. 하지만 동양의 중용과는 다르다. 아리스토텔레스가 말하는 중용은 균형을 중시하는 서양인의 수학적 의식에 기초했으며 또한 우주와 천체의 운동을 완벽한 원과 원운동으로 이해한 우주관에 기초한 것이다. 그러므로 그것은 명백한 대칭과 균형의 의미를 갖는다. 팔씨름에 비유해 보면 아리스토텔레스는 똑바로 두 팔이 서 있을 때 중용이라고 본 데 비해 동양은 팔이 한쪽으로 완전히 기울었다 해도 아직 승부가 나지 않았으면 중용이라고 보는 것이다. 그러므로 비대칭도 균형을 이루면 중용을 이룰 수 있다는 생각은 분명 서양의 중용관과는 다르다.

이러한 정신은 병을 다스리고 약을 쓰는 방법에도 나타난다. 서양의 의학은 병원체와의 전쟁이고 그 대상을 완전히 제압하는 데 반해, 동양 의학은 각 장기 간의 균형을 중시한다. 만약 어떤 이가 간장이 나쁘다면 서양 의학은 그 간장의 능력을 회생시키는 방향으로만 애를 쓴다. 그런데 동양은 만약 더 이상 간장 기능을 강화할 수 없다고 할 때 간장과 대치되는 심장의 기능을 약하게 만드는 방법을 쓰는 것이다. 한쪽의 기능이 치우치면 병이 심해진다고 보기 때문이다. 동양은 의학 처방에 있어서조차 중용관에 기초해서 서양과는 다른 가치관과 세계관을 적용하면서 살아온 것이다.

① 균형을 중시하는 중용
② 서양과 동양의 가치관
③ 아리스토텔레스의 중용의 의미
④ 서양 의학과 동양 의학의 차이
⑤ 서양 중용관과 동양 중용관의 차이

Easy

13

> 고야의 마녀도 리얼하다. 이는 고야가 인간과 마녀를 분명하게 구별하지 않고, 마녀가 실존하는 것처럼 그렸기 때문이다. 따라서 우리는 고야가 마녀의 존재를 믿었는지 의심할 수 있다. 그러나 그것은 중요한 문제가 아니다. 고야는 마녀를 비이성의 상징으로 그려서 세상이 완전하게 이성에 의해서만 지배되지 않음을 표현하고 있을 뿐이다. 또한 악마가 사실 인간 자신의 정신 내면에 존재하는 것임을 시사한다. 그것이 바로 가장 유명한 작품인 제43번 「이성이 잠들면 괴물이 나타난다.」에서 그려진 것이다.

① 고야는 이성의 존재를 부정하였다.
② 고야는 비이성이 인간 내면에 존재한다고 판단했다.
③ 고야가 마녀의 존재를 믿었는가의 여부는 알 수 없다.
④ 고야는 세상을 이성과 비이성이 뒤섞인 상태로 이해했다.
⑤ 고야는 악마가 인간의 정신 내면에 존재하는 점을 시사하였다.

14

> 현대 우주론의 출발점은 1917년 아인슈타인이 발표한 정적 우주론이다. 아인슈타인은 우주는 팽창하지도 수축하지도 않는다고 주장했다. 그런데 위 이론의 토대가 된 아인슈타인의 일반 상대성 이론을 면밀히 살핀 러시아의 수학자 프리드먼과 벨기에의 신부 르메트르의 생각은 아인슈타인과 달랐다. 프리드먼은 1922년 "우주는 극도의 고밀도 상태에서 시작돼 점차 팽창하면서 밀도가 낮아졌다."라는 주장을, 르메트르는 1927년 "우주가 원시 원자들의 폭발로 시작됐다."라는 주장을 각각 논문으로 발표했다. 그러나 아인슈타인은 그들의 논문을 무시해 버렸다.

① 아인슈타인의 정적 우주론에 대한 반론이 제기되었다.
② 정적 우주론은 일반 상대성 이론의 연장선상에 있는 이론이다.
③ 프리드먼의 이론과 르메트르의 이론은 양립할 수 없는 관계이다.
④ 아인슈타인은 프리드먼과 르메트르의 주장을 받아들이지 않았다.
⑤ 아인슈타인의 이론과 프리드먼의 이론은 양립할 수 없는 관계이다.

PART 2

15

인천은 예로부터 해상 활동의 중심지였다. 지리적으로 한양과 인접해 있을 뿐 아니라, 가깝게는 강화·서산·수원·태안·개성 등지와 멀리는 충청·황해·평안·전라 지방으로부터 온갖 지역 생산품이 모이는 곳이었다. 즉, 상권이 전국에 미치는 매우 중요한 지역이었으며, 갑오개혁 이후에는 일본군, 관료, 상인들이 한양으로 들어오는 관문이었다.

현재 인천광역시 옥련동에 남아 있는 능허대는 백제가 당나라와 교역했던 사실을 말해 주는 대표적인 유적이다. 고구려 역시 광개토대왕 이래 남진 정책을 펼치면서 경기만을 활용해 해상 활동을 활발하게 전개했고, 이를 국가 발전의 원동력으로 삼았다. 고려는 황해를 무대로 한 해상 세력이 건국한 국가였으므로 인천을 비롯한 경기만은 송나라는 물론 이슬람 권역과 교역하는 주요 거점이 되었다. 조선 시대 인천은 조운선의 중간 기착지였다. 이처럼 고대로부터 인천 지역이 해상 교역에서 중요한 역할을 담당했던 것은 한반도의 허리이자, 황해의 핵심적 위치에서 자리하고 있기 때문이었다.

인천항의 근대 산업항으로서의 역사는 1883년 개항에 의해 본격적으로 시작된다. 그 무렵 인천 도호부는 인구 4,700여 명의 작은 마을이었다. 비록 외세에 의한 강제적 개항이며 식민지 찬탈의 창구였으나, 1900년대 초 인천은 우리나라 무역 총액의 50%를 담당하는 국내 대표 항구로서 자리 잡게 되었다. 그리고 이후 우리나라 근대화와 산업화를 이끈 주역으로 역할을 수행하게 된다.

① 인천은 지리적 특성으로 해상 활동의 중심지였다.
② 인천은 조선 시대에 조운선의 중간 기착지로 활용되었다.
③ 능허대는 백제의 국내 교역이 활발했음을 말해주는 대표적인 유적이다.
④ 근대 산업항으로서의 인천항은 외세에 의한 강제적 개항으로 시작되었다.
⑤ 광개토대왕은 경기만을 이용한 해상 활동으로 국가를 발전시킬 수 있었다.

16 다음 글의 주장에 대한 반박으로 가장 적절한 것은?

현재 우리나라는 드론의 개인 정보 수집과 활용에 대해 '사전 규제' 방식을 적용하고 있다. 이는 개인 정보 수집과 활용을 원칙적으로 금지하면서 예외적인 경우에만 허용하는 방식으로 정보 주체의 동의 없이 개인 정보를 수집·활용하기 어려운 것이다. 이와 관련하여 개인 정보를 대부분의 경우 개인 동의 없이 활용하는 것을 허용하고, 예외적인 경우에 제한적으로 금지하는 '사후 규제' 방식을 도입해야 한다는 의견이 대두하고 있다. 그러나 나는 사전 규제 방식의 유지에 찬성한다.

드론은 고성능 카메라나 통신 장비 등이 장착되어 있는 경우가 많아 사전 동의 없이 개인의 초상, 성명, 주민등록번호 등의 정보뿐만 아니라 개인의 위치 정보까지 저장할 수 있다. 또한 드론에서 수집한 정보를 검색하거나 전송하는 중에 사생활이 노출될 가능성이 높다. 더욱이 드론의 소형화, 경량화 기술이 발달하고 있어 사생활 침해의 우려가 커지고 있다. 드론은 인명 구조, 시설물 점검 등의 공공 분야뿐만 아니라 제조업, 물류 서비스 등의 민간 분야까지 활용 범위가 확대되고 있는데, 동시에 개인 정보를 수집하는 일이 많아지면서 사생활 침해 사례도 증가하고 있다.

헌법에서는 주거의 자유, 사생활의 비밀과 자유 등을 명시하여 개인의 사생활이 보호받도록 하고 있고, 개인 정보를 자신이 통제할 수 있는 정보의 자기 결정권을 부여하고 있다. 이와 같은 기본권이 안정적으로 보호될 때 드론 기술과 산업의 발전으로 얻게 되는 사회적 이익은 더욱 커질 것이다.

① 산업적 이익을 우선시하면 개인 정보 보호에 관한 개인의 기본권을 등한시하는 결과를 초래할 수 있다.

② 드론을 이용하여 개인 정보를 자유롭게 수집하게 되면 사생활 침해는 더욱 심해지고, 개인 정보의 복제, 유포, 훼손, 가공 등 의도적으로 악용하는 사례까지 증가할 것이다.

③ 사전 규제 방식을 유지하면서도 개인 정보 수집과 활용에 동의를 얻는 절차를 간소화하고 편의성을 높이면 정보의 활용이 용이해져 드론 기술과 산업의 발전을 도모할 수 있다.

④ 사전 규제를 통해 개인 정보의 수집과 활용에 제약이 생기면 개인의 기본권이 보장되어 오히려 드론을 다양한 분야에 활용할 수 있고, 드론 기술과 산업은 더욱더 빠르게 발전할 수 있다.

⑤ 개인 정보의 복제, 유포, 위조 등으로 정보 주체에게 중대한 손실을 입힐 경우 손해액을 배상하도록 하여 엄격하게 책임을 묻는다면 사전 규제 없이도 개인 정보를 효과적으로 보호할 수 있다.

PART 2

17 다음 글의 빈칸에 들어갈 내용으로 가장 적절한 것은?

오존구멍을 비롯해 성층권의 오존이 파괴되면 어떤 문제가 생길까. 지표면에서 오존은 강력한 산화 물질로 호흡기를 자극하는 대기 오염물질로 분류되지만, 성층권에서는 자외선을 막아주기 때문에 두 얼굴을 가진 물질로 불리기도 한다. 오존층은 강렬한 태양 자외선을 막아주는 역할을 하는데, 오 존층이 얇아지면 자외선이 지구 표면까지 도달하게 된다.

사람의 경우 자외선에 노출되면 백내장과 피부암 등에 걸릴 위험이 커진다. 강한 자외선이 각막을 손상시키고 세포 DNA에 이상을 일으키기 때문이다. DNA 염기 중 티민(T; Thymine) 두 개가 나 란히 있는 경우 자외선에 의해 티민 두 개가 한데 붙어버리는 이상이 발생하고, 세포 분열 때 DNA 가 복제되면서 다른 염기가 들어가고, 이것이 암으로 이어질 수 있다.

과학 잡지 '사이언스'는 극지방 성층권의 오존구멍은 줄었지만, 많은 인구가 거주하는 중위도 지방 에서는 오히려 오존층이 얇아졌다고 지적했다. 중위도 성층권에서도 상층부는 오존층이 회복되고 있지만, 저층부는 얇아졌다는 것이다. 오존층이 얇아지면 더 많은 자외선이 지구 표면에 도달하여 사람들 사이에서 피부암이나 백내장 발생 위험이 커지게 된다. 즉, ＿＿＿＿＿＿＿＿＿＿＿＿

① 극지방 성층권의 오존구멍을 줄이는 데 정부는 더 많은 노력을 기울여야 한다.

② 인구가 많이 거주하는 지역일수록 오존층의 파괴가 더욱 심하게 나타난다는 것이다.

③ 극지방의 오존구멍보다 중위도 저층부에서 얇아진 오존층이 더 큰 피해를 가져올 수도 있는 셈이다.

④ 대기 오염물질로 분류되는 오존이라도 지표면에 적절하게 존재해야 사람들의 피해를 막을 수 있다.

⑤ 극지방의 파괴된 오존층으로 인해 사람들이 더 많은 자외선에 노출되고, 세포 DNA에 이상이 발생한다.

18 다음 기사문의 제목으로 적절하지 않은 것은?

> 대·중소기업 간 동반성장을 위한 '상생'이 산업계의 화두로 조명받고 있다. 4차 산업혁명 시대 도래 등 글로벌 시장에서의 경쟁이 날로 치열해지는 상황에서 대기업과 중소기업이 힘을 합쳐야 살아남을 수 있다는 위기감이 상생의 중요성을 부각하고 있다고 분석한다. 재계 관계자는 "그동안 반도체, 자동차 등 제조업에서 세계적인 경쟁력을 갖출 수 있었던 배경에는 대기업과 협력업체 간 상생의 역할이 컸다."며 "고속 성장기를 지나 지속 가능한 구조로 한 단계 더 도약하기 위해 상생경영이 중요하다."라고 강조했다.
>
> 우리 기업들은 협력사의 경쟁력 향상이 곧 기업의 성장으로 이어질 것으로 보고 2·3차 중소 협력업체들과의 상생경영에 힘쓰고 있다. 단순히 갑을 관계에서 대기업을 서포트해야 하는 존재가 아니라 상호 발전을 위한 동반자라는 인식이 자리 잡고 있다는 분석이다. 이에 따라 협력사들에 대한 지원도 거래대금 현금 지급 등 1차원적인 지원 방식에서 벗어나 경영 노하우 전수, 기술 이전 등을 통한 '상생 생태계' 구축에 도움을 주는 방향으로 초점이 맞춰지는 추세다.
>
> 특히 최근에는 상생협력이 대기업이 중소기업에 주는 일시적인 시혜 차원의 문제가 아니라 경쟁에서 살아남기 위한 생존 문제와 직결된다는 인식이 강하다. 협약을 통해 협력업체를 지원해준 대기업이 업체의 기술력 향상으로 더 큰 이득으로 보상받고 이를 통해 우리 산업의 경쟁력이 강화될 것이란 설명이다.
>
> 경제 전문가는 "대·중소기업 간의 상생협력이 강제 수단이 아니라 문화적으로 자리 잡아야 할 시기"라며 "대기업, 특히 오너 중심의 대기업들도 단기적인 수익이 아닌 장기적인 시각에서 질적 평가를 통해 협력업체의 경쟁력을 키울 방안을 고민해야 한다."라고 강조했다.
>
> 이와 관련해 국내 주요 기업들은 대기업보다 연구개발(R&D) 인력과 관련 노하우가 부족한 협력사들을 위해 각종 노하우를 전수하는 프로그램을 운영 중이다. S전자는 협력사들에 기술 노하우를 전수하기 위해 경영관리 제조 개발 품질 등 해당 전문 분야에서 20년 이상 노하우를 가진 S전자 임원과 부장급 100여 명으로 '상생컨설팅팀'을 구성했다. 지난해부터는 해외에 진출한 국내 협력사에도 노하우를 전수하고 있다.

① 상생경영, 함께 가야 멀리 간다.
② 동반성장을 위한 상생의 중요성
③ 시혜적 차원에서의 대기업 지원의 중요성
④ 지속 가능한 구조를 위한 상생협력의 중요성
⑤ 대기업과 중소기업, 상호 발전을 위한 동반자로

지구와 태양 사이의 거리와 지구가 태양 주위를 도는 방식은 인간의 생존에 유리한 여러 특징을 지니고 있다. 인간을 비롯한 생명이 생존하려면 행성은 액체 상태의 물을 포함하면서 너무 뜨겁거나 차갑지 않아야 한다. 이를 위해 행성은 태양과 같은 별에서 적당히 떨어져 있어야 한다. 이 적당한 영역을 '골디락스 영역'이라고 한다. 또한, 지구가 태양의 중력장 주위를 도는 타원 궤도는 충분히 원에 가깝다. 따라서 연중 태양에서 오는 열에너지가 비교적 일정하게 유지될 수 있다. 만약 태양과의 거리가 일정하지 않았다면 지구는 여름에는 바다가 모두 끓어 넘치고 겨울에는 거대한 얼음덩어리가 되는 불모의 행성이었을 것이다.

우리 우주에 작용하는 근본적인 힘의 세기나 물리법칙도 인간을 비롯한 생명의 탄생에 유리하도록 미세하게 조정되어 있다. 예를 들어 근본적인 힘인 강한 핵력이나 전기력의 크기가 현재 값에서 조금만 달랐다면, 별의 내부에서 탄소처럼 무거운 원소는 만들어질 수 없었고 행성도 만들어질 수 없었을 것이다. 최근 들어 물리학자들은 이들 힘을 지배하는 법칙이 현재와 다르다면 우주는 구체적으로 어떤 모습이 될지 컴퓨터 모형으로 계산했다. 그 결과를 보면 강한 핵력의 강도가 겨우 0.5% 다르거나 전기력의 강도가 겨우 4% 다를 경우에도 탄소나 산소는 우주에서 합성되지 않는다. 따라서 생명 탄생의 가능성도 사라진다. 결국, 강한 핵력이나 전기력을 지배하는 법칙들을 조금이라도 건드리면 우리가 존재할 가능성은 사라지는 것이다.

결론적으로 지구 주위 환경뿐만 아니라 보편적 자연법칙까지도 인류와 같은 생명이 진화해 살아가기에 알맞은 범위 안에 제한되어 있다고 할 수 있다. 만일 그러한 제한이 없었다면 태양계나 지구가 탄생할 수 없었을 뿐만 아니라 생명 또한 진화할 수 없었을 것이다. 우리가 아는 행성이나 생명이 탄생할 가능성을 열어두면서 물리법칙을 변경할 수 있는 폭은 매우 좁다.

① 탄소가 없는 상황에서도 생명은 자연적으로 진화할 수 있다.

② 중력법칙이 현재와 조금만 달라도 지구는 태양으로 빨려 들어간다.

③ 원자핵의 질량이 현재보다 조금 더 크다면 우리 몸을 이루는 원소는 합성되지 않는다.

④ 핵력의 강도가 현재와 약간만 달라도 별의 내부에서 무거운 원소가 거의 전부 사라진다.

⑤ 별 주위의 '골디락스 영역'에 행성이 위치할 확률은 매우 낮지만, 지구는 그 영역에 위치한다.

20 다음 글의 주장에 대한 반박으로 가장 적절한 것은?

> 우리 마을 사람들의 대부분은 산에 있는 밭이나 과수원에서 일한다. 그런데 마을 사람들이 밭이나 과수원에 갈 때 주로 이용하는 도로의 통행을 가로막은 울타리가 설치되었다. 그 도로는 산의 밭이나 과수원까지 차량이 통행할 수 있는 유일한 길이었다. 이러한 도로가 사유지 보호라는 명목으로 막혀서 땅 주인과 마을 사람들 간의 갈등이 심해지고 있다.
>
> 마을 사람들의 항의에 대해서 땅 주인은 자신의 사유 재산이 더 이상 훼손되는 것을 간과할 수 없어 통행을 막았다고 주장한다. 그 도로가 사유 재산이므로 독점적이고 배타적인 사용 권리가 있어서 도로 통행을 막은 것이 정당하다는 것이다.
>
> 마을 사람들은 그 도로가 10년 가까이 공공으로 사용되어 왔는데 사유 재산이라는 이유로 갑자기 통행을 금지하는 것은 부당하다고 주장하고 있다. 도로가 막히면 밭이나 과수원에서 농사를 짓는 데 불편함이 크고 수확물을 차에 싣고 내려올 수도 없는 등의 피해를 입게 되는데, 개인의 권리 행사 때문에 이러한 피해를 입는 것은 부당하다는 것이다.
>
> 사유 재산에 대한 개인의 권리가 보장받는 것도 중요하지만, 그로 인해 다수가 피해를 입게 된다면 사익보다 공익을 우선시하여 개인의 권리가 제한되어야 한다고 생각한다. 만일 개인의 권리가 공익을 위해 제한되지 않으면 이번 일처럼 개인과 다수 간의 갈등이 발생할 수밖에 없다.
>
> 땅 주인은 사유 재산의 독점적이고 배타적인 사용을 주장하기에 앞서 마을 사람들이 생업의 곤란으로 겪는 어려움을 염두에 두어야 한다. 공익을 우선시하는 태도로 조속히 문제 해결을 위해 노력해야 할 것이다.

① 공익으로 인해 침해된 땅 주인의 사익은 적절한 보상을 통해 해결될 수 있다.

② 마을 사람들과 땅 주인의 갈등은 민주주의의 다수결의 원칙에 따라 해결해야 한다.

③ 해당 도로는 10년 가까이 공공으로 사용되었기 때문에 사유 재산으로 인정받을 수 없다.

④ 땅 주인은 개인의 권리 추구에 앞서 마을 사람들과 함께 더불어 살아가는 법을 배워야 한다.

⑤ 땅 주인의 권리 행사로 발생하는 피해가 법적으로 증명되어야만 땅 주인의 권리를 제한할 수 있다.

01 다음은 2023년 청소년 연평균 독서량에 대한 자료이다. 18 ~ 20세 대비 21 ~ 24세의 연평균 독서량은 2배 많고, 18 ~ 20세와 21 ~ 24세의 연평균 독서량의 합은 15 ~ 17세의 연평균 독서량과 같다. 18 ~ 20세 연평균 독서량은 9 ~ 11세 연평균 독서량의 25%일 때, 15 ~ 17세의 연평균 독서량은?

<2023년 청소년 연평균 독서량>

(단위 : 권)

구분	9 ~ 11세	12 ~ 14세	15 ~ 17세	18 ~ 20세	21 ~ 24세	평균
연평균 독서량		20				16

① 6권　　　　　　　　　　　　② 12권
③ 18권　　　　　　　　　　　　④ 24권
⑤ 30권

02 다음은 A ~ D사의 연간 매출액에 대한 자료이다. 빈칸에 들어갈 수로 옳은 것은?

<A ~ D사의 연간 매출액>

(단위 : 백억 원)

구분		2017년	2018년	2019년	2020년	2021년	2022년
A사	매출액	300	350	400	450	500	550
	순이익	9	10.5	12	13.5	15	16.5
B사	매출액	200	250	200	250	200	250
	순이익	4	7.5	4	7.5	4	7.5
C사	매출액	250	350	300	400	350	450
	순이익	5	10.5	12	20		31.5
D사	매출액	350	300	250	200	150	100
	순이익	7	6	5	4	3	2

※ (순이익)=(매출액)×(이익률)

① 21　　　　　　　　　　　　② 23
③ 25　　　　　　　　　　　　④ 27
⑤ 29

03 다음은 시기별 1인당 스팸 문자의 내용별 수신 수에 대한 자료이다. 이에 대한 설명으로 옳지 않은
것은?

<표>

〈1인당 스팸 문자의 내용별 수신 수〉

(단위 : 통)

구분	2022년 하반기	2023년 상반기	2023년 하반기
대출	0.03	0.06	0.08
성인	0.00	0.01	0.01
일반	0.12	0.05	0.08
합계	0.15	0.12	0.17

① 조사 기간 동안 내용별 스팸 문자 수에서 감소한 종류는 없다.

② 성인 관련 스팸 문자는 2023년부터 수신되기 시작했다.

③ 조사 기간 동안 가장 큰 폭으로 증가한 것은 대출 관련 스팸 문자이다.

④ 가장 높은 비중을 차지하는 스팸 문자의 내용은 조사 기간 동안 변화했다.

⑤ 전년 동분기 대비 2023년 하반기의 1인당 스팸 문자의 내용별 수신 수의 증가율은 약 13%이다.

`Easy`

04 다음은 출생연대별 개인주의 가치성향에 대한 자료이다. 이에 대한 설명으로 옳은 것은?

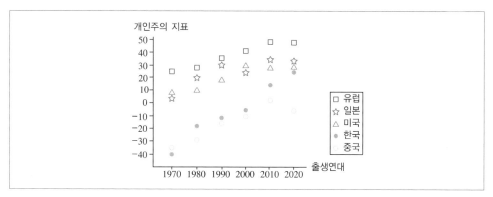

① 출생연대별로 개인주의 가치관의 차이는 한국보다 유럽이 큰 편이다.

② 한국을 제외하고는 나이와 개인주의 가치관이 항상 반비례하고 있다.

③ 유럽보다 중국의 2010년대생과 2020년대생은 비슷한 개인주의 성향을 보인다.

④ 1970년대생과 2020년대생의 개인주의 가치관의 차이는 일본이 가장 크다.

⑤ 대체로 유럽, 일본, 미국이 한국, 중국보다 개인주의 성향이 더 강하다.

다음은 60세 이상 인구를 대상으로 조사한 현재 자녀와의 동거 이유에 대한 자료이다. 이에 대한 설명으로 옳지 않은 것은?

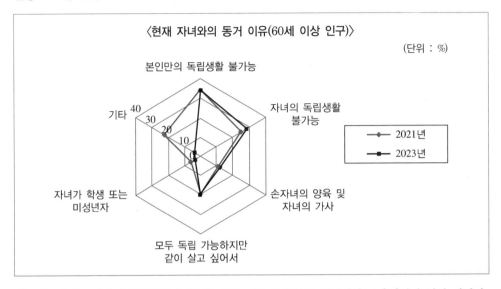

〈현재 자녀와의 동거 이유(60세 이상 인구)〉

(단위 : %)

① 2021년에는 자녀의 독립생활이 불가능하기 때문에 자녀와 동거한다는 응답자가 가장 많았다.

② 2021년에는 자녀가 학생 또는 미성년자이기 때문에 자녀와 동거한다는 응답자가 가장 적었다.

③ 2023년에는 본인만의 독립생활이 불가능하기 때문에 자녀와 동거한다는 응답자가 가장 많았다.

④ 2023년에는 자녀와 본인 모두 독립 가능하지만 같이 살고 싶어서 동거한다고 응답한 비율이 약 20%였다.

⑤ 2023년에는 손자녀의 양육 및 자녀의 가사를 돕기 위해 자녀와 동거한다고 응답한 비율이 2021 년과 거의 비슷했다.

06 다음은 19세 이상 성별 흡연율에 대한 자료이다. 이에 대한 설명으로 옳지 않은 것은?

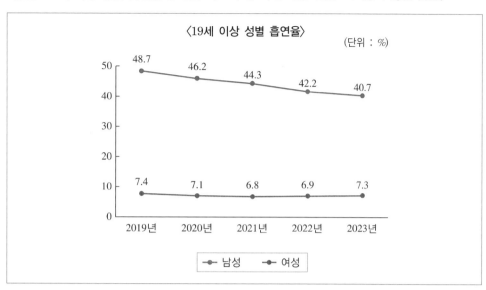

① 남성의 흡연율은 감소하고 있다.
② 여성의 흡연율은 감소에서 증가로 바뀌었다.
③ 남성과 여성의 흡연율 차이는 감소하고 있다.
④ 남성의 흡연율이 전년 대비 가장 많은 차이를 보이는 해는 2020년이다.
⑤ 여성의 흡연율이 전년 대비 가장 많은 차이를 보이는 해는 2021년이다.

07 다음은 S공항의 연도별 세관물품 신고 수에 대한 자료이다. 〈보기〉를 바탕으로 A ~ D에 들어갈 물품이 바르게 짝지은 것은?

〈연도별 세관물품 신고 수〉

(단위 : 만 건)

구분	2019년	2020년	2021년	2022년	2023년
A	3,547	4,225	4,388	5,026	5,109
B	2,548	3,233	3,216	3,410	3,568
C	3,753	4,036	4,037	4,522	4,875
D	1,756	2,013	2,002	2,135	2,647

보기

㉠ 가전류와 주류의 2020 ~ 2022년까지 전년 대비 세관물품 신고 수는 증가와 감소가 반복되었다.
㉡ 2023년 담배류 세관물품 신고 수의 전년 대비 증가량은 두 번째로 많다.
㉢ 2020 ~ 2023년 동안 매년 세관물품 신고 수가 가장 많은 것은 잡화류이다.
㉣ 2022년 세관물품 신고 수의 전년 대비 증가율이 세 번째로 높은 것은 주류이다.

	A	B	C	D
①	담배류	주류	가전류	가전류
②	잡화류	담배류	가전류	주류
③	잡화류	가전류	담배류	주류
④	가전류	담배류	잡화류	주류
⑤	가전류	잡화류	주류	담배류

다음은 우리나라 역대 대통령 선거 지역별 투표율에 대한 자료이다. 이에 대한 설명으로 옳지 않은 것은?

〈역대 대통령 선거 지역별 투표율〉

(단위 : %)

구분	15대	16대	17대	18대
서울	80.5	71.4	62.9	75.1
부산	78.9	71.2	62.1	76.2
대구	78.9	71.1	66.8	79.7
인천	80	67.8	60.3	74
광주	89.9	78.1	64.3	80.4
대전	78.6	67.6	61.9	76.5
울산	81.1	70	64.6	78.4
세종	–	–	–	74.1
경기	80.6	69.6	61.2	75
강원	78.5	68.4	62.6	73.8
충북	79.3	68	61.3	75
충남	77	66	60.4	72.9
전북	85.5	74.6	67.2	77
전남	87.3	76.4	64.7	76.6
경북	79.2	71.6	68.5	78.2
경남	80.3	72.4	64.1	77
제주	77.1	68.6	60.9	73.3

※ 호남 지방은 광주광역시, 전라북도, 전라남도를 통칭하는 지명임

① 17대 대통령 선거의 전체 투표율은 68.5%를 넘지 않는다.

② 17대 대통령 선거에서 가장 투표율이 높은 지역은 경북이다.

③ 18대 대통령 선거 투표율이 15대 대통령 선거 투표율보다 높은 지역은 없다.

④ 15 ~ 18대 대통령 선거 지역별 투표율 중 최저치를 기록한 지역이 매번 같은 곳은 아니다.

⑤ 15 ~ 18대 대통령 선거 전체에서 지역별 최고 투표율은 호남 지방 중 한 곳에서 기록되었다.

09 다음은 시중 시리얼 제품의 열량과 함량 비교에 대한 자료이다. 이에 대한 설명으로 옳은 것은?

<시중 시리얼 제품의 열량과 함량 비교(1회 제공량)>

식품 유형	제품명	열량(Kcal)	탄수화물(g)	당류(g)	단백질(g)
일반 제품	콘프라이트	117	27.2	9.7	1.3
	콘프로스트	115	26.6	9.3	1.6
	콘프레이크	152	35.0	2.3	3.0
당 함량을 낮춘 제품	1/3 라이트	118	27.1	5.9	1.4
	라이트슈거	115	26.5	6.8	1.6
견과류 첨가 제품	프레이크	131	24.2	7.2	1.8
	크런치너트 프레이크	170	31.3	10.9	2.7
	아몬드 프레이크	164	33.2	8.7	2.5
초코맛 제품	오곡 코코볼	122	25.0	8.8	2.0
	첵스 초코	115	25.5	9.1	1.5
	초코볼 시리얼	151	34.3	12.9	2.9
체중조절용 제품	라이트업	155	31.4	6.9	6.7
	스페셜K	153	31.4	7.0	6.5
	바디랩	154	31.2	7.0	6.4
	슬림플러스	153	31.4	7.8	6.4

① 당류가 가장 많은 시리얼은 견과류 첨가 제품이다.

② 견과류 첨가 제품은 당 함량을 낮춘 제품보다 단백질 함량이 높은 편이다.

③ 체중조절용 제품 시리얼에는 일반 제품 시리얼보다 단백질이 3배 이상 많다.

④ 일반 제품의 열량은 체중조절용 제품의 열량보다 더 높은 수치를 보이고 있다.

⑤ 탄수화물 함량이 가장 낮은 시리얼은 당류 함량도 가장 낮은 수치를 보이고 있다.

10 서울에 위치한 A회사는 거래처인 B, C회사에 소포를 보내려고 한다. 서울에 위치한 B회사에는 800g의 소포를, 인천에 위치한 C회사에는 2.4kg의 소포를 보낼 계획이다. 두 회사로 보낸 소포의 총중량이 16kg 이하이고, 택배요금의 합계가 6만 원이다. S택배회사의 요금표가 다음과 같을 때, A회사는 800g 소포와 2.4kg 소포를 각각 몇 개씩 보냈는가?(단, 소포는 각 회사로 1개 이상 보낸다)

<S택배회사 요금표>

(단위 : 원)

구분	~ 2kg	~ 4kg	~ 6kg	~ 8kg	~ 10kg
동일지역	4,000	5,000	6,500	8,000	9,500
타지역	5,000	6,000	7,500	9,000	10,500

	800g	2.4kg			800g	2.4kg
①	6개	6개		②	9개	2개
③	9개	4개		④	12개	2개
⑤	12개	4개				

11 S자동차 회사에서 새로운 두 모델에 대해 연비 테스트를 하였다. X, Y모델에 대해서 휘발유를 3L와 5L 주입 후 동일한 조건에서 주행하였을 때 차가 멈출 때까지 운행한 거리를 각각 측정하였고 그 결과는 다음과 같았다. 3L로 시험했을 때 두 자동차의 주행거리의 합은 48km였고 연비 테스트에서 Y모델이 달린 주행거리의 합이 56km였다면, 두 자동차 연비의 곱은?

<X, Y모델 휘발유 주입량 및 주행거리>

(단위 : 원)

구분	3L	5L
X모델	$a$km	$b$km
Y모델	$c$km	$d$km

※ (연비)$=\dfrac{\text{km}}{\text{L}}$ (단위 주행 거리당 소비하는 연료의 양)

① 52 ② 56
③ 60 ④ 63
⑤ 64

12 다음은 2017년부터 2023년까지의 영·유아 사망률에 대한 자료이다. 이를 변환한 그래프로 옳은 것은?(단, 모든 그래프의 단위는 '%'이다)

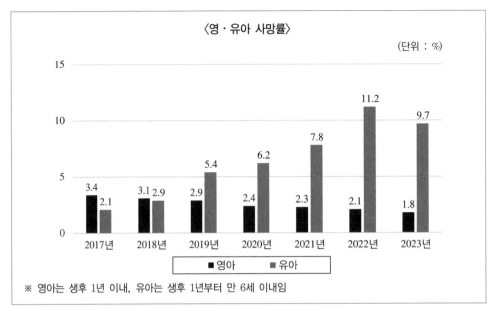

〈영·유아 사망률〉

(단위 : %)

※ 영아는 생후 1년 이내, 유아는 생후 1년부터 만 6세 이내임

①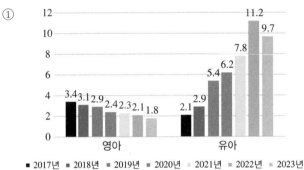

②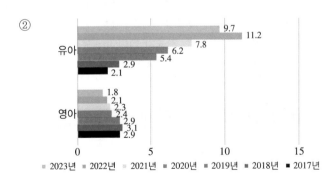

③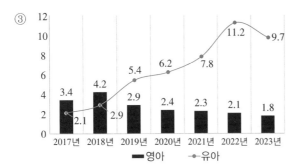

④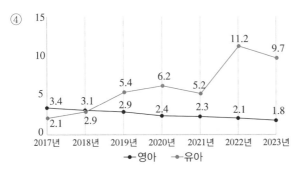

⑤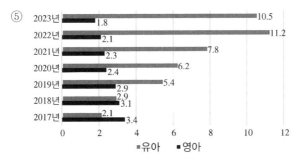

13 다음은 연도별 수송부문 대기 중 온실가스 배출량에 대한 자료이다. 이에 대한 설명으로 옳지 않은 것은?

〈수송부문 대기 중 온실가스 배출량〉

(단위 : ppm)

구분		합계	이산화탄소	아산화질소	메탄
2019년	합계	83,617.9	82,917.7	197.6	502.6
	산업 부문	58,168.8	57,702.5	138	328.3
	가계 부문	25,449.1	25,215.2	59.6	174.3
2020년	합계	85,343	84,626.3	202.8	513.9
	산업 부문	59,160.2	58,686.7	141.4	332.1
	가계 부문	26,182.8	25,939.6	61.4	181.8
2021년	합계	85,014.3	84,306.8	203.1	504.4
	산업 부문	60,030	59,553.9	144.4	331.7
	가계 부문	24,984.3	24,752.9	58.7	172.7
2022년	합계	86,338.3	85,632.1	205.1	501.1
	산업 부문	64,462.4	63,936.9	151.5	374
	가계 부문	21,875.9	21,695.2	53.6	127.1
2023년	합계	88,261.37	87,547.49	210.98	502.9
	산업 부문	65,491.52	64,973.29	155.87	362.36
	가계 부문	22,769.85	22,574.2	55.11	140.54

① 이산화탄소의 비중은 어느 시기든 상관없이 가장 크다.

② 해당 기간 동안 온실가스 총량은 지속적으로 증가하고 있다.

③ 연도별 가계와 산업 부문의 배출량 차이 값은 2023년에 가장 크다.

④ 모든 시기에서 아산화질소보다 메탄은 항상 많은 양이 배출되고 있다.

⑤ 연도별 가계와 산업 부문의 배출량 차이 값은 해가 지날수록 지속적으로 증가한다.

14 다음은 지역별 전력 최종에너지 소비량 변화에 대한 자료이다. 〈보기〉 중 이에 대한 설명으로 옳지 않은 것은?

구분	2013년		2023년		연평균 증가율(%)
	소비량(천 TOE)	비중(%)	소비량(천 TOE)	비중(%)	
전국	28,589	100	41,579	100	3.8
서울	3,485	12.2	3,903	9.4	1.1
부산	1,427	5.0	1,720	4.1	1.9
대구	1,063	3.7	1,286	3.1	1.9
인천	1,562	5.5	1,996	4.8	2.5
광주	534	1.9	717	1.7	3.0
대전	624	2.2	790	1.9	2.4
울산	1,793	6.3	2,605	6.3	3.8
세종	–	–	227	0.5	–
경기	5,913	20.7	9,034	21.7	4.3
강원	1,065	3.7	1,394	3.4	2.7
충북	1,244	4.4	1,974	4.7	4.7
충남	1,931	6.8	4,067	9.8	7.7
전북	1,169	4.1	1,899	4.6	5.0
전남	1,617	5.7	2,807	6.7	5.7
경북	2,852	10.0	3,866	9.3	3.1
경남	2,072	7.2	2,913	7.0	3.5
제주	238	0.6	381	1.0	4.8

보기

전력은 모든 지역에서 소비가 증가하였다. 특히 ㉠ 충청남도가 7.7%로 가장 높은 연평균 증가율을 나타냈으며, 이어서 ㉡ 전라도가 5%대를 보이며 뒤를 이었다. 반면에 ㉢ 서울을 제외한 부산 및 인천 지역은 그에 비해 증가율이 상대적으로 낮은 편인 것으로 나타났다.

인구가 가장 많은 경기도는 20%대의 비중을 유지하면서, 지속해서 가장 높은 수준의 전력을 소비하는 지역으로 나타났으며, ㉣ 2013년 두 번째로 많은 전력을 소비했던 서울은 충청남도에 밀려 2023년에는 세 번째가 되었다. 한편, ㉤ 전국 에너지 소비량은 10년 사이 10,000천 TOE 이상의 증가량을 나타냈다.

① ㉠

② ㉡

③ ㉢

④ ㉣

⑤ ㉤

15 다음은 우리나라 첫 직장 근속기간에 대한 자료이다. 이에 대한 설명으로 옳지 않은 것은?(단, '졸업·중퇴 후 취업 유경험자 전체'는 비임금 근로자와 임금 근로자의 합이다)

<15 ~ 29세 첫 직장 근속기간 현황>

(단위 : 명, 개월)

	구분	전체	첫 일자리를 그만둔 경우	첫 일자리가 현 직장인 경우
2021년	졸업·중퇴 후 취업 유경험자 전체	4,032	2,411	1,621
	임금 근로자	3,909	2,375	1,534
	평균 근속기간	18	14	24
2022년	졸업·중퇴 후 취업 유경험자 전체	4,101	2,516	1,585
	임금 근로자	4,012	2,489	1,523
	평균 근속기간	18	14	24
2023년	졸업·중퇴 후 취업 유경험자 전체	4,140	2,574	1,566
	임금 근로자	4,055	2,546	1,509
	평균 근속기간	18	14	25

① 첫 직장에서의 비임금 근로자 수는 2022 ~ 2023년까지 매년 감소하였다.

② 2021년부터 2023년까지 졸업·중퇴 후 취업 유경험자 수의 평균은 4,091명이다.

③ 2021년 첫 일자리를 그만둔 임금 근로자 수는 첫 일자리가 현 직장인 근로자 수의 약 1.5배이다.

④ 2022년 첫 일자리가 현 직장인 임금 근로자 수는 전체 임금 근로자 수의 35% 이하이다.

⑤ 2023년 첫 일자리를 그만둔 경우의 평균 근속기간은 첫 일자리가 현 직장인 경우 평균 근속기간의 56%이다.

16 다음은 2020 ~ 2023년의 A국가채권 현황에 대한 자료이다. 이에 대한 설명으로 옳은 것을 〈보기〉에서 모두 고르면?

<A국가채권 현황>

(단위 : 조 원)

채권종류별	2020년		2021년		2022년		2023년	
	국가채권	연체채권	국가채권	연체채권	국가채권	연체채권	국가채권	연체채권
합계	238	27	268	31	298	36	317	39
조세채권	26	18	30	22	34	25	38	29
경상 이전수입	8	7	8	7	9	8	10	8
융자회수금	126	–	129	–	132	–	142	–
예금 및 예탁금	73	–	97	–	118	–	123	–
기타	5	2	4	2	5	3	4	2

보기

㉠ 2020년 총 연체채권은 2022년 총 연체채권의 80% 이상이다.
㉡ 국가채권 중 조세채권의 전년 대비 증가율은 2021년이 2023년보다 높다.
㉢ 융자회수금의 국가채권과 연체채권의 총합이 가장 높은 해에는 경상 이전수입의 국가채권과 연체채권의 총합도 가장 높다.
㉣ 2020년 대비 2023년 경상 이전수입 중 국가채권의 증가율은 경상 이전수입 중 연체채권의 증가율보다 낮다.

① ㉠, ㉡　　　　　　　　　② ㉠, ㉢
③ ㉡, ㉢　　　　　　　　　④ ㉡, ㉣
⑤ ㉢, ㉣

17 다음은 연도별 관광통역 안내사 자격증 취득현황에 대한 자료이다. 이에 대한 설명으로 옳지 않은 것을 〈보기〉에서 모두 고르면?

〈연도별 관광통역 안내사 자격증 취득현황〉

(단위 : 명)

구분	영어	일어	중국어	불어	독어	스페인어	러시아어	베트남어	태국어
2023년	464	153	1,418	6	3	3	6	5	15
2022년	344	137	1,963	7	3	4	5	5	17
2021년	379	266	2,468	3	1	4	6	15	35
2020년	238	244	1,160	3	4	3	4	4	8
2019년	166	278	698	2	3	2	3	-	12
2018년	156	357	370	2	2	1	5	1	4
합계	1,747	1,435	8,077	23	16	17	29	30	91

보기

㉠ 영어와 스페인어 관광통역 안내사 자격증 취득자는 2019년부터 2023년까지 매년 증가하였다.
㉡ 중국어 관광통역 안내사 자격증 취득자는 2021년부터 2023년까지 매년 일어 관광통역 안내사 자격증 취득자의 8배 이상이다.
㉢ 태국어 관광통역 안내사 자격증 취득자 수 대비 베트남어 관광통역 안내사 자격증 취득자 수 비율은 2020년부터 2022년까지 매년 증가하였다.
㉣ 불어 관광통역 안내사 자격증 취득자 수와 스페인어 관광통역 안내사 자격증 취득자 수는 2019년부터 2023년까지 전년 대비 증감 추이가 동일하다.

① ㉠
② ㉠, ㉢
③ ㉡, ㉣
④ ㉠, ㉢, ㉣
⑤ ㉡, ㉢, ㉣

18 다음은 2023년 8월부터 2024년 1월까지의 산업별 월간 국내카드 승인액에 대한 자료이다. 이에 대한 설명으로 옳은 것을 〈보기〉에서 모두 고르면?

〈산업별 월간 국내카드 승인액〉

(단위 : 억 원)

구분	2023년 8월	2023년 9월	2023년 10월	2023년 11월	2023년 12월	2024년 1월
도매 및 소매업	3,116	3,245	3,267	3,261	3,389	3,241
운수업	161	145	165	159	141	161
숙박 및 음식점업	1,107	1,019	1,059	1,031	1,161	1,032
사업시설관리 및 사업지원 서비스업	40	42	43	42	47	48
교육 서비스업	127	104	112	119	145	122
보건 및 사회복지 서비스업	375	337	385	387	403	423
예술, 스포츠 및 여가 관련 서비스업	106	113	119	105	89	80
협회 및 단체, 수리 및 기타 개인 서비스업	163	155	168	166	172	163

보기

㉠ 교육 서비스업의 2024년 1월 국내카드 승인액의 전월 대비 감소율은 25% 이상이다.

㉡ 2023년 11월 운수업과 숙박 및 음식점업의 국내카드 승인액의 합은 도매 및 소매업의 국내카드 승인액의 40% 미만이다.

㉢ 2023년 10월부터 2024년 1월까지 사업시설관리 및 사업지원 서비스업과 예술, 스포츠 및 여가 관련 서비스업 국내카드 승인액의 전월 대비 증감 추이는 동일하다.

㉣ 2023년 9월 협회 및 단체, 수리 및 기타 개인 서비스업의 국내카드 승인액은 보건 및 사회복지 서비스업 국내카드 승인액의 35% 이상이다.

① ㉠, ㉡   ② ㉠, ㉢

③ ㉡, ㉢   ④ ㉡, ㉣

⑤ ㉢, ㉣

19 다음은 S사 직원들의 평균보수에 대한 자료이다. 이에 대한 설명으로 옳지 않은 것은?

⟨직원 평균보수 현황⟩

(단위 : 천 원)

구분	2020년 결산	2021년 결산	2022년 결산	2023년 결산	2024년 예산
기본급	31,652	31,763	32,014	34,352	34,971
고정수당	13,868	13,434	12,864	12,068	12,285
실적수당	2,271	2,220	2,250	2,129	2,168
복리후생비	946	1,056	985	1,008	1,027
성과급	733	1,264	1,117	862	0
기타 상여금	5,935	5,985	6,979	5,795	5,898
1인당 평균 보수액	55,405	55,722	56,209	56,214	56,349

① 2021년부터 2023년까지 기본급은 전년 대비 계속 증가했다.

② 2020 ~ 2023년 동안 고정수당의 증감 추이와 같은 항목은 없다.

③ 1인당 평균 보수액에서 성과급이 차지하는 비중은 2021년이 2023년보다 낮다.

④ 기타 상여금이 가장 높은 해의 1인당 평균 보수액은 복리후생비의 50배 이상이다.

⑤ 2024년 성과급의 전년 대비 증가율이 실적수당과 같다면, 그 금액은 900천 원 미만이다.

20 다음은 외상 후 스트레스 장애 진료인원에 대한 자료이다. 이를 변환한 그래프로 옳은 것은?(단, 성비는 소수점 첫째 자리에서 반올림하고, 모든 그래프의 단위는 '명'이다.)

〈연도별 외상 후 스트레스 장애 진료인원〉

(단위 : 명)

구분	전체	남성	여성	성비
2019년	7,268	2,966	4,302	69
2020년	7,901	3,169	4,732	67
2021년	8,282	3,341	4,941	68
2022년	9,648	3,791	5,857	65
2023년	10,570	4,170	6,400	65

※ (성비)$=\dfrac{(\text{남성 수})}{(\text{여성 수})}\times100$

①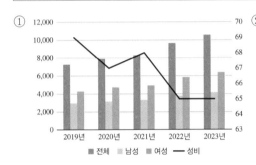

②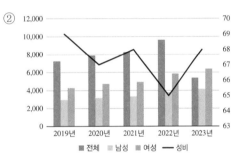

③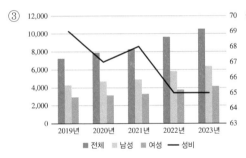

④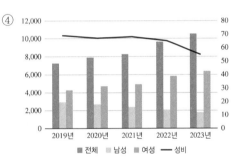

⑤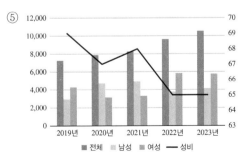

01 명진이와 선우는 공원에서 8km 떨어진 정반대 편에 살고 있다. 공원까지 뛰어가는 데 명진이는 90분, 선우는 60분이 걸린다고 할 때, 두 사람이 서로의 집을 향해 뛰어간다면 출발한 지 몇 분 후에 만나겠는가?(단, 공원의 크기는 생각하지 않는다)

① 58분 후　　　　　　　　　　　② 64분 후
③ 70분 후　　　　　　　　　　　④ 72분 후
⑤ 76분 후

Easy

02 농도 10%의 소금물 1,000g을 가열하는 데 1분에 4g씩 물이 증발한다. 1시간 30분 후 남은 순수한 물의 양은?

① 500g　　　　　　　　　　　② 520g
③ 540g　　　　　　　　　　　④ 560g
⑤ 580g

03 A ~ D 4명은 S사 입사시험을 보았다. A, C, D의 평균은 75점이고, A, B, D의 평균은 81점, B, C의 평균은 85점이었다. 이때, A ~ D 4명의 평균 점수는?

① 79.75점　　　　　　　　　　② 79.85점
③ 79.95점　　　　　　　　　　④ 80.05점
⑤ 80.15점

04 A와 B가 같이 일을 하면 12일이 걸리고, B와 C가 같이 일을 하면 6일, C와 A가 같이 일을 하면 18일이 걸리는 일이 있다. 만약 A ~ C 3명 모두 함께 72일 동안 일을 하면 기존에 했던 일의 몇 배의 일을 할 수 있는가?

① 9배
② 10배
③ 11배
④ 12배
⑤ 13배

05 효진이가 집에서 서점까지 갈 때에는 시속 4km의 속력으로 걷고 집으로 되돌아올 때에는 시속 3km의 속력으로 걸어왔더니 이동시간만 7시간이 걸렸다고 한다. 집에서 서점까지의 거리는?

① 10km
② 11km
③ 12km
④ 13km
⑤ 14km

06 은애는 자신을 포함한 8명의 친구와 놀러 가기 위해 공평하게 일정한 금액을 모았다. 총금액의 30%는 숙박비에 사용하고 나머지의 40%는 외식비로 사용해 남은 금액이 67,200원일 때 각자 낸 금액은?

① 15,000원
② 18,000원
③ 20,000원
④ 22,000원
⑤ 25,000원

07 소금 농도가 4%인 미역국 450g이 싱거워 소금을 더 넣어 농도가 10%인 미역국을 만들었다. 이때 넣은 소금의 양은?(단, 미역국의 농도는 소금으로만 조절하며, 나머지는 변하지 않는다)

① 25g

② 30g

③ 33g

④ 35g

⑤ 40g

08 S를 포함한 6명이 한국사 자격증 시험을 보았다. 시험 점수가 70점 이상인 2명이 고급 자격증을 획득하였고, 1명이 60점 미만인 54점으로 과락을 하였다. 그리고 나머지는 중급을 획득하였는데, 평균이 62점이었다. 6명의 평균이 65점일 때, S가 얻을 수 있는 시험 점수의 최댓값은?

① 70점

② 75점

③ 80점

④ 85점

⑤ 90점

Easy

09 A상자에는 흰 공 2개가 들어있고, B상자에는 빨간 공 3개가 들어있다. 각 상자에서 공을 1개씩 꺼낸다고 할 때, 나올 수 있는 모든 경우의 수는?(단, 중복되는 경우는 고려하지 않는다)

① 2가지

② 3가지

③ 4가지

④ 5가지

⑤ 6가지

10 지하철이 A역에는 3분마다 오고, B역에는 2분마다 오고, C역에는 4분마다 온다. 지하철이 오전 4시 30분에 처음으로 A, B, C역에 동시에 도착했다면, 세 지하철역에서 지하철이 다섯 번째로 동시에 도착하는 시각은?

① 오전 4시 45분   ② 오전 5시

③ 오전 5시 15분   ④ 오전 5시 18분

⑤ 오전 5시 20분

11 두 개의 주사위를 굴려서 눈의 합이 2 이하가 나올 확률은?

① $\dfrac{1}{36}$ ② $\dfrac{2}{36}$

③ $\dfrac{3}{36}$ ④ $\dfrac{4}{36}$

⑤ $\dfrac{5}{36}$

12 A와 B는 1.2km 떨어진 직선거리의 양 끝에서부터 12분 동안 마주 보고 달려 한 지점에서 만났다. B는 A보다 1.5배가 빠르다고 할 때, A의 속도는?

① 28m/min   ② 37m/min

③ 40m/min   ④ 48m/min

⑤ 53m/min

13 갑, 을, 병 3명에게 같은 양의 물건을 한 사람씩 똑같이 나누어 주면 각각 30일, 60일, 40일 동안 사용할 수 있다고 한다. 만약 세 사람에게 나누어 줄 물건의 양을 모두 합하여 세 사람이 함께 사용한다면, 세 사람이 함께 모든 물건을 사용하는 데 걸리는 시간은?

① 20일   ② 30일

③ 35일   ④ 40일

⑤ 45일

14 농도 12% 소금물 600g에서 소금물을 조금 퍼내고, 그 양만큼의 물을 다시 부었다. 그리고 여기에 농도 4% 소금물을 더 넣어 농도 5.5%의 소금물 800g을 만들었다면, 처음에 퍼낸 소금물의 양은?

① 100g

② 200g

③ 300g

④ 400g

⑤ 500g

15 A~F 6명을 한 줄로 세울 때, A와 B가 나란히 서 있을 확률은?

① $\dfrac{1}{6}$

② $\dfrac{1}{3}$

③ $\dfrac{1}{2}$

④ $\dfrac{2}{3}$

⑤ $\dfrac{5}{6}$

16 집에서 약수터까지 가는 데 형은 $\dfrac{1}{2}$ m/s로 걸어서 10분 걸리고, 동생은 15분이 걸린다. 두 사람이 동시에 집에서 출발하여 약수터를 다녀오는 데 형이 집에 도착했을 때 동생은 집에서 몇 m 떨어진 곳에 있는가?(단, 약수터에서 머문 시간은 생각하지 않는다)

① 150m

② 200m

③ 250m

④ 300m

⑤ 350m

17 S아트센터에서 뮤지컬 A가 공연 중이다. 뮤지컬 입장권은 어른과 어린이 두 종류로 발행 중이고, 어른은 한 명당 9,000원, 어린이는 한 명당 3,000원이다. 뮤지컬 공연을 통해 올린 총수입은 330만 원이고, 아트센터에는 550개의 좌석이 마련되어 있는데 빈 좌석이 1개 이상 있었다. 이때, 뮤지컬 A를 관람한 어른은 최소 몇 명인가?

① 272명 ② 276명
③ 280명 ④ 284명
⑤ 288명

Easy

18 올해 아버지의 나이는 은서 나이의 2배이고, 지은이 나이의 7배이다. 은서와 지은이의 나이 차이가 15세라면, 아버지의 나이는?

① 38세 ② 39세
③ 40세 ④ 41세
⑤ 42세

19 1시간에 책을 60페이지 읽는 사람이 있다. 40분씩 읽고 난 후 5분씩 휴식하면서 4시간 동안 읽으면 모두 몇 페이지를 읽겠는가?

① 215페이지 ② 220페이지
③ 230페이지 ④ 235페이지
⑤ 240페이지

20 빨강, 파랑, 노랑, 검정색을 다음 ㄱ, ㄴ, ㄷ, ㄹ에 칠하려고 한다. 같은 색을 여러 번 사용해도 상관없으나, 같은 색을 이웃하여 칠하면 안 된다. 색칠하는 방법의 경우의 수는?

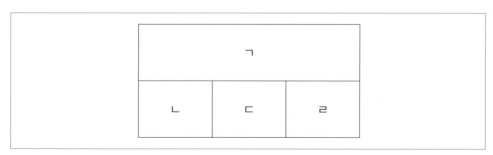

① 24가지 ② 48가지
③ 64가지 ④ 72가지
⑤ 84가지

01 A ~ D 4명이 참여한 달리기 시합에서 동순위 없이 순위가 완전히 결정되었다. A, B, C는 각자 다음과 같이 진술하였다. 이들의 진술이 자신보다 낮은 순위의 사람에 대한 진술이라면 참이고, 높은 순위의 사람에 대한 진술이라면 거짓이라고 할 때, 반드시 참인 것은?

> • A : C는 1위이거나 2위이다.
> • B : D는 3위이거나 4위이다.
> • C : D는 2위이다.

① A는 1위이다.
② B는 2위이다.
③ D는 4위이다.
④ A가 B보다 순위가 높다.
⑤ C가 D보다 순위가 높다.

Hard

02 S사 직원 A ~ E 5명이 자신들의 직급에 대하여 다음과 같이 이야기하고 있다. 이들은 각각 사원, 대리, 과장, 차장, 부장이다. 1명의 말만 진실이고 나머지 사람들의 말은 모두 거짓이라고 할 때, 진실을 말한 사람은?(단, 직급은 사원 - 대리 - 과장 - 차장 - 부장 순이다)

> • A : 나는 사원이고, D는 사원보다 직급이 높아.
> • B : E가 차장이고, 나는 차장보다 낮은 직급이지.
> • C : A는 과장이 아니고, 사원이야.
> • D : E보다 직급이 높은 사람은 없어.
> • E : C는 부장이고, B는 사원이야.

① A   ② B
③ C   ④ D
⑤ E

03 6층 건물에 A ~ F의 회사가 있다. C가 4층에 있을 때, 다음 중 항상 참인 것은?

> - 각 층에 1개 회사만이 입주할 수 있다.
> - A와 D는 5층 차이가 난다.
> - D와 E는 인접할 수 없다.
> - B는 C보다 아래층에 입주해 있다.
> - A는 B보다 아래층에 입주해 있다.

① B는 3층에 입주해 있다.
② F는 6층에 입주해 있다.
③ D는 5층에 입주해 있다.
④ F는 5층에 입주해 있다.
⑤ E는 2층에 입주해 있다.

04 세미나에 참석한 A사원, B사원, C주임, D주임, E대리는 각자 숙소를 배정받았다. A사원, D주임은 여자이고, B사원, C주임, E대리는 남자이다. 다음 〈조건〉과 같이 숙소가 배정되었을 때, 반드시 참이 아닌 것은?

> **조건**
> - 숙소는 5층 건물이며, 층마다 1명씩 배정한다.
> - E대리의 숙소는 D주임의 숙소보다 위층이다.
> - 1층에는 주임을 배정한다.
> - 1층과 3층에는 남직원을 배정한다.
> - 5층에는 사원을 배정한다.

① C주임은 1층에 배정된다.
② D주임은 2층에 배정된다.
③ 5층에 A사원이 배정되면 4층에 B사원이 배정된다.
④ 5층에 B사원이 배정되면 4층에 A사원이 배정된다.
⑤ 5층에 B사원이 배정되면 3층에 E대리가 배정된다.

05 국내 유명 감독의 영화가 이번에 개최되는 국제 영화 시상식에서 작품상, 감독상, 각본상, 편집상의 총 4개 후보에 올랐고, 4명의 심사위원이 해당 작품의 수상 가능성에 대해 다음과 같이 진술하였다. 이들 중 3명의 진술은 모두 참이고, 나머지 1명의 진술은 거짓이라면, 해당 작품이 수상할 수 있는 상의 최대 개수는?

- A심사위원 : 편집상을 받지 못한다면 감독상도 받지 못하며, 대신 각본상을 받을 것이다.
- B심사위원 : 작품상을 받는다면 감독상도 받을 것이다.
- C심사위원 : 감독상을 받지 못한다면 편집상도 받지 못한다.
- D심사위원 : 편집상과 각본상은 받지 못한다.

---

① 0개

② 1개

③ 2개

④ 3개

⑤ 4개

06 경력직 채용공고를 통해 서류를 통과한 지원자 은지, 지현, 영희는 임원면접을 진행하고 있다. 회장, 사장, 이사, 인사팀장으로 이루어진 4명의 임원은 지원자에게 각각 '상, 중, 하' 중 하나의 점수를 줄 수 있으며, 2인 이상에게 '상'을 받은 지원자는 최종 합격, 3인 이상에게 '하'를 받은 지원자는 탈락한다고 한다. 다음 〈조건〉에 따라 항상 참인 것은?

조건

- 임원들은 3명에게 각각 '상, 중, 하'를 하나씩 주었다.
- 사장은 은지에게 '상'을 주고, 다른 한 명에게는 회장보다 낮은 점수를, 다른 한 명에게는 회장과 같은 점수를 주었다.
- 이사는 지원자에게 사장과 같은 점수를 주었다.
- 인사팀장은 한 명에게 '상'을 주었으며, 영희에게는 사장이 준 점수보다 낮은 점수를 주었다.

---

① 회장이 은지에게 '하'를 주었다면, 은지는 탈락한다.

② 회장이 영희에게 '상'을 주었다면, 영희가 최종 합격한다.

③ 인사팀장이 은지에게 '상'을 주었다면, 은지가 최종 합격한다.

④ 인사팀장이 지현이에게 '중'을 주었다면, 지현이는 탈락한다.

⑤ 인사팀장이 지현이에게 '상'을 주었다면, 지현이는 탈락하지 않는다.

07 S사의 지사장 가 ~ 바 6명은 각자 6곳의 지사로 발령받았다. 다음 〈조건〉에 따라 A ~ F지사로 발령된 지사장을 순서대로 바르게 나열한 것은?

> **조건**
>
> • 본사 − A − B − C − D − E − F 순서로 일직선상에 위치하고 있다.
> • 지사장 다는 지사장 마 바로 옆 지사에 근무하지 않으며, 지사장 나와 나란히 근무한다.
> • 지사장 라는 지사장 가보다 본사에 가깝게 근무한다.
> • 지사장 마는 D지사에 근무한다.
> • 지사장 바가 근무하는 지사보다 본사에 가까운 지사는 1개이다.

① 가 − 바 − 나 − 마 − 라 − 다
② 나 − 다 − 라 − 마 − 가 − 바
③ 다 − 나 − 바 − 마 − 가 − 라
④ 라 − 바 − 가 − 마 − 나 − 다
⑤ 바 − 가 − 나 − 마 − 다 − 라

08 희재는 수국, 작약, 장미, 카라 4종류의 꽃을 총 12송이 가지고 있다. 이 꽃들을 12명의 사람에게 한 송이씩 주려고 한다. 다음 제시된 정보가 모두 참일 때, 항상 참인 것을 〈보기〉에서 모두 고르면?

> **〈정보〉**
>
> • 꽃 12송이는 수국, 작약, 장미, 카라 4종류가 모두 1송이 이상씩 있다.
> • 작약을 받은 사람은 카라를 받은 사람보다 적다.
> • 수국을 받은 사람은 작약을 받은 사람보다 적다.
> • 장미를 받은 사람은 수국을 받은 사람보다 많고, 작약을 받은 사람보다 적다.

> **보기**
>
> ㉠ 카라를 받은 사람이 4명이면, 수국을 받은 사람은 1명이다.
> ㉡ 카라와 작약을 받은 사람이 각각 5명, 4명이면, 장미를 받은 사람은 2명이다.
> ㉢ 수국을 받은 사람이 2명이면, 작약을 받은 사람이 수국을 받은 사람보다 2명 많다.

① ㉠   ② ㉡
③ ㉢   ④ ㉠, ㉡
⑤ ㉡, ㉢

※ 제시된 명제가 모두 참일 때, 다음 중 반드시 참인 것을 고르시오. [9~10]

09

- 속도에 관심 없는 사람은 디자인에도 관심이 없다.
- 연비를 중시하는 사람은 내구성도 따진다.
- 내구성을 따지지 않는 사람은 속도에도 관심이 없다.

① 디자인에 관심 없는 사람도 내구성은 따진다.
② 연비를 중시하지 않는 사람도 내구성은 따진다.
③ 연비를 중시하는 사람은 디자인에는 관심이 없다.
④ 속도에 관심이 있는 사람은 연비를 중시하지 않는다.
⑤ 내구성을 따지지 않는 사람은 디자인에도 관심이 없다.

10

- 테니스를 좋아하는 사람은 가족 여행을 싫어한다.
- 가족 여행을 좋아하는 사람은 독서를 좋아한다.
- 독서를 좋아하는 사람은 쇼핑을 싫어한다.
- 쇼핑을 좋아하는 사람은 그림 그리기를 좋아한다.
- 그림 그리기를 좋아하는 사람은 테니스를 좋아한다.

① 테니스를 좋아하는 사람은 독서를 좋아한다.
② 쇼핑을 싫어하는 사람은 테니스를 좋아한다.
③ 쇼핑을 좋아하는 사람은 가족 여행을 싫어한다.
④ 쇼핑을 싫어하는 사람은 그림 그리기를 좋아한다.
⑤ 그림 그리기를 좋아하는 사람은 가족 여행을 좋아한다.

※ 제시된 명제가 모두 참일 때, 빈칸에 들어갈 명제로 가장 적절한 것을 고르시오. [11~12]

11

전제1. 비가 오지 않으면 산책을 나간다.
전제2. 공원에 들르지 않으면 산책을 나가지 않은 것이다.
결론. _____

① 공원에 들르면 산책을 나간 것이다.
② 공원에 들르지 않으면 비가 온 것이다.
③ 비가 오면 공원에 들르지 않은 것이다.
④ 비가 오면 산책을 나가지 않은 것이다.
⑤ 산책을 나가면 공원에 들르지 않은 것이다.

12

전제1. 양식 자격증이 없다면 레스토랑에 취직할 수 없다.
전제2. 양식 자격증을 획득하려면 양식 실기시험에 합격해야 한다.
결론. _____

① 양식 자격증이 있으면 레스토랑에 취직할 수 있다.
② 양식 실기시험에 합격하면 레스토랑에 취직할 수 있다.
③ 양식 실기시험에 합격하면 양식 자격증을 획득할 수 있다.
④ 레스토랑에 취직하려면 양식 실기시험에 합격해야 한다.
⑤ 레스토랑에 취직할 수 없다면 양식 자격증이 없는 것이다.

13 S사에서 근무하는 A ~ E 5명의 사원 중 1명은 이번 주 금요일에 열리는 세미나에 참석해야 한다. 다음 대화에서 2명이 거짓말을 하고 있다고 할 때, 다음 중 이번 주 금요일 세미나에 참석하는 사람은 누구인가?

> • A사원 : 나는 금요일 세미나에 참석하지 않아.
> • B사원 : 나는 금요일에 중요한 미팅이 있어. D사원이 세미나에 참석할 예정이야.
> • C사원 : 나와 D는 금요일에 부서 회의에 참석해야 하므로 세미나는 참석할 수 없어.
> • D사원 : C와 E 중 1명이 참석할 예정이야.
> • E사원 : 나는 목요일부터 금요일까지 휴가라 참석할 수 없어. 그리고 C의 말은 모두 사실이야.

① A사원   ② B사원
③ C사원   ④ D사원
⑤ E사원

14 A ~ E 5명 중 단 1명만 거짓을 말하고 있을 때, 다음 중 범인은 누구인가?

> • A : C가 범인입니다.
> • B : A는 거짓말을 하고 있습니다.
> • C : B가 거짓말을 하고 있습니다.
> • D : 저는 범인이 아닙니다.
> • E : A가 범인입니다.

① A   ② A, B
③ A, C   ④ C, D
⑤ D, E

15 S대리는 사내 워크숍 준비를 위해 직원 A ~ E 5명의 참석 여부를 조사하고 있다. C가 워크숍에 참석한다고 할 때, 다음 중 워크숍에 참석하는 직원을 모두 고르면?

- B가 워크숍에 참석하면 E는 참석하지 않는다.
- D는 B와 E가 워크숍에 참석하지 않을 때 참석한다.
- A가 워크숍에 참석하면 B 또는 D 중 한 명이 함께 참석한다.
- C가 워크숍에 참석하면 D는 참석하지 않는다.
- C가 워크숍에 참석하면 A도 참석한다.

① A, B, C
② A, C, D
③ A, B, C, D
④ A, B, C, E
⑤ A, C, D, E

PART 2

Easy

16 S박물관에는 발견된 연도가 서로 다른 왕의 유물들이 전시되어 있다. 다음 〈조건〉에 근거하여 바르게 추론한 것은?

조건
- 왕의 목걸이는 100년 전에 발견되었다.
- 왕의 신발은 목걸이보다 나중에 발견되었다.
- 왕의 초상화는 가장 최근인 10년 전에 발견되었다.
- 왕의 편지는 신발보다 먼저 발견되었고 목걸이보다 나중에 발견되었다.
- 왕의 반지는 30년 전에 발견되어 신발보다 늦게 발견되었다.

① 왕의 편지가 가장 먼저 발견되었다.
② 왕의 신발은 두 번째로 발견되었다.
③ 왕의 반지는 편지보다 먼저 발견되었다.
④ 왕의 편지는 목걸이와 반지보다 늦게 발견되었다.
⑤ 왕의 유물을 발견된 순서대로 나열하면 '목걸이 – 편지 – 신발 – 반지 – 초상화'이다.

17 초콜릿 과자 3개와 커피 과자 3개를 A ~ E 5명이 서로 나누어 먹는다고 할 때, 다음 중 항상 참인 것은?

- A와 C는 1종류의 과자만 먹었다.
- B는 초콜릿 과자 1개만 먹었다.
- C는 B와 같은 종류의 과자를 먹었다.
- D와 E 중 1명은 2종류의 과자를 먹었다.

① A는 초콜릿 과자 2개를 먹었다.
② C는 초콜릿 과자 2개를 먹었다.
③ A가 커피 과자 1개를 먹었다면, D와 E 중 1명은 과자를 먹지 못했다.
④ A가 커피 과자 1개를 먹었다면, D가 2종류의 과자를 먹었을 것이다.
⑤ A와 D가 같은 과자를 하나씩 먹었다면, E가 2종류의 과자를 먹었을 것이다.

18 3학년 1반에서는 학생들의 투표를 통해 득표수에 따라 학급 대표를 선출하기로 하였고, 학급 대표 후보로 A ~ E 5명이 나왔다. 투표 결과 득표수가 다음과 같을 때, 항상 참인 것은?(단, 1반 학생들은 총 30명이며, 1명에게만 투표할 수 있고, 각 후보의 득표수는 서로 다르다)

- A는 15표를 얻었다.
- B는 C보다 2표를 더 얻었지만, A보다는 낮은 표를 얻었다.
- D는 A보다 낮은 표를 얻었지만, C보다는 높은 표를 얻었다.
- E는 1표를 얻어 가장 낮은 득표수를 기록했다.

① A가 학급 대표로 선출된다.
② B보다 D의 득표수가 높다.
③ D보다 B의 득표수가 높다.
④ 5명 중 2명이 10표 이상을 얻었다.
⑤ 최다 득표자는 과반수 이상의 표를 얻었다.

19 어느 호텔 라운지에 둔 화분이 투숙자 중 1명에 의하여 깨진 사건이 발생했다. 이 호텔에는 갑 ~ 무 5명의 투숙자가 있었으며, 각 투숙자는 다음과 같이 진술하였다. 5명의 투숙자 중 4명이 진실을 말하고 1명이 거짓을 말한다면, 거짓말을 하고 있는 사람은 누구인가?

> • 갑 : '을'은 화분을 깨뜨리지 않았다.
> • 을 : 화분을 깨뜨린 사람은 '정'이다.
> • 병 : 내가 깨뜨렸다.
> • 정 : '을'의 말은 거짓말이다.
> • 무 : 나는 깨뜨리지 않았다.

① 갑 　　　　　　　　② 을
③ 병 　　　　　　　　④ 정
⑤ 무

PART 2

20 어떤 회사가 A ~ D 4부서에 1명씩 신입사원을 선발하였다. 지원자는 총 5명이었으며, 선발 결과에 대해 다음과 같이 진술하였다. 이 중 1명의 진술만 거짓으로 밝혀졌다. 다음 중 항상 참인 것은?

> • 지원자 1 : 지원자 2가 A부서에 선발되었다.
> • 지원자 2 : 지원자 3은 A 또는 D부서에 선발되었다.
> • 지원자 3 : 지원자 4는 C부서가 아닌 다른 부서에 선발되었다.
> • 지원자 4 : 지원자 5는 D부서에 선발되었다.
> • 지원자 5 : 나는 D부서에 선발되었는데, 지원자 1은 선발되지 않았다.

① 지원자 1은 B부서에 선발되었다.
② 지원자 2는 A부서에 선발되었다.
③ 지원자 3은 D부서에 선발되었다.
④ 지원자 4는 B부서에 선발되었다.
⑤ 지원자 5는 C부서에 선발되었다.

※ 일정한 규칙으로 수를 나열할 때, 빈칸에 들어갈 알맞은 수를 고르시오. **[1~12]**

01

| 12.01 | 12.26 | 11.9 | 12.39 | 11.75 | 12.56 | 11.56 | 12.77 | 11.33 | ( ) |

① 12.88　　　　　　　　② 12.95
③ 13.02　　　　　　　　④ 13.09
⑤ 13.16

02

| 2.19 | 0.94 | 2.82 | 1.57 | ( ) | 3.46 | 10.38 | 9.13 | 27.39 | 26.14 |

① 2.04　　　　　　　　② 2.97
③ 3.85　　　　　　　　④ 4.71
⑤ 5.62

03

| 10.24 | 30.72 | 15.36 | 46.08 | ( ) | 69.12 | 34.56 | 103.68 | 51.84 |

① 26.28　　　　　　　　② 25.2
③ 24.12　　　　　　　　④ 23.04
⑤ 22.96

Easy
04

| 0.8 | 2.0 | 1.0 | 2.2 | 1.1 | ( ) | 1.15 |

① 2.0　　　　　　　　② 2.3
③ 2.6　　　　　　　　④ 2.9
⑤ 3.1

05

$$2\frac{3}{5} \qquad 3\frac{5}{8} \qquad 5\frac{7}{12} \qquad (\quad) \qquad 11\frac{13}{24} \qquad 13\frac{17}{30} \qquad 17\frac{19}{36}$$

① $7\frac{10}{17}$ 　　　　　　　　　　　② $7\frac{11}{18}$

③ $8\frac{10}{18}$ 　　　　　　　　　　　④ $8\frac{11}{19}$

⑤ $9\frac{11}{20}$

Hard
06

$$1\frac{4}{8} \qquad (\quad) \qquad 3\frac{6}{20} \qquad 4\frac{7}{29} \qquad 5\frac{8}{40} \qquad 5\frac{9}{53} \qquad 6\frac{10}{68}$$

① $2\frac{1}{13}$ 　　　　　　　　　　　② $2\frac{3}{13}$

③ $2\frac{5}{13}$ 　　　　　　　　　　　④ $3\frac{3}{13}$

⑤ $3\frac{5}{13}$

07

$$\frac{1}{3} \qquad \frac{6}{10} \qquad (\quad) \qquad \frac{16}{94} \qquad \frac{21}{283}$$

① $\frac{10}{31}$ 　　　　　　　　　　　② $\frac{11}{31}$

③ $\frac{11}{45}$ 　　　　　　　　　　　④ $\frac{11}{47}$

⑤ $\frac{18}{47}$

08

$$1 \qquad \frac{3}{2} \qquad \frac{11}{6} \qquad \frac{25}{12} \qquad \frac{137}{60} \qquad (\quad)$$

① $\frac{157}{120}$ 　　　　　　　　　　② $\frac{147}{60}$

③ $\frac{157}{60}$ 　　　　　　　　　　④ $\frac{167}{60}$

⑤ $\frac{177}{60}$

09

| 3 | 2 | 4 | 2 | 2 | 4 | 1 | 7 | 7 | 3 | 9 | ( ) |

① 4   ② 6

③ 8   ④ 10

⑤ 12

10

| 11 | 21 | 10 | 10 | 36 | 8 | 8 | ( ) | 5 |

① 12   ② 13

③ 36   ④ 39

⑤ 43

Easy
11

| 2 | 5 | 7 | 3 | 6 | 9 | 4 | 7 | ( ) |

① 9   ② 11

③ 13   ④ 24

⑤ 28

12

| 11 | 19 | 8 | −14 | ( ) | 16 | −3 | 8 | 11 |

① 2   ② 8

③ 12   ④ 18

⑤ 20

13 일정한 규칙으로 수를 나열할 때, A−B의 값은?

(A)	9	11	6	8	3	(B)	0

① 3　　　　　　　　　　　② 5

③ 7　　　　　　　　　　　④ 9

⑤ 11

14 일정한 규칙으로 수를 나열할 때, B−A의 값은?

41	(A)	49	56	(B)	76	89

① 20　　　　　　　　　　② 21

③ 22　　　　　　　　　　④ 23

⑤ 24

15 일정한 규칙으로 수를 나열할 때, A×B의 값은?

1	1	2	2	(A)	4	4	(B)	5	11

① 9　　　　　　　　　　　② 12

③ 15　　　　　　　　　　④ 18

⑤ 21

16 일정한 규칙으로 수를 나열할 때, B÷(A+3)의 값은?

1	2	(A)	12	27	58	121	(B)

① 31　　　　　　　　　　② 32

③ 33　　　　　　　　　　④ 34

⑤ 35

PART 2

17 다음 수열의 20번째 항의 값은?

1	1	1	3	4	6	7	13	31	15	40	156	⋯

① 1,052   ② 1,066

③ 1,074   ④ 1,082

⑤ 1,093

18 다음 수열의 12번째 항의 값은?

4	8	14	22	32	44	58	⋯

① 154   ② 156

③ 158   ④ 160

⑤ 162

Hard

19 다음 수열의 100번째 항의 값은?

$$\frac{1}{9} \quad -\frac{2}{18} \quad -\frac{5}{27} \quad -\frac{8}{36} \quad -\frac{11}{45} \quad \cdots$$

① $-\dfrac{296}{891}$ ② $-\dfrac{293}{900}$

③ $-\dfrac{296}{900}$ ④ $-\dfrac{293}{909}$

⑤ $-\dfrac{296}{909}$

20 다음 수열의 13번째 항의 값은?

-4	-1	-2	1	2	5	10	13	⋯

① 90   ② 98

③ 106   ④ 114

⑤ 122

PART 3

심층검사

3 | 심층검사

01 개요

SKCT 심층검사는 타기업의 인성검사와 유사하다고 볼 수 있다. SK그룹이 원하는 '일 잘하는 인재'가 직무를 수행하는 데 필요한 성격, 가치관, 태도를 측정하는 테스트이다.

구분	출제유형
유형 Ⅰ	제시된 세 문장에 대해 자신의 성향과 가까운 정도에 따라 '① 전혀 그렇지 않다, ② 그렇지 않다, ③ 조금 그렇지 않다, ④ 조금 그렇다, ⑤ 그렇다, ⑥ 매우 그렇다'를 선택하고, 자신의 성향과 가장 먼 것(멀다)과 가까운 것(가깝다)을 선택하는 문제
유형 Ⅱ	제시된 두 문장에 대해 자신이 동의하는 정도에 따라 '① 전혀 그렇지 않다, ② 그렇지 않다, ③ 그렇다, ④ 매우 그렇다'로 응답하는 문제

※ 계열사별로 시행 여부에 차이가 있을 수 있다.
※ 2024년도 하반기 SKCT에서는 유형 Ⅰ은 45분 동안 240문항, 유형 Ⅱ는 25분 동안 150문항에 응답해야 했다.

02 수검요령 및 유의사항

심층검사는 특별한 수검요령이 없다. 다시 말하면 모범답안도 없고, 정답도 없다는 이야기이다. 또한 국어문제처럼 말의 뜻을 풀이하는 것도 아니다. 굳이 수검요령을 말하자면, 진실하고 솔직한 자신의 생각이 모범답안이라고 할 수 있다.

심층검사에서 가장 중요한 것은 첫째, 솔직한 답변이다. 자신이 지금까지 경험을 통해서 축적해 온 생각과 행동을 허구 없이 솔직하게 기재하는 것이다. 예를 들어, "나는 타인의 물건을 훔치고 싶은 충동을 느껴본 적이 있다."라는 질문에 피검사자들은 많은 생각을 하게 된다. 생각해 보라. 유년기에 또는 성인이 되어서 타인의 물건을 훔치는 일을 저지른 적은 없더라도, 훔치고 싶은 충동은 누구나 조금이라도 다 느껴보았을 것이다. 그런데 이 질문에 고민을 하는 사람이 간혹 있다. 이 질문에 "예"라고 대답하면 담당 검사관들이 자신을 사회적으로 문제가 있는 사람으로 여기지는 않을까 하는 생각에 "아니요"라는 답을 기재하게 된다. 이런 솔직하지 않은 답변은 답변의 신뢰와 솔직함을 나타내는 타당성 척도에 좋지 않은 점수를 주게 된다.

둘째, 일관성 있는 답변이다. 심층검사의 수많은 질문 문항 중에는 비슷한 뜻의 질문이 여러 개 숨어 있는 경우가 많이 있다. 그 질문들은 피검사자의 '솔직한 답변'과 '심리적인 상태'를 알아보기 위해 내포되어 있는 문항들이다. 가령 "나는 유년시절 타인의 물건을 훔친 적이 있다."라는 질문에 "예"라고 대답했는데, "나는 유년시절 타인의 물건을 훔쳐보고 싶은 충동을 느껴본 적이 있다."라는 질문에는 "아니요"라는 답을 기재한다면 어떻겠는가? 일관성 없이 '대충 기재하자.'라는 식의 심리적 무성의한 답변이 되거나, 정신적으로 문제가 있는 사람으로 보일 수 있다.

심층검사는 많은 문항 수를 풀어나가기 때문에 피검사자들은 지루함과 따분함을 느낄 수 있고 반복된 의미의 질문으로 의한 인내상실 등이 나타날 수 있다. 인내를 가지고 솔직하게 자신의 생각을 대답하는 것이 무엇보다 중요한 요령이다.

<table>
<tr><td colspan="1">수검 시 유의사항</td></tr>
</table>

(1) 충분한 휴식으로 불안을 없애고 정서적인 안정을 취한다. 심신이 안정되어야 자신의 마음을 표현할 수 있다.
(2) 생각나는 대로 솔직하게 응답한다. 자신을 너무 과대포장하지도, 너무 비하시키지도 말라. 답변을 꾸며서 하면 앞뒤가 맞지 않게끔 구성돼 있어 불리한 평가를 받게 되므로 솔직하게 답하도록 한다.
(3) 검사문항에 대해 지나치게 골똘히 생각해서는 안 된다. 지나치게 몰두하면 엉뚱한 답변이 나올 수 있으므로 불필요한 생각은 삼간다.

03 심층검사 모의연습

※ 심층검사는 정답이 따로 없는 유형의 검사이므로 결과지를 제공하지 않습니다.

유형 I

※ 각 문항을 읽고 ① ~ ⑥ 중 본인의 성향과 가까운 정도에 따라 ① 전혀 그렇지 않다, ② 그렇지 않다, ③ 조금 그렇지 않다, ④ 조금 그렇다, ⑤ 그렇다, ⑥ 매우 그렇다 중 하나를 선택하시오. 그리고 세 문항 중 자신의 성향과 가장 먼 것(멀다)과 가까운 것(가깝다)을 하나씩 선택하시오. [1~100]

01

문항	답안 1 ① ② ③ ④ ⑤ ⑥		답안 2 멀다	가깝다
A. 시련은 있어도 좌절은 없다고 믿는다.	☐ ☐ ☐ ☐ ☐ ☐		☐	☐
B. 장래를 생각하면 불안을 느낄 때가 많다.	☐ ☐ ☐ ☐ ☐ ☐		☐	☐
C. 충동적으로 행동하지 않으려고 욕구와 감정을 조절하는 편이다.	☐ ☐ ☐ ☐ ☐ ☐		☐	☐

02

문항	답안 1 ① ② ③ ④ ⑤ ⑥		답안 2 멀다	가깝다
A. 여행을 할 때 인적이 뜸한 곳을 선호한다.	☐ ☐ ☐ ☐ ☐ ☐		☐	☐
B. 자신의 생각과 감정을 잘 표현하지 못한다.	☐ ☐ ☐ ☐ ☐ ☐		☐	☐
C. 완전한 안전은 헛된 믿음일 뿐이며 삶은 모험의 연속이라고 생각한다.	☐ ☐ ☐ ☐ ☐ ☐		☐	☐

03

문항	답안 1						답안 2	
	①	②	③	④	⑤	⑥	멀다	가깝다
A. 정치적·종교적으로 보수적인 편이다.	☐	☐	☐	☐	☐	☐	☐	☐
B. 철학 등의 본질적인 문제에 무관심하다.	☐	☐	☐	☐	☐	☐	☐	☐
C. 지혜로운 사람이 되려면 늘 변해야 한다고 생각한다.	☐	☐	☐	☐	☐	☐	☐	☐

04

문항	답안 1						답안 2	
	①	②	③	④	⑤	⑥	멀다	가깝다
A. 대인관계에서 깊은 상처를 받은 적이 있다.	☐	☐	☐	☐	☐	☐	☐	☐
B. 타인과 협력할 때 자신의 역할에 충실하게 임한다.	☐	☐	☐	☐	☐	☐	☐	☐
C. 나는 소수의 정예 엘리트 집단에 어울린다고 생각한다.	☐	☐	☐	☐	☐	☐	☐	☐

05

문항	답안 1						답안 2	
	①	②	③	④	⑤	⑥	멀다	가깝다
A. 자신에게 느슨하며 사고가 유연한 편이다.	☐	☐	☐	☐	☐	☐	☐	☐
B. 계획이나 규칙을 잘 지키지 못하는 편이다.	☐	☐	☐	☐	☐	☐	☐	☐
C. 노력하는 사람이 재능을 타고난 사람을 이긴다고 생각한다.	☐	☐	☐	☐	☐	☐	☐	☐

06

문항	답안 1						답안 2	
	①	②	③	④	⑤	⑥	멀다	가깝다
A. 내 장래는 희망적이라고 생각한다.	☐	☐	☐	☐	☐	☐	☐	☐
B. 스트레스를 받을까봐 두려워지곤 한다.	☐	☐	☐	☐	☐	☐	☐	☐
C. 시간이 지나도 괴로움이 쉽사리 사그라지지 않는다.	☐	☐	☐	☐	☐	☐	☐	☐

07

문항	답안 1						답안 2	
	①	②	③	④	⑤	⑥	멀다	가깝다
A. 내향적이고 사교성이 낮은 편이다.	☐	☐	☐	☐	☐	☐	☐	☐
B. 자극은 다다익선(多多益善)이라고 생각한다.	☐	☐	☐	☐	☐	☐	☐	☐
C. 사람들을 좋아해서 스스럼없이 대화하는 편이다.	☐	☐	☐	☐	☐	☐	☐	☐

08

문항	답안 1						답안 2	
	①	②	③	④	⑤	⑥	멀다	가깝다
A. 낯선 환경에 놓이는 것이 불쾌하다.	☐	☐	☐	☐	☐	☐	☐	☐
B. 통일성보다는 다양성이 중요하다고 여긴다.	☐	☐	☐	☐	☐	☐	☐	☐
C. 깊이 이해하려고 애쓰는 것은 과제 완수의 기본이라고 생각한다.	☐	☐	☐	☐	☐	☐	☐	☐

09

문항	답안 1						답안 2	
	①	②	③	④	⑤	⑥	멀다	가깝다
A. 너무 솔직해 남에게 이용당할 때가 많다.	☐	☐	☐	☐	☐	☐	☐	☐
B. 남의 의견에 별로 구애받지 않는 편이다.	☐	☐	☐	☐	☐	☐	☐	☐
C. 자신의 손실을 남에게 절대 전가하려 하지 않는다.	☐	☐	☐	☐	☐	☐	☐	☐

10

문항	답안 1						답안 2	
	①	②	③	④	⑤	⑥	멀다	가깝다
A. 스스로가 한 일에 책임을 지려고 노력한다.	☐	☐	☐	☐	☐	☐	☐	☐
B. 계획적이기보다는 즉흥적으로 사는 편이다.	☐	☐	☐	☐	☐	☐	☐	☐
C. 장해물이나 목표가 없다면 만족감도 없다고 생각한다.	☐	☐	☐	☐	☐	☐	☐	☐

11

문항	답안 1						답안 2	
	①	②	③	④	⑤	⑥	멀다	가깝다
A. 불만보다는 감사를 느낄 때가 많다.	☐	☐	☐	☐	☐	☐	☐	☐
B. 견디다 보면 슬픔도 익숙해질 것이다.	☐	☐	☐	☐	☐	☐	☐	☐
C. '내 삶에는 왜 이렇게 시련이 많을까?'하고 스트레스를 받곤 한다.	☐	☐	☐	☐	☐	☐	☐	☐

12

문항	답안 1						답안 2	
	①	②	③	④	⑤	⑥	멀다	가깝다
A. 나의 성격은 쾌활함과는 거리가 멀다.	☐	☐	☐	☐	☐	☐	☐	☐
B. 말수가 적으며 수줍어하는 성향이 있다.	☐	☐	☐	☐	☐	☐	☐	☐
C. 일부 부모들의 치맛바람을 극성스럽다고 생각하지 않는다.	☐	☐	☐	☐	☐	☐	☐	☐

13

문항	답안 1						답안 2	
	①	②	③	④	⑤	⑥	멀다	가깝다
A. 정치적으로 진보당보다 보수당을 지지한다.	☐	☐	☐	☐	☐	☐	☐	☐
B. 분석적·지성적인 일에 관심이 없는 편이다.	☐	☐	☐	☐	☐	☐	☐	☐
C. 인생의 스승은 부모처럼 고귀한 존재라고 생각한다.	☐	☐	☐	☐	☐	☐	☐	☐

14

문항	답안 1						답안 2	
	①	②	③	④	⑤	⑥	멀다	가깝다
A. 기본적으로 타인을 믿지 못하는 편이다.	☐	☐	☐	☐	☐	☐	☐	☐
B. 인간미가 부족하다는 비판을 받곤 한다.	☐	☐	☐	☐	☐	☐	☐	☐
C. 남의 고통을 목격하면 그 고통이 내게 고스란히 전해지는 것 같다.	☐	☐	☐	☐	☐	☐	☐	☐

15

문항	답안 1						답안 2	
	①	②	③	④	⑤	⑥	멀다	가깝다
A. 규범은 내 행동에 큰 영향을 주지 못한다.	☐	☐	☐	☐	☐	☐	☐	☐
B. 학창 시절에는 시험 기간이 닥쳐서야 공부를 했다.	☐	☐	☐	☐	☐	☐	☐	☐
C. 기회도 그것을 찾으려 노력하는 사람에게 주어진다고 생각한다.	☐	☐	☐	☐	☐	☐	☐	☐

16

문항	답안 1						답안 2	
	①	②	③	④	⑤	⑥	멀다	가깝다
A. 안정감보다는 불안감을 느낄 때가 많다.	☐	☐	☐	☐	☐	☐	☐	☐
B. 여름철 무더위는 나를 몹시 짜증나게 한다.	☐	☐	☐	☐	☐	☐	☐	☐
C. 인생에는 괴로운 일보다 즐거운 일이 많다고 여긴다.	☐	☐	☐	☐	☐	☐	☐	☐

17

문항	답안 1						답안 2	
	①	②	③	④	⑤	⑥	멀다	가깝다
A. 맵고 짠 자극적 음식을 즐기는 편이다.	☐	☐	☐	☐	☐	☐	☐	☐
B. 한겨울의 맹추위에도 실외 활동을 즐긴다.	☐	☐	☐	☐	☐	☐	☐	☐
C. 본질을 깨우치는 것에 집중하는 미니멀 라이프를 선호한다.	☐	☐	☐	☐	☐	☐	☐	☐

18

문항	답안 1						답안 2	
	①	②	③	④	⑤	⑥	멀다	가깝다
A. 변화는 항상 나를 힘들게 한다.	☐	☐	☐	☐	☐	☐	☐	☐
B. 사람은 죽을 때까지 학생이라고 생각한다.	☐	☐	☐	☐	☐	☐	☐	☐
C. 오래된 생각을 버려야 혁신적인 아이디어를 얻을 수 있다고 생각한다.	☐	☐	☐	☐	☐	☐	☐	☐

19

문항	답안 1						답안 2	
	①	②	③	④	⑤	⑥	멀다	가깝다
A. 타산적이라는 비판을 받곤 한다.	☐	☐	☐	☐	☐	☐	☐	☐
B. 남들에게 복종하고 의존하고 싶어지곤 한다.	☐	☐	☐	☐	☐	☐	☐	☐
C. 성악설보다는 성선설이 더 타당하다고 생각한다.	☐	☐	☐	☐	☐	☐	☐	☐

20

문항	답안 1						답안 2	
	①	②	③	④	⑤	⑥	멀다	가깝다
A. 하던 일을 중간에 그만두는 것을 싫어한다.	☐	☐	☐	☐	☐	☐	☐	☐
B. 씀씀이를 단속하려고 영수증을 잘 관리한다.	☐	☐	☐	☐	☐	☐	☐	☐
C. 노력은 배신하지 않는다는 격언을 믿지 않는다.	☐	☐	☐	☐	☐	☐	☐	☐

21

문항	답안 1						답안 2	
	①	②	③	④	⑤	⑥	멀다	가깝다
A. 쉽게 흥분하지 않는 편이다.	☐	☐	☐	☐	☐	☐	☐	☐
B. 짜증날 때도 감정을 잘 조절할 수 있다.	☐	☐	☐	☐	☐	☐	☐	☐
C. 슬픔이 닥칠 때마다 새롭게 느껴져 견디기가 몹시 힘들다.	☐	☐	☐	☐	☐	☐	☐	☐

22

문항	답안 1						답안 2	
	①	②	③	④	⑤	⑥	멀다	가깝다
A. 다소 대인기피증이 있는 것 같다.	☐	☐	☐	☐	☐	☐	☐	☐
B. 느긋이 적게보다는, 급히 많이 먹으려 한다.	☐	☐	☐	☐	☐	☐	☐	☐
C. 팀원들이 장차 리더가 되도록 은밀히 돕는 팀장이 최고의 리더일 것이다.	☐	☐	☐	☐	☐	☐	☐	☐

PART 3

23

문항	답안 1						답안 2	
	①	②	③	④	⑤	⑥	멀다	가깝다
A. 통찰력은 나의 주요한 특징 중 하나이다.	☐	☐	☐	☐	☐	☐	☐	☐
B. 권위나 전통적 가치에 도전하기를 꺼린다.	☐	☐	☐	☐	☐	☐	☐	☐
C. 혁신적인 생각은 전통을 익히는 데서 비롯된다고 생각한다.	☐	☐	☐	☐	☐	☐	☐	☐

24

문항	답안 1						답안 2	
	①	②	③	④	⑤	⑥	멀다	가깝다
A. 실제의 이익을 따지는 데 빠른 편이다.	☐	☐	☐	☐	☐	☐	☐	☐
B. 독선적 행동으로 남들의 비난을 받곤 한다.	☐	☐	☐	☐	☐	☐	☐	☐
C. 나의 인간관에 가장 큰 영향을 끼친 것은 정직이다.	☐	☐	☐	☐	☐	☐	☐	☐

25

문항	답안 1						답안 2	
	①	②	③	④	⑤	⑥	멀다	가깝다
A. 굳이 양심에 따라 살려고 애쓰지 않는다.	☐	☐	☐	☐	☐	☐	☐	☐
B. 계획성이나 정확성과는 거리가 먼 편이다.	☐	☐	☐	☐	☐	☐	☐	☐
C. 전적으로 믿을 수 있는 것은 계획뿐이라고 여겨 목표와 비전을 잃지 않는다.	☐	☐	☐	☐	☐	☐	☐	☐

26

문항	답안 1						답안 2	
	①	②	③	④	⑤	⑥	멀다	가깝다
A. 자신의 현재 처지에 대해 비교적 만족한다.	☐	☐	☐	☐	☐	☐	☐	☐
B. '왜 하필 나에게'라는 생각이 들 때가 많다.	☐	☐	☐	☐	☐	☐	☐	☐
C. 뜨거운 여름날의 불쾌지수에 매우 민감한 편이다.	☐	☐	☐	☐	☐	☐	☐	☐

27

문항	답안 1						답안 2	
	①	②	③	④	⑤	⑥	멀다	가깝다
A. 앞장서는 리더가 최고의 리더일 것이다.	☐	☐	☐	☐	☐	☐	☐	☐
B. 바쁜 삶 속에서 큰 열정을 느끼곤 한다.	☐	☐	☐	☐	☐	☐	☐	☐
C. 대인관계에서 긴장해 매우 조심스러울 때가 많다.	☐	☐	☐	☐	☐	☐	☐	☐

28

문항	답안 1						답안 2	
	①	②	③	④	⑤	⑥	멀다	가깝다
A. 새로운 지식을 습득하는 데 인색하지 않다.	☐	☐	☐	☐	☐	☐	☐	☐
B. 익숙지 않은 환경에서는 매우 의기소침하다.	☐	☐	☐	☐	☐	☐	☐	☐
C. 책이 아닌 것과 책 중에 하나만 살 수 있다면 책을 살 것이다.	☐	☐	☐	☐	☐	☐	☐	☐

29

문항	답안 1						답안 2	
	①	②	③	④	⑤	⑥	멀다	가깝다
A. 타인의 지지는 나에게 큰 힘이 된다.	☐	☐	☐	☐	☐	☐	☐	☐
B. 약삭빠르고 실리적이며 기민한 편이다.	☐	☐	☐	☐	☐	☐	☐	☐
C. 나는 집단이 지나치게 소수 정예화되는 것에 반대한다.	☐	☐	☐	☐	☐	☐	☐	☐

30

문항	답안 1						답안 2	
	①	②	③	④	⑤	⑥	멀다	가깝다
A. 원칙주의자는 반드시 성공할 것이다.	☐	☐	☐	☐	☐	☐	☐	☐
B. 완벽주의자를 보면 고리타분하다고 느낀다.	☐	☐	☐	☐	☐	☐	☐	☐
C. 재능은 타고나는 것이 아니라 노력의 결과라고 생각한다.	☐	☐	☐	☐	☐	☐	☐	☐

31

문항	답안 1						답안 2	
	①	②	③	④	⑤	⑥	멀다	가깝다
A. 화가 나도 타인에게 화풀이를 하지 않는다.	☐	☐	☐	☐	☐	☐	☐	☐
B. 감정을 통제하지 못해 충동적일 때가 많다.	☐	☐	☐	☐	☐	☐	☐	☐
C. 긍정적인 것보다는 부정적인 면이 눈에 먼저 들어오는 편이다.	☐	☐	☐	☐	☐	☐	☐	☐

32

문항	답안 1						답안 2	
	①	②	③	④	⑤	⑥	멀다	가깝다
A. 대인관계가 사무적·형식적일 때가 많다.	☐	☐	☐	☐	☐	☐	☐	☐
B. 용장(勇壯) 밑에 약졸 없다는 말에 동감한다.	☐	☐	☐	☐	☐	☐	☐	☐
C. 여행할 때 사람들이 많이 왕래하는 곳을 선호한다.	☐	☐	☐	☐	☐	☐	☐	☐

PART 3

33

문항	답안 1						답안 2	
	①	②	③	④	⑤	⑥	멀다	가깝다
A. 새로운 변화에서 큰 흥미를 느끼곤 한다.	☐	☐	☐	☐	☐	☐	☐	☐
B. 새로운 관점을 제시하는 비평문을 선호한다.	☐	☐	☐	☐	☐	☐	☐	☐
C. 연장자의 견해는 어떠한 경우에도 존중해야 한다고 생각한다.	☐	☐	☐	☐	☐	☐	☐	☐

34

문항	답안 1						답안 2	
	①	②	③	④	⑤	⑥	멀다	가깝다
A. 이타심과 동정심은 나의 큰 장점이다.	☐	☐	☐	☐	☐	☐	☐	☐
B. 사람을 사귈 때도 손익을 따지는 편이다.	☐	☐	☐	☐	☐	☐	☐	☐
C. 타인을 비판하기 전에 그의 입장에서 생각해 보곤 한다.	☐	☐	☐	☐	☐	☐	☐	☐

35

문항	답안 1						답안 2	
	①	②	③	④	⑤	⑥	멀다	가깝다
A. 친구들이 나의 의견을 신뢰하는 편이다.	☐	☐	☐	☐	☐	☐	☐	☐
B. 계획에 따라 움직이는 것은 따분한 일이다.	☐	☐	☐	☐	☐	☐	☐	☐
C. 성공의 원동력은 거듭된 실패의 극복이라고 생각한다.	☐	☐	☐	☐	☐	☐	☐	☐

36

문항	답안 1						답안 2	
	①	②	③	④	⑤	⑥	멀다	가깝다
A. 나는 정서적으로 매우 안정적인 편이다.	☐	☐	☐	☐	☐	☐	☐	☐
B. 미래의 일을 생각하면 두려워지곤 한다.	☐	☐	☐	☐	☐	☐	☐	☐
C. 감정보다는 이성의 영향을 더 크게 받는 편이다.	☐	☐	☐	☐	☐	☐	☐	☐

37

문항	답안 1						답안 2	
	①	②	③	④	⑤	⑥	멀다	가깝다
A. 남들과 잘 어울리는 편이다.	☐	☐	☐	☐	☐	☐	☐	☐
B. 비난을 받을까봐 주장을 잘 하지 못한다.	☐	☐	☐	☐	☐	☐	☐	☐
C. 뒤에서 묵묵히 팀원을 지원하는 리더가 최고의 리더라고 생각한다.	☐	☐	☐	☐	☐	☐	☐	☐

38

문항	답안 1						답안 2	
	①	②	③	④	⑤	⑥	멀다	가깝다
A. 기지나 위트와는 거리가 먼 편이다.	☐	☐	☐	☐	☐	☐	☐	☐
B. 관례에 따라 행동하는 때가 더 많다.	☐	☐	☐	☐	☐	☐	☐	☐
C. 때로는 연소자의 생각에서도 배울 게 있다고 생각한다.	☐	☐	☐	☐	☐	☐	☐	☐

39

문항	답안 1						답안 2	
	①	②	③	④	⑤	⑥	멀다	가깝다
A. 자기중심적이고 독립적인 편이다.	☐	☐	☐	☐	☐	☐	☐	☐
B. 남들을 배려하고 관대하게 대하는 편이다.	☐	☐	☐	☐	☐	☐	☐	☐
C. 권모술수에 능한 현실주의자가 성공할 가능성이 높다고 생각한다.	☐	☐	☐	☐	☐	☐	☐	☐

40

문항	답안 1						답안 2	
	①	②	③	④	⑤	⑥	멀다	가깝다
A. 성공을 위해 자신을 통제하는 일이 없다.	☐	☐	☐	☐	☐	☐	☐	☐
B. 규칙, 계획, 책임감과는 거리가 먼 편이다.	☐	☐	☐	☐	☐	☐	☐	☐
C. 부족한 점을 부끄러워해야 고칠 수 있다고 생각한다.	☐	☐	☐	☐	☐	☐	☐	☐

41

문항	답안 1						답안 2	
	①	②	③	④	⑤	⑥	멀다	가깝다
A. 현재 자신의 형편에 대해 불만이 많다.	☐	☐	☐	☐	☐	☐	☐	☐
B. 짜증날 때는 감정을 잘 조절하지 못한다.	☐	☐	☐	☐	☐	☐	☐	☐
C. 자신의 감정과 행동을 지극히 잘 통제하는 편이다.	☐	☐	☐	☐	☐	☐	☐	☐

42

문항	답안 1						답안 2	
	①	②	③	④	⑤	⑥	멀다	가깝다
A. 상당히 말이 적고 내성적인 편이다.	☐	☐	☐	☐	☐	☐	☐	☐
B. 대인관계에서 자신감이 있고 적극적이다.	☐	☐	☐	☐	☐	☐	☐	☐
C. 더위나 추위는 나의 실외활동에 영향을 주지 않는다.	☐	☐	☐	☐	☐	☐	☐	☐

43

문항	답안 1						답안 2	
	①	②	③	④	⑤	⑥	멀다	가깝다
A. 불치하문(不恥下問)이라는 말에 동감한다.	☐	☐	☐	☐	☐	☐	☐	☐
B. 실용성과 현실성은 나의 가장 큰 장점이다.	☐	☐	☐	☐	☐	☐	☐	☐
C. 급변하는 사회에 적응하기 위해 신기술을 적극 수용한다.	☐	☐	☐	☐	☐	☐	☐	☐

44

문항	답안 1						답안 2	
	①	②	③	④	⑤	⑥	멀다	가깝다
A. 타인과 교제할 때 손익을 따지지 않는다.	☐	☐	☐	☐	☐	☐	☐	☐
B. 상당히 자기중심적이고 독립적인 편이다.	☐	☐	☐	☐	☐	☐	☐	☐
C. 성별, 인종, 재산 등에 따라 사람을 차별하지 않는다.	☐	☐	☐	☐	☐	☐	☐	☐

45

문항	답안 1						답안 2	
	①	②	③	④	⑤	⑥	멀다	가깝다
A. 타성에 젖지 않게 자신을 조율하곤 한다.	☐	☐	☐	☐	☐	☐	☐	☐
B. 나에게 도덕과 규범은 낡은 잣대일 뿐이다.	☐	☐	☐	☐	☐	☐	☐	☐
C. 문서를 작성할 때 맞춤법에 신경 쓰지 않는 편이다.	☐	☐	☐	☐	☐	☐	☐	☐

46

문항	답안 1						답안 2	
	①	②	③	④	⑤	⑥	멀다	가깝다
A. 자신의 삶에 대해 불만이 별로 없다.	☐	☐	☐	☐	☐	☐	☐	☐
B. 자기 통제와 담대함은 나의 큰 장점이다.	☐	☐	☐	☐	☐	☐	☐	☐
C. 쉽게 낙담해 무기력해지고 위축되는 것은 나의 단점이다.	☐	☐	☐	☐	☐	☐	☐	☐

47

문항	답안 1						답안 2	
	①	②	③	④	⑤	⑥	멀다	가깝다
A. 과묵하고 언행을 삼가는 편이다.	☐	☐	☐	☐	☐	☐	☐	☐
B. 감정 표현을 억제하고 세심한 편이다.	☐	☐	☐	☐	☐	☐	☐	☐
C. '지배, 정열, 대담'은 나를 표현하는 키워드이다.	☐	☐	☐	☐	☐	☐	☐	☐

48

문항	답안 1						답안 2	
	①	②	③	④	⑤	⑥	멀다	가깝다
A. 보편적인 것과 관습에 구애받는 편이다.	☐	☐	☐	☐	☐	☐	☐	☐
B. 예술이나 여행을 거의 즐기지 않는 편이다.	☐	☐	☐	☐	☐	☐	☐	☐
C. 구호는 감수성에 호소해야 효과적이라고 생각한다.	☐	☐	☐	☐	☐	☐	☐	☐

49

문항	답안 1						답안 2	
	①	②	③	④	⑤	⑥	멀다	가깝다
A. 타인에 대한 공감이 부족한 편이다.	☐	☐	☐	☐	☐	☐	☐	☐
B. 남들과 함께 결정하고 일하기를 꺼린다.	☐	☐	☐	☐	☐	☐	☐	☐
C. 조직에서 문제가 발생했을 때 내 잘못을 솔직히 인정한다.	☐	☐	☐	☐	☐	☐	☐	☐

50

문항	답안 1						답안 2	
	①	②	③	④	⑤	⑥	멀다	가깝다
A. 자율적인 행동 기준이 엄격하지 않다.	☐	☐	☐	☐	☐	☐	☐	☐
B. 성공을 위한 자기 통제력이 별로 없다.	☐	☐	☐	☐	☐	☐	☐	☐
C. 협상할 때는 많이 듣고 적게 말하는 신중함이 필요하다.	☐	☐	☐	☐	☐	☐	☐	☐

51

문항	답안 1						답안 2	
	①	②	③	④	⑤	⑥	멀다	가깝다
A. 정서적으로 다소 불안정한 편이다.	☐	☐	☐	☐	☐	☐	☐	☐
B. 나약하고 조급하다는 평가를 받곤 한다.	☐	☐	☐	☐	☐	☐	☐	☐
C. 소신이 있기 때문에 주변의 평가에 쉽게 휘둘리지 않는다.	☐	☐	☐	☐	☐	☐	☐	☐

52

문항	답안 1						답안 2	
	①	②	③	④	⑤	⑥	멀다	가깝다
A. 자기주장을 공격적으로 하곤 한다.	☐	☐	☐	☐	☐	☐	☐	☐
B. 타인을 대할 때 지배성이 강한 편이다.	☐	☐	☐	☐	☐	☐	☐	☐
C. 활동성과 모험 정신이 부족한 것은 나의 큰 단점이다.	☐	☐	☐	☐	☐	☐	☐	☐

53

문항	답안 1						답안 2	
	①	②	③	④	⑤	⑥	멀다	가깝다
A. 상상의 세계에 거의 관심이 없다.	☐	☐	☐	☐	☐	☐	☐	☐
B. 일반적 · 대중적이지 않을수록 더욱 선호한다.	☐	☐	☐	☐	☐	☐	☐	☐
C. 작품이 중요한 것처럼 비평가의 견해도 중요하다고 생각한다.	☐	☐	☐	☐	☐	☐	☐	☐

54

문항	답안 1						답안 2	
	①	②	③	④	⑤	⑥	멀다	가깝다
A. 인간관계에서 이익을 논하는 것이 싫다.	☐	☐	☐	☐	☐	☐	☐	☐
B. 남의 친절과 환대는 나를 크게 고무시킨다.	☐	☐	☐	☐	☐	☐	☐	☐
C. 남에게 솔직하게 말하면 불필요한 비판을 받을 수 있다고 생각한다.	☐	☐	☐	☐	☐	☐	☐	☐

55

문항	답안 1						답안 2	
	①	②	③	④	⑤	⑥	멀다	가깝다
A. 남들은 나를 신뢰하는 편이다.	☐	☐	☐	☐	☐	☐	☐	☐
B. 성공을 위해 자신을 옥죄는 일이 거의 없다.	☐	☐	☐	☐	☐	☐	☐	☐
C. 시험이 아무리 어려워도 스스로 노력하면 반드시 합격할 것이다.	☐	☐	☐	☐	☐	☐	☐	☐

56

문항	답안 1						답안 2	
	①	②	③	④	⑤	⑥	멀다	가깝다
A. 소심하고 불안한 면이 있다.	☐	☐	☐	☐	☐	☐	☐	☐
B. 당황할 때는 몹시 화가 나기도 한다.	☐	☐	☐	☐	☐	☐	☐	☐
C. 반드시 필요한 걱정조차도 하지 않는 경우가 많다.	☐	☐	☐	☐	☐	☐	☐	☐

57

문항	답안 1						답안 2	
	①	②	③	④	⑤	⑥	멀다	가깝다
A. 대인관계에 서투른 편이다.	☐	☐	☐	☐	☐	☐	☐	☐
B. 열정적이고 매우 쾌활한 편이다.	☐	☐	☐	☐	☐	☐	☐	☐
C. 논리를 따져 나의 주장을 내세우는 것이 매우 번거롭다.	☐	☐	☐	☐	☐	☐	☐	☐

58

문항	답안 1						답안 2	
	①	②	③	④	⑤	⑥	멀다	가깝다
A. 새로운 아이디어를 구상하는 데 서툴다.	☐	☐	☐	☐	☐	☐	☐	☐
B. 매우 현실적·실제적·보수적인 편이다.	☐	☐	☐	☐	☐	☐	☐	☐
C. 동양화의 '여백의 미'에서 자유를 크게 느끼곤 한다.	☐	☐	☐	☐	☐	☐	☐	☐

59

문항	답안 1						답안 2	
	①	②	③	④	⑤	⑥	멀다	가깝다
A. 동료의 지지를 얻는 일에 무관심하다.	☐	☐	☐	☐	☐	☐	☐	☐
B. 도움을 구하느니 차라리 혼자 처리하겠다.	☐	☐	☐	☐	☐	☐	☐	☐
C. 어린이날 등 각종 기념일에 타인을 위한 선물을 꼭 준비한다.	☐	☐	☐	☐	☐	☐	☐	☐

60

문항	답안 1						답안 2	
	①	②	③	④	⑤	⑥	멀다	가깝다
A. 단기간에 큰돈을 벌고 싶은 욕심이 많다.	☐	☐	☐	☐	☐	☐	☐	☐
B. 책임이 과중한 일은 맡기가 매우 꺼려진다.	☐	☐	☐	☐	☐	☐	☐	☐
C. 어려운 일도 충분히 해낼 수 있다고 자부한다.	☐	☐	☐	☐	☐	☐	☐	☐

61

문항	답안 1						답안 2	
	①	②	③	④	⑤	⑥	멀다	가깝다
A. 감정에 휘둘리지 않는다.	☐	☐	☐	☐	☐	☐	☐	☐
B. 남들보다 근심이나 걱정이 많은 편이다.	☐	☐	☐	☐	☐	☐	☐	☐
C. 불만을 참지 못해 푸념을 할 때가 많은 편이다.	☐	☐	☐	☐	☐	☐	☐	☐

62

문항	답안 1						답안 2	
	①	②	③	④	⑤	⑥	멀다	가깝다
A. 낙천적·사교적인 편이다.	☐	☐	☐	☐	☐	☐	☐	☐
B. 타인에게 자신의 권위를 내세우곤 한다.	☐	☐	☐	☐	☐	☐	☐	☐
C. 인간관계에서 거리감을 느끼는 경우가 잦은 편이다.	☐	☐	☐	☐	☐	☐	☐	☐

63

문항	답안 1						답안 2	
	①	②	③	④	⑤	⑥	멀다	가깝다
A. 상식적·보편적이지 않을수록 더욱 끌린다.	☐	☐	☐	☐	☐	☐	☐	☐
B. 지성과 감수성이 낮은 것은 나의 단점이다.	☐	☐	☐	☐	☐	☐	☐	☐
C. 작품은 감상자마다 다른 의미로 받아들일 수 있다고 생각한다.	☐	☐	☐	☐	☐	☐	☐	☐

64

문항	답안 1						답안 2	
	①	②	③	④	⑤	⑥	멀다	가깝다
A. 겸손과 정직은 나의 가장 큰 장점이다.	☐	☐	☐	☐	☐	☐	☐	☐
B. 남의 문제를 해결하는 일에 기꺼이 나선다.	☐	☐	☐	☐	☐	☐	☐	☐
C. 타인을 위한 나의 수고와 희생이 불필요하게 느껴질 때가 많다.	☐	☐	☐	☐	☐	☐	☐	☐

65

문항	답안 1						답안 2	
	①	②	③	④	⑤	⑥	멀다	가깝다
A. 스스로가 상당히 유능하다고 생각한다.	☐	☐	☐	☐	☐	☐	☐	☐
B. 일의 완수에 대한 강박증을 느끼지 않는다.	☐	☐	☐	☐	☐	☐	☐	☐
C. 목적 달성을 위해 매우 금욕적인 삶도 감내할 수 있다.	☐	☐	☐	☐	☐	☐	☐	☐

66

문항	답안 1						답안 2	
	①	②	③	④	⑤	⑥	멀다	가깝다
A. 걱정, 분노, 불안 등을 잘 느끼지 않는다.	☐	☐	☐	☐	☐	☐	☐	☐
B. 근심이 있어도 겉으로 잘 드러내지 않는다.	☐	☐	☐	☐	☐	☐	☐	☐
C. 차례를 기다릴 때는 초조함 때문에 속이 타는 것 같다.	☐	☐	☐	☐	☐	☐	☐	☐

67

문항	답안 1						답안 2	
	①	②	③	④	⑤	⑥	멀다	가깝다
A. 대담하고 모험적일 때가 많다.	☐	☐	☐	☐	☐	☐	☐	☐
B. 위험할 때는 결코 함부로 행동하지 않는다.	☐	☐	☐	☐	☐	☐	☐	☐
C. 사람을 만나는 것이 꺼려져 남들과 어울리지 못한다.	☐	☐	☐	☐	☐	☐	☐	☐

68

문항	답안 1						답안 2	
	①	②	③	④	⑤	⑥	멀다	가깝다
A. 창의성과 지성이 부족한 편이다.	☐	☐	☐	☐	☐	☐	☐	☐
B. 새롭고 다양한 예술 활동에 관심이 없다.	☐	☐	☐	☐	☐	☐	☐	☐
C. 개방적일수록 변화에 더 잘 적응한다고 생각한다.	☐	☐	☐	☐	☐	☐	☐	☐

69

문항	답안 1						답안 2	
	①	②	③	④	⑤	⑥	멀다	가깝다
A. 우월감으로 지나치게 자랑할 때가 많다.	☐	☐	☐	☐	☐	☐	☐	☐
B. 타인의 입장과 사정에 관심이 매우 많다.	☐	☐	☐	☐	☐	☐	☐	☐
C. '머리 검은 짐승은 구제하지 말라'는 속담을 믿는다.	☐	☐	☐	☐	☐	☐	☐	☐

70

문항	답안 1						답안 2	
	①	②	③	④	⑤	⑥	멀다	가깝다
A. 이익을 위해서라면 편법도 꺼리지 않는다.	☐	☐	☐	☐	☐	☐	☐	☐
B. 규칙과 의무를 지키는 일은 매우 번거롭다.	☐	☐	☐	☐	☐	☐	☐	☐
C. 일하는 시간, 노는 시간을 구분해 일에 방해가 되지 않게 한다.	☐	☐	☐	☐	☐	☐	☐	☐

71

문항	답안 1						답안 2	
	①	②	③	④	⑤	⑥	멀다	가깝다
A. 며칠 동안 집에만 있어도 우울하지 않다.	☐	☐	☐	☐	☐	☐	☐	☐
B. 죄책감으로 마음이 몹시 불편해지곤 한다.	☐	☐	☐	☐	☐	☐	☐	☐
C. 자신이 무용지물이라고 생각해 좌절할 때가 많다.	☐	☐	☐	☐	☐	☐	☐	☐

72

문항	답안 1						답안 2	
	①	②	③	④	⑤	⑥	멀다	가깝다
A. 매사에 적극적이며 반응이 빠른 편이다.	☐	☐	☐	☐	☐	☐	☐	☐
B. 우월감으로 독단적인 행동을 하곤 한다.	☐	☐	☐	☐	☐	☐	☐	☐
C. 남과 어울릴 때보다 혼자 있을 때 편안함을 크게 느낀다.	☐	☐	☐	☐	☐	☐	☐	☐

PART 3

73

문항	답안 1						답안 2	
	①	②	③	④	⑤	⑥	멀다	가깝다
A. 참신한 예술 작품에 공감하지 못한다.	☐	☐	☐	☐	☐	☐	☐	☐
B. 통속적 작품도 예술로서 유의미할 것이다.	☐	☐	☐	☐	☐	☐	☐	☐
C. 미묘힐수록 상상할 어지가 많아 좋다고 생각한다.	☐	☐	☐	☐	☐	☐	☐	☐

74

문항	답안 1						답안 2	
	①	②	③	④	⑤	⑥	멀다	가깝다
A. 봉사활동을 상당히 선호하는 편이다.	☐	☐	☐	☐	☐	☐	☐	☐
B. 갈등 상황에서 조화를 지향해 수용적이다.	☐	☐	☐	☐	☐	☐	☐	☐
C. 원하는 것이 있을 때만 타인이 나에게 친절하다고 생각한다.	☐	☐	☐	☐	☐	☐	☐	☐

75

문항	답안 1						답안 2	
	①	②	③	④	⑤	⑥	멀다	가깝다
A. 계획을 세운 것은 반드시 지킨다.	☐	☐	☐	☐	☐	☐	☐	☐
B. '될 대로 돼라'라고 생각할 때가 많다.	☐	☐	☐	☐	☐	☐	☐	☐
C. 물건을 살 때 여러 사이트를 검색해 최저가를 꼼꼼히 확인한다.	☐	☐	☐	☐	☐	☐	☐	☐

76

문항	답안 1						답안 2	
	①	②	③	④	⑤	⑥	멀다	가깝다
A. 불안과 스트레스에 매우 민감하다.	☐	☐	☐	☐	☐	☐	☐	☐
B. 수동적이며 타인의 동정을 바라는 편이다.	☐	☐	☐	☐	☐	☐	☐	☐
C. 스트레스를 받는 경우에도 결코 역정을 내지 않는다.	☐	☐	☐	☐	☐	☐	☐	☐

77

문항	답안 1						답안 2	
	①	②	③	④	⑤	⑥	멀다	가깝다
A. 사람들과 사귀는 것을 피하는 편이다.	☐	☐	☐	☐	☐	☐	☐	☐
B. 비난을 받을까봐 자기주장을 삼가는 편이다.	☐	☐	☐	☐	☐	☐	☐	☐
C. 논리 따지기를 좋아하고 주장이 매우 강한 편이다.	☐	☐	☐	☐	☐	☐	☐	☐

78

문항	답안 1						답안 2	
	①	②	③	④	⑤	⑥	멀다	가깝다
A. 참신한 시를 읽으면 기분이 상쾌해진다.	☐	☐	☐	☐	☐	☐	☐	☐
B. 지적인 자극을 찾는 일에 매우 소극적이다.	☐	☐	☐	☐	☐	☐	☐	☐
C. 유행을 타지 않을수록 명작이 되기 쉬울 것이다.	☐	☐	☐	☐	☐	☐	☐	☐

79

문항	답안 1						답안 2	
	①	②	③	④	⑤	⑥	멀다	가깝다
A. 타인보다는 자신의 만족이 더 중요하다.	☐	☐	☐	☐	☐	☐	☐	☐
B. 아랫사람에게는 존댓말을 거의 쓰지 않는다.	☐	☐	☐	☐	☐	☐	☐	☐
C. 대인관계에서 가장 중요한 것 두 가지는 신뢰와 정직일 것이다.	☐	☐	☐	☐	☐	☐	☐	☐

80

문항	답안 1						답안 2	
	①	②	③	④	⑤	⑥	멀다	가깝다
A. 자신의 유능함을 자부한다.	☐	☐	☐	☐	☐	☐	☐	☐
B. 자기를 성찰하는 일에 별로 관심이 없다.	☐	☐	☐	☐	☐	☐	☐	☐
C. 내가 한 일에 대한 책임을 회피하고 싶어지곤 한다.	☐	☐	☐	☐	☐	☐	☐	☐

81

문항	답안 1						답안 2	
	①	②	③	④	⑤	⑥	멀다	가깝다
A. 의지력이 약하고 걱정이 많은 편이다.	☐	☐	☐	☐	☐	☐	☐	☐
B. 자신에 대해 매우 비판적일 때가 많다.	☐	☐	☐	☐	☐	☐	☐	☐
C. 어떠한 경우에도 자신의 욕구를 합리적으로 통제할 수 있다.	☐	☐	☐	☐	☐	☐	☐	☐

82

문항	답안 1						답안 2	
	①	②	③	④	⑤	⑥	멀다	가깝다
A. 매우 활기차고 배짱이 있는 편이다.	☐	☐	☐	☐	☐	☐	☐	☐
B. 항상 상대방이 먼저 인사하기를 기다린다.	☐	☐	☐	☐	☐	☐	☐	☐
C. 위험한 상황에서도 매우 적극적으로 행동하곤 한다.	☐	☐	☐	☐	☐	☐	☐	☐

83

문항	답안 1						답안 2	
	①	②	③	④	⑤	⑥	멀다	가깝다
A. 호기심은 나를 이끄는 원동력이다.	☐	☐	☐	☐	☐	☐	☐	☐
B. 변화를 꿰뚫어 보는 통찰력이 있는 편이다.	☐	☐	☐	☐	☐	☐	☐	☐
C. 변화가 많은 것보다는 단순한 패턴을 선호한다.	☐	☐	☐	☐	☐	☐	☐	☐

84

문항	답안 1						답안 2	
	①	②	③	④	⑤	⑥	멀다	가깝다
A. 사랑과 평등은 내가 추구하는 가치이다.	☐	☐	☐	☐	☐	☐	☐	☐
B. 성희롱, 성차별 등의 이슈에 관심이 많다.	☐	☐	☐	☐	☐	☐	☐	☐
C. 남의 도움을 구하기보다는 혼자서 일을 처리하는 편이다.	☐	☐	☐	☐	☐	☐	☐	☐

85

문항	답안 1						답안 2	
	①	②	③	④	⑤	⑥	멀다	가깝다
A. 오늘 할 일을 결코 다음으로 미루지 않는다.	☐	☐	☐	☐	☐	☐	☐	☐
B. 자기 개발과 관련한 글이나 책에 관심이 없다.	☐	☐	☐	☐	☐	☐	☐	☐
C. 자신의 분야에서 최고 수준을 유지하기 위해 노력한다.	☐	☐	☐	☐	☐	☐	☐	☐

86

문항	답안 1						답안 2	
	①	②	③	④	⑤	⑥	멀다	가깝다
A. 위협에 민감하고 열등감을 자주 느낀다.	☐	☐	☐	☐	☐	☐	☐	☐
B. 환경이 바뀌어도 능률의 차이가 거의 없다.	☐	☐	☐	☐	☐	☐	☐	☐
C. 낙담, 슬픔 등의 감정에 별로 치우치지 않는 편이다.	☐	☐	☐	☐	☐	☐	☐	☐

87

문항	답안 1						답안 2	
	①	②	③	④	⑤	⑥	멀다	가깝다
A. 인간관계에 별로 관심이 없다.	☐	☐	☐	☐	☐	☐	☐	☐
B. 모험 정신과 활동성은 나의 큰 장점이다.	☐	☐	☐	☐	☐	☐	☐	☐
C. 윗사람에게 야단을 맞을 때 더 혼날까봐 변명을 하지 못한다.	☐	☐	☐	☐	☐	☐	☐	☐

88

문항	답안 1						답안 2	
	①	②	③	④	⑤	⑥	멀다	가깝다
A. 지적인 탐구에 몰두하기를 즐기지 못한다.	☐	☐	☐	☐	☐	☐	☐	☐
B. 어떤 문제에 대해 가능한 한 다양하게 접근한다.	☐	☐	☐	☐	☐	☐	☐	☐
C. 어떤 분야의 클래식이 된 데는 다 이유가 있다고 생각한다.	☐	☐	☐	☐	☐	☐	☐	☐

89

문항	답안 1						답안 2	
	①	②	③	④	⑤	⑥	멀다	가깝다
A. 정직하면 손해를 보기 쉽다고 생각한다.	☐	☐	☐	☐	☐	☐	☐	☐
B. SNS, 이메일 등 온라인 예절에 관심이 많다.	☐	☐	☐	☐	☐	☐	☐	☐
C. 타인에게 상처받기 전에 먼저 그에게 상처를 주곤 한다.	☐	☐	☐	☐	☐	☐	☐	☐

90

문항	답안 1						답안 2	
	①	②	③	④	⑤	⑥	멀다	가깝다
A. 과정보다는 결과가 중요하다고 생각한다.	☐	☐	☐	☐	☐	☐	☐	☐
B. 나의 능력에 대한 자부심은 나의 장점이다.	☐	☐	☐	☐	☐	☐	☐	☐
C. 성공의 비결은 유연한 융통성에 있다고 생각한다.	☐	☐	☐	☐	☐	☐	☐	☐

91

문항	답안 1						답안 2	
	①	②	③	④	⑤	⑥	멀다	가깝다
A. 불안, 초조, 긴장 등을 느낄 때가 많다.	☐	☐	☐	☐	☐	☐	☐	☐
B. 자기 확신이 강하고 대체로 평온한 편이다.	☐	☐	☐	☐	☐	☐	☐	☐
C. 열등의식 때문에 스트레스를 받는 경우가 많다.	☐	☐	☐	☐	☐	☐	☐	☐

92

문항	답안 1						답안 2	
	①	②	③	④	⑤	⑥	멀다	가깝다
A. 인맥을 넓히는 일에 관심이 거의 없다.	☐	☐	☐	☐	☐	☐	☐	☐
B. 대인관계에서 두려움을 느끼지 않는 편이다.	☐	☐	☐	☐	☐	☐	☐	☐
C. 논리를 따지길 선호하고 자기주장이 매우 강한 편이다.	☐	☐	☐	☐	☐	☐	☐	☐

93

문항	답안 1						답안 2	
	①	②	③	④	⑤	⑥	멀다	가깝다
A. 호기심은 인간의 지극한 본능이다.	☐	☐	☐	☐	☐	☐	☐	☐
B. 능률, 안전 등에 큰 가치를 두는 편이다.	☐	☐	☐	☐	☐	☐	☐	☐
C. 오케스트라를 구성하는 악기의 수는 많을수록 좋을 것이다.	☐	☐	☐	☐	☐	☐	☐	☐

94

문항	답안 1						답안 2	
	①	②	③	④	⑤	⑥	멀다	가깝다
A. 나의 이익이 타인의 행복보다 중요하다.	☐	☐	☐	☐	☐	☐	☐	☐
B. 남들로부터 상냥하다는 평가를 받곤 한다.	☐	☐	☐	☐	☐	☐	☐	☐
C. 인간의 존엄성은 어떠한 경우에도 최우선의 가치이다.	☐	☐	☐	☐	☐	☐	☐	☐

95

문항	답안 1						답안 2	
	①	②	③	④	⑤	⑥	멀다	가깝다
A. 목적을 위해 현재의 유혹을 잘 참는다.	☐	☐	☐	☐	☐	☐	☐	☐
B. '어떻게든 되겠지'라고 생각할 때가 많다.	☐	☐	☐	☐	☐	☐	☐	☐
C. 책임을 다하려면 자신의 능력에 자부심을 가져야 한다.	☐	☐	☐	☐	☐	☐	☐	☐

96

문항	답안 1						답안 2	
	①	②	③	④	⑤	⑥	멀다	가깝다
A. 감정의 균형을 꾸준히 유지할 수 있다.	☐	☐	☐	☐	☐	☐	☐	☐
B. 일상에서 스트레스를 받는 일이 거의 없다.	☐	☐	☐	☐	☐	☐	☐	☐
C. 별것 아닌 일 때문에 자신감을 잃는 경우가 많은 편이다.	☐	☐	☐	☐	☐	☐	☐	☐

97

문항	답안 1						답안 2	
	①	②	③	④	⑤	⑥	멀다	가깝다
A. 폭넓은 인간관계는 거추장스러울 뿐이다.	☐	☐	☐	☐	☐	☐	☐	☐
B. 타인이 리더 역할을 잘하도록 돕는 편이다.	☐	☐	☐	☐	☐	☐	☐	☐
C. 대인관계에서 자신의 느낌과 생각을 적극적으로 표현한다.	☐	☐	☐	☐	☐	☐	☐	☐

98

문항	답안 1						답안 2	
	①	②	③	④	⑤	⑥	멀다	가깝다
A. 창의적 사고에 능숙하지 못하다.	☐	☐	☐	☐	☐	☐	☐	☐
B. 자신이 남들과 차별화되는 것이 싫다.	☐	☐	☐	☐	☐	☐	☐	☐
C. 구성원의 수가 많을수록 창의적 아이디어 개발에 효율적일 것이다.	☐	☐	☐	☐	☐	☐	☐	☐

99

문항	답안 1						답안 2	
	①	②	③	④	⑤	⑥	멀다	가깝다
A. 정직보다는 이익이 더 중요하다고 여긴다.	☐	☐	☐	☐	☐	☐	☐	☐
B. 상대가 누구이건 항상 높임말을 사용한다.	☐	☐	☐	☐	☐	☐	☐	☐
C. 남의 의도를 부정적으로 해석해 공격적일 때가 많다.	☐	☐	☐	☐	☐	☐	☐	☐

PART 3

100

문항	답안 1						답안 2	
	①	②	③	④	⑤	⑥	멀다	가깝다
A. 성취감은 나에게 별로 중요하지 않다.	☐	☐	☐	☐	☐	☐	☐	☐
B. 장기적인 청사진을 만드는 일은 버겁다.	☐	☐	☐	☐	☐	☐	☐	☐
C. 사회적 규범을 나름대로 지키면서 살아왔다고 자부한다.	☐	☐	☐	☐	☐	☐	☐	☐

※ 각 문항을 읽고 본인이 동의하는 정도에 따라 ① 전혀 그렇지 않다, ② 그렇지 않다, ③ 그렇다, ④ 매우 그렇다 중 하나를 선택하시오. [1~63]

01

1. 잘하지 못하는 것이라도 자진해서 한다.	
2. 외출할 때 날씨가 좋지 않아도 그다지 신경을 쓰지 않는다.	

1.   ①   ②   ③   ④
2.   ①   ②   ③   ④

02

1. 모르는 사람과 이야기하는 것은 용기가 필요하다.	
2. 하나의 취미를 오래 지속하는 편이다.	

1.   ①   ②   ③   ④
2.   ①   ②   ③   ④

03

1. 남의 생일이나 명절 때 선물을 사러 다니는 일이 귀찮게 느껴진다.	
2. 실패하든 성공하든 그 원인을 꼭 분석한다.	

1.   ①   ②   ③   ④
2.   ①   ②   ③   ④

04

1. 나 혼자라고 생각한 적은 한 번도 없다.
2. 내가 노력하는 만큼 상대방도 내게 정성을 보일 것이라 생각한다.

1.　　　①　　　　　②　　　　　③　　　　　④
2.　　　①　　　　　②　　　　　③　　　　　④

05

1. 동작이 기민한 편이다.
2. 훌쩍 여행을 떠나고 싶을 때가 자주 있다.

1.　　　①　　　　　②　　　　　③　　　　　④
2.　　　①　　　　　②　　　　　③　　　　　④

06

1. 상대에게 자신의 의견을 잘 주장하지 못한다.
2. 다른 사람들이 하지 못하는 일을 하고 싶다.

1.　　　①　　　　　②　　　　　③　　　　　④
2.　　　①　　　　　②　　　　　③　　　　　④

07

1. 타인에게 간섭받는 것은 싫다.
2. 막무가내라는 말을 들을 때가 많다.

1.　　　①　　　　　②　　　　　③　　　　　④
2.　　　①　　　　　②　　　　　③　　　　　④

08

1. 쉽게 싫증을 내는 편이다.
2. 친구들과 남의 이야기를 하는 것을 좋아한다.

1. ①   ②   ③   ④
2. ①   ②   ③   ④

09

1. 집에서 가만히 있으면 기분이 우울해진다.
2. 몸으로 부딪쳐 도전하는 편이다.

1. ①   ②   ③   ④
2. ①   ②   ③   ④

10

1. 부모님께 불평을 한 적이 한 번도 없다.
2. 일에는 결과가 중요하다고 생각한다.

1. ①   ②   ③   ④
2. ①   ②   ③   ④

11

1. 기다리는 것에 짜증을 내는 편이다.
2. 인간관계가 폐쇄적이라는 말을 듣는다.

1. ①   ②   ③   ④
2. ①   ②   ③   ④

12

1. 난관에 봉착해도 포기하지 않고 열심히 해본다.
2. 반대에 부딪혀도 자신의 의견을 바꾸는 일은 없다.

1.　　①　　　　　②　　　　　③　　　　　④
2.　　①　　　　　②　　　　　③　　　　　④

13

1. 그룹 내에서는 누군가의 주도 하에 따라가는 경우가 많다.
2. 휴일은 세부적인 계획을 세우고 보낸다.

1.　　①　　　　　②　　　　　③　　　　　④
2.　　①　　　　　②　　　　　③　　　　　④

14

1. 이유도 없이 다른 사람과 부딪힐 때가 있다.
2. 지금까지 후회를 한 적이 없다.

1.　　①　　　　　②　　　　　③　　　　　④
2.　　①　　　　　②　　　　　③　　　　　④

15

1. 여행을 가기 전에는 미리 세세한 계획을 세운다.
2. 번화한 곳에 외출하는 것을 좋아한다.

1.　　①　　　　　②　　　　　③　　　　　④
2.　　①　　　　　②　　　　　③　　　　　④

16

1. 계획을 생각하기보다 빨리 실행하고 싶어 한다.
2. 융통성이 없는 편이다.

1. ①	②	③	④
2. ①	②	③	④

17

1. 어색해지면 입을 다무는 경우가 많다.
2. 앞으로의 일을 생각하지 않으면 진정이 되지 않는다.

1. ①	②	③	④
2. ①	②	③	④

18

1. 반대에 부딪혀도 자신의 의견을 바꾸는 일은 없다.
2. 실행하기 전에 재확인할 때가 많다.

1. ①	②	③	④
2. ①	②	③	④

19

1. 좀처럼 결단을 내리지 못하는 경우가 있다.
2. 하나의 취미를 오래 지속하는 편이다.

1. ①	②	③	④
2. ①	②	③	④

20

1. 타인에게 간섭받는 것은 싫다.
2. 행동으로 옮기기까지 시간이 걸린다.

1.   ①   ②   ③   ④
2.   ①   ②   ③   ④

21

1. 다른 사람들이 하지 못하는 일을 하고 싶다.
2. 해야 할 일은 신속하게 처리한다.

1.   ①   ②   ③   ④
2.   ①   ②   ③   ④

22

1. 모르는 사람과 이야기하는 것이 두렵지 않다.
2. 끙끙거리며 생각할 때가 많다.

1.   ①   ②   ③   ④
2.   ①   ②   ③   ④

23

1. 다른 사람에게 항상 움직이고 있다는 말을 듣는다.
2. 매사에 여러 일에 얽매인다.

1.   ①   ②   ③   ④
2.   ①   ②   ③   ④

24

1. 잘하지 못하는 게임은 하지 않으려고 한다.				
2. 어떠한 일이 있어도 출세하고 싶다.				

1.　　　　① 　　　　　　② 　　　　　　③ 　　　　　　④
2.　　　　① 　　　　　　② 　　　　　　③ 　　　　　　④

25

1. 막무가내라는 말을 들을 때가 많다.				
2. 남과 친해지려면 용기가 필요하다.				

1.　　　　① 　　　　　　② 　　　　　　③ 　　　　　　④
2.　　　　① 　　　　　　② 　　　　　　③ 　　　　　　④

26

1. 통찰력이 있다고 생각한다.				
2. 가끔 기분이 우울하다.				

1.　　　　① 　　　　　　② 　　　　　　③ 　　　　　　④
2.　　　　① 　　　　　　② 　　　　　　③ 　　　　　　④

27

1. 매사에 느긋하고 차분하게 행동한다.				
2. 좋은 생각이 떠올라도 실행하기 전에 여러 번 검토한다.				

1.　　　　① 　　　　　　② 　　　　　　③ 　　　　　　④
2.　　　　① 　　　　　　② 　　　　　　③ 　　　　　　④

28

1. 누구나 권력자를 동경하고 있다고 생각한다.				
2. 몸으로 부딪쳐 도전하는 편이다.				

1.   ①   ②   ③   ④
2.   ①   ②   ③   ④

29

1. 내성적이라고 생각한다.				
2. 대충하는 것을 좋아한다.				

1.   ①   ②   ③   ④
2.   ①   ②   ③   ④

30

1. 계획을 세우고 행동할 때가 많다.				
2. 일에는 결과가 중요하다.				

1.   ①   ②   ③   ④
2.   ①   ②   ③   ④

31

1. 활력이 있다.				
2. 더 이상 인간관계를 넓히고 싶지 않다.				

1.   ①   ②   ③   ④
2.   ①   ②   ③   ④

32

1. 매사에 신중한 편이라고 생각한다.
2. 눈을 뜨면 바로 일어난다.

1. ①   ②   ③   ④
2. ①   ②   ③   ④

33

1. 난관에 봉착해도 포기하지 않고 열심히 한다.
2. 실행하기 전에 재확인할 때가 많다.

1. ①   ②   ③   ④
2. ①   ②   ③   ④

34

1. 리더로서 인정을 받고 싶다.
2. 어떤 일이 있어도 의욕을 가지고 열심히 하는 편이다.

1. ①   ②   ③   ④
2. ①   ②   ③   ④

35

1. 누군가의 의견에 따라가는 경우가 많다.
2. 차분하다는 말을 자주 듣는다.

1. ①   ②   ③   ④
2. ①   ②   ③   ④

36

1. 스포츠 선수가 되고 싶다고 생각한 적이 있다.
2. 모두가 싫증을 내는 일에도 혼자서 열심히 한다.

1.　　　　　① 　　　　　② 　　　　　③ 　　　　　④
2.　　　　　① 　　　　　② 　　　　　③ 　　　　　④

37

1. 휴일은 세부적인 계획을 세우고 보낸다.
2. 완성된 것보다도 미완성인 것에 흥미가 있다.

1.　　　　　① 　　　　　② 　　　　　③ 　　　　　④
2.　　　　　① 　　　　　② 　　　　　③ 　　　　　④

38

1. 못할 것 같아도 일단 해본다.
2. 의견이 다른 사람과는 어울리지 않는다.

1.　　　　　① 　　　　　② 　　　　　③ 　　　　　④
2.　　　　　① 　　　　　② 　　　　　③ 　　　　　④

39

1. 무슨 일이든 생각해 보지 않으면 만족하지 못한다.
2. 다소 무리를 하더라도 피로해지지 않는다.

1.　　　　　① 　　　　　② 　　　　　③ 　　　　　④
2.　　　　　① 　　　　　② 　　　　　③ 　　　　　④

40

1. 굳이 말하자면 장거리 주자에 어울린다고 생각한다.
2. 여행을 가기 전에는 아무런 계획을 세우지 않는다.

1.   ①   ②   ③   ④
2.   ①   ②   ③   ④

41

1. 능력을 살릴 수 있는 일을 하고 싶다.
2. 내 성격이 시원시원하다고 생각한다.

1.   ①   ②   ③   ④
2.   ①   ②   ③   ④

42

1. 다른 사람에게 자신이 소개되는 것을 좋아한다.
2. 실행하기 전에 재고하는 경우가 많다.

1.   ①   ②   ③   ④
2.   ①   ②   ③   ④

43

1. 몸을 움직이는 것을 좋아한다.
2. 나는 완고한 편이라고 생각한다.

1.   ①   ②   ③   ④
2.   ①   ②   ③   ④

44

1. 신중하게 생각하는 편이다.				
2. 커다란 일을 해보고 싶다.				

1.　　　　① 　　　　　　② 　　　　　　③ 　　　　　　④
2.　　　　① 　　　　　　② 　　　　　　③ 　　　　　　④

45

1. 계획을 생각한 것보다 빨리 실행하고 싶어한다.				
2. 처음 만난 사람과의 대화를 길게 이끌지 못한다.				

1.　　　　① 　　　　　　② 　　　　　　③ 　　　　　　④
2.　　　　① 　　　　　　② 　　　　　　③ 　　　　　　④

46

1. 하루의 행동을 반성하는 경우가 많다.				
2. 격렬한 운동도 그다지 힘들어하지 않는다.				

1.　　　　① 　　　　　　② 　　　　　　③ 　　　　　　④
2.　　　　① 　　　　　　② 　　　　　　③ 　　　　　　④

47

1. 인생에서 중요한 것은 높은 목표를 갖는 것이다.				
2. 무슨 일이든 선수를 쳐야 이긴다고 생각한다.				

1.　　　　① 　　　　　　② 　　　　　　③ 　　　　　　④
2.　　　　① 　　　　　　② 　　　　　　③ 　　　　　　④

48

1. 남들과의 교제에 소극적인 편이라고 생각한다.
2. 복잡한 것을 생각하는 것을 좋아한다.

1.　　①　　　　　②　　　　　③　　　　　④
2.　　①　　　　　②　　　　　③　　　　　④

49

1. 운동하는 것을 좋아한다.
2. 참을성이 강하다.

1.　　①　　　　　②　　　　　③　　　　　④
2.　　①　　　　　②　　　　　③　　　　　④

50

1. 예측이 되지 않으면 행동으로 옮기지 않을 때가 많다.
2. 남들 위에 서서 일을 하고 싶다.

1.　　①　　　　　②　　　　　③　　　　　④
2.　　①　　　　　②　　　　　③　　　　　④

51

1. 실제로 행동하기보다 생각하는 것을 좋아한다.
2. 목소리가 큰 편이라고 생각한다.

1.　　①　　　　　②　　　　　③　　　　　④
2.　　①　　　　　②　　　　　③　　　　　④

52

1. 계획을 중도에 변경하는 것은 싫다.
2. 호텔이나 여관에 묵으면 반드시 비상구를 확인한다.

1. ① ② ③ ④
2. ① ② ③ ④

53

1. 목표는 높을수록 좋다.
2. 기왕 하는 것이라면 온 힘을 다한다.

1. ① ② ③ ④
2. ① ② ③ ④

54

1. 얌전한 사람이라는 말을 들을 때가 많다.
2. 침착하게 행동하는 편이다.

1. ① ② ③ ④
2. ① ② ③ ④

55

1. 활동적이라는 이야기를 자주 듣는다.
2. 한 가지 일에 열중하는 것을 좋아한다.

1. ① ② ③ ④
2. ① ② ③ ④

56

1. 쓸데없는 걱정을 할 때가 많다.
2. 굳이 말하자면 야심가이다.

1.   ①   ②   ③   ④
2.   ①   ②   ③   ④

57

1. 수비보다 공격하는 것에 자신이 있다.
2. 친한 사람하고만 어울리고 싶다.

1.   ①   ②   ③   ④
2.   ①   ②   ③   ④

58

1. 불가능해 보이는 일이라도 포기하지 않고 계속한다.
2. 일을 할 때에는 꼼꼼하게 계획을 세우고 실행한다.

1.   ①   ②   ③   ④
2.   ①   ②   ③   ④

59

1. 현실에 만족하지 않고 더욱 개선하고 싶다.
2. 결심하면 바로 착수한다.

1.   ①   ②   ③   ④
2.   ①   ②   ③   ④

60

1. 처음 만나는 사람과는 잘 이야기하지 못한다.
2. 일처리에 냉정하다.

1.　　　①　　　　　　②　　　　　　③　　　　　　④
2.　　　①　　　　　　②　　　　　　③　　　　　　④

61

1. 다른 사람들의 눈길을 끌고 주목을 받는 것이 아무렇지도 않다.
2. 색채감각이나 미적 감각이 풍부한 편이다.

1.　　　①　　　　　　②　　　　　　③　　　　　　④
2.　　　①　　　　　　②　　　　　　③　　　　　　④

62

1. 사건의 뒤에 숨은 본질을 생각해 보기를 좋아한다.
2. 회의에서 사회나 서기의 역할이 있다면 서기 쪽이 맞을 것 같다.

1.　　　①　　　　　　②　　　　　　③　　　　　　④
2.　　　①　　　　　　②　　　　　　③　　　　　　④

63

1. 새로운 아이디어를 생각해내는 일이 좋다.
2. 물건을 만들거나 도구를 사용하는 일이 싫지는 않다.

1.　　　①　　　　　　②　　　　　　③　　　　　　④
2.　　　①　　　　　　②　　　　　　③　　　　　　④

교육은 우리 자신의 무지를 점차 발견해 가는 과정이다.

- 윌 듀란트 -

PART 4

면접

01 면접 유형 및 실전 대책

01 면접 주요사항

면접의 사전적 정의는 면접관이 지원자를 직접 만나보고 인품(人品)이나 언행(言行) 따위를 시험하는 일로, 흔히 필기시험 후에 최종적으로 심사하는 방법이다.

최근 주요 기업의 인사담당자들을 대상으로 채용 시 면접이 차지하는 비중을 설문조사했을 때, 50 ~ 80% 이상이라고 답한 사람이 전체 응답자의 80%를 넘었다. 이와 대조적으로 지원자들을 대상으로 취업 시험에서 면접을 준비하는 기간을 물었을 때, 대부분의 응답자가 2 ~ 3일 정도라고 대답했다.

지원자가 일정 수준의 스펙을 갖추기 위해 자격증 시험과 토익을 치르고 이력서와 자기소개서까지 쓰다 보면 면접까지 챙길 여유가 없는 것이 사실이다. 그리고 서류전형과 인적성검사를 통과해야만 면접을 볼 수 있기 때문에 자연스럽게 면접은 취업시험 과정에서 그 비중이 작아질 수밖에 없다. 하지만 아이러니하게도 실제 채용 과정에서 면접이 차지하는 비중은 절대적이라고 해도 과언이 아니다.

기업들은 채용 과정에서 토론 면접, 인성 면접, 프레젠테이션 면접, 역량 면접 등의 다양한 면접을 실시한다. 1차 커트라인이라고 할 수 있는 서류전형을 통과한 지원자들의 스펙이나 능력은 서로 엇비슷하다고 판단되기 때문에 서류상 보이는 자격증이나 토익 성적보다는 지원자의 인성을 파악하기 위해 면접을 더욱 강화하는 것이다. 일부 기업은 의도적으로 압박 면접을 실시하기도 한다. 지원자가 당황할 수 있는 질문을 던져서 그것에 대한 지원자의 반응을 살펴보는 것이다.

면접은 다르게 생각한다면 '나는 누구인가?'에 대한 물음에 해답을 줄 수 있는 가장 현실적이고 미래적인 경험이 될 수 있다. 취업난 속에서 자격증을 취득하고 토익 성적을 올리기 위해 앞만 보고 달려온 지원자들은 자신에 대해서 고민하고 탐구할 수 있는 시간을 평소 쉽게 가질 수 없었을 것이다. 자신을 잘 알고 있어야 자신에 대해서 자신감 있게 말할 수 있다. 대체로 사람들은 자신에게 관대한 편이기 때문에 스스로에 대해서 어떤 기대와 환상을 가지고 있는 경우가 많다. 하지만 면접은 제삼자에 의해 개인의 능력을 객관적으로 평가받는 시험이다. 어떤 지원자들은 다른 사람에게 자신을 표현하는 것을 어려워한다. 평소에 잘 사용하지 않는 용어를 내뱉으면서 거창하게 자신을 포장하는 지원자도 많다. 면접에서 가장 기본은 자기 자신을 면접관에게 알기 쉽게 표현하는 것이다.

이러한 표현을 바탕으로 자신이 앞으로 하고자 하는 것과 그에 대한 이유를 설명해야 한다. 최근에는 자신감을 향상시키거나 말하는 능력을 높이는 학원도 많기 때문에 얼마든지 자신의 단점을 극복할 수 있다.

1. 자기소개의 기술

자기소개를 시키는 이유는 면접자가 지원자의 자기소개서를 압축해서 듣고, 지원자의 첫인상을 평가할 시간을 가질 수 있기 때문이다. 면접을 위한 워밍업이라고 할 수 있으며, 첫인상을 결정하는 과정이므로 매우 중요한 순간이다.

(1) 정해진 시간에 자기소개를 마쳐야 한다.

쉬워 보이지만 의외로 지원자들이 정해진 시간을 넘기거나 혹은 빨리 끝내서 면접관에게 지적을 받는 경우가 많다. 본인이 면접을 받는 마지막 지원자가 아닌 이상, 정해진 시간을 지키지 않는 것은 수많은 지원자를 상대하기에 바쁜 면접관과 대기 시간에 지친 다른 지원자들에게 불쾌감을 줄 수 있다.

또한 회사에서 시간관념은 절대적인 것이므로 반드시 자기소개 시간을 지켜야 한다. 말하기는 1분에 200자 원고지 2장 분량의 글을 읽는 만큼의 속도가 가장 적당하다. 이를 A4 용지에 10point 글자 크기로 작성하면 반 장 분량이 된다.

(2) 간단하지만 신선한 문구로 자기소개를 시작하자.

요즈음 많은 지원자가 이 방법을 사용하고 있기 때문에 웬만한 소재의 문구가 아니면 면접관의 관심을 받을 수 없다. 이러한 문구는 시대적으로 유행하는 광고 카피를 패러디하는 경우와 격언 등을 인용하는 경우, 그리고 지원한 회사의 IC나 경영이념, 인재상 등을 사용하는 경우 등이 있다. 지원자는 이러한 여러 문구 중에 자신의 첫인상을 북돋아 줄 수 있는 것을 선택해서 말해야 한다. 자신의 이름을 문구 속에 적절하게 넣어서 말한다면 좀 더 효과적인 자기소개가 될 것이다.

(3) 무엇을 먼저 말할 것인지 고민하자.

면접관이 많이 던지는 질문 중 하나가 지원동기이다. 그래서 성장기를 바로 건너뛰고, 지원한 회사에 들어오기 위해 대학에서 어떻게 준비했는지를 설명하는 자기소개가 대세이다.

(4) 면접관의 호기심을 자극해 관심을 불러일으킬 수 있게 말하라.

면접관에게 질문을 많이 받는 지원자의 합격률이 반드시 높은 것은 아니지만, 질문을 전혀 안 받는 것보다는 좋은 평가를 기대할 수 있다. 지원한 분야와 관련된 수상 경력이나 프로젝트 등을 말하는 것도 좋다. 이는 지원자의 업무 능력과 직접 연결되는 것이므로 효과적인 자기 홍보가 될 수 있다. 일부 지원자들은 자신만의 특별한 경험을 이야기하는데, 이때는 그 경험이 보편적으로 사람들의 공감대를 얻을 수 있는 것인지 다시 생각해봐야 한다.

(5) 마지막 고개를 넘기가 가장 힘들다.

첫 단추도 중요하지만, 마지막 단추도 중요하다. 하지만 왠지 격식을 따지는 인사말은 지나가는 인사말 같고, 다르게 하자니 예의에 어긋나는 것 같은 기분이 든다. 이때는 처음에 했던 자신만의 문구를 다시 한 번 말하는 것도 좋은 방법이다. 자연스러운 끝맺음이 될 수 있도록 적절한 연습이 필요하다.

2. 1분 자기소개 시 주의사항

(1) 자기소개서와 자기소개가 똑같다면 감점일까?

아무리 자기소개서를 외워서 말한다 해도 자기소개가 자기소개서와 완전히 똑같을 수는 없다. 자기소개서의 분량이 더 많고 회사마다 요구하는 필수 항목들이 있기 때문에 굳이 고민할 필요는 없다. 오히려 자기소개서의 내용을 잘 정리한 자기소개가 더 좋은 결과를 만들 수 있다. 하지만 자기소개서와 상반된 내용을 말하는 것은 적절하지 않다. 지원자의 신뢰성이 떨어진다는 것은 곧 불합격을 의미하기 때문이다.

(2) 말하는 자세를 바르게 익혀라.

지원자가 자기소개를 하는 동안 면접관은 지원자의 동작 하나하나를 관찰한다. 그렇기 때문에 바른 자세가 중요하다는 것은 우리가 익히 알고 있다. 하지만 문제는 무의식적으로 나오는 습관 때문에 자세가 흐트러져 나쁜 인상을 줄 수 있다는 것이다. 이러한 습관을 고칠 수 있는 가장 좋은 방법은 캠코더 등으로 자신의 모습을 담는 것이다. 거울을 사용할 경우에는 시선이 자꾸 자기 눈과 마주치기 때문에 집중하기 힘들다. 하지만 촬영된 동영상은 제삼자의 입장에서 자신을 볼 수 있기 때문에 많은 도움이 된다.

(3) 정확한 발음과 억양으로 자신 있게 말하라.

지원자의 모양새가 아무리 뛰어나도, 목소리가 작고 발음이 부정확하면 큰 감점을 받는다. 이러한 모습은 지원자의 좋은 점에까지 악영향을 끼칠 수 있다. 직장을 흔히 사회생활의 시작이라고 말하는 시대적 정서에서 사람들과 의사소통을 하는 데 문제가 있다고 판단되는 지원자는 부적절한 인재로 평가될 수밖에 없다.

3. 대화법

전문가들이 말하는 대화법의 핵심은 '상대방을 배려하면서 이야기하라.'는 것이다. 대화는 나와 다른 사람의 소통이다. 내용에 대한 공감이나 이해가 없다면 대화는 더 진전되지 않는다.

베스트셀러『카네기 인간관계론』의 작가인 철학자 카네기가 말하는 최상의 대화법은 자신의 경험을 토대로 이야기하는 것이다. 즉, 살아오면서 직접 겪은 경험이 상대방의 관심을 끌 수 있는 가장 좋은 이야깃거리인 것이다. 특히, 어떤 일을 이루기 위해 노력하는 과정에서 겪은 실패나 희망에 대해 진솔하게 얘기한다면 상대방은 어느새 당신의 편에 서서 그 이야기에 동조할 것이다.

독일의 사업가이자 동기부여 트레이너인 위르겐 힐러의 연설법 중 가장 유명한 것은 '시즐(Sizzle)'을 잡는 것이다. 시즐이란, 새우튀김이나 돈가스가 기름에서 지글지글 튀겨질 때 나는 소리이다. 즉, 자신의 말을 듣고 시즐처럼 반응하는 상대방의 감정에 적절하게 대응하라는 것이다.

말을 시작한 지 10 ~ 15초 안에 상대방의 '시즐'을 알아차려야 한다. 자신의 이야기에 대한 상대방의 첫 반응에 따라 말하기 전략도 달라져야 한다. 첫 이야기의 반응이 미지근하다면 가능한 한 그 이야기를 빨리 마무리하고 새로운 이야깃거리를 생각해내야 한다. 길지 않은 면접 시간 내에 몇 번 오지 않는 대답의 기회를 살리기 위해서 보다 전략적이고 냉철해야 하는 것이다.

4. 차림새

(1) 구두

면접에 어떤 옷을 입어야 할지를 며칠 동안 고민하면서 정작 구두는 면접 보는 날 현관을 나서면서 즉흥적으로 신고 가는 지원자들이 많다. 구두를 보면 그 사람의 됨됨이를 알 수 있다고 한다. 면접관 역시 이러한 것을 놓치지 않기 때문에 지원자는 자신의 구두에 더욱 신경을 써야 한다. 스타일의 마무리는 발끝에서 이루어지는 것이다. 아무리 멋진 옷을 입고 있어도 구두가 어울리지 않는다면 전체 스타일이 흐트러지기 때문이다.

정장용 구두는 디자인이 깔끔하고, 에나멜 가공처리를 하여 광택이 도는 페이턴트 가죽 소재 제품이 무난하다. 검정 계열 구두는 회색과 감색 정장에, 브라운 계열의 구두는 베이지나 갈색 정장에 어울린다. 참고로 구두는 오전에 사는 것보다 발이 충분히 부은 상태인 저녁에 사는 것이 좋다. 마지막으로 당연한 일이지만 반드시 면접을 보는 전날 구두 뒤축이 닳지는 않았는지 확인하고 구두에 광을 내 둔다.

(2) 양말

양말은 정장과 구두의 색상을 비교해서 골라야 한다. 특히 검정이나 감색의 진한 색상의 바지에 흰 양말을 신는 것은 시대에 뒤처지는 일이다. 일반적으로 양말의 색깔은 바지의 색깔과 같아야 한다. 또한 양말의 길이도 신경 써야 한다. 바지를 입을 경우, 의자에 바르게 앉거나 다리를 꼬아서 앉을 때 다리털이 보여서는 안 된다. 반드시 긴 정장 양말을 신어야 한다.

(3) 정장

지원자는 평소에 정장을 입을 기회가 많지 않기 때문에 면접을 볼 때 본인 스스로도 옷을 어색하게 느끼는 경우가 많다. 옷을 불편하게 느끼기 때문에 자세마저 불안정한 지원자도 볼 수 있다. 그러므로 면접 전에 정장을 입고 생활해보는 것도 나쁘지는 않다.

일반적으로 면접을 볼 때는 상대방에게 신뢰감을 줄 수 있는 남색 계열의 옷이나 어떤 계절이든 무난하고 깔끔해보이는 회색 계열의 정장을 많이 입는다. 정장은 유행에 따라서 재킷의 디자인이나 버튼의 개수가 바뀌기 때문에 너무 오래된 옷을 입어서 다른 사람의 옷을 빌려 입고 나온 듯한 인상을 주어서는 안 된다.

(4) 헤어스타일과 메이크업

헤어스타일에 자신이 없다면 미용실에 다녀오는 것도 좋은 방법이다. 또한 자신에게 어울리는 메이크업을 하는 것도 괜찮다. 지나치게 화려한 메이크업이 아니라면 보다 준비된 지원자처럼 보일 수 있다.

5. 첫인상

취업을 위해 성형수술을 받는 사람들에 대한 이야기는 더 이상 뉴스거리가 되지 않는다. 그만큼 많은 사람이 좁은 취업문을 뚫기 위해 이미지 향상에 신경을 쓰고 있다. 이는 면접관에게 좋은 첫인상을 주기 위한 것으로, 지원서에 올리는 증명사진을 이미지 프로그램을 통해 수정하는 이른바 '사이버 성형'이 유행하는 것과 같은 맥락이다. 실제로 외모가 채용 과정에서 영향을 끼치는가에 대한 설문조사에서도 60% 이상의 인사담당자들이 그렇다고 답변했다.

하지만 외모와 첫인상을 절대적인 관계로 이해하는 것은 잘못된 판단이다. 외모가 첫인상에서 많은 부분을 차지하지만, 외모 외에 다른 결점이 발견된다면 그로 인해 장점들이 가려질 수도 있다. 이러한 현상은 아래에서 다시 논하겠다.

첫인상은 말 그대로 한 번밖에 기회가 주어지지 않으며 몇 초 안에 결정된다. 첫인상을 결정짓는 요소 중 시각적인 요소가 80% 이상을 차지한다. 첫눈에 들어오는 생김새나 복장, 표정 등에 의해서 결정되는 것이다. 면접을 시작할 때 자기소개를 시키는 것도 지원자별로 첫인상을 평가하기 위해서이다. 첫인상이 중요한 이유는 만약 첫인상이 부정적으로 인지될 경우, 지원자의 다른 좋은 면까지 거부당하기 때문이다. 이러한 현상을 심리학에서는 초두효과(Primacy Effect)라고 한다.

그래서 한 번 형성된 첫인상은 여간해서 바꾸기 힘들다. 이는 첫인상이 나중에 들어오는 정보까지 영향을 주기 때문이다. 첫인상의 정보가 나중에 들어오는 정보 처리의 지침이 되는 것을 심리학에서는 맥락효과(Context Effect)라고 한다. 따라서 평소에 첫인상을 좋게 만들기 위한 노력을 꾸준히 해야만 하는 것이다. 좋은 첫인상이 반드시 외모에만 집중되는 것은 아니다. 오히려 깔끔한 옷차림과 부드러운 표정 그리고 말과 행동 등에 의해 전반적인 이미지가 만들어진다. 누구나 이러한 것 중에 한두 가지 단점을 가지고 있다. 요즈음은 이미지 컨설팅을 통해서 자신의 단점들을 보완하는 지원자도 있다. 특히, 표정이 밝지 않은 지원자는 평소 웃는 연습을 의식적으로 하여 면접을 받는 동안 계속해서 여유 있는 표정을 짓는 것이 중요하다. 성공한 사람들은 인상이 좋다는 것을 명심하자.

02 면접의 유형 및 실전 대책

1. 면접의 유형

과거 천편일률적인 일대일 면접과 달리 면접에는 다양한 유형이 도입되어 현재는 "면접은 이렇게 보는 것이다."라고 말할 수 있는 정해진 유형이 없어졌다. 그러나 대기업 면접에서는 현재까지는 집단 면접과 다대일 면접이 진행되고 있으므로 어느 정도 유형을 파악하여 사전에 대비가 가능하다. 면접의 기본인 단독 면접부터, 다대일 면접, 집단 면접의 유형과 그 대책에 대해 알아보자.

(1) 단독 면접

단독 면접이란 응시자와 면접관이 1대1로 마주하는 형식을 말한다. 면접위원 한 사람과 응시자 한 사람이 마주 앉아 자유로운 화제를 가지고 질의응답을 되풀이하는 방식이다. 이 방식은 면접의 가장 기본적인 방법으로 소요시간은 10 ~ 20분 정도가 일반적이다.

① 장점

　필기시험 등으로 판단할 수 없는 성품이나 능력을 알아내는 데 가장 적합하다고 평가받아 온 면접방식으로 응시자 한 사람 한 사람에 대해 여러 면에서 비교적 폭넓게 파악할 수 있다. 응시자의 입장에서는 한 사람의 면접관만을 대하는 것이므로 상대방에게 집중할 수 있으며, 긴장감도 다른 면접방식에 비해서는 적은 편이다.

② 단점

　면접관의 주관이 강하게 작용해 객관성을 저해할 소지가 있으며, 면접 평가표를 활용한다 하더라도 일면적인 평가에 그칠 가능성을 배제할 수 없다. 또한 시간이 많이 소요되는 것도 단점이다.

> **단독 면접 준비 Point**
>
> 단독 면접에 대비하기 위해서는 평소 1대1로 논리 정연하게 대화를 나눌 수 있는 능력을 기르는 것이 중요하다. 그리고 면접장에서는 면접관을 선배나 선생님 혹은 아버지를 대하는 기분으로 면접에 임하는 것이 부담도 훨씬 적고 실력을 발휘할 수 있는 방법이 될 것이다.

(2) 다대일 면접

　다대일 면접은 일반적으로 가장 많이 사용되는 면접방법으로 보통 2 ~ 5명의 면접관이 1명의 응시자에게 질문하는 형태의 면접방법이다. 면접관이 여러 명이므로 다각도에서 질문을 하여 응시자에 대한 정보를 많이 알아낼 수 있다는 점 때문에 선호하는 면접방법이다.

　하지만 응시자의 입장에서는 질문도 면접관에 따라 각양각색이고 동료 응시자가 없으므로 숨 돌릴 틈도 없게 느껴진다. 또한 관찰하는 눈도 많아서 조그만 실수라도 지나치는 법이 없기 때문에 정신적 압박과 긴장감이 높은 면접방법이다. 따라서 응시자는 긴장을 풀고 한 시험관이 묻더라도 면접관 전원을 향해 대답한다는 기분으로 또박또박 대답하는 자세가 필요하다.

① 장점

　면접관이 집중적인 질문과 다양한 관찰을 통해 응시자가 과연 조직에 필요한 인물인가를 완벽히 검증할 수 있다.

② 단점

　면접시간이 보통 10 ~ 30분 정도로 좀 긴 편이고 응시자에게 지나친 긴장감을 조성하는 면접방식이다.

> **다대일 면접 준비 Point**
>
> 질문을 들을 때 시선은 면접위원을 향하고 다른 데로 돌리지 말아야 하며, 대답할 때에도 고개를 숙이거나 입속에서 우물거리는 소극적인 태도는 피하도록 한다. 면접위원과 대등하다는 마음가짐으로 편안한 태도를 유지하면 대답도 자연스러운 상태에서 좀 더 충실히 할 수 있고, 이에 따라 면접위원이 받는 인상도 달라진다.

(3) 집단 면접

　집단 면접은 다수의 면접관이 여러 명의 응시자를 한꺼번에 평가하는 방식으로 짧은 시간에 능률적으로 면접을 진행할 수 있다. 각 응시자에 대한 질문내용, 질문횟수, 시간배분이 똑같지는 않으며, 모두에게 같은 질문이 주어지기도 하고, 각각 다른 질문을 받기도 한다.

또한 어떤 응시자가 한 대답에 대한 의견을 묻는 등 그때그때의 분위기나 면접관의 의향에 따라 변수가 많다. 집단 면접은 응시자의 입장에서는 개별 면접에 비해 긴장감은 다소 덜한 반면에 다른 응시자들과의 비교가 확실하게 나타나므로 응시자는 몸가짐이나 표현력·논리성 등이 결여되지 않도록 자신의 생각이나 의견을 솔직하게 발표하여 집단 속에 묻히거나 밀려나지 않도록 주의해야 한다.

① 장점

집단 면접의 장점은 면접관이 응시자 한 사람에 대한 관찰시간이 상대적으로 길고, 비교 평가가 가능하기 때문에 결과적으로 평가의 객관성과 신뢰성을 높일 수 있다는 점이며, 응시자는 동료들과 함께 면접을 받기 때문에 긴장감이 다소 덜하다는 것을 들 수 있다. 또한 동료가 답변하는 것을 들으며, 자신의 답변 방식이나 자세를 조정할 수 있다는 것도 큰 이점이다.

② 단점

응답하는 순서에 따라 응시자마다 유리하고 불리한 점이 있고, 면접위원의 입장에서는 각각의 개인적인 문제를 깊게 다루기가 곤란하다는 것이 단점이다.

집단 면접 준비 Point

너무 자기 과시를 하지 않는 것이 좋다. 대답은 자신이 말하고 싶은 내용을 간단명료하게 말해야 한다. 내용이 없는 발언을 한다거나 대답을 질질 끄는 태도는 좋지 않다. 또 말하는 중에 내용이 주제에서 벗어나거나 자기중심적으로만 말하는 것도 피해야 한다. 집단 면접에 대비하기 위해서는 평소에 설득력을 지닌 자신의 논리력을 계발하는 데 힘써야 하며, 다른 사람 앞에서 자신의 의견을 조리 있게 개진할 수 있는 발표력을 갖추는 데에도 많은 노력을 기울여야 한다.

- 실력에는 큰 차이가 없다는 것을 기억하라.
- 동료 응시자들과 서로 협조하라.
- 답변하지 않을 때의 자세가 중요하다.
- 개성 표현은 좋지만 튀는 것은 위험하다.

(4) 집단 토론식 면접

집단 토론식 면접은 집단 면접과 형태는 유사하지만 질의응답이 아니라 응시자들끼리의 토론이 중심이 되는 면접방법으로 최근 들어 급증세를 보이고 있다. 이는 공통의 주제에 대해 다양한 견해들이 개진되고 결론을 도출하는 과정, 즉 토론을 통해 응시자의 다양한 면에 대한 평가가 가능하다는 집단 토론식 면접의 장점이 널리 확산된 데 따른 것으로 보인다. 사실 집단 토론식 면접을 활용하면 주제와 관련된 지식 정도와 이해력, 판단력, 설득력, 협동성은 물론 리더십, 조직 적응력, 적극성과 대인관계 능력 등을 쉽게 파악할 수 있다.

토론식 면접에서는 자신의 의견을 명확히 제시하면서도 상대방의 의견을 경청하는 토론의 기본자세가 필수적이며, 지나친 경쟁심이나 자기 과시욕은 접어두는 것이 좋다. 또한 집단 토론의 목적이 결론을 도출해 나가는 과정에 있다는 것을 감안하여 무리하게 자신의 주장을 관철시키기보다 오히려 토론의 질을 높이는 데 기여하는 것이 좋은 인상을 줄 수 있다는 점을 알아야 한다. 취업 희망자들은 토론식 면접이 급속도로 확산되는 추세임을 감안해 특히 철저한 준비를 해야 한다. 평소에 신문의 사설이나 매스컴 등의 토론 프로그램을 주의 깊게 보면서 논리 전개방식을 비롯한 토론 과정을 익히도록 하고, 친구들과 함께 간단한 주제를 놓고 토론을 진행해 볼 필요가 있다. 또한 사회·시사문제에 대해 자기 나름대로의 관점을 정립해두는 것도 꼭 필요하다.

(5) PT 면접

PT 면접, 즉 프레젠테이션 면접은 최근 들어 집단 토론 면접과 더불어 그 활용도가 점차 커지고 있다. PT 면접은 기업마다 특성이 다르고 인재상이 다른 만큼 인성 면접만으로는 알 수 없는 지원자의 문제해결 능력, 전문성, 창의성, 기본 실무능력, 논리성 등을 관찰하는 데 중점을 두는 면접으로, 지원자 간의 변별력이 높아 대부분의 기업에서 적용하고 있으며, 확산되는 추세이다.

면접 시간은 기업별로 차이가 있지만, 전문지식, 시사성 관련 주제를 제시한 다음, 보통 20 ~ 50분 정도 준비하여 5분가량 발표할 시간을 준다. 면접관과 지원자의 단순한 질의응답식이 아닌, 주제에 대해 일정 시간 동안 지원자의 발언과 발표하는 모습 등을 관찰하게 된다. 정확한 답이나 지식보다는 논리적 사고와 의사표현력이 더 중시되기 때문에 자신의 생각을 어떻게 설명하느냐가 매우 중요하다.

PT 면접에서 같은 주제라도 직무별로 평가요소가 달리 나타난다. 예를 들어, 영업직은 설득력과 의사소통 능력에 중점을 둘 수 있겠고, 관리직은 신뢰성과 창의성 등을 더 중요하게 평가한다.

> **PT 면접 준비 Point**
>
> • 면접관의 관심과 주의를 집중시키고, 발표 태도에 유의한다.
> • 모의 면접이나 거울 면접을 통해 미리 점검한다.
> • PT 내용은 세 가지 정도로 정리해서 말한다.
> • PT 내용에는 자신의 생각이 담겨 있어야 한다.
> • 중간에 자문자답 방식을 활용한다.
> • 평소 지원하는 업계의 동향이나 직무에 대한 전문지식을 쌓아둔다.
> • 부적절한 용어 사용이나 무리한 주장 등은 하지 않는다.

2. 면접의 실전 대책

(1) 면접 대비사항

① 지원 회사에 대한 사전지식을 충분히 준비한다.

필기시험에서 합격 또는 서류전형에서의 합격통지가 온 후 면접시험 날짜가 정해지는 것이 보통이다. 이때 수험자는 면접시험을 대비해 사전에 자기가 지원한 계열사 또는 부서에 대해 폭넓은 지식을 준비할 필요가 있다.

> **지원 회사에 대해 알아두어야 할 사항**
>
> • 회사의 연혁
> • 회장 또는 사장의 이름, 출신학교, 관심사
> • 회장 또는 사장이 요구하는 신입사원의 인재상
> • 회사의 사훈, 사시, 경영이념, 창업정신
> • 회사의 대표적 상품, 특색
> • 업종별 계열회사의 수
> • 해외지사의 수와 그 위치
> • 신 개발품에 대한 기획 여부
> • 자기가 생각하는 회사의 장단점
> • 회사의 잠재적 능력개발에 대한 제언

② 충분한 수면을 취한다.

충분한 수면으로 안정감을 유지하고 첫 출발의 상쾌한 마음가짐을 갖는다.

③ 얼굴을 생기 있게 한다.

첫인상은 면접에 있어서 가장 결정적인 당락요인이다. 면접관에게 좋은 인상을 줄 수 있도록 화장하는 것도 필요하다. 면접관들이 가장 좋아하는 인상은 얼굴에 생기가 있고 눈동자가 살아 있는 사람, 즉 기가 살아 있는 사람이다.

④ 아침에 인터넷 뉴스를 읽고 간다.

그날의 뉴스가 질문 대상에 오를 수가 있다. 특히 경제면, 정치면, 문화면 등을 유의해서 볼 필요가 있다.

> **출발 전 확인할 사항**
>
> 이력서, 자기소개서, 성적증명서, 졸업(예정)증명서, 지갑, 신분증(주민등록증), 손수건, 휴지, 볼펜, 메모지, 예비스타킹 등을 준비하자.

(2) 면접 시 옷차림

면접에서 옷차림은 간결하고 단정한 느낌을 주는 것이 가장 중요하다. 색상과 디자인 면에서 지나치게 화려한 색상이나, 노출이 심한 디자인은 자칫 면접관의 눈살을 찌푸리게 할 수 있다. 단정한 차림을 유지하면서 자신만의 독특한 멋을 연출하는 것, 지원하는 회사의 분위기를 파악했다는 센스를 보여주는 것 또한 코디네이션의 포인트이다.

> **복장 점검**
>
> • 구두는 잘 닦여 있는가?
> • 옷은 깨끗이 다려져 있으며 스커트 길이는 적당한가?
> • 손톱은 길지 않고 깨끗한가?
> • 머리는 흐트러짐 없이 단정한가?

(3) 면접요령

① 첫인상을 중요시한다.

상대에게 인상을 좋게 주지 않으면 어떠한 얘기를 해도 이쪽의 기분이 충분히 전달되지 않을 수 있다. 예를 들어, '저 친구는 표정이 없고 무엇을 생각하고 있는지 전혀 알 길이 없다.'처럼 생각되면 최악의 상태이다. 우선 청결한 복장, 바른 자세로 침착하게 들어가야 한다. 건강하고 신선한 이미지를 주어야 하기 때문이다.

② 좋은 표정을 짓는다.

얘기를 할 때의 표정은 중요한 사항의 하나이다. 거울 앞에서 웃는 연습을 해본다. 웃는 얼굴은 상대를 편안하게 하고, 특히 면접 등 긴박한 분위기에서는 천금의 값이 있다 할 것이다. 그렇다고 하여 항상 웃고만 있어서는 안 된다. 자기의 할 얘기를 진정으로 전하고 싶을 때는 진지한 얼굴로 상대의 눈을 바라보며 얘기한다. 면접을 볼 때 눈을 감고 있으면 마이너스 이미지를 주게 된다.

③ 결론부터 이야기한다.

자기의 의사나 생각을 상대에게 정확하게 전달하기 위해서 먼저 무엇을 말하고자 하는가를 명확히 결정해 두어야 한다. 대답을 할 경우에는 결론을 먼저 이야기하고 나서 그에 따른 설명과 이유를 덧붙이면 논지(論旨)가 명확해지고 이야기가 깔끔하게 정리된다.

한 가지 사실을 이야기하거나 설명하는 데는 3분이면 충분하다. 복잡한 이야기라도 어느 정도의 길이로 요약해서 이야기하면 상대도 이해하기 쉽고 자기도 정리할 수 있다. 긴 이야기는 오히려 상대를 불쾌하게 할 수가 있다.

④ 질문의 요지를 파악한다.

면접 때의 이야기는 간결성만으로는 부족하다. 상대의 질문이나 이야기에 대해 적절하고 필요한 대답을 하지 않으면 대화는 끊어지고 자기의 생각도 제대로 표현하지 못하여 면접자로 하여금 수험생의 인품이나 사고방식 등을 명확히 파악할 수 없게 한다. 무엇을 묻고 있는지, 무슨 이야기를 하고 있는지 그 요점을 정확히 알아내야 한다.

면접에서 고득점을 받을 수 있는 성공요령

1. 자기 자신을 겸허하게 판단하라.
2. 지원한 회사에 대해 100% 이해하라.
3. 실전과 같은 연습으로 감각을 익히라.
4. 단답형 답변보다는 구체적으로 이야기를 풀어나가라.
5. 거짓말을 하지 말라.
6. 면접하는 동안 대화의 흐름을 유지하라.
7. 친밀감과 신뢰를 구축하라.
8. 상대방의 말을 성실하게 들으라.
9. 근로조건에 대한 이야기를 풀어나갈 준비를 하라.
10. 끝까지 긴장을 풀지 말라.

02 | SK그룹 실제 면접

SK그룹은 구성원의 지속적 행복과 VWBE를 통한 SUPEX(Super Excellent Level, 인간의 능력으로 도달할 수 있는 최고의 수준) 추구라는 경영철학에 따라 인재를 채용하고 있다. 구성원 전체 행복을 지속적으로 키워나가면 구성원 개인의 행복이 더 커질 수 있다는 것을 믿고 실천할 때 구성원은 자발적(Voluntarily)이고 의욕적(Willingly)인 두뇌활용(Brain Engagement)을 하게 된다는 것이다. 이러한 경영철학을 바탕으로 SK 그룹은 구성원이 자발적·의욕적으로 자신의 능력을 최대한으로 발휘할 수 있도록 인사관리의 모든 제도와 정책을 수립하고 있다.

SK그룹의 면접전형은 지원자의 가치관, 성격특성, 보유역량의 수준 등을 종합적으로 검증하기 위하여 다양한 면접방식을 활용하고 있다. 대상자별·계열사별 차이는 있으나 PT 면접, 그룹 토의 면접, 심층 면접 등 최대 3회 정도의 심도 있는 면접과정을 거쳐 지원자의 역량을 철저히 검증하고 있다. 또한 직무에 따라 지원자의 외국어 능력을 검증하기 위한 외국어 구술 면접을 실시하기도 한다.

SK그룹 계열사별 실제 기출 질문

(1) SK가스

① 실무진 면접

질의응답을 중심으로 한 실무면접으로 진행된다.

- SK가스의 PDF 사업에 대해 알고 있는 대로 설명해 보시오.
- 많은 산업군 중 에너지 산업을 선택한 이유에 대해 말해 보시오.
- SK가스의 어떤 점이 본인의 목표와 부합한다고 생각하는지 말해 보시오.
- 본인을 두 가지 단어로 설명해 보시오.
- 트레이딩엔 어떤 능력이 필요하다고 생각하는가?
- 최근 원유 가격 변동 추이에 대해 말해 보시오.
- 회사 일과 가족행사의 시간분배에 있어서 충돌할 경우가 생긴다면 어떻게 할 것인가?
- 10년 뒤에 자신의 모습을 예상해서 말해 보시오.
- 한 마디로 말하면 자신은 어떤 사람인가?
- 63빌딩에 사람이 총 몇 명이 있을 것 같은가?(돌발질문 / 순발력 Test)
- 살면서 가장 잘했다고 생각되는 일은 무엇인가?
- 인턴으로 있었던 회사의 자랑을 해 보시오.
- 마케팅 학회 경험이 있는데 어떻게 진행한 것인가?
- 만약 기업에 입사하게 된다면 본사랑 지사가 있을 때 어디에 먼저 가야한다고 생각하며, 왜 그렇게 생각하는가?
- 옆 지원자에게 궁금한 것을 한 번 질문해 보시오.
- LPG 산업의 성장성에 대해 말해 보시오.

② 임원 면접

면접관 5명과 지원자 1명으로 구성되어 진행되는 인성면접이다.

- SK가스의 조직 문화에 본인이 잘 맞는다고 생각하는 이유는 무엇인가?
- 유능한 상사와 성실한 상사 중 선호하는 상사는 누구인가?
- 새로운 기술이나 시스템 도입 시 어떤 방식으로 적응하는가?
- 상사가 불합리한 지시를 내린다면 어떻게 하겠는가?
- 언제 스트레스를 받고, 어떻게 해소하는가?
- SK가스를 어떻게 지원하게 되었는가?
- 학창시절 성적이 좋지 않은데 그 이유가 무엇이라고 생각하는가?
- 본인이 떨어진다면 왜 떨어졌다고 생각하겠는가?
- 업무적인 분야에서 본인의 역량은 무엇인가?
- 전공이 업종과 맞지 않는데 지원한 이유는 무엇인가?
- 동아리 활동을 했다면 어떤 동아리였으며 왜 그 동아리를 하게 되었는가?
- 입사한다면 어떤 부서에서 일하고 싶은가?
- 회사에 대해 아는 대로 말해 보시오.

(2) SK실트론

SK실트론의 경우 1차 면접에 직무와 인성 면접을 모두 실시한다.

- 인성 면접(1 VS 多) : 캐주얼한 복장으로 진행되며 1~2명의 면접관이 3명 이상의 지원자를 평가
- 액티비티 : 4명이 한 조를 이루어서 협동하여 하나의 과제를 해결하는 면접
- PT 면접(2 VS 1) : 주어진 과제에 대한 자료를 보고 15분간 정리하여 발표하는 방식

[인성 면접]
- 자기소개를 2분 동안 해 보시오.
- 리더로서 활동한 경험을 말해 보시오.
- 높은 성과를 낸 경험을 말해 보시오.
- 입사했을 때 나와 성향이 맞지 않는 팀원과 일을 한다면 어떻게 할 것인가?
- 상사가 부당한 지시를 한다면 어떻게 할 것인가?
- 너무 어려운 업무가 주어져서 해결할 능력이 부족하다면 어떻게 할 것인가?

[액티비티]
- (4인 1조로 팀을 이루어)주어진 재료로 굴러가는 자동차를 만드시오.

[PT 면접]
- 열역학 법칙들에 대해 설명해 보시오.
- 초전도체에 대해 열역학 2법칙으로 설명해 보시오.
- 물체가 차가운 것에서 뜨거운 것으로 변화하지 않는 이유를 말해 보시오.
- 휴대용 손난로는 왜 갑자기 뜨거워지는가?

(3) SK케미칼

SK케미칼의 경우 PT 면접 – 실무진 면접 – 임원 면접으로 구성되어 진행된다.

① 실무진 면접

- 백신과 바이오 시밀러의 차이점에 대해 말해 보시오.
- 우리 회사가 본인을 뽑아야 하는 이유는 무엇인가?
- 전공이 다른데 왜 이 분야에 지원했는가?
- 자신의 장단점에 대해 말해 보시오.
- 자신이 생각한 영업 기술이 있다면 말해 보시오.
- 체력은 좋은가?
- 운동을 하고 있는가?
- 컬쳐해본 셀 경험이 있다면 말해 보시오.
- MR이 하는 일은 무엇인가?
- 가장 기억에 남는 마케팅이론은 무엇인가?
- 오랜 시간 꾸준한 판매량을 유지해온 의약품이 있는데 이 의약품을 어떻게 마케팅할 것인가?
- 회사 내에 맞지 않는 사람이 있을 텐데 일할 수 있겠는가?
- 연구직이 아니라 QA를 선택하게 된 이유는 무엇인가?

② 임원 면접

- SK케미칼에 지원하게 된 동기를 말해 보시오.
- 왜 영업을 하려고 하는가?
- SK케미칼의 사업분야에 대해 말해 보시오.
- 해외지사 파견에 대해 어떻게 생각하는가?
- 영업에 대한 자신의 생각을 말해 보시오.
- 우리 회사가 본인을 뽑아야 하는 이유를 말해 보시오.
- 직무에 대해 아는 점은 무엇인가?
- 토익 점수가 높은데, 토익스피킹 점수는 왜 낮은가?
- 우리 회사 외에 다른 회사에도 지원하였는가? 그 결과는 어떻게 되었는가?
- SK케미칼의 매출에 대해 말해 보시오.
- 제2외국어 자격증을 가지고 있는가? 대화도 가능한가?
- 여행 간 지역은 어디이고, 그곳에 왜 갔는지, 무엇이 감명 깊었는지 말해 보시오.
- 인적성 검사 결과 좋지 않았던 부분(융통성, 사회성, 인내력 등)이 있는데 그에 대해 설명해 보시오.
- 대학교를 서울권으로 가지 않고 지방으로 간 이유는 무엇인가?
- 기독교인이라고 했는데, 일요일에 출근이 가능한가? 교리상 불가능하지 않는가?

③ PT 면접

- SK케미칼의 장기 고객유치 방안에 대해 발표해 보시오.
- 중국 시장에서 자사의 주력제품 PPS의 판촉 계획을 세워 보시오.

(4) SK텔레콤

① 실무진 면접(2 VS 3)

- 자기소개를 해 보시오.
- 지원 동기에 대해 말해 보시오.
- SK텔레콤은 어떤 기업이라고 생각하는지 말해 보시오.
- 요즘 뉴스에서 제일 이슈가 되고 있는 미투 운동에 대해 어떻게 생각하는가?
- 새로운 지식을 습득하고 적용했던 사례에 대해 말해 보시오.
- 가장 최근에 마무리한 공부는 무엇인가?
- 포화된 이동통신 시장에서 신사업을 제안해 보시오.
- 자사의 배당 성향에 대해 어떻게 생각하는가?
- 모바일헬스 사업 방향에 대해 말해 보시오.
- 통신 관련 프로젝트를 수행해본 적 있는가? 있다면 어떤 주제에 관련해 진행했는가?
- CCNA가 있는가?
- 네트워크에서 가장 중요하다고 생각하는 것은?
- 경쟁사 대비 SK텔레콤의 장단점은 무엇인가?
- 쇼루밍족이 많은 상황에서 제시할 수 있는 솔루션은 무엇인가?
- NFV와 SDN에 대해 설명해 보시오.
- 빅데이터의 정의와 데이터 거버넌스에 대해 설명해 보시오.
- SAP를 사용할 수 있는가?
- B2B 사례에 대해 소개해 보시오.
- 사물인터넷(IoT)에 대해 설명해 보시오.
- 플랫폼에 대해 설명해 보시오.

② 임원 면접(2 VS 1)

- 가장 힘들었던 경험에 대해 말해 보시오.
- 왜 B2B 마케팅에 지원했는가?
- 우리 회사가 본인을 뽑아야 하는 이유를 말해 보시오.
- 고객사에서 제품 구매를 꺼릴 때, 어떻게 할 것인가?
- SK텔레콤의 매출액은 얼마인지 말해 보시오.
- 지각이나 무단결근을 했을 경우 어떻게 대처할 것인가?
- 왜 광고회사에 들어가지 않고 마케팅을 하려고 하는가?
- 지원자가 했던 도전과 SK 업무와의 연결점은 무엇이라고 생각하는가?
- 인생에서 혁신을 이루기 위해 했던 경험이 있는가?

(5) SK커뮤니케이션즈

① 실무진 면접

- 서비스 기획자로서 필요한 자질은 무엇이라고 생각하는가?
- SK컴즈의 경쟁력은 무엇이고 어떻게 발전시키고 싶은가?
- 자주 사용하는 어플리케이션은 무엇인가?
- String과 StringBuilder의 차이점은 무엇인가?
- SQL의 종류에 대해 설명하고 SQL과의 차이점에 대해 말해 보시오.
- 서비스 중 개선이 필요하다고 생각하는 부분은 어디인가?
- 프로젝트를 해본 경험이 있는가? 어떤 역할을 하였는가? 문제가 있었다면 어떻게 해결하였는가?

② 임원 면접

- 재무부서에서 일하다 보면 상사가 비자금을 만들라고 지시할 수 있는데, 어떻게 하겠는가?
- 가장 의미 있었던 경험과 어려웠던 일은 무엇이었는가?

③ PT 면접

- 해외 투자자본이 우리나라에 미치는 장단점에 대해 말해 보시오.
- 서울에 미용실이 몇 개나 있겠는가?(돌발질문)
- 보잉 747기에 테니스공이 얼마나 들어가겠는가?

(6) SK하이닉스

① 1차 면접

실무진이 진행하는 면접으로 직무에 대한 질문과 인성 면접을 합하여 약 30분 동안 면접을 진행한다.
- PT 면접(3 VS 1) : 30분간 3개의 꼬리 문제가 있는 3개의 문제 중 한 문제를 선택해서 풀고, 30분 동안 답지를 작성. 지원자가 면접관에게 답지를 제공한 후 이에 대해 10분 미만의 발표를 하고 면접관의 추가질문을 받는 형식으로 진행

- 해당 직무에 지원한 이유에 대해 말해 보시오.
- 본인이 생각하는 반도체란 무엇인지 대해 말해 보시오.
- 본인이 생각하는 양산기술 직무란 무엇인지 말해 보시오.
- 수강했던 전공과목 중 가장 자신 있는 것과 자신 없는 것에 대해 말해 보시오.
- 설계해 본 IP가 있다면 말해 보시오
- 아날로그와 관련하여 따로 학습하거나 진행한 프로젝트가 있다면 말해 보시오.
- 본인이 제출한 답안을 각각 3줄로 요약해서 말해 보시오.
- 자신의 강점이 무엇이라고 생각하는가?
- 제일 기억에 남는 책을 소개해 보시오.
- 가장 관심 있는 공정은 무엇이고, 이에 대한 최신이슈는 무엇인가?
- 반도체 8대 공정 중 가장 자신 있게 아는 공정은 무엇이고, 그 공정에 대해 설명해 보시오.
- 반도체 공정을 말해 보시오.

- 본인의 별명은 무엇인가?
- 엔트로피에 대해 설명해 보시오.
- 웨이퍼를 만들 때 실리콘을 사용하는 이유는 무엇인가?
- 소프트웨어 코딩에서 volatile이란 무엇인가?
- 전공과 다른데 반도체 회사에 지원한 이유는?
- 좋아하는 과목과 이유는?
- 주말에는 주로 무엇을 하면서 여가시간을 보내는가?
- 과정과 결과 중 무엇이 중요하다고 생각하는가?
- HF에 따른 CV Curve에 대해 설명해 보시오.
- 홀 전자 이동에 대해 설명해 보시오.
- C언어가 컴파일되어 실행되는 과정을 설명해 보시오.
- 플라즈마에 대해 설명해 보시오.
- Data Mart와 Data Mining의 차이는 무엇인가?
- 반도체 장비를 다뤄본 경험이 있는가?
- Energy barrier를 극복하는 방법은 무엇인가?
- P형 반도체가 N형 반도체보다 느린 이유는 무엇인가?

② 2차 면접(임원 면접)

그룹장이 면접위원으로 참석하는 인성 면접으로 지원자의 SK Values 및 공통역량을 평가하여 SK 하이닉스의 핵심가치 및 인재상과 부합하는 인재를 선발한다.

- 반도체는 매우 어려운 분야인데 왜 반도체를 공부하게 되었는가?
- 석사과정으로 입사하면 2년의 경력을 인정해주는데, 현재 2년의 경력이 있는 사원들과 비교해 보았을 때 본인의 경쟁력은 무엇이라 생각하는가?
- 최근 옥시 사태에 대한 본인의 생각을 말해 보시오.
- 전공과 무관한 직무에 지원했는데 그 이유는 무엇인가?
- 구체적으로 본인이 잘하는 것은 무엇인가?
- 상사와 트러블이 생긴다면 어떻게 해결할 것인가?
- 현재 준비하고 있는 자격증 시험이 있는가?
- 부모님 중 어느 쪽의 영향을 더 받았는가? 왜 그렇게 생각하는가?
- 상사가 부적절한 요구를 해 온다면 어떻게 대응하겠는가?

(7) SK브로드밴드

SK브로드밴드는 인성 면접과 PT 면접, AI 면접, 임원 면접으로 이루어져 있다.

① 시뮬레이션 면접

- SK브로드밴드 가입자를 증대시킬 방법에 대해 말해 보시오.
- 新사업에 어떤 것이 있을지 말해 보시오.
- SK브로드밴드를 활성화할 수 있는 마케팅 방안에 대해 말해 보시오.

② 인성 면접(2 VS 1)

- 시뮬레이션 면접을 함께 진행하고 있는 팀의 분위기는 어떠한가?
- 살면서 실패한 경험이 있는가? 있다면 말해 보시오.
- 또 다른 실패한 경험이 있는가?
- 만약 실패한 그 순간으로 되돌아간다면 어떻게 하겠는가?
- 리더로서의 경험이 있는가? 있다면 말해 보시오.
- 또 다른 리더 경험에 대해 말해 보시오.
- 타인과 갈등을 겪었던 경험이 있는가?
- 타인과 갈등이 생겼을 때 어떤 방법으로 극복하는가?
- 지원자의 단점은 무엇인가?
- 하고 싶은 말이 있는가?
- 궁금한 사항이 있으면 물어보시오.
- 물건을 팔아보시오.

③ PT 면접

- 빅데이터가 관건이 되고 있는데, 여기에 대한 SK브로드밴드의 대응방안에 대해 말해 보시오.
- AI기술 미래 방향과 이를 어떻게 회사 상품에 이용할 것인지 설명해 보시오.

앞선 정보 제공! 도서 업데이트

언제, 왜 업데이트될까?

도서의 학습 효율을 높이기 위해 자료를 추가로 제공할 때!
공기업 · 대기업 필기시험에 변동사항 발생 시 정보 공유를 위해!
공기업 · 대기업 채용 및 시험 관련 중요 이슈가 생겼을 때!

01 시대에듀 도서
www.sdedu.co.kr/book
홈페이지 접속

02 상단 카테고리
「도서업데이트」
클릭

03 해당
기업명으로
검색

참고자료, 시험 개정사항 등 정보 제공으로 학습효율을 높여 드립니다.

2025
전면개정판

SKCT
SK그룹
온라인 종합역량검사

정답 및 해설

최신기출유형+모의고사 6회
+무료SK특강

편저 | SDC(Sidae Data Center)

유형분석 및 모의고사로
최종합격까지
한 권으로
마무리!

SDC
SDC는 시대에듀 데이터 센터의 약자로
약 30만 개의 NCS · 적성 문제 데이터를
바탕으로 최신 출제경향을 반영하여
문제를 출제합니다.

시대에듀

PART **1**

합격의 공식 시대에듀 www.sdedu.co.kr

대표기출유형

끝까지 책임진다! 시대에듀!

QR코드를 통해 도서 출간 이후 발견된 오류나 개정법령, 변경된 시험 정보, 최신기출문제, 도서 업데이트 자료 등이 있는지 확인해 보세요! **시대에듀 합격 스마트 앱**을 통해서도 알려 드리고 있으니 구글 플레이나 앱 스토어에서 다운받아 사용하세요. 또한, 파본 도서인 경우에는 구입하신 곳에서 교환해 드립니다.

01 | 언어이해

대표기출유형 01   기출응용문제

01
정답 ①

제시문은 국제 사회에서의 개인의 위상과 국력의 관계를 통하여 국력의 중요성을 말하고 있다.
따라서 주제로 가장 적절한 것은 ①이다.

02
정답 ⑤

제시문은 크게 두 부분으로 나눌 수 있다. 처음부터 두 번째 문단까지는 맥주의 주원료에 대해서, 그 이후부터 제시문의 마지막 부분까지는 맥주의 제조공정 중 발효에 대해 설명하며 이에 따른 맥주의 종류에 대해 서술하고 있다.
따라서 제목으로 가장 적절한 것은 ⑤이다.

03
정답 ①

제시문은 산업 사회의 여러 가지 특징에 대해 설명함으로써 산업 사회가 가지고 있는 문제점들을 강조하고 있다.
따라서 중심 내용으로 가장 적절한 것은 ①이다.

04
정답 ⑤

제시문은 첫 번째 문단에서 '사피어 – 워프 가설'을 간략하게 소개하고, 두 번째 ~ 세 번째 문단을 통해 사피어 – 워프 가설을 적용할 수 있는 예를 들고 있다. 이후 네 번째 ~ 마지막 문단을 통해 사피어 – 워프 가설을 언어 우위론적 입장에서 설명할 가능성이 있으면 서도, 언어 우위만으로 모든 설명이 되지는 않음을 밝히고 있다.
따라서 제시문은 사피어 – 워프 가설의 주장에 대한 설명(언어와 사고의 관계)과 함께 그것을 하나의 이론으로 증명하기 어려움을 말하고 있으므로 ⑤가 중심 내용으로 가장 적절하다.

대표기출유형 02   기출응용문제

01
정답 ③

제시문은 인권 보호와 사생활 침해에 대한 글이다. 따라서 (다) 인권에 관한 화제 도입 및 인권 보호의 범위 – (나) 사생활 침해와 인권 보호 – (가) 사생활 침해와 인권 보호에 대한 예시 – (라) 결론의 순으로 나열하는 것이 적절하다.

02

②

제시문은 상품의 자립적인 삶과 이와 관련된 인간의 소외에 대해 서술하는 글이다. 따라서 (가) 상품 생산자와 상품의 관계를 제시 – (다) '자립적인 삶'의 부연 설명 – (라) 시장 법칙의 지배 아래에서 사람과 사람 간의 관계 – (나) 인간의 소외 순으로 나열하는 것이 적절하다.

03

정답 ②

제시문은 조각보와 클레, 몬드리안의 비교에 대한 글이다. 따라서 (나) 조각보의 정의, 클레와 몬드리안의 비교가 잘못된 이유 – (가) 조각보의 독특한 예술성과 차별화된 가치를 설명 – (다) 조각보가 아름답게 느껴지는 이유 순으로 나열하는 것이 적절하다.

04

정답 ④

제시문은 교정 중 칫솔질의 중요성과 주의사항에 대한 글이다. 따라서 (나) 교정 중 칫솔질에 대한 중요성 – (가) 교정 장치 세척의 중요성과 그 방법 – (라) 장치 때문에 잘 닦이지 않는 부위를 닦는 방법 – (다) 칫솔질을 할 때 빠트려서는 안 될 부분 순으로 나열하는 것이 적절하다.

대표기출유형 03 | 기출응용문제

01

정답 ②

제시문에서 댐라 샛의 말을 인용하여 기후 목표를 달성하고자 한다면 스마트 그리드로 전환해야 한다고 하였다.

오답분석
① 스마트 그리드 소프트웨어는 비용 절감의 효과도 있다고 하였다.
③ 스마트 계량기 산업도 주목을 받고 있다.
④ 첫 번째 문단에서 2021년에도 316TW/h의 전력을 절약했다고 하였다.
⑤ 다섯 번째 문단에서 5년 동안 3배 이상의 성장이라고 하였으므로 5배 이상의 성장을 기대한다고 하기는 어렵다.

02

정답 ④

④의 내용은 제시문 전체를 통해서 확인할 수 있다. 나머지는 제시문의 내용에 어긋난다.

03

정답 ⑤

제시문에 따르면 수면 패턴은 휴일과 평일 모두 일정하게 지키는 것이 성장하는 아이들의 수면 리듬을 유지하는 데 좋다. 따라서 휴일에 늦잠을 자는 것은 적절하지 않다.

04

정답 ①

제시문에서 언급되지 않은 내용이다.

오답분석
② 두 번째 문단에 나와 있다.
③ 첫 번째 문단에서 '위기(爲己)란 자아가 성숙하는 것을 추구하며'라고 하였다.
④ 첫 번째 문단에서 '공자는 공부하는 사람의 관심이 어디에 있느냐를 가지고 학자를 두 부류로 구분했다.'라고 하였다.
⑤ 마지막 문단에 나와 있다.

01

첫 번째와 두 번째 문단에서 EU가 철제 다리 덫 사용을 금지하는 나라의 모피만 수입하기로 결정한 내용과 동물실험을 거친 화장품의 판매조치 금지 법령이 WTO의 영향을 받아 실행되지 못한 예가 제시되고 있다. 따라서 ④의 추론은 타당하다.

02

제시문을 보면 멋은 파격적이면서 동시에 보편적이고 일반적인 기준을 벗어나지 않아야 하는 것임을 강조하고 있다. 따라서 멋은 사회적인 기준에서 형성되는 것이라는 내용이 이어져야 한다.

03

첩보 위성은 임무를 위해 낮은 궤도를 비행해야 하는데 낮은 궤도로 비행하면 공기의 저항 때문에 마모가 빨라져 수명이 짧아진다. 반면, 높은 궤도로 비행시키면 수명은 길어질 수 있으나 임무의 수행 자체가 어려워질 수 있다.

01

감각으로 검증할 수 없는 존재에 대한 관념은 그것의 실체를 확인할 수 없기 때문에 거짓으로 보아야 하는 문제가 발생하는 것은 대응설이다.

02

㉠은 더 많은 이익을 내기 위해 기업들은 '디자인의 향상'에 몰두하는 것이 바람직하다고 생각하는 것이다. 즉, '상품의 사회적 마모를 짧게 해서 소비를 계속 증가시키기 위한' 방안인데, 이것에 대한 반론이 되기 위해서는 ㉠의 주장이 지니고 있는 문제점을 비판하여야 한다. ㉠이 지니고 있는 가장 큰 문제점은 '과연 성능 향상 없는 디자인 변화가 소비를 촉진시킬 수 있는 것인가'가 되어야 한다. 디자인 변화는 분명히 상품의 소비를 촉진시킬 수 있는 효과적 방법 중의 하나이지만 '성능이나 기능, 내구성'의 향상이 전제되지 않았을 때는 효과를 내기 힘들기 때문이다.

03

제시문의 전통적인 경제학에서는 미시 건전성 정책에 집중하는데 이러한 미시 건전성 정책은 가격이 본질적 가치를 초과하여 폭등하는 버블이 존재하지 않는다는 효율적 시장 가설을 바탕으로 한다. 따라서 제시문에 나타난 주장에 대한 비판으로는 이러한 효율적 시장 가설에 대해 반박하는 ⑤가 가장 적절하다.

04

마지막 문단에 따르면 '라이헨바흐는 자연이 일양적일 수도 있고 그렇지 않을 수도 있음을 전제'하며, '자연이 일양적인지 그렇지 않은지 알 수 없는 상황에서는 귀납을 사용하는 것이 옳은 선택'이라고 한다. 그러나 ⑤와 같이 귀납이 현실적으로 옳은 추론 방법임을 밝히기 위해 자연의 일양성이 선험적 지식임을 증명하고 있는 것은 아니다.

【오답분석】

① 라이헨바흐는 '어떤 방법도 체계적으로 미래 예측에 계속해서 성공할 수 없다는 논리적 판단을 통해 귀납은 최소한 다른 방법보다 나쁘지 않은 추론'이라고 확언한다. 하지만 이것은 귀납의 논리적 허점을 현실적 차원에서 해소하려는 것이며, 논리적 허점을 완전히 극복한 것은 아니라는 점에서 비판의 여지가 있다.

② 라이헨바흐는 '귀납의 정당화 문제로부터 과학의 방법인 귀납을 옹호하기 위해 현실적 구제책을 제시'한다. 이것은 귀납이 과학의 방법으로 사용될 수 있음을 지지하려는 것이다.

③ 라이헨바흐는 '자연이 일양적일 경우 우리의 경험에 따라 귀납이 점성술이나 예언 등의 다른 방법보다 성공적인 방법'이라고 판단하며, '자연이 일양적이지 않다면 어떤 방법도 체계적으로 미래 예측에 계속해서 성공할 수 없다는 논리적 판단을 통해 귀납은 최소한 다른 방법보다 나쁘지 않은 추론이라고 확언'한다. 따라서 라이헨바흐가 귀납과 다른 방법을 비교하기 위해 경험적 판단과 논리적 판단을 활용했음을 알 수 있다.

④ 라이헨바흐는 '자연이 일양적인지 그렇지 않은지 알 수 없는 상황에서는 귀납을 사용하는 것이 옳은 선택'이라고 본다. 따라서 ④의 진술처럼 라이헨바흐는 귀납과 견주어 미래 예측에 더 성공적인 방법이 없다는 판단을 근거로 귀납의 가치를 보여 주고 있다.

대표기출유형 06 　기출응용문제

01

정답 ⑤

제시문에서는 전통의 의미를 '상당히 이질적인 것이 교차하여 겯고 튼 끝에 이루어진 것', '어느 것이나 우리화시켜 받아들인 것'으로 규정하고, '전통의 혼미란 곧 주체 의식의 혼미란 뜻에 지나지 않는다.'라는 주장을 하고 있다. 따라서 빈칸에 들어갈 내용으로 가장 적절한 것은 ⑤이다.

02

정답 ④

제시문에 따르면 알려지지 않은 것에서는 불안정, 걱정, 공포감이 뒤따라 나오기 때문에 우리 마음의 불안한 상태를 없애고자 한다면, 알려지지 않은 것을 알려진 것으로 바꿔야 한다. 이러한 환원은 우리의 마음을 편하게 해주고 만족하게 한다. 이 때문에 우리는 이미 알려진 것, 체험한 것, 기억에 각인된 것을 원인으로 설정하게 되고, 낯설고 체험하지 않았다는 느낌을 빠르게 제거해 버려, 특정 유형의 설명만이 남아 우리의 사고방식을 지배하게 만든다. 따라서 빈칸에는 '이것은 낯설고 체험하지 않았다는 느낌을 빠르고 가장 쉽게 제거해 버린다.'는 내용이 가장 적절하다.

03

정답 ①

빈칸 다음 문장에서 '외래어가 넘쳐나는 것은 그간 우리나라의 고도성장과 절대 무관하지 않다.'라고 했다. 즉, '사회의 성장과 외래어의 증가는 관계가 있다.'는 의미이므로, 이를 포함하는 일반적 진술이 빈칸에 위치해야 한다. 따라서 빈칸에 들어갈 내용으로 가장 적절한 것은 ①이다.

04

정답 ②

빈칸 앞의 접속 부사 '따라서'에 집중한다. 빈칸에는 공공미술이 아무리 난해해도 대중과의 소통 가능성은 늘 존재한다는 내용을 근거로 하여 추론할 수 있는 결론이 와야 문맥상 자연스럽다. 따라서 '공공미술에서 예술의 자율성은 소통의 가능성과 대립하지 않는다.'는 ②가 들어가는 것이 가장 적절하다.

01

보기는 욕망의 확대가 힘의 확대로 이루어지지 않고 도리어 역효과가 나타날 수 있으므로 우리의 힘이 미치는 반경을 생각해 보아야 한다고 한다. 이는 (다) 바로 앞의 문단에서 인간이 만족할 때 강해지고 불만족할 때 약해진다는 내용과 함께, (다) 뒤의 내용인 '그 범위'에 대응하는 것이다. 따라서 보기는 (다)에 위치하는 것이 가장 적절하다.

02

보기는 논점에 대한 글쓴이의 주장을 다룬다. 글쓴이는 개체별 이기적 유전자가 자연선택의 중요한 특징이며, 종 전체의 이익이라는 개념은 부가적일 뿐 주된 동기는 되지 못한다고 주장한다. 따라서 보기 앞에는 개체가 아닌 종적 단위의 이타심, 종의 번성을 위한 이기심과 같은 다른 사람들의 주장이 드러나야 한다. 네 번째 문단에서는 개체의 살아남음이 아닌 종의 전체 혹은 어떤 종에 속하는 한 그룹의 살아남음이 기존의 이기주의 – 이타주의 연구에서 주장하는 진화라고 한다. 따라서 보기는 (라)에 위치하는 것이 가장 적절하다.

03

보기는 '인간이 발명한 문명의 이기(利器), 즉 비행기나 배 등은 결국 인간의 신화적 사유의 결과물이다.'로 요약할 수 있다. (다)의 앞부분에서 '문명의 이기(利器)의 근본은 신화적 상상력'이라 했고, 보기는 그 예에 해당한다. 따라서 보기는 (다)에 위치하는 것이 가장 적절하다.

04

보기의 '이'는 앞 문장의 내용을 가리키므로, 기업의 이익 추구가 사회 전체의 이익과 관련된 결과를 가져왔다는 내용이 앞에 와야 한다. (다) 앞의 '가장 저렴한 가격으로 상품 공급'이 '사회 전체의 이익'과 연관된다. 따라서 보기는 (다)에 위치하는 것이 가장 적절하다.

대표기출유형 01 | 기출응용문제

01

 정답 ③

2019년과 2021년의 전체 풍수해 규모에서 대설로 인한 풍수해 규모가 차지하는 비중을 구하면 다음과 같다.

- 2019년 : $\dfrac{477}{7,950} \times 100 = 6\%$
- 2021년 : $\dfrac{119}{1,700} \times 100 = 7\%$

따라서 전체 풍수해 규모에서 대설로 인한 풍수해 규모가 차지하는 비중은 2021년이 2019년보다 크다.

오답분석

① 2015년, 2018년에 풍수해 규모는 강풍이 가장 작았고, 2017년에는 태풍이 가장 작았으므로 옳지 않은 설명이다.

② 2023년 호우로 인한 풍수해 규모의 전년 대비 감소율은 $\dfrac{1,400-14}{1,400} \times 100 = 99\%$로 97% 이상이다.

④ 2014 ~ 2023년 동안 연도별로 발생한 전체 풍수해 규모에서 태풍으로 인한 풍수해 규모가 가장 큰 해는 2015년과 2020년이므로 옳지 않은 설명이다.

⑤ 2015년의 전년 대비 태풍으로 인한 풍수해와 전체 풍수해 규모의 증감 추이만 비교해도 바로 알 수 있다. 태풍으로 인한 풍수해 규모는 증가한 반면, 전체 풍수해 규모는 감소했으므로 옳지 않은 설명이다.

02

정답 ④

㉠ 2022년 어린이보호구역 지정대상은 전년 대비 감소하였다.

㉢ 2022년 어린이보호구역으로 지정된 구역 중 학원이 차지하는 비중은 $\dfrac{36}{16,355} \times 100 = 0.22\%$이며, 2021년에는 $\dfrac{56}{16,085} \times 100 = 0.35\%$이므로 2022년에는 전년 대비 감소하였다.

㉣ 2017년 어린이보호구역으로 지정된 구역 중 초등학교가 차지하는 비중은 $\dfrac{5,917}{14,921} \times 100 = 39.7\%$이고, 나머지 해에도 모두 40% 이하의 비중을 차지한다.

오답분석

㉡ 2018년 어린이보호구역 지정대상 중 어린이보호구역으로 지정된 구역의 비율은 $\dfrac{15,136}{18,706} \times 100 = 80.9\%$이다.

03

 정답 ③

㉡ (교원 1인당 원아 수)=$\dfrac{(원아\ 수)}{(교원\ 수)}$이다. 따라서 교원 1인당 원아 수가 적어지는 것은 원아 수 대비 교원 수가 늘어나기 때문이다.

㉣ 제시된 자료만으로는 알 수 없다.

04
정답 ①

- 2015 ~ 2016년 사이 축산물 수입량은 약 10만 톤 감소했으나, 수입액은 약 2억 달러 증가하였다.
- 2020 ~ 2021년 사이 축산물 수입량은 약 10만 톤 감소했으나, 수입액은 변함이 없다.

대표기출유형 02 기출응용문제

01
정답 ⑤

4개 종목 모두 2019년부터 2023년까지 전년 대비 경기 수 추이가 '증가 – 감소 – 증가 – 감소 – 증가'를 반복하고 있으므로 빈칸에 들어갈 수는 420보다 큰 425이다.

02
정답 ③

주어진 자료를 바탕으로 매장 수를 정리하면 다음과 같다. 증감표의 부호를 반대로 하여 2023년 매장 수에 대입하면 쉽게 계산이 가능하다.

(단위 : 개)

구분	2020년 매장 수	2021년 매장 수	2022년 매장 수	2023년 매장 수
서울	15	17	19	17
경기	13	15	16	14
인천	14	13	15	10
부산	13	11	7	10

따라서 2020년 매장 수가 두 번째로 많은 지역은 인천이며, 매장 수는 14개이다.

03
정답 ②

A씨의 전체 영어 평균점수는 $\frac{315+320+335+390+400+370}{6} = \frac{2,130}{6} = 355$점이다.

따라서 355점보다 높았던 달은 9월, 10월, 11월에 봤던 시험으로 총 3번임을 알 수 있다.

대표기출유형 03 기출응용문제

01
정답 ⑤

오답분석
① 자료보다 2017년 남성 사망자 수의 수치가 높다.
② 자료보다 2017년 여성 사망자 수의 수치가 높다.
③ 자료보다 2020년 남성 사망자 수의 수치가 낮다.
④ 자료보다 2021년 여성 사망자 수의 수치가 높다.

02
정답 ⑤

4월 전월 대비 수출액은 감소했고, 5월 전월 대비 수출액은 증가했는데, 그래프에는 반대로 나타나 있다.

03 | 창의수리

대표기출유형 01 | 기출응용문제

01

정답 ②

시속 60km로 갈 때가 시속 50km로 갈 때보다 속력이 빠르므로 1시간이 덜 걸린다.
집에서 회사까지의 거리를 $x$km라고 하면 다음과 같은 식이 성립한다.

$$\frac{x}{50} - \frac{x}{60} = \frac{10}{60}$$

$$\rightarrow \frac{x}{50} - \frac{x}{60} = \frac{1}{6}$$

$$\therefore x = 50$$

따라서 집에서 회사까지의 거리는 50km이다.

02

정답 ③

$(\text{평균속력}) = \dfrac{(\text{전체 이동거리})}{(\text{전체 이동시간})}$ 이다.

전체 이동거리는 $10+4+7=21$km이고, 전체 이동시간은 $1+0.5+1.5=3$시간이다.
따라서 평균속력은 $21 \div 3 = 7$km/h이다.

03

정답 ④

미주가 집에서 출발해서 동생을 만나기 전까지 이동한 시간을 x시간이라고 하자.
미주가 이동한 거리는 $8x$km이고, 동생이 미주가 출발한 후 12분 뒤에 지갑을 들고 이동했으므로 동생이 이동한 거리는 $20(x - \frac{1}{5})$km이며, 다음과 같은 식이 성립한다.

$$8x = 20\left(x - \frac{1}{5}\right)$$

$$\rightarrow 12x = 4$$

$$\therefore x = \frac{1}{3}$$

따라서 미주와 동생은 $\frac{1}{3}$시간$=20$분 후에 만나게 된다.

대표기출유형 02 기출응용문제

01
정답 ③

농도 5%의 소금물 200g에 들어있는 소금의 양은 $200 \times \frac{5}{100} = 10$g이다.

처음 300g의 소금물에 들어있는 소금의 양을 xg이라고 하면 다음과 같은 식이 성립한다.

$\frac{x+10}{300+200} \times 100 = 9$

$\rightarrow x+10 = 45$

$\therefore x = 35$

따라서 처음 300g의 소금물에 들어있는 소금의 양은 35g이다.

02
정답 ④

퍼낸 소금물의 양을 xg, 2% 소금물의 양을 yg이라고 하면 다음과 같은 식이 성립한다.

$400 - x + x + y = 520$

$\therefore y = 120$

$\frac{8}{100}(400-x) + \frac{2}{100} \times 120 = \frac{6}{100} \times 520$

$\rightarrow 3,200 - 8x + 240 = 3,120$

$\rightarrow 8x = 320$

$\therefore x = 40$

따라서 퍼낸 소금물의 양은 40g이다.

03
정답 ④

농도가 10%, 6% 설탕물의 양을 각각 xg, yg이라고 하면 다음과 같은 식이 성립한다.

$x + y = 300 \cdots \bigcirc$

$\frac{10 \times \frac{x}{100} + 6 \times \frac{y}{100} + 20}{300 + 20} \times 100 = 12 \cdots \bigcirc$

$\bigcirc$과 $\bigcirc$을 연립하면 $x=10$, $y=290$이다.

따라서 농도 6% 설탕물의 양은 290g이다.

대표기출유형 03 기출응용문제

01
정답 ②

A트럭의 적재량을 a톤이라 하자. 하루에 두 번 옮기므로 $2a$톤씩 12일 동안 192톤을 옮긴다. 그러므로 A트럭의 적재량은 $2a \times 12$ $=192 \rightarrow a = \frac{192}{24} = 8$톤이 된다. A트럭과 B트럭이 동시에 운행했을 때는 8일이 걸렸으므로 A트럭이 옮긴 양은 $8 \times 2 \times 8 = 128$톤 이며, B트럭은 8일 동안 $192 - 128 = 64$톤을 옮기므로 B트럭의 적재량은 $\frac{64}{2 \times 8} = 4$톤이다. B트럭과 C트럭을 같이 운행했을 때 16일이 걸렸다면 B트럭이 16일 동안 옮긴 양은 $16 \times 2 \times 4 = 128$톤이며, C트럭은 같은 기간 동안 $192 - 128 = 64$톤을 옮겼다. 따라서 C트럭의 적재량은 $\frac{64}{2 \times 16} = 2$톤이다.

02

정답 ③

24와 60의 최소공배수는 $2^3 \times 3 \times 5 = 120$이다.

따라서 두 톱니바퀴가 같은 톱니에서 처음으로 다시 맞물리려면 A톱니바퀴는 $120 \div 24 = 5$바퀴 회전해야 한다.

03

정답 ④

욕조를 가득 채우는 데 필요한 물의 양을 1이라 하고, A관과 B관을 동시에 틀고 배수를 할 때 욕조가 가득 채워질 때까지 걸리는 시간을 x분이라고 하자.

A관에서 1분 동안 나오는 물의 양은 $\dfrac{1}{30}$, B관에서 1분 동안 나오는 물의 양은 $\dfrac{1}{40}$이고 1분 동안 배수되는 양은 $\dfrac{1}{20}$이므로 다음과 같은 식이 성립한다.

$\left(\dfrac{1}{30} + \dfrac{1}{40} - \dfrac{1}{20} \right) x = 1$

$\rightarrow \dfrac{1}{120} x = 1$

$\therefore x = 120$

따라서 욕조가 가득 채워질 때까지 걸리는 시간은 120분이다.

대표기출유형 04   기출응용문제

01

정답 ②

작년 비행기 왕복 요금을 x원, 작년 1박 숙박비를 y원이라고 하면 다음과 같은 식이 성립한다.

$-\dfrac{20}{100} x + \dfrac{15}{100} y = \dfrac{10}{100} (x+y) \cdots \bigcirc$

$(1 - \dfrac{20}{100}) x + (1 + \dfrac{15}{100}) y = 308,000 \cdots \bigcirc\!\bigcirc$

$\bigcirc$, $\bigcirc\!\bigcirc$을 정리하면

$y = 6x \cdots \bigcirc\!\bigcirc\!\bigcirc$

$16x + 23y = 6,160,000 \cdots \textcircled{2}$

$\bigcirc\!\bigcirc\!\bigcirc$, $\textcircled{2}$을 연립하면

$16x + 138x = 6,160,000$

$\rightarrow 154x = 6,160,000$

$\therefore x = 40,000, \ y = 240,000$

따라서 올해 비행기 왕복 요금은 $40,000 - 40,000 \times \dfrac{20}{100} = 32,000$원이다.

02

정답 ③

A가 첫 번째로 낸 금액을 a원, B가 첫 번째로 낸 금액을 b원이라고 하면 다음과 같은 식이 성립한다.

$(a + 0.5a) + (b + 1.5b) = 32,000 \rightarrow 1.5a + 2.5b = 32,000 \cdots \bigcirc$

$(a + 0.5a) + 5,000 = (b + 1.5b) \rightarrow 1.5a = 2.5b - 5,000 \cdots \bigcirc\!\bigcirc$

$\bigcirc$과 $\bigcirc\!\bigcirc$을 연립하면, $b = 7,400$, $a = 9,000$이다.

따라서 A가 첫 번째로 낸 금액은 9,000원이다.

03

정답 ④

S사의 초기 투자비용을 x만 원, A사의 초기 투자비용을 y만 원이라고 하면 $x:y=5:2$이므로 $2x=5y$를 만족한다.
A가 연구자금을 받은 뒤에 투자금은 S사와 A사 각각 $(x-1,500)$만 원, $(y+1,500)$만 원이다.
이 비율이 $4:3$이므로 다음과 같은 식이 성립한다.
$(x-1,500):(y+1,500)=4:3$
$\rightarrow 3x-4,500=4y+6,000$
$\rightarrow 3x-4y=10,500$
$\rightarrow 15y-8y=21,000(\because 2x=5y)$
$\therefore y=3,000$
따라서 A사의 초기 투자비용은 3,000만 원이다.

대표기출유형 05 | 기출응용문제

01

정답 ④

10명의 학생 중에서 임의로 2명을 뽑는 경우의 수는 $_{10}C_2=45$가지이며, 뽑은 2명의 혈액형이 모두 A형, B형, O형인 경우의 수는 각각 다음과 같다.
• 뽑은 2명의 학생의 혈액형이 모두 A형인 경우의 수 : $_2C_2=1$가지
• 뽑은 2명의 학생의 혈액형이 모두 B형인 경우의 수 : $_3C_2=3$가지
• 뽑은 2명의 학생의 혈액형이 모두 O형인 경우의 수 : $_5C_2=10$가지
따라서 뽑은 2명의 학생의 혈액형이 서로 다를 경우의 수는 $45-(1+3+10)=31$가지이다.

02

정답 ①

맨 앞의 할아버지와 맨 뒤의 할머니를 제외한 5명이 일렬로 서는 경우의 수를 구하면 된다.
$5!=5\times4\times3\times2\times1=120$가지
따라서 구하고자 하는 경우의 수는 120가지이다.

03

정답 ③

작년의 임원진 3명은 연임하지 못하므로 올해 임원 선출이 가능한 인원은 $17-3=14$명이다.
14명 중에서 회장, 부회장, 총무를 각 1명씩 뽑을 수 있는 방법은 다음과 같다.
$_{14}P_3=14\times13\times12=2,184$가지
따라서 올해 임원을 선출할 수 있는 경우의 수는 2,184가지이다.

01

A~D를 한 줄로 세우는 경우의 수는 4×3×2×1=24가지이다.

A가 맨 앞에 서는 경우의 수는 A는 맨 앞에 고정되어 있기 때문에 나머지 3명을 한 줄로 세우는 경우의 수를 구하면 되므로 3×2×1 =6가지이다.

따라서 A가 맨 앞에 서게 될 확률은 $\frac{6}{24}=\frac{1}{4}$ 이다.

02

• 전체 구슬의 개수 : 3+4+5=12개

• 빨간색 구슬 2개를 꺼낼 확률 : $\frac{_3C_2}{_{12}C_2}=\frac{1}{22}$

• 초록색 구슬 2개를 꺼낼 확률 : $\frac{_4C_2}{_{12}C_2}=\frac{1}{11}$

• 파란색 구슬 2개를 꺼낼 확률 : $\frac{_5C_2}{_{12}C_2}=\frac{5}{33}$

따라서 구슬 2개를 동시에 꺼낼 때, 모두 빨간색이거나 모두 초록색이거나 모두 파란색일 확률은 $\frac{1}{22}+\frac{1}{11}+\frac{5}{33}=\frac{19}{66}$ 이다.

03

두 수의 곱이 홀수가 되려면 (홀수)×(홀수)여야 하므로 1에서 10까지 적힌 숫자카드 10장 중 임의로 2장을 동시에 뽑았을 때 2장 모두 홀수일 확률을 구해야 한다.

따라서 10장 중 홀수 카드 2장을 뽑을 확률은 $\frac{_5C_2}{_{10}C_2}=\frac{\frac{5\times4}{2\times1}}{\frac{10\times9}{2\times1}}=\frac{5\times4}{10\times9}=\frac{2}{9}$ 이다.

04 | 언어추리

대표기출유형 01 | 기출응용문제

01

정답 ③

'저녁에 일찍 잔다.'를 A, '상쾌하게 일어난다.'를 B, '자기 전 휴대폰을 본다.'를 C라고 하면, 전제1은 A → B, 결론은 C → ~A이다.
전제1의 대우가 ~B → ~A이므로 C → ~B → ~A가 성립하기 위한 전제2는 C → ~B나 B → ~C이다.
따라서 빈칸에 들어갈 명제로 가장 적절한 것은 '자기 전 휴대폰을 보면 상쾌하게 일어날 수 없다.'이다.

02

정답 ②

돼지꿈을 꾼 다음 날 복권을 사는 사람들은 모두가 미신을 따르는 사람들이고, 미신을 따르는 사람 중 과학자는 없다.
따라서 돼지꿈을 꾼 다음 날 복권을 사는 사람이라면 과학자가 아니다.

03

정답 ④

'운동을 꾸준히 한다.'를 A, '스트레스를 많이 받는다.'를 B, '술을 많이 마신다.'를 C, '간에 무리가 간다.'를 D라고 한다면 전제
1은 C → D, 전제3은 B → C, 결론은 ~A → D이므로 결론이 도출되기 위해서는 빈칸에 ~A → B가 필요하다.
따라서 대우 명제인 ④가 답이 된다.

대표기출유형 02 | 기출응용문제

01

정답 ②

'환율이 오른다.'를 A, 'X주식을 매도하는 사람'을 B, 'Y주식을 매수하는 사람'을 C라고 하면, 전제1과 전제2를 다음과 같은 벤다이
어그램으로 나타낼 수 있다.

1) 전제1

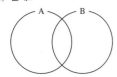

2) 전제2

이를 정리하면 다음과 같은 벤다이어그램이 성립한다.

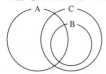

따라서 결론에 들어갈 명제는 '환율이 오르면 어떤 사람은 Y주식을 매수한다.'인 ②이다.

02

정답 ③

'환경정화 봉사활동에 참여하는 사람'을 A, '재난복구 봉사활동에 참여하는 사람'을 B, '유기동물 봉사활동에 참여하는 사람'을 C라고 하면, 전제1과 결론을 다음과 같은 벤다이어그램으로 나타낼 수 있다.

1) 전제1   2) 결론

결론이 참이 되기 위해서는 B와 공통되는 부분의 A와 C가 연결되어야 한다. 즉, 다음과 같은 벤다이어그램이 성립할 때 결론이 참이 될 수 있다.

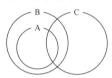

따라서 전제2에 들어갈 명제는 '환경정화 봉사활동에 참여하는 어떤 사람은 유기동물 봉사활동에 참여한다.'인 ③이다.

03

정답 ①

'회사원은 회의에 참석한다.'를 A, '회사원은 결근을 한다.'를 B, '회사원은 출장을 간다.'를 C라고 하면 전제1과 결론을 다음과 같은 벤다이어그램으로 나타낼 수 있다.

1) 전제1   2) 결론

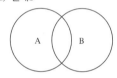   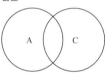

이때, 결론이 참이 되기 위해서는 B가 C에 모두 속해야 하므로 이를 벤다이어그램으로 나타내면 다음과 같다.

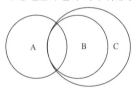

따라서 전제2에 들어갈 명제는 '결근을 하는 회사원은 출장을 간다.'인 ①이다.

04

정답 ④

B를 주문한 손님들만 D를 추가로 주문할 수 있으므로 A를 주문한 사람은 D를 주문할 수 없다. 이에 대한 대우도 참이다. 따라서 결론에 들어갈 명제는 'D를 주문한 손님은 A를 주문하지 않았다.'인 ④이다.

01

8인이 앉을 수 있는 원탁의 각 자리에 임의로 다음 그림과 같이 번호를 붙여보자.

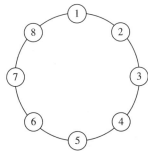

원탁은 회전하여도 배치가 바뀌지 않으므로, 1에 B대리가 앉는다고 가정하면, 두 번째 조건에 따라 5번과 8번에는 대리가 앉을 수 없고, 세 번째 조건에 따라 2번에는 D과장이 앉게 된다. 네 번째 조건에 따라 F팀장은 대리 직급과 마주 보고 앉아야 하나, 5번과, 8번에는 대리 직급이 앉을 수 없으므로 맞은 편 자리인 4번에 앉지 못한다. 또한 6번은 대리 직급이 아닌 D과장과 마주보고 있으므로 앉을 수 없으며, 다섯 번째 조건에 따라 3번에도 앉을 수 없으므로 F팀장은 남은 7번 자리에 앉는다. 네 번째 조건에 따라 3번에는 무조건 대리가 앉게 되므로, 3번과 6번에는 A대리 또는 C대리가 앉아야 하므로 마지막 조건에 따라 8번은 E과장이 앉는다. 마지막으로 여섯 번째 조건에 따라, A대리는 왼쪽 자리가 비어있는 3번에 앉고, G팀장은 그 왼쪽인 4번에 앉게 된다. 그러면 H부장은 남은 자리인 5번에 앉으므로 H부장의 오른쪽에 앉은 사람은 G팀장이다.

02

돼지 인형과 토끼 인형의 크기를 비교할 수 없으므로 크기가 큰 순서대로 나열하면 '돼지 – 토끼 – 곰 – 기린 – 공룡' 또는 '토끼 – 돼지 – 곰 – 기린 – 공룡'이 된다. 이때 가장 큰 크기의 인형을 정확히 알 수 없으므로 진영이가 좋아하는 인형 역시 알 수 없다.

03

D는 102동 또는 104동에 살며, A와 B가 서로 인접한 동에 살고 있으므로 E는 101동 또는 105동에 산다. 이를 통해 101동부터 (A, B, C, D, E), (B, A, C, D, E), (E, D, C, A, B), (E, D, C, B, A)의 네 가지 경우를 추론할 수 있다. 따라서 'A가 102동에 산다면 E는 105동에 산다.'는 반드시 참이 된다.

04

두 번째 조건에 따라 둘째 날에는 2시간 또는 1시간 30분의 발 마사지 코스를 선택할 수 있다.
• 둘째 날에 2시간의 발 마사지 코스를 선택하는 경우
  첫째 날에는 2시간, 셋째 날에는 1시간, 넷째 날에는 1시간 30분 동안 발 마사지를 받는다.
• 둘째 날에 1시간 30분의 발 마사지 코스를 선택하는 경우
  첫째 날에는 2시간, 셋째 날에는 30분, 넷째 날에는 1시간 또는 1시간 30분 동안 발 마사지를 받는다.
따라서 현수는 셋째 날에 가장 짧은 마사지 코스를 선택하였다.

01

A의 진술과 C의 진술이 서로 모순되므로 둘 중 한 명은 진실을 말하고 있다.
ⅰ) A가 참인 경우
　범인은 B가 된다. 그러나 이 경우 B, C, D 모두 거짓을 말하는 것이나, D의 진술이 거짓일 경우 A와 B는 범인이 아니므로 모순이다.
ⅱ) C가 참인 경우
　B와 C는 범인이 아니며 A, B, D의 진술은 모두 거짓이다. A의 진술이 거짓이므로 B는 범인이 아니고, B의 진술이 거짓이므로 C와 D 두 명 중 범인이 있다. 마지막으로 D의 진술도 거짓이므로 A와 B는 범인이 아니다. 따라서 물건을 훔친 범인은 D이다.

02

문제에서 한 명이 거짓말을 한다고 하였으므로, 1층에서 내린 사람이 서로 다르다고 진술한 A와 B 둘 중 한 명이 거짓말을 하였다.
ⅰ) A가 거짓말을 했을 경우

1층	2층	3층	4층	5층
C	D	B	A	E

ⅱ) B가 거짓말을 했을 경우

1층	2층	3층	4층	5층
B	D	C	A	E

따라서 두 경우를 고려했을 때, A는 항상 D보다 높은 층에서 내린다.

03

A나 C가 농구를 한다면 진실만 말해야 하는데, 모두 다른 사람이 농구를 한다고 말하고 있으므로 거짓을 말한 것이 되어 모순이 된다. 그러므로 농구를 하는 사람은 B 또는 D이다.
ⅰ) B가 농구를 하는 경우
　C는 야구, D는 배구를 하고 남은 A가 축구를 한다. A가 한 말은 모두 거짓이고, C와 D는 진실과 거짓을 한 개씩 말하므로 모든 조건이 충족된다.
ⅱ) D가 농구를 하는 경우
　B은 야구, A는 축구, C는 배구를 한다. 이 경우 A가 진실과 거짓을 함께 말하고, B와 C는 거짓만 말한 것이 되므로 모순이 된다. 따라서 D는 농구를 하지 않는다.
따라서 A는 축구, B는 농구, C는 야구, D는 배구를 한다.

04

다섯 명 중 단 한 명만이 거짓말을 하고 있으므로 C와 D 중 한 명은 반드시 거짓을 말하고 있다.
ⅰ) C의 진술이 거짓일 경우
　B와 C의 말이 모두 거짓이 되므로 한 명만 거짓말을 하고 있다는 조건이 성립하지 않는다.
ⅱ) D의 진술이 거짓일 경우

구분	A	B	C	D	E
출장지역	잠실		여의도	강남	

　이때, B는 상암으로 출장을 가지 않는다는 A의 진술에 따라 상암으로 출장을 가는 사람은 E임을 알 수 있다.
따라서 ⑤는 항상 거짓이 된다.

05 | 수열추리

대표기출유형 01 기출응용문제

01
정답 ④

홀수 항은 ×3, 짝수 항은 $+\frac{1}{2}$ 을 하는 수열이다.

따라서 (   )$=9\times3=27$이다.

02
정답 ②

제시된 수열은 앞의 항이 $a\frac{c}{b}$ 일 때, 다음 항의 값은 $(a+2)\left(\frac{a-c}{a+b}\right)$ 인 수열이다.

따라서 (   )$=(10+2)\left(\frac{10-3}{10+23}\right)=12\frac{7}{33}$ 이다.

03
정답 ②

앞의 항에 $\times\frac{(분자+1)}{(분모+1)}$ 을 하는 수열이다.

따라서 (   )$=\frac{1}{3}\times\frac{(1+1)}{(3+1)}=\frac{1}{3}\times\frac{2}{4}=\frac{1}{6}$ 이다.

04
정답 ③

정수는 $+2$, $+3$, $+4$, $+5$, $\cdots$, 소수는 0.01×9^2, 0.01×8^2, 0.01×7^2, 0.01×6^2, $\cdots$인 수열이다.

따라서 (   )$=(28+8)+(0.01\times2^2)=36.04$이다.

05
정답 ③

앞의 항에 $+1.99$, $+1.98$, $+1.97$, $\cdots$을 하는 수열이다.

따라서 (   )$=7.94+1.96=9.90$이다.

06
정답 ②

앞의 항에 $+2.7$, $\div2$가 반복되는 수열이다.

따라서 (   )$=10.2\div2=5.1$이다.

07

정답 ②

앞의 항에 ×2, +5가 반복되는 수열이다.
따라서 (   )=-2+5=3이다.

08

정답 ③

앞의 항에 ×3-1을 하는 수열이다.
따라서 (   )=527×3-1=1,580이다.

09

정답 ④

나열된 수를 각각 A, B, C, D라고 하면
$\underline{A\ B\ C\ D} \rightarrow 2\times(A+C)=B+D$
따라서 (   )=$2\times(4+\dfrac{7}{2})-5$=10이다.

10

정답 ①

앞의 항에 +10, +8, +6, …을 하는 수열이다.
∴ A=12+8=20, B=30+2=32
따라서 B÷A=$32\div20=\dfrac{8}{5}$이다.

11

정답 ⑤

앞의 항에 +9, +11, +13, +15, +17, +19, …을 하는 수열이다.
수열의 일반항을 a_n이라 하면 $a_n=91+\sum\limits_{k=1}^{n-1}(7+2k)=91+\{7\times(n-1)\}+n(n-1)\}=84+7n+n(n-1)$이다.
따라서 18번째 항의 값은 $a_{18}=84+(7\times18)+(18\times17)$=5160이다.

12

정답 ②

제시된 수열은 n항=|$(n-2)$항-$(n-1)$항|(단, $n\geq3$)인 수열이다.
• 8번째 항=|17-21|=4
• 9번째 항=|21-4|=17
• 10번째 항=|4-17|=13
따라서 10번째 항의 값은 13이다.

아이들이 답이 있는 질문을 하기 시작하면 그들이 성장하고 있음을 알 수 있다.

- 존 J. 플롬프 -

PART 2

최종점검 모의고사

01　언어이해

01	02	03	04	05	06	07	08	09	10	11	12	13	14	15	16	17	18	19	20
③	④	⑤	③	④	②	③	⑤	④	④	①	②	④	④	④	⑤	④	⑤	①	②

01
정답 ③

제시문은 지구의 내부가 지각, 상부 맨틀, 하부 맨틀, 외핵, 내핵으로 이루어진 층상 구조라고 밝히며, 지구 내부의 구조에 대해 설명하고 있다. 따라서 글의 핵심 내용으로 가장 적절한 것은 ③이다.

02
정답 ④

장피에르 교수 외 고대 그리스 수학자들의 학문에 대한 공통적 입장은 새로운 진리를 찾는 기쁨이라는 것이다.

오답분석
①·② 제시문과 반대되는 내용이므로 옳지 않다.
③·⑤ 제시문에 언급되어 있지 않아 알 수 없다.

03
정답 ⑤

제시문에 따르면 사회적 합리성을 위해서는 개인의 노력도 중요하지만 그것만으로는 안 되고 '공동'의 노력이 필수이다.

04
정답 ③

'하지만 산수화 속의 인간은 산수에 부속된 것일 뿐이다. 산수화에서의 초점은 산수에 있지, 산수 속에 묻힌 인간에 있지 않다.'라는 문장을 통해 확인할 수 있다.

오답분석
① 조선 시대 회화의 주류가 인간의 외부에 존재하는 대상을 그리는 것이 대부분이었다면, 조선 후기에 등장한 풍속화는 인간의 모습을 화폭 전면에 채우는 그림으로, 인간을 중심으로 하고 현세적이고 일상적인 생활을 소재로 한다.
② 풍속화에는 양반뿐만이 아니라 농민과 어민, 그리고 별감, 포교, 나장, 기생, 뚜쟁이 할미까지 도성의 온갖 인간들이 등장한다.
④ 조선 시대 회화의 주류는 산수화였다.
⑤ 여성이 회화의 주요대상으로 등장하는 것은 조선 후기의 풍속화에 와서야 가능하게 되었다.

05
정답 ④

대중문화가 대중을 사회 문제로부터 도피하게 하거나 사회 질서에 순응하게 하는 역기능을 수행하여 혁명을 불가능하게 만든다는 내용이다. 따라서 이 주장에 대한 반박은 대중문화가 순기능을 한다는 태도여야 한다. 그런데 ④는 글과 연관성이 없는 현대 대중문화의 질적 수준 평가에 대한 내용이므로 반박하는 내용으로 적절하지 않다.

06

정답 ②

제시문은 유교 사상의 입장에서 자연과 인간의 관계에 대해 설명한 다음, 완전한 존재인 자연을 인간이 본받아야 할 것임을 언급하고 있다. 따라서 유교에서 말하는 자연과 인간의 관계로 볼 때 인간은 자연의 일부이므로 자연과 인간은 대립이 아니라 공존해야 한다는 요지를 표제와 부제에 담아야 한다. ②는 부제가 본문의 내용을 어느 정도 담고 있으나 표제가 중심 내용을 드러내지 못하고 있다.

07

정답 ③

제시문은 테레민이라는 악기를 두 손을 이용해 어떻게 연주하는가에 대한 내용이다. 두 번째 문단에서 '오른손으로는 수직 안테나와의 거리에 따라 음고를 조절하고, 왼손으로는 수평 안테나와의 거리에 따라 음량을 조절한다.'고 하였고, 마지막 문단에서는 이에 따라 오른손으로 음고를 조절하는 방법에 대해 설명하고 있다. 따라서 뒤에 이어질 내용으로는 왼손으로 음량을 조절하는 방법이 적절하다.

08

정답 ⑤

제시문에서는 산업 혁명을 거치면서 일자리가 오히려 증가했으므로 로봇 사용으로 일자리가 줄어들 가능성은 낮다고 말한다. 그러나 보기에서는 로봇 사용으로 인한 일자리 대체 규모가 기하급수적으로 커져 인간의 일자리는 줄어들 것이라고 말한다. 로봇 사용으로 인한 일자리의 증감에 대해 정반대로 예측하는 것이다. 따라서 보기의 내용을 근거로 제시문을 반박하려면 제시문의 예측에 문제가 있음을 지적해야 하므로 ⑤가 적절하다.

09

정답 ④

제시문은 건축 재료에 대한 기술적 탐구로 등장하게 된 프리스트레스트 콘크리트에 대해 설명하는 글이다. 따라서 (마) 프리스트레스트 콘크리트의 등장 – (아) 프리스트레스트 콘크리트 첫 번째 제작 과정 – (가) 프리스트레스트 콘크리트 두 번째 제작 과정 – (나) 프리스트레스트 콘크리트가 사용된 킴벨 미술관 – (다) 프리스트레스트 콘크리트로 구현한 기둥 간격 – (사) 프리스트레스트 콘크리트 구조로 얻는 효과 – (바) 건축 미학의 원동력이 되는 새로운 건축 재료 – (라) 건축 재료와 건축 미학의 유기적 관계 순으로 나열되어야 한다.

10

정답 ④

제시문은 담배의 유해성을 설명한 후, 유해성과 관련하여 담배회사와 건강보험공단 간의 소송이라는 흐름으로 이어진다. 따라서 (라) 약초로 알고 있던 선조의 생각과는 달리 유해한 담배 – (가) 연구 결과에 따른 흡연자들의 높은 암 발생률 – (다) 담배의 유해성을 안건으로 담배회사와 소송을 진행하고 있는 건강보험공단 – (나) 이에 대응하는 건강보험공단 순으로 나열되어야 한다.

11

정답 ①

제시문의 화제는 '돈의 가치를 어떻게 가르쳐야 아이들이 돈에 대하여 올바른 개념을 갖게 될까?(부모들의 고민)'이다. 따라서 (가) 돈의 개념을 이해하는 가정의 자녀들이 성공할 확률이 높음 – (다) 아이들에게 돈의 개념을 가르치는 지름길은 용돈임 – (나) 만 7세부터 돈의 개념을 어렴풋이나마 짐작하게 되므로 이때부터 아이들에게 약간의 용돈을 주는 것으로 돈에 대한 교육을 시작하면 좋음 – (라) 하지만 돈에 대해서 부모가 결코 해서는 안 될 일들도 있으므로 부모는 아이들이 돈에 대하여 정확한 개념과 가치관을 세울 수 있도록 좋은 본보기가 되어야 함 순으로 나열되어야 한다.

12

정답 ②

제시문은 5060세대에 대해 설명하는 글로, 기존에는 5060세대들이 사회로부터 배척당했다면 최근에는 사회적인 면이나 경제적인 면에서 그 위상이 높아졌고, 이로 인해 마케팅 전략 또한 변화될 것이라고 보고 있다. 따라서 제시문의 제목으로 ②가 가장 적절하다.

13

정답 ④

저장강박증이 있는 사람들은 물건에 대한 애정이 없어서 관리를 하지 않는다.

14

정답 ④

민간 부문에서 역량 모델의 도입에 대한 논의가 먼저 이루어진 것으로 짐작할 수는 있지만, 이것이 민간 부문에서 더욱 효과적으로 작용한다는 것을 의미한다고 보기는 어렵다.

15

정답 ④

경제활동에 참여하는 여성의 증가와 출산율의 상관관계는 알 수 없으며, 제시문은 신혼부부의 주거안정을 위해서는 여성의 경제활동을 지원해야 하고 이를 위해 육아·보육지원 정책의 확대·강화가 필요하다고 주장하고 있으므로 ④의 내용은 적절하지 않다.

16

정답 ⑤

감정선이 직선에 가까우면 솔직하고 감정 표현에 직설적이며, 곡선에 가까울수록 성격이 부드럽고 섬세하다고 한다. 따라서 ⑤는 적절하지 않다.

오답분석

① 금성구가 발달한 사람은 운동을 잘하며 정이 많다고 한다.
② 월구가 발달하면 예술가의 기질이 많다고 한다.
③ 두뇌선이 직선형이면 의사나 과학자 등 이공 계열과 맞다고 한다.
④ 수성구가 발달하면 사업적 기질이 풍부하다고 한다.

17

정답 ④

제시문은 영화의 시퀀스를 구성하는 요소와 개념에 대해 설명한 후, 씬의 제시 방법에 따른 시퀀스의 종류를 언급하고 있다. 또한 시퀀스의 연결 방법과 효과, 시퀀스의 길이에 따른 특징을 설명한 후 영화를 감상할 때 시퀀스 분석이 지니는 의의를 언급하며 글을 마무리하고 있다. 그러나 영화의 발전 과정과 시퀀스의 상관관계에 대한 내용은 알 수 없다.

18

정답 ⑤

제시문에서는 비타민D의 결핍으로 인해 발생하는 건강문제를 근거로 신체를 태양빛에 노출하여 건강을 유지해야 한다고 주장하고 있다. 따라서 태양빛에 노출되지 않고도 충분한 비타민D 생성이 가능하다는 근거가 있다면 제시문에 대한 반박이 되므로 ⑤가 가장 적절하다.

오답분석

① 제시문에서는 비타민D 보충제에 대해 언급하고 있지 않다. 따라서 비타민D 보충제가 태양빛 노출을 대체할 수 있을지 판단하기 어렵다.
② 태양빛에 노출될 경우 피부암 등의 질환이 발생하는 것은 사실이나, 이것이 비타민D의 결핍을 해결하는 또 다른 방법을 제시하거나 제시문에서 주장하는 내용을 반박하고 있지는 않다.
③ 비타민D는 칼슘과 인의 흡수 외에도 흉선에서 면역세포를 생산하는 작용에 관여하고 있다. 따라서 칼슘과 인의 주기적인 섭취만으로는 문제를 해결할 수 없으며, 제시문에 대한 반박이 되지 못한다.
④ 제시문에서는 자외선 차단제를 사용했을 때 중파장 자외선이 어떻게 작용하는지 언급하고 있지 않다. 또한 자외선 차단제를 사용한다는 사실이 태양빛에 노출되어야 한다는 제시문의 주장을 반박한다고는 보기 어렵다.

19

빈칸의 앞 문장에 따르면 땅집에서는 모든 것이 자기 나름의 두께와 깊이를 가진다. 집 자체가 인간과 마찬가지의 두께와 깊이를 가진다고 설명하고 있으므로 '인간'이 들어간 ①이 가장 적절하다.

20

'의리의 문제는 사람과 때에 따라 같지 않습니다.'라고 하였으므로 신하들이 임금에 대해 의리를 실천하는 방식이 누구에게나 동일하다는 ㉢은 제시문의 내용과 상충한다.

오답분석

㉠ 부자관계는 천륜이어서 자식이 어버이를 봉양하는 데 한계가 없고, 이때는 은혜가 항상 의리에 우선하므로 관계를 떠날 수 없다고 하였으므로 적절하다.

㉡ 군신관계는 의리로 합쳐진 것이라 한계가 있는데 이 경우에는 때때로 의리가 은혜보다 앞서기도 한다고 하였으므로 적절하다.

PART 2

---

02 자료해석

01	02	03	04	05	06	07	08	09	10	11	12	13	14	15	16	17	18	19	20
②	③	④	①	⑤	①	①	②	②	④	⑤	②	④	⑤	⑤	②	①	⑤	⑤	②

01

전년 대비 국·영·수의 월 최대 수강자 수가 증가한 해는 2019년과 2023년이고, 증가율은 다음과 같다.

- 2019년 : $\frac{385-350}{350} \times 100 = 10\%$
- 2023년 : $\frac{378-360}{360} \times 100 = 5\%$

따라서 증가율은 2019년에 가장 높으므로 ㉢은 옳다.

오답분석

㉠ 2020년 국·영·수의 월 최대 수강자 수는 전년 대비 감소했지만, 월 평균 수강자 수는 전년 대비 증가하였다.

㉡ 2020년 국·영·수의 월 최대 수강자 수는 전년 대비 감소했지만, 월 평균 수업료는 전년 대비 증가하였다.

㉣ 2018 ~ 2023년 동안 월 평균 수강자 수가 국·영·수 과목이 최대, 최소인 해는 각각 2020년, 2018년이고, 탐구 과목이 최대, 최소인 해는 2021년, 2019년이다.

02

월간 용돈을 5만 원 미만으로 받는 비율은 중학생과 고등학생 비율은 각각 90%, 60%로, 중학생의 비율이 고등학생의 비율보다 높다.

오답분석

① 전체에서 금전출납부의 기록하는 비율과 기록하지 않는 비율은 각각 30%, 70%로, 기록하지 않는 비율이 기록하는 비율보다 높다.

② 용돈을 받는 남학생과 여학생의 비율은 각각 83%, 86%로, 여학생의 비율이 남학생의 비율보다 높다.

④ 용돈을 받지 않는 중학생과 고등학생의 비율은 각각 12%, 20%로, 고등학생의 비율이 중학생의 비율보다 높다.

⑤ 고등학생 전체 인원을 100명이라고 한다면, 그중에 용돈을 받는 학생은 80명이다. 80명 중에 월간 용돈을 5만 원 이상 받는 학생의 비율은 40%이므로 $80 \times \frac{40}{100} = 32$명이다.

03

곡류 수입 물량은 2021년부터 증가하였고, 수입 금액은 2022년부터 감소하였다.

오답분석

① 2018년 대비 2023년 과실류 수입 금액은 $\frac{175-50}{50} \times 100 = 250\%$ 급증하였다.

② 2018년 대비 2023년 농산물 전체 수입 물량은 $\frac{3,430-2,450}{2,450} \times 100 = 40\%$ 증가하였다.

③ 2019 ~ 2023년 동안 과실류와 채소류 수입 금액의 전년 대비 증감 추이는 '증가 - 감소 - 증가 - 감소 - 증가'로 같다.

⑤ 곡류, 과실류, 채소류의 2018년과 2023년의 수입 물량 차이는 다음과 같다.
  - 곡류 : 1,520 - 1,350 = 170만 톤
  - 과실류 : 130 - 65 = 65만 톤
  - 채소류 : 110 - 40 = 70만 톤
따라서 곡류가 가장 많이 증가했다.

04

영국의 2022년 1분기 고용률은 2021년보다 하락했고, 2022년 2분기에는 1분기의 고용률이 유지되었다.

오답분석

② • 2022년 2분기 OECD 전체 고용률 : 65.0%
  • 2023년 2분기 OECD 전체 고용률 : 66.3%

  따라서 2023년 2분기 OECD 전체 고용률의 전년 동분기 대비 증가율은 $\frac{66.3-65.0}{65.0} \times 100 = 2\%$이다.

③ • ⑤ 제시된 자료를 통해 확인할 수 있다.

④ 2023년 1분기 고용률이 가장 높은 국가는 독일이고, 가장 낮은 국가는 프랑스로, 독일의 고용률은 74%이고, 프랑스의 고용률은 64%이다. 따라서 두 국가의 고용률의 차이는 74 - 64 = 10%p이다.

05

ⓒ 경기도와 광주광역시의 2022년과 2023년 부도업체 수의 전년 대비 증감 추이는 '감소 - 감소'로 동일하다.

ⓔ 2023년 부산광역시의 부도업체가 전국 부도업체에서 차지하는 비율은 $\frac{41}{494} \times 100 = 8.3\%$이므로 옳다.

오답분석

⊙ 전라북도의 부도업체 수는 2021년 대비 2023년에 $\frac{26-34}{34} \times 100 = -23.5\%$ 감소하였으므로 30% 미만 감소하였다.

ⓛ 2022년에 부도업체 수가 20개를 초과하는 시 • 도는 서울특별시, 부산광역시, 대구광역시, 인천광역시, 경기도, 경상북도, 경상남도로 총 7곳이다.

06

전체 지역의 생산 면적당 논벼 생산량은 각각 다음과 같다.
- 서울 • 인천 • 경기 : $\frac{468,506}{91,557} = 5.12$톤/ha
- 강원 : $\frac{166,396}{30,714} = 5.42$톤/ha
- 충북 : $\frac{201,670}{37,111} = 5.43$톤/ha
- 세종 • 대전 • 충남 : $\frac{803,806}{142,722} = 5.63$톤/ha
- 전북 : $\frac{687,367}{121,016} = 5.68$톤/ha
- 광주 • 전남 : $\frac{871,005}{170,930} = 5.10$톤/ha

- 대구·경북 : $\dfrac{591,981}{105,894}$ ≒5.59톤/ha

- 부산·울산·경남 : $\dfrac{403,845}{77,918}$ ≒5.18톤/ha

- 제주 : $\dfrac{41}{10}$ =4.1톤/ha

따라서 생산 면적당 논벼 생산량이 가장 많은 지역은 전북이다.

[오답분석]

② ①의 해설을 참고할 때, 제주를 제외한 모든 지역에서 생산 면적당 5톤 이상의 논벼를 생산하는 것을 알 수 있다.

③ 광주·전남 지역의 논벼 생산 면적과 밭벼 생산 면적은 각각 가장 넓고, 논벼와 밭벼 생산량도 각각 가장 많다.

④ 제주 지역의 백미 생산량 중 밭벼 생산량이 차지하는 비율은 $\dfrac{317}{41+317} \times 100$ ≒88.55%이다.

⑤ 전국의 밭벼 생산 면적 중 광주·전남 지역의 밭벼 생산 면적이 차지하는 비율은 $\dfrac{705}{2+0+3+11+10+705+3+11+117} \times 100$ ≒81.79%이다. 따라서 80% 이상이다.

07

정답 ①

- 주말 입장료 : $11,000+15,000+20,000\times2+20,000\times\dfrac{1}{2}=76,000$원

- 주중 입장료 : $10,000+13,000+18,000\times2+18,000\times\dfrac{1}{2}=68,000$원

따라서 요금 차이는 $76,000-68,000=8,000$원이다.

08

정답 ②

- 평균 통화시간이 6~9분인 여성의 수 : $400\times\dfrac{18}{100}=72$명

- 평균 통화시간이 12분 이상인 남성의 수 : $600\times\dfrac{10}{100}=60$명

따라서 평균 통화시간이 6~9분인 여성의 수는 12분 이상인 남성의 수의 $\dfrac{72}{60}=1.2$배이다.

09

정답 ②

전체 질문 중 '보통이다' 비율이 가장 높은 질문은 37%인 네 번째 질문이며, '매우 그렇다' 비율이 가장 높은 질문은 21%인 두 번째 질문이다.

[오답분석]

① 전체 질문 중 세 번째 '지방이전 후 출·퇴근 교통에 만족합니까?' 질문에 '그렇지 않다'와 '매우 그렇지 않다'의 비율 합이 가장 높다.

③ 전체 질문에서 '그렇다'를 선택한 평균 비율은 $\dfrac{75}{5}=15$%이고, '매우 그렇지 않다'를 선택한 평균 비율은 $\dfrac{95}{5}=19$%이므로 '매우 그렇지 않다'를 선택한 평균 비율이 $19-15=4$%p 높다.

④ 두 번째 질문에 '매우 그렇다'를 선택한 직원 수는 $1,600\times\dfrac{21}{100}=336$명이고, '보통이다'를 선택한 직원 수는 $1,600\times\dfrac{35}{100}=560$명이다. 따라서 '매우 그렇다'를 선택한 직원 수는 '보통이다'를 선택한 직원 수보다 $560-336=224$명 적다.

⑤ 다섯 번째 질문에서 '매우 그렇지 않다'를 선택한 직원 수는 $1,600\times\dfrac{19}{100}=304$명이고, '그렇지 않다'를 선택한 직원 수는 $1,600\times\dfrac{9}{100}=144$명이다. 따라서 직원 수의 차이는 $304-144=160$명으로 150명 이상이다.

10

마지막 문단에 제시된 영업용으로 등록된 특수차의 수에 따라 2020~2023년 전년 대비 증가량 중 2020년과 2023년의 전년 대비 증가량이 제시된 보고서보다 높다. 따라서 ④는 옳지 않은 그래프이다.

구분	2020년	2021년	2022년	2023년
증가량	$59,281-57,277$ $=2,004$대	$60,902-59,281$ $=1,621$대	$62,554-60,902$ $=1,652$대	$62,946-62,554$ $=392$대

오답분석

① 두 번째 문단에서 자가용으로 등록된 연도별 특수차 수를 계산하면 2019년 2만 대, 2020년 2.4만 대, 2021년 2.8만 대이며, 2022년 3만 대, 2023년 3.07만 대이다.

② 두 번째 문단에서 자가용으로 등록된 연도별 승용차 수와 일치한다.

③ 마지막 문단에서 영업용으로 등록된 연도별 특수차 수와 일치한다.

⑤ 세 번째 문단에서 관용차로 등록된 연도별 승합차 수와 일치한다.

11

정답 ⑤

전체 찬성 인원의 성별 차이는 $300-252=48$명이며, 본부별 차이는 $336-216=120$명으로 성별이 아닌 본부별 차이가 더 크다.

오답분석

① 두 본부 남성이 휴게실 확충에 찬성하는 비율은 $\frac{156+96}{400}\times100=63\%$이므로, 60% 이상이다.

② A본부 여성의 찬성 비율은 $\frac{180}{200}\times100=90\%$이고, B본부는 $\frac{120}{100}\times100=60\%$이다. 따라서 A본부 여성의 찬성 비율이 1.5배 높음을 알 수 있다.

③ A본부가 B본부보다 찬성이 많지만, 어디에 휴게실이 확충될지는 위의 자료만으로는 알 수 없다.

④ B본부 전체 인원 중 여성의 찬성률은 $\frac{120}{400}\times100=30\%$로, 남성의 찬성률인 $\frac{96}{400}\times100=24\%$의 1.25배이다.

12

정답 ②

• 협동조합이 산지에서 구매한 가격을 a라 하면

협동조합이 도매상에 판매한 가격 : $\left(1+\frac{20}{100}\right)\times a=1.2a$

• 도매상의 판매가를 x라 하면 $\frac{80}{100}x=1.2a \rightarrow x=1.5a$

소매상의 판매가 : $\left(1+\frac{20}{100}\right)\times1.5a=1.8a$

따라서 상승한 가격은 $0.8a$이므로, 소비자가 구매하는 가격은 협동조합의 최초 구매가격의 80%이다.

13

정답 ④

ⓒ 2022년, 2023년 모두 30대 이상의 여성이 남성보다 비중이 높다.

ⓒ 2023년 40대 남성의 비중은 22.1%로, 다른 나이대보다 비중이 높다.

오답분석

㉠ 2022년에는 20대 남성이 30대 남성보다 1인 가구 비중이 더 높았지만, 2023년에는 20대 남성이 30대 남성보다 1인 가구의 비중이 더 낮았다. 따라서 20대 남성이 30대 남성보다 1인 가구의 비중이 더 높은지는 알 수 없다.

㉣ 2년 이내 1인 생활을 종료를 예상하는 1인 가구의 비중은 2022년에는 증가하였으나, 2023년에는 감소하였다.

28 • SK그룹 SKCT

14

업그레이드 전 성능지수가 100인 기계의 수는 15대이고, 성능지수 향상폭이 35인 기계의 수도 15대이므로 동일하다.

오답분석

① 업그레이드된 기계 100대의 성능지수의 평균을 구하면 $\dfrac{60\times14+5\times20+5\times21+15\times35}{100}=15.7$로 20 미만이다.

② 서비스 향상폭이 35인 기기는 15대인데, 성능지수는 65, 79, 85, 100 네 가지가 있고 이 중 가장 최대는 100이다. 서비스 성능이 35만큼 향상할 수 있는 경우는 성능지수가 65였을 때이다. 따라서 35만큼 향상된 기계의 수가 15대라고 했으므로 $\dfrac{15}{80}\times100=18.75\%$가 100으로 향상되었다.

③ 향상폭이 21인 기계는 5대로 업그레이드 전 성능지수가 79인 기계 5대가 모두 100으로 향상되었다.

④ 향상되지 않은 기계는 향상폭이 0인 15대이며 이는 업그레이드 전 성능지수가 100인 기계 15대를 뜻하며 그 외 기계는 모두 성능지수가 향상되었다.

15

정답 ⑤

살인 신고건수에서 여성 피해자가 남성 피해자의 2배일 때, 남성 피해자의 살인 신고건수는 $1.32\div3=0.44$백 건이다.

따라서 남성 피해자 전체 신고건수인 $132\times\dfrac{8.8}{100}=11.616$백 건에서 살인 신고건수가 차지하는 비율은 $\dfrac{0.44}{11.616}\times100\fallingdotseq3.8\%$로 3% 이상이다.

오답분석

① 지난해 데이트 폭력 신고건수는 피해유형별 신고건수를 모두 합하면 총 $81.84+22.44+1.32+6.6+19.8=132$백 건이다. 신고유형별 신고건수에서도 $5.28+14.52+10.56+101.64=132$백 건임을 알 수 있다.

② 112신고로 접수된 건수는 체포감금, 협박 피해자로 신고한 건수의 $\dfrac{101.64}{22.44}\fallingdotseq4.5$배이다.

③ 방문신고 건수의 25%($14.52\times\dfrac{25}{100}=3.63$백 건)가 성폭행 피해자일 때, 전체 신고건수에서 차지하는 비율은 $\dfrac{3.63}{132}\times100\fallingdotseq2.8\%$이다.

④ 남성 피해자의 50%가 폭행, 상해 피해자로 신고한 건수는 $132\times\dfrac{8.8}{100}\times\dfrac{50}{100}=5.808$백 건이며, 폭행, 상해의 전체 신고건수 중 $\dfrac{5.808}{81.84}\times100\fallingdotseq7.1\%$이다.

16

정답 ②

100대 기업까지 48.7%이고, 200대 기업까지 54.5%이다. 따라서 101 ~ 200대 기업이 차지하고 있는 비율은 $54.5-48.7=5.8\%$이다.

오답분석

①・③ 제시된 자료를 통해 쉽게 확인할 수 있다.

④ 제시된 자료를 통해 0.2%p 감소했음을 알 수 있다.

⑤ 등락률이 상승 – 하락의 경향을 보이므로 옳다.

제1회 최종점검 모의고사 • 29

17

합격자 중 남자의 비율은 $\frac{1,699}{1,699+624}\times100 \fallingdotseq 73.1\%$이므로 80% 미만이다.

오답분석

② 총 입사지원자 중 여자는 $\frac{3,984}{10,891+3,984}\times100 \fallingdotseq 26.8\%$이므로 30% 미만이다.

③ 총 입사지원자 중 합격률은 $\frac{1,699+624}{10,891+3,984}\times100 \fallingdotseq 15.6\%$이므로 15% 이상이다.

④ 여자 입사지원자 대비 여자의 합격률은 $\frac{624}{3,984}\times100 \fallingdotseq 15.7\%$이므로 20% 미만이다.

⑤ 남자의 합격률은 $\frac{1,699}{10,891}\times100 \fallingdotseq 15.6\%$이고, 여자의 합격률은 $\frac{624}{3,984}\times100 \fallingdotseq 15.7\%$이므로 남자의 합격률이 더 낮다.

18

- 지연 원인 중 A/C정비가 차지하는 비율 : $\frac{117}{2,986}\times100 \fallingdotseq 4\%$

- 결항 원인 중 기상이 차지하는 비율 : $\frac{17}{70}\times100 \fallingdotseq 24\%$

따라서 항공기 지연 원인 중 A/C 정비가 차지하는 비율은 결항 원인 중 기상이 차지하는 비율의 $\frac{4}{24}=\frac{1}{6}$ 수준이다.

오답분석

① 기상 원인으로 지연 및 결항된 비행기는 모두 135편이다. 하지만 이 비행기가 모두 같은 날 지연 및 결항되었을 수도 있고, 모두 다른 날 지연 및 결항되었을 수도 있으므로 제시된 자료만으로 날씨를 예측할 수 없다.

② 17×5=85<118이므로 옳지 않다.

③ 9월 동안 운항된 전체 비행기 수를 알 수 없으므로 제시된 자료만으로 구할 수 없다.

④ 기타를 제외하고 지연이 발생한 원인 중 가장 높은 비율을 차지하고 있는 것은 A/C 접속이며, 결항이 발생한 원인 중 가장 높은 비율을 차지하고 있는 것은 기상이다.

19

'매우 불만족'으로 평가한 고객 수는 전체 150명 중 15명이므로 전체 고객의 10%를 차지한다. 따라서 전체 고객 중 $\frac{1}{10}$이 서비스 만족도를 '매우 불만족'으로 평가했다는 것을 알 수 있다.

오답분석

① 응답자의 합계를 확인하면 150명이므로 옳다.

② '보통'이라고 평가한 응답자의 수를 역산하여 구하면 48명이고, 비율은 32%이다.

③ '매우 만족'이라고 평가한 응답자의 비율이 20%이므로, $150\times\frac{20}{100}=30$명이다.

④ '불만족' 이하 구간은 '불만족' 16%와 '매우 불만족' 10%의 합인 26%이다.

20

응시자 중 불합격자 수는 응시자 수에서 합격자 수를 제외한 값이다.

- 2019년 : 2,810-1,310=1,500명
- 2020년 : 2,660-1,190=1,470명
- 2021년 : 2,580-1,210=1,370명
- 2022년 : 2,110-1,010=1,100명
- 2023년 : 2,220-1,180=1,040명

① 미응시자 수는 접수자 수에서 응시자 수를 제외한 값이다.

- 2019년 : $3,540-2,810=730$명
- 2020년 : $3,380-2,660=720$명
- 2021년 : $3,120-2,580=540$명
- 2022년 : $2,810-2,110=700$명
- 2023년 : $2,990-2,220=770$명

03 창의수리

01	02	03	04	05	06	07	08	09	10	11	12	13	14	15	16	17	18	19	20
④	④	①	④	③	④	④	②	⑤	①	①	④	③	①	④	①	④	③	②	④

01
정답 ④

A와 B가 서로 반대 방향으로 돌면, 둘이 만났을 때 A가 걸은 거리와 B가 걸은 거리의 합이 운동장의 둘레와 같다.
따라서 운동장의 둘레는 $(80\times20)+(60\times20)=2,800$m이다.

02
정답 ④

처음 농도 9%의 소금물의 양을 xg이라고 하면 다음과 같은 식이 성립한다.
$$\frac{9}{100}\times x=\frac{6}{100}\times(x+200)$$
$$\rightarrow 9x=6x+1,200$$
$$\rightarrow 3x=1,200$$
$$\therefore\ x=400$$
따라서 처음 농도 9%의 소금물의 양은 400g이다.

03
정답 ①

딸기 맛 1개의 가격을 x원, 바닐라 맛 1개를 y원, 초콜릿 맛 1개를 z원이라고 하면 다음과 같은 식이 성립한다.
$2x+z=7,000\cdots$㉠
$2y=4,000\cdots$㉡
$3x+2z=11,500\cdots$㉢
㉠, ㉡, ㉢을 연립하면 $x=2,500$, $y=2,000$, $z=2,000$이다.
따라서 딸기 맛 1개와 바닐라 맛 1개를 주문했을 때 지불해야 하는 금액은 $2,500+2,000=4,500$원이다.

04
정답 ④

완성품 1개를 만드는 데 필요한 일의 양을 1이라 하고, A와 B기계가 x일 만에 완성품을 1개 만들었다고 하자.

- A기계가 하루에 하는 일의 양 : $\frac{1}{20}$
- B기계가 하루에 하는 일의 양 : $\frac{1}{30}$

두 기계를 함께 사용하여 완성품 1개를 만드는 데 걸리는 기간에 대해 다음과 같은 식이 성립한다.

$\left(\dfrac{1}{20}+\dfrac{1}{30}\right)\times x=1$

$\rightarrow \dfrac{5}{60}\times x=1$

$\rightarrow \dfrac{1}{12}\times x=1$

$\therefore x=12$

따라서 A, B기계를 함께 사용하면 12일 만에 완성품 1개를 만들 수 있다.

05   정답 ③

A사에서부터 B사까지의 거리를 $x$km라고 하면 다음과 같은 식이 성립한다.

$\dfrac{1+1+x}{3}=\dfrac{5}{3}$

$\rightarrow 2+x=5$

$\therefore x=3$

따라서 A사에서부터 B사까지의 거리는 3km이다.

06   정답 ④

38과 95의 최대공약수는 19이며, 19m 간격으로 꼭짓점을 제외하고 가로에는 4그루씩, 세로에는 1그루씩 심을 수 있다.
이때 꼭짓점에는 반드시 나무가 심어져 있어야 한다.
따라서 나무는 최소 $(4+1)\times 2+4=14$그루가 필요하다.

07   정답 ④

• 농도 5%인 설탕물 600g에 들어있는 설탕의 양 : $\dfrac{5}{100}\times 600=30$g

• 10분 동안 가열한 후 남은 설탕물의 양 : $600-(10\times 10)=500$g

• 가열 후 남은 설탕물의 농도 : $\dfrac{30}{500}\times 100=6$%

여기에 더 넣은 설탕물 200g의 농도를 x%라고 하면 다음과 같은 식이 성립한다.

$\dfrac{6}{100}\times 500+\dfrac{x}{100}\times 200=\dfrac{10}{100}\times 700$

$\rightarrow 2x+30=70$

$\therefore x=20$

따라서 더 넣은 설탕물 200g의 농도는 20%이다.

08   정답 ②

한 달에 이용하는 횟수를 x번이라고 하면 다음과 같은 식이 성립한다.

• A이용권을 사용할 때 쓰는 돈 : $50,000+1,000x$

• B이용권을 사용할 때 쓰는 돈 : $20,000+5,000x$

$\rightarrow 50,000+1,000x<20,000+5,000x$

$\therefore x>7.5$

따라서 최소 8번 이용해야 한다.

09

정답 ⑤

남자 5명 중에서 2명을 택하고 이들을 대표와 부대표로 정하는 것은 순서를 고려해야 한다. 즉, 5명 중에서 2명을 택하는 순열이므로 $_5\mathrm{P}_2 = 5 \times 4 = 20$가지이다. 여자의 경우도 마찬가지로 생각해보면 $_4\mathrm{P}_2 = 4 \times 3 = 12$가지다.
따라서 선출할 수 있는 총 경우의 수는 $_5\mathrm{P}_2 \times _4\mathrm{P}_2 = 20 \times 12 = 240$가지이다.

10

정답 ①

• 3명이 안타를 칠 확률

$: \left(\dfrac{5}{6} \times \dfrac{1}{8} \times \dfrac{1}{4} \times \dfrac{1}{5}\right) + \left(\dfrac{1}{6} \times \dfrac{7}{8} \times \dfrac{1}{4} \times \dfrac{1}{5}\right) + \left(\dfrac{1}{6} \times \dfrac{1}{8} \times \dfrac{3}{4} \times \dfrac{1}{5}\right) + \left(\dfrac{1}{6} \times \dfrac{1}{8} \times \dfrac{1}{4} \times \dfrac{4}{5}\right) = \dfrac{(5+7+3+4)}{960} = \dfrac{19}{960}$

• 4명이 안타를 칠 확률

$: \dfrac{1}{6} \times \dfrac{1}{8} \times \dfrac{1}{4} \times \dfrac{1}{5} = \dfrac{1}{960}$

따라서 구하고자 하는 확률은 $\dfrac{19}{960} + \dfrac{1}{960} = \dfrac{20}{960} = \dfrac{1}{48}$ 이다.

11

정답 ①

처음 경비를 x원이라고 하면 다음과 같은 식이 성립한다.
$x - \{(x \times 0.3) + (x \times 0.3 \times 0.5)\} = 33,000$
$\rightarrow x - 0.45x = 33,000$
$\rightarrow 0.55x = 33,000$
$\therefore x = 60,000$
따라서 처음 경비는 60,000원이다.

12

정답 ④

철수가 출발하고 나서 영희를 따라잡는 데 걸린 시간을 x분이라고 하자.
철수와 영희는 5 : 3 비율의 속력으로 간다고 했으므로 철수의 속력을 $5a\mathrm{m/min}$이라고 하면 영희의 속력은 $3a\mathrm{m/min}$이므로 다음과 같은 식이 성립한다.
$5a \times x = 3a \times 30 + 3a \times x$
$\rightarrow 5ax = 90a + 3ax$
$\rightarrow 2ax = 90a$
$\therefore x = 45$
따라서 철수가 출발하고 45분 후에 영희를 따라잡았다.

13

처음 사탕의 개수를 x개라고 하면 남아있는 사탕의 개수는 다음과 같다.

• 처음으로 사탕을 먹고 남은 사탕의 개수 : $\left(1-\dfrac{1}{3}\right)x=\dfrac{2}{3}x$개

• 그다음 날 사탕을 먹고 남은 사탕의 개수 : $\dfrac{2}{3}x\times\left(1-\dfrac{1}{2}\right)=\dfrac{1}{3}x$개

• 또 그다음 날 사탕을 먹고 남은 사탕의 개수 : $\dfrac{1}{3}x\times\left(1-\dfrac{1}{4}\right)=\dfrac{1}{4}x$개

마지막으로 남은 사탕의 개수는 18개라고 하였으므로 다음과 같은 식이 성립한다.

$\dfrac{1}{3}x\times\left(1-\dfrac{1}{4}\right)=18$

$\rightarrow \dfrac{1}{4}x=18$

$\therefore x=72$

따라서 처음 사탕 바구니에 들어있던 사탕의 개수는 72개이다.

14

농도 6%의 소금물의 양을 xg이라고 하면 다음과 같은 식이 성립한다.

$\dfrac{6}{100}\times x+\dfrac{11}{100}\times(500-x)=\dfrac{9}{100}\times500$

$\rightarrow 6x+5,500-11x=4,500$

$\therefore x=200$

따라서 섞어야 하는 농도 6%의 소금물의 양은 200g이다.

15

두 주머니 중 한 개의 주머니를 선택할 확률은 각각 $\dfrac{1}{2}$이다.

A주머니를 택하고 흰 공을 꺼낼 확률은 $\dfrac{1}{2}\times\dfrac{1}{4}=\dfrac{1}{8}$이고, B주머니를 택하고 흰 공을 꺼낼 확률은 $\dfrac{1}{2}\times\dfrac{2}{2}=\dfrac{1}{2}$이다.

따라서 꺼낸 공이 흰 공일 확률은 $\dfrac{1}{8}+\dfrac{1}{2}=\dfrac{5}{8}$이다.

16

철수가 탄 배의 속력을 xm/s라 하자.

A지점에서 B지점으로 갈 때 속력은 $(x+1)$m/s, B지점에서 A지점으로 갈 때 속력은 $(x-1)$m/s이다.

1시간 6분 40초는 $(1\times60\times60)+(6\times60)+40=4,000$초이고, 3km$=3,000$m이므로 다음과 같은 식이 성립한다.

$\dfrac{3,000}{x+1}+\dfrac{3,000}{x-1}=4,000$

$\rightarrow 6,000x=4,000(x+1)(x-1)$

$\rightarrow 3x=2(x^2-1)$

$\rightarrow 2x^2-3x-2=0$

$\rightarrow (2x+1)(x-2)=0$

$\therefore x=2$

따라서 철수가 탄 배의 속력은 2m/s이다.

17

정답 ④

과일 한 상자의 가격을 사과 x원, 배 y원, 딸기 z원이라 하면 다음과 같은 식이 성립한다.

$x=10,000 \cdots \text{㉠}$

$y=2z \cdots \text{㉡}$

$x+z=y-20,000 \cdots \text{㉢}$

㉠, ㉡, ㉢을 연립하면 $10,000+z=2z-20,000$이므로 $z=30,000$이다.

$\therefore\ x+y+z=x+3z=10,000+90,000=100,000$

따라서 S자원센터가 지불해야 하는 총금액은 $100,000 \times 10=1,000,000$원이다.

18

정답 ③

A, B, C, D연구원의 나이를 각각 a살, b살, c살, d살이라고 하면 다음과 같은 식이 성립한다.

$a+d-5=b+c \cdots \text{㉠}$

$c=a-2 \cdots \text{㉡}$

$d=a+5 \cdots \text{㉢}$

a가 30이므로 ㉡, ㉢을 통해 C연구원은 $30-2=28$살이고, D연구원은 $30+5=35$살임을 알 수 있다.

㉠에 A, C, D연구원 나이를 대입하면 B연구원의 나이를 구할 수 있다.

$30+35-5=b+28$

$\therefore\ b=32$

따라서 B연구원의 나이는 32살이다.

19

정답 ②

라온이의 출장 일수를 x일이라고 하면 출장 시간은 $24x$시간이다.

• 수면 시간 : $24x \times \dfrac{1}{4}$ 시간

• 식사 시간 : $24x \times \dfrac{1}{6}$ 시간

• 업무 시간 : $24x \times \dfrac{3}{8}$ 시간

• 이동 시간 : $24x \times \dfrac{1}{8}$ 시간

$24x=24x\left(\dfrac{1}{4}+\dfrac{1}{6}+\dfrac{3}{8}+\dfrac{1}{8}\right)+8$

$\rightarrow 24x=22x+8$

$\therefore\ x=4$

따라서 라온이는 4일 동안 출장을 다녀왔다.

20

정답 ④

농도 11%의 오렌지 주스의 양을 xg이라고 하면 다음과 같은 식이 성립한다.

$\dfrac{5}{100} \times (400-x)+\dfrac{11}{100} \times x=\dfrac{8}{100} \times 400$

$\rightarrow 2,000-5x+11x=3,200$

$\therefore\ x=200$

따라서 섞어야 하는 농도 11%의 오렌지 주스의 양은 200g이다.

01	02	03	04	05	06	07	08	09	10	11	12	13	14	15	16	17	18	19	20
⑤	②	①	①	②	⑤	④	③	③	④	①	⑤	⑤	①	②	①	②	①	⑤	③

01

정답 ⑤

명제들이 모두 참이라면 '상어>코끼리>악어>사슴, 악어>토끼'가 성립한다. 사슴과 토끼 중 어느 동물이 더 큰지 알 수 없기 때문에 사슴보다 큰 동물이 몇 마리인지 알 수 없다.

02

정답 ②

주어진 조건에 따라 A~E의 시험 결과를 정리하면 다음과 같다.

구분	맞힌 문제의 수	틀린 문제의 수
A	19개	1개
B	10개	10개
C	20개	0개
D	9개 이하	11개 이상
E	16개 이상 19개 이하	1개 이상 4개 이하

따라서 B는 D보다 많은 문제의 답을 맞혔지만, E보다는 적게 답을 맞혔다.

03

정답 ①

달리기를 잘한다. → 영어를 잘한다. → 부자이다.
따라서 달리기를 잘하는 '나'는 부자이다.

04

정답 ①

어떤 남자는 산을 좋아하고, 산을 좋아하는 모든 남자는 결혼을 했고, 결혼을 한 모든 남자는 자유롭다. 따라서 어떤 남자는 자유롭다.

05

정답 ②

'제시간에 퇴근을 한다.'를 A, '오늘의 업무를 끝마친다.'를 B, '저녁에 회사식당에 간다.'를 C라고 하면, 전제1은 A → B, 결론은 ~B → C이다. 전제1의 대우가 ~B → ~A이므로 ~B → ~A → C가 성립하기 위해서 필요한 전제2는 ~A → C나 그 대우인 ~C → A이다. 따라서 '저녁에 회사식당에 가지 않으면 제시간에 퇴근을 한다.'가 적절하다.

06

정답 ⑤

'약속을 지킨다.'를 A, '다른 사람에게 신뢰감을 준다.'를 B, '메모하는 습관'을 C라고 하면, 전제1은 ~A → ~B 전제2는 ~C → ~A이므로 ~C → ~A → ~B가 성립한다. ~C → ~B의 대우인 B → C 또한 참이므로 '다른 사람에게 신뢰감을 주려면 메모하는 습관이 있어야 한다.'가 적절하다.

07

먼저 첫 번째 조건에 따라 A위원이 발언하면 B위원도 발언하므로 A위원 또는 B위원은 발언하지 않는다는 두 번째 조건이 성립하지 않는다. 따라서 A위원은 발언자에서 제외되는 것을 알 수 있다. 두 번째 조건에 따라 B위원이 발언하는 경우와 발언하지 않는 경우를 나누어 볼 수 있다.

ⅰ) B위원이 발언하는 경우

세 번째 조건에 따라 C위원이 발언하며, 네 번째 조건에 따라 D위원과 E위원이 발언한다. D위원이 발언하면 세 번째 조건에 따라 F위원도 발언한다. 결국 A위원을 제외한 나머지 위원 모두가 발언하는 것을 알 수 있다.

ⅱ) B위원이 발언하지 않는 경우

네 번째 조건에 따라 D위원과 E위원이 발언하고, 세 번째 조건에 따라 F위원도 발언한다. 그러나 주어진 조건만으로는 C위원의 발언 여부를 알 수 없다.

따라서 항상 참이 되는 것은 ④이다.

[오답분석]

① A위원은 항상 발언하지 않는다.
② B위원은 발언하거나 발언하지 않는다.
③ C위원은 ⅰ)의 경우 발언하지만, ⅱ)의 경우 발언 여부를 알 수 없다.
⑤ A위원은 항상 발언하지 않는다.

08

먼저 진구가 장학생으로 선정되지 않으면 광수가 장학생으로 선정된다는 전제(~진 → 광)에 따라 광수가 장학생으로 선정될 것이라고 하였으므로 '진구가 장학생으로 선정되지 않는다(~진).'는 내용의 전제가 추가되어야 함을 알 수 있다. 따라서 보기 중 진구와 관련된 내용의 전제인 ⓒ이 반드시 추가되어야 한다. 이때, 지은이가 선정되면 진구는 선정되지 않는다고(지 → ~진) 하였으므로 지은이가 선정된다(지)는 전제 ⓒ도 함께 필요한 것을 알 수 있다. 결국 ⓒ과 ⓒ이 전제로 추가되면, '지은이가 선정됨에 따라 진구는 선정되지 않으며, 진구가 선정되지 않으므로 광수가 선정된다(지 → ~진 → 광).'가 성립한다.

09

민수와 영희는 철수보다 숨은 그림을 더 많이 찾았고, 영희가 민수보다 숨은 그림을 더 많이 찾았다. 따라서 영희 – 민수 – 철수 순서로 숨은 그림을 많이 찾았다.

10

주어진 조건을 정리하면 다음과 같다.

구분	영어(세 명)	중국어(두 명)	일본어(한 명)	프랑스어(한 명)	독일어(한 명)
A	○	×	×	×	○
B	○	○	×		×
C	×	○	○	×	×
D	○	×	×		×

따라서 B 또는 D가 프랑스어를 할 줄 알기 때문에 D가 어느 국가로 파견 근무를 떠나는지 알 수 없다.

[오답분석]

① A는 영어와 독일어 두 개의 외국어를 능통하게 할 수 있다.
② B는 영어와 중국어를 능통하게 하지만, 프랑스어도 능통하게 하는지 알 수 없다.
③ C는 유일하게 일본어를 능통하게 하므로 일본으로 파견 근무를 떠난다.
⑤ A는 영어, 독일어를 능통하게 하고, C는 중국어, 일본어를 능통하게 하기 때문에 둘이 동일하게 능통하게 하는 외국어는 없다.

11

정답 ①

마지막 규칙에 따라 C대리가 가장 먼저 출근하며, 두 번째 규칙에 따라 그다음에 B과장이 출근한다. 팀원이 총 5명이므로 세 번째 규칙에 따라 D주임이 세 번째로 출근하며, 나머지 팀원인 E사원과 A팀장 중 첫 번째 규칙에 따라 E사원이 먼저 출근한다. 따라서 출근 순서는 'C대리 – B과장 – D주임 – E사원 – A팀장'이다.

12

정답 ⑤

C사원과 D사원의 항공 마일리지를 비교할 수 없으므로 순서대로 나열하면 'A – D – C – B'와 'A – C – D – B' 모두 가능하다.

13

정답 ⑤

문제에 제시된 조건에 따르면 수녀는 언제나 참이므로 A가 될 수 없고, 왕은 언제나 거짓이므로 C가 될 수 없다. 그러므로 수녀는 B 또는 C이고, 왕은 A 또는 B가 된다.
ⅰ) 왕이 B이고 수녀가 C라면, A는 농민인데 거짓을 말해야 하는 왕이 A를 긍정하므로 모순된다.
ⅱ) 왕이 A이고 수녀가 B라면, 항상 참을 말해야 하는 수녀가 자신이 농민이라고 거짓을 말하는 왕의 말이 진실이라고 하므로 모순된다.
ⅲ) 왕이 A이고 수녀가 C라면, B는 농민인데 이때 농민은 거짓을 말하는 것이고 수녀는 자신이 농민이 아니라고 참을 말하는 것이므로 성립하게 된다.
따라서 A는 왕, B는 농민, C는 수녀이다.

14

정답 ①

을의 진술이 진실이면 무의 진술도 진실이고, 을의 진술이 거짓이면 무의 진술도 거짓이다.
• 을과 무가 모두 진실을 말하는 경우 : 무는 범인이고, 나머지 세 명은 모두 거짓을 말해야 한다. 정의 진술이 거짓이므로 정은 범인인데, 병이 정과 무가 범인이라고 했으므로 병은 진실을 말하는 것이 되어 두 명만 진실을 말한다는 조건에 위배된다. 따라서 을과 무는 거짓을 말한다.
• 을과 무가 모두 거짓을 말하는 경우 : 무는 범인이 아니고, 갑, 병, 정 중 1명만 거짓을 말하고 나머지 2명은 진실을 말한다. 만약 갑이 거짓을 말한다면 을과 병이 모두 범인이거나 모두 범인이 아니어야 한다. 그런데 갑의 말이 거짓이고 을과 병이 모두 범인이라면 병의 말 역시 거짓이 되어 조건에 위배된다. 따라서 갑의 말은 진실이고, 병이 지목한 범인 중에 을이나 병이 없으므로 병의 진술은 거짓, 정의 진술은 진실이다.
따라서 범인은 갑과 을 또는 갑과 병이다.

15

정답 ②

윤희를 거짓마을 사람이라고 가정하자. 그러면 윤희가 한 말은 거짓이므로, 두 사람 모두 진실마을 사람이어야 한다. 그러나 가정과 모순이 되므로 윤희는 거짓마을 사람이 아니다. 따라서 윤희가 한 말이 참이므로 주형이는 거짓마을 사람이다.

16

정답 ①

주어진 조건을 바탕으로 먹은 음식을 정리하면 다음과 같다.

구분	쫄면	라면	우동	김밥	어묵
민하	×	×	×	×	○
상식	×	○	×	×	×
은희	×	×	○	×	×
은주	×	×	×	○	×
지훈	○	×	×	×	×

따라서 바르게 연결된 것은 민하 – 어묵, 상식 – 라면의 ①이다.

17

ⅰ) A의 진술이 참일 경우

구분	대전지점	강릉지점	군산지점
A		○	○
B		○	
C		○	○

3명 중 누구도 대전지점에 가지 않았으므로 이들이 각각 다른 지점에 출장을 다녀왔다는 조건에 부합하지 않는다. 따라서 A의 진술은 거짓이다.

ⅱ) B의 진술이 참일 경우

구분	대전지점	강릉지점	군산지점
A	○		
B			○
C		○	

A는 대전지점에, B는 군산지점에, C는 강릉지점에 다녀온 것이 되므로 이들이 각각 다른 지점에 출장을 다녀왔다는 조건에 부합한다.

ⅲ) C의 진술이 참일 경우

구분	대전지점	강릉지점	군산지점
A	○		
B		○	
C	○		

3명 중 누구도 군산지점에 가지 않았고 A와 C가 모두 대전지점에 갔으므로 이들이 각각 다른 지점에 출장을 다녀왔다는 조건에 부합하지 않는다. 따라서 C의 진술은 거짓이다.

따라서 B의 진술이 참이 되고 A~C의 출장지를 바르게 짝지은 것은 ②이다.

18

A~E의 진술에 따르면 B와 D의 진술은 반드시 동시에 참 또는 거짓이 되어야 하며, B와 E의 진술은 동시에 참이나 거짓이 될 수 없다.

ⅰ) B와 D의 진술이 거짓인 경우

A와 C의 진술이 서로 모순되므로 성립하지 않는다.

ⅱ) A와 E의 진술이 거짓인 경우

A의 진술에 따르면 E의 진술은 참이 된다. 이때 E의 진술에 따르면 B와 D도 거짓을 말한 것이므로 총 4명이 거짓을 말한 것이 된다. 따라서 조건이 성립하지 않는다.

ⅲ) C와 E의 진술이 거짓인 경우

A~E의 진술에 따라 정리하면 다음과 같다.

항목	필기구	의자	복사용지	사무용 전자제품
신청 사원	A, D	C		D

의자를 신청한 사원의 수는 3명이므로 필기구와 사무용 전자제품 2개 항목을 신청한 D와 의자를 신청하지 않은 B를 제외한 A, E가 의자를 신청했음을 알 수 있다. 또한, 복사용지를 신청하지 않았다는 E의 진술에 따라 E가 신청한 나머지 항목은 자연스럽게 사무용 전자제품이 된다. 이와 함께 남은 항목의 개수에 따라 신청 사원을 배치하면 다음과 같이 정리할 수 있다.

항목	필기구	의자	복사용지	사무용 전자제품
신청 사원	A, D	A, C, E	B, C	B, D, E

따라서 신청 사원과 신청 물품이 바르게 연결된 것은 ①이다.

19

정답 ⑤

대화 내용을 살펴보면 영석이의 말에 선영이가 동의했으므로 영석과 선영은 진실 혹은 거짓을 함께 말한다. 이때 지훈은 선영이가 거짓말만 한다고 하였으므로 반대가 된다. 그리고 동현의 말에 정은이가 부정했기 때문에 둘 다 진실일 수 없다. 하지만 정은이가 둘 다 좋아한다는 경우의 수가 있으므로 둘 모두 거짓일 수 있다. 또한 마지막 선영이의 말로 선영이가 진실일 경우에는 동현과 정은은 모두 거짓만을 말하게 된다. 이를 정리하면 다음과 같다.

구분	경우 1	경우 2	경우 3
동현	거짓	거짓	진실
정은	거짓	진실	거짓
선영	진실	거짓	거짓
지훈	거짓	진실	진실
영석	진실	거짓	거짓

문제에서는 지훈이 거짓을 말할 때 진실만을 말하는 사람을 찾고 있으므로 선영, 영석이 된다.

20

정답 ③

세 가지 조건을 종합해 보면 A상자에는 테니스공과 축구공이, B상자에는 럭비공이, C상자에는 야구공이 들어가게 됨을 알 수 있다. 따라서 B상자에는 럭비공과 배구공, 또는 럭비공과 농구공이 들어갈 수 있으며, C상자에는 야구공과 농구공, 또는 야구공과 배구공이 들어갈 수 있다. 그러므로 럭비공은 배구공과 같은 상자에 들어갈 수도 있고 아닐 수도 있다.

[오답분석]

① 세 가지 조건을 종합해 보면 테니스공과 축구공이 들어갈 수 있는 상자는 A상자밖에 남지 않음을 알 수 있다.
② A상자는 이미 꽉 찼고 남은 상자는 B상자와 C상자인데, 이 두 상자에도 각각 공이 하나씩 들어가 있으므로 배구공과 농구공은 각각 두 상자에 나누어져 들어가야 한다. 따라서 두 공은 같은 상자에 들어갈 수 없다.
④ 농구공을 C상자에 넣으면 배구공이 들어갈 수 있는 상자는 B상자밖에 남지 않게 된다.
⑤ B상자에 배구공을 넣으면 농구공을 넣을 수 있는 상자는 C상자밖에 남지 않게 된다. 따라서 농구공과 야구공은 함께 C상자에 들어가게 된다.

01	02	03	04	05	06	07	08	09	10
②	⑤	④	④	④	③	①	②	③	③
11	12	13	14	15	16	17	18	19	20
⑤	④	①	②	③	③	③	④	②	④

01
정답 ②

앞의 항에 -2.02, $+4.04$, -6.06, $+8.08$, -10.1, $+12.12$, …을 하는 수열이다.
따라서 (　)$=36.61-14.14=22.47$이다.

02
정답 ⑤

정수 부분은 1^3, 2^3, 3^3, 4^3, …, 소수 부분은 -0.03을 하고, 짝수 번째 항이 음수인 수열이다.
따라서 (　)$=5^3+(0.72-0.03)=125.69$이다.

03
정답 ④

앞의 항에 $+0.2$, $+0.25$, $+0.3$, $+0.35$, …을 하는 수열이다.
따라서 (　)$=1.8+0.4=2.2$이다.

04
정답 ④

앞의 항에 $+1.6$, -2.4, $+3.2$, -4, $+4.8$, …을 하는 수열이다.
따라서 (　)$=-3.6+4.8=1.2$이다.

05
정답 ④

앞의 항의 정수 부분이 a일 때, 다음 항의 값이 $(a+1)\left\{\dfrac{a^2}{(a+1)^2}\right\}$인 수열이다.
따라서 (　)$=(5+1)\left\{\dfrac{5^2}{(5+1)^2}\right\}=6\dfrac{25}{36}$이다.

06
정답 ③

정수 부분은 $\times 2+2$, 분수 부분의 분모는 $\times 2+1$, 분자는 $\times 2+1$을 하는 수열이다.
따라서 (　)$=(14\times 2+2)\left(\dfrac{9\times 2-1}{23\times 2+1}\right)=30\dfrac{17}{47}$이다.

07
정답 ①

홀수 항은 $\times 3-1$, 짝수 항은 $+\dfrac{5}{6}$를 하는 수열이다.
따라서 (　)$=-\dfrac{5}{2}\times 3-1=-\dfrac{17}{2}$이다.

08
정답 ②

홀수 항은 $+0.5$, $+1.5$, $+2.5$, …, 짝수 항은 $+\dfrac{1}{2}$, $+\dfrac{1}{4}$, $+\dfrac{1}{6}$, …을 하는 수열이다.
따라서 (　)$=-5+0.5=-4.5$이다.

09
정답 ③

나열된 수를 각각 A, B, C라고 하면
$\underline{A\ B\ C}\rightarrow A^B=C$
따라서 $4^4=256$0이므로 (　)$=4$이다.

10
정답 ③

나열된 수를 각각 A, B, C, D라고 하면
$\underline{A\ B\ C\ D}\rightarrow A+B+C=D$
따라서 (　)$=7-(2+4)=1$이다.

11
정답 ⑤

나열된 수를 각각 A, B, C라고 하면
$\underline{A\ B\ C}\rightarrow A\times B+1=C$
따라서 (　)$=5\times 6+1=31$이다.

12
정답 ④

나열된 수를 각각 A, B, C라고 하면
$\underline{A\ B\ C}\rightarrow A^2-\sqrt{B}=C$
따라서 (　)$=8^2-\sqrt{81}=55$이다.

13
정답 ①

홀수 항은 $\times 3$, 짝수 항은 $+4$를 하는 수열이다.
∴ $A=-6\div 3=-2$, $B=6+4=10$
따라서 $A+B=-2+10=8$0이다.

14

정답 ②

앞의 항에 $\div 4$, $+40$이 반복되는 수열이다.
$\therefore$ A$=40\times4=160$, B$=15+40=55$
따라서 A-2B$=160-2\times55=50$이다.

15

정답 ③

홀수 항은 -7, 짝수 항은 $+12$를 하는 수열이다.
$\therefore$ A$=56-12=44$, B$=70-7=63$
따라서 A$+$B$=44+63=107$이다.

16

정답 ③

앞의 항에 $+7$, -5, $+3$이 반복되는 수열이다.
$\therefore$ A$=15-7=8$, B$=25-5=20$
따라서 B$-$A$=20-8=12$이다.

17

정답 ③

앞의 항에 $+6$, $+7$, $+8$, $+9$, $\cdots$를 하는 수열이다.
따라서 15번째 항의 값은 $4+(6+7+8+\cdots+19)$
$=4+\dfrac{14\times(6+19)}{2}=179$이다.

18

정답 ④

앞의 항에 -3, -7, -11, -15, -19, $\cdots$를 하는 수열이다.
수열의 일반항을 a_n이라 하면 $a_n=15-\displaystyle\sum_{k=1}^{n-1}(4k-1)$
$=15-\{2n(n-1)-(n-1)\}=14+n-2n(n-1)$이다.
따라서 14번째 항의 값은 $a_{14}=14+14-(2\times14\times13)$
$=28-364=-336$이다.

19

정답 ②

홀수 항은 -2, 짝수 항은 $+4$, $+8$, $+12$, $\cdots$를 하는 수열이다. 수열의 일반항을 a_n이라 하면 다음과 같다.
- $a_{10}=27+16=43$
- $a_{12}=43+20=63$
- $a_{14}=63+24=87$
- $a_{16}=87+28=115$
- $a_{18}=115+32=147$
- $a_{20}=147+36=183$
따라서 20번째 항의 값은 $a_{20}=183$이다.

20

정답 ④

앞의 항에 $+11^2$, $+12^2$, $+13^2$, $\cdots$을 하는 수열이다. 수열의 일반항을 a_n이라 하면 다음과 같다.
- $a_8=1,221+17^2=1,221+289=1,510$
- $a_9=1,510+18^2=1,510+324=1,834$
- $a_{10}=1,834+19^2=1,834+361=2,195$
따라서 10번째 항의 값은 $a_{10}=2,195$이다.

최종점검 모의고사

01 언어이해

01	02	03	04	05	06	07	08	09	10	11	12	13	14	15	16	17	18	19	20
①	②	④	④	②	②	③	①	⑤	④	④	⑤	④	④	⑤	④	⑤	⑤	⑤	④

01

정답 ①

제시문은 위성영상지도 서비스인 구글어스로 건조지대에도 숲이 존재한다는 사실을 발견했다는 글이다. 첫 문장에서 '구글어스가 세계 환경 보안관 역할을 톡톡히 하고 있다.'고 하였으므로 ①이 제목으로 적절하다.

02

정답 ②

오답분석
① 풀에 들어 있는 여러 가지 물질이 김칫소에 있는 미생물을 쉽게 자랄 수 있도록 해주는 영양분의 역할을 한다.
③ 김치 국물의 맛이 시큼해지는 것은 유산균이 당을 분해해 시큼한 맛이 나는 젖산을 생산하기 때문이다.
④ 미생물들이 만들어 내는 여러 종류의 향미 성분이 더해지면서 특색 있는 김치 맛이 만들어진다.
⑤ 호기성 세균의 수는 김치가 익어갈수록 점점 줄어들어 나중에는 효모의 수와 비슷해진다. 하지만 혐기성 세균의 수는 김치가 익어갈수록 증가하며 결국 많이 익어서 시큼한 맛이 나는 김치에 있는 미생물 중 대부분을 차지한다.

03

정답 ④

제시문의 '수소가 분자 내에 포화되어 있으므로 포화지방산이라 부르며, 이것이 들어 있는 지방을 포화지방이라고 한다.'를 통해 포화지방은 포화지방산이 들어 있는 지방을 가리킴을 알 수 있다.

오답분석
① 포화지방산에서 나타나는 탄소 결합 형태는 연결된 탄소끼리 모두 단일 결합하는 모습을 띠고, 각각의 탄소에 수소가 두 개씩 결합한다.
② 탄소에 수소가 두 개씩 결합하는 형태는 분자 간 인력이 높아 지방산 분자들이 단단하게 뭉치게 되는 것이다. 열에너지가 많아지면 인력이 느슨해진다.
③ 분자 간 인력이 높을 때 지방산 분자들이 단단히 뭉치는 것이므로 느슨해지면 그의 반대가 된다.
⑤ 포화지방이 체내에 저장되면 에너지로 전환되어 몸에 열량을 내는 데 이용된다. 몸에 좋지 않은 경우는 저밀도 단백질과 결합하는 경우이다.

04

키드, 피어슨 등은 인종이나 민족, 국가 등의 집단 단위로 '생존경쟁'과 '적자생존'을 적용하여 우월한 집단이 열등한 집단을 지배하는 것을 주장하였는데, 이는 사회 진화론의 개념을 집단 단위에 적용시킨 것이다.

오답분석
① 사회 진화론은 생물 진화론을 개인과 집단에 적용시킨 사회 이론이다.
② 사회 진화론의 중심 개념이 19세기에 등장한 것일 뿐, 그 자체가 19세기에 등장한 것인지는 제시문만으로 알 수 없다.
③ '생존경쟁'과 '적자생존'의 개념이 민족과 같은 집단의 범위에 적용되면 민족주의와 결합한다.
⑤ 문명개화론자들은 사회 진화론을 수용하였다.

05

정답 ②

제시문은 인공 신경망에 대해 설명하는 글이므로, 이를 읽고 인공 신경망을 활용할 수 있는 분야에 대한 질문을 할 수 있다.

오답분석
① 퍼셉트론이 0 아니면 1의 출력값을 도출하는 방식은 이미 제시되어 있다.
③ 기본 단위는 퍼셉트론으로 이미 제시되어 있다.
④ 인공 신경망이 사과를 구분하기 위해 학습을 하는 과정에서 사과 사진과 사과의 색과 형태 등에 대한 학습 데이터가 필요하다고 제시되어 있다.
⑤ 퍼셉트론을 층으로 배치하여 복잡한 판단을 내릴 수 있다고 언급하였다.

06

정답 ②

마지막 문단의 '더 큰 문제는 이런 인식이 농민운동을 근대 이행을 방해하는 역사의 반역으로 왜곡할 소지가 있다는 것이다.'라는 문장을 통해 추론 가능하다.

07

정답 ③

제시문은 기술이 내적인 발전 경로를 가지고 있다는 통념을 비판하기 위해 다양한 사례 연구를 논거로 인용하고 있다. 따라서 인용하고 있는 연구 결과를 반박할 수 있는 자료가 있다면 글쓴이의 주장은 설득력을 잃게 된다.

08

정답 ①

제시문은 정부의 탈원전 · 탈석탄 공약에 따른 제8차 전력 수급기본계획을 수립하면서 기존의 중앙집중형 에너지 생산시스템의 문제점을 지적하고, 분산형 에너지 생산시스템으로 정책의 전환이 필요함을 이야기하는 글이다. 따라서 글의 주제로 ①이 가장 적절하다.

오답분석
② 다양한 사회적 문제점들과 기후, 천재지변 등에 의한 문제점들을 언급하고 있으나, 이는 글의 주제를 뒷받침하기 위한 이슈이므로 글 전체의 주제로 적절하지 않다.
③ · ④ 제시문에서 언급되지 않았다.
⑤ 전력수급기본계획의 수정 방안을 제시하고 있지는 않다.

09

정답 ⑤

제시문은 '돌림힘'에 대해 설명하고 있다. 먼저 우리에게 친숙한 지레를 예로 들어 지레의 원리에 돌림힘의 개념이 숨어 있다고 흥미를 유발한 뒤, 돌림힘의 정의에 대해 설명하고, 돌림힘과 돌림힘이 합이 된 알짜 돌림힘의 정의에 대해 설명하고, 알짜 돌림힘이 일을 할 경우에 대해 설명한다. 따라서 (라) - (가) - (다) - (나) 순으로 나열하는 것이 적절하다.

44 · SK그룹 SKCT

10

정답 ④

제시문은 '본성 대 양육 논쟁'을 제시하며 시간의 흐름에 따른 논쟁의 방향에 대해 설명하는 글이다. 따라서 (나) 본성 대 양육 논쟁이라는 화제 제기 및 양육 쪽의 승리 – (다) 선천론과 진화 심리학을 통한 본성의 승리 – (라) 인간 게놈 프로젝트로 강화된 본성에 대한 지지 및 유전자 수의 발견으로 재연된 본성 대 양육 논쟁 – (가) 본성과 양육 모두 인간의 행동에 있어 필수적 요인 순으로 나열하는 것이 적절하다.

11

정답 ④

㉠ : ㉠은 반본질주의자가 본질주의자를 비판하는 주장으로서, 두 번째 문단 마지막 문장의 '반(反)본질주의는 그런 본질이란 없으며, …… 본질의 역할을 충분히 달성할 수 있다.'는 내용을 요약한 것이다. 따라서 ㉠의 위치는 (나)가 가장 적절하다.

㉡ : ㉡에서 말하는 '비판'은 마지막 문단에서 지적한 '아직까지 본질적인 것을 명확히 찾는 데 성공하지 못했기 때문에' 본질주의가 받는 비판을 뜻한다. 이는 앞의 내용이 뒤의 내용의 원인이 될 때 쓰는 접속 부사 '그래서'를 통해 알 수 있다. 따라서 ㉡의 위치는 (라)가 가장 적절하다.

12

정답 ⑤

마지막 문단을 통해 선거 기간 중 여론 조사 결과의 공표 금지 기간이 과거에 비해 대폭 줄어든 것은 국민들의 알 권리를 보장하기 위한 것임을 알 수 있다. 그러므로 공표 금지 기간이 길어질수록 알 권리는 약화된다.

13

정답 ④

제시문은 VOD서비스의 등장으로 방송국이 프로그램의 순수한 재미와 완성도에 집중하게 될 것이라고 추측했을 뿐, 이러한 양상이 방송국 간의 과도한 광고 유치 경쟁을 불러일으킬 것이라고는 언급하지 않았다.

14

정답 ④

제시문은 쓰기(Writing)의 문화사적 의의를 기술한 글이다. 복잡한 구조나 지시 체계는 이미 소리 속에서 발전해왔는데 그러한 복잡한 개념들을 시각적인 코드 체계인 쓰기를 통해 기록할 수 있게 되었다. 또한 그러한 쓰기를 통해 인간의 문명과 사고가 더욱 발전하게 되었다. 그러나 ④는 '쓰기'가 '복잡한 구조나 지시 체계'를 이루는 시초가 되었다고 보고 있으므로 잘못된 해석이다.

15

정답 ⑤

평균 비용이 한계 비용보다 큰 경우, 공공요금을 평균 비용 수준에서 결정하면 수요량이 줄면서 거래량이 따라 줄고, 결과적으로 생산량도 감소한다. 이는 사회 전체의 관점에서 볼 때 자원이 효율적으로 배분되지 못하는 상황이다.

[오답분석]
①·② 첫 번째 문단에서 확인할 수 있다.
③ 두 번째 문단에서 확인할 수 있다.
④ 마지막 문단에서 확인할 수 있다.

16

정답 ④

제시문은 인간의 생각과 말은 깊은 관계를 가지고 있으며, 생각이 말보다 범위가 넓고 큰 것은 맞지만 그것을 말로 표현하지 않으면 그 생각이 다른 사람에게 전달되지 않는다고 주장한다. 즉, 생각은 말을 통해서만 다른 사람에게 전달될 수 있다는 것이다. 따라서 이러한 주장에 대한 반박으로 ④가 가장 적절하다.

17

제시문은 집단을 중심으로 절차의 정당성을 근거로 한 과도한 권력, 즉 무제한적 민주주의에 대한 비판적인 글이다. 또한 민주주의에 의해 훼손될 수 있는 자유와 권리의 옹호라는 주제에 도달해야 한다. 따라서 빈칸에 들어갈 내용으로 이를 언급한 ⑤가 가장 적절하다.

18

첫 번째 문단에서는 높아지는 의료보장제도의 필요성에 대해 언급하고 있으며, 두 번째 문단과 세 번째 문단에서는 의료보장제도의 개념에 대해 이야기하고 있다. 마지막 문단에서는 이러한 의료보장제도의 유형으로 의료보험 방식과 국가보건서비스 방식에 대해 설명하고 있다. 따라서 제시문의 주제로 가장 적절한 것은 각 문단의 중심 내용을 모두 포괄할 수 있는 ⑤이다.

19

밑줄 친 '일부 과학자'들은 목재를 친환경 연료로 바라보지 않고 있으며, 마지막 문장에서 이들은 배출량을 줄이는 것이 아니라 배출하지 않는 방법을 택해야 한다고 말한다. 따라서 ⑤가 그들의 주장으로 가장 적절하다.

20

제시문에서 쾌락주의자들은 최대의 쾌락을 산출하는 행위를 올바른 것으로 간주하고, 쾌락을 기준으로 가치를 평가하였다. 또한 이들은 장기적인 쾌락을 추구하였으며, 순간적이고 감각적인 쾌락만을 추구하는 삶은 쾌락주의적 삶으로 여기지 않았다. 따라서 ④는 이러한 쾌락주의자들의 주장에 대한 반박으로 적절하지 않다.

---

02 자료해석

01	02	03	04	05	06	07	08	09	10	11	12	13	14	15	16	17	18	19	20
③	③	③	③	①	②	③	②	①	④	④	①	①	③	①	③	④	④	③	④

01

© 경징계 총 건수는 3+174+170+160+6=513건이고, 중징계 총 건수는 25+48+53+40+5=171건으로 전체 징계 건수는 513+171=684건이다. 따라서 전체 징계 건수 중 경징계 총 건수의 비율은 $\frac{513}{684} \times 100 = 75\%$로 70% 이상이다.

© 징계 사유 D로 인한 징계 건수 중 중징계 건수의 비율은 $\frac{40}{160+40} \times 100 = 20\%$이다.

오답분석

㉠ 경징계 총 건수는 3+174+170+160+6=513건이고, 중징계 총 건수는 25+48+53+40+5=171건으로 경징계 총 건수는 중징계 총 건수의 $\frac{513}{171} = 3$배이다.

㉣ 전체 징계 사유 중 C가 총 170+53=223건으로 가장 많다.

02

㉠ 대형마트의 종이봉투 사용자 수는 $2,000 \times 0.05 = 100$명으로, 중형마트의 종이봉투 사용자 수인 $800 \times 0.02 = 16$명의 $\frac{100}{16} =$ 6.25배이다.

㉢ 비닐봉투 사용자 수를 정리하면 다음과 같다.
- 대형마트 : $2,000 \times 0.07 = 140$명
- 중형마트 : $800 \times 0.18 = 144$명
- 개인마트 : $300 \times 0.21 = 63$명
- 편의점 : $200 \times 0.78 = 156$명

따라서 비닐봉투 사용률이 가장 높은 곳은 78%로 편의점이며, 비닐봉투 사용자 수가 가장 많은 곳도 156명으로 편의점이다.

㉣ 마트 규모별 개인 장바구니의 사용률을 살펴보면, 대형마트가 44%, 중형마트가 36%, 개인마트가 29%이다.

따라서 마트의 규모가 커질수록 개인 장바구니 사용률이 커짐을 알 수 있다.

오답분석

㉡ 전체 종량제봉투 사용자 수를 구하면 다음과 같다.
- 대형마트 : $2,000 \times 0.28 = 560$명
- 중형마트 : $800 \times 0.37 = 296$명
- 개인마트 : $300 \times 0.43 = 129$명
- 편의점 : $200 \times 0.13 = 26$명
- 전체 종량제봉투 사용자 수 : $560 + 296 + 129 + 26 = 1,011$명

따라서 대형마트의 종량제봉투 사용자 수인 560명은 전체 종량제봉투 사용자 수인 1,011명의 절반을 넘는다.

03

만약 $50m^3$의 물을 사용했을 경우 수도요금은 기본료를 제외하고 $30 \times 300 + 20 \times 500 = 19,000$원으로 총요금(17,000원)보다 많다. 그러므로 사용한 수도량은 $30m^3$ 초과 ~ $50m^3$ 이하이다. $30m^3$을 초과한 양을 $x\,m^3$라고 하면 다음과 같은 식이 성립한다.

$2,000 + (30 \times 300) + (x \times 500) = 17,000$

$\rightarrow 500x = 17,000 - 11,000$

$\therefore x = \frac{6,000}{500} = 12$

따라서 한 달 동안 사용한 수도량은 $30 + 12 = 42m^3$이다.

04

월별 A국 이민자 수에 대한 B국 이민자 수의 비는 다음과 같다.

- 2022년 12월 : $\frac{2,720}{3,400} = 0.8$

- 2023년 1월 : $\frac{2,850}{3,800} = 0.75$

- 2023년 2월 : $\frac{2,800}{4,000} = 0.7$

따라서 A국 이민자 수에 대한 B국 이민자 수의 비는 2022년 12월이 가장 크다.

오답분석

① 월별 두 국가의 이민자 수의 차이는 다음과 같다.
- 2022년 12월 : $3,400 - 2,720 = 680$명
- 2023년 1월 : $3,800 - 2,850 = 950$명
- 2023년 2월 : $4,000 - 2,800 = 1,200$명

따라서 이민자 수 차이는 2023년 2월이 가장 크다.

② 3,400×0.75=2,550명이므로 B국 이민자 수는 A국 이민자 수의 75% 이상이다.

④ 2023년 2월 두 국가의 이민자 수 평균은 $\dfrac{4,000+2,800}{2}=3,400$명이므로 A국 이민자 수는 평균보다 600명 더 많다.

⑤ 3,800-2,850=950명이고, $\dfrac{950}{3,800}\times100=25\%$이므로 B국 이민자 수는 A국 이민자 수의 30% 미만이다.

05

㉠ 연령대별 '매우 불만족'이라고 응답한 비율은 10대가 19%, 20대가 17%, 30대가 10%, 40대가 8%, 50대가 3%로 연령대가 높아질수록 그 비율은 낮아진다.

㉢ 연령대별 부정적인 답변을 구하면 다음과 같다.
- 10대 : 28+19=47%
- 20대 : 28+17=45%
- 30대 : 39+10=49%
- 40대 : 16+8=24%
- 50대 : 23+3=26%

따라서 모든 연령대에서 부정적인 답변이 50% 미만이므로 긍정적인 답변은 50% 이상이다.

오답분석

㉡ '매우 만족'과 '만족'이라고 응답한 비율은 다음과 같다.
- 10대 : 8+11=19%
- 20대 : 3+13=16%
- 30대 : 5+10=15%
- 40대 : 11+17=28%
- 50대 : 14+18=32%

따라서 가장 낮은 연령대는 30대(15%)이다.

㉣ 50대에서 '불만족' 또는 '매우 불만족'이라고 응답한 비율 : 23+3=26%
- 50대에서 '만족' 또는 '매우 만족'이라고 응답한 비율 : 14+18=32%

따라서 $\dfrac{26}{32}\times100=81.25\%$로 80% 이상이다.

06

2004년 대비 2014년의 평균 매매가격 증가율은 전국이 $\dfrac{14,645-10,100}{10,100}\times100=45\%$, 수도권 전체가 $\dfrac{18,500-12,500}{12,500}\times100=48\%$이므로 그 차이는 48-45=3%p이다.

오답분석

① 2024년 평균 매매가격은 수도권이 22,200만 원, 전국이 18,500만 원으로 수도권은 전국의 $\dfrac{22,200}{18,500}=1.2$배이고, 평균 전세가격은 수도권이 18,900만 원, 전국이 13,500만 원이므로 수도권은 전국의 $\dfrac{18,900}{13,500}=1.4$배이다.

③ 2004년 전국의 평균 전세가격은 6,762만 원으로 수도권 전체 평균 전세가격인 8,400만 원의 $\dfrac{6,762}{8,400}\times100=80.5\%$이다.

④ 서울의 매매가격 증가율은 다음과 같다.
- 2014년 대비 2024년 매매가격 증가율 : $\dfrac{30,744-21,350}{21,350}\times100=44\%$
- 2004년 대비 2014년 매매가격 증가율 : $\dfrac{21,350-17,500}{17,500}\times100=22\%$

따라서 1.5배가 아닌 2배이다.

⑤ 2014년 평균 전세가격은 '서울(15,500만 원) - 경기(11,200만 원) - 인천(10,600만 원)' 순이다.

48 • SK그룹 SKCT

07

㉠ 초등학생에서 중학생, 고등학생으로 올라갈수록 스마트폰(7.2% → 5.5% → 3.1%)과 PC(42.5% → 37.8% → 30.2%)의 이용률은 감소하고, 태블릿PC(15.9% → 19.9% → 28.5%)와 노트북(34.4% → 36.8% → 38.2%)의 이용률은 증가하고 있다.

㉢ 태블릿PC와 노트북의 남학생·여학생 이용률의 차이는 다음과 같다.

- 태블릿PC : 28.1−11.7=16.4%p
- 노트북 : 39.1−30.9=8.2%p

따라서 태블릿PC의 남학생·여학생 이용률은 노트북의 16.4÷8.2=2배이다.

오답분석

㉡ 초·중·고등학생의 노트북과 PC의 이용률의 차이는 다음과 같다.

- 초등학생 : 42.5−34.4=8.1%p
- 중학생 : 37.8−36.8=1%p
- 고등학생 : 38.2−30.2=8%p

따라서 중학생의 노트북과 PC의 이용률 차이가 가장 작다.

08

위스키의 매출성장률의 추이를 보면, 2019년에서 2021년 사이는 매년 약 10% 정도의 매출성장률을 보이다가 2022년과 2023년에는 30% 이상의 신장세를 보이고 있다. 반면, 맥주는 2019년 20% 이상의 매출성장률이 2020년과 2021년에는 급격히 감소하였다가 2022년에는 다시 10% 성장, 2023년에는 5%대로 낮아진다. 이러한 측면으로 볼 때, 위스키보다는 맥주의 매출성장률 변동이 더 심하다고 말할 수 있다.

09

영국은 2019년에는 두 번째, 2020년에는 네 번째, 2021년에는 세 번째, 2022년에는 첫 번째, 2023년에는 두 번째로 물가가 높다.

오답분석

② 2023년 한국보다 물가수준이 높은 나라는 일본, 프랑스, 캐나다, 미국, 독일, 영국 6개국이다.

③ 제시된 자료를 통해 알 수 있다.

④ 2021 ~ 2022년 독일의 물가수준은 변하지 않았으므로 물가가 같다면 다른 국가 모두 물가변동이 없다. 따라서 2021 ~ 2022년 한국과 프랑스의 물가변동률은 0%로 같다.

⑤ 129 → 128로 약간 하락하였다.

10

월별로 남자 손님 수를 구하면 다음과 같다.

- 1월 : 56−23=33명
- 2월 : 59−29=30명
- 3월 : 57−34=23명
- 4월 : 56−22=34명
- 5월 : 53−32=21명

따라서 4월에 남자 손님 수가 가장 많았다.

11

매월 갑, 을의 총득점과 병, 정의 총득점이 같다.
따라서 빈칸에 들어갈 수는 1,156+2,000−1,658=1,498이다.

12

㉠ 연도별 층간소음 분쟁은 2020년 430건, 2021년 520건, 2022년 860건, 2023년 1,280건이다.
㉡ 2021년 전체 분쟁 신고에서 각 항목이 차지하는 비중을 구하면 다음과 같다.
  • 2021년 전체 분쟁 신고 건수 : 280+60+20+10+110+520=1,000건
  • 관리비 회계 분쟁 : $\frac{280}{1,000} \times 100 = 28\%$
  • 입주자대표회의 운영 분쟁 : $\frac{60}{1,000} \times 100 = 6\%$
  • 정보공개 관련 분쟁 : $\frac{20}{1,000} \times 100 = 2\%$
  • 하자처리 분쟁 : $\frac{10}{1,000} \times 100 = 1\%$
  • 여름철 누수 분쟁 : $\frac{110}{1,000} \times 100 = 11\%$
  • 층간소음 분쟁 : $\frac{520}{1,000} \times 100 = 52\%$

오답분석

㉢ 연도별 분쟁 건수를 구하면 다음과 같다.
  • 2020년 : 220+40+10+20+80+430=800건
  • 2021년 : 280+60+20+10+110+520=1,000건
  • 2022년 : 340+100+10+10+180+860=1,500건
  • 2023년 : 350+120+30+20+200+1,280=2,000건
  전년 대비 아파트 분쟁 신고 증가율이 잘못 입력되어 있으므로 바르게 구하면 다음과 같다.
  • 2021년 : $\frac{1,000-800}{800} \times 100 = 25\%$
  • 2022년 : $\frac{1,500-1,000}{1,000} \times 100 = 50\%$
  • 2023년 : $\frac{2,000-1,500}{1,500} \times 100 = 33\%$
㉣ 2021년 값이 2020년 값으로 잘못 입력되어 있다.

13

2021년 프랑스의 자국 영화 점유율은 한국보다 높다.

오답분석

② 제시된 자료를 통해 쉽게 확인할 수 있다.
③ 2020년 대비 2023년 자국 영화 점유율이 하락한 국가는 한국, 영국, 독일, 프랑스, 스페인이고, 이 중 한국이 4.3%p 하락으로 가장 많이 하락한 국가이다.
④ 2022년을 제외하고 프랑스, 영국, 독일, 스페인 순서로 자국 영화 점유율이 높다.
⑤ 일본, 독일, 스페인, 호주, 미국이 해당하므로 절반이 넘는다.

14

정답 ③

2015년 대비 2023년 장르별 공연 건수의 증가율은 다음과 같다.

- 양악 : $\dfrac{4,628-2,658}{2,658}\times 100 = 74\%$
- 국악 : $\dfrac{2,192-617}{617}\times 100 = 255\%$
- 무용 : $\dfrac{1,521-660}{660}\times 100 = 130\%$
- 연극 : $\dfrac{1,794-610}{610}\times 100 = 194\%$

따라서 2015년 대비 2023년 공연 건수의 증가율이 가장 높은 장르는 국악이다.

오답분석

① 2021년의 무용 공연 건수가 제시되어 있지 않으므로 연극 공연 건수가 무용 공연 건수보다 많아진 것이 2022년부터인지 판단할 수 없다.
② 2019년과 2022년에는 연극 공연 건수가 국악 공연 건수보다 더 많았다.
④ 2022년에 비해 2023년에 공연 건수가 가장 많이 증가한 장르는 양악이다.
⑤ 2018년까지는 양악 공연 건수가 국악, 무용, 연극 공연 건수의 합보다 더 많았지만, 2019년 이후에는 국악, 무용, 연극 공연 건수의 합보다 더 적다. 또한, 2021년에는 무용 공연 건수 자료가 집계되지 않아 양악의 공연 건수가 다른 공연 건수의 합보다 많은지 적은지 판단할 수 없다.

15

정답 ①

운항편의 수치는 여객과 화물을 모두 포함한 수치이다. 따라서 여객에 이용된 운항편이 총 몇 대인지 알 수 없으므로 비행기 1대당 탑승객 수를 계산할 수 없다.

오답분석

② 자료를 통해 알 수 있다.
③ 운항편이 가장 많은 요일은 토요일이고 토요일에 여객은 953,945명, 화물은 48,033톤으로 가장 높은 수치를 보이고 있다.
④ '감소 – 증가 – 감소 – 증가 – 증가 – 감소'로 같다.
⑤ $\dfrac{21,615}{11,715} = 1.85$이므로 1.5배 이상이다.

16

정답 ③

ⓒ 자료는 구성비를 나타내는 비율자료이므로 유실 및 유기동물 중 분양된 동물의 비율이 조사기간 내 매년 감소하였음은 알 수 있으나, 그 수와 증감 추이는 알 수 없다.
ⓒ 2021년에 보호 중인 동물의 수와 인도된 동물의 수의 합은 14.5+4.7=19.2%로, 30.1%인 분양된 동물의 수보다 적으며, 2022년에도 13.0+11.7=24.7%로, 27.6%인 분양된 동물의 수보다 적다.

오답분석

⊙ 반려동물 신규등록 수의 전년 대비 증가율은 2020년에 약 1.1%, 2021년에 약 14.1%, 2022년에 40.0%, 2023년에 약 442.2% 이다. 따라서 전년 대비 증가율이 두 번째로 높은 연도는 2022년이다.
② 2019년 대비 2021년 반려동물 신규등록 수의 증가율은 $\dfrac{10.5-9.1}{9.1}\times 100 = 15.4\%$이므로 10%를 초과한다.

17

정답 ④

ⓒ • 2022년 : $279 \times 17.1 = 4,771$개
  • 2023년 : $286 \times 16.8 = 4,805$개
  따라서 2023년이 2022년보다 많다.
ⓔ • 2021년 : $273 \times 85 = 23,205$억 원
  • 2022년 : $279 \times 91 = 25,389$억 원
  • 2023년 : $286 \times 86.7 = 24,796.2$억 원
  따라서 2022년에는 증가하였지만 2023년에는 감소하였다.

오답분석

ⓐ • 2023년 창업보육센터 지원금액의 전년 대비 증가율 : $\dfrac{353-306}{306} \times 100 = 15.4\%$

  • 2023년 창업보육센터 수의 전년 대비 증가율 : $\dfrac{286-279}{279} \times 100 = 2.5\%$

ⓒ 제시된 자료를 통해 쉽게 확인할 수 있다.

18

정답 ④

2022년 SOC, 2023년 산업·중소기업 분야가 해당한다.

오답분석

① 2020년의 전년 대비 증가율은 $\dfrac{27.6-24.5}{24.5} \times 100 = 12.7\%$이고, 2023년의 증가율은 $\dfrac{35.7-31.4}{31.4} \times 100 = 13.7\%$이다.

② 2019년 약 30%, 2021년은 약 31%의 비중을 차지한다.
③ 2019년에는 기타 분야가 차지하고 있는 비율이 더 높았다.
⑤ SOC, 산업·중소기업, 환경, 기타 분야가 해당하므로 4개이다.

19

정답 ③

제시된 자료에 의하면 수도권은 서울·인천·경기를 합한 지역이다. 따라서 전체 마약류 단속 건수 중 수도권의 마약류 단속 건수의 비중은 $22.1+35.8=57.9\%$이다.

오답분석

① 코카인 단속 건수가 없는 지역은 강원, 충북, 제주로 3곳이다.
② • 대마 단속 전체 건수 : 167건
  • 코카인 단속 전체 건수 : 65건
  $65 \times 3 = 195 > 167$이므로 옳지 않다.
④ • 강원 지역의 향정신성의약품 단속 건수 : 35건
  • 강원 지역의 대마 단속 건수 : 13건
  $13 \times 3 = 39 > 35$이므로 옳지 않다.
⑤ • 대구·경북 지역의 향정신성의약품 단속 건수 : 138건
  • 광주·전남 지역의 향정신성의약품 단속 건수 : 38건
  $38 \times 4 = 152 > 138$이므로 옳지 않다.

20

정답 ④

20대의 연도별 흡연율은 40대 흡연율로, 30대는 50대의 흡연율로 반영되었다.

01	02	03	04	05	06	07	08	09	10	11	12	13	14	15	16	17	18	19	20
④	④	④	②	③	③	④	③	③	①	①	①	④	④	①	③	③	⑤	④	③

01

정답 ④

시속 300km/h이므로 거리가 400km인 지점까지 달리는 시간은 $\frac{400}{300}=1\frac{1}{3}=1$시간 20분이고, 정차시간은 $10\times7=1$시간 10분이다. 따라서 걸린 시간은 총 2시간 30분이다.

02

정답 ④

각 소금물에 들어있는 소금의 양은 다음과 같다.

• 농도 3%의 소금물 400g에 들어있는 소금의 양 : $400\times\frac{3}{100}=12$g

• 농도 10%의 소금물 300g에 들어있는 소금의 양 : $300\times\frac{10}{100}=30$g

따라서 섞인 소금물에 들어있는 소금의 양은 $12+30=42$g이다.

03

정답 ④

원가를 x원이라고 하자. 다음 식의 좌변은 원가에 이윤을 붙인 정가에 할인율을 적용한 것을, 우변은 원가 대비 이윤을 나타낸 것이다.

$1.2x\times0.9=x+2,000$

$\rightarrow 1.08x=x+2,000$

$\therefore x=25,000$

따라서 제품의 원가는 25,000원이다.

04

정답 ②

A와 B의 일급이 같으므로 하루에 포장한 제품의 개수는 A의 작업량인 $310\times5=1,550$개로 서로 같다.

B가 처음 시작하는 1시간 동안 x개의 제품을 포장한다고 하면 다음과 같은 식이 성립한다.

$x+2x+4x+8x+16x=1,550$

$\rightarrow 31x=1,550$

$\therefore x=50$

따라서 B가 처음 1시간 동안 포장하는 제품의 개수는 50개이다.

05

정답 ③

• (강을 거슬러 오를 때의 속력)=(배의 속력)−(강물의 속력)

• (강을 내려갈 때의 속력)=(배의 속력)+(강물의 속력)

배의 속력을 xm/min, 강물의 속력을 ym/min이라고 하면 다음과 같은 식이 성립한다.

$40(x-y)=2,000 \rightarrow x-y=50 \cdots \bigcirc$

$20(x+y)=2,000 \rightarrow x+y=100 \cdots \bigcirc$

⊙, ⓒ을 연립하면 $x=75$이다.

따라서 배의 속력은 75m/min이다.

06

154, 49, 63의 최대공약수는 7이므로 사과는 22개씩, 참외는 7개씩, 토마토는 9개씩 7명에게 나눠줄 수 있다.

07

x년 후에 현우와 조카의 나이는 각각 $(30+x)$살, $(5+x)$살이므로 다음과 같은 식이 성립한다.

$30+x=2(5+x)$

$\rightarrow 30+x=10+2x$

$\therefore x=20$

따라서 현우의 나이가 조카 나이의 2배가 되는 것은 20년 후이다.

08

A, B, C설탕물의 설탕 질량을 구하면 다음과 같다.

• A설탕물의 설탕 질량 : $200\times0.12=24g$

• B설탕물의 설탕 질량 : $300\times0.15=45g$

• C설탕물의 설탕 질량 : $100\times0.17=17g$

A, B설탕물을 합치면 설탕물 500g에 들어있는 설탕은 $24+45=69g$, 농도는 $\frac{69}{500}\times100=13.8\%$이다. 합친 설탕물을 300g만 남기고, C설탕물과 합치면 설탕물 400g이 되고 여기에 들어있는 설탕의 질량은 $300\times0.138+17=58.4g$이다. 또한 이 합친 설탕물도 300g만 남기면 농도는 일정하므로 설탕물이 $\frac{3}{4}$으로 줄어든 만큼 설탕의 질량도 같이 줄어든다.

따라서 설탕의 질량은 $58.4\times\frac{3}{4}=43.8g$이다.

09

$_{10}C_2\times_8C_2=\frac{10\times9}{2\times1}\times\frac{8\times7}{2\times1}=1,260$가지

10

• n개월 후 형의 통장 잔액 : $2,000n$

• n개월 후 동생의 통장 잔액 : $10,000+1,500n$

따라서 형의 통장 잔액이 동생보다 많아질 때에 대해 다음과 같은 식이 성립한다.

$2,000n>10,000+1,500n$

$\therefore n>20$

따라서 21개월 후에 형의 통장 잔액이 동생보다 많아진다.

11

• 두 개의 주사위를 던지는 경우의 수 : $6\times6=36$가지

• 나온 눈의 곱이 홀수인 경우(홀수×홀수)의 수 : $3\times3=9$가지

따라서 주사위의 눈의 곱이 홀수일 확률은 $\frac{9}{36}=\frac{1}{4}$이다.

12

정답 ①

할인되지 않은 KTX 표의 가격을 x원이라고 하자. 표를 40% 할인된 가격으로 구매하였으므로 구매 가격은 $(1-0.4)x=0.6x$원이다. 환불 규정에 따르면 하루 전에 표를 취소하는 경우 70%의 금액을 돌려받을 수 있으므로 다음과 같은 식이 성립한다.

$0.6x \times 0.7 = 16,800$

→ $0.42x = 16,800$

∴ $x = 40,000$

따라서 할인되지 않은 KTX 표의 가격은 40,000원이다.

13

정답 ④

청소년의 영화표 가격은 $12,000 \times 0.7 = 8,400$원이다.

청소년, 성인의 수를 각각 x명, $(9-x)$명이라고 하면 다음과 같은 식이 성립한다.

$12,000 \times (9-x) + 8,400 \times x = 90,000$

$-3,600x = -18,000$

∴ $x = 5$

따라서 영화를 관람한 영업부 가족 중 청소년은 5명이다.

14

정답 ④

농도 15% 소금물 500g에는 $500 \times \dfrac{15}{100} = 75$g의 소금이 들어있다.

추가하는 물의 양을 xg이라고 하면 다음과 같은 식이 성립한다.

$\dfrac{75}{500+x} \times 100 = 10$

→ $750 = 500 + x$

∴ $x = 250$

따라서 250g의 물을 넣어야 한다.

15

정답 ①

A가 합격할 확률은 $\dfrac{1}{3}$이고 B가 합격할 확률은 $\dfrac{3}{5}$이다.

따라서 A, B 둘 다 합격할 확률은 $\dfrac{1}{3} \times \dfrac{3}{5} = \dfrac{3}{15} = \dfrac{1}{5} = 20\%$이다.

16

정답 ③

배차간격은 동양역에서 20분, 서양역에서 15분이며, 두 기차의 속력은 같다. 배차시간의 최소공배수가 60이므로 60분마다 같은 시간에 각각의 역에서 출발하게 된다. 그러므로 10시 다음으로 동시에 출발하는 시각은 11시이다. 동양역과 서양역의 편도 시간은 1시간이므로 50km 지점은 출발 후 30분에 도달한다.

따라서 두 번째로 50km 지점에서 두 기차가 만나는 시각은 11시 30분이다.

17

정답 ③

10명이 리그전을 통해 경기한다면 경기 수는 $9+8+7+6+5+4+3+2+1=45$회이다.

토너먼트 방식의 경기 수는 n개의 팀이 참가했을 때, $(n-1)$회의 경기가 진행되므로 경기 횟수는 $10-1=9$회이다.

따라서 두 경기 수의 차이는 $45-9=36$회이다.

18

⑤

올해 지원부서원 25명의 평균 나이는 38세이므로, 내년 지원부서원 25명의 평균 나이는 $\frac{25\times38-52+27}{25}+1=38$세이다.

19

④

(A의 톱니 수)×(A의 회전수)=(B의 톱니 수)×(B의 회전수)

A의 톱니 수를 x개라 하면 B의 톱니 수는 $(x-20)$개이므로 다음과 같은 식이 성립한다.

$x\times6=(x-20)\times10$

→ $6x=10x-200$

→ $4x=200$

∴ $x=50$

따라서 A의 톱니 수는 50개이다.

20

③

모두 다 섞은 설탕물의 농도를 x%라고 하면 다음과 같은 식이 성립한다.

$\frac{36}{100}\times50+\frac{20}{100}\times50=\frac{x}{100}\times200$

→ $36+20=4x$

→ $4x=56$

∴ $x=14$

따라서 농도 14%의 설탕물이 된다.

---

04 언어추리

01	02	03	04	05	06	07	08	09	10	11	12	13	14	15	16	17	18	19	20
①	②	②	①	⑤	①	③	③	①	③	①	⑤	②	①	②	③	③	①	④	①

01

①

원탁 자리에 다음과 같이 임의로 번호를 지정하고, 기준이 되는 C를 앉히고 나머지를 배치한다.

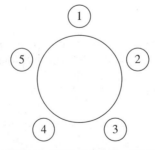

C를 1번에 앉히면, 첫 번째 조건에서 C 바로 옆에 E가 앉아야 하므로 E는 5번 또는 2번에 앉는다. 만약 E가 2번에 앉으면 세 번째 조건에 따라 D가 A의 오른쪽에 앉아야 한다. A, D가 4번과 3번에 앉으면 B가 5번에 앉게 되어 첫 번째 조건에 부합하지 않는다. 또한 A가 5번, D가 4번에 앉는 경우 B는 3번에 앉게 되지만 두 번째 조건에서 D와 B는 나란히 앉을 수 없어 불가능하다. E를 5번에 앉히고 A는 3번, D는 2번에 앉게 되면 B는 4번에 앉아야 하므로 모든 조건을 만족하게 된다.

따라서 C를 첫 번째로 하여 시계 방향으로 세 번째에 앉는 사람은 A이다.

02

정답 ②

A가 가 마을에 살고 있다고 가정하면, B 또는 D는 가 마을에 살고 있다. F가 가 마을에 살고 있다고 했으므로 C, E는 나 마을에 살고 있음을 알 수 있다. 하지만 C는 A, E 중 1명은 나 마을에 살고 있다고 말한 것은 진실이므로 모순이다.

A가 나 마을에 살고 있다고 가정하면, B, D 중 1명은 가 마을에 살고 있다는 말은 거짓이므로 B, D는 나 마을에 살고 있다. A, B, D가 나 마을에 살고 있으므로 나머지 C, E, F는 가 마을에 살고 있음을 알 수 있다.

따라서 나 마을에 살고 있는 사람은 A, B, D이다.

03

정답 ②

제시된 조건을 기호로 정리하면 다음과 같다.
- ~A → B
- A → ~C
- B → ~D
- ~D → E

E가 행사에 참여하지 않는 경우, 네 번째 조건의 대우인 ~E → D에 따라 D가 행사에 참여한다. D가 행사에 참여하면 세 번째 조건의 대우인 D → ~B에 따라 B는 행사에 참여하지 않는다. 또한 B가 행사에 참여하지 않으면 첫 번째 조건의 대우에 따라 A가 행사에 참여하고, A가 행사에 참여하면 두 번째 조건에 따라 C는 행사에 참여하지 않는다.

따라서 E가 행사에 참여하지 않을 경우 행사에 참여 가능한 사람은 A와 D 2명이다.

04

정답 ①

첫 번째 조건에서 원탁 의자에 임의로 번호를 적고 회의 참석자들을 앉혀 본다.

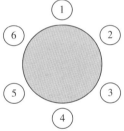

네 번째 조건에서 A와 B 사이에 2명이 앉으므로 임의로 1번 자리에 A가 앉으면 4번 자리에 B가 앉는다. 그리고 B자리 바로 왼쪽에 F가 앉기 때문에 F는 5번 자리에 앉는다. 만약 6번 자리에 C 또는 E가 앉게 되면 2번과 3번 자리에 D와 E 또는 D와 C가 나란히 앉게 되어 세 번째 조건에 부합하지 않는다. 따라서 6번 자리에 D가 앉아야 하고 두 번째 조건에서 C가 A 옆자리에 앉아야 하므로 2번 자리에 C가, 나머지 3번 자리에는 E가 앉게 된다.

따라서 나란히, 즉 바로 옆 자리에 앉게 되는 참석자들은 선택지 중 A와 D이다.

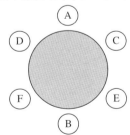

05
정답 ⑤

가장 높은 등급을 1등급, 가장 낮은 등급을 5등급이라 하면 네 번째 조건에 의해 A는 3등급을 받는다. 또한 첫 번째 조건에 의해 E는 4등급 또는 5등급이다. 이때, 두 번째 조건에 의해 C가 5등급, E가 4등급을 받고, 세 번째 조건에 의해 B는 1등급, D는 2등급을 받는다. 따라서 발송 대상자는 C와 E이다.

06
정답 ①

제시된 조건을 정리하면 다음과 같다.

구분	아메리카노	카페라테	카푸치노	에스프레소
A	○	×	×	×
B				○
C				×

따라서 'A는 아메리카노를 좋아한다.'인 ①은 항상 참이다.

오답분석
②·③ 제시된 조건만으로는 C가 좋아하는 커피를 알 수 없다.
④ A와 B는 좋아하는 커피가 다르다고 했으므로, A는 에스프레소를 좋아하지 않는다. 또한 제시된 조건에서 카페라테와 카푸치노도 좋아하지 않는다고 했으므로 A가 좋아하는 커피는 아메리카노이다.
⑤ B는 에스프레소를 좋아하지만, C는 에스프레소를 좋아하지 않는다.

07
정답 ③

이동 시간이 긴 순서대로 나열하면 'D - B - C - A'이다. 이때 이동 시간은 거리가 멀수록 많이 소요된다고 하였으므로 서울과의 거리가 먼 순서에 따라 D는 강릉, B는 대전, C는 세종, A는 인천에서 근무하는 것을 알 수 있다.

08
정답 ③

A와 D의 진술이 모순되므로, A의 진술이 참인 경우와 거짓인 경우를 구한다.
ⅰ) A의 진술이 참인 경우
　　A의 진술에 따라 D가 부정행위를 하였으며, 거짓을 말하고 있다. B는 A의 진술이 참이므로 B의 진술도 참이며, B의 진술이 참이므로 C의 진술은 거짓이 되고, E의 진술은 참이 된다. 따라서 부정행위를 한 사람은 C, D이다.
ⅱ) A의 진술이 거짓인 경우
　　A의 진술에 따라 D는 참을 말하고 있고, B는 A의 진술이 거짓이므로 B의 진술도 거짓이 된다. B의 진술이 거짓이므로 C의 진술은 참이 되고, E의 진술은 거짓이 된다. 그러면 거짓을 말한 사람은 A, B, E이지만 조건에서 부정행위를 한 사람은 두 명이므로 모순이 되어 옳지 않다.
따라서 부정행위를 한 사람은 C, D이다.

09
정답 ①

다음의 논리 순서를 따라 제시된 조건을 정리하면 다음과 같다.
• 다섯 번째 조건 : 1층에 경영지원실이 위치한다.
• 첫 번째 조건 : 1층에 경영지원실이 위치하므로 4층에 기획조정실이 위치한다.
• 두 번째 조건 : 2층에 보험급여실이 위치한다.
• 세 번째, 네 번째 : 3층에 급여관리실, 5층에 빅데이터운영실이 위치한다.
따라서 1층부터 순서대로 '경영지원실 - 보험급여실 - 급여관리실 - 기획조정실 - 빅데이터운영실'이 위치하므로 5층에 있는 부서는 빅데이터운영실이다.

10

1명만 거짓말을 하고 있기 때문에 모두의 말을 참이라고 가정하고, 모순이 어디서 발생하는지 생각해 본다.
5명의 말에 따르면, 1등을 할 수 있는 사람은 C밖에 없는데, E의 진술과 모순이 생기는 것을 알 수 있다.
만약 C의 진술이 거짓이라고 가정하면 1등을 할 수 있는 사람이 없게 되므로 모순이다.
따라서 E의 진술이 거짓이므로 나올 수 있는 순위는 C − E − B − A − D임을 알 수 있다.

11

제시된 명제를 정리하면 다음과 같다.
어떤 꽃은 향기롭다. → 향기로운 꽃은 주위에 나비가 많다. → 나비가 많은 꽃은 아카시아이다.
따라서 '어떤 꽃은 아카시아이다.'는 반드시 참이다.

12

첫 번째와 두 번째 명제를 통해 '어떤 안경은 유리로 되어 있다.'는 결론을 도출할 수 있다.
따라서 유리로 되어 있는 것 중 안경이 있다고 할 수 있다.

13

'아침에 커피를 마신다.'를 A, '회사에서 회의를 한다.'를 B라고 하면 전제1은 '수∨목 → A'이고, 전제1의 대우는 '~A → ~(수∧목)'이다. 즉, 결론 '~A → B'가 성립하기 위해서는 '~(수∧목) → B'나 '~B → 수∨목'인 전제2가 필요하다.
따라서 빈칸에 들어갈 전제2로 '회사에서 회의를 하지 않으면 수요일이나 목요일이다.'가 적절하다.

14

'밤에 잠을 잘 자다.'를 A, '낮에 피곤하다.'를 B, '업무효율이 좋다.'를 C, '성과급을 받는다.'를 D라고 하면, 전제1은 ~A → B, 전제3은 ~C → ~D, 결론은 ~A → ~D이다. 따라서 ~A → B → ~C → ~D가 성립하기 위해서 필요한 전제2는 B → ~C이므로 '낮에 피곤하면 업무효율이 떨어진다.'가 적절하다.

15

네 번째, 다섯 번째 결과를 통해서 '낮잠 자기를 좋아하는 사람은 독서를 좋아한다.'는 사실을 알 수 있다.

16

B와 A의 관계에 대한 설명이 없으므로 알 수 없다.

[오답분석]
① C는 A의 오빠이므로 A의 아들과는 친척관계이다.
② C가 A의 오빠라는 말에서 알 수 있듯이 A는 여자이다.
④ C는 A의 오빠이므로, A의 아들에게는 이모가 아니라 외삼촌이 된다.
⑤ 월계 빌라의 모든 주민은 A와 친척이므로 D도 A의 친척이다.

17

김과장이 2주차 월요일에 단식을 했기 때문에, 1주차 토요일과 일요일은 반드시 세 끼 식사를 해야 한다. 또한 목요일은 업무약속으로 점심식사를 했으므로 단식을 할 수 없다.

구분	월	화	수	목	금	토	일
아침	○		○	○	○	○	○
점심				○		○	○
저녁				○		○	○

- 월요일에 단식을 했을 경우
  화·수요일은 세 끼 식사를 해야 한다. 그러면 금요일이 단식일이 되는데, 이 경우 네 번째 조건을 만족하지 못한다.
- 화요일(아침에 식사)에 단식을 했을 경우
  월·수·목요일은 세 끼 식사를 해야 한다. 그러면 금요일이 단식일이 되는데, 이 경우 네 번째 조건을 만족하지 못한다.
- 화요일(저녁에 식사)에 단식을 했을 경우
  월·수·목요일은 세 끼 식사를 해야 한다. 그러면 금요일이 단식일이고, 아침에 식사를 했으므로 모든 조건을 만족한다.

18

B와 E의 말이 서로 모순되므로 둘 중 1명은 반드시 거짓을 말하고 있다.
ⅰ) B의 말이 거짓일 경우
  E의 말이 참이 되므로 D의 말에 따라 아이스크림을 사야 할 사람은 A가 된다. 또한 나머지 A, C, D의 말 역시 모두 참이 된다.
ⅱ) E의 말이 거짓일 경우
  B의 말이 참이 되므로 아이스크림을 사야 할 사람은 C가 된다. 그러나 B의 말이 참이라면 참인 C의 말에 따라 D의 말은 거짓이 된다. 결국 D와 E 2명이 거짓을 말하게 되므로 1명만 거짓말을 한다는 조건이 성립하지 않으며, A의 말과도 모순된다.
따라서 거짓말을 하는 사람은 B이며, 아이스크림을 사야 할 사람은 A이다.

19

은호의 신발 사이즈는 235mm이며, 은호 아빠의 신발 사이즈는 270mm이므로 은호 아빠와 은호의 신발 사이즈 차이는 270−235 =35mm이다.

[오답분석]

① 은수의 정확한 신발 사이즈는 알 수 없다.
② 235mm인 은호의 신발 사이즈와 230mm 이하인 은수의 신발 사이즈는 최소 5mm 이상 차이가 난다.
③ 은호의 엄마는 은호보다 5mm 큰 신발을 신으므로 은호 엄마의 신발 사이즈는 240mm이다. 따라서 은호 아빠와 엄마의 신발 사이즈 차이는 270−240=30mm이다.
⑤ 은수의 신발 사이즈는 230mm 이하로 엄마의 신발 사이즈와 최소 10mm 이상 차이가 난다.

20

첫 번째 조건에 따라 A는 선택 프로그램에 참가하므로 A는 수·목·금요일 중 하나의 프로그램에 참가한다. A가 목요일 프로그램에 참가하면 E는 A보다 나중에 참가하므로 금요일의 선택3 프로그램에 참가할 수밖에 없다. 따라서 항상 참이 되는 것은 ①이다.

오답분석

② B는 월·화요일 프로그램에 참가할 수 있으므로 B가 화요일 프로그램에 참가하면 C는 월요일 프로그램에 참가할 수 있다.

③ C가 화요일 프로그램에 참가하면 E는 선택2 또는 선택3 프로그램에 참가할 수 있다.

구분	월(필수1)	화(필수2)	수(선택1)	목(선택2)	금(선택3)
경우 1	B	C	A	D	E
경우 2	B	C	A	E	D
경우 3	B	C	D	A	E

④ 두 번째 조건에 따라 C는 필수 프로그램에 참가하므로 월·화요일 중 하나의 프로그램에 참가하며, 이때, C가 화요일 프로그램에 참가하면 C보다 나중에 참가하는 D는 선택 프로그램에 참가할 수 있다.

⑤ E는 선택 프로그램에 참가하는 A보다 나중에 참가하므로 목요일 또는 금요일 중 하나의 프로그램에 참가할 수 있다.

01	02	03	04	05	06	07	08	09	10
②	①	①	②	②	①	④	①	③	②
11	12	13	14	15	16	17	18	19	20
④	③	③	①	④	⑤	③	②	①	①

01 정답 ②

$(4 \times 3) + (2 \times 1) \times 0.01$, $(5 \times 4) + (3 \times 2) \times 0.01$, $(6 \times 5) + (4 \times 3) \times 0.01$, …인 수열이다.
따라서 (　)$= (10 \times 9) + (8 \times 7) \times 0.01 = 90.56$이다.

02 정답 ①

홀수 항은 $+2.13$, 짝수 항은 $+4.31$을 하는 수열이다.
따라서 (　)$= 29.67 + 4.31 = 33.98$이다.

03 정답 ①

홀수 항은 $\times 2 + 0.2$, $\times 2 + 0.4$, $\times 2 + 0.6$, …을 하고, 짝수 항은 $\times 3 - 0.1$을 하는 수열이다.
따라서 (　)$= 12.2 \times 3 - 0.1 = 36.5$이다.

04 정답 ②

앞의 항에 $+0.1$, $+0.15$, $+0.2$, $+0.25$ …인 수열이다.
따라서 (　)$= 1.1 + 0.3 = 1.4$이다.

05 정답 ②

정수 부분은 $+1$, $+2$, $+3$, …을 하고, 분수 부분의 분모는 $+4$, 분자는 $+1$을 하는 수열이다.
따라서 (　)$= (17+5)\left(\dfrac{7+1}{21+4}\right) = 22\dfrac{8}{25}$ 이다.

06 정답 ①

정수 부분은 -1, -2, -3, …을 하고, 분수 부분의 분모는 -2, 분자는 -3을 하는 수열이다.
따라서 (　)$= (94-4)\left(\dfrac{90-3}{95-2}\right) = 90\dfrac{87}{93}$ 이다.

07 정답 ④

홀수 항은 $+\dfrac{1}{4}$, 짝수 항은 $-\dfrac{1}{6}$을 하는 수열이다.
따라서 (　)$= \dfrac{5}{4} + \dfrac{1}{4} = \dfrac{6}{4} = \dfrac{3}{2}$이다.

08 정답 ①

홀수 항은 $\times \dfrac{1}{2}$, 짝수 항은 -3.7, -4.2, -4.7, …을 하는 수열이다.
따라서 (　)$= 1 \times \dfrac{1}{2} = \dfrac{1}{2}$ 이다.

09 정답 ③

나열된 수를 각각 A, B, C라고 하면
$\underline{A\ B\ C} \to A + B \div 3 = C$
따라서 (　)$= 2 + 3 \div 3 = 3$이다.

10 정답 ②

나열된 수를 각각 A, B, C라고 하면
$\underline{A\ B\ C} \to A\quad A-1\quad A+1$
따라서 (　)$= 26 + 1 = 27$이다.

11 정답 ④

나열된 수를 각각 A, B, C라고 하면
$\underline{A\ B\ C} \to A^2 + B^2 = C$
따라서 (　)$= \sqrt{74 - 5^2} = \sqrt{49} = 7$이다.

12 정답 ③

나열된 수를 각각 A, B, C라고 하면
$\underline{A\ B\ C} \to B^A = C$
따라서 $3^{(\ )} = 81$이므로 (　)$= 4$이다.

13 정답 ③

(앞의 항)$\times$(뒤의 항)$=$(다음 항)인 수열이다.
$\therefore$ A$=2 \div 2 = 1$, B$=4 \times 8 = 32$
따라서 A$\times$B$=32$이다.

14 　　정답 ①

앞의 항에 $+11$, $+12$, $+13$, $\cdots$을 하는 수열이다.

$\therefore$ A$=27-11=16$, B$=81+16=97$

따라서 A$-$B$=-81$이다.

15 　　정답 ④

앞의 항에 $+1$, $\times2$가 반복되는 수열이다.

$\therefore$ A$=6-1=5$, B$=26+1=27$

따라서 A$+$B$=32$이다.

16 　　정답 ⑤

(앞의 항)$\times$(뒤의 항)$=$(다음 항)인 수열이다.

$\therefore$ A$=10\div5=2$, B$=25{,}000\div50=500$

따라서 A$^2\times$B$=2{,}000$이다.

17 　　정답 ③

앞의 항에 -1, -6, -11, -16, -21, $\cdots$을 하는 수열이다. 수열의 일반항을 a_n 이라고 하면 $a_n=500-\sum\limits_{k=1}^{n-1}(5k-4)=$

$500-\left\{\dfrac{5n(n-1)}{2}-4(n-1)\right\}=496+4n-\dfrac{5n(n-1)}{2}$

이다.

따라서 11번째 항의 값은 $a_{11}=496+(4\times11)-\dfrac{5\times11\times10}{2}$

$=496+44-275=265$이다.

18 　　정답 ②

앞의 항에 -8, -2, $+4$, $+10$, $+16$, $+22$, $\cdots$을 하는 수열이다. 수열의 일반항을 a_n 이라고 하면 $a_n=156+\sum\limits_{k=1}^{n-1}(6k$

$-14)=156+\{3n(n-1)-14(n-1)\}=170+3n(n-1)-$

$14n$이다.

따라서 20번째 항의 값은 $a_{20}=170+(3\times20\times19)-(14\times$

$20)=1{,}030$이다.

19 　　정답 ①

제시된 수열의 일반항을 a_n 이라 할 때, 홀수 번째 항은 n^2+1

이고, 짝수 번째 항은 $-(n^2+1)$이다.

따라서 22번째 항의 값은 $-(22^2+1)=-485$이다.

20 　　정답 ①

앞의 항에 $+2$, $+5$, $+10$, $+17$, $+26$, $+37$, $\cdots$, $+(k^2+1)$을 하는 수열이다. 수열의 일반항을 a_n 이라고 하면 다음과 같다.

- $a_8=98+(7^2+1)=98+50=148$
- $a_9=148+(8^2+1)=148+65=213$
- $a_{10}=213+(9^2+1)=213+82=295$
- $a_{11}=295+(10^2+1)=295+101=396$

따라서 11번째 항의 값은 $a_{11}=396$이다.

01   언어이해

01	02	03	04	05	06	07	08	09	10	11	12	13	14	15	16	17	18	19	20
③	⑤	③	①	③	③	④	④	⑤	①	③	③	③	③	③	③	①	④	①	④

01
정답 ③

제시문은 또 다른 물의 재해인 '지진'의 피해에 대해 설명하는 글로, 두 번째 문단과 세 번째 문단은 '지진'의 피해에 대한 구체적인 사례를 제시하고 있다. 따라서 제목으로 가장 적절한 것은 ③ 강력한 물의 재해 '지진'이다.

02
정답 ⑤

세 번째 문단에서 녹내장을 예방할 수 있는 방법은 아직 알려져 있지 않고, 가장 좋은 예방법은 조기에 발견하는 것이라고 하였다. 따라서 녹내장 발병을 예방할 수 있는 방법은 아직 없다고 볼 수 있다.

[오답분석]
① 녹내장은 일반적으로 주변 시야부터 좁아지기 시작해 중심 시야로 진행되는 병이다.
② 상승된 안압이 시신경으로 공급되는 혈류량을 감소시켜 시신경 손상이 발생할 수 있다.
③ 녹내장은 안압이 상승하여 발생하는 병이므로 안압이 상승할 수 있는 상황은 되도록 피해야 한다.
④ 녹내장은 대부분 장기간에 걸쳐 천천히 진행되는 경우가 많다.

03
정답 ③

마지막 문단에 따르면 유전거리 비교의 한계를 보완하기 위해 나온 방법이 유전체 유사도를 측정하는 방법이며, 유전체 유사도는 종의 경계를 확정하는 데 유용한 기준을 제공한다.

[오답분석]
① 두 번째 문단 첫 번째 문장에 따르면 미생물의 종 구분에 외양과 생리적 특성을 이용한 방법이 사용되기도 한다.
②·⑤ 마지막 문단에 따르면 수많은 유전자를 모두 비교하는 것은 현실적으로 어렵기 때문에, 유전체의 특성을 화학적으로 비교하는 방법이 주로 사용되고 있다.
④ 제시문만으로 확인할 수 없는 내용이다.

04

다리뼈는 연골세포의 세포분열로 인해 뼈대의 성장이 일어난다.

오답분석
② 뼈끝판의 세포층 중 뼈대의 경계면에 있는 세포층이 아닌 뼈끝과 경계면이 있는 세포층에서만 세포분열이 일어난다.
③ 사춘기 이후 호르몬에 의한 뼈의 길이 성장은 일어나지 않는다.
④ 뇌에서 분비하는 성장호르몬은 뼈에 직접적으로 도움을 준다.
⑤ 남성호르몬인 안드로겐은 사춘기 여자에게서도 분비된다.

05

정답 ③

③은 플라시보 소비의 특징인 가심비, 즉 심리적 만족감보다는 상품의 가격을 중시하는 가성비에 따른 소비에 가깝다고 볼 수 있다.

06

정답 ③

역전층 현상이 발생하면 대류권에서는 위쪽으로 갈수록 기온이 높아진다.

오답분석
① 따뜻한 공기가 더 가볍기 때문에 더 무거운 차가운 공기는 아래로, 따뜻한 공기는 위로 이동하는 대류 운동이 일어난다.
② 겨울철 방에서 난방을 하면 방바닥의 따뜻한 공기는 위로 올라가는 대류 현상이 일어난다.
④ 공기층이 안정된다는 것은 역전층 현상이 나타난 것이므로, 안개가 발생하고 이에 따라 스모그 현상이 발생한다.
⑤ 태양의 복사열로 지표가 데워지면 역전층 현상이 사라질 것이다.

07

정답 ④

스피노자는 삶을 지속하고자 하는 인간의 욕망을 코나투스라 정의하며, 코나투스인 욕망을 긍정하고 욕망에 따라 행동해야 한다고 주장하였다. 따라서 스피노자의 주장에 대한 반박으로는 인간의 욕망을 부정적으로 바라보며, 이러한 욕망을 절제해야 한다는 내용의 ④가 가장 적절하다.

오답분석
③ 스피노자는 모든 동물이 코나투스를 가지고 있으나, 인간은 자신의 충동을 의식할 수 있다는 점에서 차이가 있다고 주장하므로 스피노자와 동일한 입장임을 알 수 있다.

08

정답 ④

마지막 문단의 '기다리지 못함도 삼가고 아무것도 안함도 삼가야 한다. 작동 중에 있는 자연스러운 성향이 발휘되도록 기다리면서도 전력을 다할 수 있도록 돕는 노력도 멈추지 말아야 한다.'를 통해 ④ '잠재력을 발휘하도록 하려면 의도적 개입과 방관적 태도 모두를 경계해야 한다.'가 글의 중심 내용임을 알 수 있다.

오답분석
① 인위적 노력을 가하는 것은 일을 '조장(助長)'하지 말라고 한 맹자의 말과 반대된다.
② 싹이 성장하도록 기다리는 것도 중요하지만 '전력을 다할 수 있도록 돕는 노력'도 해야 한다.
③ 명확한 목적성을 강조하는 부분은 제시문에 나와 있지 않다.
⑤ 맹자는 '싹 밑의 잡초를 뽑고 김을 매주는 일'을 통해 '성장을 보조해야 한다.'라고 말하며 적당한 인간의 개입이 필요함을 말하고 있다.

제3회 최종점검 모의고사 • 65

09

먼저 글의 서두는 흥미를 유도하거나 환기시킬 수 있는 내용이 오는 것이 적절하다. 그러므로 (다) OECD가 조사한 성별 간 임금 격차 내용 – (나) 영국의 보고서에 따른 한국의 성별 간 임금 격차 – (라) 성별 간 임금 격차가 유지되는 이유 – (가) 성별 간 임금 격차가 유지되는 구체적 내용 순으로 나열하는 것이 적절하다.

10

제시문은 2500년 전 인간과 현대의 인간의 공통점을 언급하며 2500년 전에 쓰인 『논어』가 현대에서 지니는 가치에 대해 설명하고 있다. 따라서 (가) 『논어』가 쓰인 2500년 전 과거와 현대의 차이점 – (마) 2500년 전의 책인 『논어』가 폐기되지 않고 현대에서도 읽히는 이유에 대한 의문 – (나) 인간이라는 공통점을 지닌 2500년 전 공자와 우리들 – (다) 2500의 시간이 흐르는 동안 인간의 달라진 부분과 달라지지 않은 부분에 대한 설명 – (라) 시대가 흐름에 따라 폐기될 부분을 제외하더라도 여전히 오래된 미래로서의 가치를 지니는 『논어』 순으로 나열하는 것이 적절하다.

11

제시문은 메타 윤리학에서 도덕 실재론과 정서주의의 주장에 대해 설명하는 글이다. 제시된 문단이 '메타 윤리학에서 도덕 실재론과 정서주의는 ~ 상반된 주장을 펼친다.'라고 끝나므로 이어지는 문단은 도덕 실재론과 정서주의의 입장을 차례로 소개해야 할 것이다. 도덕 실재론에 대한 설명인 (나)와 정서주의에 대한 설명인 (다) 중, 접속어 '한편'이 (다)에 포함되어 있으므로 (나)가 먼저 위치해야 한다. 그 다음으로 도덕 실재론에 대한 부연설명을 하는 (라), 정서주의의 특징에 대해 설명하는 (다), 정서주의에 대한 부연설명인 (가) 순으로 나열되어야 한다. 따라서 (나) – (라) – (다) – (가) 순으로 나열하는 것이 적절하다.

12

제시문의 중심 내용은 '반대는 필수불가결한 것이다.', '자유의지를 가진 국민의 범국가적 화합은 정부의 독단과 반대당의 혁명적 비타협성을 무력화시키는 정치권력의 충분한 균형에 의존하고 있다.', '그 균형이 더 이상 존재하지 않는다면 민주주의는 사라지고 만다.'로 요약할 수 있다. 따라서 제목으로 ③이 가장 적절하다.

13

네 번째 문단의 '거래에 참여하는 사람들 간에는 목적이나 재산 등의 측면에서 큰 차이가 존재하는 것이 보통이다. 이런 경우에는 상품의 가격이 우리의 상식으로는 도저히 이해하기 힘든 수준까지 일시적으로 뛰어오르는 현상이 나타날 가능성이 있다.'고 했으므로 ③은 적절하지 않다.

오답분석

①·④ 네 번째 문단에서 확인할 수 있다
② 마지막 문단에서 확인할 수 있다
⑤ 세 번째 문단에서 확인할 수 있다.

14

제시문에서 레비스트로스는 신화 자체의 사유 방식이나 특성을 특정 시대의 것으로 한정하는 오류를 범하고 있다고 언급하였다. 과거 신화시대에 생겨난 신화적 사유는 신화가 재현되고 재생되는 한 여전히 시간과 공간을 뛰어넘어 현재화되고 있다고 했으므로 ③은 적절하지 않다.

15

네 번째 문단의 마지막 두 문장을 보면 편협형 정치 문화와 달리 최소한의 인식이 있는 신민형 정치 문화의 예로 독재 국가를 언급하고 있으므로 ③은 적절하지 않다.

16

정답 ③

제시문은 최저임금 인상으로 인상에 따른 금액을 회사가 고스란히 부담을 해야 하나 정부가 일자리 안정자금을 지원해주어 사업주의 부담을 덜 수 있다는 내용이다. 따라서 이러한 일자리 안정자금이 모든 기업의 해결책이 될 수 없다고 주장하는 ③이 비판의 내용으로 가장 적절하다.

[오답분석]

①·②·⑤ 최저임금제도의 문제점에 대해 비판하고 있다.

④ 제시문은 소상공인에 대한 정부의 일자리 안정자금 지원에 관한 내용이므로 일자리 안정자금 제도 자체에 대한 비판은 적절하지 않다.

17

정답 ①

㉠ : ㉠은 저온 순간 살균법이 무언가의 단점을 보완하기 위해 개발된 것이라고 하였다. 그런데 (다) 바로 앞의 문장에서는 시간이 오래 걸린다는 저온 살균법의 단점을 지적한다. 따라서 ㉠의 적절한 위치는 (다)임을 알 수 있다.

㉡ : ㉡에서는 제거하려는 미생물의 종류에 따라 적절한 열처리 조건을 알아야 한다고 하였다. 또한 (가) 바로 뒤에 있는 문장의 '이때'는 적절한 열처리 조건을 알아야 하는 때를 가리킨다. 따라서 ㉡의 적절한 위치는 (가)임을 알 수 있다.

18

정답 ④

제시문은 서양의 자연관은 인간이 자연보다 우월한 자연지배관이고, 동양의 자연관은 인간과 자연을 동일 선상에 놓거나 조화를 중요시한다고 설명한다. 따라서 제시문의 중심 내용은 '서양의 자연관과 동양의 자연관의 차이'가 가장 적절하다.

19

정답 ①

인공관절 수술이 권장되는 나이는 제시되어 있으나, 인공관절의 수명이 얼마인지는 구체적으로 제시되어 있지 않으므로 답할 수 없다.

20

정답 ④

제시문은 스티븐 와이즈의 '동물의 권리를 인정해야 한다.'는 주장에 대해 반박하는 글이다. 필자의 주장은 '인간이 권리를 갖는 이유는 법적 권리와 의무의 주체가 될 수 있는 인격체이기 때문'인 것으로 보고 '동물의 권리는 법적으로 인격체임을 인정받는 것이므로 그것은 자연과학이 아닌 법철학에서 다루어야 할 개념'이라고 설명하고 있다. 또한 '인격체는 공동체의 일원이 될 수 있는 개체를 의미하며, 공동체의 일원이 되기 위해서는 협상, 타협, 동의의 능력이 필요하므로 동물은 인격체가 아니며 법적 권리를 가질 수 없다.'고 주장하고 있다. 따라서 동물에게 해를 입어도 그 동물에게 법적 책임을 묻지 않는다는 ④는 '동물은 인격체가 아니다.'라는 필자의 주장을 강화하는 진술이다.

01	02	03	04	05	06	07	08	09	10	11	12	13	14	15	16	17	18	19	20
④	③	⑤	④	①	④	⑤	①	⑤	④	⑤	①	④	①	②	③	④	⑤	⑤	⑤

01
정답 ④

각 학년의 평균 신장 증가율은 다음과 같다.

• 1학년 : $\frac{162-160}{160} \times 100 = 1.25\%$

• 2학년 : $\frac{168-163}{163} \times 100 ≒ 3.1\%$

• 3학년 : $\frac{171-168}{168} \times 100 ≒ 1.8\%$

따라서 평균 신장 증가율이 큰 순서는 2학년 – 3학년 – 1학년 순서이다.

02
정답 ③

2024년 4월 아파트 실거래지수가 137.8이고 전월 대비 증감량이 -1.5이므로 2024년 3월 아파트 실거래지수는 137.8+1.5=139.3이다.

또한 제시된 자료를 역산하면 2023년 3월 실거래지수는 137.8+1.5-1.7+⋯-2.7=131.60이다.

따라서 증감률은 $\frac{139.3-131.6}{131.6} \times 100 ≒ 5.9\%$이다.

03
정답 ⑤

㉠ 2013년 대비 2023년의 커피 수입량이 증가한 국가는 유럽, 러시아, 캐나다, 한국으로 총 네 곳이고, 감소한 국가는 미국, 일본, 호주로 총 세 곳이다.

㉡ 커피 수입량이 가장 많은 상위 2개 국가는 모두 유럽과 미국으로 동일하다. 각 연도의 상위 2개 국가의 커피 수입량의 합계가 전체 수입량에서 차지하는 비율을 구하면 다음과 같다.

• 2023년 : $\frac{48,510+25,482}{113,836} \times 100 ≒ 65.0\%$

• 2018년 : $\frac{44,221+26,423}{109,598} \times 100 ≒ 64.5\%$

• 2013년 : $\frac{40,392+26,228}{105,341} \times 100 ≒ 63.2\%$

따라서 상위 2개 국가의 커피 수입량의 합계가 전체 수입량에서 차지하는 비율은 항상 65% 이하이다.

㉢ 한국의 커피 수입량과 호주의 커피 수입량을 비교해 보면, 2023년에는 한국이 호주의 4,982÷1,350 ≒ 3.7배, 2018년에는 4,881÷1,288 ≒ 3.8배, 2013년에는 4,922÷1,384 ≒ 3.6배이므로 항상 3.5배 이상이다.

㉣ 2013년 대비 2023년의 커피 수입량의 증가율은 캐나다가 $\frac{8,842-7,992}{7,992} \times 100 ≒ 10.6\%$, 러시아가 $\frac{11,382-10,541}{10,541} \times 100$ ≒8.0%로 캐나다가 러시아보다 높고, 증가량 역시 캐나다가 8,842-7,992=850T, 러시아가 11,382-10,541=841T로 캐나다가 러시아보다 많다.

04

2015 ~ 2023년까지 전년 대비 사기와 폭행의 범죄발생건수 증감추이는 다음과 같이 서로 반대이다.

구분	2015년	2016년	2017년	2018년	2019년	2020년	2021년	2022년	2023년
사기	감소	감소	감소	감소	감소	감소	증가	증가	감소
폭행	증가	증가	증가	증가	증가	증가	감소	감소	증가

오답분석

① 2014년 전체 범죄 발생건수는 $282+366+139+5+3=795$천 건이고, 2023년에는 $239+359+156+3+14=771$천 건이다.

  2014년 대비 2023년 전체 범죄발생건수 감소율은 $\frac{771-795}{795} \times 100 ≒ -3\%$로 5% 미만이다.

② 2015 ~ 2023년 범죄별 발생건수의 1 ~ 5위는 '절도 – 사기 – 폭행 – 살인 – 방화' 순이나 2014의 경우 '절도 – 사기 – 폭행– 방화 – 살인' 순으로 다르다.

③ 2014 ~ 2023년 동안 발생한 방화의 총 발생건수는 $5+4+2+1+2+5+2+4+5+3=33$천 건으로 3만 건 이상이다.

⑤ 2016년 전체 범죄발생건수는 $270+371+148+2+12=803$천 건이며, 이 중 절도의 범죄건수가 차지하는 비율은 $\frac{371}{803} \times 100$

  $≒46.2\%$로 50% 미만이다.

05

㉠ 연도별 전체 농업기계 수는 각각 다음과 같다.
- 2018년 : $265+81+276+698=1,320$천 대
- 2019년 : $268+79+254+667=1,268$천 대
- 2020년 : $273+79+245+653=1,250$천 대
- 2021년 : $278+79+236+640=1,233$천 대
- 2022년 : $277+76+220+610=1,183$천 대
- 2023년 : $283+79+213+598=1,173$천 대

  따라서 전체 농업기계 수는 2018년 이후로 계속 감소하고 있다.

㉡ 연도별 전체 농업기계 중 경운기의 비율은 각각 다음과 같다.
- 2018년 : $\frac{698}{1,320} \times 100 ≒ 52.88\%$
- 2019년 : $\frac{667}{1,268} \times 100 ≒ 52.60\%$
- 2020년 : $\frac{653}{1,250} \times 100 = 52.24\%$
- 2021년 : $\frac{640}{1,233} \times 100 ≒ 51.90\%$
- 2022년 : $\frac{610}{1,183} \times 100 ≒ 51.56\%$
- 2023년 : $\frac{598}{1,173} \times 100 ≒ 50.98\%$

따라서 전체 농업기계 중 경운기의 비율은 2018년 이후로 계속 감소하고 있다.

오답분석

㉢ • 트랙터 수의 평균 : $\frac{265+268+273+278+277+283}{6} = 274$천 대

  • 이앙기 수의 평균 : $\frac{276+254+245+236+220+213}{6} ≒ 241$천 대

  따라서 트랙터 수의 평균이 이앙기 수의 평균보다 크다.

㉣ 벼농사의 기계화율이 증가한 해는 2020년, 2022년이며, 같은 해에 밭농사의 기계화율도 증가하였다.

06

㉠ 초등학생의 경우 남자의 스마트폰 중독비율이 33.35%로 29.58%인 여자보다 높지만, 중고생의 경우 남자의 스마트폰 중독비율이 32.71%로 32.72%인 여자보다 0.01%p 낮다.

㉢ 대도시에 사는 초등학생 수를 a명, 중고생 수를 b명, 전체 인원은 $(a+b)$명이라고 하면 대도시에 사는 학생 중 스마트폰 중독인원은 다음과 같다.

  $0.308 \times a + 0.324 \times b = 0.3195 \times (a+b) \rightarrow 0.0115 \times a = 0.0045 \times b \rightarrow b ≒ 2.6a$

  따라서 대도시에 사는 중고생 수 b가 초등학생 수 a보다 약 2.6배 많다.

㉣ 초등학생의 경우 기초수급가구의 경우 스마트폰 중독비율이 30.35%로, 31.56%인 일반가구의 경우보다 스마트폰 중독 비율이 낮다. 중고생의 경우에도 기초수급가구의 경우 스마트폰 중독비율이 31.05%로, 32.81%인 일반가구보다 스마트폰 중독 비율이 낮다.

오답분석

㉡ 한부모·조손 가족의 스마트폰 중독 비율은 초등학생의 경우가 28.83%로, 중고생의 70%인 $31.79 \times \dfrac{70}{100} ≒ 22.3\%$ 이상이다. 따라서 옳은 설명이다.

07
정답 ⑤

㉠ 면적이 넓은 유형의 주택일수록 공사 완료 후 미분양된 민간부문 주택이 많은 지역은 인천, 경기 두 곳이다.

㉡ 부산의 공사 완료 후 미분양된 민간부문 주택 중 면적이 $60 \sim 85\text{m}^2$에 해당하는 주택이 차지하는 비중은 $\dfrac{161}{350} \times 100 = 46\%$로, 면적이 85m^2를 초과하는 주택이 차지하는 비중인 $\dfrac{119}{350} \times 100 = 34\%$보다 10%p 이상 높다.

㉢ 면적이 60m^2 미만인 공사 완료 후 미분양된 민간부문 주택 수 대비 면적이 $60 \sim 85\text{m}^2$에 해당하는 공사 완료 후 미분양된 민간부문 주택 수의 비율은 광주는 $\dfrac{28}{16} \times 100 = 175\%$이고, 울산은 $\dfrac{54}{36} \times 100 = 150\%$이므로 광주가 울산보다 높다.

08
정답 ①

오답분석

② 2021년 연구 인력의 평균 연령 수치는 41.2세이다.
③ 2022년 지원 인력의 평균 연령 수치는 47.1세이다.
④ 범주가 바뀌었다.
⑤ 범주가 바뀌었으며, 일부 수치도 옳지 않다.

09
정답 ⑤

경제지수 대비 행복지수가 크려면 행복지수가 경제지수에 비해 높고, 그 격차가 커야 한다. 따라서 이에 해당하는 국가는 멕시코이다.

10
정답 ④

합계 출산율은 2017년에 최저치를 기록했다.

오답분석

① 2017년 출생아 수(435천 명)는 2015년 출생아 수(490.5천 명)의 약 0.89배이다.
② 합계 출산율이 일정하게 증가하는 추세는 나타나지 않는다.
③ 2022년에 비해 2023년에는 합계 출산율이 0.014명 증가했다.
⑤ 제시된 자료로 판단할 수 없다.

11

㉠ 20대의 응답 비율이 낮은 순서대로 나열하면 '5) − 4) − 3) − 2) − 1)'이므로 부정적일수록 응답 비율이 더 높음을 알 수 있다.

㉢ 부정적이지 않은 응답을 한 50대와 20대의 비율과 인원수는 각각 다음과 같다.

- 50대 비율 : 3+1=4%
- 50대 인원수 : $1,100 \times \frac{4}{100} = 44$명

- 20대 비율 : 1.5+0.5=2%
- 20대 인원수 : $800 \times \frac{2}{100} = 16$명

따라서 부정적이지 않은 응답을 한 인원수는 50대가 20대의 $\frac{44}{16} = 2.75$배이다.

㉣ 동일한 조건에서 20대 응답자가 900명이라면, 3)에 응답한 20대와 50대는 각각 20대 $900 \times \frac{12}{100} = 108$명, 50대 $1,100 \times \frac{28}{100}$ =308명이다. 따라서 그 차이는 308−108=200명이다.

[오답분석]
㉡ 부정적인 응답을 한 50대와 20대의 비율은 각각 다음과 같다.
- 50대 : 55+13+28=96%
- 20대 : 66.5+19.5+12=98%
따라서 부정적인 응답을 한 비율은 50대보다 20대가 높다.

12

전년 대비 매출액이 증가한 해는 2018년, 2020년, 2022년, 2023년인데, 2018년에는 전년 대비 100%의 증가율을 기록했으므로 다른 어느 해보다 증가율이 컸다.
따라서 전년 대비 매출액 증가율이 가장 컸던 해는 2018년이다.

13

사고 전·후 이용 가구 수의 차이가 가장 큰 것은 생수이며, 가구 수의 차이는 140−70=70가구이다.

[오답분석]
① 수돗물을 이용하는 가구 수가 120가구로 가장 많다.
② $\frac{230}{370} \times 100 ≒ 62\%$
③ 수돗물과 약수를 이용하는 가구 수가 감소했다.
⑤ 사고 전에 정수를 이용하던 가구 수는 100가구이며, 사고 후에도 정수를 이용하는 가구 수는 50가구이다. 나머지 50가구는 사고 후 다른 식수 조달원을 이용한다.

14

㉠ 자체 재원조달금액 중 국내투자에 사용되는 금액이 차지하는 비중은 $\frac{2,682}{4,025} \times 100 ≒ 66.6\%$이므로 옳다.

㉡ 해외재원은 국내투자와 해외투자로 양분되나 국내투자분이 없으므로 옳다.

[오답분석]
㉢ 국내재원 중 정부조달금액이 차지하는 비중은 $\frac{2,288}{6,669} \times 100 ≒ 34.3\%$이므로 40% 미만이다.

㉣ 국내재원 중 해외투자금액 대비 국내투자금액의 비율은 $\frac{5,096}{1,573} \times 100 ≒ 324.0\%$이므로 3배를 초과한다.

15

정답 ②

2022년 하반기 대출·금융 이메일 스팸 비율은 전년 동기 대비 $7.9 \div 1.9 = 4.16$배 증가하였다.

오답분석

①·⑤ 제시된 자료를 통해 확인할 수 있다.

③ 2021년 상반기와 2023년 하반기의 전체 이메일 스팸 수신량이 제시되지 않았으므로 비율을 통해 비교할 수 없다.

④ 2021년 상반기 대비 2023년 상반기 성인 이메일 스팸 비율의 증가율은 $\frac{19.2-14.8}{14.8} \times 100 = 29.7\%$이다.

16

정답 ③

• 20~30대 연령대에서 자가가 차지하는 비율 : $\frac{5,657}{80,110} \times 100 = 7.1\%$

• 20대 연령대에서 자가가 차지하는 비율 : $\frac{537+795}{13,874+15,258} \times 100 = \frac{1,332}{29,132} \times 100 = 4.6\%$

따라서 자가가 차지하는 비율은 20~30대 연령대에서보다 20대 연령대에서 더 낮다.

오답분석

① 제시된 자료를 통해 확인할 수 있다.

② 20~24세 전체 인원 중 월세 비율은 $\frac{5,722}{13,874} \times 100 = 41.2\%$이고, 자가 비율은 $\frac{537}{13,874} \times 100 = 3.9\%$이다.

④ 20~30대 연령대에서 월세에 사는 25~29세 연령대가 차지하는 비율은 $\frac{7,853}{80,110} \times 100 = 9.8\%$로 10% 미만이다.

⑤ 20~24세를 제외한 20~30대 청년 중에서 무상이 차지하는 비율과 월세가 차지하는 비율은 분모가 같으므로 분자의 크기만 비교하면 된다. 따라서 무상은 13,091−5,753=7,338명이고, 월세는 45,778−5,722=40,056명이므로 월세가 차지하는 비율이 더 크다.

17

정답 ④

㉠ 2019~2023년 동안 경기전망지수가 40점 이상인 것은 B 또는 C이다.

㉡ 2021년에 경기전망지수가 전년 대비 증가한 것은 A와 C이다.

㉣ 매년 경기전망지수가 가장 높은 것은 A이다.

따라서 ㉣을 통해 제조업이 A이고, ㉡에서 조선업이 C임을 알 수 있다. 또한 ㉠을 통해 보건업은 B임을 알 수 있으며, 나머지 D는 해운업이므로 ㉢에서 증가율을 비교할 필요 없이 정할 수 있다.

18

정답 ⑤

총 전입자 수는 서울이 가장 높지만, 총 전입률은 인천이 가장 높다.

오답분석

① 광주의 총 전입자 수는 17,962명으로 가장 적다.

② 부산의 총 전입자 수는 42,243명으로 광주의 총 전입자 수 17,962명의 2배 이상이다.

③ $\frac{132,012}{650,197} \times 100 = 20.3\%$

④ 대구의 총 전입률이 1.14%로 가장 낮다.

19

© 2019년 대비 2023년 청소년 비만율의 증가율은 $\frac{26.1-18}{18} \times 100 = 45\%$이다.

② 2023년과 2021년의 비만율 차이는 각각 다음과 같다.

- 유아 : $10.2-5.8=4.4\%p$
- 어린이 : $19.7-14.5=5.2\%p$
- 청소년 : $26.1-21.5=4.6\%p$

  따라서 2023년과 2021년의 비만율 차이가 가장 큰 아동은 어린이임을 알 수 있다.

오답분석

㉠ 유아의 비만율은 전년 대비 감소하고 있고, 어린이와 청소년의 비만율은 전년 대비 증가하고 있다.

㉡ 2020년 이후의 어린이 비만율은 유아보다 크고 청소년보다 작지만, 2019년 어린이 비만율은 9.8%로, 유아 비만율인 11%와 청소년 비만율인 18%보다 작다.

20

2022년 30 ~ 99인 사업체 근로시간은 183.3시간이다.

01	02	03	04	05	06	07	08	09	10	11	12	13	14	15	16	17	18	19	20
④	③	④	④	③	③	③	⑤	⑤	①	②	③	②	③	③	②	③	②	②	①

01
정답 ④

기차가 터널을 완전히 빠져나갈 때까지의 이동거리는 (기차의 길이)+(터널의 길이)이다.

A기차의 길이를 xm라고 하면 다음과 같은 식이 성립한다.

$680+x=30\times30$

$\rightarrow x=900-680$

$\therefore x=220$

따라서 A기차의 길이는 220m이다.

02
정답 ③

더 넣어야 할 물의 양을 xg이라고 하면 다음과 같은 식이 성립한다.

$\dfrac{9}{100}\times100=\dfrac{6}{100}\times(100+x)$

$\rightarrow 900=600+6x$

$\rightarrow 300=6x$

$\therefore x=50$

따라서 필요한 물의 양은 50g이다.

03
정답 ④

1인당 학원비를 x원이라고 하면 장학금은 1등 x원, 2~5등(4명) $0.5x$원, 6~10등(5명) $0.25x$원이므로 다음과 같은 식이 성립한다.

$x+4\times0.5x+5\times0.25x=1,275,000$

$\rightarrow 4.25x=1,275,000$

$\therefore x=300,000$

따라서 S학원의 1인당 학원비는 30만 원이다.

04
정답 ④

욕조에 물이 가득 찼을 때를 1이라고 하면, 1분 동안에는 $\dfrac{1}{40}$만큼의 물을 받을 수 있고 $\dfrac{1}{90}$만큼 물을 뺄 수 있다.

욕조의 마개가 열려 있으므로, 1분 동안에는 $\dfrac{1}{72}(=\dfrac{1}{40}-\dfrac{1}{90})$만큼 욕조에 물이 차게 된다.

따라서 욕조의 마개를 열어둔 채로 물을 받을 때 욕조에 물이 가득 차는 데 걸리는 시간은 $\dfrac{1}{\frac{1}{72}}=72$분=1시간 12분이다.

05

- A지점에서 B지점까지 걸린 시간 : $\frac{120}{30}=4$시간

- B지점에서 A지점까지 걸린 시간 : $\frac{120}{60}=2$시간

A지점 – B지점 – A지점까지의 이동 거리는 $120\times2=240$km이고, 걸린 시간은 $4+2=6$시간이다.

따라서 상희가 돌아올 때까지의 평균 속력은 $\frac{240}{6}=40$km/h이다.

06

합격 점수를 x점이라고 하면 전체 학생의 평균 점수는 $(x-4)$점, 합격자의 평균 점수는 $(x+5)$점, 불합격자의 평균 점수는 $\frac{x}{2}$점이다.

불합격자가 10명이면 합격자는 30명이므로 다음과 같은 식이 성립한다.

$$\frac{30\times(x+5)+10\times\frac{x}{2}}{40}=x-4$$

$$\to 30x+150+5x=40x-160$$

$$\to 5x=310$$

$$\therefore x=62$$

따라서 합격 점수는 62점이다.

07

관람객의 수를 x명이라고 하면 다음과 같은 식이 성립한다(단, $x<50$인 자연수).

$$5,000x\geq50\times5,000\times(1-\frac{25}{100})$$

$$\to x\geq50\times\frac{75}{100}$$

$$\to x\geq\frac{75}{2}$$

$$\therefore x\geq37.5$$

따라서 38명 이상일 때 50명 이상의 단체관람권을 구매하는 것이 유리하다.

08

평상시에 12층까지 올라가는 데 걸리는 시간은 엘리베이터를 이용할 때 75초, 비상계단을 이용할 때 410초로, 335초의 차이가 난다. 엘리베이터를 이용하는 것보다 계단을 이용할 때 12층에 빨리 도착하는 시각을 저녁 8시 x분이라 하면 다음과 같은 식이 성립한다.

$$\frac{x}{2}\times35\geq335$$

$$\to \frac{x}{2}\geq\frac{67}{7}\approx9.6$$

$$\therefore x\geq19.2$$

정수 단위로 분을 계산하므로, 저녁 8시 20분부터는 계단을 이용하면 12층에 빨리 도착한다.

09

일주일 중 나흘은 수영을 한다고 했으므로 수영을 하는 날을 고르는 경우의 수는 $_7C_4 = \dfrac{7 \times 6 \times 5 \times 4}{4 \times 3 \times 2 \times 1} = 35$가지이다.

다음으로 사흘 중 이틀은 농구, 야구, 테니스 중 하나씩을 고른다고 했으므로, 이때의 운동을 고르는 경우의 수는 $_3C_2 = 3$가지이고, 세 종목 중 두 종목을 고르고, 이틀 동안의 운동을 계획하는 경우의 수는 $_3C_2 \times 2! = 6$가지이다.

마지막 남은 하루에 계획할 수 있는 운동의 종류는 배드민턴, 검도, 줄넘기 중 하나이므로 3가지이다.

따라서 일주일간 세울 수 있는 운동 계획의 경우의 수는 $35 \times 3 \times 6 \times 3 = 1,890$가지이다.

10

원가에 x원을 가산했을 때의 총 매출액은 $400 \times 80 + 9,600 = 41,600$원이며, 이를 80으로 나누면 개당 520원에 판매했음을 알 수 있다.

따라서 원가에 가산한 금액은 $x = 520 - 400 = 120$원이다.

11

• 내일 비가 올 때 이길 확률 : $\dfrac{2}{5} \times \dfrac{1}{3} = \dfrac{2}{15}$

• 내일 비가 오지 않을 때 이길 확률 : $\dfrac{3}{5} \times \dfrac{1}{4} = \dfrac{3}{20}$

따라서 구하고자 하는 확률은 $\dfrac{2}{15} + \dfrac{3}{20} = \dfrac{17}{60}$이다.

12

민솔이와 현정이가 만날 때까지 걸린 시간을 x초라고 하면 두 사람이 달린 거리가 같으므로 다음과 같은 식이 성립한다.

$7x = 40 + 5x$

$\rightarrow 2x = 40$

$\therefore x = 20$

따라서 두 사람은 출발한 지 20초 후에 만난다.

13

남학생 수를 a명이라고 하면 여학생 수는 $(a - 200)$명이므로 다음과 같은 식이 성립한다.

$a + (a - 200) = 1,000$

$\therefore a = 600$

즉, 남학생 수는 600명, 여학생 수는 400명이다.

안경을 낀 여학생의 수를 x명이라고 하면, 안경을 낀 남학생의 수는 $\dfrac{3}{2}x$명이다. 안경을 낀 학생이 안경을 끼지 않은 학생보다

300명 적으므로 다음과 같은 식이 성립한다.

$x + \dfrac{3}{2}x = \left(600 - \dfrac{3}{2}x\right) + (400 - x) - 300$

$\rightarrow 5x = 700$

$\therefore x = 140$

따라서 안경을 낀 여학생은 140명이다.

14

정답 ③

농도를 알 수 없는 소금물의 농도를 $x\%$라고 하면 다음과 같은 식이 성립한다.

$$\frac{13}{100} \times 400 + \frac{7}{100} \times 200 + \frac{x}{100} \times 100 = \frac{22}{100} \times 700$$

$$\rightarrow 52 + 14 + x = 154$$

$$\therefore x = 88$$

따라서 농도를 알 수 없는 소금물의 농도는 88%이다.

15

정답 ③

• 첫 번째 문제를 맞힐 확률 : $\frac{1}{5}$ • 첫 번째 문제를 틀릴 확률 : $1 - \frac{1}{5} = \frac{4}{5}$

• 두 번째 문제를 맞힐 확률 : $\frac{2}{5} \times \frac{1}{4} = \frac{1}{10}$ • 두 번째 문제를 틀릴 확률 : $1 - \frac{1}{10} = \frac{9}{10}$

따라서 S학생이 두 문제 중 하나만 맞힐 확률은 $\frac{1}{5} \times \frac{9}{10} + \frac{4}{5} \times \frac{1}{10} = \frac{13}{50} = 26\%$이다.

16

정답 ②

(속력)×(시간)=(거리)이고, 경림이와 소정이가 $2\frac{1}{3}$ 시간 걸어갔을 때 둘 사이의 거리가 24.5km가 되었으므로 다음과 같은 식이 성립한다.

$$(6+x) \times 2\frac{1}{3} = 24.5$$

$$\rightarrow \frac{7}{3}x = 10.5$$

$$\therefore x = 4.5$$

따라서 경림이의 걸음 속도는 4.5km/h이다.

17

정답 ③

C, F, H, J를 제외한 7개의 알파벳 중 2개를 뽑는 경우와 같다.

따라서 구하고자 하는 경우의 수는 $_7C_2 = \frac{7 \times 6}{2 \times 1} = 21$가지이다.

18

정답 ②

A와 B, B와 C가 각각 3살 차이가 나므로 B의 나이를 x세라 하면 A의 나이는 $x+3$살, C는 $x-3$살이다.

3년 후 C의 나이가 A의 $\frac{2}{3}$이므로 다음과 같은 식이 성립한다.

$$\frac{2}{3}(x+3+3) = x-3+3$$

$$\rightarrow \frac{1}{3}x = 4$$

$$\therefore x = 12$$

즉, B는 12살, A는 12+3=15살, C는 12-3=9살이다.

따라서 A ~ C의 나이를 모두 더하면 15+12+9=36살이다.

19

톱니바퀴 수와 톱니바퀴의 회전수는 서로 반비례 관계이며 서로의 곱은 일정하다.

따라서 A는 6(톱니수)×12(회전수)=72로 일정하므로 B는 $\frac{72}{8}$=9회전하고, D는 $\frac{72}{12}$=6회전한다.

20

정답 ①

농도 3%의 소금물의 양을 xg이라고 하면 다음과 같은 식이 성립한다.

$$\frac{8}{100}\times400+\frac{3}{100}\times x=\frac{5}{100}(400+x)$$

→ $3,200+3x=2,000+5x$

→ $2x=1,200$

∴ $x=600$

따라서 농도 3%의 소금물은 600g 넣어야 한다.

04   언어추리

01	02	03	04	05	06	07	08	09	10	11	12	13	14	15	16	17	18	19	20
②	④	⑤	⑤	②	④	④	④	③	④	①	⑤	④	②	④	①	③	①	④	⑤

01

정답 ②

주어진 조건을 정리하면 다음과 같다.

구분	1일	2일	3일	4일	5일	6일
경우 1	B	E	F	C	A	D
경우 2	B	C	F	D	A	E
경우 3	A	B	F	C	E	D
경우 4	A	B	C	F	D	E
경우 5	E	B	C	F	D	A
경우 6	E	B	F	C	A	D

따라서 B영화는 어떠한 경우에도 1일 또는 2일에 상영된다.

오답분석

① 경우 3 또는 4에서 A영화는 C영화보다 먼저 상영된다.
③ 경우 1 또는 5, 6에서 C영화는 E영화보다 늦게 상영된다.
④ D영화는 경우 1 또는 3, 6에서 폐막작으로, 경우 4 또는 5에서 5일에 상영된다.
⑤ E영화는 경우 1 또는 3에서 개막작이나 폐막작으로 상영되지 않는다.

02

정답 ④

상준이는 토, 일을 운동하지 못하고, 금요일 오후에 운동을 했다. 또한 월요일과 금요일에는 이틀 연속으로 할 수 없으므로 월요일, 목요일에는 운동을 할 수 없다.

따라서 상준이는 운동을 시작한 첫 주 화요일(오전), 수요일(오전), 금요일(오후)에 운동을 했다.

03

정답 ⑤

지하철에는 D를 포함한 2명이 타는데, B가 탈 수 있는 교통수단은 지하철뿐이므로 지하철에는 D와 B가 타며, 둘 중 1명은 라 회사에 지원했다. 또한 어떤 교통수단을 선택해도 지원한 회사에 갈 수 있는 E는 버스와 택시로 서로 겹치는 회사인 가 회사에 지원했음을 알 수 있다. 한편, A는 다 회사에 지원했고 버스와 택시를 타야 하는데, 택시를 타면 다 회사에 갈 수 없으므로 A는 버스를 탄다.

따라서 C는 나 또는 마 회사에 지원했음을 알 수 있으며, 택시를 타면 갈 수 있는 회사 중 가 회사를 제외하면 버스로 갈 수 있는 회사와 겹치지 않으므로, C는 택시를 탄다.

04

정답 ⑤

주어진 조건을 정리하면 다음과 같다.

구분	노래	기타 연주	마술	춤	마임
인사팀	○(4명)				
영업팀		○(1명)			
홍보팀			○(2명)		
디자인팀				○(6명)	
기획팀					○(7명)

따라서 홍보팀에서는 총 2명이 참가하며, 참가 종목은 마술이다.

05

정답 ②

주어진 조건을 정리하면 다음과 같다.

구분	월요일	화요일	수요일	목요일	금요일
은정	×	×	×	○	
소연			○		
지현	○		×		
보람		○	×		
희원					○

따라서 지현이가 월요일에 청소를 한다면 보람이는 화요일에 청소를 한다.

06

정답 ④

홍보팀은 1 : 0으로 승리하였으므로 골을 넣은 사람은 1명임을 알 수 있다.
• A의 진술이 참인 경우 : 골을 넣은 사람이 C와 D 2명이 되므로 성립하지 않는다.
• B의 진술이 참인 경우 : B, C, D 3명의 진술이 참이 되므로 성립하지 않는다.
• C의 진술이 참인 경우 : 골을 넣은 사람은 D이다.
• D의 진술이 참인 경우 : A와 D 또는 C와 D 2명의 진술이 참이 되므로 성립하지 않는다.
따라서 C의 진술이 참이며, 골을 넣은 사람은 D이다.

07

정답 ④

8조각으로 나누어져 있는 피자 3판을 6명이 같은 양만큼 나누어 먹으려면 한 사람당 $8 \times 3 \div 6 = 4$조각씩 먹어야 한다. A, B, E는 같은 양을 먹었으므로 A, B, E가 1조각, 2조각, 3조각, 4조각을 먹었을 때로 나누어볼 수 있다.

- A, B, E가 1조각을 먹었을 때
  A, B, E를 제외한 나머지는 모두 먹은 양이 달랐으므로 D, F, C는 각각 4, 3, 2조각을 먹었을 것이다. 하지만 6조각이 남았다고 했으므로 $24 - 6 = 18$조각을 먹었어야 하는데 총 $1+1+1+4+3+2 = 12$조각이므로 옳지 않다.
- A, B, E가 2조각을 먹었을 때
  $2+2+2+4+3+1 = 14$조각이므로 옳지 않다.
- A, B, E가 3조각을 먹었을 때
  $3+3+3+4+2+1 = 16$조각이므로 옳지 않다.
- A, B, E가 4조각을 먹었을 때
  $4+4+4+3+2+1 = 18$조각이므로 A, B, E는 4조각씩 먹었음을 알 수 있다.

F는 D보다 적게 먹었으며, C보다는 많이 먹었다고 하였으므로 C가 1조각, F가 2조각, D가 3조각을 먹었다.
따라서 2조각을 더 먹어야 하는 사람은 현재 2조각을 먹은 F이다.

08

정답 ④

월요일부터 토요일까지 각 팀의 회의 진행 횟수가 같으므로 여섯 개 팀은 매일 각각 두 번씩 회의를 진행해야 한다. 주어진 조건에 따라 A~F팀의 회의 진행 요일을 정리하면 다음과 같다.

월	화	수	목	금	토
C, B	D, B	C, E	A, F	A, F	D, E
		D, E			C, E

따라서 F팀은 목요일과 금요일에 회의를 진행함을 알 수 있다.

[오답분석]

① C팀은 월요일에 한 번 회의를 진행하였고, 수요일 또는 토요일 중 하루만 회의를 진행한다.
② C팀과 E팀은 수요일과 토요일 중 하루는 함께 회의를 진행한다.
③ E팀은 수요일과 토요일에 모두 회의를 진행한다.
⑤ 화요일에 회의를 진행한 팀은 B팀과 D팀이다.

09

정답 ③

주어진 조건에 따라 A~D업체가 유통하는 재료를 정리하면 다음과 같다.

구분	A업체	B업체	C업체	D업체
커피 원두	○	○	○	
우유	○	○	×	×
아이스크림	×	×	○	
팥	○	×	○	○
딸기	×	○	×	○

위 표처럼 D업체가 유통하는 재료가 전부 정해지지 않았어도, 모든 업체가 유통하는 재료는 커피 원두임을 알 수 있다. 그러므로 D업체는 커피 원두를 유통하고, 아이스크림을 유통하지 않는다.
이를 바탕으로 A~D업체가 담당할 수 있는 메뉴는 다음과 같다.

- A업체 : 카페라테
- B업체 : 카페라테, 딸기라테
- C업체 : 아포가토, 팥빙수
- D업체 : 없음

따라서 서로 다른 메뉴를 담당하면서 네 가지 메뉴의 재료를 유통할 수 있는 업체는 B업체와 C업체뿐이므로 S씨는 B업체와 C업체를 선정한다.

10

다섯 번째와 여섯 번째 조건을 통해 실용성 영역과 효율성 영역에서는 모든 제품이 같은 등급을 받지 않았음을 알 수 있으므로 두 번째 조건에 나타난 영역은 내구성 영역이다.

구분	A제품	B제품	C제품	D제품	E제품
내구성	3	3	3	3	3
효율성			2	2	
실용성		3			

내구성과 효율성 영역에서 서로 다른 등급을 받은 C, D제품과 내구성 영역에서만 3등급을 받은 A제품, 1개의 영역에서만 2등급을 받은 E제품은 두 번째 조건에 나타난 제품에 해당하지 않으므로 결국 모든 영역에서 3등급을 받은 제품은 B제품임을 알 수 있다. 여섯 번째 조건에 따르면 효율성 영역에서 2등급을 받은 제품은 C, D제품뿐이므로 E제품은 실용성 영역에서 2등급을 받았음을 알 수 있다. 또한 A제품은 효율성 영역에서 2등급과 3등급을 받을 수 없으므로 1등급을 받았음을 알 수 있다.

구분	A제품	B제품	C제품	D제품	E제품
내구성	3	3	3	3	3
효율성	1	3	2	2	
실용성		3			2

이때, A와 C제품이 받은 등급의 총합은 서로 같으므로 결국 A와 C제품은 실용성 영역에서 각각 2등급과 1등급을 받았음을 알 수 있다.

구분	A제품	B제품	C제품	D제품	E제품
내구성	3	3	3	3	3
효율성	1	3	2	2	1 또는 3
실용성	2	3	1	1 또는 2	2
총합	6	9	6	6 또는 7	6 또는 8

따라서 D제품은 실용성 영역에서 1등급 또는 2등급을 받을 수 있으므로 참이 아닌 것은 ④이다.

11

• 운동을 좋아하는 사람 → 담배를 좋아하지 않음 → 커피를 좋아하지 않음 → 주스를 좋아함
• 과일을 좋아하는 사람 → 커피를 좋아하지 않음 → 주스를 좋아함
따라서 과일과 담배의 상관관계를 추론할 수 없으므로 참이 아닌 것은 ①이다.

[오답분석]
② 네 번째 명제와 세 번째 명제로 추론할 수 있다.
③ 첫 번째 명제와 두 번째 명제의 대우 그리고 세 번째 명제로 추론할 수 있다.
④ 세 번째 명제의 대우와 두 번째 명제로 추론할 수 있다.
⑤ 첫 번째 명제와 두 번째 명제의 대우로 추론할 수 있다.

12

'스테이크를 먹는다.'를 A, '지갑이 없다.'를 B, '쿠폰을 받는다.'를 C라 하면, 전제1과 결론은 각각 A → B, ~B → C이다. 이때, 전제1의 대우는 ~B → ~A이므로 결론이 참이 되려면 ~A → C가 필요하다. 따라서 빈칸에 들어갈 명제로 '스테이크를 먹지 않는 사람은 쿠폰을 받는다.'가 가장 적절하다.

13

'연예인이 모델이다.'를 '연', '매출액이 증가한다.'를 '매', '브랜드 인지도가 높아진다.'를 '브'라고 하자.

구분	명제	대우
전제1	연 → 매	매× → 연×
결론	연 → 브	브× → 연×

전제1이 결론으로 연결되려면, 전제2는 '매 → 브'가 되어야 한다. 따라서 빈칸에 들어갈 명제로 '매출액이 증가하면 브랜드 인지도가 높아진다.'가 가장 적절하다.

14

주어진 조건에 따라 머리가 긴 순서대로 나열하면 '슬기 – 민경 – 경애 – 정서 – 수영'이 된다.
따라서 슬기의 머리가 가장 긴 것을 알 수 있다.

[오답분석]
① 경애가 단발머리인지는 주어진 조건만으로 알 수 없다.

15

D가 산악회 회원인 경우와 아닌 경우로 나누어보면 다음과 같다.
ⅰ) D가 산악회 회원인 경우
   네 번째 조건에 따라 D가 산악회 회원이면 B와 C도 산악회 회원이 되며, A는 두 번째 조건의 대우에 따라 산악회 회원이 될 수 없다. 따라서 B, C, D가 산악회 회원이다.
ⅱ) D가 산악회 회원이 아닌 경우
   세 번째 조건에 따라 D가 산악회 회원이 아니면 B가 산악회 회원이 아니거나 C가 산악회 회원이어야 한다. 그러나 첫 번째 조건의 대우에 따라 C는 산악회 회원이 될 수 없으므로 B가 산악회 회원이 아님을 알 수 있다. 따라서 B, C, D 모두 산악회 회원이 아니다. 이때 최소 1명 이상은 산악회 회원이어야 하므로 A는 산악회 회원이다.
따라서 항상 옳은 것은 ④이다.

16

ⅰ) C가 참이면 D도 참이므로 C, D는 모두 참을 말하거나 모두 거짓을 말한다. 그런데 A와 E의 진술이 서로 상치되고 있으므로 둘 중에 1명은 참이고 다른 1명은 거짓인데, 만약 C, D가 모두 참이면 참을 말한 사람이 적어도 3명이 되므로 2명만 참을 말한다는 조건에 맞지 않는다. 따라서 C, D는 모두 거짓을 말한다.
ⅱ) ⅰ)에서 C와 D가 모두 거짓을 말하고, A와 E 중 1명은 참, 다른 1명은 거짓을 말한다. 따라서 B는 참을 말한다.
ⅲ) ⅱ)에 따라 A와 B가 참이거나 B와 E가 참이다. 그런데 A는 '나와 E만 범행 현장에 있었다.'라고 했으므로 B의 진술(참)인 '목격자는 2명이다.'와 모순된다(목격자가 2명이면 범인을 포함해서 3명이 범행 현장에 있어야 하므로). 또한 A가 참일 경우, A의 진술 중 '나와 E만 범행 현장에 있었다.'는 참이면서 E의 '나는 범행 현장에 있었고,'는 거짓이 되므로 모순이 된다.
따라서 B와 E가 참이므로, E의 진술에 따라 A가 범인이다.

17

오른쪽 끝자리에는 30대 남성이, 왼쪽에서 두 번째 자리에는 40대 남성이 앉으므로 네 번째 조건에 따라 30대 여성은 왼쪽에서 네 번째 자리에 앉아야 한다. 이때, 40대 여성은 왼쪽에서 첫 번째 자리에 앉아야 하므로 남은 자리에 20대 남녀가 앉을 수 있다.

ⅰ) 경우 1

40대 여성	40대 남성	20대 여성	30대 여성	20대 남성	30대 남성

ⅱ) 경우 2

40대 여성	40대 남성	20대 남성	30대 여성	20대 여성	30대 남성

따라서 항상 참인 것은 ③이다.

18

정답 ①

B가 과장이므로 대리가 아닌 A는 부장의 직책을 가진다.

[오답분석]

조건에 따라 A, B, C, D의 사무실 위치를 정리하면 다음과 같다.

구분	2층	3층	4층	5층
경우 1	부장	B과장	대리	A부장
경우 2	B과장	대리	부장	A부장
경우 3	B과장	부장	대리	A부장

② B는 2층 또는 3층에 근무한다.
③ C의 직책은 알 수 없다.
④ 대리는 3층 또는 4층에 근무한다.
⑤ A부장 외의 또 다른 부장은 2층, 3층 또는 4층에 근무한다.

19

정답 ④

먼저 첫 번째 조건과 두 번째 조건에 따라 6명의 신입 사원을 각 부서에 1명, 2명, 3명으로 나누어 배치한다. 이때, 세 번째 조건에 따라 기획부에 3명, 구매부에 1명이 배치되므로 인사부에는 2명의 신입 사원이 배치된다. 또한 1명이 배치되는 구매부에는 마지막 조건에 따라 여자 신입 사원이 배치될 수 없으므로 반드시 1명의 남자 신입 사원이 배치된다. 남은 5명의 신입 사원을 기획부와 인사부에 배치하는 방법은 다음과 같다.

구분	기획부(3명)	인사부(2명)	구매부(1명)
경우 1	남자 1명, 여자 2명	남자 2명	남자 1명
경우 2	남자 2명, 여자 1명	남자 1명, 여자 1명	

경우 1에서는 인사부에 남자 신입 사원만 배치되므로 '인사부에는 반드시 여자 신입 사원이 배치된다.'의 ④는 참이 아니다.

20

정답 ⑤

B와 D는 동시에 참 또는 거짓을 말한다. A와 C의 장소에 대한 진술이 모순되기 때문에 B와 D는 참을 말하고 있음이 틀림없다. 따라서 B, D와 진술 내용이 다른 E는 무조건 거짓을 말하고 있는 것이고, 거짓을 말하고 있는 사람은 2명이므로 A와 C 중 1명은 거짓을 말하고 있다. A가 거짓을 말하는 경우 A, B, C 모두 부산에 있었고, D는 참을 말하였으므로 범인은 E가 된다. C가 거짓을 말하는 경우 A, B, C는 모두 학교에 있었고, D는 참을 말하였으므로 범인은 역시 E가 된다.
따라서 어떤 경우이든 범인은 E이다.

01	02	03	04	05	06	07	08	09	10
④	③	①	⑤	④	③	②	③	③	④
11	12	13	14	15	16	17	18	19	20
①	①	④	①	④	⑤	①	③	③	③

01　　　정답 ④

앞의 항에 $+3.02$, $+5.03$, $+7.04$, $+9.05$, …인 수열이다.
따라서 (　)$=17.1+9.05=26.15$이다.

02　　　정답 ③

앞의 항에 $\times3$, -3.3이 반복되는 수열이다.
따라서 (　)$=5.43\times3=16.29$이다.

03　　　정답 ①

정수 부분은 $+2$, $+4$, $+6$, $+8$, …, 소수 부분은 $+0.03$, $+0.06$, $+0.09$, $+0.12$, …를 하고, 홀수 항이 음수인 수열이다.
따라서 (　)$=-\{(27+8)+(0.33+0.12)\}=-35.45$이다.

04　　　정답 ⑤

정수 부분은 $+2$, 분수 부분의 분모는 $+7$, 분자는 $+3$을 하는 수열이다.
따라서 (　)$=(3-2)\left(\dfrac{5-3}{10-7}\right)=1\dfrac{2}{3}$ 이다.

05　　　정답 ④

정수 부분은 $+2$, $+3$, $+5$가, 분수 부분의 분모는 $+5$, $+2$, $+3$이, 분자는 $+3$, $+5$, $+2$가 반복되는 수열이다.
따라서 (　)$=(17+5)\left(\dfrac{23+2}{24+3}\right)=22\dfrac{25}{27}$ 이다.

06　　　정답 ③

(앞의 항)$\times\dfrac{2}{3}=$(뒤의 항)인 수열이다.
따라서 (　)$=\dfrac{2}{7}\div\dfrac{2}{3}=\dfrac{3}{7}$ 이다.

07　　　정답 ②

분모는 $+4$, $+8$, $+12$, $+16$, $+20$, …, 분자는 $\times3$을 하는 수열이다.
따라서 (　)$=\dfrac{243\times3}{57+20}=\dfrac{729}{77}$ 이다.

08　　　정답 ③

앞의 항이 $\dfrac{B}{A}$ 일 때 다음 항은 $\dfrac{A-1}{A\times B}$ 인 수열이다.
따라서 (　)$=\dfrac{59}{60\times11}=\dfrac{59}{660}$ 이다.

09　　　정답 ③

나열된 수를 각각 A, B, C라고 하면
$\underline{A\ B\ C} \rightarrow A^2+2B=C$
따라서 (　)$=5^2+2\times9=43$이다.

10　　　정답 ④

나열된 수를 각각 A, B, C라고 하면
$\underline{A\ B\ C} \rightarrow A^2+B^2=C$
따라서 (　)$=25+36=61$이다.

11　　　정답 ①

나열된 수를 각각 A, B, C라고 하면
$\underline{A\ B\ C} \rightarrow A=B\times C-2$
따라서 (　)$=(8+2)\div2=5$이다.

12　　　정답 ①

나열된 수를 각각 A, B, C라고 하면
$\underline{A\ B\ C} \rightarrow (A+B)\times5=C$
따라서 (　)$=60\div5-10=2$이다.

13　　　정답 ④

(앞의 항)$+$(뒤의 항)$=$(다음 항)인 수열이다.
∴ $A=27-17=10$, $B=44+7=115$
따라서 $(A+B)\times2=(10+115)\times2=250$이다.

14 정답 ①

앞의 항에 $\times 6$, $\div 3$이 반복되는 수열이다.

$\therefore$ A$=108\times 3=216$, B$=216\div 3=72$

따라서 A$+$B$=216+72=288$이다.

15 정답 ④

(앞의 항)$-$(뒤의 항)$=$(다음 항)인 수열이다.

$\therefore$ A$=3-(-1)=4$, B$=-5-9=-14$

따라서 3A-2B$=3\times 4-2\times(-14)=40$이다.

16 정답 ⑤

앞의 항에 $(-2)^0$, $(-2)^1$, $(-2)^2$, $(-2)^3$, $\cdots$을 더하는 수열이다.

$\therefore$ A$=6-(-2)^0=5$, B$=16+(-2)^5=-16$

따라서 A$\times$B$=5\times(-16)=-80$이다.

17 정답 ①

홀수 항은 $+3$, $+7$, $+11$, $\cdots$, 짝수 항은 -5, -9, -13, $\cdots$ 을 하는 수열이다.

m번째 홀수 항의 값을 a_{2m-1}이라고 하면

$a_{2m-1}=400+\sum_{k=1}^{m-1}(4k-1)$

$=400+\left\{4\times\dfrac{m(m-1)}{2}-(m-1)\right\}=400+2m^2-3m+1$

$=2m^2-3m+401$이다.

따라서 31번째 항의 값은 $2\times 16^2-3\times 16+401=865$이다.

18 정답 ③

홀수 항은 $\times 2+1$, 짝수 항은 $\times 2-5$를 하는 수열이다.

15번째 항의 값은 홀수 번째 항이고,

$a_{11}=175\times 2+1=351$, $a_{13}=351\times 2+1=703$이다.

따라서 15번째 항의 값은 $a_{15}=703\times 2+1=1,407$이다.

19 정답 ③

홀수 항은 -2, 짝수 항은 $\times 2$를 하는 수열이다.

따라서 2,023번째 항의 값은 $-3+\{(-2)\times 1,011\}$

$=-3+(-2,022)=-2,025$이다.

20 정답 ③

분모는 11의 배수이고, 분자는 -5를 하는 수열이다.

따라서 101번째 항의 값은 $-\dfrac{7+(-5)\times 100}{11\times 101}=-\dfrac{493}{1,111}$ 이다.

01 언어이해

01	02	03	04	05	06	07	08	09	10	11	12	13	14	15	16	17	18	19	20
⑤	②	③	④	⑤	③	⑤	①	②	④	②	⑤	①	③	③	⑤	③	③	①	⑤

01
정답 ⑤

마지막 문장의 '표준화된 언어와 방언 둘 다의 가치를 인정'하고, '잘 가려서 사용할 줄 아는 능력을 길러야 한다.'는 내용을 통해 '표준화된 언어와 방언에는 각각 독자적인 가치와 역할이 있다.'와 같은 중심 내용을 도출할 수 있다.

02
정답 ②

제시문은 집단 소송제의 중요성과 필요성에 대하여 역설하는 글이다. 집단 소송제를 통하여 기업 경영의 투명성을 높여, 궁극적으로 기업의 가치 제고를 이룬다는 것이 글의 중심 내용이다. 따라서 중심 내용으로 적절한 것은 ②이다.

03
정답 ③

오답분석
① 제시문에서 확인할 수 없다.
② 그녀는 8년째 도서관에서 일한다.
④ 생활비를 줄이기 위해 휴대폰을 정지시켰다.
⑤ 동생에게 돈을 송금했다.

04
정답 ④

제시문은 과학을 통해 자연재해를 극복하고자 하는 인간의 노력을 옹호하고 있다. 따라서 인간의 자연 치유력을 감소시키더라도 인간의 능력(의학)으로 질병을 극복할 수 있다는 내용을 추론할 수 있다.

05
정답 ⑤

초기의 독서는 낭독이 보편적이었고, 12세기 무렵 책자형 책이 두루마리 책을 대체하면서 묵독이 가능하게 되었다. 따라서 책자형 책의 출현으로 낭독의 확산이 아닌 묵독이 확산되었다.

오답분석
①·②·③ 마지막 문단에서 확인할 수 있다.
④ 제시문 전체에서 확인할 수 있다.

06
정답 ③

제시문에서는 언어도 물과 공기, 빛과 소리처럼 오염 물질을 지니고 있다는 언어생태학자인 드와잇 볼링거의 주장을 제시하면서 내용을 전개하고 있다. 글쓴이는 드와잇 볼링거의 주장을 바탕으로 문명의 발달로 언어가 오염되고 있으며, 이러한 언어 오염이 인간의 정신을 황폐하게 만든다고 주장하고 있다.

[오답분석]

① 말이나 글을 전보문이나 쇼핑 목록, 엑스레이로 찍은 사진 등으로 비유하는 방식을 사용하고 있으나, 이는 독자의 이해를 돕기 위해 사용한 것으로 상대방의 논리를 지지하기 위해 사용한 것으로는 볼 수 없다. 또한 언어 오염과 언어 재앙을 환경 오염과 환경 재앙으로 비유하고 있으나, 이 역시 상대방의 논리를 지지하는 것이 아니라 오히려 이를 통해 다른 학자의 주장을 반박하고 있다.

07
정답 ⑤

제시문에서는 탑을 복원할 경우 탑에 담긴 역사적 의미와 함께 탑과 주변 공간의 조화가 사라지고, 정확한 자료 없이 탑을 복원한다면 탑을 온전하게 되살릴 수 없다는 점을 들어 탑을 복원하기보다는 보존해야 한다고 주장한다. 따라서 이러한 근거들과 관련이 없는 ⑤는 주장에 대한 반박으로 적절하지 않다.

08
정답 ①

제시문은 재즈가 어떻게 생겨났고 재즈가 어떠한 것들을 표현해내는 음악인지에 대해 설명하고 있으므로 글의 제목으로 '재즈의 기원과 본질'이 가장 적절하다.

09
정답 ②

제시문은 최대수요입지론에 의해 업체가 입지를 선택하는 방법을 설명하는 글로, 최초로 입지를 선택하는 업체와 그다음으로 입지를 선택하는 업체가 입지를 선정하는 기준과 변인이 생기는 경우 두 업체의 입지를 선정하는 기준을 설명하는 글이다. 따라서 (나) 최대수요입지론에서 입지를 선정할 때 고려하는 요인 – (가) 최초로 입지를 선정하는 업체의 입지 선정법 – (다) 다음으로 입지를 선정하는 업체의 입지 선정법 – (라) 다른 변인이 생기는 경우 두 경쟁자의 입지 선정법 순으로 나열하는 것이 적절하다.

10
정답 ④

제시문은 예전과는 달라진 덕후에 대한 사회적 시선과 그와 관련된 소비 산업에 대해 이야기하고 있다. 따라서 (다) 덕후의 어원과 더 이상 숨기지 않아도 되는 존재로의 변화 – (가) 달라진 사회 시선과 일본의 오타쿠와 다른 독자적 존재로서 진화해가는 한국의 덕후 – (나) 진화된 덕후들을 공략하기 위해 발달하고 있는 산업 순으로 나열하는 것이 적절하다.

11
정답 ②

제시문은 크게 '피자의 시작과 본토 – 한국의 피자 도입 및 확산'으로 나눌 수 있다. 제시된 글에서는 이탈리아에서 시작된 현대적 의미의 피자를 논하였으므로, 그 후에는 이탈리아의 피자 상황을 나타내는 (다) 문단과 (가) 문단이 차례대로 와야 하며, '한국의 경우'라고 쓰여 있는 것을 보아 그 뒤에는 (라) 문단이, 이어서 (나) 문단이 오는 것이 적절하다.

12

정답 ⑤

서양에서 아리스토텔레스가 강요한 중용과 동양의 중용을 번갈아 설명하며 그 차이점에 대해 설명하고 있다.

[오답분석]

① 서양과 대비해서 동양의 중용관이 균형에 신경 쓰고 있다는 내용이 있지만, 전체적으로 서양과 동양의 차이에 대한 글이다.
② 중용을 바라보는 서양과 동양의 차이점을 말하고 있다.
③ 아리스토텔레스의 중용은 글의 주제인 서양과 동양의 중용에 대한 차이점을 말하기 위해 언급한 것일 뿐이다.
④ 동양은 의학에 있어서도 중용관에 입각했다는 것을 말하기 위해 부연 설명한 것이다.

13

정답 ①

고야가 이성의 존재를 부정했다는 내용은 제시되어 있지 않다. 다섯 번째 문장인 '세상이 완전히 이성에 의해서만 지배되지 않음을 표현하고 있을 뿐이다.'를 통해 ①의 내용이 적절하지 않음을 알 수 있다.

14

정답 ③

프리드먼의 '우주는 극도의 고밀도 상태에서 시작돼 점차 팽창하면서 밀도가 낮아졌다.'라는 이론과 르메트르의 '우주가 원시 원자들의 폭발로 시작됐다.'라는 이론은 상호 간에 성립하는 이론이다. 따라서 프리드먼의 이론과 르메트르의 이론은 양립할 수 없는 관계라는 내용은 적절하지 않다.

15

정답 ③

능허대는 백제가 당나라와 교역했던 사실을 말해주는 대표적인 유적으로 국내 교역이 아닌 외국과 교역했던 사실을 말해주는 증거이다.

16

정답 ⑤

제시문에서는 드론이 개인 정보 수집과 활용에 대한 사전 동의 없이도 개인 정보를 저장할 수 있어 사생활 침해 위험이 높으므로 '사전 규제' 방식을 적용해야 한다고 주장한다. 따라서 이러한 주장에 대한 반박으로는 개인 정보의 복제, 유포, 위조에 대해 엄격한 책임을 묻는다면 사전 규제 없이도 개인 정보를 보호할 수 있다는 ⑤가 가장 적절하다.

17

정답 ③

제시문에서는 오존층 파괴 시 나타나는 문제점에 대해 설명하고 있으며, 빈칸의 앞 문단에서는 극지방 성층권의 오존구멍은 줄었지만 많은 인구가 거주하는 중위도 저층부에서는 오히려 오존층이 얇아졌다고 언급하고 있다. 따라서 많은 인구가 거주하는 중위도 저층부에서의 오존층 파괴는 극지방의 오존구멍보다 더 큰 피해를 가져올 것이라는 ③이 빈칸에 들어갈 내용으로 가장 적절하다.

18

정답 ③

제시된 기사문에서는 대기업과 중소기업 간 상생경영의 중요성을 강조하고 있다. 기존에는 대기업이 시혜적 차원에서 중소기업에게 베푸는 느낌이 강했지만, 현재는 협력사의 경쟁력 향상이 곧 기업의 성장으로 이어질 것으로 보고, 상생경영의 중요성을 높이고 있다. 대기업이 지원해준 업체의 기술력 향상으로 더 큰 이득을 보상받는 등 상생협력이 대기업과 중소기업 모두에게 효과적임을 알 수 있다. 따라서 '시혜적 차원에서의 대기업 지원의 중요성'은 기사문의 제목으로 적절하지 않다.

19

두 번째 문단에서 '강한 핵력의 강도가 겨우 0.5% 다르거나 전기력의 강도가 4% 다를 경우에도 탄소나 산소는 우주에서 합성되지 않는다. 따라서 생명 탄생의 가능성도 사라진다.'라고 했으므로 탄소가 없어도 생명은 자연적으로 진화할 수 있다고 한 ①은 제시문을 지지하는 내용이 아니다.

20

제시문에서는 사유 재산에 대한 개인의 권리 추구로 다수가 피해를 입게 된다면 사익보다 공익을 우선시하여 개인의 권리가 제한되어야 한다고 주장한다. 따라서 이러한 주장에 대한 반박으로는 개인인 땅 주인이 권리를 행사함에 따라 다수인 마을 사람들에게 발생하는 피해가 법적으로 증명되어야만 권리를 제한할 수 있다는 ⑤가 가장 적절하다.

02	자료해석																		

01	02	03	04	05	06	07	08	09	10	11	12	13	14	15	16	17	18	19	20
③	①	①	⑤	①	⑤	③	③	②	④	④	①	②	③	④	③	④	④	③	①

01

$18 \sim 20$세의 연평균 독서량을 a권이라고 할 때, $21 \sim 24$세의 연평균 독서량은 $2a$권이다. $18 \sim 20$세와 $21 \sim 24$세의 연평균 독서량의 합 $a+2a$권은 $15 \sim 17$세의 연평균 독서량과 같으므로 $3a$권이다. 이를 정리하면 다음과 같다.

(단위 : 권)

구분	$9 \sim 11$세	$12 \sim 14$세	$15 \sim 17$세	$18 \sim 20$세	$21 \sim 24$세	평균
연평균 독서량	$4a$	20	$3a$	a	$2a$	16

$18 \sim 20$세 연평균 독서량은 $9 \sim 11$세 연평균 독서량의 25%이므로 $9 \sim 11$세 연평균 독서량은 $4a$권이다.
제시된 자료를 통해 평균 독서량은 16권임을 알 수 있으므로 다음과 같은 식이 성립한다.

$$\frac{4a+20+3a+a+2a}{5}=16$$

$\therefore a=6$
따라서 $15 \sim 17$세의 연평균 독서량은 $3a=18$권이다.

02

C사의 이익률이 2%, 3%, 4%, …, 즉 1%p씩 증가하고 있다.
따라서 빈칸에 들어갈 수는 $350 \times 0.06 = 21$이다.

03

정답 ①

일반 내용의 스팸 문자는 2022년 하반기 0.12통에서 2023년 상반기에 0.05통으로 감소하였다.

[오답분석]

② 제시된 자료에 따르면 2023년 상반기부터 성인 스팸 문자 수신이 시작되었다.

③ 조사 기간 동안 대출 관련 스팸 문자가 가장 큰 폭(0.05)으로 증가하였다.

④ 2022년 하반기에는 일반 스팸 문자가, 2023년 상반기에는 대출 스팸 문자가 가장 높은 비중을 차지했다.

⑤ 전년 동분기 대비 2023년 하반기의 1인당 스팸 문자의 내용별 수신 수의 증가율은 $\frac{0.17-0.15}{0.15}\times100 = 13.33\%$이므로 옳은 설명이다.

04

정답 ⑤

한국, 중국의 개인주의 지표는 유럽, 일본, 미국의 개인주의 지표에 비해 항상 아래에 위치한다.

[오답분석]

① 출생연대별로 개인주의 가치관의 차이는 유럽보다 한국이 큰 편이다.

② 대체적으로 모든 나라가 나이와 개인주의 가치관이 반비례하고 있다.

③ 자료를 보면 중국의 2010년대생과 2020년대생의 개인주의 지표가 10 정도 차이로, 유럽보다 차이가 크다.

④ 한국이 1970년대생과 2020년대생의 개인주의 가치관의 차이가 가장 크다.

05

정답 ①

2021년에는 전체 응답자 중 본인만의 독립생활이 불가능하기 때문에 자녀와 동거한다는 응답자가 가장 많았다.

06

정답 ⑤

여성 흡연율의 전년 대비 차이를 정리하면 다음과 같다.

구분	2019년	2020년	2021년	2022년	2023년
여성 흡연율(%)	7.4	7.1	6.8	6.9	7.3
전년도 대비 차이(%p)	−	−0.3	−0.3	+0.1	+0.4

따라서 가장 많은 차이를 보이는 해는 2023년이다.

[오답분석]

① 남성의 흡연률은 2019년부터 2023년까지 계속 감소하고 있다.

② 여성의 흡연률은 2021년까지 감소하다가 이후 증가하고 있다.

③ 남성과 여성의 흡연율 차이를 정리하면 다음과 같다.

구분	2019년	2020년	2021년	2022년	2023년
남성 흡연율(%)	48.7	46.2	44.3	42.2	40.7
여성 흡연율(%)	7.4	7.1	6.8	6.9	7.3
남성·여성 흡연율 차이(%p)	41.3	39.1	37.5	35.3	33.4

따라서 남성와 여성의 흡연율 차이는 감소하고 있다.

④ 남성 흡연율의 전년 대비 차이를 정리하면 다음과 같다.

구분	2019년	2020년	2021년	2022년	2023년
남성 흡연율(%)	48.7	46.2	44.3	42.2	40.7
전년도 대비 차이(%p)	−	−2.5	−1.9	−2.1	−1.5

따라서 가장 많은 차이를 보이는 해는 2020년이다.

07

정답 ③

해당 유형은 수치 계산 없이 해결할 수 있는 내용부터 해결하는 것이 효율적이다.

ⓒ 2020 ~ 2023년 동안 매년 세관물품 신고 수가 가장 많은 것은 A이이므로, A는 잡화류이다.

ⓛ A ~ D의 전년 대비 2023년 세관물품 신고 수의 증가량은 다음과 같다.

- A : $5,109-5,026=83$만 건
- B : $3,568-3,410=158$만 건
- C : $4,875-4,522=353$만 건
- D : $2,647-2,135=512$만 건

C가 두 번째로 증가량이 많으므로 담배류에 해당한다.

이에 따라 답은 ③임을 알 수 있다. 한편, 다른 내용을 확인하면 다음과 같다.

ⓖ 2020 ~ 2022년까지 전년 대비 세관물품 신고 수가 증가와 감소를 반복한 것은 '증가 – 감소 – 증가'인 B와 D이므로, 가전류와 주류는 B와 D 중 하나에 해당한다.

ⓔ 2022년 세관물품 신고 수의 전년 대비 증가율은 다음과 같다.

- A : $\dfrac{5,026-4,388}{4,388}\times100 ≒ 14.5\%$
- B : $\dfrac{3,410-3,216}{3,216}\times100 ≒ 6.0\%$
- C : $\dfrac{4,522-4,037}{4,037}\times100 ≒ 12.0\%$
- D : $\dfrac{2,135-2,002}{2,002}\times100 ≒ 6.6\%$

D의 증가율이 세 번째로 높으므로, D는 주류이고 ⓖ에 따라 B는 가전류가 된다.

따라서 A – 잡화류, B – 가전류, C – 담배류, D – 주류이다.

08

정답 ③

대구의 경우 18대 대통령 선거 투표율이 15대 대통령 선거 투표율보다 높으므로 옳지 않다.

[오답분석]

① 17대 선거의 최고 투표율은 68.5%이므로 전체 투표율은 이보다 높을 수 없다.
② 17대 대통령 선거에서 가장 높은 투표율은 경북의 68.5%이다.
④ 15대 최저는 충남의 77%이고, 16대는 충남의 66%, 17대는 인천의 60.3%, 18대는 충남의 72.9%로 매번 같은 곳은 아니다.
⑤ 가장 높은 투표율은 광주의 15대 선거 투표율인 89.9%이다.

09

정답 ②

견과류 첨가 제품은 단백질 함량이 1.8g, 2.7g, 2.5g이고, 당 함량을 낮춘 제품은 단백질 함량이 1.4g, 1.6g이므로 옳은 설명이다.

[오답분석]

① 당류가 가장 많은 시리얼은 초코볼 시리얼(12.9g)로, 초코맛 제품에 속한다.
③ 콘프레이크의 단백질 함량은 3g으로 약 2배 이상 많다.
④ 일반 제품의 열량은 체중조절용 제품의 열량보다 더 낮은 수치를 보이고 있다.
⑤ 탄수화물 함량이 가장 낮은 시리얼은 프레이크이며, 당류 함량이 가장 낮은 시리얼은 콘프레이크이다.

10

정답 ④

800g 소포의 개수를 x개, 2.4kg 소포의 개수를 y개라고 하면 다음과 같은 식이 성립한다.

$800\times x+2,400\times y \leq 16,000 \rightarrow x+3y \leq 20 \cdots$ ⓖ

B회사는 동일지역, C회사는 타지역이므로 다음과 같은 식이 성립한다.

$4,000\times x+6,000\times y=60,000 \rightarrow 2x+3y=30 \rightarrow 3y=30-2x \cdots$ ⓛ

ⓛ을 ⓖ에 대입하면 다음과 같은 식이 성립한다.

$x+30-2x \leq 20 \rightarrow x \geq 10 \cdots$ ⓒ

따라서 ⓛ, ⓒ을 동시에 만족하는 x, y값은 $x=12$, $y=2$이다.

11

정답 ④

주어진 조건에 의하여 X모델의 연비는 $\frac{a}{3}$ km/L $=\frac{b}{5}$ km/L $\cdots$ ㉠, Y모델의 연비는 $\frac{c}{3}$ km/L $=\frac{d}{5}$ km/L $\rightarrow d=\frac{5}{3}c$ $\cdots$ ㉡이다.

3L로 시험했을 때 두 자동차의 주행거리의 합은 48km이므로 $a+c=48$ $\cdots$ ㉢

Y모델이 달린 주행거리의 합은 56km이므로 $c+d=56$ $\cdots$ ㉣

㉡과 ㉣을 연립하면 $c+\frac{5}{3}c=56 \rightarrow c=21$

c를 ㉢에 대입하면 $a+21=48 \rightarrow a=27$

즉, X모델의 연비는 $\frac{27}{3}=9$km/L이고 Y모델의 연비는 $\frac{21}{3}=7$km/L이다.

따라서 두 자동차의 연비의 곱은 $9\times7=63$이다.

12

정답 ①

[오답분석]
② 제시된 자료보다 2017년 영아의 수치가 낮다.
③ 제시된 자료보다 2018년 영아의 수치가 높다.
④ 제시된 자료보다 2021년 유아의 수치가 낮다.
⑤ 제시된 자료보다 2023년 유아의 수치가 높다.

13

정답 ②

온실가스 총량은 2021년에 한 번 감소했다가 다시 증가한다.

[오답분석]
① 이산화탄소는 2019 ~ 2023년 동안 가장 큰 비중을 차지한다.
③ 2023년 가계와 산업 부문의 배출량 차이는 42,721.67ppm으로 가장 큰 값을 가진다.
④ 언제나 메탄은 아산화질소보다 가계, 산업 부문을 통틀어 더 많이 배출되고 있다.
⑤ 제시된 자료를 통해 확인할 수 있다.

14

정답 ③

서울(1.1%)을 포함하여 부산(1.9%) 및 인천(2.5%) 지역에서는 증가율이 상대적으로 낮게 나와 있다.

[오답분석]
㉠·㉡ 자료를 통해 확인할 수 있다.
㉢ 2023년 에너지 소비량은 경기(9,034천 TOE), 충남(4,067천 TOE), 서울(3,903천 TOE)의 순서이다.
㉣ 전국 에너지 소비량은 2013년이 28,589천 TOE, 2023년이 41,579천 TOE로서 12,990천 TOE의 증가를 보이고 있다.

15

정답 ④

2022년 첫 일자리가 현 직장인 임금 근로자 수는 전체 임금 근로자 수의 $\frac{1,523}{4,012}\times100 \fallingdotseq 38\%$이므로 35% 이상이다.

[오답분석]
① 2021년부터 2023년까지 비임금 근로자 수를 계산하면 다음과 같다.
- 2021년 : $4,032-3,909=123$명
- 2022년 : $4,101-4,012=89$명
- 2023년 : $4,140-4,055=85$명
따라서 비임금 근로자 수는 매년 감소하였다.

② 2021 ~ 2023년까지 졸업·중퇴 후 취업 유경험자 수의 평균은 $\dfrac{4,032+4,101+4,140}{3}=\dfrac{12,273}{3}=4,091$명이다.

③ 2021년 첫 일자리를 그만둔 임금 근로자 수는 첫 일자리가 현 직장인 근로자 수의 $\dfrac{2,375}{1,534}≒1.5$배이다.

⑤ 2023년 첫 일자리를 그만둔 경우 평균 근속기간은 첫 일자리가 현 직장인 경우 평균 근속기간의 $\dfrac{14}{25}×100=56\%$이다.

16

정답 ③

ⓒ 국가채권 중 조세채권의 전년 대비 증가율은 2021년에 $\dfrac{30-26}{26}×100≒15.4\%$, 2023년에 $\dfrac{38-34}{34}×100≒11.8\%$이다.

ⓒ 융자회수금의 국가채권과 연체채권의 총합이 가장 높은 해는 2023년(142조 원)이며, 경상 이전수입의 국가채권과 연체채권의 총합이 가장 높은 해도 2023년(18조 원)이므로 옳다.

[오답분석]

㉠ 2020년 총 연체채권은 27조 원으로 2022년 총 연체채권의 80%인 $36×0.8=28.8$조 원 이하이다.

㉣ 2020년 대비 2023년 경상 이전수입 중 국가채권의 증가율은 $\dfrac{10-8}{8}×100=25\%$이며, 경상 이전수입 중 연체채권의 증가율은 $\dfrac{8-7}{7}×100≒14.3\%$로 국가채권 증가율이 더 높다.

17

정답 ④

㉠ 영어 관광통역 안내사 자격증 취득자는 2022년에 344명으로 전년 대비 감소하였으며, 스페인어 관광통역 안내사 자격증 취득자는 2022년에 전년 대비 동일하였고, 2023년에 3명으로 전년 대비 감소하였다.

ⓒ 태국어 관광통역 안내사 자격증 취득자 수 대비 베트남어 관광통역 안내사 자격증 취득자 수의 비율은 2020년에 $\dfrac{4}{8}×100=50\%$, 2021년에 $\dfrac{15}{35}×100≒42.9\%$이므로 2021년에 전년 대비 감소하였다.

㉣ 2021년에 불어 관광통역 안내사 자격증 취득자 수는 전년 대비 동일한 반면, 스페인어 관광통역 안내사 자격증 취득자 수는 전년 대비 증가하였다.

[오답분석]

ⓒ 2021 ~ 2023년의 일어 관광통역 안내사 자격증 취득자 수의 8배는 각각 266명, 137명, 153명인데, 중국어 관광통역 안내사 자격증 취득자 수는 2,468명, 1,963명, 1,418명이므로 각각 8배 이상이다.

18

정답 ④

ⓒ 2023년 11월 운수업과 숙박 및 음식점업의 국내카드 승인액의 합은 $159+1,031=1,190$억 원으로, 도매 및 소매업의 국내카드 승인액의 40%인 $3,261×0.4=1,304.4$억 원 미만이다.

㉣ 2023년 9월 협회 및 단체, 수리 및 기타 개인 서비스업의 국내카드 승인액은 보건 및 사회복지 서비스업 국내카드 승인액의 $\dfrac{155}{337}×100≒46\%$이다.

[오답분석]

㉠ 교육 서비스업의 2024년 1월 국내카드 승인액의 전월 대비 감소율은 $\dfrac{122-145}{145}×100≒-15.9\%$이다.

ⓒ 2023년 10월부터 2024년 1월까지 사업시설관리 및 사업지원 서비스업의 국내카드 승인액의 전월 대비 증감 추이는 '증가 – 감소 – 증가 – 증가'이고, 예술, 스포츠 및 여가 관련 서비스업은 '증가 – 감소 – 감소 – 감소'이다.

19

1인당 평균 보수액에서 성과급이 차지하는 비중은 2021년이 2023년보다 높다.

- 2021년 : $\dfrac{1,264}{55,722} \times 100 ≒ 2.27\%$

- 2023년 : $\dfrac{862}{56,214} \times 100 ≒ 1.53\%$

오답분석

① 2021년부터 2023년까지 기본급은 전년 대비 증가하는 것을 자료를 통해 알 수 있다.

② 2020~2023년 동안 고정수당의 증감 추이는 '감소 – 감소 – 감소'로 증감 추이가 이와 같은 항목은 없다.

④ 기타 상여금이 가장 높은 연도는 2022년이며, 이때 1인당 평균 보수액은 복리후생비의 $\dfrac{56,209}{985} ≒ 57$배이다.

⑤ 2024년 성과급의 전년 대비 증가율이 실적수당의 전년 대비 증가율인 $\dfrac{2,168-2,129}{2,129} \times 100 ≒ 2\%$와 같을 때, 성과급 금액은 $862 \times 1.02 = 879.24$천 원으로 900천 원 미만이다.

20

오답분석

② 2023년 성비가 자료와 다르다.

③ 남성과 여성의 자료가 전체적으로 바뀌었다.

④ 자료에 따르면 남성의 경우 진료인원이 계속 증가하는데 그래프는 계속 감소하고 있다.

⑤ 2020~2021년 남성 진료인원과 여성 진료인원의 수가 바뀌었다.

03 창의수리

01	02	03	04	05	06	07	08	09	10	11	12	13	14	15	16	17	18	19	20
④	③	①	③	③	③	②	③	⑤	④	①	③	④	③	②	②	②	⑤	①	②

01

명진이와 선우는 각각 1분 동안 $\dfrac{8}{90}$ km, $\dfrac{8}{60}$ km를 이동한다.

두 사람이 서로의 집을 향해 뛰어간다고 했으므로 두 사람이 만나는 지점에서 각각 이동한 거리의 합은 16km가 된다.
이때 걸리는 시간을 a분이라고 하면 다음과 같은 식이 성립한다.

$\left(\dfrac{8}{90} + \dfrac{8}{60}\right) \times a = 16$

$\rightarrow \dfrac{16+24}{180} \times a = 16$

$\therefore a = 72$

따라서 두 사람은 출발한 지 72분 후에 만난다.

02

정답 ③

- 10%의 소금물 1,000g에 들어 있는 소금의 양 : $\dfrac{10}{100} \times 1{,}000 = 100$g

- 순수한 물의 양 : $1{,}000 - 100 = 900$g
- 1시간 30분 동안 증발한 물의 양 : $90 \times 4 = 360$g

따라서 1시간 30분 후 남은 순수한 물의 양은 $900 - 360 = 540$g이다.

03

정답 ①

A~D 4명의 시험 점수를 각각 a점, b점, c점, d점이라고 하면 다음과 같은 식이 성립한다.

$$\frac{a+c+d}{3} = 75 \cdots \text{㉠}$$

$$\frac{a+b+d}{3} = 81 \cdots \text{㉡}$$

$$\frac{b+c}{2} = 85 \cdots \text{㉢}$$

㉠, ㉡, ㉢을 정리하면 $2(a+b+c+d) = 638$이다.

따라서 4명의 평균 점수는 $\dfrac{a+b+c+d}{4} = \dfrac{638}{8} = 79.75$점이다.

04

정답 ③

전체 일의 양을 1이라고 하고, A, B, C가 하루에 할 수 있는 일의 양을 각각 $\dfrac{1}{a}$, $\dfrac{1}{b}$, $\dfrac{1}{c}$라고 하자.

$$\frac{1}{a} + \frac{1}{b} = \frac{1}{12} \cdots \text{㉠}$$

$$\frac{1}{b} + \frac{1}{c} = \frac{1}{6} \cdots \text{㉡}$$

$$\frac{1}{c} + \frac{1}{a} = \frac{1}{18} \cdots \text{㉢}$$

㉠, ㉡, ㉢을 모두 더한 다음 2로 나누면 3명이 하루 동안 할 수 있는 일의 양을 구할 수 있다.

$$\frac{1}{a} + \frac{1}{b} + \frac{1}{c} = \frac{1}{2}\left(\frac{1}{12} + \frac{1}{6} + \frac{1}{18}\right) = \frac{1}{2}\left(\frac{3+6+2}{36}\right) = \frac{11}{72}$$

따라서 72일 동안 3명이 끝낼 수 있는 일의 양은 $\dfrac{11}{72} \times 72 = 11$이므로 전체 일의 양의 11배를 할 수 있다.

05

정답 ③

집에서 서점까지의 거리를 $x$km라 하면 집에서 서점까지 갈 때 걸리는 시간은 $\dfrac{x}{4}$ 시간, 서점에서 집으로 되돌아올 때 걸리는 시간은 $\dfrac{x}{3}$ 시간이므로 다음과 같은 식이 성립한다.

$$\frac{x}{4} + \frac{x}{3} = 7$$

$$\rightarrow 7x = 84$$

$$\therefore x = 12$$

따라서 집에서 서점까지의 거리는 12km이다.

06

정답 ③

각자 낸 돈을 x원이라고 하면 총금액은 $8x$원이므로 다음과 같은 식이 성립한다.

$8x-\{(8x\times0.3)+(8x\times0.7\times0.4)\}=67{,}200$

→ $8x-(2.4x+2.24x)=67{,}200$

→ $3.36x=67{,}200$

∴ $x=20{,}000$

따라서 각자 낸 금액은 20,000원이다.

07

정답 ②

더 넣은 소금의 양을 xg이라고 하면 다음과 같은 식이 성립한다.

$\dfrac{4}{100}\times450+x=\dfrac{10}{100}(450+x)$

→ $1{,}800+100x=4{,}500+10x$

→ $90x=2{,}700$

∴ $x=30$

따라서 더 넣은 소금의 양은 30g이다.

08

정답 ③

전체 평균이 65점이므로 6명의 점수의 합은 65×6=390점이다. 중급을 획득한 3명의 평균이 62점이므로 3명 점수의 합은 62×3=186점이다. S의 시험 점수 최댓값을 구하라고 하였으므로 S가 고급을 획득했다고 가정하면 S를 포함해 고급을 획득한 2명의 점수의 합은 390-186-54=150점이다. 고급을 획득한 S의 점수가 최댓값인 경우는 고급을 획득한 다른 1명의 점수가 합격 최저 점수인 70점을 받았을 때이다. 따라서 150-70=80점이 최대 점수이다.

09

정답 ⑤

A상자에서 공을 꺼내는 경우의 수는 2가지이고, B상자에서 공을 꺼내는 경우의 수는 3가지이다.

따라서 가능한 모든 경우의 수는 2×3=6가지이다.

10

정답 ④

지하철이 A, B, C역에 동시에 도착하였다가 다시 동시에 도착하는 데까지 걸리는 시간은 3, 2, 4의 최소공배수인 12분이다. 따라서 세 지하철역에서 지하철이 5번째로 동시에 도착한 시각은 처음으로 같이 도착한 오전 4시 30분으로부터 12×4=48분 후인 오전 5시 18분이다.

11

정답 ①

두 개의 주사위를 굴려서 나올 수 있는 모든 경우의 수는 6×6=36가지이고, 눈의 합이 2 이하가 되는 경우는 주사위의 눈이 (1, 1)이 나오는 경우이다.

따라서 눈의 합이 2 이하가 나올 확률은 $\dfrac{1}{36}$이다.

12

정답 ③

A의 속도를 xm/min이라 하면 B의 속도는 $1.5x$m/min이다. A, B가 12분 동안 이동한 거리는 각각 $12x$m, $12 \times 1.5x = 18x$m이고, 두 사람이 이동한 거리의 합은 1,200m이므로 다음과 같은 식이 성립한다.

$12x + 18x = 1,200$

$\therefore x = 40$

따라서 A의 속도는 40m/min이다.

13

정답 ④

같은 양의 물건을 k라고 하면 갑, 을, 병 한 사람이 하루에 사용하는 양은 각각 $\dfrac{k}{30}$, $\dfrac{k}{60}$, $\dfrac{k}{40}$이며, 세 사람이 함께 하루 동안 사용하는 양은 $\dfrac{k}{30} + \dfrac{k}{60} + \dfrac{k}{40} = \dfrac{9k}{120} = \dfrac{3k}{40}$이다.

세 사람에게 나누어 줄 물건의 양을 합하면 $3k$이며, $3k$의 물건을 세 사람이 하루에 사용하는 양으로 나누면 $3k \div \dfrac{3k}{40} = 40$이다. 따라서 세 사람이 함께 모든 물건을 사용하는 데 걸리는 시간은 40일이다.

14

정답 ③

농도 12% 소금물 600g에 들어있는 소금의 양은 $\dfrac{12}{100} \times 600 = 72$g이다. 이 상태에서 소금물을 xg 퍼내면 소금의 양은 $\dfrac{12}{100} \times (600 - x)$g이 되고, 여기에 물을 xg 더 넣으면 소금물의 양은 $600 - x + x = 600$g이 된다. 이 혼합물과 농도 4% 소금물을 섞어 농도 5.5%의 소금물 800g을 만들었으므로 농도 4% 소금물의 양은 $800 - 600 = 200$g이 됨에 따라 다음과 같은 식이 성립한다.

$\dfrac{0.12(600 - x) + (200 \times 0.04)}{600 + 200} \times 100 = 5.5$

$\rightarrow 80 - 0.12x = 44$

$\rightarrow 0.12x = 36$

$\therefore x = 300$

따라서 처음에 퍼낸 소금물의 양은 300g이다.

15

정답 ②

• 전체 경우의 수 : 6!가지
• A와 B가 나란히 서 있는 경우의 수 : 5!×2가지($\because$ A와 B의 위치를 바꾸는 경우)

따라서 A와 B가 나란히 서 있을 확률은 $\dfrac{5! \times 2}{6!} = \dfrac{1}{3}$이다.

16

정답 ②

집에서 약수터까지의 거리는 $\dfrac{1}{2} \times 10 \times 60 = 300$m이고, 동생의 속력은 $\dfrac{300}{15 \times 60} = \dfrac{1}{3}$m/s이다. 형이 집에서 약수터까지 왕복한 시간은 $10 \times 2 = 20$분이므로 형이 집에 도착할 때까지 동생이 이동한 거리는 $\dfrac{1}{3} \times (20 \times 60) = 400$m이며, 약수터에서 집으로 돌아오는 중이다.

따라서 형이 집에 도착했을 때 동생은 집으로부터 $300 - 100 = 200$m 떨어진 곳에 있다.

17

어른의 좌석 수를 x개, 어린이의 좌석 수를 y개라 하면 다음과 같은 식이 성립한다.

$9,000x + 3,000y = 3,300,000 \rightarrow 3x + y = 1,100 \rightarrow y = 1,100 - 3x \cdots \bigcirc$

550개의 좌석 중 빈 좌석이 1개 이상 있었으므로 $x + y \leq 549 \cdots \bigcirc$

$\bigcirc$을 $\bigcirc$에 대입하면 $x \geq 275.5$이다.

따라서 뮤지컬 A를 관람한 어른은 최소 276명이다.

18

아버지, 은서, 지은이의 나이를 각각 x세, $\frac{1}{2}x$세, $\frac{1}{7}x$세 라고 하면 다음과 같은 식이 성립한다.

$\frac{1}{2}x - \frac{1}{7}x = 15$

$\rightarrow 7x - 2x = 210$

$\therefore\ x = 42$

따라서 아버지는 42세이다.

19

1시간 동안 60페이지를 읽으므로 1분에 1페이지를 읽는다. 4시간, 즉 240분 동안 40분 독서 후 5분 휴식을 반복하면 총 휴식시간은 25분이다.

따라서 총 $(240 - 25) \times 1$페이지 $= 215$페이지를 읽을 수 있다.

20

ㄱ, ㄴ, ㄷ, ㄹ 순으로 칠한다면 가장 면적이 넓은 ㄱ에 4가지를 칠할 수 있고, ㄴ은 ㄱ과 달라야 하므로 3가지, ㄷ은 ㄱ, ㄴ과 달라야 하므로 2가지, ㄹ은 ㄱ, ㄷ과 달라야 하므로 2가지를 칠할 수 있다.

따라서 색칠하는 방법의 경우의 수는 $4 \times 3 \times 2 \times 2 = 48$가지이다.

01	02	03	04	05	06	07	08	09	10	11	12	13	14	15	16	17	18	19	20
②	④	④	③	⑤	③	④	②	⑤	③	②	④	②	③	①	⑤	⑤	①	②	④

01

정답 ②

먼저 A의 진술이 참인 경우와 거짓인 경우로 나누어 본다.

ⅰ) A의 진술이 참인 경우

A가 1위, C가 2위이다. 그러면 B의 진술은 참이다. 따라서 B가 3위, D가 4위이다. 그러나 D가 C보다 순위가 낮음에도 C의 진술은 거짓이다. 이는 제시된 조건에 위배된다.

ⅱ) A의 진술이 거짓인 경우

제시된 조건에 따라 A의 진술이 거짓이라면 C는 3위 또는 4위일 것인데, 자신보다 높은 순위의 사람에 대한 진술이 거짓이므로 C는 3위, A는 4위이다. 그러면 B의 진술은 거짓이므로, D가 1위, B가 2위이다.

따라서 반드시 참인 것은 ②이다.

02

정답 ④

만약 A가 진실이라면 동일하게 A가 사원이라고 말한 C도 진실이 되어 진실을 말한 사람이 2명이 되므로, A와 C는 모두 거짓이다. 또한 E가 진실이라면 B가 사원이므로 A의 'D는 사원보다 직급이 높아.'도 진실이 되어 역시 진실을 말한 사람이 2명이 되기 때문에 E도 거짓이다. 그러므로 B와 D 중 1명이 진실이다.

ⅰ) B가 진실인 경우

E는 차장이고, B는 차장보다 낮은 3개 직급 중 하나인데, C가 거짓이므로 A가 과장이고, E가 거짓이기 때문에 B는 사원이 아니므로 B는 대리가 되고, A가 거짓이므로 D는 사원이다. 그러면 남은 부장 자리가 C여야 하는데, E가 거짓이므로 C는 부장이 될 수 없어 모순이 된다. 따라서 B는 거짓이다.

ⅱ) D가 진실인 경우

E는 부장이고 A는 과장이며, A가 거짓이므로 D는 사원이다. B가 거짓이므로 B는 차장보다 낮은 직급이 아니어서 차장이 되고, C는 대리가 된다. 따라서 진실을 말한 사람은 D이다.

03

정답 ④

두 번째 조건에 의해 A와 D는 1층, 6층에 입주할 수밖에 없다. 이때, A는 B보다 아래층에 입주해 있다는 조건에 의해 A가 6층이 될 수 없으므로 A는 1층, D는 6층, 이런 상황에서 C가 4층에 입주하게 되어 다음과 같이 두 가지 경우가 생긴다.

구분	1층	2층	3층	4층	5층	6층
경우 1	A	E	B	C	F	D
경우 2	A	B	E	C	F	D

따라서 어떤 경우이든 F는 5층에 입주해 있다.

04

정답 ③

제시된 조건에 따르면 1층에는 남자인 주임을 배정해야 하므로 C주임이 배정된다. 따라서 3층에 배정 가능한 직원은 남자인 B사원 또는 E대리이다.

먼저 3층에 B사원을 배정하는 경우, 5층에는 A사원이 배정된다. 그리고 D주임은 2층에, E대리는 이보다 위층인 4층에 배정된다. 다음으로 3층에 E대리를 배정하는 경우, 5층에 A사원이 배정되면 4층에 B사원이 배정되고, 5층에 B사원이 배정되면 4층에 A사원이 배정된다. 그리고 D주임은 항상 E대리보다 아래층인 2층에 배정된다. 이를 정리하면 다음과 같다.

경우 1		경우 2		경우 3	
층수	직원	층수	직원	층수	직원
5층	A	5층	A	5층	B
4층	E	4층	B	4층	A
3층	B	3층	E	3층	E
2층	D	2층	D	2층	D
1층	C	1층	C	1층	C

따라서 5층에 A사원이 배정되더라도, 4층에는 B사원이 아닌 E대리가 배정될 수도 있다.

오답분석

① C주임은 항상 1층에 배정된다.
② D주임은 항상 2층에 배정된다.
④ · ⑤ 5층에 B사원이 배정되면 3층에는 E대리, 4층에는 A사원이 배정된다.

05

정답 ⑤

작품상을 p, 감독상을 q, 각본상을 r, 편집상을 s라고 하면 심사위원 4명의 진술을 다음과 같이 정리할 수 있다.

• A심사위원 : $\sim s \rightarrow \sim q$ and $\sim s \rightarrow r$
• B심사위원 : $p \rightarrow q$
• C심사위원 : $\sim q \rightarrow \sim s$
• D심사위원 : $\sim s$ and $\sim r$

이때, D심사위원의 진술에 따라 편집상과 각본상을 모두 받지 못한다면, 편집상을 받지 못한다면 대신 각본상을 받을 것이라는 A심사위원의 진술이 성립하지 않으므로 A심사위원과 D심사위원의 진술 중 하나는 반드시 거짓임을 알 수 있다.

i) D심사위원의 진술이 참인 경우
   편집상과 각본상을 모두 받지 못하며, 최대 개수를 구하기 위해 작품상을 받는다고 가정하면 B심사위원의 진술에 따라 감독상도 받을 수 있다. 따라서 최대 2개의 상을 수상할 수 있다.

ii) D심사위원의 진술이 거짓인 경우
   편집상과 각본상을 모두 받으며, 최대 개수를 구하기 위해 작품상을 받는다고 가정하면 감독상도 받을 수 있다. 따라서 최대 4개의 상을 수상할 수 있다.

따라서 해당 작품이 수상할 수 있는 상의 최대 개수는 4개이다.

06

정답 ③

먼저 두 번째 조건에 따라 사장은 은지에게 '상'을 주었으므로 나머지 지현과 영희에게 '중' 또는 '하'를 주었음을 알 수 있다. 이때, 인사팀장은 영희에게 사장이 준 점수보다 낮은 점수를 주었다는 네 번째 조건에 따라 사장은 영희에게 '중'을 주었음을 알 수 있다. 따라서 사장은 은지에게 '상', 영희에게 '중', 지현에게 '하'를 주었고, 세 번째 조건에 따라 이사 역시 같은 점수를 주었다. 한편, 사장이 영희 또는 지현에게 회장보다 낮거나 같은 점수를 주었다는 두 번째 조건에 따라 회장이 은지, 영희, 지현에게 줄 수 있는 경우는 다음과 같다.

구분	은지	지현	영희
경우 1	중	하	상
경우 2	하	상	중

또한 인사팀장은 '하'를 준 영희를 제외한 은지와 지현에게 '상' 또는 '중'을 줄 수 있다. 이를 정리하면 다음과 같다.

구분		은지	지현	영희
회장		중	하	상
		하	상	중
사장		상	하	중
이사		상	하	중
인사팀장		상	중	하
		중	상	하

따라서 인사팀장이 은지에게 '상'을 주었다면, 은지는 사장, 이사, 인사팀장 3명에게 '상'을 받으므로 은지가 최종 합격한다.

07

먼저 네 번째 조건에 따라 지사장 마는 D지사에 근무하며 다섯 번째 조건에 따라 지사장 바는 본사와 두 번째로 가까운 B지사에 근무하는 것을 알 수 있다. 지사장 다는 D지사에 근무하는 지사장 마 바로 옆 지사에 근무하지 않는다는 두 번째 조건에 따라 C 또는 E지사에 근무할 수 없다. 이때, 지사장 다는 지사장 나와 나란히 근무해야 하므로 F지사에 지사장 다가, E지사에 지사장 나가 근무하는 것을 알 수 있다. 마지막으로 지사장 라가 지사장 가보다 본사에 가깝게 근무한다는 세 번째 조건에 따라 지사장 라가 A지사에, 지사장 가가 C지사에 근무하게 된다.

본사	A지사	B지사	C지사	D지사	E지사	F지사
	라	바	가	마	나	다

따라서 A ~ F지사로 발령받은 지사장을 순서대로 나열하면 '라 – 바 – 가 – 마 – 나 – 다'이다.

08

정답 ②

제시된 정보를 미지수로 나타내면 다음과 같다.
- 작약(a)을 받은 사람은 카라(b)를 받은 사람보다 적다. → $a < b$
- 수국(c)을 받은 사람은 작약(a)을 받은 사람보다 적다. → $c < a$
- 장미(d)를 받은 사람은 수국(c)을 받은 사람보다 많고, 작약(a)을 받은 사람보다 적다. → $c < d < a$

즉, 개수의 대소는 $c < d < a < b$ → 수국<장미<작약<카라이다. $a + b + c + d = 12$를 만족하는 종류별 꽃의 경우의 수는 두 가지이다.

(단위 : 송이)

구분	수국	장미	작약	카라
경우 1	1	2	4	5
경우 2	1	2	3	6

12명의 사람들에게 1송이씩 나눠줬다고 했으므로 꽃을 받은 인원이 그 꽃의 개수가 된다. 따라서 카라가 5송이, 작약이 4송이이면, 전체 꽃의 개수 중에서 장미와 수국은 합해서 3송이가 되어야 한다. 또한, 꽃은 4종류 모두 1송이 이상씩 있어야 하고, 장미는 수국보다 많다고 하였으므로 수국이 1송이, 장미가 2송이가 되어 참이다.

[오답분석]
㉠ 카라를 받은 사람이 4명이면, 4종류의 꽃의 수가 모두 달라야 대소 관계가 성립하므로 작약은 3송이, 장미는 2송이, 수국은 1송이가 된다. 하지만 모두 합하면 10송이이므로 참이 아니다.
㉢ 수국을 받은 사람이 2명이면, 최소로 해도 수국 2송이, 장미 3송이, 작약 4송이, 카라 5송이가 되며 총 14송이이다. 따라서 주어진 정보인 총 12송이보다 많으므로 참이 아니다.

제4회 최종점검 모의고사 • 101

09

제시된 명제를 정리하면 다음과 같다.
• 내구성을 따지지 않는 사람 → 속도에 관심 없는 사람 → 디자인에 관심 없는 사람
• 연비를 중시하는 사람 → 내구성을 따지는 사람
따라서 '내구성을 따지지 않는 사람은 디자인에도 관심이 없다.'는 반드시 참이다.

10

정답 ③

제시된 명제를 정리하면 다음과 같다.
• 테니스 ○ → 가족 여행 ×
• 가족 여행 ○ → 독서 ○
• 독서 ○ → 쇼핑 ×
• 쇼핑 ○ → 그림 그리기 ○
• 그림 그리기 ○ → 테니스 ○
위 조건을 정리하면 '쇼핑 ○ → 그림 그리기 ○ → 테니스 ○ → 가족 여행 ×'이므로 ③은 반드시 참이다.

11

정답 ②

'비가 온다.'를 A, '산책을 나간다.'를 B, '공원에 들른다.'를 C라고 하면, 전제1은 ~A → B, 전제2는 ~C → ~B이다. 전제2의 대우가 B → C이다. 삼단논법에 의해 ~A → B → C가 성립하므로 결론은 ~A → C나 ~C → A이다. 따라서 빈칸에 들어갈 명제는 '공원에 들르지 않으면 비가 온 것이다.'가 적절하다.

12

정답 ④

'양식 자격증이 있다.'를 A, '레스토랑에 취직하다.'를 B, '양식 실기시험에 합격하다.'를 C라고 하면 전제1은 ~A → ~B, 전제2는 A → C이다. 전제1의 대우는 B → A이므로 B → A → C가 성립한다. 따라서 빈칸에 들어갈 명제는 B → C인 '레스토랑에 취직하려면 양식 실기시험에 합격해야 한다.'가 적절하다.

13

정답 ②

E사원의 진술에 따라 C사원과 E사원의 진술은 동시에 참이 되거나 거짓이 된다.
ⅰ) C사원과 E사원이 모두 거짓말을 한 경우
   참인 B사원의 진술에 따라 D사원이 금요일에 열리는 세미나에 참석한다. 그러나 이때 C와 E 중 한 명이 참석한다는 D사원의 진술과 모순되므로 성립하지 않는다.
ⅱ) C사원과 E사원이 모두 진실을 말했을 경우
   C사원과 E사원의 진술에 따라 C, D, E사원은 세미나에 참석할 수 없다. 따라서 D사원이 세미나에 참석한다는 B사원의 진술은 거짓이 되며, C와 E사원 중 한 명이 참석한다는 D사원의 진술도 거짓이 된다. 또한 진실을 말하는 A사원은 세미나에 참석하지 않으므로 결국 금요일 세미나에 참석하는 사람은 B사원이 된다.
따라서 B사원과 D사원이 거짓말을 하고 있으며, 이번 주 금요일 세미나에 참석하는 사람은 B사원이다.

14

정답 ③

ⅰ) B가 거짓말을 하는 경우
   A는 진실을 말하고 있으므로 C가 범인이고, D는 범인이 아니다. E 또한 진실을 말하고 있으므로 A는 범인이다. 따라서 A과 C가 범인이다.
ⅱ) C가 거짓말을 하는 경우
   B는 진실을 말하므로 A는 거짓말을 하는 것이 된다. A와 C 모두 거짓말을 하므로 이는 1명만 거짓을 말한다는 것과 모순이다.
따라서 거짓말을 하는 사람은 B이고, 범인은 A와 C이다.

102 • SK그룹 SKCT

15

정답 ①

제시된 명제를 기호화하면 다음과 같다.

• B → ~E
• ~B and ~E → D
• A → B or D
• C → ~D
• C → A

C가 워크숍에 참석하는 경우 D는 참석하지 않으며, A는 참석한다. A가 워크숍에 참석하면 B 또는 D 중 한 명이 함께 참석하므로 B가 A와 함께 참석한다. 또한 B가 워크숍에 참석하면 E는 참석하지 않으므로 결국 워크숍에 참석하는 직원은 A, B, C이다.

16

정답 ⑤

발견 연도를 토대로 정리하면 목걸이는 100년 전에 발견되어 제시된 왕의 유물 중 가장 먼저 발견되었다. 또한 신발은 목걸이와 편지보다 늦게 발견되었으나 반지보다 먼저 발견되었고, 초상화는 가장 최근에 발견되었다. 따라서 왕의 유물을 발견된 순서대로 나열하면 '목걸이 – 편지 – 신발 – 반지 – 초상화'가 된다.

17

정답 ⑤

B와 C가 초콜릿 과자를 먹고 D와 E 중 1명 역시 초콜릿 과자를 먹으므로 C가 초콜릿 과자 1개를 먹었음을 알 수 있다. 남은 커피 과자 3개는 A, D, E가 나눠 먹게 된다. 이때 A가 커피 과자 1개를 먹었다면 D와 E 중 1명은 초콜릿 과자 1개와 커피 과자 1개를 먹고, 나머지 1명은 커피 과자 1개를 먹는다. 따라서 A와 D가 커피 과자를 1개씩 먹었다면, E는 초콜릿과 커피 2종류의 과자를 하나씩 먹게 된다.

18

정답 ①

B와 D는 동일하게 A보다 낮은 표를 얻고 C보다는 높은 표를 얻었으나, B와 D를 서로 비교할 수 없으므로 득표수가 높은 순서대로 나열하면 'A – B – D – C – E' 또는 'A – D – B – C – E'가 된다. 어느 경우라도 A의 득표수가 가장 높으므로 A가 학급 대표로 선출된다.

19

정답 ②

'을'과 '정'이 서로 상반된 이야기를 하고 있으므로 둘 중 1명이 거짓말을 하고 있다. 만일 '을'이 참이고 '정'이 거짓이라면 화분을 깨뜨린 사람은 '병', '정'이 되는데, 화분을 깨뜨린 사람은 1명이어야 하므로 모순이다. 따라서 거짓말을 한 사람은 '을'이다.

20

정답 ④

지원자 4의 진술이 거짓이면 지원자 5의 진술도 거짓이고, 지원자 4의 진술이 참이면 지원자 5의 진술도 참이다. 즉, 1명의 진술만 거짓이므로 지원자 4, 5의 진술은 참이다. 그러면 지원자 1과 지원자 2의 진술이 모순이다.

ⅰ) 지원자 1의 진술이 거짓인 경우

지원자 3은 A부서에 선발이 되었고, 지원자 2는 B 또는 C부서에 선발되었다. 이때, 지원자 3의 진술에 따라, 지원자 4가 B부서, 지원자 2가 C부서에 선발되었다.

∴ A부서 : 지원자 3, B부서 : 지원자 4, C부서 : 지원자 2, D부서 : 지원자 5

ⅱ) 지원자 2의 진술이 거짓인 경우

지원자 2는 A부서에 선발이 되었고, 지원자 3은 B 또는 C부서에 선발되었다. 이때, 지원자 3의 진술에 따라, 지원자 4가 B부서, 지원자 3이 C부서에 선발되었다.

∴ A부서 : 지원자 2, B부서 : 지원자 4, C부서 : 지원자 3, D부서 : 지원자 5

따라서 지원자 4는 B부서에 선발되었다.

01	02	03	04	05	06	07	08	09	10
③	④	④	②	②	③	②	②	⑤	④
11	12	13	14	15	16	17	18	19	20
②	①	④	②	⑤	①	⑤	③	③	⑤

01
정답 ③

앞의 항에 $+(0.5)^2$, $-(0.6)^2$, $+(0.7)^2$, $-(0.8)^2$, …을 하는 수열이다.

따라서 ( )$=11.33+1.3^2=11.33+1.69=13.02$이다.

02
정답 ④

앞의 항에 -1.25, $\times 3$이 반복되는 수열이다.

따라서 ( )$=1.57\times 3=4.71$이다.

03
정답 ④

앞의 항에 $\times 3$, $\div 2$가 반복되는 수열이다.

따라서 ( )$=46.08\div 2=23.04$이다.

04
정답 ②

앞의 항에 $+1.2$, $\div 2$가 반복되는 수열이다.

따라서 ( )$=1.1+1.2=2.30$이다.

05
정답 ②

정수 부분과 분자 부분은 소수를 나열하고, 분모는 정수와 분자의 수의 합인 수열이다.

따라서 ( )$=7\dfrac{11}{7+11}=7\dfrac{11}{18}$이다.

06
정답 ③

정수 부분과 분자 부분은 $+1$을 하고, 분모 부분은 2^2+4, 3^2+4, 4^2+4, 5^2+4, …를 나열하는 수열이다.

따라서 ( )$=(1+1)\dfrac{4+1}{3^2+4}=2\dfrac{5}{13}$이다.

07
정답 ②

분모는 $\times 3+1$, 분자는 $+5$를 하는 수열이다.

따라서 ( )$=\dfrac{6+5}{10\times 3+1}=\dfrac{11}{31}$이다.

08
정답 ②

앞의 항에 $\dfrac{1}{2}$, $\dfrac{1}{3}$, $\dfrac{1}{4}$, $\dfrac{1}{5}$, $\dfrac{1}{6}$, …을 더하는 수열이다.

따라서 ( )$=\dfrac{137}{60}+\dfrac{1}{6}=\dfrac{147}{60}$이다.

09
정답 ⑤

나열된 수를 각각 A, B, C, D라고 하면

$\underline{A\ B\ C\ D}\to A\times B=C+D$

따라서 ( )$=7\times 3-9=12$이다.

10
정답 ④

나열된 수를 각각 A, B, C라고 하면

$\underline{A\ B\ C}\to B=A^2-C^2$

따라서 ( )$=8^2-5^2=64-25=39$이다.

11
정답 ②

나열된 수를 각각 A, B, C라고 하면

$\underline{A\ B\ C}\to A+B=C$

따라서 ( )$=4+7=11$이다.

12
정답 ①

나열된 수를 각각 A, B, C라고 하면

$\underline{A\ B\ C}\to B=A+C$

따라서 ( )$=-14+16=2$이다.

13
정답 ④

앞의 항에 -5, $+2$가 반복되는 수열이다.

$\therefore$ A$=9-(-5)=14$, B$=3+2=5$

따라서 A$-$B$=14-5=9$이다.

14

정답 ②

앞의 항에 +3, +5, +7, +9, …를 하는 수열이다.

∴ A=41+3=44, B=56+9=65

따라서 (   )=65-44=21이다.

15

정답 ⑤

홀수 항은 +1, 짝수 항은 +1, +2, +3, +4, …를 하는 수열이다.

∴ A=2+1=3, B=4+3=7이다.

따라서 A×B=21이다.

16

정답 ①

앞의 항에 $2^n-1(n=1, 2, 3, …)$을 더하는 수열이다.

∴ A=2+2^2-1=5, B=121+2^7-1=248

따라서 B÷3A=248÷(5+3)=31이다.

17

정답 ⑤

수열의 규칙은 다음과 같다.

• 1번째 항, 4번째 항, 7번째 항, … : +2, +2^2, +2^3, … 씩 증가하는 수열

• 2번째 항, 5번째 항, 8번째 항, … : +3, +3^2, +3^3, … 씩 증가하는 수열

• 3번째 항, 6번째 항, 9번째 항, … : +5, +5^2, +5^3, … 씩 증가하는 수열

그러므로 수열의 일반항을 a_n 이라고 하면 a_{14}=40+3^4=40+81=121, a_{17}=121+3^5=121+243=364, a_{20}=364+3^6=364+729=1,093이다.

따라서 20번째 항의 값은 a_{20}=1,093이다.

18

정답 ③

수열의 n번째 항의 값을 a_n 이라 할 때, $a_n=n(n+1)+2$인 수열이다.

따라서 12번째 항의 값은 a_{12}=12×13+2=158이다.

19

정답 ③

분모는 +9, 분자는 -3을 하는 수열이다.

따라서 100번째 항의 값은 $a_{100}=\dfrac{1+(-3×99)}{9×100}=-\dfrac{296}{900}$ 이다.

20

정답 ⑤

홀수 항과 짝수 항에 각각 +2, +4, +8, …을 하는 수열이다.

수열의 일반항을 a_n 이라 하면 다음과 같다.

• a_9=10+16=26

• a_{11}=26+32=58

• a_{13}=58+64=122

따라서 13번째 항의 값은 a_{13}=122이다.

PART 2

많이 보고 많이 겪고 많이 공부하는 것은 배움의 세 기둥이다.

– 벤자민 디즈라엘리 –

SK그룹 온라인 SKCT 모의고사 OMR 답안카드

※ 절취선을 따라 분리하여 실제 시험과 같이 사용하면 더욱 효과적입니다.

언어이해

문번	1	2	3	4	5
1	①	②	③	④	⑤
2	①	②	③	④	⑤
3	①	②	③	④	⑤
4	①	②	③	④	⑤
5	①	②	③	④	⑤
6	①	②	③	④	⑤
7	①	②	③	④	⑤
8	①	②	③	④	⑤
9	①	②	③	④	⑤
10	①	②	③	④	⑤
11	①	②	③	④	⑤
12	①	②	③	④	⑤
13	①	②	③	④	⑤
14	①	②	③	④	⑤
15	①	②	③	④	⑤
16	①	②	③	④	⑤
17	①	②	③	④	⑤
18	①	②	③	④	⑤
19	①	②	③	④	⑤
20	①	②	③	④	⑤

자료해석

문번	1	2	3	4	5
1	①	②	③	④	⑤
2	①	②	③	④	⑤
3	①	②	③	④	⑤
4	①	②	③	④	⑤
5	①	②	③	④	⑤
6	①	②	③	④	⑤
7	①	②	③	④	⑤
8	①	②	③	④	⑤
9	①	②	③	④	⑤
10	①	②	③	④	⑤
11	①	②	③	④	⑤
12	①	②	③	④	⑤
13	①	②	③	④	⑤
14	①	②	③	④	⑤
15	①	②	③	④	⑤
16	①	②	③	④	⑤
17	①	②	③	④	⑤
18	①	②	③	④	⑤
19	①	②	③	④	⑤
20	①	②	③	④	⑤

창의수리

문번	1	2	3	4	5
1	①	②	③	④	⑤
2	①	②	③	④	⑤
3	①	②	③	④	⑤
4	①	②	③	④	⑤
5	①	②	③	④	⑤
6	①	②	③	④	⑤
7	①	②	③	④	⑤
8	①	②	③	④	⑤
9	①	②	③	④	⑤
10	①	②	③	④	⑤
11	①	②	③	④	⑤
12	①	②	③	④	⑤
13	①	②	③	④	⑤
14	①	②	③	④	⑤
15	①	②	③	④	⑤
16	①	②	③	④	⑤
17	①	②	③	④	⑤
18	①	②	③	④	⑤
19	①	②	③	④	⑤
20	①	②	③	④	⑤

언어추리

문번	1	2	3	4	5
1	①	②	③	④	⑤
2	①	②	③	④	⑤
3	①	②	③	④	⑤
4	①	②	③	④	⑤
5	①	②	③	④	⑤
6	①	②	③	④	⑤
7	①	②	③	④	⑤
8	①	②	③	④	⑤
9	①	②	③	④	⑤
10	①	②	③	④	⑤
11	①	②	③	④	⑤
12	①	②	③	④	⑤
13	①	②	③	④	⑤
14	①	②	③	④	⑤
15	①	②	③	④	⑤
16	①	②	③	④	⑤
17	①	②	③	④	⑤
18	①	②	③	④	⑤
19	①	②	③	④	⑤
20	①	②	③	④	⑤

수열추리

문번	1	2	3	4	5
1	①	②	③	④	⑤
2	①	②	③	④	⑤
3	①	②	③	④	⑤
4	①	②	③	④	⑤
5	①	②	③	④	⑤
6	①	②	③	④	⑤
7	①	②	③	④	⑤
8	①	②	③	④	⑤
9	①	②	③	④	⑤
10	①	②	③	④	⑤
11	①	②	③	④	⑤
12	①	②	③	④	⑤
13	①	②	③	④	⑤
14	①	②	③	④	⑤
15	①	②	③	④	⑤
16	①	②	③	④	⑤
17	①	②	③	④	⑤
18	①	②	③	④	⑤
19	①	②	③	④	⑤
20	①	②	③	④	⑤

※ 본 답안카드는 마킹연습용 답안카드입니다.

고사장

성 명

수험번호

⓪	①	②	③	④	⑤	⑥	⑦	⑧	⑨
⓪	①	②	③	④	⑤	⑥	⑦	⑧	⑨
⓪	①	②	③	④	⑤	⑥	⑦	⑧	⑨
⓪	①	②	③	④	⑤	⑥	⑦	⑧	⑨
⓪	①	②	③	④	⑤	⑥	⑦	⑧	⑨
⓪	①	②	③	④	⑤	⑥	⑦	⑧	⑨
⓪	①	②	③	④	⑤	⑥	⑦	⑧	⑨

감독위원 확인

(인)

SK그룹 온라인 SKCT 모의고사 OMR 답안카드

교시장

성 명

수험번호

	⓪	①	②	③	④	⑤	⑥	⑦	⑧	⑨
	⓪	①	②	③	④	⑤	⑥	⑦	⑧	⑨
	⓪	①	②	③	④	⑤	⑥	⑦	⑧	⑨
	①	②	③	④	⑤	⑥	⑦	⑧	⑨
	⓪	①	②	③	④	⑤	⑥	⑦	⑧	⑨
	⓪	①	②	③	④	⑤	⑥	⑦	⑧	⑨
	⓪	①	②	③	④	⑤	⑥	⑦	⑧	⑨

감독위원 확인

(인)

언어이해

문번	1	2	3	4	5
1	①	②	③	④	⑤
2	①	②	③	④	⑤
3	①	②	③	④	⑤
4	①	②	③	④	⑤
5	①	②	③	④	⑤
6	①	②	③	④	⑤
7	①	②	③	④	⑤
8	①	②	③	④	⑤
9	①	②	③	④	⑤
10	①	②	③	④	⑤
11	①	②	③	④	⑤
12	①	②	③	④	⑤
13	①	②	③	④	⑤
14	①	②	③	④	⑤
15	①	②	③	④	⑤
16	①	②	③	④	⑤
17	①	②	③	④	⑤
18	①	②	③	④	⑤
19	①	②	③	④	⑤
20	①	②	③	④	⑤

자료해석

문번	1	2	3	4	5
1	①	②	③	④	⑤
2	①	②	③	④	⑤
3	①	②	③	④	⑤
4	①	②	③	④	⑤
5	①	②	③	④	⑤
6	①	②	③	④	⑤
7	①	②	③	④	⑤
8	①	②	③	④	⑤
9	①	②	③	④	⑤
10	①	②	③	④	⑤
11	①	②	③	④	⑤
12	①	②	③	④	⑤
13	①	②	③	④	⑤
14	①	②	③	④	⑤
15	①	②	③	④	⑤
16	①	②	③	④	⑤
17	①	②	③	④	⑤
18	①	②	③	④	⑤
19	①	②	③	④	⑤
20	①	②	③	④	⑤

창의수리

문번	1	2	3	4	5
1	①	②	③	④	⑤
2	①	②	③	④	⑤
3	①	②	③	④	⑤
4	①	②	③	④	⑤
5	①	②	③	④	⑤
6	①	②	③	④	⑤
7	①	②	③	④	⑤
8	①	②	③	④	⑤
9	①	②	③	④	⑤
10	①	②	③	④	⑤
11	①	②	③	④	⑤
12	①	②	③	④	⑤
13	①	②	③	④	⑤
14	①	②	③	④	⑤
15	①	②	③	④	⑤
16	①	②	③	④	⑤
17	①	②	③	④	⑤
18	①	②	③	④	⑤
19	①	②	③	④	⑤
20	①	②	③	④	⑤

언어추리

문번	1	2	3	4	5
1	①	②	③	④	⑤
2	①	②	③	④	⑤
3	①	②	③	④	⑤
4	①	②	③	④	⑤
5	①	②	③	④	⑤
6	①	②	③	④	⑤
7	①	②	③	④	⑤
8	①	②	③	④	⑤
9	①	②	③	④	⑤
10	①	②	③	④	⑤
11	①	②	③	④	⑤
12	①	②	③	④	⑤
13	①	②	③	④	⑤
14	①	②	③	④	⑤
15	①	②	③	④	⑤
16	①	②	③	④	⑤
17	①	②	③	④	⑤
18	①	②	③	④	⑤
19	①	②	③	④	⑤
20	①	②	③	④	⑤

수열추리

문번	1	2	3	4	5
1	①	②	③	④	⑤
2	①	②	③	④	⑤
3	①	②	③	④	⑤
4	①	②	③	④	⑤
5	①	②	③	④	⑤
6	①	②	③	④	⑤
7	①	②	③	④	⑤
8	①	②	③	④	⑤
9	①	②	③	④	⑤
10	①	②	③	④	⑤
11	①	②	③	④	⑤
12	①	②	③	④	⑤
13	①	②	③	④	⑤
14	①	②	③	④	⑤
15	①	②	③	④	⑤
16	①	②	③	④	⑤
17	①	②	③	④	⑤
18	①	②	③	④	⑤
19	①	②	③	④	⑤
20	①	②	③	④	⑤

SK그룹 온라인 SKCT 모의고사 OMR 답안카드

언어이해

문번	1	2	3	4	5
1	①	②	③	④	⑤
2	①	②	③	④	⑤
3	①	②	③	④	⑤
4	①	②	③	④	⑤
5	①	②	③	④	⑤
6	①	②	③	④	⑤
7	①	②	③	④	⑤
8	①	②	③	④	⑤
9	①	②	③	④	⑤
10	①	②	③	④	⑤
11	①	②	③	④	⑤
12	①	②	③	④	⑤
13	①	②	③	④	⑤
14	①	②	③	④	⑤
15	①	②	③	④	⑤
16	①	②	③	④	⑤
17	①	②	③	④	⑤
18	①	②	③	④	⑤
19	①	②	③	④	⑤
20	①	②	③	④	⑤

자료해석

문번	1	2	3	4	5
1	①	②	③	④	⑤
2	①	②	③	④	⑤
3	①	②	③	④	⑤
4	①	②	③	④	⑤
5	①	②	③	④	⑤
6	①	②	③	④	⑤
7	①	②	③	④	⑤
8	①	②	③	④	⑤
9	①	②	③	④	⑤
10	①	②	③	④	⑤
11	①	②	③	④	⑤
12	①	②	③	④	⑤
13	①	②	③	④	⑤
14	①	②	③	④	⑤
15	①	②	③	④	⑤
16	①	②	③	④	⑤
17	①	②	③	④	⑤
18	①	②	③	④	⑤
19	①	②	③	④	⑤
20	①	②	③	④	⑤

창의수리

문번	1	2	3	4	5
1	①	②	③	④	⑤
2	①	②	③	④	⑤
3	①	②	③	④	⑤
4	①	②	③	④	⑤
5	①	②	③	④	⑤
6	①	②	③	④	⑤
7	①	②	③	④	⑤
8	①	②	③	④	⑤
9	①	②	③	④	⑤
10	①	②	③	④	⑤
11	①	②	③	④	⑤
12	①	②	③	④	⑤
13	①	②	③	④	⑤
14	①	②	③	④	⑤
15	①	②	③	④	⑤
16	①	②	③	④	⑤
17	①	②	③	④	⑤
18	①	②	③	④	⑤
19	①	②	③	④	⑤
20	①	②	③	④	⑤

언어추리

문번	1	2	3	4	5
1	①	②	③	④	⑤
2	①	②	③	④	⑤
3	①	②	③	④	⑤
4	①	②	③	④	⑤
5	①	②	③	④	⑤
6	①	②	③	④	⑤
7	①	②	③	④	⑤
8	①	②	③	④	⑤
9	①	②	③	④	⑤
10	①	②	③	④	⑤
11	①	②	③	④	⑤
12	①	②	③	④	⑤
13	①	②	③	④	⑤
14	①	②	③	④	⑤
15	①	②	③	④	⑤
16	①	②	③	④	⑤
17	①	②	③	④	⑤
18	①	②	③	④	⑤
19	①	②	③	④	⑤
20	①	②	③	④	⑤

수열추리

문번	1	2	3	4	5
1	①	②	③	④	⑤
2	①	②	③	④	⑤
3	①	②	③	④	⑤
4	①	②	③	④	⑤
5	①	②	③	④	⑤
6	①	②	③	④	⑤
7	①	②	③	④	⑤
8	①	②	③	④	⑤
9	①	②	③	④	⑤
10	①	②	③	④	⑤
11	①	②	③	④	⑤
12	①	②	③	④	⑤
13	①	②	③	④	⑤
14	①	②	③	④	⑤
15	①	②	③	④	⑤
16	①	②	③	④	⑤
17	①	②	③	④	⑤
18	①	②	③	④	⑤
19	①	②	③	④	⑤
20	①	②	③	④	⑤

※ 본 답안카드는 마킹연습용 답안카드입니다.

교시장

성 명

수 험 번 호

⊖	⊖	⊖	⊖	⊖	⊖	⊖
①	①	①	①	①	①	①
②	②	②	②	②	②	②
③	③	③	③	③	③	③
④	④	④	④	④	④	④
⑤	⑤	⑤	⑤	⑤	⑤	⑤
⑥	⑥	⑥	⑥	⑥	⑥	⑥
⑦	⑦	⑦	⑦	⑦	⑦	⑦
⑧	⑧	⑧	⑧	⑧	⑧	⑧
⑨	⑨	⑨	⑨	⑨	⑨	⑨

감독위원 확인

인

※ 절취선을 따라 분리하여 실제 시험과 같이 사용하면 더욱 효과적입니다.

SK그룹 온라인 SKCT 모의고사 OMR 답안카드

고사장	
성명	

수험번호

⓪ ① ② ③ ④ ⑤ ⑥ ⑦ ⑧ ⑨

감독위원 확인 (인)

언어이해						자료해석						창의수리						언어추리						수열추리					
문번	1	2	3	4	5	문번	1	2	3	4	5	문번	1	2	3	4	5	문번	1	2	3	4	5	문번	1	2	3	4	5
1	①	②	③	④	⑤	1	①	②	③	④	⑤	1	①	②	③	④	⑤	1	①	②	③	④	⑤	1	①	②	③	④	⑤
2	①	②	③	④	⑤	2	①	②	③	④	⑤	2	①	②	③	④	⑤	2	①	②	③	④	⑤	2	①	②	③	④	⑤
3	①	②	③	④	⑤	3	①	②	③	④	⑤	3	①	②	③	④	⑤	3	①	②	③	④	⑤	3	①	②	③	④	⑤
4	①	②	③	④	⑤	4	①	②	③	④	⑤	4	①	②	③	④	⑤	4	①	②	③	④	⑤	4	①	②	③	④	⑤
5	①	②	③	④	⑤	5	①	②	③	④	⑤	5	①	②	③	④	⑤	5	①	②	③	④	⑤	5	①	②	③	④	⑤
6	①	②	③	④	⑤	6	①	②	③	④	⑤	6	①	②	③	④	⑤	6	①	②	③	④	⑤	6	①	②	③	④	⑤
7	①	②	③	④	⑤	7	①	②	③	④	⑤	7	①	②	③	④	⑤	7	①	②	③	④	⑤	7	①	②	③	④	⑤
8	①	②	③	④	⑤	8	①	②	③	④	⑤	8	①	②	③	④	⑤	8	①	②	③	④	⑤	8	①	②	③	④	⑤
9	①	②	③	④	⑤	9	①	②	③	④	⑤	9	①	②	③	④	⑤	9	①	②	③	④	⑤	9	①	②	③	④	⑤
10	①	②	③	④	⑤	10	①	②	③	④	⑤	10	①	②	③	④	⑤	10	①	②	③	④	⑤	10	①	②	③	④	⑤
11	①	②	③	④	⑤	11	①	②	③	④	⑤	11	①	②	③	④	⑤	11	①	②	③	④	⑤	11	①	②	③	④	⑤
12	①	②	③	④	⑤	12	①	②	③	④	⑤	12	①	②	③	④	⑤	12	①	②	③	④	⑤	12	①	②	③	④	⑤
13	①	②	③	④	⑤	13	①	②	③	④	⑤	13	①	②	③	④	⑤	13	①	②	③	④	⑤	13	①	②	③	④	⑤
14	①	②	③	④	⑤	14	①	②	③	④	⑤	14	①	②	③	④	⑤	14	①	②	③	④	⑤	14	①	②	③	④	⑤
15	①	②	③	④	⑤	15	①	②	③	④	⑤	15	①	②	③	④	⑤	15	①	②	③	④	⑤	15	①	②	③	④	⑤
16	①	②	③	④	⑤	16	①	②	③	④	⑤	16	①	②	③	④	⑤	16	①	②	③	④	⑤	16	①	②	③	④	⑤
17	①	②	③	④	⑤	17	①	②	③	④	⑤	17	①	②	③	④	⑤	17	①	②	③	④	⑤	17	①	②	③	④	⑤
18	①	②	③	④	⑤	18	①	②	③	④	⑤	18	①	②	③	④	⑤	18	①	②	③	④	⑤	18	①	②	③	④	⑤
19	①	②	③	④	⑤	19	①	②	③	④	⑤	19	①	②	③	④	⑤	19	①	②	③	④	⑤	19	①	②	③	④	⑤
20	①	②	③	④	⑤	20	①	②	③	④	⑤	20	①	②	③	④	⑤	20	①	②	③	④	⑤	20	①	②	③	④	⑤

2025 최신판 시대에듀 All-New SK그룹 SKCT 온라인 종합역량검사 최신기출유형 + 모의고사 6회 + 무료SK특강

개정23판1쇄 발행	2025년 02월 20일 (인쇄 2024년 11월 20일)
초 판 발 행	2013년 10월 30일 (인쇄 2013년 09월 25일)
발 행 인	박영일
책 임 편 집	이해욱
편 저	SDC(Sidae Data Center)
편 집 진 행	안희선 · 김내원
표지디자인	박수영
편집디자인	김기화 · 장성복
발 행 처	(주)시대고시기획
출 판 등 록	제10-1521호
주 소	서울시 마포구 큰우물로 75 [도화동 538 성지 B/D] 9F
전 화	1600-3600
팩 스	02-701-8823
홈 페 이 지	www.sdedu.co.kr

I S B N	979-11-383-8274-8 (13320)
정 가	25,000원